U0455869

中国文化产业学术前沿论丛

丛书主编　顾　江　黄韫慧

杨　璐　黄韫慧　著

数智营销赋能乡村振兴

Rural Revitalization

The Empowerment of
Digital Intelligence Marketing

南京大学出版社

图书在版编目(CIP)数据

数智营销赋能乡村振兴 / 杨璐,黄韫慧著. — 南京:
南京大学出版社,2023.12
(中国文化产业学术前沿论丛 / 顾江,黄韫慧主编)
ISBN 978 - 7 - 305 - 27699 - 6

Ⅰ. ①数… Ⅱ. ①杨… ②黄… Ⅲ. ①网络营销—农
村—社会主义建设—研究—中国 Ⅳ. ①F320.3 - 39

中国国家版本馆 CIP 数据核字(2024)第 032629 号

出版发行　南京大学出版社
社　　址　南京市汉口路 22 号　　　　邮　编　210093
丛 书 名　中国文化产业学术前沿论丛
丛书主编　顾　江　黄韫慧
书　　名　**数智营销赋能乡村振兴**
　　　　　SHUZHI YINGXIAO FUNENG XIANGCUN ZHENXING
著　　者　杨　璐　黄韫慧
责任编辑　张　静

照　　排　南京南琳图文制作有限公司
印　　刷　南京爱德印刷有限公司
开　　本　787 mm×1092 mm　1/16 开　印张 33.75　字数 501 千
版　　次　2023 年 12 月第 1 版　　印次　2023 年 12 月第 1 次印刷
ISBN 978 - 7 - 305 - 27699 - 6
定　　价　188.00 元

网址:http://www.njupco.com
官方微博:http://weibo.com/njupco
官方微信号:njupress
销售咨询热线:(025) 83594756

* 版权所有,侵权必究
* 凡购买南大版图书,如有印装质量问题,请与所购
　图书销售部门联系调换

杨璐 南京农业大学经济管理学院副教授,硕士生导师,江苏省文化产业学会第三届理事会常务理事、副秘书长(2023—2026)。研究方向为消费者行为、农产品市场营销与可持续消费。现主持国家自然科学基金青年项目"'见微知著':视觉信息对消费者绿色产品评价的影响及心理机制研究"。在 *International Journal of Research in Marketing*、*Information & Management*、*Psychology & Marketing*、《江海学刊》、《清华管理评论》等国内外学术刊物上发表论文10余篇。

黄韫慧 南京大学商学院营销与电子商务系教授,博士生导师,江苏省文化产业学会常务副会长(2021—2026),南京大学长三角文化产业发展研究院执行院长,国家青年拔尖人才(2020—2022),江苏省"333高层次人才培养工程"中青年学术带头人(2018—2020)。研究方向为消费者行为、文化消费与技术消费。先后主持国家级项目4项,现主持国家自然科学基金面上项目"新技术、新商业在非相关领域的溢出影响:高效性、透明性、模糊性、便利性重塑消费者行为"。在 *Journal of Consumer Research*、*Information Systems Research*、《心理学报》、《营销科学学报》等国内外高水平学术刊物上发表论文50余篇。

前　言

乡村振兴是国家发展的重要战略,有助于中国式现代化发展的全面推进。乡村振兴的总目标是农业农村现代化,总要求为产业兴旺、生态宜居、乡风文明、治理有效、生活富裕。习近平总书记在党的十九大报告中提出实施乡村振兴战略。党的二十大报告再次强调乡村振兴的重要战略地位,"全面推进乡村振兴,坚持农业农村优先发展","扎实推动乡村产业、人才、文化、生态、组织振兴"。乡村振兴战略对我国社会经济文化发展具有重要意义,有利于解决"三农"问题,更好地推进社会公平,全面推动全体人民共同富裕。另一方面,数字经济助推现代化产业体系升级,引领经济高质量发展。习近平总书记指出:"数字技术正以新理念、新业态、新模式全面融入人类经济、政治、文化、社会、生态文明建设各领域和全过程,给人类生产生活带来广泛而深刻的影响。"《"十四五"数字经济发展规划》明确指出,我国数字经济发展转向"深化应用、规范发展、普惠共享"新阶段。到 2025 年,我国数字经济发展迈向全面扩展期,数字经济核心产业增加值占 GDP 比重达到 10%。展望 2035 年,我国数字经济将迈入繁荣成熟期,力争形成"统一公平、竞争有序、成熟完备的数字经济现代市场体系",为乡村振兴数字化、数智化提供坚实的物质基础和良好的发展环境。实现农业农村的数字化、数智化转型离不开数智营销的发展。数智营销作为全球运营管理、数智化升级的重要方式,已上升至全球营销管理创新的战略高度,为打造品牌,提高软实力,全面推动乡村振兴高质量发展提供了良好的生态系统。

我们团队长期从事数智营销及乡村振兴方面的研究,这部数智营销研究专著是我们团队多年来研究成果的学术总结与凝练。写作启始,我们就明确了本书的三个基本视角和立场:一是我们将乡村振兴置身于数智经济的环境下,分析乡村振兴在数智条件下的独特规律性;二是我们从产业政策出发,思考如何通过数智营销手段推进乡村振兴的战略和目标实现;三是通过对乡村振兴实践的研究分析,构建 PBPSP 模型,通过产品(Product)、品牌(Brand)、渠道(Place)、服务(Service)、促销(Promotion)五个维度,试图分析乡村振兴高质量发展的新机制、新动力和新融合。在本书中,我们提出了数智化视角下PBPSP 五要素原则,重点研究数智营销 PBPSP 理论机制的内涵、效应方式及运用实践。通过构建涵盖产品、品牌、渠道、服务和促销的 PBPSP 创新性理论模型,试图在数字经济的背景环境下激发乡村振兴高质量发展的内在动力及新旧动能转化的机制创新。

　　本书共有八个章节,总体的逻辑框架如下图所示:

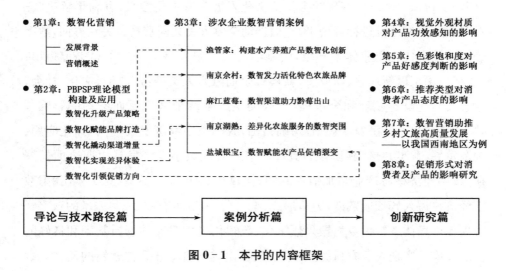

图 0-1　本书的内容框架

　　第 1 章为本书的"导论篇",主要从客观环境、产业主体和消费者三个维度展开,明确了数智化技术发展的背景:(1) 客观环境包括经济背景如数字经济的蓬勃发展,技术背景如物联网、5G、大数据、人工智能、区块链、边缘计算、机器学习、神经网络等技术的集群式发展和国家战略背景如乡村振兴战略、数字经济战略等;(2) 产业主体包括企业转型动机如企业外部竞争压力和内部自我革新的压力;(3)消费者维度包括消费需求向智慧化、个性化的体验迈进,且需求内容更强调丰富性、绿色性,需求方式更强调多元性、便捷性,需求过程更强调参与性、体验性,以及消费场景的变更。同时,对于数智化营销的发展历程、概念内涵、方式变革等数智营销概述内容进行了讨论。

第 2 章为本书的"技术路径篇",通过对数智营销 PBPSP 理论模型的构建及应用介绍,从产品、品牌、渠道、服务和促销五个角度,试图构建营销价值链创新发展模式进行营销理论探析,为涉农企业提供数智营销方案的工具包。在产品方面,本书讨论了数智化手段如何应用于农业生产、加工、设计和交付的全链条之中,包括农业生产、农产品初级加工、新产品开发、产品组合设计、产品包装、产品定价、智慧运输、智能仓储等相关内容。在品牌方面,本书从品牌建设、品牌定位、农产品区域公用品牌和品牌活化的角度,结合品牌价值模型、STP 定位理论、钻石定位模型、品牌数字传播模型、品牌活化概念模型等讨论了如何通过数智化,实现从白牌到有牌、从有牌到好牌的农产品品牌跃升。同时,对于已有的品牌,也讨论了如何实现品牌维护、升级和活化。在渠道方面,本书重点从农产品的分销渠道和农旅的营销渠道展开探讨。对于分销渠道,内容涵盖从单一渠道、多渠道、跨渠道再到数智全渠道的发展过程,尤其对农产品终端销售最紧密相关的零售环节展开了进一步讨论,包括电商平台、数智直播等相关内容。而对于营销渠道,因其包含传播渠道,则从直播、元宇宙虚拟体验和农旅服务体系等角度展开阐述。在服务方面,本书囊括农创产业、文化遗产、生态观光、旅游平台搭建四个层面。在促销方面,重点对新时代浪潮下蓬勃发展的社媒营销、口碑营销、私域营销和体验营销展开介绍,对KOL 和 KOC、私域流量,以及体验之轮即感官、情感、思考、行动、关联等内容进行了讨论。

第 3 章为本书的"案例分析篇",基于 PBPSP 创新理论模型,通过案例分析,着重揭示产品、品牌、渠道、服务和促销的农产品和农旅数智营销实践。在这一章中,我们可以看到在面临高养殖风险和突出的绿色环保问题下,渔管家如何借助智慧养殖系统、全产业链可溯源技术实现产品的创新升级;我们可以看到南京江宁佘村如何通过建立品牌标识、创造品牌内涵、引导品牌反应、缔造品牌共鸣，结合虚拟现实技术实现品牌活化，提高品牌资产，实现了古村风韵的重塑和文化内涵的传承；我们可以看到贵州麻江县的蓝莓产品在分销渠道单一、品牌知名度不足的情况下，如何通过开拓电商平台、短视频＋直播、蓝莓音乐节、麻小莓 IP 等方式实现了产品价值的提升，提高了对消费者的触达；我们可以看到南京湖熟菊花基地如何通过数智种植成就感官体验、数智技术创造情感共鸣、数智应用凝聚行动参与等服务，为菊花园区打造了差异化、数智化的农旅体验；我们还可以看到拥有众多特色的盐城农产品区域公用品牌"盐之有味"如何通过精准定位的产品矩阵、不断升级的营销理念，结合直播、DTC 等促销方式促进品牌的裂变式传播，实现促销内容的能见度、吸引度、引流力、获客力和转粉力的全面提升。

　　第 4 章到第 8 章为本书的"创新研究篇"，结合 PBPSP 理论模型，重点提出了若干理论假设，构建了五位一体的营销模式的影响研究，并试图系统揭示其对消费者心理、行为等产生的作用机理。首先，产品角度。以产品及其包装的视觉外观材质为引子，探究哑面或亮面如何影响消费者产品功效判断，及其对消费者支付意愿和真实广告产品点击的影响作用。其次，品牌角度。关注品牌定位的目标客群，探究不同颜色饱和度的产品应该如何排列放置，并发现高饱和度和右边、下方的位置更匹配，低饱和度和左边、上方的位置更匹配，进而提高产品好感度，同时提出了品牌目标消费群体对于该匹配效应的调节作用。此外，渠道角度。关注电商平台的推荐系统设置问题，通过将互补型推荐和温暖形象相匹配，将替代型推荐和能力形象相匹配，提升了消费者对产品的好感度。再者，服务角度。从中观角度出发对数智赋能乡村旅游——以我国西南地区为例进行了探索，通过对我国西南地区的乡村旅游的发展历程回溯，进行问题剖析并提出对策建议，从生态、经济、文化交互和数智改造的视角进行了有益的探索。最后，促销角度。针对单独促销和联合促销两种促销形式对消费者产品评价的影响展开了深入分析。研究方法上，首先，采用文献研究法对各个章节相关研究涉及的自变量、因变量等进行了梳理，明确了各研究在相关理论中所处的位置及贡献,并提出了理论假设模型。尤其在第 4 章中,对于营销中视觉元素的研究进行了一定程度的拓展,覆盖颜色、形状、材质、字体和位置五大部分。其次,通过实验室实验法和实地实验法的定量分析,探讨研究结论的因果关系和消费者的内在心理机制。

虽然目前有部分学者从数智化角度讨论农村产业如何发展,但其研究重点更多聚焦产业链前端,较少从全产业链营销视角展开探讨。本书创新点与特色主要在于:一、研究视角创新。本书着眼于农业农村全产业链数智营销升级的话题,结合市场营销学、文化产业学、社会心理学、消费者行为学、传播学等跨学科视阈,深入系统地探究了数智营销的创新模式、战略选择和技术路径,为乡村振兴高质量发展提供了新的理论框架、发展范式及实践工具包。二、研究范围创新。本书研究范畴涉足一、二、三产业的融合发展。其中,理论和案例研究“以微知著”,通过对涉农企业在 PBPSP 特定范围内的研究,不断延伸应用至相关领域。反观实证研究则“以大见小”,通过对一般性、普遍性的数智营销理论的归纳总结,结合涉农企业的实践特性,生成新洞见。三、理论与案例特色。本书创新提炼了 PBPSP 数智营销模式,从产品、品牌、渠道、服务和促销角度进行了系统性论述。同时,书中案例包括微案例、小案例和大案例三类,兼具时代性和独特性。第 3 章中的大案例主要内容均来自调研、访谈等一手资料。基于此,本书通过构建涉农数智营销的知识图谱,其理论贡献在于,实现了对涉农数智营销理论的整合与梳理,形成差别化、系统化、结构化的理论创新和研究框架;其实践贡献在于,提供系统性的营销解决方案,提高涉农产业主体更好适应市场趋势和消费者需求变化的能力,从而制定更明智的营销战略与战术。此外,本书也为涉农产业主体的数智营销转型升级提供科学的决策方案,有利于加快实现乡村振兴高质量发展和可持续增长。

最后,特别感谢在本书研究过程中提供支持和帮助的相关人员。其一,感谢中央高校基本科研业务费专项资金资助(010414370310),本书是国家社科基金艺术学重大项目“5G 时代文化产业新业态、新模式研究”(20ZD50)的阶段性成果,同时感谢国家自然科学基金委以及各位专家的支持(项目号

72102109 和 72172059）及中央高校基本科研业务费专项资金（SKQY2023001）。其二,特别感谢南京大学的顾江教授和南京农业大学的徐志刚教授、耿献辉教授,他们对本书的撰写提供了宝贵的建议。其三,非常感谢南京农业大学经管学院团委书记李扬和"数智创造'莓'好未来"大挑红色专项团队的本科生刘洋鑫、杜俊毅、高子怡及张泽皓,南京江宁佘村社区党总支副书记朱蓉,麻江县河坝村驻村第一书记陈宏强,南京农业大学王海滨教授和湖熟菊花基地邓波总经理,盐城市盐之有味供应链管理有限公司的吴静副总经理对渔管家、南京江宁佘村、麻江蓝莓、南京湖熟基地、盐城银宝案例中的调研、访谈等研究过程的大力支持。其四,感谢南京农业大学的颜静宜、王心研、万秀丽、曹佳瑾、徐莺倩、叶欣楠、曹雪洋、孟若雨、杨雅蓉、刘宇婷同学和南京大学的蒋茜、马雪莲同学在本书撰写过程中的协助与付出。其五,感谢南京大学出版社的工作人员。希望我们的共同努力能为这一领域做一些微小的贡献。

杨　璐

目　录

1　数智化营销

1.1　数智化发展背景

何谓"数智化"？即给"数字"赋予"智慧"。伴随着人工智能等技术的发展，"数字"在管理流程中不再是一个个冰冷的记录符号，而是管理各式各样社会组织的得力"帮手"，充分彰显着科技世界的"人情味"。"智慧"则是"数字"发展的方向，在数字化基础上发展的"数智化"可以简单概括为利用数字技术、数智技术、大数据分析等工具来改善管理流程与绩效，以提高生产力和效率，实现业务智能化。现实发展中，数智化不再是高新科技企业的专属，它在农业发展上正愈发重要起来，尤其是农创、农旅的建设与发展。"数字"到"数智"的管理模式更迭，实际映射着客观环境、产业主体和消费者的三重现实背景。客观环境主要包含数智经济与技术的崛起和乡村振兴的国家战略，产业主体强调企业转型变革，消费者层面则囊括消费者需求和消费场景的变更。

1.1.1　经济技术的崛起

数字技术的广泛应用推动了数字经济的蓬勃发展，深刻改变了经济的运行模式和人类的生产生活方式。数字经济中的数字产业化与产业数字化的两大发展模式，不仅提升了各个环节的效率，也为产业创新提供了更广阔的舞台。而后，数字经济的发展成熟和海量数据的产生推动了数智经济的崛起。相比数字经济，数智经济是以数据要素为驱动的智能化经济，更加强调对数据的深度挖掘和智慧应用，进而打造更加精准、个性化的产品和服务。由此可见，人类也随之进入一个全新的时代，一个由大数据和人工智能等数智技术主导、数智经济为引擎的时代。而数智技术的集群式发展是推动数字经济向数智经济演变的重要引擎。本节将首先介绍数智经济的演变过程，其次概述数智技术的集群式发展。接着明晰本书对数智化定义的理解，并进一步阐释其在各个领域，尤其是农业领域中的应用情况。

1.1.1.1　从数字经济到数智经济

随着数智技术的不断进步和应用，数智经济应运而生。在数智经济之前，是更为人熟知的数字经济，它打破了时空的限制，加速了信息的传播和交流过程。数字经济为催生新业态、带来新机遇做出了不可磨灭的贡献。然而，面对日益增长的数据量、复杂的商业环境、多变的消费者行为，从"以人为本"的角度出发，实现精准预测、智慧决策则变得愈发重要。在这种情况下，数智经济汲取了数字经济的养分，正以一种新的经济形态悄然兴起。

数智经济的演变可以分为"数"和"智"两个阶段。"数"即"数字化和数据应用"。在这一阶段中，大数据技术引领经济发展，数据成为经济发展的关键生产要素。具体来说，数字化使海量的数据得以被收集、存储，而后企业等主体通过数据分析、预测等手段挖掘数据价值，从而实现市场现状与趋势分析、产品创新性研发、精细化管理等。"智"即"智能化和智慧应用"。在这一阶段，人工智能技术引领经济发展，数据成为算法升级和智能决策的重要驱动因素。具体来说，人工智能、机器学习等智能化技术使得计算机能够以人的思维方式来处理更为复杂的任务，并开始广泛应用于产品生产、流通、服务等环节，实现自主智慧决策，极大地提高了经济效率和服务质量。总的来说，数智经济更加注重数据的深度挖掘、分析和应用，以数据驱动智能化生产和服务模式的创新。

数智经济是一种以数据分析、智能预测、智慧决策为核心的经济模式，在生产端和消费端体现出了较强的技术驱动力和市场发展力。在生产端，数智经济通过数据分析，发掘新的商业模式和机会，提高预测精准度，在一定程度上降低了研发新产品的成本和风险。在消费端，数智经济变革原有消费模式，实现扩容提质与消费升级。随着无感支付、产品定制化、消费场景等发展，消费者不仅能够更加便捷地进行消费,而且个性化和多样化的消费需求也得到满足,消费体验大幅提升。

如今,数智经济时代已经到来。数智经济作为我国发展战略的重要组成部分,开始深度融入传统产业之中,加速推动农业、工业、服务业的现代化、智能化转型。数智经济所具备的强产业融合性、创新性等特点,不仅可以促进我国产业结构的升级、提高经济增长的速度和质量,也能够促进新型商业模式、产品、服务等的产生和应用。同时,数智经济在促进社会整体发展方面也表现亮眼,如增加就业机会、引领技术进步、推动乡村振兴等。具体而言,数智经济带动了产业升级,新兴产业不断涌现,扩大了用人需求,为创业者和就业者提供了更多的发展机遇;数智经济反向推动技术不断自我革新,促进科技发展和社会进步;数智经济对农业生产、农村治理、农民生活兼具重要价值。

然而,无论是数字经济还是数智经济,其蓬勃发展均离不开背后的技术支撑,具体表现为数智技术的集群式发展。

1.1.1.2　数智技术的集群式发展

数智技术的演进建立在数字技术的发展之上,而数字技术的发展可以划分为三个主要阶段。第一,20 世纪 60 年代——数字技术萌芽阶段:彼时计算机和网络技术开始出现。早期的计算机体积庞大、使用成本高,主要用于军事和科学计算。第二,20 世纪 80 年代——数字技术发展阶段:随着电子技术和信息技术的不断发展,个人电脑开始普及,数字技术在各个领域的应用开始快速成长。第三,21 世纪——数字技术向数智技术转变阶段:数字技术的发展取得了长足进步,物联网、5G、大数据等新兴技术应运而生。受益于硬件技术的不断进阶,计算能力不断增强,数字技术开始步入“数智技术”时代。人工智能、区块链等技术相互交织、互相促进,实现突破式发展,与边缘计算等新技术一起,共同集合组成了一个庞大的数智化生态系统。如今,数智技术的集群式发展,正以前所未有的速度改变着从经济发展到社会生活的各个方面。

（1）物联网

物联网被视为继互联网之后的又一信息产业浪潮,它通过网络连接各种物理设备和物品,实现信息互通和智能控制,并进一步延伸和拓展,实现万物互联互通(李航、陈后金,2011)。近年来,我国政府积极推进物联网技术的发展,市场研究机构 IDC(国际数据公司)的数据显示,2026 年全球物联网市场规模有望达到 1.1 万亿美元,其中,中国市场的规模将在 2026 年接近 3 000 亿美元,全球占比约 25.7%[①]。物联网技术的主要应用场景包括工业互联网、智能家居、智能农业等。在工业互联网方面,物联网技术被用于实现远程监控、生产流程优化。在智能家居方面,物联网技术使家庭设备之间实现互联,便于远程控制和智能化管理。在智能农业方面,物联网技术被应用于农田监测、养殖管理如精准饲喂等,提高农业生产效率和质量。

（2）5G

5G 即第五代移动通信技术,提供通信网络的基础设施支持,是服务数智经济发展的底层网络技术,以实现"万物智联"。相较于 4G 而言,5G 具有更广的覆盖范围、更高的传输速率以及更低的时延。5G 常与物联网、大数据等信息技术相结合,共同开启万物互联的新时代(杨虎涛、胡乐明,2023)。近年来,我国积极推动 5G 技术的发展与基站建设,截至 2023 年 5 月,我国 5G 基站总数已达 273.3 万个,占移动总基站数的 24.5%。5G 技术的主要应用场景涉及较广,涵盖农业、制造业、医疗、教育、旅游等领域。以农业为例,黑龙江联通与黑龙江农业科学院构建的"现代 5G＋农业园良种繁殖基地",实现了繁育过程的数字化、可视化,推动形成资源高效利用、农作物高质量产出的智慧种业发展新格局。

（3）大数据

大数据技术是一种通过对海量数据的采集、存储和分析,挖掘其中有价值的信息,从而为决策优化提供支持的技术。近年来,我国积极推动大数据技术的发展和应用,制定促进大数据发展的政策措施,建设了一批大数据中心和研

---

① IDC. IDC:2026 年中国物联网市场规模接近 3 000 亿美元[EB/OL]. (2022－06－12). https://www.idc.com/getdoc.jsp? containerId＝prCHC49279922.

究机构，使得我国大数据产业的发展环境不断优化，产业链也进一步完善和扩张。例如，大数据等信息技术与实体经济的融合日益深化，我国大数据产业规模也从 2017 年的 4 700 亿元增加至 2021 年的 1.3 万亿元①。大数据技术的主要应用场景包括农业、制造业、医疗、教育、零售、金融等领域。

（4）人工智能

人工智能是指通过计算机和算法等模拟人类的思维和学习能力，实现各种智能预测和决策的系统。面对深化供给侧结构性改革、推动高质量发展等发展要求，人工智能作为新一轮产业变革的核心动力，必将释放其巨大的潜力。近年来，我国大力推动人工智能技术创新发展，强调"硬件—系统—产业"的发展链条。截至 2022 年，我国人工智能核心产业规模超过 5 000 亿元，代表性企业超过 4 200 家，全球占比约 16%。国外的人工智能技术及应用也发展迅猛。例如，微软 NewBing 通过机器学习打造 AI 驱动的搜索引擎，凭借对算法的优化、改进，提高了搜索引擎的性能和准确率；ChatGPT 利用开放式人工智能，形成自然语言处理模型助力市场营销。通过模拟人类的思维方式，基于市场需求和竞争状况，自动生成营销方案，为产品推广提供个性化的营销策略等。总体而言，人工智能的主要应用场景包括农业、制造业、医疗、教育、公共事业、金融等领域。此外，人工智能的分支包括机器学习和神经网络。其中，机器学习是指利用统计模型和算法使计算机从复杂数据中进行学习，掌握规律，以提高对未来决策及结果的预测能力，是人工智能的重要组成部分。简单来说，机器学习是一种让计算机通过历史经验不断改进和优化自身性能的方法。过去，我们需要通过编写大量的代码来告诉计算机如何对特定的任务进行处理，但随着数据的爆炸式增长和计算能力的提升，机器学习可以直接用于分析海量的复杂数据，并发掘其中的逻辑和规律，进行自主学习和精准决策，从而在各种领域中实现更高效、更智能的应用。近年来，我国机器学习发

---

① 中华人民共和国国家互联网信息办公室. 国家互联网信息办公室发布《数字中国发展报告（2021 年）》[EB/OL]. (2022-08-02). http://www.cac.gov.cn/2022-08/02/c_1661066515613920.htm.

展迅速。机器学习的应用场景广泛,涵盖医疗、零售、交通、金融等多个领域。例如,在电商领域,机器学习可以通过顾客浏览和购买数据推荐可能感兴趣的商品;在交通领域,机器学习可以用于智能驾驶、交通流优化等;在金融领域,机器学习可以用于风险评估和股市预测。而神经网络是指通过模仿人脑的结构和功能处理数据而形成的数学运算模型,是机器学习的子集,深度学习的基础。神经网络的工作原理类似于人脑中的分层结构,其中包含了许多相互连接的输入层、隐藏层和输出层的神经元,负责信息的加工和传递。这些神经元可以自动调整其连接权重,使计算机通过学习,不断改进演算方式和执行流程,以构建自适应系统。神经网络的优势在于其能够处理复杂的问题,即通过分析输入数据的模式和特征,从中提取有用的信息,并做出准确的预测和决策。近年来,我国神经网络理论与实践处于快速发展与攻坚阶段,主要应用场景与机器学习相似。例如在人脸识别方面,神经网络能够依照人脸的特征快速构建模型,高效准确地进行人脸识别;在医疗影像方面,神经网络的分类应用可以大幅提高乳腺癌诊断的准确性和效率。

（5）区块链

区块链是一个由多个节点组成的分布式数据库,通过协议和算法来保证节点之间的一致性和数据的完整性,可用于身份验证、数据共享、支付结算、智能追踪等领域。近年来,我国区块链产业呈现蓬勃发展的态势,苏州、武汉、郑州和昆明获工信部批准创建区块链发展先导区。同时,《"十四五"数字经济发展规划》更是直接指出"构建基于区块链的可信服务网络和应用支撑平台"发展的重要性。未来,越来越多的企业和个人将会拥有自己的区块链网络,推动全球经济和社会的变革。为了进一步拓展区块链技术的应用范围,需要将其与人工智能、物联网、大数据等技术相融合,不断地进行技术创新,为各行各业的数字化转型提供更多的可能性。区块链的主要应用场景涉及广泛,根据赛迪区块链研究院的数据统计,2021年,政务服务、金融、司法是应用排名前三的领域。

（6）边缘计算

边缘计算区别于云计算的中心化思维，计算节点分散部署，更靠近数据源。边缘计算的决策主要集中在终端，即在边缘侧进行数据存储、分析和应用。与云计算相比，边缘计算更加注重对短期数据的分析，进而更好地为决策提供支持，具有安全性高、时延低、节点分散、故障少等优点。边缘计算将计算资源尽可能靠近数据产生的地方，以便更快速、稳定地处理数据并提供实时响应。近年来，我国边缘计算市场迅速发展，2021 年边缘云市场规模达 50.4 亿元人民币。目前，很多设备制造商也都在积极推进边缘计算的发展，提供相应的边缘计算平台和不同的解决方案，例如数据采集、视频监控等。同时，随着 5G 网络的普及和边缘物理设备的不断增加，边缘计算与人工智能、区块链等技术的结合也为其发展带来了更多的可能性，为制造业、物流、零售、交通等行业带来更多创新的应用场景。

然而，上述物联网、5G、大数据、人工智能、区块链、边缘计算等高新技术的集群式发展带来契机的同时也引发了挑战。其中所存在的隐私泄露、数据安全等问题也需要我们正视，技术的发展从来都是"双刃剑"。政府的策略制定、群体对技术的认知提升、行业从业人员的引领，这些都将深刻地影响数智化社会的方方面面。接下来本节将进一步提出数智化的定义、特征及其在不同领域，尤其是农业相关领域的应用情况。

1.1.1.3 数智化的定义与特征

2019 年度中国媒体十大新词语之一"5G 元年"，2020 年度十大新词语之一"数字人民币"，2021 年度热词之一"元宇宙"，2022 年度十大流行语之一"数字经济"、十大新词语之一"数字人"等一系列与数智相关的年度热门词都表明数智化的概念已经渗透到人们的日常生活中……那么我们到底该如何理解数智化？数智化又具备哪些特点？结合前文对数智经济与数智技术的背景分析，本节将从管理学理论视角对数智化的含义与特征展开介绍。

（1）数智化的内涵

许多学者和机构都对"数智化"的含义进行过注解。例如，北京大学"知本财团"课题组首先提出了"数智化"的概念,将其定义为数字智慧化和智慧数字化的合成。其中,数字智慧化即在大数据分析中加入人的智慧,使数据能够在复杂的决策环境中做出更贴合实际的判断,提高大数据的效用;智慧数字化即利用数字技术对人的智慧进行延伸,将人脑中抽象复杂的经验以数字概念的方式呈现出来,并进行模型存储,从而把人从繁杂的脑力劳动中解脱出来①。在企业层面,科大国创软件股份有限公司执行总经理认为"数智化"可以简单理解为数字化+智能化②,其核心就是以海量、真实、高质量的数据为基础,结合人工智能相关技术、场景化技术解决数据"端到端孤岛"等问题。阿里集团公共事务总裁提出"数智化"可以理解为将资源数字化,即把管理经验中的各项考量通过具体的数字呈现,并根据目标进行重新归纳整理的过程。阿里研究院副院长指出,企业从数字化到"数智化"的转型过程就是从业务数据化向数据业务化转型的过程。业务数据化可以理解为用各项数据表示并分析业务;数据业务化则是将数据看成一种资源,利用基础设施云化、中台化、移动化等手段实现消费端与供给端全要素、全场景、全生命周期的数据智能的过程③。

从上述学界和业界的定义来看,数智化并不等同于数字化。简单来讲,数字化是数智化的前提和基础,数智化是数字化的延伸和进阶。数字化实现的是从 IT(信息技术)到 DT(数据技术)的转变,而数智化实现的是从 DT(数据技术)到 AI(人工智能)的转变,数字化和数智化在技术、应用、价值、核心等方面都有所不同。

① 从技术上看,数字化主要涉及物联网、区块链、大数据等技术,是一种数

---

① 搜狐网.王继祥:信息化、数字化、智能化、数智化等概念内涵深度辨析[EB/OL].(2021-03-31).https://www.sohu.com/a/458252337_808311.

② 中国新闻网."数字化"到"数智化",一字之差会改变什么?[EB/OL].(2021-05-28).https://new.qq.com/rain/a/20210528A097B100.

③ 阿里研究院.阿里研究院副院长安筱鹏:一文讲透数字化的8个关键问题[EB/OL].(2021-07-12).http://www.aliresearch.com/ch/information/informationdetails?articleCode=223040057248976896&type=%E6%96%B0%E9%97%BB.

据采集、分析、存储、传输的过程；而数智化在数字化的基础上，还涉及机器学习、人工智能、云计算、边缘计算等技术，是一种数据赋能、创新、决策的过程。

② 从应用上来看，数字化主要应用于信息管理、生产控制、质量监测等领域，是一种提高效率、降低成本、保证质量的手段；而数智化主要应用于个性化推荐、智能管理、智慧预测等领域，是一种创造价值、创新需求、自主革新的手段。

③ 从价值上看，数字化主要体现在对现有资源和业务的优化和改进，是一种增量式的创新；数智化主要体现在对新型资源和业务的开发和创造，是一种颠覆式的创新。

④ 从核心上看，数字化是将许多复杂多变的信息转变为可以度量的数据，从而建立数字化模型实现内容"在线化"，打造外部数据从采集到应用的全过程；而数智化是指在数字化的基础上，运用大数据、人工智能、云计算等智能技术，深度挖掘数据价值，实现智能化分析、管理与预测的过程。数智化也更侧重于技术应用，即数字化技术赋能后，依托人工智能等智慧化服务（产品）输出。

基于以上的分析，本书将数智化定义为在数字与智能技术（大数据、人工智能、云计算等）手段的支持下，建立决策机制的自由、自主、自动模型，实现精准分析、管理、预测与创新。数智化是企业在数字化基础上的进一步发展，其不仅有利于帮助企业优化现有业务，提升管理价值链、增收节支、提效避险；更有利于促进企业的业务创新，实现从业务运营到产品服务的系统化革新，提升用户体验，构建企业新的竞争优势，进而实现企业的转型升级。

（2）数智化的特点

数智化不同于传统的信息化，它不仅实现了信息的数字化表达和存储，还实现了信息的智能化分析与决策，以及信息的动态化传输与交互，更实现了信息的个性化定制和服务。因此，本书将数智化的特征总结为四点：数字化、智能化、动态化、个性化。本节将分别介绍其特点内容、作用及农业视角下的应用体现。

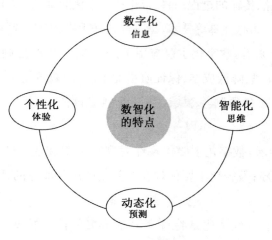

图 1-1　数智化的特点

① 数字化

数字化是指利用数字技术将各种信息转换为数字格式,以便存储、传输和处理。数字化要求企业把数据作为核心资产和竞争力来源,能够通过有效收集、存储、处理和分析海量数据,搭建自主解决问题的流程,并进一步创新模式。同时,数字化还要求企业能够实现数据的共享和协作,构建数据的网络和生态,扩大数据的影响和范围。总体而言,数字化具有如下作用:提高了信息的可获取性、可共享性和可利用性,打破了时间和空间的限制;丰富了信息的表现形式,增强了信息的交互性和多样性;降低了信息的成本,提高了信息的效率和价值。

数字化在农业中的应用主要集中在农产品和乡村旅游等的生产服务上。在农产品方面:数字溯源,利用区块链等技术,实现农产品从种植、加工、运输到销售的全程信息记录和追溯,保障农产品质量和安全;数字服务,利用互联网、移动应用等工具,实现农业生产技术、政策、金融等方面的在线咨询、培训和服务,提升农民的生产经营能力。在乡村旅游方面:数字支付,利用手机钱包、扫码支付等方式,实现乡村旅游消费的便捷结算,为游客和乡村经营者提供便利;数字口碑,利用网络平台、社交媒体等渠道,实现乡村旅游服务质量的在线评价和反馈,促进乡村旅游口碑发展与品牌建设。

② 智能化

智能化的特点是指利用人工智能等技术,模拟人类的感知、理解、推理、决策等思维和行为,实现数据的理解、预测和创新,提升数据使用的价值和效率等。智能化具有如下作用:智能化提高了机器或系统的自主性、适应性和灵活性,使其能够应对复杂和变化的环境;增强了机器或系统的学习能力和创新能力,使其能够不断优化和改进自身的性能;拓展了机器或系统的功能范围和应用领域,使其能够协同人类完成更高层次的任务。

智能化在农业中的应用也体现在农产品和乡村旅游等的生产服务上。在农产品方面:智能种植,利用无人机、无人车等设备,实现农作物的精准播种、施肥、灌溉、除草等作业,节约资源和成本;智能监测,利用传感器、摄像头等设备,实现农作物生长环境和状态的实时监测和预警,降低病虫害和自然灾害的风险。在乡村旅游方面:智能导航,利用人工智能、卫星定位等技术,实现乡村旅游路线的智能规划和导航,提供最优的出行方案;智能翻译,利用人工智能、语音识别等技术,实现乡村方言的智能翻译,提供多语言的交流服务。

③ 动态化

动态化是指数智化能够打破数据与信息孤岛,实时收集、处理和分析数据,实现数据的共享,并动态调整决策和应用,适应不断变化的市场和用户需求。动态化具有如下作用:提高了数智化的灵敏度和敏捷度,使其能够及时捕捉和反映产品服务相关领域的最新动态和趋势;提高了数智化的预测性和预警性,使其能够根据数据分析和模型推演,预测和预防该领域可能出现的问题和风险;提高了数智化的优化性和创新性,使其能够根据数据反馈和效果评估,不断改进数智化方案和方法。

动态化在农业中的应用同样体现在农产品和乡村旅游两个方面。在农产品方面:动态调控,利用物联网、人工智能等技术,实时监测和调控农作物生长环境的温度、湿度、光照、营养、灾害等因素,实现农作物的精准施肥用药;动态预测,利用大数据、人工智能等技术,根据历史数据和现实气候灾害等情况,预测农作物的产量、品质等指标,实现生产端的精准产品预测。在乡村旅游方面:动态调整,利用大数据、人工智能等技术,根据乡村旅游的季节性、区域性和时效性,动态调整乡村旅游的服务供给、价格策略和营销方式,实现乡村旅游的精准供给;动态互动,利用互联网、移动设备等平台,根据游客的实时反馈和建议,动态改善乡村旅游的服务质量和体验感,实现乡村旅游的精准服务。

④ 个性化

个性化是指根据用户的个体特征、偏好和需求,提供定制化和差异化的产品和服务,实现用户的满意度和忠诚度的提升。个性化具有如下作用:表明了数智化的精准度和有效性,使其能够为不同的对象、场景和目标提供最适合的数据、决策和服务;代表了数智化的多样性和选择性,使其能够根据不同的用户需求、偏好和特征,提供不同的数据、决策和服务;提高了数智化的人性化和体验感,使其能够根据不同的用户心理、情感和价值观,提供更贴近用户的服务帮助。

个性化在农业中的应用同样从农产品和乡村旅游两个方面展现。在农产品方面:个性化生产,利用大数据、人工智能等技术,根据对不同的消费者需求、偏好和特征的信息挖掘,定制生产不同的农产品规格、包装形式和标签信息的产品;个性化服务(生产者视角),利用互联网、移动应用等工具,根据对不同的农户心理、情感和价值观的分析,提供更贴近农户需求的生产技术、政策、金融等在线咨询、培训和服务。在乡村旅游方面:个性化体验,利用人工智能、虚拟现实等技术,提供定制化乡村旅游体验方式,如互动游戏、沉浸式剧场、模拟农耕等,实现乡村旅游体验的差异化;个性化服务(消费者视角),利用人工智能、3D打印等技术,提供相应的乡村旅游纪念产品,如定制照片、电子证书、手工艺品、特色食品等,实现乡村旅游服务的有形化。

如今,数字化、智能化、动态化、个性化已经成为各领域转型升级的主流趋势。除了上述在农业领域中的应用体现,数智化也经常被应用于制造业、医疗、教育、城市建设、金融等领域。

1.1.1.4 数智化在不同领域的应用

（1）制造业领域

数智赋能为制造业领域注入了新的发展动力。制造业的数智化转型不仅需要注重数据增值、技术注能，还要求生产制造全过程实现从"人工"到"智能"的转变。当前，我们正步入工业革命4.0阶段，逐渐成熟的数智技术引领制造业再度升级，迈向智能制造阶段。数智化在制造业领域有以下应用：一是重塑生产方式。数智技术以数据驱动代替经验判断，全面优化、监控生产流程，提高资源利用率、催生新生产模式，推动制造业提质增效。例如，汽车制造商将传感器安装在生产线的机器设备上，收集设备运行时间、温度等数据，并将其发送到云端进行分析，实时监测设备的状态和性能。基于数据的分析结果，制造商可以进行预测性维护，避免因生产线停机而造成损失。二是增强产业链韧性。数智化转型促进资源共享、产业创新和技术外溢，实现产业要素重组和产业链横向融合，打造兼具融合性、需求导向性的制造业新模式，提高产业链对外界市场环境变化的应对能力和安全水平。三是提升用户体验。数智技术的应用实现了制造端与需求端的直接对话，通过对市场数据的分析与预测，发掘新的利基市场或根据市场需求变化进行产品创新，以满足用户的个性化需求和体验。

（2）医疗领域

数智化助力医疗领域的提质增效。其直击医疗领域存在的医疗资源紧张的痛点，为患者提供了更加便捷、智能、高效的医疗服务，从药品研发、医疗诊断和健康数据等多方面提高诊疗效率。第一，数智化可以有效提升药品研发成功率、缩短研发周期、降低研发成本。同时，实现药品生产的可视化和智能化，有利于保证药品生产的质量和稳定性。第二，数智化可以提高医疗诊断的效率和准确性。物联网技术在辅助医疗诊断领域已有初步应用，利用智能识别和自动化处理技术对电子病历进行记录、分析和管理，就诊时直接呈现患者的检查结果、就医记录、疾病预测等信息，辅助医生做出更准确的诊断结果和治疗方案。第三，数智化可以有效存储、分析各类医疗健康数据。就患者个人而言,智能穿戴设备能够记录人体的健康数据,通过数据分析和智能算法患者可获得针对性的健康建议。就医患沟通而言,智能医疗和传感器等设备能够将患者的相关数据传输给医生,实现医患远程交流。

(3) 教育领域

数智化助力教育领域实现新突破。其在教育领域中激发了多元化的学习方式,打破了传统教学面对面授课的局限性。具体而言,数智化在教育领域有以下应用:第一,数智化场景改善教学环境,加强在线课程体系的建设。目前多数中小学、高校支持开展录播授课,线上线下教学相结合,在课堂主体课程内容之外,针对学生的不同学情进行有益补充,也为其他求学者提供了一个开放的学习平台;第二,数智化工具提高了师资力量,打破了优势教师、教学资源的地理限制,通过云课堂、数智空间、多屏互动等方式,缓解教育的区域差异化,尤其为教育资源贫瘠的落后偏远地区提供了丰富海量的学习资源;第三,数智化工具激发学生的学习兴趣。利用人工智能技术实现个性化教育,学生可根据自己对知识的理解力水平选择适配的内容进行学习,量身定制符合自身需求的教学方案,全面提高学生学习兴趣和教学效果。

(4) 城市建设领域

数智化为城市建设提供新思路和新方法。数智赋能使城市向"智能化、高效化、舒适化"的方向迈进。数智化可以实现对城市全方位的实时监测、数据分析和管理,从而提高城市建设的整体水平。具体应用表现如下:首先,交通方面,数智技术为城市交通安全保驾护航,通过对交通流量的监测,及时发现和预防可能存在的安全隐患,让城市交通更加畅通和便捷;其次,政务方面,数智技术为城市公共服务另辟蹊径,实现线上办理,为居民简化办理流程、节省办理时间;最后,环境方面,数智技术为城市环境建设添砖加瓦,利用物联网技术、传感器等实现对土壤、水质等环境指标的实时监测,及时干预污染问题,为环境保护与资源管理提供支持。

(5) 金融领域

数智化加速金融业转型升级进程。银行金融业作为最早一批应用大数据和云计算的行业之一,经历了从传统银行向数字银行转型、从线下业务向线上业务转变的发展阶段。在数智化时代,金融将与云计算、5G、大数据、人工智能等新一代信息技术进一步融合发展,逐步形成全方位的智能化金融服务体系,有利于改进决策,增强体验。具体应用表现如下:首先,风控方面,大数据风控利用人工智能和机器学习等技术,对银行的贷款业务进行风险评估,提高金融机构的贷款效率和风险防控水平;其次,客户交互方面,计算机视觉技术帮助银行对客户进行远程身份核验,升级为更高效、便捷的客户交互方式;最后,客户体验方面,数字货币为客户提供了更快捷更安全的交易新选择,数据云储存则为客户提供个性化的服务推荐,助推普惠金融。

相较于上述领域,农业领域中的数智化应用目前发展相对缓慢。未来,数智化在农业领域应用的发展方向如何?

1.1.1.5　数智化在农业领域应用的方向

不可否认,农业在我国经济和社会发展中扮演着重要的角色。习近平总书记强调:"中国现代化离不开农业现代化,农业现代化关键在科技、在人才。"当今数智技术迎来发展热潮,农业发展需要数智化赋能,助力农业的数字化、智能化转型,加速生产端、产业链、营销端等多方面优化,实现农业的跨越式发展。其中,数智化在农业领域中的应用方向可以重点从上游生产管理、产业链融合、下游营销管理这三个方面开展。

首先,数智化生产管理,能够帮助农户实现全流程监控和全环节管理,进而降低成本、提高生产效率。在全流程监控方面,通过精准种植、智能农机等技术,种植户可以实时监控农作物的生长环境和生长过程,从而保证农作物的产量和质量。例如,精准灌溉系统采用物联网技术,实时监测土壤含水量和pH值等数据,调整灌溉系统的水量和灌溉区域,从而达到节水和高产的双重效果;在全环节管理方面,可以利用物联网、RFID射频识别、卫星遥感技术等技术,对农作物生产的各个环节进行管理,帮助种植户精确预估种植成本和产量,为农业生产提供更加科学的参考依据,合理规划生产规模、及时调整生产计划。

其次,数智化产业链融合,能够帮助农户减少浪费,解决产销对接难的问题。如果产业链条过长,中间环节过多,会加剧农产品损耗,甚至造成食物浪费。同理,产销对接难也是农业领域中需要格外重视的问题,农产品的滞销不仅会带来农产品的品质和价格锐减,更会造成农民的劳动成果的浪费。而智慧物流、数智化冷链仓储等数智技术,能够实现对农产品流通的精准监控和全链条管理,帮助农产品更好地进入市场,更快交付给消费者,进而缓解浪费和产销对接难的问题。

最后,数智化营销管理,精准营销、动态决策,能够为农业带来更多的机遇。如今的农业发展更加侧重于消费者需求的满足与创造,强调产品创新,精准触达消费人群。因此,结合大数据、人工智能、边缘计算、机器学习等数智化技术,秉持"以人为本"的营销理念,通过实时挖掘、获取与分析农产品的市场信息和消费者需求,为产品生产、价格制定、渠道选择、促销设置等提供精准营销建议,以帮助农业企业更好地进行市场预测和营销决策。

可以预见,在农业的数智化转型过程中,数智技术的应用将持续带来更丰富的资源与机遇和更广阔的发展空间,帮助实现农业领域全产业链覆盖,形成涵盖数字化、智能化、动态化、个性化全特征的数智农业发展新态势。

1.1.2　乡村振兴的升级

党的十九大报告首次提出实施乡村振兴战略,乡村振兴战略强调科学有序推动乡村产业、人才、文化、生态和组织的五个振兴。乡村振兴应坚持农业农村优先发展,以"产业兴旺、生态宜居、乡风文明、治理有效、生活富裕"为总要求,以 2035 年取得乡村振兴决定性进展、2050 年实现乡村全面振兴为目标任务。在乡村振兴的国家战略下,数智化成为促进乡村全面振兴的必由之路。本节将重点展现我国的乡村建设从传统到数字、再到数智的转变历程,及新时代语境下数智赋能乡村振兴战略的必然性与必要性。

1.1.2.1　传统乡村建设

在推动传统乡村建设过程中,社会主义集体经济生产责任制、取消农业税等措施的实施取得了显著成效。自 1978 年推行"包产到户、包干到户"后,社会主义集体经济的生产责任制大幅提升了农民的生产积极性。根据国家统计局数据,1979 年到 1984 年期间,农业总产值从 1 584 亿元[①]增长到了 3 612 亿元[②],1978 年到 1984 年期间,农民人均收入更是增加了 2.66 倍[③]。剩余劳动力逐渐从土地上解放出来,走向其他非农部门,促进了经济发展和资本累积,为乡村基础设施建设和房屋建设提供了经济基础。2005 年,党的十六届五中全会明确了乡村建设的具体要求,即"生产发展、生活宽裕、乡风文明、村容整洁、管理民主"。2006 年国家全面取消了农业税,减轻了农民负担,为乡村建设提供了更为可靠的政策助力与经济支撑。2013 年,政府选取了 14 个省份启动乡村综合改革试点,围绕土地制度改革、农村经济体制改革等多方面综合探索乡村发展的有效方案。其中,农村土地制度改革是极为重要的一环——从家庭联产承包责任制逐步向所有权、承包权、经营权"三权"分置转变,放活土地经营权,又一次激发了农民的生产积极性,极大地提高了农业产量和农民收入。以上政策不仅针对性地解决了生产问题,在推行的过程中还逐步完善电力、道路、桥梁、通信等基础设施,提高了农村地区的交通条件和生活水平,全方位促进了农村经济发展和乡村建设。

然而,乡村建设道阻且长。传统乡村建设主要集中在土地制度改革、农村产业发展以及基础设施建设等方面,对于加快农村产业结构调整和促进农民增收等方面确有成效,但一些更深层次的问题仍尚未解决。一方面,部分地区网络尚未普及,严重阻碍农产品供给端和需求端信息获取的效率和质量,易造成农产品滞销的情况。另一方面,城乡发展差距较大,大量劳动力流向城市,加剧了农村人口老龄化空巢化,阻碍农村经济发展(李晓钟、李俊雨,2022)。

---

① 中华人民共和国国家统计局. 1979 年[EB/OL]. (2002 - 01 - 21). http://www.stats.gov.cn/sj/tjgb/ndtjgb/qgndtjgb/202302/t20230206_1901922.html.

② 中华人民共和国国家统计局. 1984 年[EB/OL]. (2001 - 11 - 22). http://www.stats.gov.cn/sj/tjgb/ndtjgb/qgndtjgb/202302/t20230206_1901927.html.

③ 中华人民共和国中央人民政府. 从改革开放 30 年农民收入增长情况看农村改革成效[EB/OL]. (2008 - 10 - 05). https://www.gov.cn/jrzg/2008 - 10/05/content_1112160.htm.

在这种严峻态势下,乡村建设迎来了新的机遇和挑战,对乡村生产、乡村治理等方面也提出了更高的要求。因此,只有为乡村建设注入数字化新动能,才能缓解数字鸿沟问题,实现弯道超车,推进乡村的可持续发展。

1.1.2.2　数字乡村发展

数字乡村是将网络化、信息化和数字化应用于农业农村经济社会发展中的一种新型发展方式。具体而言,中央网信办指出数字乡村建设中的主要内容包含数字应用场景,即"智慧农业、农村电商、智慧党建、互联网＋政务服务、农村普惠金融等"。数字乡村立足新时代国情农情,不仅成为推动乡村振兴的重要引擎,也是建设数字中国的重要内容①。

随着信息技术的飞速发展,乡村建设迎来数字契机,其发展历程如下:2019年5月,中共中央办公厅、国务院办公厅印发《数字乡村发展战略纲要》,提出了数字乡村建设的政策框架和目标,将数字乡村建设作为重要支撑,以应对乡村发展面临的挑战。随后,政府陆续推出了一系列政策措施,以推动数字乡村建设。2020年,浙江、江苏、广东等22个省份响应号召,相继出台文件加快推进数字乡村建设,努力实现5G网络在农村重点区域的普遍覆盖、城乡间的"数字鸿沟"显著缩小的目标,确定117个县(市、区)为国家数字乡村试点。电商平台搭建、远程业务办理、线上教育等推进,为乡村建设带来了全新的发展机遇和转型方向。在农业农村信息网络渐进升级、农民现代信息技能不断提高的过程中,数字乡村逐步发展成型,并成为推进农业农村现代化发展和转型进程中的重要组成部分。

数字乡村发展的积极作用主要体现为促进农业生产与农民生活的数字化升级。首先,农业生产方面,现代化、智能化的农业技术逐渐取代了传统生产方式,推动了农业生产效益的大幅提升。如无人机、遥感技术和物联网设备等的应用,为农民提供了精准的农业信息和决策支持,智能农机的广泛应用也进

---

① 中华人民共和国中央人民政府. 中共中央办公厅 国务院办公厅印发《数字乡村发展战略纲要》[EB/OL]. (2019－05－16). https://www.gov.cn/zhengce/2019－05/16/content_5392269.htm.

一步减轻了农民的劳动强度。其次,农民生活方面,涵盖便捷农民政务办理、提高线上培训可及性、升级农产品销售模式等。以升级农产品销售模式为例,电子商务、兴趣电商等平台的引入和普及为农民提供了直接获取市场行情等信息的途径,促进农产品销售与流通的便捷化、高效化,真正实现了更高水平的"便农、助农、利农"。

然而,数字乡村建设目前并没有放之四海而皆准的统一经验,各地区从不同方面积极响应数字乡村建设,探索其发展路径,具体总结如下:

(1) 完善基础设施,建设数字乡村网络

乡村建设的一大痛点是基础设施不完善。为了加强对数字技术的利用,数字基础设施建设应该"先行一步"。其中,加强宽带建设是实现乡村全面联网的第一步。例如,无锡市积极顺应数字化发展趋势,大力完善乡村基础设施。截至 2023 年第一季度,累计建成 5G 基站 20 300 个,重点场所 5G 网络覆盖率达 100%。乡镇物流快递网点实现全覆盖,农村公路电子地图上图率达 100%。基于优质的基础网络,无锡全市农业农村大数据体系初步建立,推进全市涉农信息系统的整合和数据资源统筹。在完善基础设施之上,再进一步以数字化重塑生产、生态、生活,打造乡村新面貌。

(2) 打造数字平台,创新服务与治理

在打牢基础之上,各地区积极打造数字平台,加强顶层设计,将乡村事物全面纳入数字网络之中,有效实现"一网打尽"。例如,浙江省湖州市德清县进一步探索数字乡村治理模式,采用德清"数字乡村一张图"建设,统筹生产、生态、生活三大空间布局。在生产方面,德清宅基地改革实现对闲置要素的识别、共享与盘活,增加了要素供给,并驱动了产业数字化,如德清数字渔业、德清数字农业工厂等;在生态方面,德清以地理信息技术为支撑,推动乡村全要素数字化成像,实现实时监控,在垃圾分类、渣土管理、公众护水等多个场景中展开了积极探索;在生活方面,德清政府帮助村民跨越"数字鸿沟",让每个群体都享受到"数字红利",通过智慧养老、平安乡村、数字生活智能服务站等多个场景应用,为村民提供更易操作的数字服务和产品。类似地,湖南省怀化市的会同县也打造出了自己的数字治理平台。该县将"治理＋服务＋监督"功能集中在一个会同县乡村智理云平台 APP 上，通过"清单制＋积分制＋红黄蓝三色管理"，融党建、群建、村规民约、集体经济、积分超市为一体，实现"互联网＋N"，有效提升了乡村治理水平。

（3）创新数字探索，因地制宜避险防灾

在完成数字乡村平台搭建后，还需要根据实际情况与需求，因地制宜拓展数字场景的具体应用。在乡村管理中，自然灾害防控尤为重要，其直接关系着农业生产及农民生活。例如，我国西南地区由于特殊的地理条件常有自然灾害，交通与信息较为闭塞，乡村防险能力不足，一直以来这都是个棘手难题。位于贵州省黔西市新仁苗族乡的化屋村，为提高灾害预防与自救能力，积极探索乡村生态预警系统，打造了"5G＋数字乡村统一平台"。通过实时监控、图像监测、预警管理、隐患点管理等措施，实现了对山体、水体、降雨的 24 小时监测。该平台的"灾害监测与应急联动系统"，确保化屋村可以及时应对突发自然灾害，有效提升了村民的居住环境安全。

在加快建设农村基础设施、打造乡村数字平台和完善农村信息服务体系的基础之上，为实现新时代乡村振兴的战略目标，还需注入"数智"力量以开启新征程。整体上看，数字乡村建设在一定程度上取得了显著的成绩，但仍不能忽略目前乡村振兴所面临的瓶颈和挑战。具体包含四点：一是数字鸿沟尚存。城乡间的网络普及率、网络质量仍存在一定的差距，无法满足物联网、边缘计算等技术对网络基础环境的要求。二是数智化应用程度低。许多涉农企业尚未实现农业生产的智能化、精准化，整体呈现出农业竞争力不强的态势。三是资源供给不平衡。乡村发展资源受限，无法满足乡村产业升级各环节的需求。四是人才储备不充足。难以保障数字化转型的稳步推进。

为了更好地优化乡村建设、实现智能分析决策，数智化赋能乡村振兴战略成为当务之急。其主要作用体现如下：首先，数智化能够为乡村发展提供强有力的支撑。数智技术的应用可以实现对乡村农业、乡村经济和乡村治理的全面优化和智能化管理。其次，数智化有助于突破数字乡村的发展瓶颈。在乡村振兴过程中,土地资源利用、生产结构调整、人才培养等难题亟待解决,而数智化赋能可以提供更加全面、准确的数据支持——深挖海量数据的潜在价值,为政府决策和创新提供科学依据。数智化赋能对于推动乡村振兴的升级、推进农业农村现代化建设具有重要的现实意义。总而言之,"数智乡村"是数字乡村的升级,更是乡村振兴的必答题。

1.1.2.3 数智赋能乡村振兴的必然性与必要性

乡村振兴融入数智化是必然的。一是符合国家发展的客观要求。考虑到数字基础设施建设对推动经济发展和社会进步起着至关重要的作用,我国大力提倡加强数字基础设施建设,激活乡村振兴新动能。习近平总书记也多次强调要"加快完善数字基础设施,推进数据资源整合和开放共享,保障数据安全,加快建设数字中国"。二是顺应技术发展趋势。数智技术的持续发展与广泛应用,为数智乡村建设提供了强有力的技术支持和创新驱动力。例如,大数据可以对海量数据进行挖掘、分析和整合,筛选出有价值的信息和数据,供企业决策参考;云计算能够帮助用户实现计算资源的共享,减少硬件和软件的维护工作,降低能耗,节约成本,提高效率。三是响应政府政策方针。一方面,为积极推进数字化转型和智能化升级,政府出台了一系列政策为数智经济的发展提供保障。政府在《"十三五"国家信息化规划》①中深入贯彻新发展理念,推动数字经济发展建设。此后,2017 年,我国政府发布《新一代人工智能发展规划》②,明确人工智能发展的战略目标,构建开放协同的人工智能科技创新体系。另一方面,政府助力确保智能型人才的培养供应。例如通过助推数字中国建设的合作平台、引进人才等方式,鼓励各领域的企业加大对数字技术创新和研发的投入,以推动数字经济的快速发展。数智乡村建设是数智技术应用和乡村建设的"结合点",是数字乡村的进阶升级。要想稳步推进乡村振兴

---

① 中华人民共和国中央人民政府. 国务院关于印发《"十三五"国家信息化规划》的通知[EB/OL]. (2016 - 12 - 27). https://www. gov. cn/zhengce/content/2016 - 12/27/content_5153411. htm.

② 中华人民共和国中央人民政府. 国务院关于印发《新一代人工智能发展规划》的通知[EB/OL]. (2017 - 07 - 20). https://www. gov. cn/zhengce/content/2017 - 07/20/content_5211996. htm.

战略，数智化是大势所趋。

乡村振兴融入数智化也是必要的。在乡村振兴进程中，城乡发展不协调、乡村人口流失、农业结构单一、公共服务不足等问题日益突出。而数智化赋能恰恰可以通过其强大的数据收集、存储和分析能力，为农产品的生产、销售和乡村治理等各个方面提供智能化决策辅助。正如前文所述，生产方面，需要数智赋能提质增效。例如，通过智能化的农业信息服务，农民可以根据市场需求和潜在利润，及时调整作物种植结构，实现农业供给侧结构性改革。销售方面，需要数智赋能推动营销手段的创新升级。例如，通过兴趣电商、直播带货等新零售方式拓展销售渠道，提高农产品销量。而在乡村治理方面，需要数智赋能缓解资源分配不均的问题。例如，政府可以通过算法进行数据分析，了解"千村千面"的差异需求，优化资源配置，提高资源利用效率。此外，还需要数智赋能减少乡村治理中的决策偏误。通过自我迭代的数智化平台不断创新，驱动决策客观高效、统筹全局，并根据特定突发事件动态调整，保证决策的公开性、可行性和正确性。

1.1.3　企业转型的变革

除了客观环境中的经济因素和政策因素等环境背景的驱动，作为产业主体的企业也主动投身数智化浪潮，开启数智化转型的变革之路。一方面，由于数智经济下的企业面临更加复杂的外部环境，技术发展引发企业间技术开发与应用创新的比拼，企业间竞争更加激烈。另一方面，企业内部的降本增效、提高员工满意度等要求也推动企业必须适应信息化趋势，将对内改革提上日程。除了分析企业数智化变革的动力，本节也对企业数智化变革的具体体现，尤其是涉农企业数智化变革的表现展开了讨论。

1.1.3.1　企业变革的动力

企业主动参与数智化变革源于外部层面和内部层面的双重压力。

在企业外部层面，企业面临着激烈竞争和适应数据共享合作的压力。从竞争角度，根据波特五力竞争模型，企业将面对来自潜在进入者、替代者、行业内竞争者、消费者以及供应商施加的压力。其中,在潜在进入者方面,数智技术赋能新进入者,一定程度上降低准入门槛,削弱行业壁垒影响;在替代产品方面,产品之间的直接替代虽然减弱,但更多同样满足消费者需求的隐性替代产品、其他赛道产品"杀出重围",给企业带来严重冲击;在行业内部,企业数量增加,产品同质化问题突出,且在直播电商背景下的产品价格战问题更加突出,使得内部竞争更加激烈;在消费者议价层面,消费者的需求呈现多元化的新趋势,加之互联网带来的信息透明,特别是意见领袖和口碑的影响增强,打破信息垄断,买方议价能力显著性增强;在供应商议价层面,一方面企业越来越依靠稳定、可靠、高质量的供应,另一方面供应商可供选择的合作企业激增,使得其议价能力同样极大增强。此外,从合作角度,企业间的合作更加密切,要求数据共享,进一步打造企业间的价值链无缝对接。其中,数据共享既要实现企业内部业务流程数据交换,也要实现企业外部的数据交换。而数据共享则需要企业借助数智化手段对内优化业务流程,对外加深合作。

在企业内部层面,企业面临着来自技术角度、业务流程角度以及战略制定角度的压力。从技术角度,技术的开发与运用一直以来都是企业间竞争的必争之地。面对新一轮的技术变革,数智技术的强势来袭,企业不仅需要提高生产效率、改进生产设备、提高生产能力,从而达到降低成本的效果,更为重要的是,企业面临着如何更好地利用数智技术进行新产品的开发,从而抢占市场先机的难题。从业务流程角度,企业自身业务不断发展对企业组织结构的优化提出新的要求。如何通过数智化手段优化组织结构,实现为业务发展"松绑",如推进信息化办公等,也成为企业内部变革的重要课题。此外,面对企业内部进行的"大换血",企业还面临着新环境中如何克服变革阻力,加快员工转型,确保员工满意等问题。从战略制定角度,在激烈的竞争中,企业面临着把握市场风向,选择最优的业务组合的压力,这事关企业战略制定与实施,也影响着企业市场份额与未来发展。尤其在市场层面,企业营销战略直接影响着产品是否能吸引消费者、满足消费者以及长期留住消费者等。而数智化技术可以辅助科学战略决策,减少人为偏误。

　　然而，无论是来自企业竞合的外部压力，还是来自企业自我革新的内部压力，企业数智化变革的最核心要务是适应数智化背景下消费者需求的"革命"。结合赵占波教授等（2020）所著的《智慧营销：4D营销理论及实践》一书，本书构建了消费者需求"革命"驱动企业变革的逻辑图示，见图1-2。4D理论包括四大支柱，分别是需求（Demand）、数据（Data）、传递（Deliver）和动态（Dynamic）。在需求（Demand）层面，满足消费者需求是企业成功的核心。利用数智技术，掌握消费者网络行为，识别消费者需求是企业发展的重要方向。在数据（Data）层面，企业不仅需要收集海量数据，更要利用好数据，充分挖掘数据价值，从而辅助企业做出正确决策。在传递（Deliver）层面，企业需要通过便捷渠道向消费者传递更多产品价值、服务价值，从而比竞争对手更好地满足消费者需求。在动态（Dynamic）层面，企业还需要与消费者进行动态对话，实现"双向奔赴"，例如采用直接面向消费者的DTC（Direct to Consumer）品牌模式，有效搭建立体沟通平台，建立消费者反馈机制。

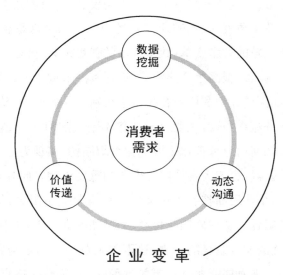

图1-2　消费者需求"革命"驱动企业变革

本书认为需求是这四项中最为关键的要素。其中，数据是为识别需求服务,传递是为了更好地满足需求,动态则是考虑满足需求的变化性。因此,面对需求"革命",企业必须高度重视,紧紧围绕需求出发,以数据为驱动,以价值传递为关键,以动态沟通为重要手段,实现高效率地将需求输入转化为消费者和社会所需要的输出。

1.1.3.2　企业变革的体现

为了更好应对环境变化,企业应利用好数智技术,着重培育核心竞争力,以合作促进价值链的打造。同时,企业需要适应数智技术发展的需要,积极在生产与技术层面、业务流程层面和市场营销层面展开变革。

（1）生产与技术层面变革

生产与技术层面变革,企业需要践行"以人为本"的生产观,有效回应 4D 营销理论中的需求（Demand）。数智化背景下,企业不仅需要提高生产能力,积极进行新技术开发运用以提高效率,更要满足新时代环境下消费者的需求变化,比如当今消费者更偏好自然、健康的食品,更关注产品的智能属性等。此外,还需要回应消费者参与性和体验性的服务新诉求。这要求企业的生产与技术层面在数智化变革中,化被动为主动,实现价值共创。

从被动满足到主动开发,形成并培育消费生态系统成为新的方向,构建满足需求的生产生态系统实现与市场的有机匹配,已经成为当前企业的战略新动向（张宝建等,2021）。尤其在开放式创新的背景下,企业积极打造与用户沟通交流的平台,打造新产品开发的数智化平台,需要坚持用户价值共创的理念。数智化平台因给开发者提供了"开放化、智能化"的开发环境,使平台内部的开发活动呈现出全新态势（曾伏娥等,2023）,新产品开发的多方参与主体活力也得以焕发。一方面,企业让消费者参与到生产、研发过程中,能够聚焦并满足消费者个性化的需求。企业也通过了解消费者偏好,进一步洞悉市场需求变化,获取新产品、新市场开发的思路。另一方面,企业可以通过平台连接利益相关者,整合价值链上各方数据,实现数据共享与价值链重塑。在这个过程中,既可以促进企业在合作中打造核心竞争力,又可以比竞争对手更好地满足消费者需求。例如,五菱打造了"国内首个原厂个性化定制服务平台"——

LING LAB，为用户提供"一站式落地服务生态体系"①。消费者可以在线上平台自选轮毂、格栅等装配，套件搭配组合可达 10 万＋。结合数智服务平台，五菱顺应了当前消费者在汽车领域的新需求：个性化表达——潮改，实现了"像玩游戏一样玩车"的生产创新。

（2）业务流程层面变革

业务流程层面变革，企业需要对外界不断变化的环境予以快速响应，打造信息化业务流程，回应 4D 营销理论中的数据（Data）。其中，亟需企业开展信息化建设和业务流程优化。企业信息化建设强调实现业务全面联网，以信息化办公提高工作效率。而企业业务流程优化，强调重新审核业务流程，以简洁、明确的流程设计提高工作效率。需要注意的是，信息化建设和业务流程优化并非两个独立概念，一方面，业务流程优化需要信息化支持，另一方面，业务流程优化也是落实信息化建设的重要方式。例如，基于企业的战略发展目标和财务管控需求，国投集团借助新技术手段大力推进财务创新。打造了国投集团智慧型一体化财务管控体系，将财务管理深入业务部门，使财务工作延伸到各类经营活动中。通过管理流程再造，在内部打通了财务、业务应用通道，实现了系统互联互通和数据实时共享②，有效提高了国投集团财务管理的业务流程效率和精确度。

在推进信息化建设和优化业务流程的过程中，有两点需要额外注意，一是企业管理观念需要革新，二是需要重视员工信息化能力的提升。第一，在企业信息化升级和业务流程优化中，不能落入盲目追赶信息技术发展的误区。如何将信息技术"为我所用"才是思考重点。因此，企业需要率先从管理观念更新着手，选择同本组织需求和发展方向相吻合的信息化建设。同时，在信息

---

① 中国汽车报网.五菱宏光 MINIEV GAMEBOY 上市！推出国内首个原厂个性化定制服务平台 LING LAB［EB/OL］.（2022－04－08）. http://www.cnautonews.com/chengyongcar/2022/04/08/detail_20220408350273.html.

② 搜狐网.数智国企｜国投集团携手用友，共创央企财融合数智化转型新标杆！［EB/OL］.（2021－09－14）. https://www.sohu.com/a/489798963_121124362.

化布局中强调"整体一盘棋",各业务层以企业整体战略目标为核心,层层分解,落实从顶层设计到具体业务流程的活动安排。第二,企业需要提升员工信息化素养,让员工知晓企业信息化建设的目的及益处,通过多种手段鼓励员工信息化办公,从而推动信息化建设发挥效用。总结而言,在企业业务流程层面的数智化变革中,要以信息化建设为抓手,在推动业务流程优化的同时,更新管理观念,提高员工参与度。

(3)市场营销层面的变革

市场营销层面变革,需要将企业方单线输入转变为消费者方输出助力,关注口碑营销裂变,回应 4D 营销中的传递(Deliver)和动态(Dynamic)。数智化背景下,营销面临的一个重要问题是信息过载,电商平台、搜索引擎、社交媒体等每天传递"铺天盖地"的商品信息,使注意力成为稀缺资源。消费者不再偏好多样化选择转而忠实于特定网络商店,以减少认知努力、减少购买不确定性带来的风险等(王金丽等,2019)。同时消费者也更渴望参与互动,通过透明沟通与企业建立信任关系。这要求企业在市场营销层面的数智化变革中,重视消费者忠诚,化繁为简。

因此,一方面,企业需要加强客户关系管理,重视品牌建设。忠诚的前提是满意,企业需要为消费者营造满意的购物体验,促进一次购买转化为终身购买。例如,DTC 品牌(直达消费者品牌)通常采用网络渠道进行营销与销售,拉近与消费者的距离,并开展紧密互动。DTC 品牌广泛通过社交媒体营销吸引潜在消费者进行购买,并将其进一步纳入私域流量池等,根据消费者反馈改善产品,从而增强用户黏性,培养消费者忠诚。另一方面,企业在营销传播中,需要取法得当,化繁为简,重点关注口碑营销裂变。在信息过载的情况下,消费者对口碑的关注度和信任度更高,具体表现为两个方向的行为。一是跟随意见领袖,通过各类购物 APP、小红书、抖音、知乎等进行消费意见的获取,参考买家秀等。二是分享 UGC(用户生成内容),生成个人的产品使用感受或评价意见,广泛在自媒体平台开展内容分享与传播。基于此,在数智化背景下,企业不仅需要发挥可信度高的排名榜单、互联网意见领袖的作用,置顶真实有价值的评论,进行好物种草,进而激发消费者采取行动;还需要进一步鼓励消费者进行深度体验,输出口碑,将购买意愿传递给其他潜在消费者,有效推动口碑形成与消费人群的裂变。

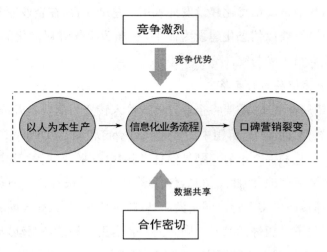

图 1-3　数智化下的企业变革

总结而言,在数智化背景下,企业面临竞争与合作同频共振的外部环境,因此需要通过生产与技术层面强调"以人为本"、业务流程层面关注"信息化业务重塑"和市场营销层面聚焦"口碑营销"展开自主变革,如图 1-3 所示。这对于数智化发展相对较缓的涉农企业而言,尤为重要。同时,涉农相关企业还肩负着增加农民收入、推动农业发展、助力乡村振兴的社会使命,以推动解决我国"三农"问题,实现科技助农。对于涉农企业,尤其是农产品和农业旅游相关企业,又该如何从上述三个层面展开变革?

1.1.3.3　涉农企业新变革

在农业领域变革中,各类型企业应顺应时代发展各司其职,形成变革合力,从而打造高质量的农产品和服务优质的乡村旅游。

(1)农产品相关企业变革

生产与技术层面:农业企业需要加强技术的开发、应用与推广,涵盖产品研发、生产、加工和销售的全过程。首先，在研发过程中，企业应注重培育优质特色新作物，以满足消费者对健康、有机农产品的需求。此外，企业还可以积极打造数智化新产品研发平台，实现智能收集、分析、运用消费者数据，为农产品开发提供思路。其次，在生产过程中，企业可以加强农业物联网技术应用，对作物生长进行精准监测和控制，自动调节光照、室温，进行滴灌、施肥等，实现在提升品质同时降低生产成本。此外，企业还可以进一步推广农业智能设备，打造科技产业园区和农业体验园区。接着，在加工过程中，企业需要考虑延长产业链，对农产品进行深加工，进行创新产品研发，开发满足市场需要的特色农产品。再者，在销售过程中，企业应该一方面借用数智技术和平台拓展销售渠道，另一方面，为了保证农产品的新鲜程度，企业也需和物流企业通力合作，积极探索冷链保鲜技术。

业务流程层面：农业企业需要推进管理信息化建设。充分利用数智技术，实现农产品的全过程可追溯和管理端的全流程管控，例如构建包含农情预警、物联网、土壤情况及作物长势等模块内容的整合共享信息系统，可帮助生产端识别病虫害、自然灾害，提供一揽子生产计划，从而实现农产品全程可控。而对于企业管理端，构建员工管理信息系统，利益相关者管理信息系统，通过数据采集、处理、共享找出管理端存在的问题和改进方案，辅助科学决策。

市场营销层面：农业企业既需要密切关注并回应消费者需求，也需要借助数智技术辅助精准营销决策。一方面，构建以消费者需求为导向的整合营销平台，实现精细化客户管理，精准获客。快速识别消费者信息、需求、偏好与行为，同时沉淀客户数据，深入挖掘客户需求，并根据客户反馈实行动态调整。另一方面，通过大数据、人工智能等手段采集如终端零售价格、批发价格、消费者口碑等市场信息，自主分析成交规模、市场规模、品种分布、市场份额、消费者满意度等相关信息，并为企业营销决策提供依据。

（2）乡村旅游相关企业变革

生产与技术层面：农旅企业需完善旅游基础设施。为了满足游客旅游基本需要，各类民宿、酒店、餐厅等需要加强完善网络设施，促进乡村旅游畅通网络全覆盖。除了基础的网络设施，融入数智化技术的智慧乡村建设也十分必要。旅游园区处可以借助数智技术，如虚拟现实、元宇宙等打造沉浸式旅游体验，让游客轻松感受特色景点、民俗文化、传统手工艺等。

业务流程层面：农旅企业需搭建旅游智慧化平台，实现消费者、商家和政府间的数据共享。企业可以开发自己的旅游服务数智平台，将乡村旅游与康养、康旅、养老等相结合，搭建综合型、一站式的小程序或专属应用程序，实现民宿预订、游玩体验、产品购买等系统集成。平台对消费者、商家和政府皆有重要价值。对消费者而言，平台不仅可以为其提供资讯，还可以依靠智能算法，根据消费者偏好做出合理的推荐，设计个性化行程。对商家而言，商家可以借助平台展示信息，发布活动，并提前了解预约情况，促进供需平衡管理。对当地政府而言，平台可以提供旅游监测服务，一方面了解乡村旅游整体状况和热点地区，另一方面也通过加强游玩全过程的监控，确保游玩安全性与消费者体验感。

市场营销层面：农旅企业需关注线上推广，巧借消费者数据实现运营优化。首先，互联网平台的线上推广，可以提升乡村旅游热度。通过大数据分析，定向精准投放符合目标游客需求的广告、借助社交媒体进行口碑传播等方式，激发游客兴趣、吸引游客参与，例如，可采用讲述农产品故事、展现乡村真实生活等方法设计广告内容。对口碑传播而言，乡村旅游地及商家可以鼓励真实游客在抖音、微博、微信朋友圈等各平台进行打卡，分享游玩感受，进一步活跃话题，巩固口碑。其次，通过游客数据分析可以提升运营效率。例如，通过对游玩路径、停留时间、口碑舆情、客户投诉及满意度等相关数据内容分析，可以帮助优化后续产品设计，提高游客忠诚度。

无论是一般企业还是涉农企业，在数智技术的浪潮下，都应该顺势在生产与技术层面、业务流程层面、市场营销层面进行变革以实现对新时代背景下消费者需求更迭的满足。

1.1.4 消费需求的更迭

在数智经济背景下,数智技术为满足消费需求带来了新的可能性,极大地丰富了需求的范围、实现形式和实现过程,同时推动着消费观念的革新。因此,消费者需求向着更高层次发展。消费者需求内容更加丰富、需求方式的满足更加多元、满足需求的过程中更注重自我体验。这也与马斯洛需求层次理论相贴合,即社交、尊重和自我实现的消费者需求被更多关注。本节将首先从需求内容、需求方式和需求过程三个方面分析消费者需求的变化情况并探寻变化背后的原因。接着,重点关注农业领域中的农产品和乡村旅游中消费者需求更迭的体现。

1.1.4.1 消费者需求的变化

消费者需求不断与时俱进。美国学者 B. 约瑟夫·派恩(B. Joseph Pine II)和詹姆斯·H. 吉尔摩(James H. Gilmore)把截至目前的社会经济形态划分为四个阶段,分别是:农业经济(产品经济)、工业经济(商品经济)、服务经济以及体验经济。如今,在数智化加持下,数智经济孕育而生。各社会经济形态下的消费者需求详见图 1 - 4 所示。

导致上述社会经济形态变革和消费需求变化的重要原因:科技推动。

第一次变革,即农业经济向工业经济发展,工业革命"功不可没"。工业革命使得大量传统手工业被机械化生产取代,工业化大生产的时代悄然来临。在工业经济时代,生产力的巨大进步引发了产品产出的"大爆发",各类产品不断涌现,消费者不再满足于简单的生理需求,转而更注重产品功能以及产品实用性。但机器生产的规模化、批量化带来了产品的同质性,消费者差异化需求逐渐显露。

第二次变革,即工业经济向服务经济发展,掀起机器代替人的浪潮,导致劳动人口流入服务业,服务业迎来发展的黄金时期。这一现象推动消费者提高了对良好服务的需求,愿意为服务体验支付溢价,进一步推动着工业经济向服务经济转变。在服务经济时代,各类服务涌现,如金融服务、信息服务、通信服务等,消费者服务花费在总花费中的占比也在增加。

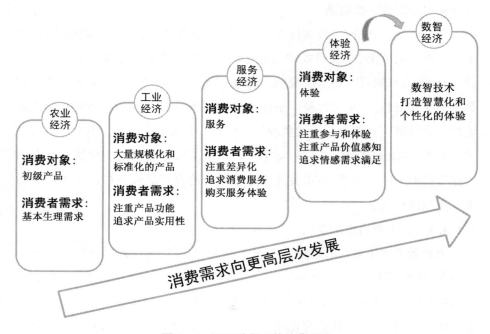

图 1-4　不同阶段下的消费需求

第三次变革,即服务经济向体验经济发展,智能机器人的出现等技术进步占据了大量服务行业的工作机会,推动着服务"产品化"(派恩、吉尔摩,2012),服务所带给消费者的满足感不再突出。为进一步满足消费者升级的需求,企业开始提供更加优质的服务并在过程中营造体验感,关注消费者当下的体验感受,推动着服务经济向体验经济发展。在体验经济时代,消费者更注重各式各样的独特体验,强调个性化需求和情感需求的满足。

如今,数字化和智能化等技术的进步与应用,正在推动第四次变革,即从体验经济向数智经济发展,为满足消费者新需求再添"一臂之力"。在"智"的催化下,不同领域不同行业各显神通,例如,美妆行业推出人工智能试妆,沉浸式、便捷地满足消费者需求。此外,大数据技术应用甚至比消费者更懂自己。在医疗领域,通过实时开展健康管理追踪为消费者健康保驾护航;在智能家居行业,通过智能控制,为消费者打造个性化、灵活机动的生活环境。

在此背景下,消费者需求也开始面临一场新的"革命",在需求内容、需求方式和需求过程中均有体现:追求更具丰富性和绿色性的需求内容、强调具备多元性和便捷性的需求方式,以及在需求过程中关注参与性和体验性。

(1) 消费者需求内容:丰富性、绿色性

消费者需求内容的变化之一在于丰富性增强。丰富性体现在消费对象范围的扩大和质量要求的提高。消费者除了维持衣食住行等基本生活需求,休闲娱乐、情感消费、品质生活等更高层次的需求也迅速增长,如以"剧本杀"、"密室逃脱"为代表的高沉浸式娱乐模式井喷出现,主打情感陪伴的宠物经济也正高速增长(孙琳琳,2023)。此外,轻奢主义的高质量生活方式也受到年轻人的追捧。

消费者需求内容的变化之二在于绿色性侧重。绿色性体现在消费者对产品提出绿色环保的更高要求。随着国家大力倡导保护生态环境、坚持高质量发展,环保低碳的消费观念也深入人心。消费者也更加注重产品的绿色化程度和企业的亲社会行为等。共享经济的蓬勃发展则是消费者需求内容变化的一大佐证,以共享单车为代表的绿色共享经济,掀起消费者出行方式的重大改变。共享经济的发展也催生出多种经济业态,租赁成为满足消费者一次性需求的重要方式,同时消费者对闲置资源的再盘活推动着二手经济以及 C2C (Consumer to Consumer)市场的不断壮大。

(2) 消费者需求方式:多元性、便捷性

消费者需求方式的变化之一在于多元性提升。多元性体现在消费者更多向线上转移。消费者对线上渠道的兴趣提升,促使企业不断创新线上购买方式,包括电商平台购买、直播购买、社群购买、社交媒体平台购买等。同时,考虑到更好地满足消费者的个性化需求,垂直类线上平台也快速发展,如满足消费者对旅游需求的携程、去哪儿等旅游平台;满足消费者打车需求的滴滴打车、高德打车等打车平台;满足消费者租房需求的安居客、贝壳找房等租房平台。

消费者需求方式的变化之二在于便捷性突出。便捷性体现在消费者更偏好选择方便快捷的购物方式、支付方式和配送方式。首先，依托互联网开展的购物方式，紧密围绕消费者的"货流"，带动着资金流、物流、信息流全面联网，打破时空局限，实现云端购买，消费者能够自行选择利己的购买途径、配送方式、配送时间等，同时，线上线下全渠道融合也方便了不同类型的消费者。其次，移动支付工具的出现，更是极大便利了消费者，有效实现消费者线上、线下购买的一体化，如刷脸支付满足消费者追求便捷的需要。最后，更加快速、及时、智能的物流配送，如机器人配送、无人机配送等，推动了购买半小时配送圈的形成，进一步促进消费者购买的便捷性。

（3）消费者需求过程：参与性、体验性

消费者需求过程的变化之一在于更注重参与性。参与性体现在满足需求的过程中，消费者由"被动"向"主动"转变，对参与感和控制感产生渴望。具体而言，消费者参与是指消费者对某一产品、事物、事件或行为的重要性与自我的相关性的认识（吴健安，2011）。消费者参与性需求的高涨，既推动定制化产品服务的发展，又推进各类用户平台的建设。定制化产品方面，融入自我概念的 DIY（自己动手制作）方式广受消费者欢迎，如陶器 DIY、香薰蜡烛 DIY、羊毛毡 DIY 等，消费者可以根据自己的个性化需求参与制作，最终获得专属的产品；用户平台方面，企业开发多种新渠道以满足消费者的参与需求，如各类用户社区、用户交互平台、发布体验官活动等，使消费者可以主动参与企业产品研发过程。

消费者需求过程的变化之二在于更关注体验性。体验性体现在无论线上线下，消费者都要求进一步在参与中获得更多独特体验。例如，独一无二的感受、独特的记忆及高水平的满足感。具体而言，体验性既可以体现在氛围布置中，也可以体现在印象深刻的需求满足上。例如，在氛围方面，通过门店装修、商品陈列、灯光效果等，营造消费者感知。消费者将自我形象、自我概念等融入体验感受，增强归属感。再比如，在需求满足方面，通过线上大数据精准识别消费者个性化需求，将消费者引入精心布置的"场景"中，并且以特定方式快速响应消费者在特定时间、特定地点下的需求，使消费者拥有出乎意料的体

验。例如,生日贺卡中附着二维码,扫描二维码即可收获专属于自己的世界名
画等。

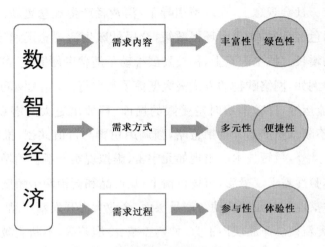

图 1-5　数智经济下消费者需求变化

　　因此,在数智经济的背景下,消费者呈现出丰富性、绿色性、多元性、便捷
性、参与性和体验性的多维变化,如图 1-5 所示。这些变化又是由哪些因素
导致的? 其实,消费者需求呈现上述新面貌是由内外部原因共同作用而成。
外部因素通常由外部宏观环境决定,消费者无法直接干预和控制;而内部因素
多源于消费者的个体表现、心理特征以及行为习惯,具有长期性和稳定性。此
外,内外部因素相互交织,外部因素的变动将引发内部因素随之变动,内部因
素的变化也是外部因素变化的映射。我们将在下一小节明晰需求变化背后的
内外部原因。

　　(4) 需求变化的原因

　　影响需求变化的外部原因主要包括经济因素、政策因素、社会观念、技术
因素、市场行情。其中经济因素是最根本的——新时代下,我国经济发展势头
良好,人民可支配收入日益增长,为消费向高质量变更提供了客观条件。政策
因素上,通过宏观调控,实现消费需求的稳定增长和对丰富性、多元性需求的

追寻。例如,后疫情时代,为进一步活跃经济,采取发放消费券、发展地摊经济和夜间经济等相关政策,鼓励创新消费模式,进一步催生了消费者丰富性和多元性的需求。社会观念上,在政策引导下,消费者产生观念更新。例如,国家大力推动绿色经济发展,出台环保政策,全民低碳生活观念迅速传播,推动着绿色需求的增长。技术因素上,科技发展推动了消费者便捷性、参与性和体验性的需求。例如,网络购物的方式极大便捷了消费行为,各大网购平台整合海量商品、物流运输,打破消费时空受限的局面,释放出更大的潜在消费需求。同时,企业不断调整产品和营销策略,强调用户参与价值共创,推动了参与性需求发展。此外,数智技术的出现如元宇宙、虚拟现实等新营销场景也激发了消费者的体验性需求。最后,市场行情上,从产品和营销两个角度推动了消费者需求向丰富性和多元性变动。产品层面,企业大力开发新产品,开辟新竞争赛道,使各类新概念产品层出不穷,如奶盖茶、冷泡茶等,不断刺激着消费者丰富需求。营销层面,企业采用线上线下等全渠道,与消费者实时对话,聚焦消费人群的差异需求和多元满足方式。

影响消费需求变动的内部因素主要包括消费者收入因素、心理因素以及行为习惯。对收入因素而言,伴随消费者收入提高,消费者的消费能力显著增强,消费需求的质和量也同步提升。对心理因素而言,互联网"原住民"中新一代消费者思想开放,愿意尝鲜,追求潮流、个性以及刺激元素,更依据自我的喜好、兴趣进行购买,也更追求丰富性和多元性的需求,例如盲盒产品的爆火就反映了这一点。对行为习惯而言,新生代的消费者有更强的自我表达欲望,追求参与性和体验性。他们会在互联网中大方展现自己的爱好,分享观点,同时不断引发新的潮流趋势。例如,爆红网络的大学生"特种兵"式旅游打卡热度持续升温,大学生纷纷开启说走就走的旅游。除了强烈的自我表达,在快节奏生活的压力下,新生代消费者也更加追求简单快捷,衍生出了便捷性的需求。外卖配送、预制菜等的大力发展也正反映了消费者追求效率、省时省事的行为习惯。

1.1.4.2　在农业领域消费者需求变化

消费者在农业领域的需求变化主要包含对农产品需求和农旅需求的转变。无论在农产品还是在农业旅游上，绿色性、便捷性和体验性的需求都尤为凸显。

（1）农产品需求变化

消费者高度关注农产品的绿色性。近年来，农产品不断选育新品种，如西甜瓜、无核荔枝、峰光葡萄、雪原草莓等，极大地丰富了消费者的选择，也满足了消费者尝试新产品的需求。然而，农药化肥的过度使用以及消费者对转基因食品的健康顾虑等，使得农产品的绿色性、安全性成为当前消费者关注的重点。例如，有机农产品的火爆，果蔬专用洗洁精、果蔬清洗机等产品的出现，也从正面或侧面体现了绿色性的重要作用。

消费者高度关注农产品购买的便捷性。消费者购买农产品的传统途径主要为菜市场、超市等实体店铺。随着线上购物、物流运输的发展以及直播带货的兴起，消费者通过线上便捷购买农产品的需求凸显。考虑到大多数农产品需要保鲜和不易搬运的特殊性，消费者在运输方面提出了新需求——他们既希望有更快捷、更安全的高质量冷链渠道，又期待能使用农产品"在线下单、送货上门"的便捷零售模式。另外，多多买菜、美团优选、橙心优选等社群团购买菜模式——消费者只需前一天晚上通过手机下单，第二天下班回家到网点即可"提菜"——的出现及火爆，也极大程度反映了消费者便捷购买农产品的需求。

消费者更加关注农产品购买的体验性。随着消费者对体验需求的增长，为了获得更新鲜安全的农产品，同时体验农事活动，消费者参与农产品采摘与加工等活动开始盛行。甚至还衍生出了定制化需求，如认领私家菜园、认养一棵蓝莓树等。此外，体验性还包括消费者对农产品融入审美体验和情感体验。消费者愿意为"高颜值"的农产品付费。除了初级与精加工的农食产品，还涌现了大批融入乡土文化、唤起儿时记忆和怀旧情感体验的定制化农创产品。

（2）农旅服务需求变化

消费者更加注重乡村旅游的绿色性。这里的绿色性更多指代少人工开发、原生态的旅游服务。目前的乡村旅游类型包括乡村自然风光旅游、休闲度假旅游、乡村民俗体验旅游、农庄旅游等。总体而言，相比热门城市游，乡村旅游具有独特优美的自然景观、良好的生态环境以及淳朴的民风，能够让消费者在农旅中放松身心，满足消费者对"原汁原味"的乡村旅游的需求，以及对欣赏原生态自然景观、探索小众旅游景点、在乡村净土上感受"世外桃源"的追求。

消费者更加关注乡村旅游的便捷性。乡村的基础设施建设相对城市较为落后，信息通畅性也相对较差。乡村旅游的游前、游中和游后的全过程便捷性成为许多游客关注的重要因素。例如，在旅游前，消费者希望能够通过智能终端详细掌握旅游景点的全景预览，实现"掌上游玩"，并且根据个性化需求与偏好制定行程安排。在旅游中，乡村旅游相关的基础设施与服务的完善是消费者最基本的追求，如良好的住宿环境、便利的交通路线、流畅的网络服务等。在旅游后，消费者还希望在智能终端开设展示社区，以满足自身社交需求和表达需求，一键分享精彩的游玩过程，并且发表真实旅游攻略。

消费者重视乡村旅游的体验性。不同于城市旅游，消费者选择乡村旅游更关注获得良好的沉浸式体验。因此，除了欣赏美丽的乡村自然风光、人文景观，消费者还希望深度体验当地人们的真实生活，感受朴实的民风民俗和深厚的乡村文化，使得乡土情怀进一步在乡村旅游中得以"安放"。除了真实体验需求，消费者在乡村旅游过程中也存在旅游智能性和安全性两方面的需求。智能性是指实时了解景点拥挤程度、游客聚集点、游客承载量等，从而避免长时间排队或拥挤影响游玩体验；安全性是指消费者需要有提前告知游玩危险性和提供及时预警的提示，以规避游玩中的潜在危险，保障个人安全。

伴随着消费者需求的更迭，另一微观因素——消费场景——的重要性也随之涌现。

1.1.5 消费场景的重塑

消费场景,是指消费场合和消费情景的结合,包括消费的时间、空间等元素,反映了个体在消费时的过程和行为。零售,作为与最终消费者直接接触和交互的环节,是消费场景中最经常涉及的部分,对产品销售成功与否具有决定性作用。在数智新时代,新零售从"人""货""场"的角度,重塑着消费场景与行为。

具体而言,数智化技术为零售带来了新的机遇和发展前景。本节先从零售消费场景的发展历程(传统——数字化——数智化)开始,分别对数智化背景下"人""货""场"的相关内容展开延伸,最后以农业产业为例,重点阐述消费场景下的农产品销售渠道。

1.1.5.1 消费场景的发展历程

(1)传统零售中的货、场、人

在传统的零售消费场景中,货、场、人三个要素有着固定的次序定位,传统零售业务的核心是商品销售。因此,首先需要打造具有吸引力的"货",确定好库存和价格,以质佳价优的"货"刺激需求。其次,传统零售企业需要选择具有良好地理位置和环境的"场",以方便顾客前往并获得更舒适的购物体验。最后,传统零售企业的销售工作离不开店员和专业销售人员等,向消费者介绍产品,吸引顾客的购买,消费者和员工共同构成了传统零售中的"人"。在人、货、场三个要素协同作用的过程中,"货"根据"人"的购买需求陈列在"场"中;"场"提供了一个集中的购物场所,使传统零售商能够直

图 1-6　传统零售中"人""货""场"的关系

接接触到潜在的"人",创造更多的销售机会;"人"又通过购买为零售商提升销售和营收,从而刺激零售商提供更多的"货",形成零售闭环。

但随着互联网的发展和电商的崛起,传统零售在人、货、场三个方面的弊

端也逐渐暴露出来。

第一，在"人"的方面，传统零售已无法精准预测消费者需求。如前文所述，消费者的需求更加多元化和个性化，而传统零售面对消费者需求变化时响应速度较慢，难以准确把握。例如，消费者的购物偏好已发生变化，不同于以往仅关注价格和性能，越来越多消费者开始追求差异化、定制化的产品和服务，注重购物体验和品牌价值。而传统零售缺乏有效的数据收集和分析手段，无法深入了解消费者需求变动和市场趋势，也就难以提供个性化的产品推荐和营销策略。

第二，在"货"的方面，传统零售已无法平衡高昂的经营成本。由于传统零售企业的经营主要依赖实体店面，从备货到销售都离不开人力，仅可见的租金、人力、物流等成本就极高。此外，无法精准预测需求还会带来连锁反应，导致供销不畅和库存积压，再一次加重成本负担。

第三，在"场"的方面，传统零售难以打造便捷的购物体验。传统零售业大多仅依靠线下门店，一些大型商超需要进入特定选购区域，在众多产品货架中选择心仪产品，在产品选择中还会受到推销人员以及各类促销活动干扰，在结账时，有时还需要排队、自主进行结算等。然而，在一些小型便利店，又存在产品不全、难以买到特定产品的问题。大多数传统零售还存在着营业时间固定的弊端，使得消费者特定时间需求难以满足，以及缺乏配送服务，例如当消费者购买了大量产品，缺乏代步工具、距离稍远时，消费者只好带着购买的商品"负重前行"。可见，传统零售业难以提供省时省力、高效便捷的购物方式。电子商务产生后，越来越多原先实体店的消费者开始转向网上购物。电商的发展对传统零售业产生了巨大的冲击，直观表现出销售额下滑和盈利能力下降等问题。因此，传统零售被重构是零售业发展的必然趋势，只有适应市场变化和技术革新，以创新的方式不断更新服务水平，才能保持竞争优势，实现可持续发展。

（2）互联网驱动下的数字化转型

互联网的发展推动着传统零售行业的数字化转型，使传统零售向新零售迈进,也促成消费者端消费场景的变迁。互联网为传统零售带来了新的商业模式和技术手段,使得零售企业能够通过拓展销售渠道、创新营销方式和改善供应链管理等方法更好地进行数字化转型,以适应市场新需求、提升运营效率。

首先,互联网为传统零售带来了新的销售渠道。传统零售通常依赖实体店面进行销售,而互联网的出现使得零售商能够通过电子商务平台开辟线上销售渠道。这使得消费者可以随时随地进行购物,提高了购物的便利性和灵活性。同时,通过线上渠道,零售商能够触达更广泛的消费者群体,进而扩大市场份额。

其次,互联网技术改变了传统零售的营销方式。传统零售通常依靠广告、促销和传统媒体进行营销推广,而互联网的出现使得零售商能够利用搜索引擎、社交媒体和电子邮件等数字渠道进行精准营销,并为零售商提供更多的数据和工具,帮助零售商了解消费者的需求和偏好,进行定向广告投放和个性化推荐,提高营销效果和转化率。

最后,互联网还更新了传统零售的供应链管理。传统零售的供应链通常烦琐而耗时,而互联网技术带来的数字化使得供应链管理更加高效和透明。通过电子数据交换和供应链管理系统,零售商能够更好地掌握库存情况、预测需求、优化订货和配送流程,减少库存积压和缺货风险,提高供应链的响应速度和效率。

（3）数智技术驱动下的数智化革命

进入数智化的新零售时代,"人""货""场"的次序定位有了新的变化,"人"逐渐成为零售的核心。新零售是结合线上服务与线下体验的双渠道,以互联网为依托,通过运用大数据、人工智能等先进技术手段,对商品的生产、流通与销售过程进行升级再造,进而重塑业态结构与生态圈的一种零售模式（杜睿云、蒋侃,2017）。其核心理念是通过整合线上和线下渠道,利用科技和创新的手段来改变传统零售业的经营模式和消费者体验,以适应快速变化的市场环境和消费者需求。

　　仰赖于大数据、人工智能等技术的飞速发展,新零售的数智化转型得以实现。首先,大数据在新零售的数智化转型中扮演重要角色,尤其体现在市场分析和供应链管理中。市场分析方面,新零售通过收集和分析大量的消费者数据、销售数据和市场数据,深入了解消费者的购买需求、偏好与行为,帮助零售商判断市场趋势、预测需求、优化产品组合和定价策略,实现精准营销和个性化推荐。供应链管理方面,大数据帮助零售商实现库存优化、精细化订货和准时配送,为其提供了更准确、精细的数据支持。

　　其次,人工智能在新零售的数智化转型中发挥关键作用,主要体现在决策支持、智能场景应用与智能解决方案三个方面。第一,决策支持中,通过机器和深度学习等技术,人工智能从大量的数据中识别和掌握具体模式,为零售商提供智能化的决策支持,帮助其实现业务优化。例如,人工智能可以通过分析消费者的购买历史和行为,推荐个性化的产品和促销活动。第二,智能场景应用中,人工智能常被用于智能客服、虚拟试衣间、智能支付等新兴场景,提供更高效智慧的购物体验。第三,智能解决方案中,物联网是新零售数智化转型中重要的核心技术。通过将传感器和设备与互联网连接,实现物品的智能化和互联互通,为新零售提供了更多的数据源和智能化解决方案。例如,智能购物车可以自动识别商品并结算,无人商店通过物联网技术实现无人值守,智能货架通过感应技术自动补货等。这些智能化的应用体现了人工智能对新零售效率、便利性和体验性的提升。

　　在数智化技术的背景下,新零售正式迎来了深刻转型,“人”“货”“场”的关系也随之再度升级。“人”和“货”之间不再是简单的销售和购买关系,而是更加注重互动和用户体验。零售企业可以深入了解、预测顾客的需求和喜好,为顾客提供个性化、定制化的服务和产品,从而提高客户满意度和忠诚度。

　　“人”和“场”的关系也发生了相应的变化,传统的实体店逐渐与线上渠道融合,零售企业需要在不同场景中为顾客提供不同的服务和体验。“场”不再仅仅指实体场所,还可以是更加注重数字化的购物环境和用户的实景体验。零售企业可以通过虚拟场景、AR 增强现实技术和社交媒体等方式,提供与实体店相似的购物体验,吸引更多的消费者。此外,通过线上线下融合的方式,将货物的销售渠道扩展到互联网等线上虚拟平台上,打破了传统零售中场所的限制。

"场"和"货"之间的联系更加紧密。通过大数据分析,新零售商家可以了解消费者的购物习惯和喜好,实现精细化选品,为实体场所提供个性化的商品推荐和服务。通过数据共享,新零售商家可以为货物提供更高效和可靠的库存管理和物流运输方式,实现供应链服务最优化,缩短"场"和"货"之间的距离,推进零售业态的创新。

总而言之,如图 1-7 所示,在新零售中,"人""货""场"间的关系经历了深刻的转变,三者之间相互作用,关系愈加紧密,共同推动着数智新消费场景的出现。

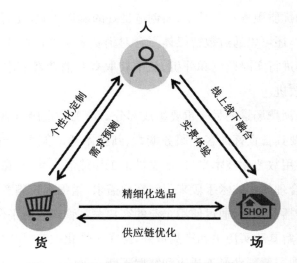

图 1-7　数智化新零售中"人""货""场"的关系

在全新的数智化消费场景中,"人""货""场"三者缺一不可。虽然上述内容简单描述了数智化场景中三者的关系,但缺少对各自内容的深度阐释。因此,后续三个小节将分别从秉持以人为本的核心理念、优化以货为链的质量优势、打造以场为景的体验环境,分析数智化新消费场景中的值得关注的重点。

1.1.5.2　秉持以人为本的核心理念

新零售的本质是一种以"人"为中心的商业模式。"人"的概念既指消费者，又包含企业的员工。在新的消费场景下，需要高度重视消费者以及员工的需求和体验，并以此为基础来建立企业的经营策略和服务模式。此外，还应该重点关注精准营销策略，真正实现以客户为中心。

消费者是新消费场景的核心。在数智化浪潮的推动下，市场信息更加透明，消费者自主选择的权利也逐渐增大，其还可以在互联网上通过分享口碑对零售商产生影响。因此，构建消费者满意的消费新场景需要充分借助大数据、人工智能、虚拟现实等技术手段。加强数据驱动，辅助精准决策和个性化服务。从"了解需要—针对提供—实时监测—动态改进"的链路实施消费者管理：如通过社交媒体等多方渠道了解消费者对场景的需求和偏好，提供符合甚至超出预期的优质服务和产品，从而创造良好的购物体验，提高购买率和顾客满意度。同时，还可以通过数智媒体平台对消费者提及的品牌、评论场景、社交媒体趋势等进行实时监测和分析，从中获取有关消费者需求和改进方向的信息，并予以改进。

员工是新消费场景的另一重要组成部分。员工是直接与消费者接触的重要环节，其需要具备良好的客户服务能力、新技术适应能力。同时，在员工管理中也需要善用数智化技术平台，激发员工工作热情。其一，在客户服务能力上，鼓励员工合理使用技术手段来了解客户需求，增强客户满意度并促进重复购买和口碑传播。例如，通过使用企业的客户关系管理数智平台，在顾客入店时即可快速了解其购买历史和产品偏好，给予个性化推荐。其二，在新技术适应能力上，企业需要帮助员工适应和掌握不断发展的数智化工具，以提高工作效率和质量。例如，通过人工智能技术服务替代部分工作。利用机器学习算法进行消费者画像分析、智能客服机器人提供 24 小时不间断的客户服务、自动化仓储和物流管理等。例如，一亩田新农网络科技有限公司就与百度研发的人工智能产品文心一言合作，通过建立"货找人"的智能推荐系统，让远在深山的农产品也能找到合适买家。其三，在员工管理上，通过平台快速获取员工业绩,适时给予奖励,提高员工积极性。

在通过"人"这一核心要素重塑消费场景的过程中,精准营销则是核心策略。精准营销是指通过数据分析和定向推送,将产品或服务精确地传递给特定的受众群体。它依赖于大数据和市场分析技术,可以更准确地了解消费者的兴趣、偏好和行为模式,从而进行定向广告、个性化推荐和定制化服务。例如,美团外卖的精准营销策略通过分析用户历史订单、搜索关键词等数据,向他们推送符合用户口味和需求的餐厅和菜品,并向他们提供个性化的优惠信息,将广告精确地展示给目标受众,避免资源浪费和广告轰炸,进而提高了购买转化率和用户满意度。再比如,在农产品领域,位于乌蒙山区的云南昭通,通过数据分析发现青年、中上层收入群体对绿色生态化的农产品需求较高。基于此,昭通在海拔 2 000 米以上未受到污染的土地上种植马铃薯,打造了绿色生态的洋芋金字招牌。

1.1.5.3　优化以货为链的质量优势

"货"指的是产品或服务,是企业最基本的业务,也是企业盈利的来源。在数智化的新背景下,消费者对商品的选择标准也发生了变化,对"货"提出了新的要求。具体表现为两方面,一是在产品本身上,更关注个性化;二是在产品交付上,更强调供应链整合。

对产品本身而言,消费者选择商品时,越来越以个性化服务为导向,注重商品的品质和品牌。商家可以为消费者提供定制化服务,根据消费者的需求和偏好,提供个性化的商品设计、定制化生产、配送等服务,实现商品材料、款式、颜色、尺寸等的自由选择。此外,还可以通过大数据分析,预判消费风口。

对产品交付而言,数智化场景下便利性和可控性受到更多关注。以供应链整合和升级为基础,通过建立智能化、高效化、透明化的供应链体系,提供快速的送货服务和自提服务,以实现便利性和可控性的提升。首先,从便利性角度,天猫"云货架"就做了很好的尝试。"云货架"不受空间约束,以电子显示屏作为商品橱窗展示商品。一方面确保了款式齐全,货品充足,不受地域限制,另一方面也降低了商家陈列成本。更为重要的是,"云货架"使商家可以获取销售数据、实时库存,便于管理。同时,"云货架"也会进行分类整理,根据历史数据智能推送给消费者,使消费者快速获取心仪商品相关信息,随时随地购买。其次,从可控性角度,在京东云技术的加持下,通过可控信息平台搭建,武陵山区的茶油也走出了自己的路子。通过引入物联网、人工智能等技术,山茶油品牌"郑茶油"建立了数字生产基地。运用京东云的管理运营模式、品控溯源体系和京东物流的供应链,"郑茶油"实现了从生产到包装、仓储、配送的全程可控信息化管理。同时,缩短了山茶油的交付、物流、销售周期,降低了山茶油在运输途中的损耗,打造了高品质农产品的上行通道,有效带动了企业与当地农户增收。

1.1.5.4　打造以场为景的体验环境

在全新的数智化消费场景中,"场"由原先单一的实体店铺向线上线下融合的全渠道服务场景拓展。在数智化的新背景下,"场"的变革有两点尤为需要注意:技术联姻和社交媒体。

技术联姻上,通过将 AR 增强现实、VR 虚拟现实等新技术融入消费场景,实现商品生动形象的展示,提高消费者的购买体验。例如,线下实体店可以与线上销售渠道的场景之间相互补充,如提供线上 360 度虚拟展示和线下试用自提服务,方便消费者体验和及时获得商品。这在农产品领域已开启了试水,中国优质农产品开发服务协会首创 VR 农产品展示系统,为消费者提供了全新的交易体验。体验者戴上 VR 眼镜,在北京就能"触摸"到云南的普洱茶饼,操纵手中的手柄,"拿"起茶饼,近距离查看实物产品的产量、产地、生产企业等信息,顺手点击"购物车",即可完成购买程序。

社交媒体上,社交新零售的场景应运而生,在垂直领域开辟新的销售场景。例如,户外旅行装备平台"行装"就是最早的一批社交电商项目,通过在垂直细分领域深耕,发展成了旅行爱好者的社交新零售平台。"行装"以户外活动组织者 KOL(关键意见领袖)为主要推广人,通过社交媒体平台建立客户群,吸引户外爱好者及周边人群加入,通过分享生活方式和传授户外经验为起点,最终为消费者提供户外旅行产品的营销和导购服务,帮助消费者了解产品的特点、功能和用途,提供针对性的推荐和建议。同时,"行装"社交媒体平台也可以为消费者提供丰富的互动场景,如 AR、VR、直播等。最后,通过建立和维护社交媒体账号,及时回复和解决消费者的问题和投诉,与消费者互动,增强品牌形象和信任度。社交新零售通过打破传统零售、电商和社交媒体之间的壁垒,将线上线下、商品、服务、娱乐等多个领域进行深度融合,创造了全新的购物场景与体验,提高了消费者黏性和满意度,为新零售重构消费场景提供了新的可能。

上述内容多集中于数智消费场景中对"人""货""场"的剖析,虽有部分提及涉农企业,但消费场景在涉农企业中是否有其他需要关注的点尚未可知。

1.1.5.5 消费场景与农产品销售渠道

对于农产品而言,消费场景仍然重要。而其中,销售渠道是否顺畅,更是成为推动农产品市场健康发展的关键所在。在新的数智化情景下,农产品销售领域也正迎来一场变革,农民、批发商、零售商和消费者紧密连接在了一起,从追踪农产品的生产过程,到优化供应链的管理,再到提供个性化的消费体验,数智化技术正以惊人的速度和创新力改变着传统的农产品销售渠道。本节将首先提出农产品销售渠道面临的困境,接着分析如何运用数智化解决挑战,促进销售,最后引出融合数智化场景的大润发实践案例。

(1)农产品销售渠道面临的挑战

随着社会经济的发展和消费者需求的变化,传统的农产品销售渠道难以满足现代消费者对质量、安全、便捷和个性化的需求,渠道变革是必然趋势。目前,我国农产品销售渠道主要存在以下几个方面的问题:

① 信息不对称:生产者、批发商和零售商之间的信息传递不畅,导致供需信息不对等。生产者缺乏市场信息,无法准确了解市场需求和价格变动,导致产销不畅;而批发商和零售商则面临着获取产品质量、供应情况等方面的信息不足,难以做出准确的采购决策。

② 中间环节多:农产品销售渠道中存在过多的中间环节,导致产品流通过程中的成本上升。从生产者到消费者,农产品经历了多个环节的流通,每个

环节都有一定的加价,最终导致产品价格层层递增。过多的中间环节还使得农产品流通效率低下,不仅延长了产品上市时间,而且增加了产品损耗的可能。

③ 运输储存难:由于目前的运输和储存环节受到运输设施和技术水平的限制,很多农产品在运输过程中会出现破损、变质等情况,质量和口感也会大打折扣,降低了产品的市场价值。同时,农产品的储存设施和技术也相对滞后,出现农产品卖相差、质量参差不齐等问题,导致产品质量无法得到有效保障,影响产品的市场竞争力。

④ 铺货渠道窄:农产品销售中的铺货渠道不畅通,尤其对农民和农业合作社等基层生产者而言具有一定的难度。大型超市、农贸市场等主要与规模较大的供应商合作,小规模农产品生产者进入这些销售渠道相对困难。这导致一些农产品只能通过传统的批发市场等渠道销售,从而限制了农产品销售渠道的多样性和灵活性。

⑤ 品牌建设少:农产品销售渠道中,缺乏品牌建设是一个突出的问题。农产品销售主要以散户形式存在,缺乏品牌的统一形象和宣传推广,导致消费者对农产品的品质和品牌认知不足。这限制了农产品进入渠道市场上的竞争力和议价能力,难以与其他有品牌的产品进行有效的竞争。

面临这些难题,应该如何破局?

(2) 数智化破解农产品销售困境

在新零售和数智化背景下,农产品销售正在经历一场创新性的变革,农产品销售通过结合电子商务模式和数智化技术,找到了新的发展机遇,新零售的兴起也为农产品零售带来了全新的解决方案,促进了农产品的推广、流通和销售。

① 促进信息共享:数智化为农产品买卖双方提供了丰富的市场信息和数据分析功能,使得生产者和消费者可以更好地了解市场需求和产品价格的动态变化情况。生产者可以通过平台上的市场数据分析,了解市场趋势和消费者偏好,实时调整生产和销售策略,提高市场竞争力。同时,消费者也可以通

过平台获取农产品的信息、质量认证等,成为购买决策的依据。

②完善物流体系:数智化乡村电商结合了物流配送系统,实现了快速、高效的农产品配送服务。通过智能化的仓储管理和物流调度系统,可以实现农产品的快速集中配送和最优路径规划,提高配送效率,缩短配送时间,减少了农产品的损耗和质量问题。这种高效的物流配送系统不仅有助于解决中间环节多、运输储存难这两大问题,更有助于提高消费者的购物体验,增强消费者的信任和提高消费者的满意度。

③畅通铺货渠道:数智化打破了传统农产品销售的地域限制,将农产品及其加工品的销售渠道拓展到全国乃至全球。通过建立电商平台,农产品生产者可以将产品在线上展示和销售,消费者可以通过互联网轻松购买农产品,不受地理距离的限制,使得农产品能够更广泛地触达消费者,提高销售量和市场覆盖面。除了电商平台,公域向私域流量转换也值得关注,重视私域流量池的建设,通过智能筛选,获取数据,增强用户黏性,从而建设专属自己的销售渠道。

④助力品牌营销:数智化农村电商平台为农产品提供了品牌建设和营销的机会。生产者可以通过电商平台展示产品的特点、生产过程、产地故事等,塑造农产品的品牌形象。同时,电商平台也提供了多种智慧化营销手段辅助,如促销活动、精准推荐、多模态数字人24小时低成本直播等,帮助农产品实现全链路营销,提高产品的曝光度和销售量。

(3)数智化助力农产品销售案例——大润发

大润发作为中国零售行业的巨头之一,积极参与数字化和智能化的改革。尤其在2017年被阿里巴巴收购了90%的股权以后,大润发正式迈入新零售时代,迄今已获得显著的数智化转型成效。值得一提的是,大润发一直致力于研究各项农业帮扶项目的数智化转型之路,为农特产品进入大型商超并走向千家万户,做出了重要贡献。

大润发作为传统的商超零售企业,其镌刻着由传统向数字再向数智发展的时代烙印。大润发成立于1998年,2000年以来年均销售额增长从未低于

15%，2010 年营收更是高达 505 亿元。然而好景不长，2013 年以来，在电商平台的猛烈冲击下，大润发曾引以为傲的"海量 SKU（Stock Keeping Unit）"、"价格便宜"等优势不复存在，而购物时间成本高、目标商品难寻等弊端与年轻消费者快节奏的生活方式形成巨大反差。2013 年 6 月，大润发创建飞牛网，定位为全品类自营的 B2C 电商网站。然而，飞牛网的发展并未符合预期，连年亏损，最终黯淡关闭。在此背景下，大润发痛定思痛，在 2017 年与阿里巴巴展开战略合作，依托阿里巴巴的大数据技术优势，进行了全面的数智化改造。重点从消费者洞察、供应链管理和搭建零售新场景三个方面对农产品销售数智化转型展开布局。

消费者洞察方面，大润发旨在通过用户数据分析，洞察农产品的消费者需求。大润发率先建立了全面的数据采集系统，并与淘鲜达合作，共享阿里巴巴的用户数据，扩大了大润发的用户基数，形成大润发自己的完整数据池。在此基础上，大润发通过对数据的挖掘和分析，更准确地了解消费者对不同农产品品种、产地、质量等方面的偏好，并据此改进产品。例如，近些年来，大润发与新疆种植户研发的水果品牌"哈了个蜜"在江浙沪地区爆火。"哈了个蜜"采用订单农业模式，根据消费者的需求进行生产，并从生产源头到门店全链路精细把控。在甜度方面，通过数据分析，大润发发现消费者更喜欢甜度适中的哈密瓜，因此严格要求"哈了个蜜"产品的甜度需达到 13 度（注：一般哈密瓜甜度在 15 度左右）；在口感方面，消费者更喜欢"酥脆"的哈密瓜口感，经过多年的培育，"哈了个蜜"成功培育出皮薄、口感酥香脆甜的"酥香 7 号"品种，获得了众多消费者的青睐。通过这种数据驱动的消费者洞察，大润发能够更好地了解农产品消费者的需求，提供符合他们口味和健康追求的农产品，促进了农产品的推广和销售。

供应链管理方面，大润发积极思考供应链管理优化和物流体系搭建等问题。生鲜产品最重要的要求就是新鲜，因此，大润发在全国率先布局自营软硬件系统配套的生鲜仓，直接对接生产基地和大润发门店，缩短供应链链路，减少生鲜产品的损耗。截至 2023 年，大润发生鲜仓已经覆盖超 300 个基地，服务 500 多个商家，对门店覆盖率超过 85％。除了供应链的缩短优化，大润发的生鲜物流体系还致力于将一般生鲜商品标准化，为商品赋能。例如，通过设置"一品一卡"的商品标准卡，大润发的监督覆盖了商品从采购，到运输、存储，再到包装、陈列以及销售的各个阶段，真正做到了将每个环节的标准都落到了实处，成为大润发实现新零售转型的突破口。

零售场景搭建方面，大润发实现了线上线下消费场景的联通。其不仅关注如何提高线上购物、线下配送的效率，还致力于丰富农产品的购买场景。效率提升上，在 2017 年，大润发引入了悬挂链系统，即依托滚珠轴承为链条架在空中实现高效输送。基于大数据和算法技术的悬挂链系统贯穿集单、分拣、挂包、传输、合流、打包、输送、配送 8 个环节，大幅提高了卖场的备货、拣货效率以及线上下单、线下配送业务的时效，实现了生鲜产品全国大润发门店周边 3 公里内的 1 小时内配送到家服务。丰富场景上，大润发积极推进"农超对接"，建立了"超市＋合作社＋农产品基地"直供直销模式，在芜湖、马鞍山多个门店设置农产品专柜，挑选当地的特色农产品进驻，依托电商平台提档升级，切实畅通了求售和求购信息渠道。此外，在场景丰富中，大润发还额外关注对农产品信任的提升。在东北有机大米产区，大润发还发起了近 5 万人围观的稻谷"云秋收"直播，让消费者切身感受从脱壳到封装的大米生产过程，为消费者提供可信赖的购物体验。

在农产品销售领域，大润发的案例说明了数智化无疑是适应消费变革趋势、转型突围的不二之选。大润发通过多年的布局，稳扎稳打，逐步推进新零售和数智化转型，为企业带来了巨大的成果和价值。截至 2023 年 4 月，大润发生鲜已有超过 10 个单品销售过亿，生鲜仓储布局可以服务 450 多家门店。相较于 2022 年，在大卖场行业市场份额增长 1.1％，达到 28.6％。未来，大润发仍将继续其数智化转型的脚步……

【拓展阅读】

从数智化发展背景到 5C 框架

1.1 章节中的数智化发展背景,涉及客观环境、产业主体和消费者层面因素,可以按照 5C 框架的逻辑予以分类。具体而言,客观环境层面涵盖经济技术和国家战略的总体环境,产业主体层面强调企业主动变革,消费者层面则关注消费需求和消费场景的更新。这分别与 5C 营销环境理论中的环境、企业、竞争者、合作者与顾客的五大因素不谋而合,如图 1-8 所示。其中,客观环境层面的背景因素指向 5C 中的环境因素,产业主体层面的企业因素则与 5C 中的企业自身及其利益相关者——竞争者、合作者相关联,消费者层面的消费需求和场景则和 5C 中的顾客相互呼应。换句话说,5C 营销环境理论可以帮助识别数智化背景。

图 1-8   5C 营销环境理论①

5C 营销环境理论涉及顾客、企业、竞争者、合作者与环境五大因素。顾客

---

①　图片来源:科特勒,凯勒,切尔内夫.营销管理[M].陆雄文,蒋青云,赵伟韬等,译.北京:中信出版集团,2022.

(Customer)，是企业通过提供产品或服务以满足其需求的具体对象，获取顾客是企业间竞争的重要因素。企业（Company），是开发和管理产品或服务，以满足顾客需求的市场主体。竞争者（Competitor），与企业提供的产品或服务相似，针对的目标人群也相似的竞争企业。合作者（Collaborator），通过合作等方式，致力于帮助企业共同满足顾客需求的其他主体。环境（Context），指影响企业如何开发和管理产品或服务的外部不可控因素，环境层面的分析常使用 PEST（Politics、Economy、Society、Technology）分析法，通过政治、经济、社会和技术四个方面展开剖析，以更好把握企业面临的宏观环境。

5C 营销环境理论中的五大要素密不可分。其中目标顾客在中心，合作者、竞争者和企业在中间，环境在最外圈。消费者层面的目标顾客在 5C 框架中的中心位置，反映了其在市场中的决定性作用。目标顾客如"众星拱月"，被企业、合作者、竞争者以及外部环境紧紧包裹着，充分彰显了目标顾客的核心地位；其他产业主体层面的三个市场主体——企业、合作者和竞争者，则致力于为目标顾客创造价值；5C 框架的外层是客观环境层面的市场环境，它决定了顾客、企业、合作者和竞争者运营的环境。识别市场环境的变化，抓住市场机会，充分把握目标顾客的需求变化趋势，是企业与竞争者争夺的关键（科特勒，2022）。本书对数智化发展背景的"客观环境—产业主体—消费者"三层次分析，也与 5C 框架中的五个因素相呼应。

5C 营销环境理论是市场环境分析的通用研究框架，也被广泛应用于企业的背景分析并指导企业行为。本拓展阅读将以荷兰的 Rijk Zwaan（瑞克斯旺）公司为例，展示其如何运用 5C 框架，分析市场背景并做出相应决策行为调整。

Rijk Zwaan 是一家总部位于荷兰的全球蔬菜种子公司，主营业务为蔬菜新品种研发、蔬菜种子生产加工及销售，目前位居全球蔬菜种子行业的第四位。

在目标顾客层面，Rijk Zwaan 专注于分析目标顾客差异化需求并予以满足。事实上，其面临的目标顾客具有一定特殊性，并非常见的终端消费者，而是种植者、农民和农业企业。这些顾客在世界各地种植蔬菜作物，且依赖高质量的种子获得丰收和竞争力。因此，其消费者需求具有多样化和高质量的特征。为满足上述需求，Rijk Zwaan 进行了一系列行为变革。首先，为实现顾客多样化需求，Rijk Zwaan 通过试验示范体系及产品链管理，不断推出适合不同地区顾客栽培的新优品种。其次，为满足高质量的需求，公司还常年为种植户提供从种植到收获的全过程服务，最大限度地提高种植户的收益。

在公司层面，Rijk Zwaan 秉持顾客为中心，主动积极投身变革。在全球，Rijk Zwaan 每年的研发投入营业额占比高达 30％。其不断研发育种新技术，通过开设研究院，融入顶尖科技含量，实现种质资源的提升以实现产品创新。同时，为了更好满足其产业后端的需求，企业通过研发自有产品和提供技术服务双管齐下。研发产品上，其针对不同客户的消费习惯、不同产品的个性特点和不同地区市场的方向创立一系列自有品牌产品，例如在 2023 年的德国柏林国际果蔬展上，Rijk Zwaan 公司研发的 Tatayoyo 独特休闲零食甜椒斩获创新金奖。技术服务上，Rijk Zwaan 还提供从客户规划、种植安排、品种选择到育苗、栽培管理等全方位的技术服务，确保其创新技术能够成功"落地"。

在竞争者层面，Rijk Zwaan 通过不断的个性化创新、质量保证和良好的客户关系保持竞争优势。蔬菜种子行业竞争激烈，Rijk Zwaan 的竞争对手包括其他全球性的种子公司：来自瑞士的 Syngenta（先正达）、来自美国的 Monsanto（孟山都）和来自德国的 Bayer（拜耳），Rijk Zwaan 正与它们在种子研发、销售渠道和品牌知名度等方面展开竞争。

在合作者层面，Rijk Zwaan 旨在与各地的利益相关者建立紧密而长久的合作关系。这不仅体现在上游和研发机构的合作，还表现为与下游利益相关者的共赢。首先，Rijk Zwaan 与研究机构和大学展开机密合作，进行蔬菜种子的创新研发。其次，Rijk Zwaan 还将新技术、新信息传递给下游利益相关者，如农民、种植者和分销商等。其在全球范围内拥有广泛的销售网络，向下游合作者分享种植技术、培训和市场信息，以帮助他们提高种植效率和产品质量。此外，每月发行《服务报》，以方便合作伙伴及时了解公司最新技术和服务信息；每年发行 Chainmail 杂志，让产业链上各个环节的合作伙伴对公司产品线有直观深入的了解。

在环境层面,Rijk Zwaan 通过创新种子研发和可持续农业实践适应环境变化。现今,蔬菜种子行业面临一系列机会和挑战,如全球人口的增长和对健康饮食的关注增加了对高质量蔬菜的需求,气候变化和环境问题则需要种植者采用更具抗逆性(即对不良环境的抵抗能力)和更环保的品种。面对上述市场发展、消费趋势和环境变化,Rijk Zwaan 注入创新力量生产高质量种子产品,关注可持续发展,为促进全球蔬菜消费、解决全球粮食供应、创造健康未来而努力。例如,2022 年,其和全球新能源材料公司 Liquidseal 合作开发了可食用的水果黄瓜天然涂层包装,以减少塑料包装的使用对环境的不利影响。

1.2　数智化营销概述

在分析了数智化的发展背景后,本节将重点关注数智化在营销中的应用,包含三个部分的内容。其一,回顾数智化营销的发展历程,并展望其前沿理论实践。其二,提出本书对数智化营销的定义。其三,对传统营销和数智营销方式的变更及数智营销下消费行为模型的转变进行阐述与分析。

1.2.1　数智化营销发展历程

"信息化是过去,数字化是现在,智能化是未来。"纵观整个营销领域,在数智化营销出现的前夜经历了怎样的发展路径? 本节从"数"和"智"两方面拆解分析数智化营销的发展前奏,并通过相关实践例证,探讨数智化营销的实践和价值。

1.2.1.1　"数"的飞速增长阶段

数字营销是使用通讯、信息网络等数字传播渠道来推广产品和服务并实现其价值的过程。随着互联网技术的普及与发展,市场营销也随之进入了数字营销的阶段。尤其在营销传播方面,传统广告逐渐衰退,社交媒体等数字传播飞速增长。数字营销在我国的飞速发展得益于政策、经济、社会、技术等多方面的支持。

（1）政策因素

电子商务及数字营销的发展离不开国家对互联网相关政策的支持。政策为其健康发展提供了方向和指南。例如，《关于促进数字经济高质量发展的指导意见》《关于加快推进企业数字化转型的指导意见》《"十四五"电子商务发展规划》等。具体地，2021年4月8日国务院制定了《关于促进数字经济高质量发展的指导意见》，提出促进数字经济高质量发展的总体要求、重点任务和保障措施，还提出了支持电子商务、网络零售、在线服务等新业态新模式创新发展，推动"互联网＋"深入融合，打造数字经济新优势的目标和措施等。同年5月17日，工信部印发了《关于加快推进企业数字化转型的指导意见》，明确指出加快推进企业数字化转型的总体目标、重点任务和保障措施，强调了支持企业开展数字化营销、数字化品牌建设、数字化客户服务等活动，提升企业市场竞争力和品牌影响力的目标和措施。同年10月9日，商务部、中央网信办和发展改革委印发《"十四五"电子商务发展规划》，阐明了"十四五"时期我国电子商务发展方向和任务，其中明确提出了加快推进数字化营销创新发展的目标和措施，包括完善数字化营销法律政策体系，加强数字化营销标准体系建设，推动数字化营销试点示范工作，加强数字化营销诚信建设和公共服务体系建设等。见微知著，仅2021年，已有多项数字营销相关政策发布，对数字营销的高质量发展具有重要指导意义。

（2）经济因素

资本集聚数字市场是数字营销发展的重要支撑因素。随着数字市场的日趋成熟，2015年是移动互联网领域并购风起云涌的一年。这一年里，许多行业内的领军企业都进行了重大的并购或战略合作，实现了数字资源的优化配置，对互联网和各垂直领域产生了深刻的影响。例如，携程和去哪儿网达成了合作协议，共同打造在线旅游平台；58同城和赶集网合并，形成了生活服务类网站的巨头；美团网和大众点评网联手成立了新公司，提供了更加丰富和便捷的团购和点评服务；滴滴出行和快的打车合并，统一了出行领域的市场份额等（郑丽勇、陈徐彬，2016）。

在此基础上，依托互联网的数字营销也迅速发展，吸引了资本的关注。郑丽勇和陈徐彬（2016）在其文章中也提到，2015年，数字营销领域也吸引了大量的资本进入，投资的方向主要包括"移动互联网广告业务""大数据服务"和"社会化媒体营销"等领域。例如，腾讯投资了国内领先的移动广告平台广点通，百度收购了视频广告平台爱奇艺等。此外，华夏视听、麦克奥迪、中青宝、梦网科技、悦视传媒等也都有涉及数字广告行业的重大重组收购动作。

（3）社会文化因素

社会文化因素是数字营销发展的背后推手。网络化时代，社会文化和消费习惯均产生了较大变动。社会文化方面，线上社交平台已经成为人们日常生活中不可或缺的一部分。例如，通过抖音、微博、微信、QQ、小红书、哔哩哔哩等网络平台和应用，人们与他人进行沟通、交流、分享、学习、娱乐，形成了新的社会关系和文化认同。而人们在日常生活中也变得越来越依赖这些数字平台和应用，并习惯于将大量时间消耗在这些 APP 上，这也使得网络世界的人们更容易受到数字平台内容的影响。消费习惯方面，也发生了显著的变化，从传统的线下购物、服务、娱乐等方式，转向了更加便捷、个性化、多元化的线上消费模式。因此，企业们也更加关注线上消费者注意力的争夺，带动了数字营销，尤其是营销传播领域的发展。比如企业在社交平台上投放各类广告、建设线上商铺、宣传和销售品牌。

（4）技术因素

物联网、区块链、大数据等技术为数字营销发展提供了可能性。在这些技术的支持下，营销实现了从传统营销到数据驱动的数字营销的转变，提高了营销效率、精准度和效果。具体而言，物联网技术可以实现对消费者行为和消费习惯的实时监测和反馈。例如，长安汽车利用车载物联网设备，收集用户的驾驶数据，分析用户的驾驶习惯和喜好，为用户提供个性化的服务和推荐。区块链技术可以实现对消费者数据的安全保护和共享。例如，奢侈品品牌 LV 利用区块链技术,为每件商品建立一个不可篡改的数字身份,记录商品的来源、流通、售后等信息,让消费者可以追溯商品的真实性和品质。而大数据技术可以实现对消费者数据的深度挖掘和洞察。例如,淘宝、京东等电商平台通过大数据分析用户的购物行为、偏好、评价等数据,构建用户画像,为用户提供精准的营销活动和定向优惠推送。

值得一提的是,机器学习、人工智能、云计算等技术逐渐萌芽、进步,也为数字营销的升级做出了重要贡献。首先,机器学习技术可以实现对消费者需求和喜好的预测和推荐。例如,哔哩哔哩网络视频平台利用机器学习技术,根据用户的观看历史、评分、评论等数据,为用户推荐感兴趣的视频内容,并根据用户的反馈不断优化推荐算法。其次,人工智能技术可以实现对消费者语音和图像的识别和交互。例如,天猫香奈儿官方旗舰店就利用人工智能技术,为用户提供虚拟试妆功能,用户通过拍照或上传照片,就可以试用不同的彩妆产品,并通过语音或文字与智能助理进行沟通和咨询。最后,云计算技术可以实现对消费者服务的快速响应和优化。例如,Taptap 游戏平台社区利用云计算技术,为用户提供云游戏服务,让用户无须下载或安装便可以在任何设备上流畅地玩游戏,并根据用户的网络状况和设备性能动态调整画质和帧率。

数字化以及数智化技术的发展极大地推动了数字营销的升级。两种技术对数字营销有交叉,亦有差别。其中差别主要体现在数据方式、数据功能和决策辅助三个方面。首先,数据方式上,数字化技术常用于收集和分析用户数据,智能化技术更偏向预测和满足用户需求,让用户感受到更加个性化、便捷、高效的服务;其次,数据功能上,数字化技术侧重保护和共享用户数据,智能化技术则强调展示和动态交互品牌信息,让用户认识到品牌的专业性、透明性、创新性;最后,决策辅助上,数字化技术聚焦优化和管理营销流程,智能化技术则围绕创新和开发营销策略,让营销活动变得更加精准、灵活、有针对性。

1.2.1.2 "智"的加速成长阶段

根据营销学者朱国玮等(2021)对人工智能营销的研究述评,从数字营销到数智营销,"智"多体现在用户洞察、内容管理、受众交互、智能投放等方面的营销升级，也加速了数智化营销的发展。

（1）用户洞察方面

用户洞察一般可以分为战略层、战术层、运作层三个层面，战略层的用户洞察关注整体行业市场的趋势和变化；战术层的用户洞察将重点放在某个细分领域，侧重于分析消费者的态度和行为偏好；而运作层的用户洞察则更为具体，关注产品功能、用户需求或痛点等。其中，自然语言处理、机器学习等人工智能技术，数据挖掘、文本挖掘、数据可视化等大数据技术都能服务于用户洞察。

在用户洞察的具体应用上，"智"可以识别消费者、提供实时自主解决方案、丰富用户画像等。首先，在识别消费者方面，依托人工智能技术的分析多样化信息的能力，其可以通过利用计算机视觉和机器学习等来衡量店铺中购物者的情绪（Paschen et al.，2019），除了识别情绪，数智技术还可以用于预测消费者意图，筛选高质量的潜在客户等。其次，在提供实时解决方案方面，可以通过自然语言处理（NLP）和自动化功能洞察用户对不同方案的反应，并通过不断调整方案为用户提供心仪的产品或服务。例如，IBM（International Business Machines Corporation）推出了 Watson Assistants，通过虚拟助手，增强了沟通效率和服务体验（朱国玮等，2021）。最后，在丰富用户画像方面，利用大数据技术生成的用户画像，再结合来自调研项目的"小数据"，能够实现更加及时、高频、立体的用户画像，从而帮助精准高效地分析、理解目标用户。例如，集成学习算法 XGBoost 被广泛用于商业用户标签、用户画像分析等。

（2）内容管理方面

在内容管理上，"智"不仅可以自主生成内容，还可以有效把控内容质量。首先，生成内容上，目前部分营销人员已开始使用人工智能的工具自动化地创建元数据、生成和附加标签，以简化内容管理和加快内容编辑。在内容创意领域同样可以发挥作用，突破了以往人工创意有限的局限性，帮助营销人员有针对性地生成多样化的内容，提升营销效果。例如，阿里巴巴的人工智能系统"鲁班"，通过对海量商品图片、海报的智能抓取、识别和学习，在 2016 年的"双十一"购物活动中智能生成了 1.7 亿张海报。其次,内容质量把控上,人工智能利用图像识别和机器学习等技术对大量素材执行自动化识别、抓取、标记等操作,有效实现内容分类和标记(Chan-Olmsted,2019),并进一步检查是否存在内容遗漏、格式错误和其他相关问题以控制内容质量,帮助识别人工处理可能产生的错漏问题。

(3)受众交互方面

在受众交互上,"智"不仅可以扮演智能客服角色,还可以主动生成内容。智能客服方面,智能机器人和虚拟助手不仅能够有效接收用户所说的信息,还能通过分析句子结构、单词语义和上下文语句准确理解用户的产品咨询或售后服务等方面问题和需求,及时提供针对性解决方案。此外,机器学习算法让智能机器人和虚拟助手拥有灵活的自主学习能力,可以在用户的提问和互动反馈中不断积累新知识,扩大理解和解决问题的范围,提升处理效率和准确率,以此减轻人工客服的负担。生成内容方面,生成式人工智能为互联网用户提供了大量的创意和策略。2023 年 2 月,微软宣布 ChatGPT 接入必应(Bing),同时其 CEO 萨提亚·纳德拉(Satya Nadella)抛下一句话:"搜索引擎迎来了新时代!"时至今日,微软的市值依旧因此上涨,累计涨幅已经超过27%①。5 月 11 日,谷歌宣布将聊天机器人 Merlin 引入搜索引擎,正面迎接微软的挑战。与此同时,中国百度也开始探索文心一言等相关生成式人工智能的应用。

(4)智能投放方面

在智能投放上,"智"体现在对消费者的精准推送。人工智能通过其强大的数据分析和计算处理能力,明确消费者的特征和需求,判断用户最可能购买或点击广告的时刻与内容,并比较上万种广告投放方案,快速判断最佳方案;此外,投放之所以"智能",还在于其强大的实时更新能力。通过分析实时数据,不断评估和调整方案,自动完成广告媒介的购买和投放,最终实现高效、精

---

① 根据微软 2023 年 2 月 7 日及 6 月 2 日收盘价,纳斯达克.

准、动态的智能投放（马二伟，2020）。例如，沃尔沃通过人群标签优化、页面关键词优化、时间优化实现精准投放，在投放中实时提升传播效果。再比如，数字媒体平台如抖音、腾讯、快手、今日头条等平台更是通过先进的算法实现智能广告投放。在这些平台上，广告主只需要阐述自己的需求，平台就会通过大数据算法和逻辑分析用户数据，比如用户的性别、婚姻、地理位置等基础信息，用户在平台内表现出的兴趣爱好，以及跨平台的行为数据等。匹配完成后，平台将广告信息精准推送给潜在消费者。

1.2.1.3　数智化营销前沿探索

展望未来，对企业而言，在所有面临的不确定中，数智化是现在最确定的巨大机遇。未来企业的发展，比拼的是谁的数据更全面，谁的分析更准确，谁更能理解数据。伴随 5G 的迅速发展，虚拟世界的高铁网络已逐步搭建完成，必将催生产品服务的大变革，数智化营销也势必成为未来企业营销战略的重要组成部分。

（1）数智化营销实践

数智化营销的重要性日益彰显，无论是初创企业还是成长阶段企业又或是成熟企业，都需要进行数智化营销改革，以提高自身竞争优势和可持续发展性。本节将通过融入实践案例的方式，重点关注数智化营销中的产品设计、品牌创新、促销策略、渠道开发以及服务交互五个方面的内容。

① 产品设计

以食品领域为例，数智营销在产品设计中迸发出巨大的潜力。例如，数智化可以助力健康、科学、个性化配比的消费者食品需求得以满足。

作为方便食品的龙头企业，康师傅很早就运用了数智化手段，不仅根据市场变化进行快速反应、弹性生产，还借助数字化工具及时洞察消费者需求，并将其运用于产品设计。首先，借助与腾讯、京东、"双微一抖"等社交媒体平台及互联网电商平台的合作，康师傅通过挖掘大数据初步实现了渠道端和消费者端数据的回流。收集并分析了消费者对产品的反馈、购买行为和市场趋势等数据，从而精准定位目标市场和消费者群体。通过数据分析，康师傅发现了一些新的消费需求,例如面饼分量小、不健康等。因此,其针对性地研发新品或调整产品策略,与消费者产生更深入的互动。例如,速达面馆、大食袋、大食桶,以及为 25～35 岁的城镇化新族群打造的"手擀面"新品,均是康师傅在大数据背景下,洞察到家庭消费、健康需求的增长,进而面向新消费场景和消费人群进行的探索。同时,人工智能技术还可以预测未来市场趋势,为康师傅的长期发展提供支持。

对于食品企业来说,原材料的新鲜程度、成品品质的稳定性,很大程度上决定了企业的整体发展优势。单靠人工经验无法保证原材料的新鲜和成品品质的稳定,而数字化和人工智能可以较好地解决这一问题。康师傅在 ERP 系统基础上升级启用了原物料智能管家。通过系统自动模拟的计算功能,能够让康师傅在原材料采购方面,对采购时间、数量和细节做出快速分析、预估和调整。同时,智能制造技术的应用使得康师傅能够精确控制生产过程中的各项参数,确保产品质量和口感的稳定性。康师傅凭借着数智化技术的运用,成功提高了产品质量,进一步扩大了市场份额。

② 品牌创新

在品牌创新中,数智营销更是占据重要地位。新人群、新需求、新营销、新品牌正重构着消费市场,品牌作为市场竞争中的核心武器,需要借助数智化技术实现覆盖整个供应链链条的数智管理,以确保不会在群雄而起的市场大环境中被淹没和淘汰。以锅圈食汇品牌为例,该品牌于 2017 年创立,是锅圈食品(上海)股份有限公司旗下的品牌。截至 2023 年 3 月 27 日,锅圈门店覆盖了全国 29 个省级行政区,已拥有 9 645 家门店。经营范围覆盖火锅、即烹套餐、生鲜食品、西餐和零食等品类。

数智化营销是推动助力锅圈食汇品牌发展的重要基石之一。锅圈食汇的生产和销售等供应链全流程均经过了数智化营销手段的升级和优化,实现了数智管理。首先,售前阶段。锅圈食汇根据对前端消费数据的分析创新产品布局,使其能够依据市场需求与消费者偏好做到精准定位与产品策划,并实时更新,以实现精准掌握消费者需求,提供契合市场趋势、满足消费者喜好的产品。例如，NFC(Not From Concentrated)黄桃汁、山楂汁等产品深受消费者喜爱。除了新产品开发，锅圈食汇还通过建设全自动数据智能化厂房，在生产层面实现数智赋能，为食品安全提供保障。一方面，通过科技赋能生产力帮助厂房提高管理能力和食材产能，以便保障食材品质；另一方面，在数智化工具辅助下构建透明生产线，为食材生产和产品包装开辟一条龙可视化生产途径，优化管理效率、提高品控能力、确保食材安全。其次，售中阶段。锅圈食汇借助外卖平台与社交媒体融合应用构建数智化营销网络与供应链，一方面通过线下门店，方便消费者选购食品；另一方面以自营小程序以及饿了么和美团外卖平台为基础，提供在线订购配送服务，实现 30 分钟内送货上门，让消费者可以随时随地享用烧烤火锅。最后，售后阶段。锅圈食汇采用数智技术，不断优化客户服务体验。通过研发企业会员管理系统，实现了对店铺线下、线上数据的收集整理和分析，并获取大数据报表了解各店铺实时数据，如会员消费占比以及用户的购买行为。根据分析结果优化活动方案，以提升消费体验，达到精准营销的目的。锅圈食汇通过覆盖售前、售中和售后的全供应链数智营销管理，打造了安全健康的品牌形象，让消费者放心消费、便捷"在家吃饭"，也为餐饮业品牌数智化发展提供新思路。

③ 促销策略

在促销策略中，数智营销的作用不容忽视。现阶段随着人工智能的发展和社交媒体的广泛应用，促销转向了一个强调"体验互动"的时代，体验营销和互动营销成为热词。体验营销指年轻一代的消费者追寻独特性、实时性、互动性和可分享性，场景式营销正属于体验营销的重要分支。互动营销强调消费者参与，通过积极与客户建立联系、参与和互动进行双向或多向价值创造，客户活跃度和参与度提高，促销活动开始追求趣味性，而游戏化营销正是其中的重要一环。本节将会分别对场景式营销和游戏化营销中的数智融入展开介绍。

场景式营销：在《即将到来的场景时代：移动、传感、数据和未来隐私》一书中提到，构成场景的五种技术力量无处不在，分别是移动设备、社交媒体、大数据、传感器和定位系统,这五种原力正在改变消费者的购物体验。场景营销是指在移动互联环境下,根据消费者所在的"场"(地点、时间)为消费营造包括个性化、体验性、情感性等元素的"景",从而在场景搭建中实现营销目的。场景营销注重满足消费者不同场景下的具体需求,开展有针对性的营销。场景营销还强调带给消费者独特的体验,注重引发消费者情感层面的共鸣。例如,成立于 2016 年,总部位于江苏南京的多飞科技。目前,在场景金融细分领域,公司凭借创新的场景金融理念、成熟的场景金融产品、智慧的场景金融运营,为农业银行、交通银行、建设银行、邮储银行、浦发银行、上海银行、南京银行、中国银联等多家大中型银行业金融机构提供了一站式场景金融解决方案。

场景金融是指将金融产品嵌入各种服务场景中,为顾客在各类消费场景中提供多样化的金融服务。多飞科技基于场景营销内涵,将其与金融业相结合,研发和运营了"慧惠多"O2O 云平台为"场景商户、场景消费者、商业银行"三者搭建了场景化智能营销的决策引擎,提高零售客户线上化、场景化、数字化经营能力,着力解决商业银行在数字化转型过程中面临的获客难、获客贵、留客难等痛点问题,以期实现"轻型化、无感化、场景化"的场景金融服务体验。

多飞科技通过持续创新迭代与市场验证,构建面向场景生态用户、数智化运营的开放式场景金融运营系统。具体而言,已形成"员工合伙人营销网络""商户合伙人营销网络""乡村合伙人营销网络"的"三网融合"数智化场景营销体系,通过开放银行模式"融入场景"金融机构产品与服务,打造场景金融运营核心竞争力。在技术上,多飞科技通过数字技术的创新突破,逐年增加科技研发资源,充分利用大数据、人工智能、商业智能等金融科技,实现前沿技术与金融生态圈的深度融合以及创新应用。

游戏化营销:游戏化是指设计信息系统来提供类似游戏的体验和动机,从而试图影响用户行为。近年来,游戏化的流行程度急剧上升,表现为越来越多的游戏化应用出现(Koivisto & Hamari,2019)。游戏化也不断运用于营销领域,即游戏化营销,通过促销活动中结合游戏设计元素,让用户能够沉浸式参与,在轻松愉快的过程中主动接受和购买产品,带来趣味十足的促销体验。

芭芭农场就是一个很好的例子,它是一款由阿里巴巴开发的、在淘宝 APP 上推广的轻游戏化电商互动产品。其原名为天猫农场,从最初的"打卡签到"到如今的"多样玩法的养成体验",芭芭农场不断利用数智技术,创新促销方案,助力提升用户黏性。尤其是可以通过虚拟互动兑换现实农产品的活动,广受消费者喜爱。目前芭芭农场的玩法较丰富:比如用户可以在"阳光农场"种田,收集阳光,用阳光兑换实物;也可以在"农场果园"选种果树,成熟后可以免费获得水果。在游戏化营销中,芭芭农场擅用数智技术。不仅通过数智手段设计了更为精细化的玩法,培养用户兴趣,增强用户参与,更是通过技术升级打通产业链上下游,优化渠道。得益于阿里巴巴的电子商务、物流存储体系,芭芭农场在各地通过整合资源,搭建出覆盖种植、流通到销售一体化的完整流通网络,帮助果农、瓜农打通产业链。值得注意的是,芭芭农场为对接的瓜果农开通了菜鸟裹裹绿色物流通道,切实解决物流运输问题,帮助原产地农产品走出去。总结而言,芭芭农场利用数智技术,通过游戏化营销以及可视化处理,建构了具有较大用户吸引力的虚拟农场,不仅提高了用户对淘宝平台的黏度,更是助力了农产品销售,在这一层面上具有社会价值。

④ 渠道开发

在渠道开发中,数智营销也发挥着重要作用。从直播电商的发展到直播中智能虚拟数字人等新方式的出现,侧面验证着数智营销在其中的功效。直播电商从中国开始发展壮大,目前已经成为全球电子商务的新趋势。

直播电商是一种流媒体广播类型的电子商务,通过聊天、与消费者交流等方式来介绍产品。但直播电商有一定的局限性,例如主播和消费者不是完全交互式的通信、向消费者传递产品和品牌的概念是有限制的、消费者对品牌和产品缺乏体验等等。Jeong 等(2022)提出了一个克服现有的在线购物平台局限性的实践想法,即创建一个通过使用数字孪生技术结合实时商务与虚拟世界的创新商业模式,让消费者在观看直播和收听产品描述的同时,看到利用数字孪生技术实现的产品。消费者可以通过进入具有品牌特征的虚拟空间来体验品牌,作为虚拟世界中的角色参与其中,展示自己的个性。它还提供了额外功能,允许消费者在直播期间与其他消费者进行交流,卖家也可以装饰空间来表达品牌的概念。此外,它还提供了一种服务,通过分析销售记录和提供消费者报告来帮助优化产品销售。

在上述创新渠道开发中,消费者的虚拟体验至关重要。其中,3D、虚拟现实(VR)和增强现实(AR)技术,为营销人员打造虚拟世界提供了窗口,使其以创新的方式接触消费者。通过创建多感官虚拟体验,用户可以沉浸进入与现实分离的虚拟世界。以 AR 技术为例,通过 AR 技术可以把虚拟世界和现实世界的视觉对齐,将虚拟信息添加到用户对现实世界的感知中,实现虚拟和现实的连接。而且,这些仅通过 AR 应用程序就可以实现,应用程序可以安装在智能手机、虚拟试衣镜或可穿戴设备上,十分便捷。例如,消费者通过虚拟试衣镜看到自己穿着某件心仪衣服产品的模样,解决了虚拟渠道、元宇宙营销中的痛点。又例如,宜家的工作室 APP,通过结合 3D 技术,捕获整个房间,生成虚拟图景,并将选定的产品和家具融入其中,为购物者创造沉浸式的体验。

⑤ 服务交互

在服务交互中,数智营销同样具有重要价值。本节将从医疗领域、教育领域和直播领域分别介绍数智化营销引入后的效果。

首先,医疗领域。医疗决策是一个复杂的过程。更为重要的是,医疗决策需要极强的严谨性,以防止诊断或用药错误。人工智能可以在一定程度上减少错误医疗决策的发生,只需对患者的症状进行分析,AI 就能在几分之一秒内立即确定患者的高危疾病诊断,从而提供及时治疗。目前,已有发达国家的医生和医院使用人工智能技术来识别可能有肾衰竭、心脏骤停或术后压力风险的患者。此外,当某种处方药不适用于特定基因类型的患者时,它们还会发出警报,并提供可替代的正确药物(Das et al.,2018)。

其次,教育领域。Kim 等(2022)评估了人工智能对学生辅导的辅助作用。该研究侧重于一种特定的人工智能技术,它可以帮助老师更准确地判断和预测学生的表现和学习习惯。考虑到学习成绩和学习习惯之间存在正相关关系,这种基于人工智能的服务有望提高学生的考试成绩和表现。

最后,直播领域。目前大多数真人直播间的一个重要问题是,如何确保主播一致性的同时又实现较长时间的滚动直播。为了解决该问题,并实现直播常态化,为店铺积累私域流量,飞利浦上线了智能 AI 主播"飞飞",介绍飞利浦空气炸锅、卷发棒等产品。AI 主播以可爱甜美的形象示人,在接受飞利浦团队训练后,既能够清楚介绍产品功能,和消费者进行互动交流,又能够对评论里多次提到的内容进行识别和交流,同时也能够实现直播时的话术自我优化。此外,当消费者进入直播间,"飞飞"会主动呼唤他们的昵称,激发消费者新鲜感,使其感受到主播以及品牌所带来的亲切感。尽管当前虚拟 AI 主播尚处于相对初级的阶段,但随着数智技术结合深度学习创造出更丰富的模态,赋予 AI 主播更加鲜活、更具个性的语言与沟通方式将是今后助力品牌赢得消费者青睐的重要力量。

与之相关的是,淘宝直播目前陆续推出多个智能产品服务,包括:① 虚拟直播——在真人主播非工作时间段进行商品的播报与服务,为消费者提供 24 小时不间断的智能货品推荐以及在线服务,同时也为商户直播降低门槛。② 智能助理——专门为淘宝直播打造的智能专业直播助手。"播小宝"智能助理可以辅助新主播完成第一场直播,并在直播的每个链路环节中实现实时的智能教学指导。③ 智能数据助理——淘宝官方为主播提供的智能运营助理,旨在全方位赋能提效。智能主播数据分析师可提供直播间粉丝情况分析,实现直播能力多维诊断、同行竞争差异等分析内容。④ 智能辅播——可实现对主播的辅助,可以设置消费者进入后打招呼状态、对电商大促规则等基本问题进行解答,有未识别问题、文字输入问题、语音输入问题等智能辅播服务。

(2)数智化营销趋势

近年来,中国数智化营销发展呈现出蓬勃活力,关键核心技术加速攻坚,"元宇宙"等成为破圈热词,各类新兴业态正在迅速发展。从消费者视角看,数智营销让消费者更加了解自己的需求,更注重产品的个性化和体验化;从企业视角看,企业作为产品提供主体,面对市场需求多变、产业结构升级、竞争激烈和资源环境约束的挑战,势必要向以消费者为中心、精准决策的新型数智化营销模式转变。在此基础上，根据上文对数智化营销实践的介绍，并结合当下中国市场趋势，本书对数智化营销未来发展趋势做出了思考和概括，具体涉及消费者视角的消费者福利方向和企业视角的营销策略方向。

①　消费者福利方向

消费者福利方向主要包括减少食物浪费、赋能健康服务、助力慈善发展和促进环保事业四个部分。

数智化营销在食物浪费方面的应用。一粥一饭，当思来之不易，餐饮行业长期被认为是食物浪费的"重灾区"，如何降低食材损耗、减少食品浪费，一直都是一个值得关注的问题。数智化营销的引入，可以通过精准预测需求、减少过度生产来降低浪费。具体地，未来通过研发和引入智能化系统和自动化设备，餐饮企业可以探索精细管理的可能性。例如，推行进销存数智信息系统，实现根据产品销量数据、食材损耗数据、消费者需求预测数据等，推测出翌日门店所需生产食品对应的食材原料数量，减轻因人为经验预判不准确所带来的食品损耗和浪费。

数智化营销在健康服务方面的应用。健康服务中的数智营销主要体现在健康理疗和医疗保健两个领域。首先，健康理疗方面。在传统健康理疗行业中，服务质量取决于理疗师的个人技艺和服务水平。而数智化营销可以在产品设计中实现创新，采用理疗机器人取代真人技师进行按摩服务，可以精准定位到人体筋膜的粘连部位，并进行快速、准确、到位的击打和定点加强，还可以以高质量标准持续服务十几个小时，一举破解理疗行业"服务标准化难"的问题，有利于降低人力成本。可见，未来数智营销在这一领域的应用值得进一步拓展。其次，医疗保健方面。现如今医院中的智能导医机器人已经可以协助病人挂号、导诊，还能给病人提出治疗建议，大大减轻了医护人员的工作负担。未来，如何加强医疗行业中数智化营销的产品设计和服务交互成为重点。例如，结合虚拟现实、增强现实等技术并应用于医学教育、手术辅助、康复训练等领域，以提高医学技能和工作效率。在数智化营销的产品设计上，可以开发虚拟手术模拟服务，让医护人员在虚拟环境下进行手术模拟，减少医疗事故的发生,提高医疗质量。在数智化营销的服务交互上,可以开发护理机器人,通过添加人脸追踪和监测功能,如影随形地跟着主人,在发生跌倒等意外情况后立即给在外工作的家人发送信号,并把现场影像传送到家人手机上。这些将有利于健康服务行业整体向高端化、智能化和人性化方向升级。

数智化营销在慈善事业中的应用。慈善事业的一大难题在于款项的不透明和捐赠者的不信任。通过搭建数智营销平台,实现全程公开透明,还可以借助区块链技术,支持溯源查询。例如,浙江2022年展开了"慈善一日捐"活动,搭建了"浙里捐赠"的互联网数智慈善平台,这也为未来慈善事业的发展提供了启发。针对慈善捐赠痛点、堵点和难点,"浙里捐赠"改造了捐赠流程,整合慈善组织与公益平台资源,与财政、税务和民政等部门合作,构建善款上链、过程存证与信息溯源相结合的捐赠生态闭环体系,打造了"服务便捷、过程透明、机制创新、监管有效、分析智能"的捐赠应用平台,整个过程也公开透明可追溯,获得了捐款者的信任,推动了慈善事业健康发展。

数智化营销在环保事业中的应用。随着"碳达峰、碳中和"双碳目标的倡导,节能减排已成为社会和行业的共识,绿色低碳发展已成为必由之路,环保事业也亟须数智化营销的加入。一方面,数智化营销可以推动传统制造企业升级,以智能化能源管理、设备运维和设备节能为支点,实现节能降耗、提高能源利用率。例如,物联网和区块链等技术可以为减少碳排放提供有效的测量和管理手段,帮助企业推动节能降碳。另一方面,数智化营销平台嵌入政府及公共事业部门,也将有利于助推消费者的绿色环保行为。比如通过消费者行为分析,如公共交通乘坐、共享单车使用等,衡量个体碳减排积分,并可用于兑换奖品,同时引入朋友圈比较机制,激发个体绿色行为。

② 企业营销策略方向

企业营销策略方向主要包括升级客户体验、更新渠道发展、打造视觉应用和元宇宙赋能促销四个部分。

数智化营销在客户体验中的应用。通过数智营销进行体验服务系统设计,能够为客户提供全流程、全生命周期的良好使用体验。例如,全流程方面,构建起以数据为基础、算法为驱动、应用为指引的数据智能化驱动的客户体验体系。企业可以在各个交互触点上先采集消费者的体验反馈,并将其数字化、集中化处理,通过全面展示客户体验评价,建立顾客体验舆论预警机制。同时,将发现的问题及时下发给对应的团队和体验官进行跟进,确保消费者满意。全生命周期上,针对不同客户生命周期的差异需求,融合主、客观多源数据,构建潜在客户精准营销算法、存量客户交叉营销算法等,提升客户体验、驱动业务增长。未来,企业通过数智体验服务系统,可以进一步建立数智化生态,用于产品的创新和开发。

数智化营销在渠道发展中的应用。数智化营销在渠道领域重点强调全渠道的建设和发展。新时代下,数据驱动了渠道模式的升级。例如,零售商运营从依赖"人脑决策"到"算法决策"。未来数智化全渠道的发展中,私域流量是值得继续挖掘的点,在流量和会员资产上存在较大的服务增值潜力。此外,渠道之间的一体化和业务标准化,是第二个需要关注的内容。探究创新的数智渠道模式则是第三个关键点。不断探索精准运营、内容营销和私域直播等新模式,将成为零售业数智化和全渠道发展不可逆转的主要趋势。

数智化营销在视觉打造中的应用。数智化营销中一个不可或缺的独特价值在于虚拟和现实的融合,视觉应用是突破的工具。重新构建 AI 视觉平台,将物理世界和数字世界连接起来,创造数字孪生世界。以 AI 视觉技术为基础,开启数据治理的新时代,可以涵盖农文旅、产品销售、城市治理等多个应用领域。例如,文旅行业用 VR 和 AR 技术与 AI 加速融合,可以实现消费者足不出户就能看见各样的景区风景,如亲身体验般了解不同地方的文化风情。产品销售领域,通过创建虚拟世界的销售场景,让消费者在家中也能感受、尝试、体验产品。城市治理领域,未来所有的物理空间都将实现数字化转换,利用人工智能对海量视频数据进行结构化处理,从而实现对目标和场景的全面感知和全息分析,确保城市安全。

数智化营销在元宇宙中的应用。与视觉打造相关的"元宇宙",开启了未来数智化促销的新图景。"元宇宙"指沉浸式的虚拟社区,个体在该社区中拥有虚拟身份和资产,其为人类连接提供新方式,改变人们的认知模式和行为习惯。"元宇宙"可谓近两年最火破圈热词之一,国内外互联网巨头和科技企业纷纷积极布局元宇宙赛道。国内方面,腾讯、字节跳动、阿里、网易等互联网巨头纷纷申请注册了元宇宙相关商标。例如,腾讯于 2021 年推出 NFT(数字作品)交易平台"幻核"APP,并成为世界最大的多人在线创作游戏 Roblox 的股东;再比如,字节跳动于 2021 年 8 月以 90 亿元收购了 VR 软硬件制造商Pico,实现硬件设备的弯道超车。除了互联网企业的推进,对尚处发展初期的元宇宙来说,政府助力也十分重要。目前,已有 20 多个省市在"十四五"规划、政府工作报告、元宇宙产业规划和扶持政策中提及元宇宙或出台了元宇宙产业发展的相关扶持政策。未来,底层性技术创新和基础设施建设将是"元宇宙"发展的关键,"元宇宙"和数智营销的结合运用将大有可为,包括但不限于虚拟品牌代言人、感受虚拟产品体验等。

1.2.2　数智化营销概念内涵

近年来,大数据、人工智能等技术快速发展,在数智化概念被提出后,数智化营销一词也逐渐火了起来,但究竟什么是数智化营销? 目前,对于数智化营销尚无统一定义。本节将首先对以往实践中提及的数智化营销概念做出总结。接着,提出本书对数智化营销内涵的界定:数字化、数据化、智能化和智慧化营销。

1.2.2.1　数智化营销概念初探

目前对于数智化营销的理解,大多来源于业界。比如,王浪花(2022)提出数智化营销是数据与智能结合的产物,大大改善了算法和推送功能,并助推数字产品的营销传播发展。阿里研究院指出数智化营销是运用数智力(基于云化基础设施的数智化组织、供应链等)进行精准营销的过程。2021 年,在智能手机品牌 vivo 的开发者大会上,根据 vivo 互联网销售部总经理的介绍,可以认为数智化营销是利用数据资产价值,调用人工智能等技术,冲破互联网增量瓶颈,释放营销真正势能的过程。可见,数智化营销被普遍认为是数字营销与智能手段的结合,但数智化营销真的就止步于此了吗?

1.2.2.2　数智化营销内涵拓展

　　为了深度挖掘数智化营销的内涵,本书从数字化、数据化、智能化、智慧化四个方面对其进行深度解析。具体而言,数字化营销强调利用互联网、线上平台等数字形式进行营销;数据化营销强调对用户行为等相关数据进行深度分析;智能化营销强调精准识别用户有效数据并对其进行大规模、多样化的分析;智慧化营销则强调系统深度学习、不断进化的能力。在数字化、数据化、智能化、智慧化中,四个模块层层嵌套,由浅入深,如图1-9所示。后者能比前者实现更高精度、更高深度的营销,而前者又为后者提供可靠的实现基础。

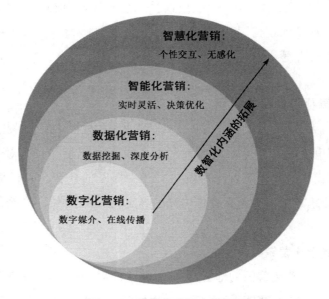

图1-9　数智化营销内涵拓展

（1）数字化营销

　　数字媒介和在线传播是数字化营销的两大关键词。这里的数字化营销主要指通过邮件、网络平台等数字化多媒体渠道传播营销信息的活动,通过利用互联网技术开拓新的市场、挖掘新的消费者。互联网技术的升级会同步促进数字化营销的发展,比如目前社交媒体成为互联网中的主流媒体,企业通过社交媒体平台的产品评论形成在线口碑,影响其他消费者。

【微案例】

"牵手"微信,敦煌研究院的数字化营销

2019年敦煌研究院与微信合作打造了"敦煌诗巾"引爆朋友圈,"敦煌诗巾"是一款基于微信小程序的互动产品。消费者可以通过扫描敦煌壁画中的花鸟图案,生成一首与之相匹配的古诗,并将其印在定制的围巾上,从而形成一件独一无二的文化创意产品。用户还可以将生成的古诗一键分享到朋友圈,邀请好友点赞或评论,促进了产品的"出圈"。在这个过程中,敦煌研究院利用了图像识别、小程序等技术,实现了与用户的互动和个性化服务;同时利用微信平台实现了与用户的沟通以及内容的传播;敦煌研究院通过把数字营销与文化创意进行结合,提升了品牌形象和价值。

(2)数据化营销

数据挖掘和深度分析是数据化营销的两大关键词。其与数字化营销一脉相承,但更加重视对大数据技术的利用。基于数据分析技术,企业可以对海量消费者数据进行挖掘与分析,利用云软件、云计算等手段对用户行为进行模拟、分析、预测,从而实现更加精准的一对一营销。除此之外,数据分析还加速了自动化营销的萌芽,企业利用数据对营销过程进行动态监测和动态反馈,实行按效果付费。具体而言,企业在输入既定的营销目标,配置好相关参数后,系统就能自动执行营销计划,同时监测相应的营销效果,及时筛选出合适的营销内容并通过对应的渠道发送给相关用户。利用自动化服务与用户进行沟通,帮助解决他们在使用产品或服务时遇到的问题。

【微案例】

网易云音乐"年度歌单"背后的数据化营销

网易云音乐,作为大众熟知的音乐播放平台,在数据技术的支持下创新推出"年度歌单"功能,备受消费者喜爱。其通过收集和分析用户在过去一年里的听歌行为、喜好、情绪等数据,为用户生成个性化的年度歌单,该歌单包含用户最爱的歌曲、歌手、风格、场景等信息的个人报告,并配以精美的海报和动画,让用户回顾自己的音乐之旅的同时分享给朋友。网易云音乐的"年度歌单"数据化营销满足了用户个性化、情感化、社交化和创新化等需求:个性化指年度歌单是根据每个用户的独特数据生成,反映了用户的个人品味和情感状态,使用户感受到被关注和尊重;情感化指的是网易云音乐年度歌单不仅展示了用户的听歌数据,还通过文字和图片等元素,讲述了用户的听歌故事,激发了用户的情感共鸣和回忆;社交化是指年度歌单可以在社交媒体上进行分享和互动,让用户与其他用户进行交流和比较,增加了用户的参与感和归属感;创新化则是指网易云音乐的年度歌单每年都会有不同的主题和设计,让用户感受到新鲜和惊喜。网易云音乐的"年度歌单"数据化营销方式,增强了用户的黏性,同时也在一定程度上提升了品牌形象和影响力。

（3）智能化营销

实时灵活和决策优化是智能化营销的两大关键词。相较于数据化营销,其在数据处理和分析方面更加智能。以往营销采用的数据分析技术对非结构化数据的处理存在局限,在数据的规范和预测上存在一定的滞后。而智能化营销则能够快速分析大规模、多样化的营销数据集,从数据中学习并表现出灵活的应变能力,不断自我优化并实时预测发展趋势,更有效地理解用户行为并及时响应用户的实时需求变化。除了强大的数据分析能力,智能化营销在决策方面也更胜一筹,先前的营销活动主要依赖于营销人员,然而营销人员存在认知和经验有限、决策不准确等问题。智能化营销则在理解人类智能的基础上模拟和延伸了人类智能,可以将大数据中的信息转化为制定营销战略和战术所需的知识,并通过不断获取新知识并更新现有知识取得更好的营销效果。

【微案例】

真农网"二维码"的智能化营销

真农网是一个农业品牌智能管理应用平台,于 2016 年 1 月正式发布上线,并与腾讯、华为等达成生态合作伙伴协议。其为农产品品牌提供智能包装设计、二维码营销、区块链溯源等一站式智能化营销服务。首先是智能包装设计。真农网根据行业特色、产品属性和品牌故事,为农产品企业定制专属智能包装,助力企业品牌建设、产品增值。其次是二维码营销。真农网在每个包装上都设置了一个独立的二维码,客户只要用手机扫描二维码,就能了解农产品的全部信息,实现在线购买,还能快速分享传播,实现品牌用户的快速裂变。真农网的二维码营销为企业提供了大量的实时数据和反馈,帮助企业优化产品和服务决策。最后是区块链溯源。真农网利用区块链技术,为每个农产品建立一个唯一的数字身份,记录并公开农产品的生产、加工、运输、检测等全过程信息,让消费者可以随时随地查询和验证农产品的真实性和质量。真农网的溯源鉴真不仅增强了消费者的信任和认同,也展示了企业的社会责任和形象。真农网运用"互联网＋思维",以二维码营销工具为入口,采用线上线下相结合的营销模式。它不仅帮助品牌建立良好的视觉形象,增加消费者的好感,还赋予了产品包装社交分享、溯源鉴真、营销互动、二次购买等新功能。

(4) 智慧化营销

个性交互和无感化是智慧化营销的两大关键词。个性交互强调对个体消费者的关注以及倡导顾客互动，无感化则侧重通过创新技术升级，实现舒适自然顺畅的整体营销氛围，减少消费者对营销的反感。智慧化营销以技术为基础，以创新为核心，以精准为目的，本质是提供整体营销的智慧解决方案。智慧化营销可以实现扩大销售入口、挖掘数据价值、提升系统效率、提高销售员技能水平等效果，形成从陌生人到购买客户的连接、参与、培育和转化的智慧营销闭环。智慧化营销促使企业从对消费者的洞察变成与消费者个性化的沟通、互动和交互，思考如何利用合适不惹人反感的场景向用户传递品牌信息。

 【微案例】

沃尔玛智慧门店的智慧化营销

沃尔玛是美国的连锁性大型零售企业。2018 年沃尔玛与零售媒体网络（RMN）开为科技合作，在深圳多家沃尔玛门店内部署了智慧屏幕，实现了"AI 算法＋AR 互动＋数据挖掘＋多屏联动"的智慧营销解决方案。该智慧化营销方案主要涵盖线下门店数字化改造、会员互动和营销智能化、会员营销无感化和融合微信生态四个方面。首先，线下门店数字化改造。通过开为智慧屏幕，实现了数字化智能引流分流、全店客流分析、区域客流分析等功能，帮助门店优化商品布局、促销策略、服务水平等。其次，会员互动和营销智能化。通过智慧屏幕，实现了以人脸识别为基础建立用户画像、游戏化趣味互动延长留店时间、唤醒与激活会员、会员智能识别等功能，提升了用户体验和忠诚度。再次，会员营销无感化。通过智慧屏幕，实现了会员精细化运营、基于人脸智能推券、高效转化营销活动、线上线下数据一体化、大数据分析精准营销等功能，提升了用户转化率和复购率。最后，融合微信生态。通过智慧屏幕，沃尔玛的智慧门店围绕人脸识别打通了微信会员、微信小程序、微信卡券、微信支付等功能，实现了线下场景的无感支付和优惠券核销。

在了解数智化营销的发展历程和内涵后,后续的章节将重点关注数智化营销内容的变更,包括从企业视角分析营销方式的转变和关注消费者视角分析消费模式的更迭。如何依托数据中台、智能技术,实现数智化营销方式的成功变革,待进一步思考。

1.2.3　数智化营销方式变革

1.2.3.1　企业视角

如前文所述,社会发展历经了从信息化时代到数字化时代,再到数智化时代的变迁,为了适应时代转变,企业营销也经历了从传统到数字再到数智的营销方式革新。传统营销方式的特点为单向化、大众化。可见,传统营销缺乏快速且有针对性的应变能力,无法直接和消费者产生良性互动,也存在着转化率低、传播效果差等问题。数字营销方式通过数字媒介,实现了部分个性化营销,解决了传统营销存在的问题,通过向目标客户直接推荐产品,使受众更加精准、更有针对性,节约了营销成本。而数智营销在数字营销的基础上进一步转型升级,凭借人工智能等新兴数智技术,实现了深度挖掘、自我学习、实时迭代等更精准、更立体的营销。本节通过经典的4P营销组合理论,从企业营销方式或营销策略主要涵盖的产品、价格、促销和渠道四个方面分析传统营销、数字营销和数智营销的内容区别。此外,考虑到后两者间交叉较多,区分较难,本节会重点对后两者的营销方式展开比较。

（1）产品方面:满足需求→预测需求→创造需求

在传统营销模式下,产品开发多依赖于企业经验和调研数据。企业以满足消费者需求为中心。产品研发之前先做市场调研,依据市场调研数据了解目标市场上消费者潜在需求,然后针对消费者的需求开展相关的产品设计。这种产品生产模式能够满足消费者在市场中的基本要求,但会消耗大量人力、物力以及财力。数字营销模式下,产品开发侧重于通过大数据预测消费需求并予以满足。企业为了占据更多的市场,运用大数据等技术刻画用户偏好以及行为特征,进而预测消费者需求的变化,指导产品生产,这种预判为企业赢得了更多发展机会。而数智化营销模式下,产品开发则由需求预测指导转向需求创造。此时,仅仅预测并满足消费者的需求已经难以掌控市场了,创新创造是唯一路径。企业运用数智化技术创新消费方式和消费场景,引领消费者产品需求变化。

（2）价格方面：成本导向→竞争导向→定制导向

在传统营销模式下,定价策略多采用成本导向定价法,即根据产品成本决定价格。比如线下小卖部经常采用的成本加成定价法,根据产品固定成本及水电租金等可变成本分摊,加入一定比例的利润即可定出最终产品售价；在数字营销模式下,定价策略多采用竞争导向定价法。由于数字营销将部分产品从线下转到线上,一方面互联网平台比线下门店减少了租金、人力等固定成本,使得线上商品价格可以优于线下,有一定的定价空间；另一方面,互联网具有透明性,使得线下产品具有的信息差不复存在,消费者可以在线上同时大范围比较同类产品的价格。这两方面共同推动了竞争导向定价法在数字营销中的使用,即以市场上竞争的同类产品为依据,随着竞争状况的改变调整价格。数智营销模式下,伴随智能技术的提升和产品个性化的加强,定价策略也更为灵活。利用数智技术可以实现定制导向的因人定价,即差异化定价法,对同一产品的不同消费时段、不同消费场所等实行不同的价格标准。

（3）促销方面：吸引顾客→保留顾客→顾客忠诚

在传统营销模式下,促销策略强调快速吸引顾客。其常常通过广告、降价等营销策略刺激抢占市场份额,获取新顾客,且大部分采用无差别促销策略以降低成本。数字营销模式下,促销有了两个方面的主要变化。一是个性化、有针对性的促销策略增多,二是老顾客的价值逐渐得到重视。通过多种线上媒介,将商品促销的有效信息利用社交软件和购物平台,实现快速、大范围、定向地传播到目标消费人群。同时,也开启了顾客保留的促销手段,比如设立会员制计划等。而数智营销模式下,促销策略更强调顾客忠诚。通过引入更具智能化的顾客关系管理系统,对顾客进行细分和个性化管理,开展有针对性的促销活动来提高顾客留存度,持续跟进顾客,不断融合新技术创新产品和服务为其提供新的体验,增加顾客忠诚度。

（4）渠道方面：线下渠道→多渠道→全渠道

传统营销模式多采取单一的线下渠道销售。但线下销售有两个缺点：一是商品或服务送达到消费者手中的时间长、速度慢，影响了企业的经济效益；二是铺货成本和消费者需求间难以平衡，如果品类不足，则很难满足消费者的个性需求，如果品类过多，则可能造成库存压力，渠道成本较高。数字营销模式下，多种新兴渠道开始出现，除了线下实体渠道，线上平台如电商平台、兴趣电商等渠道和线下渠道一起，共同方便消费者选购。然而，多种渠道之间缺乏统一性和连贯性，导致出现企业内部的线上、线下渠道无意义竞争，降低了企业资源使用效率。虽然在数字营销模式下，已有O2O（Online to Offline，线上下单、线下体验）的新渠道模式尝试渠道互通，但仍未完善建立体系。数智营销模式下，通过强大的统一数智平台建设，全渠道营销被更为广泛地接受。全渠道可以使消费者在任意渠道与企业和品牌进行沟通，旨在联合不同渠道给客户提供一致的个性化体验，从而最大程度地确保不同渠道之间统一口径触达客户。

总结而言，在企业的产品、价格、促销和渠道策略上，传统营销、数字营销和数智营销的营销方式和侧重点同时经历了变革，具体详见图1-10所示。

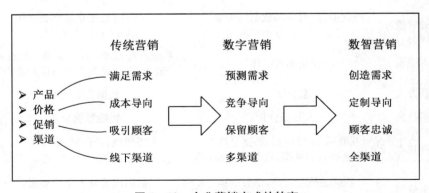

图1-10   企业营销方式的转变

虽然上述内容已对传统、数字和数智营销进行了一定区分，但考虑到数字和数智营销的差别相对较小，为了进一步明晰两者差异，本节将继续深入探讨数字营销和数智营销的异同点。

数智化实质是数字化发展的高级阶段,具有更高的精准性和可持续性。更确切而言,数智化是数字化和智能化有机结合,融合两者的双重特征。因此,数智营销和数字营销有一些共同点。首先,两者都需要通过数据对消费者的行为和需求进行了解;其次,两者都需要借助技术和数据,分析预测,优化营销策略;最后,两者都需要持续创新,以保持竞争力。然而,尽管两者都使用数字技术和数据分析,但侧重点有所不同。数字化的重点是复杂数据的"在线化",注重数字渠道和数字工具的运用,通过网站、社交媒体等平台来实现品牌推广和消费者预测;数智化营销重点是"智能化",注重数据挖掘和分析,强调与人协作和自主更新迭代,"人"的中心地位更被看重。

本节通过对发展时间、所处阶段、基本逻辑、驱动方式、数据分析、支撑技术、数据价值、思维路径、市场特征、技术诉求、经营理念、业务处理、服务目标、经济形式和典型应用的对比,系统分析了两者的差异。详见表1-1。

表1-1　数字营销和数智营销的对比

比较维度	数字化营销	数智化营销
发展时间	21世纪初至今	21世纪20年代至今
所处阶段	进化阶段:对外部数据的采集、传输、存储、分类和应用	高级阶段:是企业在数字化基础上的转型升级
基本逻辑	信息的数字化	系统具有感知、分析、决策与执行的能力,以及自我学习与提升能力
驱动方式	数据驱动	数据智能驱动
数据分析	大数据分析	智能数据分析
支撑技术	互联网、移动应用、数据仓库、数据挖掘与大数据、物联网与5G等	人工智能、云计算、深度学习、数字孪生与区块链等
数据价值	数据是核心资产,部分数据价值被挖掘释放	数据成为基本生产要素,数据价值得到充分释放
思维路径	业务数据化	数字智能化、智能数字化、"数据+业务"智能化、人机互融、虚实同构

比较维度	数字化营销	数智化营销
市场特征	确定性需求	不确定性需求
技术诉求	如何提升经营效率	如何支撑创新迭代
经营理念	以企业内部管理为核心	以客户运营为核心
业务处理	业务在数字世界开展， 实现业务的数字化	业务在数字世界开展， 实现业务的优化与重塑
服务目标	用数据来体现与联通业务， 并驱动管理决策	让数据反馈业务并赋能业务和 管理、支持管理决策
经济形式	数字经济	数智经济
典型应用	电子商务与社交网络等应用	云、移动协同与人工智能物 联网等应用

本节将重点阐释二者在经营理念和技术诉求两个方面的差异。

从经营理念来看，实现了从关注数字化助力企业内部管理到关注数智化对客户运营赋能的变革。相较而言，前者更关注产品，致力于解决产品的成本、质量、效率、交付；而后者更关注客户，专注于如何提高客户全生命周期的体验，如何构建一套以消费者运营为核心的技术体系，实现企业和顾客的"长期共生"。

从技术诉求来看，数字营销大多思考技术如何支撑和提高企业内部经营管理效率；而对于数智营销，技术要解决的核心问题从"提升效率"转向了"创新迭代"，更系统地探讨如何实现产品创新、业务创新、组织创新和管理创新，形成自主学习和实时调整。

本小节从企业视角，尤其是从企业营销策略的维度分析了数智化营销方式的变革。然而，营销的核心是顾客，是消费者。消费者对营销策略的偏好方式的改变也反向指引着营销变革的方向，下一小节将从消费者视角，理解数智营销的变革。

1.2.3.2 消费者视角

随着互联网发展的不断变迁，在传统营销、数字营销和数智营销三个阶段,消费者行为模式也同步经历了三次变迁。传统营销时代,消费者的购买决策可参考 AIDMA 漏斗模型:"注意→兴趣→欲望→记忆→行动"的路径。其中媒介为传统营销的主体,企业重点通过媒介向消费者单向传递信息。消费者首先通过媒介广告(如电视、报纸等)或线下产品陈列被吸引注意力,接着通过后续产品宣传和导购人员引导对其产生一定的兴趣和欲望,然后在多次重复的传播中形成对品牌的记忆,比如置于"收礼只收脑白金""恒源祥,羊羊羊"广告语中,最后在促销刺激下产生购买行为。

数字营销时代,消费者行为模式转变为 AISAS:"注意→兴趣→搜索→行动→分享"。其中用户分享成为重点。在这一阶段,由于互联网发展和普及,顾客获取讯息的渠道也被拓宽。引起注意和产生兴趣的触点更为多样化,在线下或者线上获取产品信息皆有可能。消费者产生兴趣后,行为发生了变动,由原先的"欲望"变成"搜索",意味着此时的消费者更加主动地参与到消费过程中。通过网络搜索主动获得更为丰富的信息,比如产品质量状况,是否和自我形象相一致等。这时候,"更为丰富的信息"正是触发消费欲望的关键所在。如果搜索所得到的资料足够支持他们的购买行为,消费者自然也会产生购买行动。而当所检索出的资料不足以支持他们的购买时,顾客购物行为则可能会发生变更,或继续搜索对比或暂时停止购买。最重要的是,在消费者完成购买行动之后,还会主动进行购买、使用体验的分享和推荐,通过用户口碑影响吸引其他消费者。通过分享,消费者也满足了自我表达的心理需求。

数智营销时代,消费者行为模式进一步转变为 SICAS,即感知(Sense)→产生兴趣、形成互动(Interest ＆ Interactive)→建立连接、互动沟通(Connect ＆ Communicate)→购买行为(Action)→分享(Share),其中用户的互动沟通成为重点。在这一阶段中,消费者不再是单向接受企业的产品信息,而是主动通过社会化媒体等获取动态感知。之后,随着消费者对企业多元化营销手段的了解,其对品牌产生兴趣,更重要的是,主动参与品牌互动。随着互动沟通的逐步深入,消费者可能会在产品、品牌社区中产生归属感知,与品牌建立更深的联结,甚至成为品牌的粉丝。进而,产生购买行为,并将产品体验分享,甚至成为"推广者"。与 AIDMA 和 AISAS 的消费行为模式不同,数智营销的 SICAS 模式展示了非线性消费行为,更强调整个购买行为中的动态过程。传统、数字、数智营销中对应的消费者行为模式详见图 1-11 所示。

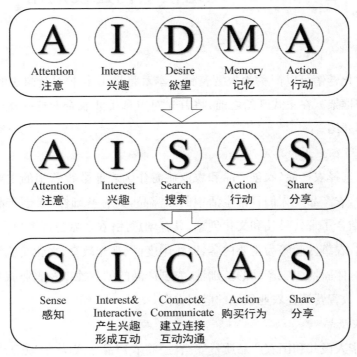

图 1-11　消费者行为模式转变

从消费者视角,尤其是消费者行为模式的转变中我们也可以对营销方式的转变窥探一二。消费者从单向到交互、从被动到主动、从置身事外到陷入其中,同样影响了企业营销的方式和内容。企业要及时根据消费者行为模型改变营销方式,开发吸引消费者的新产品、新体验,赢得发展机会。

大浪淘沙,有些品牌在变革中屹立不倒,有些品牌却淹没在时代科技发展的滚滚浪潮之中。究其原因,面向未来的战略眼光是重要的影响因素。现如今在市场营销领域,数智营销代表着未来和方向,如何更好地把握趋势,践行数智营销?下一章将重点分析目前数智营销的发展实践并初探其未来趋势。

2 PBPSP 理论模型构建及应用

数智化营销可以简称为数智营销。本章将提出本书创新构建的 PBPSP 理论模型框架。在正式开始之前，将首先对本章中涉农企业这一概念的范围做出简要介绍。

（1）涉农企业的界定

本书选择农产品、农创产品和农业旅游作为农业数智营销的主要讨论对象。其中，农产品是人们日常生活中的必需品，具有基础性；农创产品以农业为基础，结合了现代科技和文化创意，具有创意性；农业旅游以乡村自然风光、民俗文化、农事体验等为主要内容，以休闲度假、观光教育、文化交流等为主要目的，具有体验性。农产品的基础性、农创产品的创意性以及农业旅游的体验性影响了数智营销在农业领域的应用方向。

① 农产品

《中华人民共和国农产品质量安全法》将农产品定义为"来源于农业的初级产品，即在农业活动中获得的植物、动物、微生物及其产品"，其中，初加工是获得初级产品的主要手段，初加工的方式包括分拣、去皮、剥壳等。农产品也是满足人类生存和生产需求的第一产业产物，包括可食用和不可食用部分。本书将重点关注其中的可食用农产品，或称为农食产品。

② 农创产品

农创产品是基于所在地文化，以农民为主体，围绕农业概念产生的产品及服务，包括传统农产品、食品、手工制品、非遗技艺以及农旅周边等。农创产品不仅可以提高农业产品的附加值和竞争力，还可以传承和发展民族文化，助力乡村振兴。例如，有些农创产品通过对农作物的生长方式进行控制，使其长成奇特的艺术品,如五粮液的"酒瓶梨"和大兴的"玻璃瓜";有些农创产品则通过对农产品或废弃物进行加工和艺术植入,使其具有更多的功能和美感,如麦秆椅凳、彩绘柚画、蜡染鱼形灯等;还有些农创产品通过对农产品的包装和文案进行设计,使其突出地域特色、品质优势和文化内涵。

③ 农业旅游

农业旅游是一种与农业相关的服务型产品,是利用农业景观和农村空间吸引游客游览消费的新型农业经营形态。农业旅游有利于促进乡村振兴,增加农民收入,健康发展的农业旅游还可以保护乡村文化和生态环境,满足消费者对原生态旅游服务的需求。农业旅游模式丰富多样,包括但不限于休闲观光型、体验参与型、康养养生型、文化教育型。

(2)PBPSP 理论模型框架

为了厘清上述农业产品或服务的数智营销开展思路,本书在经典的 4P 营销组合理论的基础上,创新性地提出了 PBPSP 模型:包含产品(Product)、品牌(Brand)、渠道(Place)、服务(Service)、促销(Promotion)五个维度,为涉农企业开展数智营销提供了具象化的行动指南,详见图 2-1。

① 产品 Product

产品层面,涉农企业的数智营销应强调通过利用数智技术,对农产品的生产、加工、设计、交付等环节进行数字化、智能化、网络化的改造和提升,实现农业的高效、安全、绿色和可持续发展。涉农企业产品的数智化营销,需要以农民为主体,提升农民的生产管理能力和效率;以市场为导向,满足消费者的多样化需求,提升农产品的附加价值和竞争力;以数据为核心,实现农业生产和流通的全过程可视化、可追溯和可预测。

② 品牌 Brand

品牌层面,涉农企业的数智营销应把握"从无到有、从有到优、区域特色、价值创新"的十六字口诀,在品牌建设的各个环节融入数智化,实现全面协同和创新。品牌数智化可以帮助涉农企业品牌适应消费者主权的新时代,抓住细分市场的增量机会,引领品牌成长和爆发,也是品牌走向未来的必然选择。

图 2 - 1　PBPSP 模型框架

③ 渠道 Place

渠道层面，涉农企业的数智营销应以帮助涉农企业将产品或服务以更多途径更好地触达消费者为最终目的。以线下渠道为基础，以电商平台、直播带货等线上渠道为抓手，实现线下线上双线融合、虚拟现实双面融合的目标。畅通从产品生产到交付的全链路环节，不仅能使企业更精确地预测和满足消费者的需求，还能利用从下游消费者端获取的数据和反馈反向带动上游生产方的变革和发展。除此之外，还有利于物流、仓储等供应链中间环节实现优化升级。

④ 服务 Service

服务层面，本书将重点关注农创和农文旅产业。涉农企业的数智营销应注重将数智技术融入农文旅发展的全过程之中，促进"农""文""旅"的协调发展。通过搭建数智乡村旅游新平台,实现立"农"打造农创产品新价值,立"文"创新对乡村文化遗产的保护与开发,立"旅"以生态观光农业为牵引大力发展休闲旅游。

⑤ 促销 Promotion

促销层面,涉农企业的数智营销应以社媒营销、口碑营销、私域营销、体验营销为支点。结合数智技术和新兴媒体平台如自媒体、直播等,发挥 KOL、KOC 影响力,打造网络时代下的新农人。并且充分利用私域社群打造农企服务新格局,不断优化消费体验,强化智能技术感官塑造,引领涉农企业促销升级。

2.1 产品:数智化升级产品策略

习近平总书记指出"产业振兴是乡村振兴的重中之重",农业是乡村的支柱产业,而农产品生产又是农业发展的重要环节。我国是一个农业生产大国,农业是国民经济发展的基础,农产品也是社会必不可缺的重要生活资料,所以农产品从上游的生产、加工、设计到下游的交付,整个价值链都值得关注。本节将分别从上述四个阶段展开,探寻数智化营销如何为农产品生产助力。

2.1.1 农产品数智生产

在农产品数智化生产中,本节将重点关注我国农业,尤其是种植业生产的发展现状、数智化技术在其中的应用领域和未来农业生产发展的两大趋势:"智慧农业"与"精准农业"。

2.1.1.1 农业生产发展现状

我国农业,尤其是种植业,素以"精耕细作"而著称。对"精"方面的了解与经验,虽然为落实农业精准化奠定了良好的基础,但必须认识到,在实现以高效集约为生产方式的精准农业方面仍有很长的路要走。目前,一些地区的精准化农业生产尝试已展现巨大的发展潜力。例如,在新疆顺利开展棉花种植的精准农业范式,从选种、播种、灌溉、施肥、收获及作物环境动态监测六方面实现全价值链把控;再比如,在黑龙江,土地集中程度高,大型农业机械作业的基础较好,为以农业机械化、自动化为基础的精准农业发展提供了宝贵经验。

在发展数智化生产的背景下,我国农业生产发展的内容已经开始聚焦打造大数据赋能和智慧农业发展两个重要方面。在大数据赋能上,目前已有企业将大数据技术渗透到从种子肥料选择、生产、加工、分发直至消费者餐桌以及废弃物处理等全过程中,在农业产业发展过程中起到重要辅助作用;在智慧农业发展上,目前已有企业旨在实现更为精准的农业生产管理,涵盖精准施肥、精准灌溉、精准防治病虫害等多个方面,以期通过精准农业提高生产效率和质量,实现降本增收。我国农业生产发展不仅在农业生产内容上不断探索,也在组织层面获得助力。各地方农垦集团和国有农场凭借规模化、组织化、专业化、企业化等优势,已基本实现农业机械化的目标,大力推进数字技术和智能智慧手段的创新运用。

未来,数智化助力农业生产发展已是既定趋势。但尤其需要注意的问题是,在未来很长一段时间内,环境保护和生态保护将成为越来越受重视的议题。在数智化的进程中,我国农业也要向以资源节约、环境友好为特征的现代绿色生态农业转变,通过推广绿色农业,有效减少农药、化肥的使用,降低污染物的排放量,从而推动农业实现可持续发展。

2.1.1.2　农业生产数智应用

农业数智化生产是指利用现代信息技术手段,对农业生产全过程进行数据采集、处理和分析,以实现精准管理和优化,提高农业生产效率和品质,促进农业现代化发展为目标的一种生产方式。那么,数智化在农业生产中有哪些应用体现?首先,本节将从农业生产自动化和智能化、农业数据采集和处理、农业决策支持和农业远程监管四个方面逐一展开。接着,通过典型案例讲述数智化在实践中的应用。最后,探讨数智化在农业可持续发展中的应用。

(1)农业生产自动化和智能化:利用人工智能等技术手段,实现农耕、喷灌、施肥、植保、收割等生产环节的智能化和自动化,提高生产效率和品质,降低人力成本。传统的农业机械通常需要人工操作,但随着 AI 的引入,智能农机成为现实,其通过搭载传感器、摄像头和自主导航系统,可以实现自动化操作,减轻农民的劳动负担,也有效提高了工作效率。比如,智能收割机采用 AI 技术与计算机视觉结合的方式,能够在不需要人为干预的情况下对农作物进行自动识别与收割,从而保证农作物能够在最佳的时间内得到及时的收割,降低损失。类似地,智能播种机与施肥机能够在 AI 引导下自动执行任务操作,提升种植精度与效率。

(2)农业数据采集和处理:借助传感器、监测设备和无人机等工具,可以获取土壤湿度、温度、光照、气象等环境数据以及作物生长情况等生产数据,并通过互联网、云计算等技术对这些数据进行处理和分析。例如浙江省瑞安市的"5G 田",坐落于曹村镇的曹村艾米现代农业产业园,占地 120 亩,可以收集土地酸碱度、土壤肥力、温度、湿度和光照等信息,也可以给农田拍摄高清视频。这些数据将经由 5G 网络传送至云端平台,通过大数据计算出农作物的生长情况,进而指导下一步的作业,农户只需查看手机上的 APP,就可以了解这些数据。

(3)农业决策支持:基于对农业数据分析的结果,数智信息平台还可以对农业生产全过程进行预测和优化,帮助农民制定科学、合理的生产计划和决策(如何时用药、何时施肥、何时灌溉、预测病虫害等),提高生产效益。种植者可以通过数据分析作物生长的环境条件、生长情况,对处在不同生长环节的作物制定不同的生长计划。如当收集到的农业数据表明农田需要进行驱虫时,便可以使用无人机从高空喷洒生物制剂,飞行路线也可以由人来控制。再比如,还可以通过 AI 分析土壤湿度、养分含量和作物生长情况,实时收集和分析农田的环境数据,提供更加精准的农事决策支持,农民还可以根据需要进行精确施肥和灌溉,最大限度地提高作物产量,减少资源浪费。此外,通过对大量数据的分析,AI 还可以预测病虫害的暴发风险,提前做好防控准备,最大程度地减少损失。

(4)农业远程监管:通过互联网等技术手段,对远距离田地进行管理和监控，及时发现并解决问题，保证农产品品质和安全。如用无人机远程巡视田地可以有效解决人工巡视费时费力并且难以看到田地中的具体情况的问题。一台无人机在一个小时内可巡视 100 亩田地，效率是人工巡视的十倍。同时，无人机还可以每两秒便拍摄一组照片上传至数据库，自动识别作物情况。如果农民想要进一步查看作物情况，还可以派出"机器鸭"代替鸭子来巡田、除草。这种机器人像一辆小车，在田间行走的过程中便可自动完成除草的工作。

农业生产数智化的典型例子是稻米智能化生产。稻米种植的数智化应用主要体现在育种、插秧、灌溉、施肥、除杂草和病虫害五方面。在育种方面，通过打造 5G＋农业园良种繁育基地，依托卫星遥感、物联网传感器、摄像头、无人机实时采集数据，从而进行数据分析和建模，并对繁育过程归档处理，最终实现良种繁育过程标准化、可追踪化，缩短育种周期，提高效率。加上借助深度机器学习模型和以神经网络为代表的新一代人工智能技术的数据挖掘能力，帮助农户预测和培育优势水稻品种。在插秧方面，搭载卫星定位系统的智能插秧机为农户带来了极大便利，农户只要将水稻秧苗放在栽秧台上，在屏幕前设置秧田出发点和转弯点，插秧机就自动在田间行进。插秧机具有走线直、插秧准、无需驾驶员、能自动掉头和升降的突出优势，有效降低了人工成本，更提高了插秧的精准度和质量，从而提高水稻亩产经济价值。在灌溉和施肥方面，主要体现为运用水肥一体化技术。通俗地讲，水肥一体化就是将智能灌溉与施肥相结合，以灌溉系统为辅助手段，边灌溉边施肥，使水分与肥料以最佳组合状态提供给土壤中的作物吸收利用。该系统无需人工控制，可以实现湿度、光照、温度、雨量和土壤墒情及其他环境参数的自动采集，并结合作物生长要求来判断何时需要灌溉与施肥及对应用量。最后，在除杂草和病虫害方面，通过卫星导航技术，使得水田平整的误差控制在正负 3 厘米，以减少水稻生产过程中杂草的危害。在病虫害防治上，数智技术可应用于建设农作物病虫害智能化监测站。通过远程控制智能虫情测报系统、智能病害监测系统、害虫性诱自动监测仪等，监测站对每个监测点的病虫害情况进行实时监测，并在大屏展示，将数据传入分析平台，进行专业分析处理。透过稻米生产种植的全过程来看数智化在农业生产中的应用,可以发现其对农业、农村、农民的重要积极价值。

值得一提的是,农业生产中的数智化应用如人工智能等,还为农业可持续发展带来了解决方案,主要体现在三个方面。首先,通过智能化的农业管理来帮助农户合理使用土地与水资源,减少农业生产中的资源浪费;其次,能够通过精准种植方案与农业生产过程优化减少化学农药与化肥的使用,从而减少农业生产过程中的环境污染问题;最后,AI 可以提供气象预测及灾害预警等信息,有助于农户更好地解决极端天气及自然灾害风险问题,降低农业灾害造成的危害。

2.1.1.3　农业生产未来方向

结合上述农业生产的数智应用,未来农业生产的发展方向将重点体现在"智慧农业"和"精准农业"中。什么是"智慧农业"、什么是"精准农业"?其目前的发展又如何?

首先,智慧农业是物联网技术在传统农业上的应用,利用传感器、软件等设备,在移动平台或电脑平台上控制农业生产,让传统农业变得更加"智慧"。除了精准感知、管控和决策管理,广义的智慧农业还包含农业电子商务、食品溯源防伪、农业休闲旅游和农业信息服务等内容。

其次,精准农业是一个基于观察、测量和响应作物田间变异的农业管理概念。根据田间各操作单元所处环境条件与作物产量在时间和空间上的差异性,对各项农业措施进行精细且精准的调整,使种子、水、肥料、农药在数量、质量与时间上达到最优,在保护农业生态环境与农业自然资源的前提下,实现高产与增效。一般而言,精准农业由 10 个系统组成,即全球定位系统(GPS)、农田信息采集系统、农田遥感监测系统(RS)、农田地理信息系统(GIS)、农业专家系统、智能农机具系统、环境监测系统、系统集成、网络化管理系统和培训系统。精准农业在农业测绘和勘察、土壤采样和分析、天气检测等方面具有重要应用。

智慧农业和精准农业的关系又是如何?通俗地讲,智慧农业是一种理念,其运用农业信息技术与农业理论方法,让农业变得更智能、透明、有效和多元连接,促进整体效益的提升。而精准农业则是为了实现智慧农业理念的一种方法手段,其本质是通过提高信息技术水平,将农田数据、农业机械以及相关硬件设备相结合,以3S技术(全球定位系统、地理信息系统、遥感技术)为核心的综合农业管理系统。因此,二者的关系既交叉重合,又互相影响。

目前精准农业在世界各地迅速发展。例如,2021年,NASA Harvest(美国国家航空航天局的粮食安全和农业计划部门)和CropX(农业科技新秀企业,农业土壤分析全球领导者)建立战略合作伙伴关系。据其官网介绍,NASA Harvest和CropX将共同为农民及行业专家提供数据和信息资料,通过节约资源和提高农作物产量来提高农业可持续性。NASA Harvest的使命是,通过使用卫星数据改善粮食安全和推进可持续农业发展,支持农民生产力,保护世界各地的自然资源。综合CropX的土壤数据监测功能、CropX Ag农业土壤专门分析平台以及NASA的地球观测卫生网络等技术与平台,可以了解和改善农业生态系统相关的土壤健康和养分管理问题,预测作物不同生长周期的用水、产量等情况,以更好地支持和改进农业的科学决策。

2.1.2　农产品数智加工

本节将通过农产品初级加工和农产品新品开发两个维度对数智化在农产品加工中的运用予以介绍。

2.1.2.1　农产品初级加工

2023年3月,农业农村部发布《农业农村部关于加快推进农产品初加工机械化高质量发展的意见》[①],其中提到在农产品生产过程中,"农产品初加工是现代农业做强产业链、优化供应链、提升价值链的重要基础","农产品初加工的需求主要包括脱壳(毛)、屠宰、去皮(鳞)、分离、清理、分级、烘干、压榨、破

---

① 农业农村部.农业农村部关于加快推进农产品初加工机械化高质量发展的意见[EB/OL].(2023-03-01).https://www.gov.cn/zhengce/zhengceku/2023-03/20/content_5747508.htm.

碎、包装、贮(冷)藏保鲜等"。农产品初加工是不改变农产品内在成分的简单加工处理,随着机械化和数智化的进步,使用智能高效的农产品初加工技术装备有利于降低人工成本、减少农产品损失、提升农产品品质,更好地满足消费者的需求,进而提高农产品企业生产经营效益。下文将通过两个例子展示初加工领域数智化引入对产品质量提高和产能效率提升的作用。

　　在产品质量提高上,尤其是在解决农产品非标准化的难题方面,佳沃集团以数智赋能农食产业的初加工,取得了一定的成效。佳沃集团有限公司成立于 2012 年,是联想控股成员企业,国内领先的现代农食产业集团。其从整合全球农业资源、打造现代全产业链体系、形成全程可追溯系统等"三全模式"入手,已形成包括智慧种植养殖、智慧农产品加工、智慧农贸农批等在内的农食场景数智化解决方案。其旗下的佳沃优能"凤梨哥"品牌就通过数智技术提升了海南凤梨的质量,缓解了农产品不稳定的非标准化难题。当前凤梨品类中的痛点在于水凤梨与黑心凤梨,致使凤梨标准难以统一。以往的筛选方式往往仅靠敲打,农民较难区分出优质凤梨、良品,也就难卖好价。为了解决这一难题,佳沃优能推出了"凤梨哥"品牌,并且在加工厂引进了国内第一条呵福式自动分级分拣线(通过视觉分选系统无损对水果进行内部检测),除测定每只凤梨的糖度、重量和含水量,还能除去黑心和水凤梨的瑕疵果,从而保证每只凤梨的质量。佳沃优能将凤梨的育种育苗、种植基地、仓储设施、科研院所和加工流通经营主体进行整合,构建凤梨全产业链。同时,佳沃利用大数据对源头产品进行甄别,实现凤梨的自动化分级分选。在建立了非标品的标准化管理,并且用信息化手段实现智慧化管理后,佳沃也为凤梨行业从业者带去了更直观的价值利益。据悉,海南凤梨日常售卖均价 3.5 元/斤,而达到佳沃优能标准的产品,由于品牌质量背书,售价则能达到 4.5～4.8 元/斤,实现高质高价。

　　在产能效率提升上,山东梨花面业在粮食加工的数智化运用中取得了一定的成效。山东梨花面业有限公司创立于 1992 年,位于山东省桓台县。梨花面业于 2020 年实施优质小麦深加工提升改造项目,实现了食品安全全程管控的智能化,走上了集成小麦生产、收购、加工的数字化、网络化、智能化生产之路,从配麦、配粉、打包等,全部由数字监控,同时与销售系统、财务系统实时对接。基于 RFID 射频识别、二维码技术,将登记、扦样、化验、称重、入库和结算业务环节有机串联,自动获取、实时记录数据,实现从入库到出货的全周期数字化管理。并对关键作业环节自动抓拍留存,实现关联业务精准追溯查看,实现全工厂一体式智慧化管理。目前其采用了国际先进的面粉加工工艺和布勒磨粉生产线,将开发的智能系统与金蝶 ERP 系统无缝连接,促进了自动控制、安全防范、智能监控、智能出入库等全过程多个环节的自动融合,实现了定制化、高品质的面粉生产,提高了设备利用率、提高了出入仓速度、降低了作业成本。投产使用后,日生产量可达到 1 500 吨,比提升改造之前的产量增加三分之一。

从"凤梨哥"和梨花面业的例子可以看出,数智化管理引入在农产品初级加工中对农产品标准化生产、产能效率提升发挥着不可或缺的作用。

2.1.2.2　农产品新品开发

农产品的数智化加工不仅可以体现在赋能初级加工上,对于其新产品开发也具有重要引导功能。开发新产品是一种保持企业竞争优势的重要产品策略。新产品是与企业现有产品组合相比较而引入的新的增量,它对企业实现内涵式增长、客户维系、客户升值等均具有重要意义。具体来讲,新产品开发指企业的产品在功能或形态上得到改进或与原有产品产生差异,并给顾客带来新的利益。大体可以分为三类,分别是全新产品、换代产品和改进产品。全新产品是应用新原理、新技术、新材料和新结构等研制成功的前所未有的新产品;换代产品是指在原有产品的基础上,采用或部分采用新技术、新材料、新结构制造出来的产品;改进产品是在原有产品基础上适当加以改进,使得产品在质量、性能、结构、造型等方面有所改善。全新产品依赖于技术的研发和突破,比如我国通过杂交培育技术推出的杂交水稻、杂交玉米等新产品,具有高产、抗病、抗逆性强等优点。目前大部分现代农产品的新产品开发更多集中在换代产品和改进产品,如在产品深加工方面的创新。新产品开发对企业具有极高价值,尤其是面对大部分农产品价格普遍较低,且消费者需求日新月异的情景。可见,新产品开发可以提高产品附加价值,满足不同消费者的需求,从而增大销量。

消费者在农食领域的两大需求变动主要体现为追求更高品质和更强调方便快捷。针对这两大消费者需求的满足实现,不少企业也随之升级更新产品。例如,在高品质需求上,西凤酒就利用数智化实现了产品改进。陕西西凤酒股份有限公司坐落于陕西省宝鸡市凤翔区,其前身为 1956 年创建的西凤酒厂,于 1999 年改制为股份有限公司。白酒产业的品质与品牌竞争日益激烈,消费者对白酒的品质要求越来越高。西凤酒对数字化与智能化的探索进一步加速,使其进入了新的品质时代,其智能制造"白酒数字化工厂建设项目"创新了四项技术:窖池盖板水封法、八孔出料稻壳系统、长达 840 米的酿酒物料正压输送系统,以及规模巨大的智能化、数字化酿酒生产线,这些技术升级为其产品的品质升级提供了保障。西凤酒通过该项目实现上下游产业链的互联互通,在数字智酿的各关键环节,均由高级西凤工匠、酿酒技师准确控制,提高了产品质量的稳定性,提高西凤酒品质,也实现滴酒归笼、提高酒醅出酒率。

在方便快捷需求上,新品类预制菜的发展壮大也体现了对该需求的满足。预制菜是利用冷藏、速冻、冷链等技术在原本农产品食物的基础上制造出新的换代产品。在如今快节奏的时代,随着家庭人口结构的变化以及不确定外界环境带来的影响,人们的饮食习惯正逐渐改变,消费者在生活中越来越追求方便快捷,于是以便捷为特点的预制菜成为时下流行的餐饮消费形式之一。预制菜品主要包含即食(如即食卤味、八宝粥等)、即热(如自热火锅、方便面等)、即烹(如速冻牛排、半成品菜)和即配(如份装净菜等)四大类。预制菜也可以按照是否需要烹饪划分为两类,一种是熟制冷藏膳饭(冷链盒餐),这种餐食具有快捷方便、简单加热甚至即食等优点,但往往还原度较低,口感较差;另一类为生鲜组合包装菜,由鲜切菜与复合调料包装组合而成,顾客在家中烹调之后再吃,这种餐食虽免去洗切等烦琐工序,却仍然不能避免烹调工序。预制菜出现的背后是食品加工技术的升级,但其在目前发展中存在两个主要问题:一是如何确保食品安全，二是如何实现标准化。数智技术的引入可以帮助缓解上述两个难点，是促进预制菜产业实现标准化的源动力，同时也是保障预制菜产业高质量发展的关键。在食品安全上，通过打造智慧中央厨房，可实现生产全程可看可控可追溯。原料入库后，在食品检验室对农药残留、微生物和瘦肉精项目安全检测。餐食制作中，蔬菜水果都经过涡流振动和消毒洗涤。而在标准化方面，通过打造自动米饭线、自动分餐打包线、自动洗菜机、肉类切割机、自动餐具清洁消毒线等现代化生产设备，并制定统一规范的制作流程使得出品更加标准，比如配料的比例、佐料的数目等。天猫生鲜等发布的《2022 中国预制菜数字消费报告》数据显示，从 2020 年到 2021 年，我国预制菜市场规模增速高达 30％。此外，预制菜产业的蓬勃发展还极具重要的社会价值，为三产融合、乡村振兴和农业高质量可持续发展提供了有力支撑。

需要说明的是，新产品的开发并非一劳永逸，需要长期保持升级迭代的敏锐观察力。在产品生命周期的不同阶段，市场在变化中更新升级，企业要不断跟随客户的需求变化开发新的产品，才能紧跟时代步伐前进。这既是数智化带来的挑战，也是重要的发展机遇，如何实现持续的产品创新，一直在路上。

 【拓展阅读】

数智化赋能新产品开发：北纬 47°鲜食玉米

黑龙江北纬四十七绿色有机食品有限公司成立于 2021 年，位于中国北纬 47°的黑龙江省齐齐哈尔，从事农产品种植、养殖、研发、制造、销售等全过程的农业产业化活动，其旗下的北纬 47°鲜食玉米备受消费者喜爱。

"Q 弹软糯、新鲜、入口即化、香甜好吃、蒸煮 10 分钟左右开锅香味就扑面而来"，是电商平台上关于鲜食玉米这一新产品的评价。2022 年，"鲜食玉米"成为现象级的"网红农产品"。鲜食玉米，与籽粒玉米和青贮玉米不同，其最大的特点是新鲜香甜的口感，可以直接像水果一样生食，糯中带甜，软嫩多汁。在人们追求极致口感和健康的时下，鲜食玉米迅速出圈，其本身具有低脂肪、高纤维的特点,再加上它多为单根包装,具有携带方便的特质,使其食用场景衍生到露营、健身和户外旅行等这些运动休闲领域中,乃至商务办公场合。

"鲜食玉米"这一新产品为何迅速出圈?"鲜"为什么是一门好生意?当下,食品消费已经经历了一场重大的变革,从单纯关注性价比到对质量、安全、健康重视的转变引领着新的消费体验。在以追求高品质为导向的当下,好食材的重要性不言而喻。凭借"鲜食"概念、锁鲜工艺、0农残0添加,北纬47°在生鲜农产品大战中抢占先机,在很短的时间内,发展成为"鲜食玉米"行业的领军品牌。在"一根玉米撬动农食产品新价值"背后,是"用科学定义品质"的专家级深耕。在推出鲜食玉米后不久,北纬47°就凭借鲜食玉米、大米等产品荣获"2022年度世界食品品质评鉴大会"中的6个蒙特奖金奖,成为鲜食领域的一股"鲜活力量"。

北纬47°,既是品牌名字,也是一条全球高质量农食产品扎堆的纬度线,横穿东北地区最肥沃的黑土地,它也是世界上仅存的三大黑土带之一。其冬夏温差超70°,年均日照超2 600小时,并且毗邻小兴安岭天然氧吧,拥有全年优质的纯净空气,自然流淌的无污染嫩江水,为鲜食玉米创造了理想的生长环境。为了打造智慧农业,实现消费者对产品的监督和信任,北纬47°联合用友YonSuite数智化平台在全产业链上开展了深入合作,依托用友平台,从原料入库到销售出库,实现数智化的全场景赋能。在鲜食玉米的生产上,数智平台可以帮助农民更好地掌握生长环境和生长情况,从而实现更好的生产管理和生产效益,轻松实现数亿穗的鲜食玉米采购入库、食品加工和出库。在鲜食玉米的产品质量保障上,通过用友数智化平台的系统部署,实现了全程赋码,食品质量"有码可依"。

为了确保实现"鲜",北纬47°的创新"3小时锁鲜"工艺成为其重要的差异化竞争点。北纬47°采取八重工序逐层筛选+3个小时鲜制的方式来锁住鲜食玉米最新鲜的味道,让玉米在保持口感的同时锁住营养成分。同时通过数智平台,对食品生产全程赋码,由点到线,做到全链路数字化管理控制,保证每一口都是新鲜。

北纬 47°在深耕专业性和差异化的同时,还不断关注研发新产品,目前,北纬 47°已推出鲜甜玉米、鲜糯玉米、黑珍珠鲜玉米 3 种产品。以"鲜食玉米"为代表,开发特色优势创新农产品,并朝着高品质、品牌化、健康化的方向转型,需要借助科技创新和数智化的产品策略手段,实现从"网红"产品升级为"长红"产品。

2.1.3　农产品数智设计

前两节讲述了农产品数智生产与加工,依据产业链的顺序逻辑,本节将从产品设计入手,详述数智化在农产品设计中的应用,包括产品组合、产品包装和产品价格设计三个重要方面。这三方面也是产品营销策略的重要组成部分,产品策略是营销中最基本的因素,任何企业的营销活动都必须以产品为根基。目前我国农产品市场产能过剩,实施满足市场需求的产品营销策略成为必由之路。在推动产品设计数智化转型上,消费升级的内部拉力和产品升级的外部推力形成了"共振效应"。

2.1.3.1　农产品产品组合

产品组合是指企业提供给市场的全部产品项目和产品线的组合或结构,是面向市场将其生产和销售的各种产品进行最佳组合的一种策略。其中产品项目就是指企业拥有的每一个具体产品,是产品组合的基本单位;产品线是指产品组合中的某一产品大类,是一组密切相关的产品,由若干个产品项目构成。比如早餐企业中,其产品线可以包括包子、豆浆、油条等,而产品项目则可以是包子中的菜包、肉包、豆沙包、小笼包等各种口味、大小各异的包子。产品组合的设置对于企业的长期发展来说具有重要意义。

产品组合中还涉及一些重要概念,例如产品组合的宽度、长度和关联度。其中宽度是指产品组合中拥有的产品线总数,长度则是指所有产品项目的总数,关联度则是不同产品线在生产条件、分销渠道和消费者用途上相关关联程度的高低。比如上述提及的早餐企业,包子的产品线和豆浆的产品线关联程度就相对较低,包子和油条的产品线关联程度就相对较高,如都使用面粉制作等。与之相关联,产品线也有长度和宽度的概念区别,其中产品线的长度多指产品的深加工程度,例如对农产品而言,初级农产品可以作为多种食品加工的原料,因此延长产品线、实现深加工、提高产品的附加价值成为不少企业的转型方向。例如,水果除了单独售卖,还可以做成果酱、果茶、水果罐头等新产品,进行多样化销售以获得利润。而产品线的宽度则囊括同一层级产品的多样化程度,比如水果产品线,包括多少水果类型,例如浆果类、瓜果类等。此外,还有一点值得注意,产品组合不仅可以包括处于不同生命周期的现有产品,还可以包括即将出现的新产品,即尚在构思中、正在研制或打算投放市场的产品。通过产品组合策略的设计,可以帮助企业满足顾客差异化需求,以更好地覆盖日益细分的市场,从而在市场竞争中抢占更多市场份额。

接下来,本节将通过"五芳斋"和"南农印象"的例子为农产品实施数智化产品组合策略,尤其对拓宽和延长产品线提供思考和启发。

"五芳斋"始于1921年,作为粽子领域的老字号品牌,五芳斋不仅在生产端实现数智化改造升级,例如,通过和设备生产厂商合作,设计开发出系列粽子专用自动化生产装备,包括粽叶清洗流水线、豆沙炒制加工全套设备、润米拌米生产线,以及粽子冷却、计数、金探(即金属探测)三合一生产线等等。更为重要的是,通过大数据技术对消费者需求进行收集分析,不断延长产品线,如从初加工的糯米,到粽子,再到粽子礼盒;同时拓宽产品线,如考虑到消费者对粽子"零食化、健康化"的需求,创新推出仅有50克的小粽子"啊呜一口",一举成为销售爆款。五芳斋考虑到"个性化"的需求,创新推出 FANG 粽系列。该系列于2020年上市,对口味进行了大胆的创新,推出了辣粽和臭粽两种花式味道,辣粽有香辣芋儿鸡肉粽、爽辣剁椒猪肉粽和火辣鸭脖粽,臭粽有螺蛳粉粽、臭豆腐粽、榴莲粽等。此外,五芳斋考虑到"高端化"的送礼需求,开发设计传世臻粽高端系列。五芳斋通过借助大数据敏锐捕捉到时代发展趋势,在迎合年轻消费者口味的基础上,实现了推陈出新。近几年,五芳斋研发出了100多种风味粽子,如在馅料中添加了小龙虾、海鲜、燕窝、茶汤等新料,不断地满足年轻人喜欢追求新颖刺激的消费心理。同时,在产品营销上,五芳斋也发动产品联名优势。例如,积极携手年轻消费者钟爱的知名品牌:联合王者荣耀游戏推出粽子礼盒,和星巴克发行星冰粽以及和盒马联合发行自创口味芝士紫薯芋泥粽子等,带给消费者更具创意性的节令美食。通过这一系列创新,"五芳斋"丰富了在售产品种类,延长、拓宽了产品生产线,广受好评。

与"五芳斋"不同,"南农印象"是诞生于高校的科创品牌,其产品组合包含菊花产品线、小百合产品线等。以菊花产品线为例,"南农印象"在其产品线的拓宽和延长上也融入了数智技术,尤其是大数据分析技术。在产品线延伸上,通过数智技术升级,推出由原先的鲜花到加工菊花茶再到菊花口红、面膜、护手霜等深加工制造的高附加价值产品。在产品线拓宽上,依靠的是大数据精准分析消费者需求,不断推出新的菊花口红色号与包装迎合消费者。目前菊花系列美妆护肤线已上线售卖菊花口红、面膜、眼罩、洗护用品等产品。不断创新的商品以及丰富多样的产品线,有利于帮助维持用户新鲜感并增加用户的品牌忠诚度。"南农印象"的产品组合建设不仅仅突破了传统菊花在观赏、食用、茶用、医用等方面的使用场景,更解决了菊花花期过后,可能存在的浪费现象。通过开创菊花资源循环利用技术,使菊花的各种价值得到最大程度的利用。南京农业大学背靠全球最大的菊花基因库,菊花课题组也在世界菊花科研领域处于领先地位,利用丰富的优质菊花资源将产业线延伸拓展,实现了高校科技成果的成功转化。

此外,企业要额外注意,产品组合策略需要紧跟时代不断更新,将产品生命周期纳入思考范畴。具体地,产品生命周期指产品从进入市场到被市场淘汰退出市场的整个过程。产品生命周期的长短往往取决于消费者的需求变化和技术的革新情况。一般而言,产品大体会经历导入期、成长期、成熟期和衰退期,形成"钟"形曲线。通过数智化产品设计的应用,可以实现对产品生命周期的实时监控,平衡产品利润和成本,并做出相应的产品决策,如淘汰哪些产品,对哪些产品组合进行优化等。不仅如此,打造数智产品数据平台,还可以提前预测消费者需求的趋势,对于产品改进、产品线的延伸和拓宽均有重要意义。

2.1.3.2　农产品产品包装

除了产品"内核",产品外观也同样重要。而在产品外观中,产品包装是首先需要考量的因素。因为产品包装是消费者眼中品牌形象的最直观体现和最初的接触点,它是品牌推广宣传时最直接的媒介,与消费者产生"无声的对话",可事实上,对于农产品,包装设计却是被农业经营者长期忽视的方面。

设计农产品包装的作用可以归结为以下两点:一方面,包装能增加农产品的美观度,提高产品档次,并突显与其他相似产品的差异。另一方面,包装还可以保质保鲜,延长农产品的储存时间,有利于农产品的销售。现如今,结合数智化技术,智能包装开始出现,即通过检测外部环境条件,提供在流通和储存期间包装食品的品质信息,包括产品的追踪溯源、防伪、质量检测等。智能包装往往会被赋予多种感知入口,如 NFC(近距离无线通信技术)、RFID(非接触式射频识别技术)、二维码等技术,通过电子芯片或者二维码,运用网络存储信息技术手段,拓展农产品包装信息的承载内容,使得包装的信息不再局限于包装表面。

一些智能化包装已经在医药品、生活用品以及食品等领域得到应用,帮助消费者快速识别产品和确保产品安全。例如,在快速识别上,由联合利华和英国交互式印刷电子公司 Novalia 合作研发的超薄触摸传感器,与采用印刷导电油墨的微控制器相连,使得购物者在接触显示屏的时候通过电池供电微型扬声器听到声音,即外包装会通过微扬声器播放食品的相关信息;在确保产品安全上,医药领域经常用以检测药品安全性,即当药品的封口塞被打开时,瓶盖中的 RFID(无线射频识别)芯片会自动失效,可以防止被放入假药等。

在农产品包装中,被最广泛应用的数智化技术是溯源码、防伪码。下文将分别通过"五常大米"和"盒马日日鲜"的数智包装展开说明。

"五常大米"是黑龙江省哈尔滨市五常市的区域特色品牌,也是中国国家地理标志产品,其曾经面临的重要问题是假货泛滥导致的"公地悲剧"。为了应对这一挑战,其构建了"三确一检一码"的防伪溯源包装系统。具体来说,为保护五常大米金字招牌,五常市在尝试了诸多方案后,决定尝试开辟自己"保真"的渠道,让消费者知道在哪里可以买到纯正的五常大米。其已建成国内一流的农业物联网服务中心,并全面推行"三确一检一码"。其中,三确为"确地""确种""确人","一检"为质量检测,"一码"则为五常大米溯源防伪码,从而有效实现了从地块、水稻播种、田间管理、生产加工到餐桌等全过程的控制。同时包含信息反馈、质量追溯等功能,切实保护五常大米地域品牌。在包装上最直观的体现为"一码",该溯源防伪码被直接印在五常大米包装物的规定部位上,一物一码,外包装喷A码,内包装喷B码,通过溯源认证,检验合格后方可激活,消费者扫描溯源防伪码即可查询企业信息及产品信息并分辨真伪。基于五常市的自然地理优势,结合包装防伪溯源创新,2020年五常大米以698.6亿元的价值登上中国品牌价值评价榜单,并连续四年获得地标产品大米类的国内第一名,取得了不俗的成绩。

"盒马鲜生日日鲜"也同样致力于使用数智化包装技术以实现产品可溯源。据其官网介绍,"盒马鲜生是阿里巴巴集团旗下,以数据和技术驱动的新零售平台。希望为消费者打造社区化的一站式新零售体验中心,用科技和人情味带给人们鲜美生活"。"日日鲜"是盒马的自有品牌,主要涉及猪肉、牛羊肉、鸡肉、鸡蛋、蔬菜、水果、水产品等食用农产品,其品牌理念为产品只售一日,以保证产品新鲜。为了践行品牌理念,给消费者提供产品信息,让消费者放心购买,"日日鲜"通过数智包装实现可溯源。以冰鲜大排为例,其不但在货架的电子价签上贴了可溯源二维码,产品包装标签处也同样贴有可回溯二维码。扫描二维码即可查看供货来源,供货时间及活体验收、屠宰预冷、出厂检测、运输和收货抽检等详细情况,上架销售时间等,同时也包括了供货商详细描述,如食品批次追溯、检疫检验证书及供货商资质证书等。"盒马鲜生"自2016年1月1日起开始建设"盒马食品安全追溯平台",目前已经建设完成并成功应用,并体现在产品包装中,主要包含动态追溯、实时更新两大特点。其一,在动态追溯层面,"日日鲜"系列实现了全品类、全过程的信息化食品安全追溯,囊括了生产基地、生产商资质、产品检验报告,以及产品从采摘、包装、运输至进店销售等动态时间点等信息,顾客只需要扫描包装外二维码就能随时了解食品安全追溯情况,购买更加安心。其二,在实时更新方面,食品安全追溯平台同时对接店内电子价签、智能电子秤、手持终端和打印机等专用设备,随时更新产品数据,确保消费者所查询追溯信息均为最新信息。

现如今,消费者对农产品安全与品质的需求与日俱增,但由于生产端和消费端的信息不对称,产品清晰透明的生产过程成为消费者迫切想要了解的对象。而数智化包装设计则可以帮助该需求落地,提高消费者对农产品的信任。因此,农产品生产企业需要重视农产品包装设计工作,实现专属智能包装,这不仅有利于其与竞争者拉开差距,而且会极大增强消费者对产品真伪的辨别和信任,助力产品增值,实现营销增效。未来,智能包装将极大提升企业和消费者的利益。通过可追溯系统可以方便企业对产品生产流通环节进行管理,而通过在包装上展现企业产品信息及品牌故事,提供产品溯源等,更是实现了与终端消费者的联结,提高产品价值。

2.1.3.3　农产品产品定价

除了产品组合和包装设计,农产品的定价设计也亟须进行数智化营销改革。农产品定价是影响市场需求与购买行为的重要因素之一,与农产品生产经营者收益水平有着直接关联。农产品价格制定的恰当将有利于农产品出售和增加农产品生产经营者利润,否则将影响消费者需求,从而减少营销收入。传统的农产品定价设计中,考虑到消费者对农产品的价格敏感性相对较高,企业多以 3C 定价模型为基础,也即以产品成本(Cost)为价格底线(低于该价格企业无利润),以消费者对产品的价值感知(Consumer)为价格上限(高于该价格消费者无需求),并根据竞争对手(Competitor)外部价格予以相应调整。在定价方法上,则多采用简单的成本加成定价法或目标收益定价法。前者为在产品成本上增加一个标准的加成比例,后者为以实现目标投资回报率制定的价格。传统价格设计的方法对消费者来说有两个缺点,一是缺乏机动性,无法跟随需求的实时变化进行灵活调整,造成与消费者预期不符,降低消费者农产品购买欲望;二是缺乏吸引力,在互联网时代,消费者占据主导地位,其可以快速了解市场行情和竞争者价格。固定的价格设置可能会降低产品对消费者的吸引力。对于企业而言，由于外界环境的多变性和复杂性，现行的产品定价策略与价格核算方法难以真实全面地揭示智能生产环境下价值创造的内在规律与演化逻辑。在此影响下，农业企业如何开展数智化定价策略成为关注热点。

一般而言，农产品数智定价策略多基于大数据技术，通过企业在参与市场管理活动中搜集到的大量数据，利用数智化技术动态分析同类产品、替代产品的价格以及影响因素的变化，帮助企业更好地了解和掌握企业定价的发展变化规律，即借助数智技术实现对市场精准的分析和预判。下面本节将以蜂蜜产品的定价设计为例，展开对数智化赋能产品定价设计的探讨。

目前的蜂蜜产品定价策略多为细分市场定价策略，即针对不同顾客对蜂蜜保健功能的认知和需求特点，根据蜂蜜产品的活性成分和保健功效进行分别定价，如儿童蜂蜜、孕妇蜂蜜、老年蜂蜜等。而在其中，"蜂语者"平台开启了数智化定价的新模式试水，一方面实现了更好的产品区分定价，确保消费者一分价钱一分货，另一方面兼顾灵活多变的市场信息，予以实时调整定价。王康灵和杨一渠的案例分析研究显示，"蜂语者"平台通过智能蜂箱的采购和投放，建立一个蜂产业数据资产运营中心，通过将优质蜂蜜和普通蜂蜜的产品分离，引导互联网分销渠道与优质的蜂蜜资源对接，从而提高蜂蜜价格并收取数据服务费。其特色为建立了一个资产运营模型。该模型由四个主要模块构成，首先是数据采集模块，通过物联网 IOT 设备进行数据采集和后续的分析处理，以获得相应的结果。其次是数据保存模块，通过租用湖南省市场监督管理局的"湖南食品安全云"平台，由政府进行数据管理，以确保市场信息的稳定可靠。同时，将数据存储到云端数据库中，供用户使用。接着是数据运算模块，其委托中国农业大学成立"蜂行为实验室"，根据物联网设备获取的数据，运用算法，评估蜂蜜产品的品质等级，对检测结果进行分析处理，为蜂蜜产品质量控制提供依据。最后，则是数据资产应用模块，动态发布数据至指定渠道，有序组织渠道与生产单位进行交易，为蜂蜜产品的定价提供前置性预测研判和指导。在该运营模式的基础上，创新实现了大数据服务实时定价及政府与在线拍卖交易平台结合的定价新方式。

　　总结而言,农产品数智定价策略,在受外界影响大、价格敏感性高的农产品市场具有重要价值。一方面,从外部市场环境看,数智定价平台系统,可以帮助企业获取更多实时的信息资源;另一方面,从内部企业管理决策看,通过不断迭代的数智定价平台系统,可以实现更好的市场需求、风险等预测和企业成本信息等,提高企业对于市场变化的预知能力、管控能力和应对能力,帮助企业营销者做出更精准的产品定价决策。

　　除了通过精准预测制定价格,在互联网领域目前还有四种主要的新兴定价模式,分别为免费、免费增值、订阅模式和动态定价。其一是免费:指通过不收费的产品或服务激活潜在需求,可以在短时间内吸引大量新客户,主要优势为快速打响品牌或产品知名度,但缺陷为客户在免费补贴消失后极容易流失。其二是免费增值模式:常见于互联网初创企业和智能手机应用程序开发商的定价中,表现为若消费者只对基本的产品或服务感兴趣,可以免费获得,但如果消费者有更高质量的服务需求,则需要选择订阅费。例如,一些云端储存程序,可以免费下载和拥有固定容量,如需提高容量则需要额外付费。其三是订阅模式,包括年度或月度付款的方式,从而实现对产品或服务的订阅,以获得顾客忠诚。例如,视频网站腾讯视频、爱奇艺、优酷等对于其会员均采用订阅模式收费。最后是动态定价,也被称为"差异化定价",即对市场进行分割,对不同的顾客群制定不同的价格。企业通过数智化工具,从被统计的消费者基本数据中分析出其偏好、行为和价格敏感度,并有针对性地设置不同价格。这些新兴定价模式其实也可以运用于农食产品的价格设计,下面以订阅模式和动态定价进行简单介绍。例如,不少奶制品企业开启订阅制价格设计,比如蒙牛旗下的每日鲜语,通过售卖奶卡的方式,锁定顾客的消费,以期培养顾客消费习惯与忠诚。再比如,动态定价设计上,为了减少食物浪费,不少烘焙、餐饮企业开售"剩菜盲盒",借助第三方平台,如"惜食魔法袋"等将临期产品用低价盲盒的形式出售,原总价近 40 元的当日生产的面包,面包盲盒只需 11.9 元,实现了对价格敏感性客户的挖掘。

　　需要注意的是,农产品价格制定存在一个独特之处,即农产品尤其是初级农产品的定价,需要突出农民在市场中的主体地位,维持农产品价格公平性,让农民获利。上述四种新兴定价模式主要着眼于深加工系列农产品,而对于其是否同样适用于初级农产品待进一步验证。

2.1.4　农产品数智交付

农产品交付是实现由生产端向需求者端传递的最后步骤,也是连接厂商和消费者的直接环节,起到至关重要的作用。农产品市场存在一个独有的特征,即"买难""卖难"的现象同时存在。对农户而言,"卖难"现象突出,难以直接联系到有需求和购买力高的消费者,而对城市居民而言,农产品价格居高不下,产销对接不通畅。在农产品交付中,往往存在两大问题。其一是农产品流通环节较多,效率相对较低,流通半径较小,销售渠道单一。其二是农产品脆弱性导致其容易腐败变质,这就对物流系统的时效性与稳定性和仓储的能力要求极高。而在数智化赋能农产品交付的背景下,通过智慧运输和智能仓储建设实现物流行业向更加智能化、更加绿色化、更加高效化的方向升级可以分别缓解上述两个难题。因此,本节也将重点分别介绍智慧运输和智能仓储的相关内容。

2.1.4.1　智慧运输

将数智化工具应用于物流运输过程中,可以大幅提升物流运输的自动化、智能化水平,实现智慧运输。智慧运输的实质在于将先进的信息技术、计算机技术、数据通信技术、传感器技术、电子控制技术、自动控制技术、运筹学、人工智能等技术成果有机融合于交通运输、服务控制和车辆调度之中,从而加强了车辆、道路和消费者之间的紧密联系,最终形成一种高效、精准的全新综合运输系统。智慧运输将运输供应链中的各个元素,如发货人、收货人、承运商、货站和卡车司机等进行有效联系并全部接入系统,及时反馈各环节的实时情况。它能够帮助生产制造、分销及物流企业提高向货主提供信息服务的能力,并且能够强化社会化运输网络管理等方面。智慧物流运输系统需要提高订单响应处理能力,提升调度配载效率,并通过网络平台精准传输各方面信息,实现全链路的信息透明可追溯。对农产品而言,智慧运输有三点尤为值得重点关注:一是安全与效率、二是成本、三是冷链。本节也将分别对这三个方面的内容及对应实践案例展开介绍。

首先,安全与效率方面。智慧物流运输管理的主要内容,包括车货供需匹配和运输全程管控两个方面。首先,在车货供需匹配上,车主或货主可以依托互联网信息平台中的双方信息库,进行信息对比分析,并根据"供需呼应"的原则,从数据库中筛选出最符合双方条件的信息,实现车与货的完美匹配。而这一供需匹配离不开数智化技术的使用,包含云计算、大数据分析等。比如,随着车货信息及交易信息爆炸性增长,平台面对海量需要处理和分析的信息,可以借助云计算技术快速实现信息的整合。再比如,利用大数据分析技术能实现需求与能力的最佳匹配,并通过分析交易信息,促进信息共享、协同工作,实现物流资源的柔性重组和服务流程的优化与重构。其次,在运输的全程管控中,强调在车货匹配后,需要后续的监督和控制。例如,通过物联网技术实现对车辆、货物等物流资源状态的全程跟踪定位,并为后续管理提供反馈和决策参考。目前车货供需匹配已在一定程度上发展较好,而运输全程管控则是目前企业更关心的问题。G7 易流平台是该领域的代表性企业之一,实现了安全与效率的提升。

G7 易流,作为一家物联网 SaaS(Software—as—a—Service,软件服务)公司,强调以物联网技术和软件服务改变公路货运行业。2022 年 G7 物联和易流科技(E6)宣布合并,2023 年 3 月 G7 易流新品牌发布。

G7 易流的四大核心功能为安全管家、冷链管家、流向管家和追货管家。以安全管家为例,其构建了物联网智能终端、云端算法、SaaS 平台和运营服务一体的全链安全服务。在智能终端上,通过前视、司机和盲区摄像头,实现对人、车、货的全方位保护。云端风险算法,则根据平台积累的数据深度学习,提高在复杂环境中的风险预判能力,实现全年百公里事故率下降 17%。而 SaaS 平台则提供涵盖微信群、PC 和手机端等多个便捷入口,在预测风险等级高时,主动联系司机。运营服务一体则提供安全专家顾问团队和全天候的实时监测与即时干预。流向管家和追货管家则在确保安全的同时,也提升了运输效率,前者通过对异常事件的实时侦测,即时警报,减少人力成本,后者实现在平台上形成上下游实时信息共享,提高信息效率。

G7 易流通过其智能运输管理系统与订单系统打通,使得订单数据和仓库信息同步采集,承运商、司机线上线下协同工作,做到节点透明化、数据传递及时化,从订单到交付做到了物流全链条监控和信息闭环,实现了效率的大幅提升。例如,通过地磅与网络货运系统对接,实现了车辆在 10 秒内过磅,效率提高了 18 倍。在农产品运输场景下,G7 易流结合物联网技术拉通货主、司机、场站和车辆间数据流,并基于"IOT+G7 网络货运平台+设备"三位一体框架构建"数字甩箱"智能运营模式,以确定最合适的拉货司机和运输频率。数智技术使日运输趟次增加到 400 次,运输量增加到 12 000 吨,驾驶员平均每月可行驶 26 000 公里,是传统模式的四倍多。与此同时,G7 易流倾力打造的车货匹配平台实现了社会运力的有效融合,助力车货匹配系统的构建,实现了高质量社会运力的集成,使得闲置运力一目了然。此外,还有一键导入订单/批量下达运输任务、驾驶员线上议价,做到在开放的市场上以更加合理的定价与运力相匹配。以 IOT、AI 和大数据技术构建的智慧物联网平台,构建了智慧服务体系,实现全程数字化、智能化。

其次,成本方面。考虑到农产品,尤其是初级农产品的盈利空间小、运输损耗大,如何在保证运输质量的同时通过技术引入降低成本,也是一个重要的问题。"货卡帮农"通过创新开发了共享挂车平台,在一定程度上帮助解决了上述问题。货卡帮农以"优化货运,服务民生,带动产业,促增经济"为发展宗旨,曾获国家发改委与 CCTV 颁发的"中国最佳商业模式创新奖"。通过搭建数智平台,联结农产品运输司机、批发商和农民,实现三者共赢。例如,对司机而言,通过数据分析推荐给最适合进行运输的货车司机,帮助司机合理规划路程和运量,并可以通过共享载货减少空车率。再比如,对农民而言,在货卡帮农平台,可以通过几户农民共享一辆货车的形式降低农民运货的成本,提高新鲜农产品周转,切实提升了农民收益。

　　最后，冷链方面。冷链是大多数农产品运输中最关键的环节，可以实现产品的保鲜和保质。冷链物流高质量开发是指运用数智化手段对冷链物流改造和提升，如建立冷链运输体系等。通过运用 RFID 和 GPS 定位跟踪等技术，实现对冷链物流环节所涉及的物品、车辆进行实时监控监管，保证从运输到交付的各个环节始终处于规定的低温环境下，以保证产品质量、减少产品损耗。一般而言，冷链物流体系需要搭配生鲜配送管理系统，以提高分拣、加工、包装、配送等工作环节的效率。随着居民生活水平的提高，云南鲜花产品（被称为"彩云之南"的云南一直是我国鲜花种植的重要基地，素有全国 10 枝鲜切花 7 枝产自云南之说）受到全国各地消费者的喜爱。但鲜花保鲜期短，消费者对新鲜度的要求又较高。为了解决这一问题，京东推出"云仓鲜花物流空配"服务，为云南鲜花提供"产地仓直发＋干线运输＋销地仓加工＋末端配送"的全供应链数智服务，打造以产地为核心、辐射全国的高效网络，实现产销融合。云仓鲜花物流空配服务配合全程 2～8℃的温控冷链车、全流程可视化溯源等，打造鲜花行业"快"和"鲜"的双重标准。鲜花完成分拣、加工和包装后第一时间放入冷库。运输过程中，则全程使用冷链车，利用京东物流的优势，减少周转时间，快速配送至消费者手中。除了基于京东冷链的长距离配送服务，其还结合京东的同城短链配送能力，在北京地区尝试新的仓网模式，推出全北京 2 小时达服务，承诺晚必赔，布局 26 个前置仓。鲜花极速保鲜的背后，是京东数智化社会供应链的支持。通过基于大数据的智能供应、智能运营以及对人货场的精确匹配，建成了数智化的冷链物流。除了京东，前文中的 G7 易流也进行了冷链技术创新，覆盖仓、车、店、箱等场景，例如司机通过物联网设施在驾驶室中就可以随时观察到冷藏区温湿度变化，仓库则可以通过 APP 实时监测到冷藏车的位置及温度改变，实现了冷链流通全过程中的温度透明和品控追溯。

【拓展阅读】

数智化赋能产品交付：预制菜冷链先行

自 2020 年以来，预制菜成为农食产品的新风口，至今热度不减。在 2023 年的中央一号文件中，更是首次明确提出"培育发展预制菜产业"。预制菜发展的一个重要基础便是交付全过程中的冷链建设。根据中国物流与采购联合会统计数据，2023 年 1 月至 5 月，我国冷链物流总额达 2.65 万亿元，同比增长了 4.1%，冷链物流基础设施的投资建设总额超过 140 亿元，同比增长了 6.6%。冷链物流加持下的预制菜产业发展有效降低了农产品在产后的损失和食品流通过程中的浪费，为产品的质量和安全提供了可靠的保障。一般而言，从生产端到消费端，冷链物流体系会经历"预冷、储存、检疫、运输、销售、信息化服务"等环节。而冷链发展是个复杂的系统性工程，需要多项冷链基础设施建设作为基础支撑，包括产地冷藏保鲜设施、连接城乡的高效冷链运输网络、城市冷链集配中心等。

不少传统物流企业和冷链物流企业都开始积极布局冷链物流发展。例如，顺丰首创了预制菜三位一体的供应链解决方案，即"干＋仓＋配"，其中，"干"指干支线运输，"仓"为冷链仓储服务，"配"包含快递配送和同城配送。京东冷链也创新性地提出了从零下 22°到 15°的不同产品分温层方案，并通过数智化技术实现可视化、可追溯的冷藏车在途管理和温度实时监控。来自珠海的绿兴冷链物流有限公司的总经理指出："绿兴冷链开发了冷链智能系统，实现货物的自动存储、自动分仓、自动输出。信息化建设可以让冷库管理效能翻倍，省去复杂的人工处理环节，实现上架、备货、分拣、出货、追溯等环节的云端处理。"除了与冷链物流企业合作，部分预制菜企业也会采取自建冷链物流的方式，并注重实现精准控温、周转控制、流程管理和全程监控。比如，通过自建大型全自动化低温立体冷库，实现精准控温；通过联动销售、生产和仓储信息的模式，实现对产品周转的精准控制，提升产品时效性；通过建立完善的信息化物流管理规则体系与管理平台,规范配送流程;通过对运输车辆搭载车载北斗系统和温控仪,实现冷链运输过程的全程监控。

在预制菜冷链发展的过程中,"温度品控"是稳定预制菜产品品质的重要保障,涉及全流程的环节管控。为了避免预制菜出现断链脱冷的情况,企业需要实时监控预制菜低温工厂的冷库、中转冷库、前置仓冷库、冷藏车以及低温展卖冷柜等存放环境,通过多级预报警的方式提醒管理人员及时干预,并通过平台实现各环节责任的管控与考核。尤其在"最后一公里"的零售场景中,可以和合作企业共同布局冷藏自提柜、低温自动售货柜,不仅能高效保障预制菜品质,也可以方便消费者购买。为满足日益严格的预制菜品质控制需求,实现全链路温度追溯已成为该行业探索的至关重要的方向。例如,随着物联网技术在温控领域的应用,已有企业通过各场景的物联网设备,对仓、车、店、箱/柜等冷链各环节温/湿度数据实现实时监测。

2.1.4.2　智能仓储

在我国农产品交付中,仓储一直占据重要的位置,甚至一度成为传统物流的基础。仓廪实,天下安,粮食储备是国家安全的战略基石。因此,粮食仓储的数智化升级是农产品交付中需要尤为关注的事项。此外,对普通农产品企业而言,如何通过智能仓储解决方案实现一体化管理也是需要重点考虑的事项。在这一背景下,本节将分别从我国粮食仓储和智能仓储解决方案两个方面展开介绍。

首先,在粮食仓储上。"藏粮于技",守护大国粮仓,做好粮食仓储管理工作对保证国家粮食安全,确保社会稳定、国家经济持续发展有重大作用。目前,我国粮食仓储条件已达到世界先进水平,展现了令人瞩目的整体实力。截至 2021 年 4 月,在全国范围内,粮食的完好仓容已经超过了 6.5 亿吨。为了更好地管理粮食,我国粮库采用了先进的"四合一"储粮技术,包括机械通风、环流熏蒸、谷物冷却和粮情测控等,同时还加强了智能化粮库建设,引入了氮气气调技术、内环流控温技术等绿色储粮新技术,从而有效地减少了粮食损失和损耗。2021 年中央储备粮的自储比例提升至 98%,其科技储粮覆盖率也已经连续多年保持在 98％以上，同时仓容的完好率也一直保持在 95％以上的高水平。中国储备粮管理集团有限公司，简称为"中储粮"，是国务院批准组建的国有大型骨干企业，也是粮食仓储行业的领军企业。其于 2000 年 5 月 18 日在北京成立，2016 年将"中储棉"并入"中储粮"实行重组，成为国内最大，具有极高国际影响的农产品储备集团，并在 2017 年完成公司制改制。在实现数智化升级的道路上，"中储粮"与华为携手，通过物联网、大数据、AI 等数智技术打造八达岭库区智能粮仓系统。系统实现了全流程全生命周期数据管理，出入库、粮情监测、AI 预警、数量检测告警等实时对日常仓储保管中的所有数据记录，精准反馈。其中，粮库场景下的 AI 配置了黑暗增强和粉尘增强的算法，实现在仓内光亮不足和粉尘较多情况下，对粮面异动、虫害、视频遮挡等识别。同时，借助区块链技术，实现数据的采集和存证，以确保粮食数量、质量信息的准确。

其次，在智能仓储上。许多企业曾面临效率和效益的双重挑战，经常面临"找货难、拣货难、盘点难、决策难、费用高、融资难和融资贵"等实际问题。此外，现代仓储管理要求仓库不仅具备存储的职能，还要与运输、物流信息以及各物流作业节点构成有机整体，进行管理优化。数智化技术智能仓储升级则可以帮助缓解上述问题。智能仓储通过 5G、物联网、大数据、AI 等技术，对仓库到货检验、入库、出库、调拨、移库移位、库存盘点等各个作业环节的数据展开自动化采集，确保企业能够及时、准确地掌握库存的真实数据，有效地对客户订单、采购订单以及仓库等信息进行跟踪与管理，同时与上下游企业进行对接，并提供自动监测和告警系统，最大限度地提高仓库管理的效率和效益。京东、顺丰、EMS、德邦等物流企业纷纷在国内布局现代化仓储设施。显而易见，智能仓储已成为仓储业的重要发展方向。其中，成立于 2014 年 3 月的蜂鸟视图，提供了智慧仓储的新解决方案。其以仓储物资的一体化管理为目标，实现了仓储系统的信息化、数据化、智能化和高效化，保障了物资管理的整体控制、及时精准，最大限度地发挥有限空间内仓储能力及物资周转效率。通过提供智慧仓储管理系统，实现高精度的自动化、可视化仓储管理。

　　蜂鸟视图拥有的四项重要技术可以在仓储管理中发挥重要作用,一是可视化空间数据,助力数字孪生落地应用。通过 2D/3D 智能地图的支持,利用可视化技术将仓储细节进行数字孪生,实现在虚拟现实中的 1∶1 还原。同时为企业提供仓库可视化信息看板,实现仓储管理的可视化管控。二是高精度定位。实现了对员工、仓储的实时追踪,进行风险预估并报警,为仓储管理提供决策支持。三是数据融合服务。数据实时同步,并与其他平台数据对接,实现数据共享应用,减少流转成本。四是人工智能业务分析。基于空间 AI 算法,自主进行数据分析与迭代,即使是传统仓储的复杂性场景,也可以实现管理优化与风险预警提示。

2.2　品牌:数智化赋能品牌打造

　　品牌作为企业的无形资产,是企业文化、产品质量、市场竞争力的综合体现。数智化营销为农产品的品牌打造、提升等方面提供了前进动能。品牌数智化可以帮助企业适应市场变化,满足消费者需求,打造差异化竞争优势,增强创新能力,还有助于企业构建数字生态,促成转型升级,获取新优势和新机遇。品牌数智化营销是企业在数智经济时代的必然选择,也是企业获取可持续发展和利润的重要途径。本节将通过农产品的品牌资产建设、品牌定位与传播、区域品牌发展以及老品牌活化四个方面讨论相关理论及其数智化实践手段,以更好实现"从白牌到有牌、从有牌到好牌"的农产品品牌发展目标,同时兼顾品牌发展的时空观。从空间层面,挖掘区域公用品牌;从时间层面,探寻新老品牌活化之路。

2.2.1　农产品品牌建设

　　农产品品牌建设是一项系统工程,需要从标识、内涵、关系和保护等方面进行全面的规划和实施,以提升农产品的竞争力和附加值,促进农业高质量发展和乡村振兴。本节将主要包含农产品品牌内涵及重要性、品牌资产运营模型(CBBE 模型)和品牌建设的数智化手段三部分内容。

2.2.1.1　品牌内涵意义

（1）农产品品牌的内涵

品牌(Brand)，根据美国市场营销协会 AMA 的定义，指代名称、标识、符号、设计或是它们的组合，用以识别一个销售者或一群销售者的产品或服务，使之同竞争对手的产品或服务区隔开来。著名营销学者菲利普·科特勒曾指出，品牌是销售者向购买者长期提供的一组特定的特点、利益与服务，往往具有六层含义：属性、利益、价值、文化、个性和使用者。

农产品品牌专指在农业领域中，农产品上存有的独特名称、标识、符号、设计或组合，以向消费者传达相应的产品信息。在这些品牌元素中，前两者，即品牌名称和品牌标识是最具外显性的两大因素。品牌名称也被称作品牌命名，是品牌的名字，可以用来传达品牌的含义与特征。比如百果园的品牌名体现了其产品种类丰富度高的特点，再比如盒马鲜生的命名则体现了其对生鲜产品的新鲜度承诺。而品牌标识则是非语言文字如通过图案、形状、颜色等对品牌的描述，可以通过感官信息刺激，增加品牌的视觉识别度和形象感知。例如百果园的猴果果和乐桃桃，以一个头顶桃子的绿色小猴子为视觉设计的品牌标志，传递出品牌新鲜、亲近自然的理念，而蒙牛的在绿色背景下的白色月亮与土地的标志突出了其追求天然、远离污染的主题等。有趣的是，很多农产品品牌在标识颜色的选择上，多选用象征自然、安全、健康的绿颜色。

农产品品牌根据不同划分的方式进行分类。例如，根据行业类别的划分标准，可以分为种植业、养殖业、水产业等农产品品牌；例如，以大米、杂粮为主要销售对象的十月稻田就属于种植业品牌，以鸡肉为主的圣农 SUNNER 和以猪肉为主的牧原股份属于养殖业品牌，而水产业品牌则包含国联水产、獐子岛等。此外，根据品牌历史的划分标准，可以分为老字号、新品牌等农产品品牌；根据品牌范围的划分标准，可以分为地区品牌、国内品牌、国际品牌等；根据品牌的市场地位的划分标准，则可以分为领导品牌、强势品牌与弱势品牌。

（2）农产品品牌的重要性

农产品的品牌建设对于消费者、企业和社会发展都具有重要价值。

首先，对消费者而言。农产品选购的一大痛点是标准化缺乏，消费者需要依赖经验进行优质农产品挑选。农产品品牌是农产品品质和服务的象征，品牌的构建可以帮助消费者设置对农产品的预期，从而降低购买的风险，减少挑选购买过程中花费的时间和精力。此外，对于部分高净值的农产品，品牌具有身份识别或社会价值的重要意义，例如新西兰佳沛（Zespri）奇异果礼盒，相比一般奇异果，价格高昂，常常被作为礼物产品。

其次，对企业而言。品牌的构建可以使其在与同类产品的竞争中，建立起差异化的形象，提高农产品附加值，形成竞争壁垒。同时，优质的品牌形象，还可以提高企业的知名度和美誉度，增强消费者的信任，创造品牌忠诚，为企业提供相对稳定的客源和更高的盈利空间。再者，品牌的构建还会倒逼企业转型和高质量发展。农产品品牌的维护和发展需要农业企业不断创新技术、改进管理、提升品质，打造更具特色且优质的农产品，促进农业现代化和可持续发展。最后，农产品品牌的打造，也有利于为其产品提供法律保护，减少其被同类产品侵权。

最后，对社会而言。品牌构建可以帮助推动"三农"工作建设。在农业发展上，建设农产品品牌有利于促进农业的转型升级。在农村发展上，建设农产品品牌有利于乡村的经济和文化建设，推动乡村振兴。经济方面，带动乡村产业发展，增加乡村就业机会，吸引更多人才和资本回流乡村，促进乡村经济繁荣；文化方面，农产品品牌能够传承和弘扬乡村文化，提升乡村形象，促进乡村和谐。在农民生活上，建设农产品品牌有利于增加农民的收入和利润。例如，"眉山春橘"是四川眉山地理标志产品，不仅连续两年荣登"中国农产品百强标志性品牌"榜首，为当地乡村振兴和经济发展打下了坚实的产业基础，同时也展示了眉山橘文化的魅力。再比如，凉山"盐源苹果"自注册地标以来，该县苹果种植面积由 2010 年的 13.7 万亩增至 2016 年的 25 万亩，产值也由 1.3 亿元增至 20 多亿元，盐源苹果已然成为当地农民第一大经济支柱。

2.2.1.2　品牌价值模型

在品牌建设和发展的过程中,往往会出现品牌资产的增长。菲利普·科特勒在《营销管理》中将品牌资产定义为品牌赋予产品或服务的附加价值。主要来源于消费者对不同品牌的差异化反应,体现在其感知、偏好和行为上。品牌资产包括品牌知名度、品牌美誉度、品牌忠诚度和品牌联想等。其中,品牌知名度是指公众对品牌知晓和了解的程度,品牌美誉度反映公众对品牌信任、支持和赞许的程度,品牌忠诚度体现消费者是否会对某一品牌形成重复购买的倾向,品牌联想则表明了消费者在提起该品牌时会同时记起哪些相关信息。除了传统的品牌资产界定,2020 年天猫和 BCG 波士顿咨询公司联合发布数字化品牌资产计算模型:DeEP(图 2-2),基于数字化品牌营销强调对消费者的长期追踪。

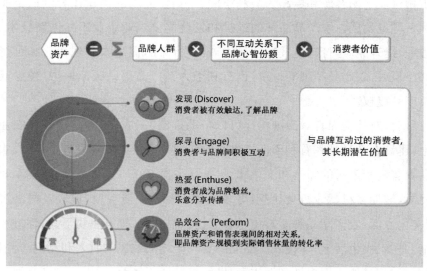

图 2-2　DeEP 模型①

本节将重点基于消费者视角,理解品牌资产,参考营销研究学者凯文·莱

---

① 图片来源:199IT. 数字营销 3.0:DeEP 品牌心智增长方法论[EB/OL]. (2020-07-03). http://www.199it.com/archives/1068923.html.

恩·凯勒提出的品牌价值(CBBE)模型,也被称作"品牌共鸣金字塔"。该模型指出品牌建设的四个步骤。首先,需要建立具有突出特征的、高度显著的品牌标识,以实现品牌识别,让消费者可以一目了然地掌握该品牌的差异化特点;其次,需要创造丰富的品牌内涵,向消费者传递品牌的性能表现及良好的品牌形象;接着,需要引导顾客形成正确的品牌反应,包含消费者对产品的认知判断与情绪感觉;最后,着力建设忠诚的品牌关系,实现消费者和品牌的共鸣。具体参考图 2-3。

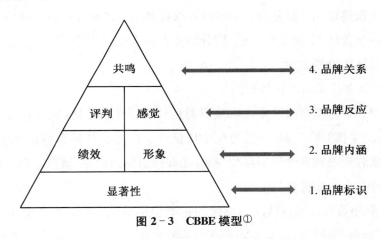

图 2-3 CBBE 模型①

对于农产品品牌而言,如何根据 CBBE 模型提升品牌价值? 首先,农产品品牌要建立简洁清晰的品牌标识,清楚标明其产品来源地、生产方式、质量标准等特点,让消费者能够轻易地识别出该品牌,并产生积极的联想;其次,农产品品牌要创造合适的内涵,要展示其产品或服务的性能体现如可靠、营养、口感等,同时展示其产品或服务的形象内涵如安全、家庭、历史丰富等。再者,农产品品牌要引导消费者生成正确的品牌反应,要让消费者对该品牌有正面和积极的认知判断和情绪感觉,如认为该品牌有高质量、高可信度、高购买考虑

① 图片来源:KELLER K L. Building customer-based brand equity[J]. Marketing Management, 2001(7/8):14-19.

和高优越性,并且对该品牌有真诚、温暖、社会认同等情感;最后,农产品品牌要注意和消费者缔造适当的关系,培育消费者对该品牌的忠诚度和归属感,促进消费者之间通过该品牌而产生联系和交流,发展品牌社区,并鼓励消费者积极参与。

2.2.1.3　品牌数智建设

从 CBBE 模型来看,农产品品牌建设与价值增长的数智化应该从品牌标识、品牌内涵、品牌反应、品牌关系等四个方面进行分析,那么到底该如何利用数智化手段建设农产品品牌? 本节深入探讨并结合品牌案例指出数智化提高品牌标识显著性、丰富品牌内涵、提升消费者品牌反应、牢固消费者-品牌关系的四个具体建设的方向。

（1）数智化提高品牌标识显著性

品牌标识是指在品牌中可以被识别且易于记忆和传播,包括符号和图案（如色彩或字体）等。要利用数智化手段提升农产品品牌标识的显著性,可以从设计品牌形象和视觉识别系统、提升品牌标识传播效果、增强品牌标识互动和体验性三个方面进行:

① 利用数智技术便捷品牌形象和视觉识别系统设计。农产品本身的客观形状、颜色、质感等,以及与农产品相关的软性文化、历史、地域等元素,还有同行业或跨行业的优秀品牌标识案例等是获得品牌标识设计灵感的多个角度和渠道。此外,还需要根据品牌定位和目标市场,设计出符合品牌特性和消费者期待的品牌名称、标志、色彩、字体、图形等元素,并统一规范其在不同场景和媒介中的应用,形成一个完整的品牌视觉识别系统。人工智能图像生成器、图形设计软件等数智技术也能为品牌标识提供许多的创意灵感和设计方案,或者对现有的品牌标识进行改进和优化,使之更符合品牌定位与目标市场的需求和期待。比如,标智客这一 Logo 在线生成设计网站,使用 AIGC（AI-Generated Content,人工智能自动内容生成）技术为品牌在线生成 Logo,智能化自动生成公司 Logo 设计、商标设计、标志设计及企业 VI（Visual Identity,视觉识别系统）设计,同时,标智客还为果蔬类、茶叶类等农业相关品牌提供创

意 Logo 设计服务。

② 利用数据资源提升品牌标识的传播效果。运用数据资源如消费者数据、市场数据、竞争者数据等，可以对品牌标识的传播效果进行分析和评估，从而找出品牌标识在不同场景和媒介中的表现和影响力，并根据数据反馈进行调整和优化，使之更加吸引消费者注意力并使其产生兴趣。比如，作为阿里集团旗下的数字营销平台，阿里妈妈为品牌提供了一系列的数智化服务，包括品牌定位、品牌形象、品牌推广、品牌效果等，并通过数据分析，帮助品牌优化其视觉体系和文本体系，提升其在电商渠道中的影响力和销售力。

③ 利用数智化手段增强品牌标识的互动性和体验性。利用互联网、物联网、VR 等技术，可以为品牌标识赋予更多的动态、立体和沉浸式的特征，并通过与消费者的互动，让消费者对品牌标识有更深刻和难忘的印象，并激发其对品牌的好奇心、认同感和信任感。比如，耐克在 2018 年推出了一款名为"Nike React"的跑鞋，并为之设计了一个动态变化的 Logo，该 Logo 由一个圆圈组成，圆圈内部由不同颜色和形状的小球构成。随着用户在手机上摇晃或点击，Logo 变换不同的形态并伴随着不同的声音效果，让用户感受到跑鞋的弹性和舒适度。

(2) 数智化丰富品牌内涵

品牌内涵是指品牌在消费者心目中所代表的一系列属性、利益和价值，是品牌的核心内容和内在特征，其主要包括品牌绩效与品牌形象。数智技术可以从以下三个方面丰富农产品品牌的内涵：

① 保障农产品质量和安全性。大数据、物联网、区块链等数智技术可以对农产品的生产、加工、储存、运输等各环节进行实时监测和数据分析，实现农产品的全程可追溯，保证农产品的质量和安全性，增强消费者的信任和满意度。例如，东北财经大学利用"北斗卫星定位＋物联网"溯源区块链技术为地标农产品赋予唯一属性，并提供数据流上传云端，让消费者可以通过手机扫描唯一商品识别码进行直观的商品产地溯源并查询北斗认证信息。

② 提升农产品品牌知名度和影响力。数智技术一方面可以通过数据分

析实现精准推送,识别感兴趣的目标客群,定向投放广告,提高品牌传播效率;另一方面,可以通过多渠道引流,构建私域流量,或借力政府组织,打造专属数智化顾客平台,发挥农产品品牌的文化效应。例如,2021年9月,我国农业农村部等多部门联合阿里巴巴,启动"丰收节金秋消费季"。其中,阿里巴巴举办了近100场地域农产品产业带活动,在天猫平台发放了超1000万张丰收券,通过与线上直播、阿里社区电商平台(MMC)相结合,共同推动了区域特色农产品的线上品牌打造。

③ 创新农产品品牌形象和内容。数智技术可以通过深度学习技术进行自然语言处理、图像识别等,为农产品品牌形象和内容提供创意和优化,增加农产品品牌的吸引力和差异化。比如,利用数智技术打造IP形象,让农业品牌"活"起来。一个好的品牌IP形象,可以让农产品摆脱刻板印象,有效增强品牌记忆点和识别点,形成品牌个性和情感与消费者的连接。例如,金龙鱼品牌为突出"100℅澳大利亚进口小麦"这一亮点,将旗下一款澳麦椭圆挂面的IP形象设计成了一只可爱的小考拉,在视觉上成功地与其他竞争产品区分开来,增强产品的记忆点。

(3) 数智化提升品牌反应

品牌反应是指消费者对品牌的认知、评价、感觉和行为等,是品牌内涵在消费者心智中所引发的结果,主要包括品牌评价、感受和认可。利用数智技术提升农产品品牌的评价、感受和认可,可以从以下两方面入手:

① 提高农产品的质量和特色。成功品牌建设需要依赖高质量产品的打造。而数智技术可以通过育种创新、品质评价,一方面提升农产品的品质,另一方面通过区块链质量安全追溯等,提升农产品的安全感知,让消费者放心享用,二者共同增强了品牌的核心竞争力。

② 创新农产品品牌的营销推介。除了对产品的保障,数智技术也可以通过利用新媒体、电商平台、直播带货等方式,创新农业品牌的营销模式和手段,拓宽农业品牌的销售渠道,提升农业品牌的市场影响力,提高品牌的知名度和美誉度。例如,区域公用品牌之一的"长白山人参",通过与阿里巴巴合作,开

展线上线下联动的营销活动,让更多消费者了解和认可长白山人参的优质特色。

(4) 数智化牢固消费者–品牌关系

品牌关系是指品牌与消费者之间建立的联系,是品牌反应在消费者行为上所体现的程度,比如品牌忠诚度。农产品品牌可以从以下三个方面应用数智技术提升消费者–品牌关系:

① 建立客户关系管理系统。数智技术通过大数据精准记录客户购买数据和口碑分享,并自动预测客户需求,鼓励客户加入顾客忠诚计划,实现客户分层管理,设置积分与奖励计划等提高客户的黏性,从而助力客户关系管理平台建设。

② 增强品牌体验与互动。VR、AR 技术是提高消费者"沉浸感"的有效互动形式,而品牌体验和互动是增强消费者与品牌关联的重要手段。例如,深圳点筹互联网公司旗下的 DC 农业网站利用 VR 技术在其官方网站展示了农产品的种植场景,消费者可以在 VR 展厅里参观部分农场的多个画面,了解农产品的种植、收获、加工等环节。利用此类数智技术,让消费者能够清楚地感受到农产品的生长过程,零距离体验种植、养殖,提升对农产品品牌的信任和评价。

③ 增强消费者品牌情感投入。品牌除了是产品质量的代表,更是生活方式、自我表达的符号。一些农产品品牌利用科技和公益相结合的方式,让消费者可以通过网络平台,了解农产品背后的公益故事,实现与品牌的共鸣。例如,四川省德阳市旌阳区的一家农业公司借助"腾讯安心平台"的区块链技术,打造了"神奇农货"品牌,不仅实现让消费者扫描溯源,知晓产品产地、生产者等信息,安心购买,而且让消费者获取其公益信息,如捐赠部分收入给贫困地区等。

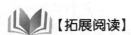 【拓展阅读】

数智化赋能品牌建设:竹叶青茶叶

竹叶青,创立于 1998 年,是来自四川省峨眉山的茶叶品牌。荣登"2020

中国品牌实力指数排行榜"茶叶类第一名,并在 World Brand Lab 发布的 2021 年《全球十大高端名茶》分析报告中,成为唯一入围的中国品牌。同年,其作为茶行业唯一品牌入选了"中国 500 最具价值品牌"。在其品牌建设过程中,竹叶青运用了数智化手段来提高品牌知名度,打造高端的品牌形象,尤其聚集在品牌内涵、品牌反应和品牌关系上。

首先,在品牌内涵上。竹叶青的品牌内涵经过 3 次升级,1999 年提出"清醇、淡雅"的品牌传播策略,2002 年更换为"平常心",2018 年实施战略转型,以"中国高端绿茶领导者"为品牌新定位,并开创峨眉高山绿茶的新品类。其根据用户的差异需求将产品分为"论道,静心,品味"三类,并在价格上进行区分。在品牌内涵的宣传上,竹叶青茶利用多数字平台实现了对目标消费者群体的交叉辐射:① 建设品牌网站。网站中展示了品牌荣誉、品牌故事和品牌历程,可以让消费者了解到品牌的发展过程和企业的价值理念,促进消费者的正面评价。② 采用央视及地铁、公交等交通场景的广告投放。在央视广告上,通过独家冠名、纪录片等方式实现强曝光。同时与分众传媒联手,实现电梯投放及多交通场景的广告以传达其品牌形象。③ 利用社交媒体、跨界联名等方式,触达年轻消费者。首先,社交媒体方面,布局微信、微博、小红书等平台。例如,微博中采用"新茶老友"的话题活动引流。其次,跨界联名方面,和《大鱼海棠》电影、米其林餐厅大蔬无界等实现跨界联名合作。

其次,在品牌反应上。为引导消费者产生竹叶青高端质量的感知,竹叶青通过展示生产过程科技含量及产品品质,创新"五重锁鲜"的数字化生产技术。为了打造一杯"鲜爽"的绿茶,竹叶青打造了全自动、清洁化封闭制茶生产线。首先,在 90 秒的高温下高效快速杀青来降低鲜叶中酶的活性,从而最大限度锁住茶叶的"鲜";其次根据茶叶加工后的状态及预期封袋时间,采用低温冷冻保鲜技术冷藏保存,最大可能留住茶叶的"鲜";之后采用微波与红外线技术相结合,"90 秒高温快速提香"去除杂味,最大程度激发茶叶的"鲜"味;在工序中精确将水分控制在 3‰,使"鲜"味长期稳定;最后使用"独立充氮保鲜"技术,将加工好的茶分装。除了产品本身引发的消费者感知,渠道建设上,竹叶青也向消费者展现了其高端、一致的品牌形象,与数据企业合作,结合云计算、中台服务共享等技术,提高全渠道融合和业务敏捷程度。

最后,在品牌共鸣上。竹叶青建设并打通会员平台,提高客户黏性。通过和数据服务商合作,竹叶青打通线上和线下平台的会员积分,实现统一会员身份,并接入智慧门店,通过用户画像推动精准营销,提升了会员的购买体验。具体地,通过慧博科技云千载数据中台,承接京东品牌会员体系、阿里智慧门店、天猫会员通等体系,实现线上线下会员数据、商品信息和订单信息贯通。消费者在线上店铺领取的会员卡在线下可以被识别,线上获取的积分也可以在线下使用,还可以在线上领消费券线下使用,真正实现会员权益共享。同时,实现动态数据管理,商家可以通过平台实时查询所有会员的信息,如会员权益、积分、订单等,以实现更精准的营销推荐。

2.2.2　农产品品牌定位

在品牌建设的过程中,确立品牌定位是核心要务。在品牌市场定位确定后,需要通过多种传播手段让该定位占据消费者心智。因此,品牌定位和品牌传播是从有牌到好牌的重要手段。农产品品牌定位要求企业根据市场需求和竞争环境,确定农产品的目标市场、目标消费者和差异化竞争优势,使农产品在市场中形成独特的形象和印象。农产品品牌传播则是指通过各种渠道和方式,向目标消费者传递农产品的品牌定位信息,提高农产品品牌的知名度、美誉度和忠诚度。将数智化营销融入农产品品牌定位和品牌传播,有利于提升农产品品牌的附加价值、竞争力和可持续发展能力。本节将涵盖品牌定位与传播的含义及其重要性、品牌定位(钻石定位模型)和品牌传播(SIVA 数字传播模型)模型,以及如何实施数智化品牌定位和传播,结合理论和实践案例分析,提出思考。

2.2.2.1　品牌定位与品牌传播

(1)品牌定位的内涵与重要性

品牌定位是企业为占据消费者心智、与竞争对手形成差异化的独特品牌形象。根据菲利普·科特勒在《营销管理》中的介绍,成功的品牌定位会创立价值主张,给消费者购买这种产品或服务提供一个令人信服的理由。在市场竞争异常激烈的环境下,品牌定位受到了企业的高度重视。这是因为合适的品牌定位有助于将品牌产品与竞争者区分开来,有助于消费者形成相对统一的品牌态度,进而产生品牌偏好和购买行为。具体而言,品牌定位的重要性体现在三个方面。

首先是提高企业竞争力。品牌定位可以帮助企业突出自己的核心竞争力,在信息泛滥、产品同质化越来越强的市场环境中,实现与竞争对手的区隔,将产品的独特竞争优势传递给消费者,提高品牌知名度。其次是增进企业对消费者的了解。品牌定位需要企业明确分析目标客户群体,使得企业在这一过程中更好地了解和满足目标消费者的需求和期望,注重与消费者建立稳固关系,增强消费者满意度。最后是与营销策略相辅相成。品牌定位可以帮助企业更有效地制定和执行市场营销策略,优化产品开发、价格策略、渠道选择、促销方式等营销组合,实现定位战略和营销策略的互相匹配、相互促进,以提高企业市场份额。

（2）品牌传播的内涵与重要性

品牌传播是企业通过广告、促销、公共关系、在线营销等手段向消费者告知、说服和提醒品牌信息的方法,在品牌传播中通过展示品牌定位的独特竞争优势,从而获取消费者认同,并在消费者心中留下深刻印象,最终实现品牌价值和品牌资产的增长。而品牌数字传播,则是在品牌传播中选择数字化传播媒介,进行品牌传播活动的过程。在互联网时代,数字媒介成为消费者最常接触的渠道,数字传播工具的发展也日新月异,包含网站、社交媒体、口碑、移动营销等。总体来说,品牌数字传播在提高品牌认知度与美誉度、提升品牌竞争优势和增强品牌-消费者互动方面都具有重要意义。

首先,在提高品牌认知度和美誉度方面。品牌数字传播通过互联网等多种数字媒介,可以向世界各地的目标消费者传播品牌信息,强化品牌在消费者心中的认知,扩大品牌影响力和知名度。同时,通过品牌传播树立优质的企业和产品形象,可以帮助提升品牌美誉度。例如,故宫文创通过在电商平台上推出系列产品,结合社交媒体、直播、短视频等数字媒体方式进行内容营销,成功打造了一个年轻化、时尚化且具有文化内涵的品牌形象。

其次,在提升品牌竞争优势方面。品牌数字传播一方面可以结合数字技术的创新性、开放性、融合性等特点,与其他行业或领域开展跨界合作,开发新产品或服务,创造新的消费场景或体验,打造品牌差异化竞争优势;另一方面还可以通过利用数字传播的多种渠道,实现整齐划一的整合营销传播,强化品牌的竞争地位。例如,新式茶饮品牌喜茶通过与美妆、服饰、酒店等品牌进行联名合作,推出多样化的创新产品,不仅获得了传播的声量,更是将其健康、时尚的品牌定位镌刻在消费者心中。

最后,在增强品牌–消费者互动方面。品牌数字传播可以利用数字技术的互动性、个性化、精准性等特点,与消费者进行实时、有效、多维的沟通。利用数字技术还可以了解消费者的需求和反馈,并以此提供个性化、定制化、不断改进的产品和服务,以提高消费者卷入度和黏性,激发其主动分享口碑,促进品牌忠诚。例如,腾讯新闻在 2019 年推出了在朋友圈发布"请给我的头像加一面五星红旗@腾讯官方"装扮微信头像的活动,引发了消费者的广泛参与,迅速实现了大量的口碑传播。

总结而言,品牌定位是品牌建设的第一步,品牌数字传播是适应数字时代环境变革和消费者需求变化的必然选择,是传递品牌定位的重要武器。两者结合是提升品牌竞争力和可持续发展能力的有效途径。如何进行品牌定位和品牌数字传播? 有哪些路径或模型可以作为参考?

2.2.2.2　定位与传播驱动模型

了解品牌定位与品牌传播模型对于实现品牌数智化升级具有重要意义。首先,品牌定位与品牌传播模型有助于品牌更清晰地识别自己的目标市场和目标客群,根据市场分析,确定品牌的核心价值主张和差异化优势,从而打造品牌的独特竞争优势。其次,品牌定位与品牌传播模型也有助于品牌更有效地传递自己的品牌形象,根据整合营销传播策略,选择合适的传播渠道和传播方式,并统一传播内容,建立品牌的显著性。最后,品牌定位与品牌传播模型还有助于品牌更灵活地应对市场和消费者需求变化,利用数智化手段,如大数据、人工智能、云计算等,收集和分析市场数据和消费者反馈,实现品牌的实时创新发展和持续迭代优化。本节将以钻石定位模型和 SIVA 数字传播模型分别对品牌定位和传播的方法展开。

(1)品牌定位模型

菲利普·科特勒在其《营销管理》一书中指出了品牌定位最经典的理论模型:STP(Segmenting—Targeting—Positioning),即市场细分、目标市场选择和市场定位。其中,市场细分是指市场由一群有相似需求的顾客组成,因此可以根据不同分类方式划分市场,比如根据地理位置可以将市场划分为城市市场和下沉市场,根据人口统计细分如年龄,可以划分为老年人或年轻消费者市场等,市场细分的过程中还需要评估各个市场的吸引力和营利性情况。在对细分市场进行评估后,集合企业的自身资源分析,可以选定企业想要涉足的目标市场。最后,根据对目标市场消费者的分析,塑造品牌定位。

钻石定位模型则是在 STP 基础上的进一步完善。清华大学的李飞教授对国外相关品牌定位理论进行归纳与分析后,提出了一个全新的品牌定位理论框架:定位的步骤包括找位、选位和到位三个阶段,内容包括属性定位、利益定位和价值定位等层面,涉及产品、价格、渠道和促销四个方面(李雪欣、李海鹏,2012)。并基于此提出了钻石定位模型:用纵轴表示定位过程,横轴表示定位内容,三角形表示定位范围,并将三者组合起来,就构成了一个市场定位或品牌定位的钻石图形,参考图 2-4。首先,找位。在市场调研的基础上,找到目标市场(目标消费者群体),并了解他们对营销 4P 组合(产品、价格、渠道和促销)的需求特征。其次,选位。根据细分目标顾客的分析选择满足目标顾客的利益点,根据这个利益点从而确定属性定位和价值定位。其中属性定位强调产品的特性差异、利益定位是其提供给消费者的独特利益、价值定位则是在价值观层面企业的情况。以舒肤佳香皂为例,其属性定位为含有灭菌材质的香皂,其利益定位为杀菌灭菌,其价值定位为爱心妈妈,呵护全家。最后,通过进行营销 4P 策略组合实现已经确定的定位(李飞、刘茜,2004)。

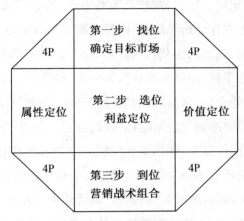

图 2 - 4 钻石定位模型^①

牛奶品牌特仑苏的定位过程就可以用钻石定位模型展开解释。特仑苏是蒙牛旗下的高端液态奶品牌,在"找位"阶段,特仑苏将自己定位于高端液态奶市场,它的目标消费群体是都市高端家庭、都市白领和注重生活品质、有较强个性的年轻人。这些消费者对牛奶的品质、营养和口感有较高的要求,也愿意为更高质量的产品付出溢价。

在"选位"阶段,首先,特仑苏将其属性定位确定为"高品质"。特仑苏在蒙语里意为"金牌牛奶"。为追求品质,特仑苏建立了自己的优质奶源基地,确保了奶品的纯正和营养,并采用了世界先进的超高温灭菌技术,保证了奶品的新鲜和安全。其次,特仑苏确认了"健康"的利益定位,其宣传口号"找到属于你的营养",体现了它对营销健康的关注和承诺。特仑苏还强调其"纯天然"奶源,不添加任何防腐剂和添加剂,能够提高人体的免疫力和抗氧化能力。最后,特仑苏以"更好"作为价值定位,其广告语"更好的自己,从特仑苏开始",就从精神层次上传达了它和消费者的联结。

---

① 图片来源:李飞,刘茜.市场定位战略的综合模型研究[J].南开管理评论,2004(5):39-43.

　　在"到位"阶段,特仑苏在产品、价格、渠道、促销四个方面都采取了相应的措施以传达其品牌定位。比如,在产品策略方面,特仑苏采用专属牧场、进口设备、严格管理等方式保证奶源质量,同时不断推出新品类满足消费者多样化需求,如沙漠有机奶、高蛋白牛奶、0脂肪牛奶等。特仑苏还在包装上进行了创新,推出了梦幻盖系列,由传统吸管变为瓶盖,提供了更多元化的饮用体验。这些都共同体现了特仑苏"高品质"的属性定位和"健康"的利益定位。在价格策略方面,特仑苏采取撇脂定价策略(通过高价展示高档产品的形象),其价格大约是普通牛奶的两倍以上,体现了其"高品质"的属性定位。在渠道策略方面,特仑苏利用蒙牛现有的强大渠道网络进行全市场渗透,同时也重点布局高端渠道如写字楼、机场等,展示其"高品质"的属性定位并增加了品牌曝光度和可及性。在促销策略方面,特仑苏通过多种方式进行品牌推广和消费者沟通,如广告、赞助、社交媒体等。其脍炙人口的"不是所有牛奶都叫特仑苏"的广告语和"做更好的自己"以及"支持每一个更好的你,更好没有标准答案"的宣传语传递着"更好"的价值定位。此外,特仑苏以音乐为媒介,展现了其文化内涵和品牌个性,如特仑苏城市音乐会和"又见国乐"的两个文化项目。

　　(2)品牌数字传播模型

　　在数智化营销的背景下,结合著名营销学者舒尔茨以消费者需求为中心架构的SIVA理论,学者臧丽娜和刘钰莹构建了用于品牌数字传播的模型。SIVA包括Solutions——体验＋社交的场景构建、Information——产品IP的价值构建、Value——与消费者价值共创的关系构建、Access——多场景连接构筑用户信息生态圈四个方面。外圈揭示了品牌数字传播的发展路径,传播入口、传播接触点、传播渠道、传播反馈等实现了互动循环,具体参考图2-5。

　　Solutions中的"体验"是指场景中的沉浸式体验,比如品牌传播者通过图片、视频、声音乃至增强现实等数智技术再现技术模拟场景内容,通过交互技术实现用户与品牌的互动沟通并最终使用户形成深度的品牌印记等。

　　Information强调产品IP化与信息传播多样化,产品IP是一种新型符号,是品牌人格化的体现。它具备强传播力,是体现品牌理念、主张的关键;而信息传播多样化是指从最初的传统媒体到数字传播媒介如社交媒体、自媒体传播,再到以场景为代表的空间性和时间性媒体如元宇宙,增强与消费者的实时交互。

Value 是指建立用户与品牌之间的信任桥梁。通过价值共创和价值深度认同的方式,刺激用户自发分享、推荐品牌,进而形成"自媒体、自组织、自运行、自传播"一体化。品牌传播也可以通过聚焦不同人群,细分场景需求,打造良好的品牌-顾客联结程度。同时,通过数智化技术,洞悉用户深度需求,激励用户自主参与到品牌场景传播当中,并通过社交工具引起更多用户的情感共鸣。

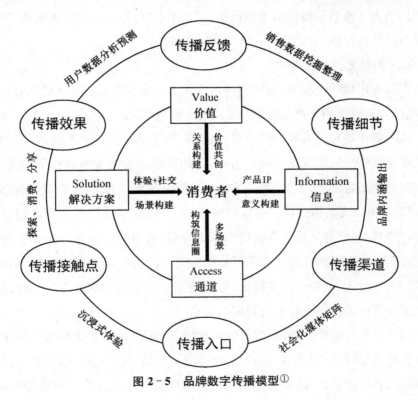

图 2-5 品牌数字传播模型①

---

① 图片来源:臧丽娜,刘钰莹.基于 SIVA 理论的品牌传播场景构建[J].当代传播,2019(2):97-100.

　　Access 则主要是运用线上、线下甚至虚拟现实等多场景把用户串联起来，构建从 PC(Personal Computer)端到移动端到虚拟世界，再到线下活动的体验式多消费场景，同时，借助大数据等分析工具，实现精准获客与个性化推荐，形成"场景化＋个性化＋数据化"的精准营销模式。

2.2.2.3　定位与传播数智手段

　　结合数智营销手段，品牌定位和品牌传播会在一定程度上实现优化。具体而言，对品牌定位来说，在"找位"和"选位"的步骤中，通过数智营销手段可以更精准地进行产品分析、市场分析和消费者需求预估；对品牌传播来说，数智营销助力了整条传播链的敏捷运作，实现了对"传播入口""传播渠道""传播效果"和"传播反馈"等的完善。

　　（1）品牌定位的数智化

　　在品牌定位的过程中，数智营销可以用于市场规模分析和市场细分，以助力"找位"，同时可用于产品特性分析，以助力"选位"。

　　在分析市场规模方面，可以利用大数据等技术分析不同农食产品的潜在需求量、市场容量、市场增长率等指标，评估市场的发展潜力和竞争程度。例如，观研网数据显示，2013 年到 2020 年我国精酿啤酒的复合增长率高达35.38%。借助大数据分析和市场规模预测，一大批精酿啤酒品牌涌现，抢占赛道，如"高大师"等品牌。在进行市场细分时，可以利用数智技术如云计算、算法、AI 驱动的数据收集新方式等分析农食产品的目标消费者群体，根据其地域、人口、收入、消费习惯等特征，将市场划分为不同的细分市场，选择最有利的细分市场进行定位和市场开拓。而在"选位"的产品特性分析方面，可以精准剖析自身产品的品质、品牌、认证、溯源等特点，找出其优势和差异化，结合消费者需要满足的需求和偏好，选定赛道。例如，抖音电商版块，会按照"找高潜、选趋势、定特征"的步骤选择新品赛道。通过追踪用户在抖音搜索的内容，并选择其中热度高于均值的类目，通过平台的数据挖掘等抓取趋势热词，将特征词如"即食"和趋势类目如"失眠"结合，就提炼出"即食助眠"的全新赛道（王赛等，2023）。

　　"数智化"京东农场助力丰县苹果品牌打造,就是一个利用数智营销确定目标市场的例子。丰县位于江苏省徐州市,被誉为"红富士之乡"和"苏北果都"。丰县苹果是当地的农业主导产业之一,特有地方品种为丰富 1 号,爽口多汁、肉质脆嫩。在分析市场规模时,京东农场发现苹果是一种具有广泛需求和高消费频次的水果,市场容量大,市场增长率稳定。但苹果市场存在着品质参差不齐、品牌缺乏影响力等问题,机遇与挑战并存。在进行市场细分过程中,京东农场通过用户画像,发现家庭消费者对苹果的认知大多受区域市场影响,比如洛川、烟台、阿克苏等。且当代消费者对苹果的品质、安全、健康有较高要求,同时也更加注重苹果的口感、品种等差异化因素。在此基础上,根据其安全品质的诉求,结合丰县苹果本身的特性,京东农场选择通过数智技术塑造"安心"的产品特色,对丰县苹果进行产品升级。通过数字化管理系统对苹果种植过程进行全方位监控和指导,实现了苹果的品质保证和标准化生产;通过京东农场 APP 和小程序,消费者可以实时查看苹果的生长情况、可采摘时间、农残检测报告等信息,提高了苹果的透明度和信任度;结合物联网、区块链和人工智能等技术,引入全程可视化溯源体系,可以通过扫描苹果包装上的区块链二维码实时查看苹果情况、生命周期及关键生产信息。

　　(2)品牌传播的数智化

　　数智技术如大数据分析、人工智能、云计算、虚拟现实等可以在构建品牌传播主体(传播入口)、拓展传播渠道(传播渠道)、评估传播效果(传播效果)和提高传播反馈(传播反馈)等方面得到积极应用。数智技术有助于提升品牌传播的管理水平和效率质量,实现精准触达。

　　在传播入口上,数智技术可以帮助品牌构建多元化的传播主体。包括品牌自有媒体、消费者口碑、达人 KOL、虚拟数字人等,形成品牌传播的数智生态圈。通过大数据分析消费者画像和行为路径,品牌可以精准定位目标受众,制定个性化的传播内容和方式。通过人工智能生成内容、推荐内容、优化内容,品牌可以提高传播的效率和质量。通过云计算实现数据的共享和协同,品牌可以与其他传播主体形成合作和互动,增强品牌的影响力和口碑。通过利用虚拟现实创造传播新场景,品牌可以在元宇宙中创造虚拟数字人,传递品牌文化和内涵。例如,丹麦国家旅游局通过 AIGC(生成式人工智能)技术使《蒙娜丽莎》等世界名画开口说话,其广告语均为 AI 语言模型自动生成,吸引更多游客访问丹麦。再比如,啤酒领军品牌雪花啤酒推出超写实虚拟数字人LimX,传递其"无畏挑战"的品牌内涵。这些 AI 创作不仅优化了品牌营销的内容,还丰富了品牌传播的形式。

在传播渠道上,数智技术有利于品牌拓展多样化的传播渠道,如社交媒体、电商平台、短视频平台、直播平台、虚拟平台等,实现全媒体覆盖和多场景触达,并通过渠道整合,传递统一的品牌内容。通过大数据分析消费者的媒介使用习惯和偏好,品牌可以选择合适的传播渠道,提高传播的覆盖率和有效性。通过利用人工智能实现内容的自适应和智能分发,品牌可以根据不同渠道的特点和规则,设置个性化的内容和传播时间,提高传播的吸引力和转化率。通过利用云计算实现数据的跨平台整合和分析,品牌可以评估各传播渠道的效果和贡献,优化传播渠道的配置和投入,并实现渠道的整合。例如,阿里巴巴集团拥有淘宝、天猫、支付宝、微博、优酷等多个数字平台,是一个利用数智技术打造全域营销生态圈的典型代表,为品牌提供了丰富的传播渠道选择。同时利用云计算整合各平台数据,为品牌提供全链路营销效果评价。再比如,某冰激凌雪糕品牌在经历"雪糕刺客"的传播风波后,在 2023 年 3 月推出由 AI 主导设计其名字、口味等的"Sa'Saa"系列新产品,包含红豆冰、绿豆冰、牛奶冰、可可冰四种,售价仅 3.5 元。此外,该品牌结合公众号、朋友圈广告等私域流量传播渠道和小红书、抖音、哔哩哔哩、微博等社交平台公域渠道,整合传播该产品信息,提升了品牌形象。

在传播效果上,数智技术还可以帮助品牌实时监测和评估传播效果,如传播覆盖、传播影响、传播质量、传播转化等指标,并指导后续的传播策略调整。通过大数据分析传播数据,品牌可以了解传播的效果和问题,优化传播的投入和产出。通过利用人工智能实现内容的自动识别、标注、分类、分析,品牌可以了解传播的内容和情感,提升传播的品质和价值。通过利用云计算实现数据的可视化、智能化、动态化,品牌可以了解传播的趋势和变化,提升传播的敏捷性和灵活性。中国农业品牌大会发布的《中国农业品牌发展报告（2022）》对300个农产品区域公用品牌在阿里平台的传播情况进行了跟踪研究和分析,包括传播覆盖、传播影响、传播质量、传播转化等指标。该报告利用大数据分析传播数据,为品牌提供了传播效果和问题的反馈和建议;利用人工智能实现内容的自动识别、标注、分类、分析,为品牌提供了传播内容和情感的评价和优化;利用云计算实现数据的可视化、智能化、动态化,为品牌提供了传播趋势和变化的预测和调整。

　　在传播反馈上,数智技术能够提高品牌收集和处理消费者意见、建议、评价、投诉等反馈信息的效率,帮助实现快速回应消费者反馈,并根据消费者即时意见实现实时反馈和自主升级。通过利用大数据分析消费者的行为和偏好,品牌可以了解消费者的需求和满意度,提升消费者的忠诚度和口碑。通过利用人工智能实现内容的自然语言处理、情感分析、语义理解,品牌可以了解消费者的态度和情感,提升消费者的体验和信任。通过利用云计算实现数据的存储、管理、共享,品牌可以了解消费者的历史和现状,提升消费者的关系和黏性。例如,"知多宝"企业智能化营销平台,通过提供 AI 销售工具包,随时随地衡量营销推广的效果,帮助农产品经销商及农户收集和处理消费者的反馈信息。该系统利用大数据分析消费者的行为和偏好,为品牌提供了消费者需求和满意度的洞察和改进;利用人工智能实现内容的自然语言处理、情感分析、语义理解,为品牌提供了消费者态度和情感的识别和回应;利用云计算实现数据的存储、管理、共享,为品牌提供了消费者历史和现状的追踪和维护。

2.2.3　农产品区域品牌

　　农产品区域公用品牌建设是乡村振兴战略的重要内容,也是农业高质量发展的重要标志,对于实现地区产业升级、促进地区经济发展皆具有重要价值。2023 年 4 月,我国农业农村部印发了《支持脱贫地区打造区域公用品牌实施方案（2023—2025 年）》并指出"农业品牌是产业兴旺的重要标志"。目前，我国已经形成了一批具有较高知名度和影响力的农产品区域公用品牌，如盱眙龙虾、五常大米等，为提升农产品质量、增加农民收入、促进农村发展发挥了积极作用。本节将首先介绍农产品区域公用品牌的内涵及意义，接着对其创建模式和驱动机理展开理论探讨，最后对于数智营销在区域品牌建设的应用予以讨论。

2.2.3.1　区域品牌内涵意义

根据《支持脱贫地区打造区域公用品牌实施方案（2023—2025 年）》中的定义，农产品区域公用品牌是指在一个具有特定自然生态环境、历史人文因素的明确生产区域内，由相关组织所有，由若干农业生产经营主体共同使用的农产品品牌。品牌名称由"产地名＋产品名"构成，产地为"县级或地市级"。此外，中国农产品区域公用品牌价值评估课题（2011）提出区域公用品牌是"在特定区域内相关机构、企业、农户等所共有的，在生产地域范围、品种品质管理、品牌使用许可、品牌行销与传播等方面具有共同诉求与行动，以联合提高区域内外消费者的评价，使区域产品与区域形象共同发展的农产品品牌"。兰永和张婕妤（2019）指出农产品区域品牌具有品牌属性、区域属性、公共属性以及资产属性。通过"集中力量办大事"，集合区域全力建设一个品牌，使区域公用品牌可以代表当地农产品的良好形象，对当地经济发展起着举足轻重的作用。

2019 年中国农产品市场协会联同合作单位发布了中国农业品牌目录2019 农产品区域公用品牌名录，其中包含果品类品牌 81 个，如大连大樱桃、东港草莓、永春芦柑、赣南脐橙、库尔勒香梨等；蔬菜品类品牌 31 个，如金乡大蒜、余姚榨菜、章丘大葱等；粮食品类品牌 46 个，如乌兰察布马铃薯、新乡小麦、五常大米等；油料品类品牌 8 个，如正阳花生、邵阳茶油等；畜禽品类品牌 30 个，如锡林郭勒羊肉、科尔沁牛、荣昌猪等；水产品类品牌 21 个，如大连海参、盱眙龙虾、洪泽湖大闸蟹等；茶叶品类品牌 33 个，如安吉白茶、六安瓜片、武夷山大红袍等；林特品类品牌 16 个，如怀柔板栗、文昌椰子、德宏小粒咖啡等；食用菌品类品牌 10 个，如平泉香菇、通江银耳等；中药材品类品牌 18 个，如霍山石斛、柴达木枸杞等；以及其他品类品牌 6 个，如新会陈皮、江津花椒等。

农产品区域公用品牌容易和地理标志产生理解混淆。两者虽有一定的联系和重叠,但分属于两个不同的范畴。两者的共同点在于都以区域为基础,强调某个地区的产品特色,有利于提高产品价值和形象。两者的不同之处体现为,地理标志更侧重于产品的质量和法律保护,公用品牌则强调区域的整体形象和市场经营。具体而言,地理标志属于商标范畴,是一个法律概念,往往通过商标注册或者产品认证来实现商标保护。地理标志认证说明其具有了建立区域品牌的良好产品基础,其核心是通过标志体现产品的质量和知识产权属性,保护其产品的合法权益,防止假冒和滥用。农业农村部发布的新闻数据显示,截至 2021 年 9 月 7 日,我国地理标志产品已达 2 482 个。区域公用品牌则更多是市场营销的概念,品牌是否被接受取决于市场和消费者。例如,安徽省安庆市的茶叶"桐城小花"属于国家地理标志产品,但并非区域公用品牌。

2.2.3.2　区域品牌创建模式与驱动机理

知晓了农产品区域品牌后,接下来需要进一步回答如何建设农产品区域品牌。因此,了解农产品区域品牌的创建模式与驱动机理具有重要意义。根据中国农业品牌研究中心主任、中国农业大学陆娟教授的观点,其重要性主要体现在四个方面[①]。首先,有助于明确区域品牌的定位和特色,根据区域内的自然资源、产业特点、文化内涵等因素,选择适合的品牌建设模式,如单品类、全品类、集群等,提升区域品牌的核心竞争力和市场影响力;其次,能够促进区域品牌的创新发展,通过分析区域品牌的驱动机理,找出区域品牌发展的动力源和制约因素,并采取有效的应对措施,如加强科技支撑、完善标准体系、加大推广力度,提高区域品牌的创新能力和适应能力等;再次,有助于推动区域品牌的协同共建,通过构建区域品牌的创建模式,明确区域品牌建设的主体和责任,形成政府引导、市场主导、社会参与、多方协作的机制,实现区域品牌建设

---

① 陆娟. 农产品区域品牌建设模式探析[EB/OL]. (2022 - 12 - 10). https://news. cau. edu. cn/art/2022/12/10/art_8779_894066. html.

的资源共享和利益共赢;最后,能够服务于乡村振兴战略,通过打造区域品牌数智化,利用信息技术和数字平台,提升区域品牌的管理水平和服务水平,促进农产品质量提升、农业产业升级、农民收入增加、农村经济发展。

(1)农产品区域公用品牌的创建模式

农产品区域公用品牌的创建元素主要涉及地理位置、农产品、农业产业集群。其中,以特定地理位置结合产品类型命名品牌的方式最为常见,即品牌名称通常由"区域名称+产业名称"构成,如安吉白茶等。农产品区域公用品牌的创建模式主要包含政府主导创建和多主体联动创建两类。

政府主导创建模式是政府借助其政策支持、财政支持、招商引资支持等优势,引导和拉动区域内的其他利益主体参与到品牌创建的过程中(吴水龙等,2010)。比如湖南省政府在2022年发布了《湖南省品牌建设工程行动计划》,提出继续开展区域公用品牌和"一县一特"特色农产品品牌,支持省级区域公用品牌和产业集群品牌建设,带动片区公用品牌发展,引导市州、县市区分等分级培育"一县一特"品牌,支持集体商标注册。以县域为重点,以粮食、蔬菜、水果、茶叶等为主要品类,打造一批具有湖南特色的区域公用品牌①。政府主导模式还可以吸引城乡资金、人才、科技等重要资源向区域公用品牌流动,提高农产品区域公用品牌的影响力和知名度。

多主体联动创建模式在经济发达、资源优势明显的地区运用较多,比如烟台苹果、西湖龙井、江苏省首个县级区域公用品牌"无想田园"等。这些龙头企业充分利用当地自然资源与人文资源,通过长期的产品创新和市场推广逐渐形成企业品牌,并通过专业化协作带动其他企业共同发展(兰勇、张婕妤,2019)。在同类企业的效仿下,集群效应将不断增强,吸引政府投资与企业形成农产品区域公用品牌。随着区域特色产业的发展,企业在农产品区域公用品牌的建设与管理中将占据主导地位,并制定行业标准和严格的市场进入门

---

① 湖南省人民政府办公厅.湖南省人民政府办公厅关于印发《湖南省品牌建设工程行动计划》的通知[EB/OL].(2022-10-27). https://hunan. gov. cn/hnszf/xxgk/wjk/szfbgt/202211/t20221107_29118555. html.

槛以维护区域公用品牌形象,促进农产品区域公用品牌的良性发展。

(2) 农产品区域公用品牌的驱动机理

如何创建农产品区域公用品牌?《支持脱贫地区打造区域公用品牌实施方案(2023—2025 年)》指出在打造区域公用品牌时要以"壮大主导产业,推动全产业链升级;提升供给质量,夯实品牌发展根基;强化市场跟踪,做好品牌战略布局;壮大品牌主体,提高品牌建设运营能力;开展品牌帮扶,强化样板示范带动;加强宣传推广,提高品牌认知度美誉度;支持渠道拓展,实现品牌营销增效;强化品牌管理,促进品牌健康发展"为重点任务。同时,需要"因地制宜,科学谋划;问题导向,精准施策;市场引领,促进增收;激发动力,协同联动"。这说明了公用品牌的创建离不开自然资源、人文历史、地方政府、市场、产业集群等因素的驱动。

首先,自然资源方面,农业本身对自然资源具有极强的依赖性,而地域、气候、水源、土地等自然资源在很大程度上影响着农产品的品质与产量,也是形成农产品区域公用品牌的基础。例如,云南的德宏小粒咖啡,因其地处亚热带,昼夜温差大,日照时间长,十分利于小粒咖啡的生长。其次,人文历史也是农产品区域公用品牌的重要推动因素。一方面,历史传承的独特生产方式、制作技术、特色文化会被生产者们融入区域农产品之中,不断延续发展;另一方面,对历史文化资源的深入挖掘与创新运用能够赋予农产品区域公用品牌独特的品牌文化,有利于提高其识别度与知名度。例如,广东省江门市新会区的新会陈皮,距今已有 700 余年历史,是岭南的重要文化符号。再者,地方政府在农产品区域公用品牌的构建中也在战略规划、引导建设、政策支持等方面发挥着主导和协调管理的作用,有效推进了农产品区域品牌相关主体的共同认知。再次,市场对于农产品区域品牌建设也具有拉动作用。盱眙龙虾广受消费者喜爱,其市场溢价也不断提升,这也在一定程度上反作用于区域品牌建设,并为其注入新动力。最后产业集群的规模效应和协同效应也能促进大量相关企业协作,优化资源配置,发挥地区的辐射带动能力,推动企业的技术创新与管理变革,共同促进农产品区域公用品牌的成长。

2.2.3.3　区域品牌数智营销

本节将重点从区域品牌的独特性,分析其在数智营销中需要额外注意的事项。主要集中于品牌建设、品牌维护、品牌升级三个方面。

（1）品牌建设：区域品牌特色分析

数智技术可以帮助区域品牌对当地的自然、人文资源进行分析,评估区域品牌的可行性和潜力。通过大数据分析当地的自然资源、人文资源、产业资源、市场资源等,区域品牌可以了解自身的优势和劣势,从而确定区域品牌的定位和目标。通过利用人工智能进行数据挖掘、预测、推荐等,区域品牌可以发现数据中隐藏的规律、趋势、机会等,创造新的产品形态、商业模式、合作方式等。通过利用云计算实现数据的共享和协同,区域品牌可以与其他利益相关者形成合作和互动,增强区域品牌的影响力和口碑。

涪陵榨菜是中国酱腌菜行业的龙头企业,基于区域公用品牌"涪陵青菜头"的延伸产物,是重庆市农村经济中产销规模大、品牌知名度高、辐射带动能力强的特色优势支柱产业。随着"涪陵青菜头"不断培育和品种完善,在数智化技术的助力下,涪陵榨菜产业也不断升级。通过引入自动化生产场景,实现了榨菜加工多个环节的智能化,大大提高了生产效率。同时通过用户购买数据和评论数据的深度挖掘,涪陵榨菜发现消费者对健康的担心,并对未来市场中减盐榨菜的需求趋势做出预期,创新"轻盐"系列榨菜产品,优化了产品结构,提高了区域品牌整体的知名度和影响力。

（2）品牌维护：区域品牌质量管理

农产品区域品牌的发展需要以产品质量为基础保证,如何确保区域品牌的标准化和高质量水平,防止因"公地悲剧"拖累整个区域品牌,在品牌建设过程中是一大难题。区域公用品牌"五常大米"就通过数智化手段实现了对其品牌的保护。消费者对大米的担心源于两个方面。一是部分地区出现大米被重金属等有害物质污染的新闻,引发了公众对大米质量的关注和担忧。二是"五常大米"经常出现被顶替冒用的情况,假冒伪劣的五常大米,严重损害了品牌形象。

鉴于此,五常大米通过引入云计算、物联网、AI 等数智技术,建设了大米质量监管系统,提升了消费者对该区域品牌的信任感。首先,五常市政府与阿里巴巴合作,利用云计算和物联网技术建立了"确种子、确地块、确投入品、质量检测、薄码防伪"的溯源防伪体系,将每个农户对应的每个地块绑定,对相应地块的产量和对应稻米的种植、收购、加工、销售等生产环节全面追溯,将所有数据录入产业大数据平台,实时监控产业运行数据,建设了五常大米品牌的数字化保护技术方案。在大米产品右上角统一印制溯源防伪标识,消费者可直接通过手机扫描,一辨真伪。除此之外,五常市引入田间智能气象站、智能节水灌溉等设备,组建物联网,部署 AI 边缘计算服务器,实时监测、分析田间环境、气象、水稻长势、物候期(水稻生长、发育等活动与季节对应的日期)等,更科学地灌水、除草。再加上无人机巡逻,红外光谱识别各种病虫害及其分布,可以精准地喷洒低毒、低残留农药。通过这些数智化应对措施,五常大米成功解除了大米的安全危机和区域公用品牌的信任危机。

(3) 品牌升级:区域品牌创新转型

区域公用品牌的发展也需要不断升级转型,才能始终保持品牌的核心竞争力和持续发展力。通过利用大数据分析市场的变化和机遇,区域品牌可以发现新的消费者需求,并创造新产品,如涪陵"轻盐"榨菜。通过利用人工智能、物联网等实现产品的智能化、服务的智能化、管理的智能化等,区域品牌可以提升产品的功能和品质、服务的体验和效果、管理的效率和水平,如新会陈皮,近年来成为广受消费者喜爱的养生神器,通过创新推出新会陈皮智能数字化溯源管理系统,实现了品牌价值的提升。通过利用云计算实现资源的整合、优化、开放等,区域品牌可以拓展资源的规模和范围,提升资源的利用率和价值率。如新会陈皮与中国电信的 5G 云网融合携手,将江门市 6 773 户经营主体包括种植户和加工企业数据打通,实现了资源的高效率利用。

又或是浙江省湖州市安吉县的特产——安吉白茶,利用数智技术成功实现了品牌的创新和转型。比如通过人工智能实现茶叶的智能识别、分类、评级等功能,提升了茶叶的质量管理和保障;通过虚拟现实技术,让消费者可以身临其境感受茶园美景和采茶魅力,同时打造元宇宙智慧茶园;通过物联网实现茶叶的智能溯源等功能,将17亩原产地安吉白茶纳入统一管理,实现产业链全程闭环可追溯①。

2.2.4　农产品品牌活化

在农产品品牌上,尤其是农食产品品牌的管理,可能会面临品牌老化的问题。面对此类问题,则需要不断经过数智化品牌管理,为品牌注入新的生命力。根据菲利普·科特勒对品牌活化的界定,品牌活化是指运用各种手段来扭转品牌的衰退趋势并通过管理重新归来的品牌以赢得消费者的信任。品牌活化的意义在于延长品牌的生命周期,提升品牌的竞争力和附加值,增加消费者的忠诚度和满意度,促进品牌的可持续发展。本节将首先介绍品牌老化和品牌活化的含义和内容;接着,展示品牌活化的概念模型;最后,提出品牌活化的数智化手段和方法。

2.2.4.1　品牌老化与品牌活化

品牌老化是指品牌资产的流失或贬值,当品牌开始被消费者忽略,正是其老化的开始。并非品牌创立时间越早,老化可能性就越高。比如成立于1886年的品牌可口可乐,至今仍然象征着年轻和时尚(卢泰宏、高辉,2007)。而品牌活化(或称品牌激活)正是改善这种局面的有力手段,品牌活化是指通过改变品牌联想或更新品牌定位来提升品牌资产,重塑品牌形象,以保持品牌的持续吸引力。

营销泰斗卢泰宏教授和高辉教授在其论文中,从企业视角分析了品牌老化的三大原因。一是企业提供的产品和服务方面,包含"① 过时的消费者满意承诺、② 产品调研和开发滞后、③ 创新缓慢、④ 专利日益减少、⑤ 生产过程陈旧、⑥ 产品或服务丧失竞争力、⑦ 技术明显落后、⑧ 生产方法不能达到

---

① 安吉县人民政府. 安吉白茶数字元素闪耀茶博会[EB/OL]. (2021 - 05 - 26). http://www. anji. gov. cn/art/2021/5/26/art_1229211477_58911071. html.

目前要求水准、⑨ 样式、设计和颜色过时、⑩ 品牌分类存在问题";二是目标市场方面,包含"① 消费者人数减少、② 目标市场没有更新换代、③ 消费者的平均年龄偏高、④ 新产品因不符合消费者需求而推广失败、⑤ 品牌极少或不为青年消费者所致";三则是品牌传播方面,主要包括"① 传播预算减少、② 品牌提及率降低、③ 包装过时、④ 传播创造力减弱、⑤ 媒体计划缺乏针对性、⑥ 传播内容过时、⑦ 频繁更换广告代理,导致核心信息模糊、⑧ 代言人形象老化或适应性差、⑨ 忽略了时尚因素,而被竞争对手巧加利用"。

　　品牌活化是品牌长期管理的一项重要内容,品牌如果管理不善,就可能会走向衰亡。品牌活化的重要性有以下两点:第一,品牌活化可以重新塑造品牌的核心价值和文化涵养,让品牌与消费者建立更深的情感联系和价值认同。通过寻根、创新、故事、互动等方式,让品牌更有个性、魅力和影响力(Amujo & Otubanjo, 2012)。第二,品牌活化可以适应市场环境和消费者需求的变化,让品牌更具时代感。通过产品、目标市场和传播等方面的调整,让品牌更符合新兴消费群体的审美、偏好和习惯。总结而言,品牌活化的重要性在于让品牌保持活力和创新,增强品牌与消费者之间的互动和共鸣,实现品牌资产的再生和增长(Rose et al. , 2016)。

2.2.4.2　品牌活化的概念模型

　　并不是所有老品牌都可以被活化,老品牌活化成功需要具备以下五个条件:第一,该品牌提供的产品与服务的价格与竞争对手相差不大;第二,品牌的媒体宣传和促销水平低于行业的平均水平;第三,品牌具有悠久的历史,有着较大的品牌遗产,能够引起消费者的共鸣;第四,该品牌在产品、包装等方面具有差异于竞争对手的优势;第五,该品牌的核心价值在市场上长期地占据重要地位(何佳讯、李耀,2006)。如果想要实现品牌活化,路径有哪些? 根据营销研究学者凯文·莱恩·凯勒提出的品牌活化概念模型,可以从扩展品牌意识、改善品牌形象两方面进行思考,具体内容详见图 2-6 所示。

2.2.4.3　数智化助力品牌活化

　　实现品牌活化可以借助数智化手段,从开发品牌新用途、品牌年轻化、提高对新客户的吸引三个方面着手,增强品牌活化的效果。根据品牌活化概念模型,开发品牌新用途可以实现扩展品牌意识,而品牌年轻化和吸引新客户可以改善品牌形象。而数智化在这个过程中对品牌活化起到了重要助推作用。

（1）数智化助力开发新用途

创新品牌用途可以从满足和预测消费者新需求、抓住市场趋势等方面出发,以扩大品牌影响力和市场份额为目的,通常以开发新产品、拓宽产品使用场景等方式进行。通过数智化技术的应用,如信息平台一体化和智能生产设备,不仅可以通过大数据分析洞察消费者需求,明确产品开发方向,还可以在一定程度上发挥集聚效应,节约生产成本。比如,东港草莓基于消费者喜好的变化开发了草莓酒、草莓干、草莓果酱等新产品,为消费者提供了更多种类和形式的产品;果汁品牌派森百通过消费者数据洞察,了解市场对健康食品的高需求和趋势,开发了低糖果汁、功能性果汁、有机果汁等新产品,提升了产品的

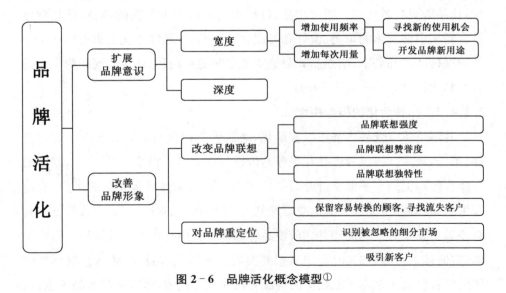

图 2 - 6　品牌活化概念模型①

---

① 图片来源：KELLER K L. Managing brands for the long run: brand reinforcement and revitalization strategies[J]. California Management Review, 1999,41(3):102 - 124.

附加值和利润空间。接下来,本节将重点通过东港草莓的例子讨论如何利用数智化促进品牌新用途的开发。

东港草莓是辽宁省的农产品区域公用品牌,以生产优质草莓为主。东港市是"中国草莓第一县"、全国最大的草莓生产和出口基地,是农业农村部命名的"全国优质草莓生产基地""无公害农产品生产基地""国家现代农业(草莓)产业园"。东港草莓品牌价值超过 300 亿元,2019 年 11 月成功入选中国农业品牌名录。根据辽宁省农业农村厅的新闻报道①,东港市五四农场集团有限公司采用"物联网、大数据、云服务等现代信息技术模式,建设了草莓全产业链的综合大数据平台",以帮助引领草莓产业生产、销售和管理的数字化。具体地,其在产品延伸和产品质量提升上实现了品牌更新。首先,在产品延伸上。由于面临消费者需求变化、产品销售期短等问题,东港草莓决定利用数智技术开发产品新用途,以增加产品的附加价值和利润空间。消费者对食品的品质、安全性、营养性等方面有了更高的要求,单一的鲜果产品已不能满足消费者的多样化需求且鲜果附加值和利润空间都相对较低。于是东港草莓通过对鲜果进行深加工和创新,提供了如草莓酒、草莓干、草莓果酱等更多种类和形式的延伸产品,满足不同消费者的喜好和需求,同时提升产品附加价值和利润空间。其次,在质量提升上。鲜果具有季节性和易腐性的特点,这就导致了产品的保质期和销售期较短,增加了产品的损耗和风险。例如,通过建设 SAAS 物联网系统和政府智慧农业项目对接,建立了东港草莓医院,实现了技术咨询的一键化触达。通过技术研发和创新,降低了产品的损耗和风险,提高产品效益。

(2)数智化助力品牌年轻化

品牌年轻化一般需要借助改变品牌自身形象、产品、传播等方式,以实现与年轻消费者的价值观、需求、偏好等达成共鸣。通过数智化技术的引入,如

---

① 辽宁省农业农村厅.东港市五四农场集团有限公司建设东港草莓产业数字化平台[EB/OL].(2022-12-02). https://nync. ln. gov. cn/nync/index/nyyw/nyxw/gzdt/20221221151723 62687/.

云平台研发、生成式人工智能，不仅可以通过满足年轻消费者需求助推品牌形象年轻化，更可以更新营销传播方式促进产品创新、体验创新以实现品牌更新。本节将以徐福记为例，讲述数智技术如何助力品牌年轻化。

徐福记，于 1992 年创立，主要生产基地位于广东东莞。据其官网介绍，徐福记主要生产"糖果、糕点、沙琪玛、巧克力及果冻等休闲糖点食品"。徐福记创立之初的明星产品是沙琪玛和凤梨酥，以及其散装专柜的销售创新模式。根据其官网中的品牌故事介绍，紧跟潮流的徐福记，在 21 世纪后伴随消费者对颜值和营养的追捧，开始更多关注营养健康，接连推出"坚果棒、减糖凤梨酥、0 糖 0 脂 0 卡茶妍轻冻、膳食纤维牛乳棒、0 蔗糖黑巧等高颜值健康新品"。产品的不断更新体现了其品牌活化的努力，即通过数智化技术进行了品牌年轻化的转型。

首先，徐福记利用大数据分析技术，对年轻消费者的偏好、需求、行为等数据进行了深入的挖掘和分析，发现年轻消费者更注重零食的健康、创新、个性等方面，因此开发了一系列符合年轻消费者口味和需求的新产品，如 0 脂 0 卡、低糖低盐、无添加等系列，富含维生素、膳食纤维、植物蛋白等营养成分的系列，以及玩趣大棒棒糖、12 生肖秋梨膏棒等系列以满足消费者健康、个性、趣味等需求，兼具健康、趣味和创新属性的沙琪玛坚果棒更是斩获 2023 年 iSEE 全球食品创新奖。其次，徐福记结合人工智能技术，对产品的包装进行了升级，采用了更加年轻化、时尚化、个性化的设计风格，突出了产品的特色和优势，增强了产品的识别度和吸引力。同时，徐福记也利用人工智能技术进行品牌传播上的智能交互和服务，通过语音识别、图像识别、人脸识别等技术，为消费者提供了在线试吃、智能推荐、个性定制等服务，增强了消费者的体验感和忠诚度。通过数智化技术的运用，徐福记成功地实现了品牌年轻化的转型，不仅吸引了更多新客户，还提升了老客户的复购率和口碑。数智化技术为徐福记的品牌活化提供了强有力的助力，使其在休闲食品激烈的市场竞争中保持了领先优势。

（3）数智化助力吸引新客户

根据品牌活化概念模型，吸引新客户是实现品牌重新定位的重要方式之一。老字号农食产品品牌为了吸引新客户，往往会通过增加年轻消费者定位比如推出符合年轻消费者喜好的产品，并通过数字化品牌传播渠道实现消费者触达。本节将以张弓老酒为例，讲述数智技术如何助力品牌吸引新客。

河南张弓老酒酒业有限公司位于河南省宁陵县张弓镇，创立于 1951 年。2011 年，张弓酒获评"中华老字号"称号。互联网的发展使得年轻消费者对白酒行业的期待较之以往产生巨大改变，如"江小白"等新兴白酒品牌不断涌现。对年轻消费者来说，张弓酒逐渐变成了熟悉又陌生的存在。为了吸引更多年轻消费者，结合大数据分析和消费者洞察，张弓酒推出了更适合年轻消费者的新产品 38 度的"张三小酒"。张弓酒业副董事长范致钢解释了张三小酒想表达的积极生活态度的设计理念，"张三、李四、王二麻子，我们都是普通人一个。张三，不一定较耀眼，但一定自有尺度，努力向前"。为了更贴近年轻消费者的购买习惯，张弓酒利用数字引流手段，将用户导流到自己的私域流量池中，并进行精细化运营，开通微信商城，定期举办酒厂体验等活动，以提高用户的转化率和成交率，并通过老用户裂变出新用户，实现社交圈层的裂变。2018 年张弓酒扭亏为盈，2019 年荣获"杰出老字号企业"称誉。

除此之外，2022 年 3 月，结合盲盒玩法、元宇宙区块链技术和数字经济，张弓酒推出了白酒行业内第一款白酒数字藏品 NFT（非同质代币）。NFT 不仅为张弓酒提供了防伪溯源，更通过结合元宇宙游戏，吸引了大量探寻潮流事物的年轻消费群体。这一 NFT 数字藏品售价为 599 元，其以盲盒形式抽取，消费者有机会获取价值为 1 299、1 599、2 199 和 21 990 元的高端张弓酒之一，并且可随时通过 NFT 实现兑换。这一盲盒形式深受年轻消费者喜爱，在 48 小时内，5 000 个盲盒就已全部售罄。4 月，其与北京积海科技有限公司合作打造第二批 NFT 数字藏品，以历史人物如刘演等为原型，融入游戏元素和元宇宙打造了全新的虚拟世界，更是吸引了大批年轻消费者了解张弓、喜爱张弓。数智化技术的运用极大助力了张弓酒的品牌活化过程，为其吸引了更多年轻新客户,同时提升了老客户的复购率和口碑。

2.3 渠道:数智化撬动渠道增量

数智化技术不仅为农产品品牌建设和发展提供了动能,还推动了农产品和农旅服务的分销渠道及营销渠道的增长。虽然读起来相似,但分销渠道和营销渠道是两个不同的概念。菲利普·科特勒在其代表作《营销管理》中指出,分销渠道涉及所有权的转移,是指产品或服务从生产商传递到最终用户或消费者的具体通道和路径。而营销渠道的范围相对更广,还包含如物流公司、广告商等一系列中间商,是指配合或参与生产、分销的企业或个人。简单来说,消费者从何处买到产品属于分销渠道,而消费者从何处听说产品则属于营销渠道的范畴。

本节将重点介绍数智技术对农产品的分销渠道和农旅服务的营销渠道的促进升级作用,主要包含三个部分的内容。首先,根据"单一渠道""多渠道""跨渠道"和"数智全渠道"的逻辑介绍农产品分销渠道的发展进程;其次,具体关注数智时代下最受欢迎的两大农产品分销渠道——电商平台和直播模式,并对其分别展开详述;最后,以农旅服务为切口探寻数智技术如何布局营销渠道。通过引领线上线下双线融合、虚拟现实双面融合的分销和营销渠道建设,最终形成撬动农产品和农业旅游渠道增量优化的局面。需要注意的是,由于农产品销售起源于线下零售,零售商在农产品分销渠道中一直处于举足轻重的地位。因此,在本节的分销渠道内容中,会更多偏向于零售商,尤其是数智全渠道的部分。

总体而言,数智化是如何赋能分销渠道的? ——"技术为辅,以人为本"。坚持以消费者为中心,透过消费者行为产生的大数据构建与消费者的连接,零售商等分销主体利用场景、互动、链接、体验、定制来洞察消费者对于农产品的需求,并将消费者需求反馈到生产端、订单管理系统、仓储物流端等,促使其优化升级,以更加便利的途径触达消费者。

2.3.1 农产品分销渠道

随着消费需求的不断升级和消费行为的深刻变化,分销渠道经历了从单一渠道到多渠道到跨渠道,再到数智化技术加持的全渠道的转型升级。最初,农产品企业多采用如杂货店等实体店这样的单一渠道模式进行销售。随着互联网的兴起,企业开始尝试采用多渠道的方式,在实体店铺的基础上利用电子商务平台和移动应用等在线渠道同步进行销售,以满足消费者的多样化需求。但是,多渠道面临着线上和线下渠道冲突、信息资源整合不足导致的成本大幅增加等问题。因此,跨渠道应运而生。跨渠道可以保证消费者单次消费行为中线上、线下渠道数据和营销策略共享,如 O2O(Online To Offline 或者 Offline to Online)的时兴与发展。同时经营目标的一致使得各渠道之间能够紧密配合,获得收益最大化。然而跨渠道无法真正实现以顾客为中心,当新兴渠道不断涌现,如何整合成为难题。因此,伴随数智化技术的发展,全渠道成为发展的新趋势。全渠道整合了线上和线下的所有渠道,利用物联网、大数据分析、人工智能等技术手段,旨在为消费者所有购买经历提供更全面、沉浸和个性化的购物体验。通过全渠道,农产品能够更精准、便捷地触达目标人群,包括潜在购买群体和具有高复购可能性的群体,提供个性化的推荐和定制化服务。

相较于多渠道和跨渠道,全渠道不仅仅是渠道数量的增加,更多的是营销重心的变化和渠道间信息的整合互通。首先,全渠道不再将营销重心放在产品本身特点,而是关注消费者体验。全渠道通过数智化技术优化了消费者与品牌之间的接触点和接触过程,以此帮助消费者更便利地了解品牌,增强与品牌间的联系。其次,全渠道将各个原本独立的渠道连接在一起,实现了所有渠道间消费者行为数据、购买数据、会员账户数据等的实时互通,让消费者整个消费旅程能够在各个渠道间无缝切换,提升了其消费过程中的体验。下面将详细介绍分销渠道类型的发展历程。

2.3.1.1 单一渠道

单一渠道是指企业只通过一种渠道结构如线下店铺或线上网店向消费者

提供商品及服务。自改革开放初期至 20 世纪初期,农产品的零售渠道通常以线下实体商店的形式存在,主要包括农业合作社、农贸市场、小型杂货店和大型商超等。作为国内首批将生鲜农产品引进现代超市的流通企业之一的永辉超市,便是农产品线下零售的主要代表之一。

单一渠道的优势在于效率高、费用低和管理便利。一方面,农产品企业可以更加专注于该渠道的营销推广策略,以提高企业的效率和盈利能力。另一方面,单一渠道可以减少管理成本,降低管理的复杂性。同时,李玉霞等(2021)在其研究中指出,随着互联网的发展,单一渠道的劣势也十分明显,采用这种分销渠道的传统企业逐渐面临劳动力成本上涨、竞争优势和利润不断下降以及生存空间日益缩小等问题,因此渠道转型成为农产品企业获得长期发展的必经之路。

2.3.1.2 多渠道

20 世纪 90 年代初期,随着个人电脑的不断普及以及互联网技术的日益成熟,多渠道应运而生,线上渠道逐渐走入大众消费者的视野。农产品销售也开始由单渠道向多渠道转变。多渠道是通过两种以上的渠道结构,如实体店铺、电商平台等向消费者提供商品或服务的一系列活动(Levy et al., 2012;李飞,2014)。从 1998 年开始,我国农产品电子商务逐步发展。1998—2005 年,棉花、粮食两个品种先后开始在网上交易;2005—2012 年,生鲜农产品开始在网上进行交易。此时,农产品分销渠道逐步由线下单一渠道开始向线上线下两个渠道演变。彼时,除了传统的农产品线下销售渠道和针对性的生鲜农产品线下门店不断发展更新,生鲜电商平台、农产品网店、社群等线上销售渠道也开始不断扩张。比如,2005 年成立的易果网、2008 年成立的垂直生鲜电商网站——沱沱工社,以及如今广受消费者喜爱的,阿里巴巴旗下新零售生鲜配送超市盒马鲜生、拼多多旗下社区团购多多买菜等,均是生鲜农产品线上渠道的代表。

多渠道的出现为农产品企业和消费者带来了更多好处。对农产品企业来说,多渠道为其提供了更多的销售途径,使得其产品分布更为广泛,并且渗透到更多群体中;而对消费者来说,生鲜农产品属于日常生活必需品,线上销售渠道的增加使其购买更加便利,节约了购买成本。但多渠道同时面临一定的不足,主要包括费用相对较高、容易出现渠道冲突以及管理难度相对较大如数据无法共享等问题。首先,产品渠道需要缴纳一定的"入场费",多渠道为企业增加了额外的成本。其次,各个渠道之间可能存在竞争关系(Brynjolfsson et al.,2009),容易出现营销策略混乱。具体来讲,不同渠道可能采取不同的营销策略,如果消费者在两个渠道同时进行购买时,可能会出现价格不一致的情况,致使消费者产生混乱,从而对品牌形成负面感知。最后,多渠道往往带来了不同的系统,容易出现订单信息、库存信息、会员账户信息不统一的问题。不同渠道的数据库独立存在,缺乏统一的信息系统存储共享信息,导致订单无法整合。这也给供应链管理带来额外挑战,可能增加库存成本,降低了库存周转率。

2.3.1.3 跨渠道

在多渠道,尤其是线上、线下渠道间相互竞争的情况下,对各渠道之间资源的整合成为当务之急。随着 O2O 模式的日渐兴起,多渠道零售也伴随经历了短暂的跨渠道(O2O)阶段,即线上获取信息,线下进行购买;或是线下体验商品,线上实现购买。相较于此前的多渠道,跨渠道确定了利益一致的线上、线下渠道销售目标,使得二者的销售行为由竞争转向通力合作。在此基础上,跨渠道力争实现在消费者某一次的消费行为中,对于消费者的需求、浏览记录、购买行为、针对性的营销策略以及用户账户等均实现数据互通和信息共享。成立于 2014 年的每日优鲜是一个生鲜电商 O2O 平台,其销售范围覆盖了水果蔬菜、海鲜肉禽等生鲜农产品,并依靠其在主要城市中的"城市分选中心+社区配送中心"的冷链物流体系,结合 APP、小程序、线上社群等消费者选购渠道,为用户提供全球生鲜产品"2 小时送货上门"的极速达服务。每日优鲜曾经火爆一时,但最终在各种原因下于 2023 年 6 月从纳斯达克摘牌,走向没落。跨渠道不仅包含多渠道中的线上线下渠道整合如 O2O 的发展,后期还出现了线下零售商与电商平台合作推出的移动端农产品销售应用。例如,2015 年永辉超市与京东在生鲜农产品网上运营和物流配送等方面进行战略合作,开发了"京东到家"移动 APP。借助这一软件,永辉超市实现了水产品线上销售的优化,并实现了自身线下销售渠道与京东线上销售渠道双方的优势资源互补,也为消费者带来了更加统一和高效的购买体验。

跨渠道的主要优势在于,在一定程度上优化了消费者体验,增加了消费者黏性和购买可能性。通过跨渠道整合统一消费者浏览信息、购买信息和售后服务等信息,消费者能够在不同渠道之间灵活实现商品信息的搜索和购买,进而降低了购买阻力,升级消费者体验。具体地,信息整合减少了消费者在选购商品时,花费在搜索、对比上的时间,使消费者能够快速获取商品信息、实现购买并不必担心不同渠道商品的售后服务差异,无后顾之忧。这一购买流程提升了购物效率,这对于购买频次较高的农产品来说尤为关键。比如,传统零售商巨头沃尔玛就通过对线上和线下的商品信息、价格、订单和服务进行跨渠道整合,实现线上业务量迅速增长,在 2009 年成为仅次于亚马逊的美国第二大零售网站。然而,跨渠道也存在缺陷,不同渠道之间实现了整合而非融合。大部分不同渠道之间只能就消费者单次购买行为共享信息,完成服务的衔接,并未实现各渠道之间的有机融合,无法为消费者提供更加顺畅的购买体验。

2.3.1.4　数智化驱动全渠道

全渠道是对跨渠道的升级,是指以消费者为中心,实现在任何时间,任何地点,任何方式,通过实体渠道、电商渠道、移动电商渠道等以整合营销的方式满足消费者的购买需求,从而为顾客提供无差别、无缝隙的购买体验。总体而言,分销渠道的发展历程从最早的单一渠道、多渠道、跨渠道演进成现在的全渠道,如图 2-7。

与全渠道紧密相关的一个概念是新零售。相比全渠道,新零售更强调数据打底。其核心含义是企业以互联网为依托,通过运用大数据、人工智能等先进技术手段,对商品的生产、流通与销售过程进行升级改造,进而重塑业态结构与生态圈,并对线上服务、线下体验以及现代物流进行深度融合的零售新模式。不论是全渠道还是新零售,相比之前的传统渠道模式,都更强调对"人",即对消费者的关注:如何更贴近消费者,了解甚至预测他们的需求,成为零售

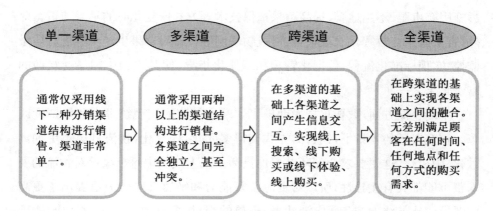

图 2-7 分销渠道发展历程

商最关注的问题。数智化技术也正是从"人"的思维出发,优化升级供应链全过程,从生产端到消费端层层满足消费者便捷、快速、智能和个性化的需求,将线上线下等的各个渠道进行深度融合。

本节将首要关注零售商及农业零售企业,以更好地了解如何触达消费者。首先,将关注数智技术如何推进全渠道的建设,主要包括上游生产信息管理系统、中端仓储物流管理和下游精准营销,实现一整条全链路渠道的融合畅通。其次,结合新零售的实践,为农产品零售商实现新零售升级提供重点渠道选择方向上的新思路。

(1) 数智化推进全渠道建设

上游生产方面,零售商利用数智化技术建立起供应商信息管理系统和农产品生产信息管理云系统,使其能够将多方生产优势聚集在一起,帮助农产品生产商实现生产过程和最终产品质量的优化。具体来说,在当前信息化技术的助力下,零售商能通过当地农业农村发展大数据平台、社交媒体平台、农产品电商平台等了解更多的农产品供应商信息,在此基础上建立起一个包含各供应商在内的信息管理系统。同时,为了优化产品生产,零售商还帮助农产品供应商建立起农产品种植、采摘、分拣信息的智能生产管理系统。例如,百果园在集团创始人的带领下与优质供应商共同打造了富士苹果品牌"良枝",通过施用有机肥、不用地膜、提高蔬果植保技术等方式恢复儿时的苹果味道。此外,百果园结合数智化农业平台,通过物联网等设备对苹果生产全程进行质量监控,实现标准化流程、数据化管理和智能化指导,使其成为中国最受欢迎的富士苹果之一。

中端仓储方面,数智化技术助推了中端仓储物流实现统筹力和敏捷度改革。在全渠道的背景下,销售的方式变得多元化、碎片化,物流订单也更加离散化、随机化,这便要求仓配环节更加灵活。线上线下中每个渠道对物流的要求很可能都具有差异性,所以对资源统筹能力和敏捷反应能力也提出了更高的要求。比如线上 2C(面向消费者)订单的交付,多是由快递企业完成,线下 2B(面向企业)订单则是由城配企业完成;而仓仓调拨,可由干线运输企业完成。当前直播带货的兴起,使产地直销模式也逐渐盛行起来,产地直销往往是多地农产品统一收货,再从产地直接配送到消费者家中,从而降低农产品生产成本,增加销售价值。产地直销需要零售商建立产地仓(CDC),以方便让产品在生产和制造源头就近入仓,利用数智化技术提升仓储配送流程的效率,减少农产品运输路程中的损耗,同时提升对仓储的调控和管理能力。例如,阿里产地仓数字化中控室就可以随时了解农产品数据和入库情况,光电分选机设备则可以测出每一颗生鲜水果的果面光洁度、酸甜度、是否有霉斑、划痕等,还能将水果果径的测量精确到毫米,重量测量误差精确到 0.5 克,以帮助实现水果快速分类,助力零售商实现价值最大化。

下游营销方面,数智化技术为零售商实现精准营销提供了技术保障,主要包括用户个性化、场景个性化精准营销两部分。首先,用户个性化精准营销需要累计用户数据实现用户画像抓取。对零售商来说,用户在互联网留下的数据足迹是开展精准营销的基础。通过对各个渠道的用户数据进行收集,大数据将会形成用户标签。用户标签通常是人为规定的、高度精练的特征标识,比如消费者的人口统计信息、兴趣爱好、消费行为、购物偏好等。对一个客户划分的标签越细,其用户画像越清晰,针对用户的个性化推荐也会更加精准。用户画像不仅能够对企业现有客户进行精准营销,促进客户复购以及提高用户黏性等,更重要的是,它还能够对线上线下全域的其他相关用户通过画像展开精准营销,挖掘潜在客户。其次,场景个性化精准营销是指在不同的消费场景,例如线上电商平台、线上零售网店、实体零售场所如商场、超市、便利店甚至智能货柜,主动收集数据,形成场景画像,同样为场景贴上标签,如公开或私密,高档或亲民,利用这些数据结合用户画像,为每位用户提供专属的个性化服务,实现更"智能"的营销。比如百果园在腾讯智慧零售的助力下搭建了人群包的标签系统①,以微信社群营销为依托,通过识别顾客属性和购买行为,预测其对商品和活动的偏好,从而使得企业每个阶段各有侧重采取营销策略,形成人群包,从而进行精准营销以促成交易。在百果园销售记录中,已经上市多年的"佳沛"猕猴桃会员渗透率较高,购买过的会员占年度活跃会员的49%,但购买过自有品牌"猕宗"猕猴桃的会员最初只有不到10%。为此百果园设置了一个人群包,在购买过"佳沛"却没有购买过"猕宗"猕猴桃的会员中定点投放,实现精准触达。百果园用这种办法,将大品类、二级品类、三级品类等排列组合形成上千个人群包,最终实现了单品的不断突破。

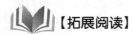 【拓展阅读】

数智化赋能全渠道建设:锅圈食汇

打开手机,在 APP 或小程序上操作一番,新鲜食材就被送到消费者餐桌上,正是数智化浪潮推动这一切成为可能。成立于 2017 年的数字化餐饮零售企业"锅圈食汇",不断探索用数字化重构传统食品从生产到消费者间的链条,携手华为云扩充链条中各环节途径,搭建起一个从食材产地到消费者餐桌的连接平台,推动了其作为零售商的营销渠道的发展。

正如前文所述,通过对涉及上、中、下游的三端进行整合,锅圈食汇建立了

① 腾讯网.深圳百亿水果店,活成了家科技公司[EB/OL]. (2023 - 07 - 27). https://new.qq.com/rain/a/20230727A08XI300.

一套覆盖上游供应商生产、中端仓储物流和下游最终销售各环节的全业务链数智化系统,搭建起国内分布众多的食材原产地网络,从消费端反向整合产业链,向上游种植基地溯源、带动农民增收致富,为中游加工厂赋能、盘活行业产能,从第三产业"逆向"推动一、二产业升级,在一定程度上促进了乡村产业升级、农民增收及本地化就业。

上游生产方面,锅圈食汇主要集中于对原材料供应商的整合。锅圈食汇通过设立大数据锅圈云信息中心,对供应商进行整合,拓宽农产品供应渠道。云信息中心涵盖 SAAS 云平台、供应商协同等功能,形成人流、物流、信息流、资金流、技术流的闭环,打通从前端、中台到后台的数据链路,直接搜集整合全国各地拥有优质特色农产品信息的供应商①。同时,农产品生产商还可以注册成为锅圈食汇的供应商,扩大锅圈食汇作为零售商的原材料和产品来源。数字技术突破了传统经济的时空限制和资源约束,给偏远地区和欠发达地区提供了"换道超车"的跨越式机遇。目前,锅圈食汇在全国布局 4 个养殖基地,年出栏优质的谷饲黄河滩肉羊不低于 15 万只,带动葛埠口乡、路寨乡、太平镇和靳堂乡等四个乡镇、11 个村 13 户农民实现养羊致富,间接带动农户谷物种植面积 37 000 余亩,促进当地农业种植户增收②。

中端仓储方面,锅圈食汇主要集中于仓储物流的精准决策。锅圈食汇采用了大数据和人工智能等新技术,实现了对供应商、产品、价格、库存、物流等全链路信息的实时掌控,最终实现仓储物流决策的优化。对于仓储来说,锅圈食汇的实时掌控能力为其提供了精准的采购建议,从而降低了库存率并保障了稳定且高质量的产品供应。通过大数据分析,锅圈食汇能够收集和整合各个环节的数据,包括供应商的资质和信誉、产品的质量和口碑、价格的波动和竞争力、库存的情况以及物流的时效等等。这些数据被输入人工智能系统中,

---

① 恩施新闻网.以数字化供应链为基本盘 锅圈食汇持续推出"好吃不贵"预制菜[EB/OL].(2023 - 06 - 15). http://www.enshi.cn/2023/0615/1130940.shtml.

② 新华网.小食材"链"起万亿大市场 数字经济助推乡村振兴[EB/OL].(2023 - 05 - 25). http://www.xinhuanet.com/food/20230525/7b7db3adfd90456f86115bbaf967f62a/c.html.

进行深度学习和模型训练,以便系统能够根据实时数据进行准确预测和决策,获得精准采购建议。对物流来说,锅圈食汇实时掌握物流信息也使得线上线下的零售商店能够更加准确地预估到货时间,提前做好备货和分销准备,提高了物流的效率和准确性。

下游营销方面,锅圈食汇主要集中于产品销售的多通路。锅圈食汇通过线下实体零售店和线上销售平台如移动端 APP、小程序、微信社群以及第三方外卖平台如美团外卖、饿了么等进行合作,为消费者提供快速配送到家的便利服务,使得消费者无需出门就能够轻松购买到来自全国各地的特色食材和产品,包括火锅、烧烤、一人食、即烹餐包等。这些销售通路中,尤其是与第三方外卖平台的合作,使得锅圈食汇的市场曝光和覆盖范围增加,吸引了更多的潜在消费者。

（2）数智化助力农产品新零售发展

结合全渠道和新零售的实践,农产品零售商如何运用数智化实现新零售升级? 在众多分销渠道中,应该重点打造哪一些形成系统合力? 结合新零售中以"人"为中心的基础和"人货匹配"的目标,农产品零售商应该重点打造包括第三方销售平台、私域平台、社交平台和线下门店等四个关键组成部分的新零售生态闭环。依托智能运营中台和系统集成服务等技术支持,将各个平台的数据进行互通共享,实现商品信息、库存、订单、支付方式、物流、服务、营销策略和客户数据的统一化和自动化管理。

首先,第三方销售平台是农产品进行线上销售的重要渠道之一。通过在主流电商平台上建立品牌形象和销售渠道,农产品零售商可以获得更多曝光和销售机会。其次,私域平台是农产品企业或零售商拥有独立品牌网站或应用程序的渠道。通过私域平台,零售商可以建立与消费者的直接联系,根据私域的消费者数据为其提供个性化的推荐和定制化的产品服务,增强用户黏性和忠诚度。接着,社交平台也是生态闭环中不可或缺的一环。农产品零售商可以通过社交媒体平台与消费者进行互动,通过分享产品信息、提供购买引导和用户评论等方式,吸引消费者的注意力并增加销售。最后,线下门店也扮演着重要的角色。尽管在线销售不断增长,线下门店仍然是消费者实际接触和购买产品的场所,尤其是对于往往需要直观感受和触摸的农产品。通过将线上和线下渠道有机结合,农产品零售商可以提供更多元化的购物体验,例如线上下单线下取货、在线直播观看送货上门等,满足消费者不同购物习惯和需求。

通过结合大数据、云计算、物联网等数智技术,打造这样一个涉及多方渠道主体的完整新零售生态闭环。一方面,可以使农产品零售商真正实现以消费者为中心,为消费者提供更一致、便捷、无差别的购买体验,提升用户的黏性和忠诚度。另一方面,随着用户数量的积累和全渠道数据的激增,数智化技术不仅可以提高精准营销的准确度,更可以助力企业从数据中识别和预测消费者需求的变动趋势,提前优化产品和服务,甚至引领农食产品未来新潮流。例如,小袋装的养生食品因其便捷、健康的特点快速打入年轻消费者群体,比如每日坚果、枸杞原浆、蓝莓原浆等。接下来的两个小节将重点介绍与上述生态闭环中的第三方销售平台、私域平台和社交平台紧密相关,且近年来为农产品销售带来巨大变革的两类渠道,即电商平台和直播模式。

2.3.2　农产品电商平台

电子商务是我国数字经济发展的重要源头之一,是乡村振兴和数字乡村建设的抓手。借助电商渠道,农产品实现了优势不断扩大,销量不断增加,农村电商也受到了国家政策的大力支持。2005年中央一号文件首次提到"电子商务",2022年中央一号文件加大了农村电商的篇幅,明确提出实施"数商兴农"工程。"数商兴农"是将数字经济与农村传统产业高度融合,使乡村产业迸发新的活力与生机,通过数智赋能农产品生产和销售,全面提高农村经济效率,从而促进乡村产业高质量发展。此外,《中国数字乡村发展报告(2022年)》指出近年来乡村数字基础设施建设加快推进,乡村新业态新模式不断涌现,农村电商继续保持乡村数字经济"领头羊"地位。截至2022年底,全国农村网络零售额达2.17万亿元,智慧农业建设快速起步,农业生产信息化率提升至 25.4%①。

电商平台作为互联网经济下农产品销售的主要渠道之一,主要优势有二。其一是通过多年的发展积累了丰富的消费者资源、数据;其二是储备了大量的相关产品信息,这些对于农产品生产商来说非常重要。前者使得生产商能够利用从销售端回流的消费者行为和购买等大数据助力生产端不断创新升级,最终推动农产品加速上行,例如结合数智技术发展,衍生出的 C2M 反向定制模式;而后者则能够帮助生产商了解各类产品销售的产品价格,进而为定价做出贡献,例如动态价格制定模式。

2.3.2.1 C2M 反向定制

农产品 C2M(Customer to Manufacturer)是指电商平台和农产品生产商直接合作。对电商平台上的小众客户形成的需求数据通过云计算、人工智能等进行分析,形成新产品开发或旧产品升级更新决策,然后委托依赖于平台而存在的农产品生产商完成生产任务(张明超等,2021)。其中小众客户并非指受众群体数量小,而是指拥有不同个性化需求的消费者群体。拼多多便是较早接触这一模式的电商平台,通过团购方式实现定制化生产,进而打造了诸多爆款产品。

当前农产品电商平台通过 C2M 模式实现农产品的反向定制的路径主要如下:① 通过收集用户行为数据建立用户数据库,② 挖掘分析用户需求信息并将信息反馈给生产端,③ 生产端根据用户的个性化需求完成产品升级或创新(如电商平台协助农产品生产商将最新的 AI+农业、智慧农业技术运用到农产品的种植和生产过程中,为农产品产量增加、成本降低和利润提升提供支持),④ 农产品生产商再借助电商平台的数智化技术实现对用户的精准营销,其运行路径参考图 2-8。具体拆解这四个部分的内容如下:

---

① 中华人民共和国中央人民政府.《中国数字乡村发展报告(2022 年)》发布[EB/OL]. (2023-03-01). https://www.gov.cn/xinwen/2023-03/01/content_5743969.htm.

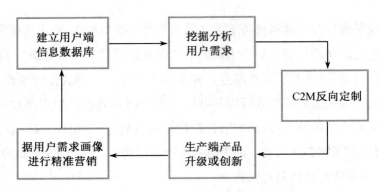

图 2‑8　C2M 反向定制运行路径

　　首先,C2M 模式需要收集用户行为数据并建立用户数据库。其主要包括用户的静态信息数据和动态信息数据两类。其中大规模用户的静态信息数据包括用户注册平台时直接填写的个人资料以及在此基础上推算出来的用户信息,而动态信息数据如用户行为包括注册、浏览点击、加入购物车、分享、购买、签收、评价等变量。在完成这两类数据的收集后,电商平台将其整合录入用户信息数据库,以方便对用户进行更细致的描绘。

　　其次,C2M 模式需要挖掘分析用户需求。通过建立用户信息数据库,电商平台结合文本分析、云计算、AI＋大数据等数智技术,挖掘其中细微的、潜在的用户需求并对未来用户需求进行预测,再将这些信息反馈到生产端,使得农产品生产商按需生产。例如,京东科技在对山东预制菜市场消费者需求的深度挖掘中,发现当前用户个性化需求主要集中在更高的便捷性、健康美味、产品标准化三个方面。据此,京东科技充分发挥平台及生态资源优势,联动500 家预制菜企业在生产端推出"轻烹即食、健康轻食、品质原产"三大系列的预制菜累计超 140 款,引领预制菜产业走上"专精特新"之路[①]。

　　再者,C2M 模式需要生产端产品升级创新。电商平台会和生产商协作将

---

　　① 腾讯网.从田间到餐桌全链条助力 京东云数智供应链为数字乡村添"智"提"质"[EB/OL].(2022－09－23). https://new.qq.com/rain/a/20220923A04NVO00.

数智化技术应用于农产品生产端的种植和生产,从而一方面帮助农产品提质提量,另一方面通过全流程透明提升用户对产品的信任程度。在提质提量上,通过数智化技术,电商平台可以实时监测农产品的种植环境、生长情况、病虫害防治等关键指标,并根据数据分析提供科学的农事管理方案。这使得农产品能够获得更好的生长条件,减少疾病和虫害的发生,实现提质提量。比如,艾迪普科技股份有限公司与其农产品电商合作伙伴运用大数据、物联网、数字孪生等技术,为用户实现了整个农业生产场景的孪生体构建,并集成物联网传感器数据,通过实时三维可视化工具,实现农业场景所有现实要素与虚拟世界元素的相对应。生产者通过大屏就可以获取生长态势感知、细节监测、设备远程控制等,从而辅助企业进行决策,更加精准掌握农作物生长过程中的土壤、温度、湿度、养分等因素的实时变化,并指导生产者及时优化和调整,提高生产效率和作物品质。在提升信任上,通过物联网、区块链等技术,搭建全流程生长平台和溯源系统,提高了消费者对产品安全性、稳定性的感知,继而提升其产品信任。例如,京东就通过数智技术帮助多个农业生产主体搭建了全流程的生产溯源体系,落实了生产端的安全透明。首先,闻名全国的南通市如东县的条斑紫菜,由于其种植和生产工艺较为原始、产品质量参差,市场拓展一度受阻。通过大数据平台,京东科技为紫菜加工企业实现了"采苗、养殖、鲜紫菜检验、干紫菜生产、成品检验"等全流程跟踪,智能化的生产流程提升了消费者满意程度和放心程度。此外,历史悠久的广西梧州六堡茶也和京东科技联手,打造了"一物一码"的 NFC 溯源技术(动态溯源芯片),对其种植、加工、仓储等方面实现全程监管,赋予每一盒梧州六堡茶独特的"身份 ID",让消费者可以实现产品的追根溯源,极大提升了消费者信任。

最后,C2M 模式需要用户精准营销。主要包括目标用户定向投放、潜在用户转换和电商平台跨媒体触达三个方面。在目标用户定向投放上,将按照用户需求实行精准生产的农产品通过电商平台打造的全链路营销,最终实现对用户的精准投放。在潜在用户转换上,除了锚定特定消费群体,还可以通过数据挖掘出潜在客户。在平台全域挖掘品牌品类相关的搜索人群,重新解析和转译目标圈层人群,最终实现潜在用户转化,这可以帮助企业进一步扩大目标受众范围。通过精准定位潜在购买群体,电商平台还可以根据其特点和需求设计相应的营销策略。在电商平台跨媒体触达上,电商平台的跨媒体合作资源为其产品宣传提供了更多媒体渠道选择,如广告、社交媒体、内容平台等。通过在不同媒体平台展示广告、发布有价值的内容、参与社交互动等方式,电商平台能够提高其特定农产品的曝光度,增加用户接触和了解品牌的机会。例如,京东科技正是借助这一相关技术,将山西莜面鱼鱼的营销信息精准推送给目标消费群体,并提供数智化服务赋能各个营销场景,助力生产商增收、增效。

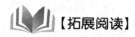 【拓展阅读】

电商平台数智化升级:京东科技助力金堂县农产品全链路营销

作为国内电商平台的巨头之一,京东于 2018 年 4 月正式启动京东农场项目,以促进其农业产业高质量发展。据京东官网介绍,京东农场"借助京东集团在电商、物流、营销、品牌等多方面的资源优势,依托物联网、区块链、人工智能、大数据等技术能力,深入农业生产前端,全面解决农产品产供销供应链能力建设问题"。截至 2023 年 8 月,官网数据显示,"京东已和近 70 家基地农场进行合作,借助京品源旗舰店,实现农产品平均价格提升 30%～50%,销售提升 15%"。

京东农场涵盖多种作物领域,全方位全流程地协助县域农业特色产业数字化、智能化、标准化、电商化、品牌化发展。其中,成都市金堂县就是一个例子。金堂县一直大力发展"互联网＋现代农业",希望利用互联网搭建智能化农业生产体系,以智能设备搜集生产大数据,从而替代传统农业生产管理,为品质化、生态化农业的发展打下坚实基础,与京东农场不谋而合。在 2019 年初,以金堂羊肚菌、油橄榄、杂柑产业为主导,金堂县农业农村局与京东集团展开合作,打造"产、供、销"一体的合作模式,将研发的数智化技术运用于农业供应链各环节。依托京东海量数据和农业前端大数据,金堂县构建了农业智能大脑,打通需求和供给信息孤岛,引导金堂县农产品企业实现供给端(收集用户信息、挖掘用户需求、生产端产品创新)的智能化和营销端(用户精准营销)的精确化。

在供给端上,结合京东电商平台拥有的对消费者海量数据的分析和对消费者需求的挖掘,京东和金堂县的"晗晟农场"合作,打造了爱媛、大雅、春见等优质杂柑品种,深受消费者喜爱。且在生产端通过数字化、智能化技术实现了精准科学种植。"晗晟农场"就和京东联手运用了大量物联网技术设备,实现了对土壤墒情、虫情的高精度实时监控,实现科学管理。此外,为了让消费者放心,还打造了二维码可追溯系统,每只柑橘都有一个专属二维码,扫码即可获取其全部生产流程和生产信息。在营销端上,京东则帮助金堂县运用大数据进行客户识别和精准营销,以销带产,切实推动科技在农业领域的应用。京东智慧农场项目为"晗晟农场"打造了全渠道的销售模式,通过电商平台、直播平台增加销售通路,缩短供应链中间环节,全面打通物流、信息流,实现消费者直接触达。同时,借助京东的农产品流通大中台,与全行业合作伙伴一起共享营销、传播资源,进一步打响金堂县柑橘的知名度和消费者喜爱度。

2.3.2.2　动态价格制定

农产品相对于标准工业品一个重要区别在于其保鲜时效短、库存压力大,因此价格调整成为平衡市场需求和产品库存的重要武器。此外,"谷贱伤农"和优质不优价等问题始终困扰着农产品上行、农民增收乃至全面乡村振兴(王小平等,2023)。由此可见,价格制定是农产品在电商渠道中需要重点关注的方面。具体而言,电商平台作为增加农产品销售的重要渠道,基于当前电子商务服务竞争的巨大压力以及数智化技术的发展,为农产品价格优化提供了指导,最终实现平台与农产品企业的价值共创。在数智化技术的推动下,电商平台主要是通过价格数据采集和价格数据挖掘这两个阶段来对农产品实现价格指导。其中,价格数据采集是农产品价格数据的收集过程,在这一阶段,农产品电商平台通过线上线下双渠道进行不同地区、不同市场各类农产品价格数据的收集整理,为后期的价格数据挖掘做铺垫;而价格数据挖掘是利用收集到的农产品价格大数据建立模型进行趋势模拟和价格预测,并提供最优的价格制定建议。

价格数据采集方面:价格数据采集的渠道与农产品销售的渠道一致,实行线上线下融合机制。例如,北京一亩田新农网络科技有限公司(下简称"一亩田"),是一家基于移动互联网技术助力农产品流通的企业,创办于2011年,以"为人们找到每一亩田地上的农产品"为使命,从线上和线下两个渠道收集各地、各市场农产品种类、价格等信息,为农产品买卖双方提供产销精准匹配。线下层面,一亩田通过派驻人员或聘用市场经营人员担任市场信息员,在批发市场以及零售商市场现场进行价格信息等相关数据采集。线上层面,一亩田主要是基于平台内发生的交易信息、未发生交易的询价信息以及消费者在平台中的浏览信息和平台外政府部门、其他市场经营者、专业的数据收集公司提供的价格数据信息建立起一个价格数据集成库,为后续的农产品价格数据挖掘打下基础。

价格数据挖掘方面:数据挖掘是指从大量的数据中通过算法搜索隐藏于其中有价值的信息的过程。大数据挖掘需要建立大数据运算系统,通过统计分析、情报检索、机器学习和模式识别等诸多方法来实现,如"一亩田"建立了"天机"农业大数据系统。天机农业大数据系统的整体架构包括用户层、应用层、传输层、感知层和对象层,能够有效对农产品供应数据、销售地采购数据、终端客户行为数据、市场行情数据和价格分布与变动趋势等进行深度挖掘与分析(王小平等,2023),从而为供需双方提供农产品供需关系变化走势、采购渠道区域分布、农产品主要区域分布、农产品区域竞争力排名和变化以及销售渠道优化等数据分析服务。例如,通过分析农产品在不同地域的畅销程度,从而扩展渠道覆盖地区;为农产品生产商提供不同渠道的销售方式及价格分析预测,从而为其优化分销渠道结构;帮助采购商获取所需农产品的主要产区及供应商数量、上/下市时间等信息;明确农产品特色产区的竞争地位,为其优化品种结构、提升竞争优势、制定销售价格提供依据,比如"一亩田"徐闻菠萝大数据平台、茂名荔枝大数据平台、德庆贡柑大数据平台等单品大数据平台的开发,就精确地为农产品的需求方和供给方搭建了一个高效互通的桥梁。

2.3.3　农产品数智直播

　　电商平台虽然是农产品销售的有力渠道,但其社交性和互动性相对不足,直播带货的出现则弥补了上述缺憾。尤其在数智化技术已被广泛应用的情况下,借助大数据智能推送,直播平台可以快速掌握用户的偏好信息,根据用户的消费行为定义用户标签,据此进行精确化的推送,不断降低运营成本,提高收益率。例如,某农产品直播带货平台,以"知识直播"的形式火遍全网。其财报数据显示,从 2022 年 6 月至 2022 年 11 月底的 6 个月里,创造了超 7 020 万总销量和共计 48 亿元的总销售额。数智化技术是推动其发展的重要源生动力,推动了农产品上行。不同于传统电商中需要等待消费者发现农产品信息,在直播带货中,当消费者浏览直播和相关短视频时,这些浏览、消费习惯会被平台主动进行标签化定义,并将依据关联算法进一步推送相关产品信息给潜在消费对象,实现了被动等待向主动涌向的渠道营销转变。

　　直播这一创新渠道模式的火爆源于其内部和外部的条件。首先,内部条件上,直播本身具有高互动性、响应性、及时性等特点(龚艳萍等,2023);其次,外部条件上,2020 年疫情引发"宅经济",催生了消费者对直播这种高体验感的购物模式的喜爱。当前,直播模式已成为助力农产品销售的重要渠道。在直播渠道中存在两大主要元素,即主播和直播场景,通过数智化赋能这两大方面,可以使消费者随时随地、快速高效地全方位了解产品信息,便利农产品购买。因此,本节将重点关注直播中如何通过数智化技术打造主播"数智大脑"和搭建"沉浸式"直播场景以更好地提高农产品数智直播效率。

2.3.3.1　打造主播"数智大脑"

　　直播是一种实时传输和展示视频内容的技术,允许用户即时观看正在发生的事件或活动。在直播中,观众对直播内容的观看不受空间地域的限制,且能够在直播中与主播实时互动,获得更为流畅的观看体验。当前直播主要分为四种类型,分别是秀场直播、游戏直播、卖场直播和体育直播,其中农产品直播就属于卖场直播,直播的主要目的是促进农产品销售。农产品卖场直播中最重要的三个主体为主播、消费者和直播平台,直播平台是主播与消费者沟通的媒介,而主播与消费者的多元化双向互动对直播效果意义重大,直播间中主播针对弹幕的实时互动会给消费者带来沉浸感,这种身临其境的感觉让消费者逐渐对主播产生依恋,进而促使消费者点击购买商品(谢莹等,2019;刘凤军等,2020)。因此,为了促使消费者在农产品直播过程中获得最佳的体验感和沉浸感,助力农产品直播这一销售渠道的发展,越来越多企业将注意力放在主播与观众的智能高效互动中,利用数智化技术为主播打造"数智大脑"。其能够有效提高主播沟通效率,增强互动信息的精确性、快速响应性以及智能性,加强直播间的高效运转能力,提升直播间的运营能量。主播"数智大脑"构建可以从主播话术、货盘组建、效果复盘三方面展开。

首先,主播话术准备方面:对于主播来说,其直播话术准备直接关系到商品的购买转化率以及直播间的转发量。因此,形成一个高效的主播话术内容至关重要。对此,当前的直播企业主要在自主生成辅助讲解和智能手卡引入两个方面做出了努力。其一,在辅助讲解上,直播企业基于主播过往直播话术及观众互动弹幕反馈等大量的数据积累,利用文本分析,提取出主播话术中引起观众互动率最高的句子或词语,利用人工智能和自然语言处理等工具,生成能够最大化调动观众情绪的文本。同时,针对不同直播目的,对文本话术也能够进行调整,以实现直播效果的最优。辅助讲解内容生成的过程不仅仅能够实现智能纠错和违禁词提醒等,还能够根据观众的弹幕评论来优化与观众的沟通效果,提取出用户最关注的问题,优先呈现给主播,帮助主播与观众互动,最大程度留住观众。通过这种方式,企业能够在直播工具界面上自动生成与观众互动的内容,提供更个性化、实时化的直播体验。其二,在智能手卡助力下主播话术准备将更加流畅。一般的直播模式为了确保直播过程中的流畅和准确性,通常需要有专门的助理人员负责在直播前整理和在直播过程中实时提供主播所需的信息。然而,智能手卡的存在使主播可以直接从系统中获取所需的信息,不再高度依赖助理的实时响应。此外,由于主播直播的内容具有相似性,一般而言,智能手卡的内容能够应对绝大部分情况下的直播,这有助于帮助经验较少的新主播快速适应并提升直播技能。

其次,货盘组建方面:组建货盘是指主播需要找货选品、组合搭配适合指定场次直播的产品清单,需要高度依赖主播经验。但在数智化技术推动下,更加高效可靠的智能组建货盘功能开始出现。智能组建货盘主要是基于大数据以及 AI 算法,根据该场次直播目的(如销售量转化还是粉丝量转化、选择的产品要解决消费者的何种问题)、各类商品自身的特点、直播间以往商品搭配销售情况、竞争对手直播间商品搭配销售情况以及主要观众用户画像,进行商品组合,辅助直播运营策略优化,在取长补短中形成合力,使直播场次在吸客、销量、收益等因素之间取得平衡,最大化提升直播价值。此外,组建货盘中的选品环节,也可以利用 AI 算法进行比价,通过直播间历史数据、多直播间价格数据、相似产品历史价格数据等,将价格走势可视化,利用人工智能自动换算优势价格,提高优质选品效率,帮助主播监控排期前价格风险。

最后,效果复盘方面:通过数智化,企业能够通过历史直播数据实现效果复盘。例如,在强大的云计算技术支持下,企业可以挖掘出每位消费者与主播的互动场景、互动时间和购买行为之间的联系,分析出主播哪些话术可以促进消费者产生个性化购买意愿和分享意愿,从而通过调整和迭代,实现在直播过程中可根据用户特性定制专属的直播话术,以更好地吸引消费者,助力农产品企业实现爆品。此外,企业还可以利用后台数据中控平台收集直播过程中大量观众与主播互动行为和购买行为的消费数据,这些数据可以揭示潜在的市场机会和趋势,帮助企业发现新产品的创意,实现基于大数据打造爆品。除了对自身的内部分析,企业还能够在外部环境中,对竞争对手的直播数据和市场变化进行准确、高效的追踪和洞察,及时调整自身策略,保持竞争优势。这种实时的洞察能力能够使企业快速应对变化,并制定针对性的营销和产品策略。

2.3.3.2 搭建"沉浸式"直播场景

除了主播,直播场景也越来越受到企业和消费者的重视。随着数智化技术的不断发展,企业直播场景也开始迈向元宇宙,这为直播带来了无限的可能性。元宇宙直播是一种结合了虚拟现实（VR）、增强现实（AR）、混合现实（MR）等技术的创新形式，通过叠加虚拟数字人和虚拟环境，创造出高度逼真和多样化的直播场景，为用户带来更强的沉浸感和趣味性，极大增强了用户的观看体验。本节将重点对虚拟数字人和虚拟环境分别展开介绍。

虚拟数字人方面：通过将穿戴式动作捕捉技术和绿幕真人抠像技术融入3D数字虚拟内容 SaaS 平台，形成一个立体的人物形象，并把虚拟数字人与3D 虚拟背景完美结合，让虚拟直播产生数字人主播与观众真实互动的效果，实现虚拟世界与现实世界的交互融合。除此之外，在平台中，还可以实现虚拟数字人与真人主播的同屏出现以及二者的互动。例如，销售赣南脐橙的主播因为身体状况欠佳，无法直播，脐橙销售工作受到影响。华院计算基于其自主研发的认知智能引擎平台，通过 AI 多模态驱动技术、深度学习等算法模型实时驱动口型、语音和表情等交互行为，搭配类似当前火爆的生成式人工智能 AI 聊天机器人，构建出一位鲜活灵动、可与观众实时交流的虚拟主播。这位能全天候 24 小时与观众实时互动的"虚拟主播"大幅降低了直播成本，有效提升了直播间农产品带货交易的质量和效率。

虚拟环境方面：相较于虚拟数字人的实现，虚拟环境的形式更加丰富。不仅有与虚拟数字人结合的直播场景，甚至还有根据直播内容切换的定制化直播场景。传统企业多搭建直播实物背景，不仅成本高，耗费人力财力，并且直播场景不易更换，且长时间相同的背景也会让消费者产生审美疲劳。而通过引入数智化技术，3D 数字虚拟内容 SaaS 平台内置电商、舞台、会议间等丰富的三维空间模板，可以满足不同直播风格的场景需求。平台内部还拥有丰富的三维装扮组件功能，在三维空间模板的基础上，根据直播需求，定制化搭建企业专属的沉浸式虚拟直播场景。除此之外，虚拟直播还提供各种特效功能，比如光影特效模拟真实灯光、光晕，让场景更加逼真、炫目多彩。例如，艾迪普科技的数字图形资产云平台，就储存了海量素材资源，可以帮助农产品企业完成数字置景、前景植入、虚拟合成、人物美颜、视频特效、直播推流等全流程工作。通过多元场景化表达和虚拟前景元素植入，更生动地呈现农产品原生态生长环境、种植、加工、销售全链路，提升商家和消费者之间的信息互通，提高产品信任度，促进下单。

除了通过虚拟主播和虚拟环境来搭建"沉浸式"直播场景，数智技术在镜头、画质和虚拟屏幕这三个辅助手段上，也为沉浸式体验提供了支持。首先，镜头上，可以通过切换近景、中景、远景和调整机位角度，自由切换运镜机位，打造真实 3D 场景，让虚拟直播生动起来。其次，在画质上，直播场景强调画质的流畅性。例如，世优科技为 3D 数字虚拟内容 SaaS 平台提供了 4U Vtual Live 技术，支持向直播平台输出 4K、60 帧的高清画质，使镜头切换和动画播放更加丝滑，为用户带来流畅的视觉感受。最后，虚拟屏幕有利于打造"沉浸式"直播场景。传统直播只能通过手写板、显示屏展示产品视频和图片，直播画面比较杂乱。而通过 3D 数字虚拟内容 SaaS 平台，则可以添加虚拟屏幕，自由切换直播中需要为观众展示的信息，增加了与观众互动的灵活性，结合丰富的内容展现形式，进一步将沉浸交互式的体验传递给受众。

2.3.4　农旅营销新渠道

如前文所述，与农产品强调的分销渠道不同，本节将重点关注农旅服务的营销渠道。随着 5G、大数据、物联网、云计算、人工智能、AR、VR、高清视频等技术的成熟与应用，数智技术推动农村旅游产业向着"数字化、智慧化"方向发展。这一变革不仅使得农旅这一服务型产品借助数智化技术实现了营销渠道的增加，被更多消费者知晓，更带来了整个农旅产业体系的转型升级。首先，营销渠道的增加，是指除传统的农旅旅游目的地的推广和电视广告渠道外，其营销渠道也逐渐形成线上、线下全覆盖的格局。其次，产业转型升级关注如何将现代信息技术、智能科技与乡村旅游和休闲农业等产业深度耦合，实现以消费者为中心的管理战略升级，并通过数智化技术打造全生态服务链条，推动落地服务与战略相匹配，最终形成良性循环。本节将对数智农旅营销渠道和智慧农旅服务体系这两个方面逐一展开介绍。

2.3.4.1　数智农旅营销渠道

　　农旅即农业旅游，是乡村旅游和休闲农业结合形成的新模式，是在充分尊重农业产业功能的基础上，合理开发利用农业旅游资源和土地资源，以所开发的农业旅游休闲项目、农业配套商业项目、农业旅游地产项目等核心功能为架构打造的整套服务体系①。数智农旅则是指将元宇宙＋XR（扩展现实）等数智化技术与农业农村旅游相结合，打造智慧乡村、智慧景区和智慧农业。对于农旅来说，其营销渠道选择包括微博、知乎、哔哩哔哩、抖音等互联网社交媒体平台，可以通过图文、视频或其他方式进行精准的营销推广。此外，直播渠道更是通过强互动的方式助力农旅服务的体验式推广。消费者可以通过直播平台、数字孪生等"云体验"农旅服务，享受实时互动。例如，乳源瑶族自治县利用"互联网＋"和"农旅＋直播"的发展新模式，成立了山城水都农旅直播间，通过直播这一线上新渠道对该地的农旅园区进行营销。同时设立农特产品展区对当地农特产品进行推广营销，形成了"农旅景区＋农产品"的直播组合。再比如，四川省首批乡村振兴示范镇之一的南部县八尔湖镇，通过 5G、区块链、大数据、物联网、AI 等新技术，将全镇方圆 30 公里内的环境场景进行 1∶1 真实还原，最终在数字孪生系统上呈现，打造了智慧景区，升级游客体验。本节中将主要从直播和虚拟体验两个方面，介绍数智技术下催生的农旅新渠道。

　　首先，直播方面：相较于通过文字、图片或视频等有限媒介来介绍农旅项目的线下营销渠道，直播为游客提供了包括旅游服务和附属农产品在内的农旅体验。其一，在农旅服务上，通过直播，旅游地可以实时展示其最核心的农旅服务产品，如农村风光、农业生产过程、农民生活和乡村民俗文化等，使消费者能身临其境地感受美丽风光和独特的民俗文化，吸引游客前往；其二，在农产品上，直播平台还可以附带特色农产品销售，游客可以在直播中与主播实时互动，了解产品的生产过程、制作工艺和使用方法，并进行购买，进而产生情感

---

　　①　中华人民共和国农业农村部. 全国休闲农业发展第十二个五年规划（2011—2015 年）［EB/OL］.（2011 - 09 - 19）. http://www. moa. gov. cn/ztzl/shierwu/hyfz/201110/t20111019_2379184. htm.

连接。这种直播互动的方式使消费者更加亲近旅游服务及特色农产品,增强了消费者对旅游目的地的信任感和认同感。例如,我国西藏自治区商务厅就依托西藏本地特色的农牧文旅融合基地,利用线上推介、连麦展示等新颖电商营销方式,联动抖音、京东平台相关助农主播,带领消费者线上云游西藏,一览西藏风土人情。同时,其直播也带领消费者感受西藏农特产品的匠心,体验雪域珍品。通过文旅、农特和直播的产业融合,打造了"文旅＋农特"的带货样板,增加藏族聚居区农牧民群众增收致富渠道。

其次,虚拟体验方面:元宇宙成为当下农旅企业展现服务、吸引消费者的新渠道。张宇东和张会龙(2023)对消费领域元宇宙的研究综述指出,元宇宙是指"以网络信息技术为基础由技术建构的,通过镜像映射还原、延伸现实或创造原生数字场景生成的,有别于现实但与现实交互融合的虚拟数字空间"。它具有五个重要特征:"要素丰富、沉浸体验;恒久开启、实时存在;去中心化、规则共享;跨越虚实、基于现实;集体互动、强社交性"。元宇宙能够增强"人""货""场"之间的联系,如图 2-9 所示。因此,依托元宇宙＋增强现实技术,农旅目的地推出包含当地农旅产业内容的视频,能够使农旅服务更加直观、生动地展示在游客面前,即使使用裸眼也可以收获身临其境的感受,让游客感官上的体验更加深刻。

例如,位于四川省阿坝藏族羌族自治州汶川县的映秀小镇,就开发了映秀小镇元宇宙,利用"元宇宙＋农文旅"的方式将阿坝州高原生态有机农产品的生产过程在元宇宙中进行展示。游客可以通过虚拟现实技术感受泉水滋润的茶叶、青稞的生长过程、汶川腊肉的制作工艺、羌绣的绣制技艺等,这种互动式的虚拟体验让游客能够真实完整地了解和感受阿坝地区的民俗文化。映秀小镇联合数藏中国推出了元宇宙居民卡,持有居民卡的用户可以获得映秀小镇元宇宙虚拟商店经营权、元宇宙农场种植体验权,在虚拟世界中种植、买卖农产品,体验"耕种之旅"。这些创新的技术应用为消费者带来了更加流畅和沉浸的云游体验。

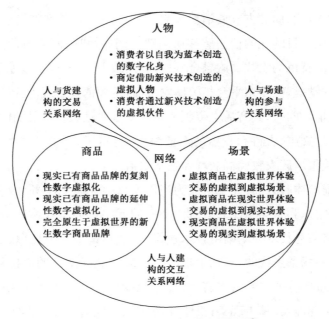

图 2-9 元宇宙与"人""货""场"①

2.3.4.2 智慧农旅服务体系

对农旅企业来说,良好的数智营销渠道可以实现游客吸引,但如何让游客在浏览过程中满足其需求,留住游客,传递优质口碑更需要在智慧服务体系上打牢基础,建立智能化和生态化的全面服务体系,详见图 2-10。根据游客决策过程,整个游览历程可以分为信息获取、决策制定和实地游览体验三个部分,这三个环节是农旅企业满足游客需求的关键步骤,每个环节都需要精心设计和提供细致周到的服务,以确保游客的满意度和体验。

在信息获取阶段:一个方便游客快速获取农旅信息,并为游客提供游览方案的数智化农旅服务游客导览平台至关重要。智能导览平台不再是传统纸质的参观路线地图或简单的线上购票系统,而是更为全面和精确的游览体系,是

---

① 图片来源:张宇东,张会龙.消费领域的元宇宙:研究述评与展望[J].外国经济与管理,2023,45(8):118—136.

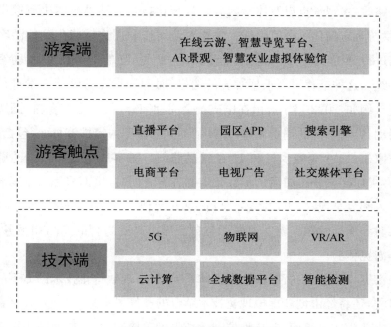

图 2-10　智慧农旅服务体系

游客线上服务总入口,包括购票内容、专业服务等等。例如,购票内容包含不同套餐的购票介绍、实时的购票优惠、线上线下各购票渠道统一的用户 ID 等;专业服务则包含自游助手、文化图谱、智能导览、美食地图等。例如,杭州市余杭区鸬鸟镇是著名的生态旅游乡镇,其将数智乡村、数智治理和数智旅游三大模块,共同搭建出"数智鸬鸟一张图"。在数智旅游的环节,鸬鸟镇所有旅游景点、民宿(农家乐)运营、公共服务、农产品销售等全域旅游数据都被集中采集、存储、处理和应用。同时,景区人流实时监控、旅游产品分析等各项重要信息也将在这个平台上统一呈现,甚至还与公安、交通、工商、卫生、市场监管等部门形成信息共享和协作联动,全面准确地掌握旅游全过程的数据信息。在消费者端,鸬鸟镇也开发出"遇见鸬鸟"小程序,为游客提供门票、酒店、路线、热点推荐等精准服务。

在决策制定阶段:游客可以根据信息化平台获取的游览信息进行选择,决定游览路线、参观景点以及体验内容。数智化技术为辅助游客决策提供了可能，提供游客定制化的游览路线。农旅企业可以利用先前收集到的游客反馈大数据进行分析，结合文本挖掘、云计算、生成式人工智能等技术，为游客推荐游览路线。这种推荐可以根据游客的偏好、时间和景点特色等因素进行个性化定制。例如，2022年宁波市在国庆黄金周期间开展了"走在乡村（国庆特别版）"活动，针对不同的消费偏好，设计了不同的游览内容推荐页面，包括51家星级农家乐、13个美丽乡村和12条精品路线。游客通过操作简单的游览平台页面，可以轻松获得游玩的个性化定制方案。同时，页面采用二维码形式的快捷登入和分享模式，方便游客获取信息并与他人分享，还能结合定位导航，实现实时和精准营销。游客获得了与自己需求高度吻合的产品和服务，提升了整体游览体验。

在游览体验阶段：智慧农旅服务体系，不仅展现数智化技术助力下的农业生产过程，还将经由创新虚拟现实技术结合的美好风景进行重塑，升级农旅体验。对农业生产过程而言，从种植到生长再到采摘和加工，通过引入智慧监控系统、配套农产品追溯扫码系统、整体建设水肥一体化控制设备等，实现全景式"数字管理"，打造实时监控、精准种植、科学管理的农业生产新形态。智慧农旅服务体系帮助游客构建其高质量的特色农产品，对品牌宣传、口碑打造具有积极意义；更为重要的是，对农旅体验而言，实现线上游客和线下游客的全面满足。其中，线上游客可以通过景区端的智慧管理平台、移动端如小程序等线上游览，从而对整个景区进行鸟瞰。而线下游客在游览过程中则能够通过最新的增强现实、虚拟现实等技术体验美丽风景。贵州省六盘水市的智慧农旅数字生态中心就是一个典型例子，以智慧农业和数字旅游为核心功能，融合先进数智化技术如 VR、AR、云展馆、虚拟空间等，依托元宇宙概念创造了一个全新的虚拟旅游世界。在这个虚拟世界中，游客可以足不出户体验特有的户外运动和自然风光，如滑雪、攀岩、虚拟骑行等。除此之外，中心还打造了一个极具沉浸感的"人景相融"裸眼 3D 沉浸式体验空间，将六盘水四季美景复刻其中，并通过灵动的光影盛宴来呈现这些美景，使游客徜徉在或春花烂漫或白雪皑皑的美景中,享受绿色呼吸的惬意体验。游客在这个过程中也获得了更加真实的感官刺激,对其农业产业、自然风光和文化风俗形成更深刻的记忆,进而提升对其相关农产品、农旅服务的评价。

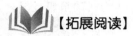
【拓展阅读】

农旅营销数智新渠道:佳沃蓝莓的虚拟农旅体验

元宇宙作为当前备受瞩目的前沿技术和概念之一,引发了人们广泛的讨论和兴趣。元宇宙是一个虚拟的数字世界,与现实世界相互交织,并提供了无限的想象空间和强大的社交性。在元宇宙中,人们可以以虚拟形式存在和互动,创造和探索各种虚拟场景和体验。元宇宙融合了虚拟现实、增强现实、人工智能和区块链等技术,为用户提供了更加沉浸式的数字体验。在这个虚拟世界中,人们可以创造自己的虚拟形象(也称为数字化身),并与其他用户实时互动。佳沃蓝莓与网易伏羲(网易旗下从事泛娱乐 AI 研究的机构)旗下的瑶台平台合作,利用网易在 3D 游戏引擎、AI、云计算、数字孪生、自然语言处理等多领域的技术积累,打造了高沉浸式虚拟互动体验的云端引擎,定制了一款极具未来感的佳沃蓝莓元宇宙乐园,也是国内首个水果元宇宙世界。简单来说,佳沃蓝莓元宇宙乐园是佳沃蓝莓将其生产基地场景 1∶1 复刻成为虚拟数字场景,使得消费者能够将自己设定为虚拟世界中的角色,并在任意一个场景中实现与生产环节或生产人员的互动。

在佳沃蓝莓元宇宙中,佳沃蓝莓通过将自身的智慧农业呈现给游客,同时提供产品相关的知识营销的两大手段,使消费者通过虚拟旅游体验,加深了对佳沃蓝莓生产过程、产品本身的了解、信任和喜爱。首先,智慧农业中,玩家可以自由探索不同生产场景。例如,玩家可以通过 AI 定制捏脸技术创建自己的虚拟形象,并选择穿戴数百款古代和现代服饰,还可以通过交换名片、全屏弹幕、个性舞蹈等方式与其他玩家进行交流互动,为用户提供更具科技感、仪式感的元宇宙体验。同时,玩家还可以通过 1∶1 还原的佳沃蓝莓世界地图,超越时空的限制与生产场景相遇,尽情畅游。其次,在知识营销中,佳沃蓝莓利用三维技术将佳沃"秘鲁蓝莓推荐会"搬进元宇宙,通过推荐官的介绍,从全产业链的角度向消费者展示了佳沃秘鲁蓝莓的品质。同时,佳沃的元宇宙世界通过设置蓝莓知识问答等游戏环节,激发玩家的参与兴趣,并将"用眼过多,吃佳沃蓝莓"的品牌理念植入消费者心中。

2.4　服务:数智化实现差异体验

数智化技术的发展不仅升级了农产品的分销渠道、农旅服务的营销渠道,也为乡村旅游发展注入了全新元素。第一,注入"农业"元素,农创产品和农创产业的蓬勃发展推动乡村旅游创新升级、价值提升;第二,注入"文化"元素,乡村文化遗产"容光焕发",升华了乡村旅游的精神内核;第三,注入"农旅"元素,生态观光农业发展丰富了乡村旅游发展模式,促进了乡村旅游的可持续发展;第四,数智技术推动乡村旅游平台建设,为游客带来更加极致的服务和体验。在新元素的加持下,数智推进农文旅融合成为乡村旅游发展的新方向。

2.4.1　农创产业新路径

农创产业是乡村农文旅发展的重要支撑点。大力发展乡村旅游不仅仅是为了吸引游客前往乡村,欣赏自然风景、感受人文景观,更重要的是,让农村发展走向更广阔的舞台,推动农产品销售、农业农村现代化建设等。大力发展农创产业具有两方面重要意义。一是能够搭乘乡村旅游的快车,推动创新农产品销售,同时把服务、体验、趣味等乡村旅游创新元素融入农创产品开发和新产品商业模式的制定中;二是通过延长产业链,实现一、二、三产业融合发展,为乡村旅游保驾护航,使消费者体验农业生产活动,购买特色农创产品,感受乡村旅游有机结合,实现乡村旅游可持续发展。

本节将重点介绍两个方面。首先是回顾农创事业发展的历程,如何实现从农产品到农创产品再向农创产业的延展嬗变，从而打造高附加价值的农创产品。其次，结合数智技术分析，如何实现农创产业的数智升级，包括培育新农人主体和塑造农创品牌 IP(Intellectual Property)两个部分。

2.4.1.1　农创事业发展历程

聚焦农创产品的价值是推动农创产业持续发展的动力来源。农创产品与农产品虽然只有一字之差，但是"创"字大有乾坤。直观上，农创产品在农产品基础上融入更多创新创意、时代潮流、科技元素等。价值层面，农创产品相比于农产品拥有更多产品溢价与附加价值，其通过有效连接乡村发展的各大产业，推动乡村全面发展，实现乡村振兴。本节将回顾从农产品到农创产品再到农创产业的发展步骤。

（1）从农产品到农创产品

农产品作为农业的初级产品，其价值向来较低。这种现象背后是多种因素共同作用的结果，其中农产品同质性较强是重要原因之一。农产品之间的差异难以被市场识别，且消费者为这些差异付费的意愿低。此外，农产品仍以初级简单加工为主，精深加工和产业链延伸不足，使得农产品价值创造严重受阻。总体而言，农产品市场比较接近完全竞争市场，农产品价格由市场决定，农民作为供给方，议价能力弱。考虑到农产品销售是农民收入的重要来源，因而探索出一条提升农产品价值、提高农民收入、有效推进共同富裕的发展路径迫在眉睫。

文化创意产业与农业的结合是实现农产品增值的一种手段，包括文化赋能、艺术赋能、科技赋能、创意赋能等。以文创思维打造农产品，即文化赋能与创意赋能相结合，不仅适应了新世代消费者注重审美体验的需求变化趋势，也是积极响应政策号召的体现。2014 年 3 月，国务院印发《关于推进文化创意和设计服务与相关产业融合发展的若干意见》[①]，其中就指出农业是文化创意

---

① 中华人民共和国中央人民政府. 国务院关于推进文化创意和设计服务与相关产业融合发展的若干意见[EB/OL]. (2014 - 03 - 14). https://www.gov.cn/zhengce/content/2014 - 03/14/content_8713.htm? ivk_sa=1024320u.

可融合产业之一。该文件还强调推动文化与特色农业有机结合,发挥文化在服务"三农"中的重要作用。之所以高度重视文化创意与农业的融合,是因为相较于简单的农产品销售,文创赋能的农产品因其丰富的文化价值,大大提升了农产品溢价。例如,敦煌市于2021年全市启用"沙泉共生·匠心培育"的农业区域公用品牌标志,并将敦煌的非遗文化、艺术和其特色农产品李广杏、紫胭桃、蜜瓜等相结合,如包装上含有飞天、九色鹿元素等敦煌特色,在此基础上推出了深受消费者喜爱的鲜果礼盒和干果礼盒等。

然而,文创赋能农产品并非完全等同于农创产品。前者可能存在流于表面的情况,即只是简单地把农产品与文创相结合,着重从"卖相"上入手,并以精美洋气的包装带给消费者积极的审美感受,缺乏对文化内涵价值的深度挖掘与传承,并且品牌和产品的独特优势挖掘尚不充分。而农创产品则从乡村资源的角度深度探索农产品增值,使得特色优质农产品、乡村独特文化资源、潮流元素等在创意加持下,开启新的融合之旅。例如,河南省新安县,以新安文化为底蕴开发品牌"心安礼得",创新出了深受游客喜爱的文创、农创礼品如黄河澄泥砚台、紫砂茶具等。在农创产品的开发过程中,立足"地域性、文化性、艺术性、实用性"四个特性,做到"旅游+文化+产品+市场"的深度融合,通过一件件文创、农创产品,打开一扇扇推介新安的窗口①。

(2) 从农创产品到农创产业

农创产品的发展只是起点,实现"小产品"撬动"大产业"才是根本目的。真正发挥农创产品价值,就不能只局限于产品本身,而是要有系统性、可持续性的眼光,实现农创产品的全产业链升级,而非追求一时的"网红"产品。因此,要紧紧围绕农创产品价值打造为核心,结合农业产业科技创新,完善前端农业作物育种、生产等环节,加强中端加工、运输、销售等环节,提升后端品牌、旅游、服务等环节,从而着力打造服务于农创产品的"文化创意产业+农业+

---

① 经济网.打造"心安礼得"品牌丨河南新安:开发出200多种文创农创产品[EB/OL].(2021-03-02).http://www.ceweekly.cn/2021/0302/333148.shtml.

旅游"的全产业链。这也正是对 2021 年 11 月 17 日农业农村部印发《关于拓展农业多种功能 促进乡村产业高质量发展的指导意见》①中提到的"立农为农、链条延伸"基本原则的践行。该指导意见中还强调"以农产品加工业为重点打造农业全产业链，推动种养业前后端延伸、上下游拓展，由卖原字号更多向卖制成品转变，推动产品增值、产业增效，促进联农带农和共同富裕"。基于此，本节为如何深度发挥农创产品的价值提供了涵盖农业全产业链的新路径模型，如图 2－11，横向上坚持"立农为农、链条延伸"的基本原则，纵向上在农文旅发展的背景下，依托农创产品，推动产业融合发展，实现乡村振兴。

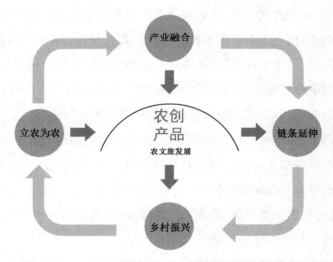

图 2－11　农创产品价值实现的全产业链路径模型

　　数智技术是制约上述模型发展的一个重要外力，不少地区通过引入数智技术，实现了农文旅全产业链路径模型的顺利运转。下面将通过三个实践案例进一步说明。

　　首先，腾讯与四川德阳市旌阳区合力打造"旌阳链"，建设了数字农业的

──────────

　　①　中华人民共和国农业农村部．农业农村部关于拓展农业多种功能 促进乡村产业高质量发展的指导意见［EB/OL］．（2021－11－17）．http://www.moa.gov.cn/xw/bmdt/202111/t20211117_6382385.htm.

"一图、一网、一链",即"全区域资源管理图、全过程服务物联网、全周期产业区块链"。得益于"旌阳链",原本小而散的农业产业,正逐步提升为以数字化能力为核心,融汇当地地域、文化、人文等诸多特色的农业创新模式。在2021年8月启动的"安心农品计划"地理标志农产品品牌助力行动的支持下,德阳酱油、羊肚菌、胭脂脆桃等特色农产品建立了数字化管理、生产、销售、营销的全链路。旌阳区运用数智技术推动农业全产业链升级,促进农业优质高效、农村宜居宜业、农民富裕富足,助力乡村全面振兴①。

其次,结合数智技术,广西壮族自治区钦州市灵山县荔枝产业的发展也探索出了农创产业的发展链条,带动农文旅产业齐头并进。灵山县享有"中国荔枝之乡"的美誉,拥有千余年荔枝种植历史。其和农业品牌战略咨询企业福来合作,共同打造了"千年佳荔"的品牌口令,同时创新"树龄荔枝"的农创概念产品,用不同包装颜色区分不同树龄的荔枝树产出的荔枝。灵山荔枝着力打造全产业链条,在生产端,其开发出全国首创的荔枝智能"光驱避"蛀蒂虫绿色防控技术,打造了智慧"光驱避"示范园,实现了试验示范基地虫果率为0的突破,同时对产品深加工,创新荔枝酒、荔枝醋等产品;在中端,灵山县大力发展数字产地仓,搭乘互联网销售快车,让灵山妃子笑荔枝"一骑绝尘";在营销端,灵山县则通过构建千年古树IP、荔枝节等推动休闲农业和乡村旅游发展,积极建设"荔枝文化农事体验景观示范带"。

最后,享有"世界高香红茶"美誉的广东省英德市的英德红茶,也开启了数智之路。依托"数智茶园综合管理平台"与"农机装备智慧管理"等数智化项目,英德红茶积极推动茶产业转型升级,并将茶文化融入茶产品中,创新开发系列红茶新产品,并走入国际舞台。同时,农创产品带动农文旅全产业链发展。如英德红茶的老品牌之一"怡品苑",就在官网指出其是一家"集茶叶种植、研发、生产加工、营销、茶文化传播及茶旅体验为一体的具有全产业链的综

---

① 四川新闻网.让农业有"智"更有"质"　旌阳链为农业产业振兴插上"数字翅膀"[EB/OL].(2022-06-18).http://www.scpublic.cn/news/getNewsDatail?id=687554.

合性茶叶企业"。总结来说,在数智技术蓬勃发展之际,要做到在农创产业上谋篇布局,为乡村发展注入新动能,需要实现持续创造农创产品的附加价值,从而有效联动农创产品全产业链的发展。

2.4.1.2 数智赋能农创产业

发展农创产业,除了需要全产业链的辐射联动,更需要数智化的助力。传统农创产业的发展多依赖线下农创产品展等展会的曝光和产品形式创新。例如,重庆沙坪坝农创展会展示当地铁富花生、新励园皮蛋、四龙村葛粉、川菲草莓、齐家庄生态甲鱼等特色农创产品;山东省临沂市沂南县朱家林田园综合体农创产品通过亮相第三届中国(山东)农业创富大会,展示其优质的农产品以及丰富的旅游资源;福建八闽乡村农文创产品展上甚至还推出了农文创盲盒等。然而,在当前背景下,数智化为农创产品发展提供了新的机遇,本节重点阐述农创产业的两条通路,一是通过加强对农创主体的培育激发农业全产业链的内生活力,二是通过农创产品品牌 IP 的打造为农创产品增值注入外在动力。

(1) 培育科技化农创主体:新农人与兴农人

新农人是指"具有科学文化素质、掌握现代农业生产技能、具备一定经营管理能力,以农业生产、经营或服务为主要职业,以农业收入作为主要生活来源的农业从业人员"[①]。相比传统农业,农创产业对于技术、创新、创意的要求较高,因此对从事产业的"人才"提出了更高的要求。然而,整体而言,传统农民缺乏专业系统的农业知识,新的农业生产技术推广和应用极大受制于农业主体的整体创新意识。相较之下,新农人具备了发展农创产业的重要特质:掌握了更新的观念和技能。

值得庆幸的是,近年来乡村中涌现出一批掌握和运用农业技术、具有互联网思维和农业情怀、能够扎根农业的新农人,包括农民工、高校毕业生、科技工

---

① 西安网.西安网评:让"新农人"成为"兴农人"[EB/OL].(2023 - 05 - 26). http://o. xiancity. cn/system/2023/05/26/031059050. shtml.

作人员、农村实用人才、乡建青年等。新农人对新事物的接收能力更强,也更愿意主动学习掌握新知识和新技能,以提高生产效率。同时,一些农教企业通过搭载数智化平台,实现虚拟场景仿真教学,极大提高了新农人的学习效率。例如,浙江农教科技有限公司建立的数智农业 4.0 职业教育服务平台,通过可视化管理系统,结合"物联网＋云计算"的多维度数字信息化建设,全过程动态模拟农作物从播种、育苗、移栽、生长到采摘的全生长周期。同时,通过展示虚拟蔬菜嫁接场景,在虚实结合实训教学过程中,提高了新农人的技能。

　　为什么在农创产业的数智发展中要格外强调新农人的作用? 除了新农人具备发展农创产业的技术硬实力,更重要的是,他们还会起到带动当地其他农民的积极作用,兼具文化软实力。具体来说,带动作用体现在两个方面。一方面,新农人积极响应国家号召,回到家乡创业,不仅有效解决了自身的就业问题,还带动当地农民的就业。例如,2023 年 5 月 25 日《农民日报》第一版刊发了《在这里,大学生农创客蔚然成风》报道,其中指出"浙江已累计培育农创客4.7 万余名;据测算,平均每位农创客可带动 18 位农民就业"[①]。另一方面,在数智技术背景下,新农人还坚持以所学辐射农民。新农人注重提高农民科技水平,帮助农民掌握最新技术。比如,开设各类型学习培训班,其中包括新型农业种植养殖技术学习、经营管理学习、农村电子商务学习等内容。以位于浙江省嘉兴市桐乡市的崇福农创园为例,在 2021 年举办的农村实用人才第一期培训班中,崇福农创园通过现场发放蔬菜种子和宣传资料的方式,指导农民如何下载与使用"浙农追溯"APP,传递溯源管理理念,从而提高农民数字信息素养。此外,不少新农人还通过短视频、直播带货,发展乡村电商产业等数智新渠道的应用,有效拓宽了当地的农创产品销路。

　　在农业农村现代化建设的今天,实现从"新农人"到"兴农人"的孵化,有利于带动农创产业发展。2022 年 7 月 1 日《经济日报》指出以"传帮带"的形式

---

　　① 农民日报. 高质量发展调研行｜在这里,大学生农创客蔚然成风[EB/OL]. (2023 - 05 - 25). https://baijiahao. baidu. com/s? id＝1766878498976739937&wfr＝spider&for＝pc.

将先进的生产技术、经营理念、运作模式等授予当地农民,手把手带动和培养一批村民,从而实现从"新农人"到"兴农人"的升级转变①。然而,如何实现这样的升级转变,激发农民的积极性?一方面离不开多方合作的机制,另一方面也需要发展模式的升级。首先,在多方合作上,可以依托农村合作社、农创园、农创梦工厂、农业创新创业孵化基地等,充分鼓励农民参与其中,并在利用数智技术过程中转变思维,不断提升创新能力;其次,在发展模式上,可以实行模式改革,激发农创主体的参与性。例如,全国乡村旅游典范——陕西省礼泉袁家村,在不断强化农民技术素养的基础上,探索集体经济发展模式,使得农民既是自己店铺的老板,又是合作社的股东,有效激起了农民的创造性。同时,袁家村还把其发展模式向外输出,如开展培训、提供咨询以及策划等业务,由内向外发挥着焕发袁家村模式的价值。因此,在农创产业发展中,结合数智技术,培育一批致力于农创产业发展的领头人,充分发挥新农人、兴农人的带动作用,将为农创产业注入内生活力,促进实现共同富裕。

(2)打响农创产品品牌 IP:亲民品牌形象和虚拟品牌形象

促进农创产业繁荣发展除了需要激发农创主体的内生活力,还需要外在动力。而在其中,农创产品品牌的发展是重要一环。需要说明的是,虽然前述 2.2 章节"品牌:数智化赋能农业品牌打造"已论证了农产品品牌的重要性,考虑到农创产品和普通农产品的差别,本节将重点根据农创产品的特点提出其品牌打造的数智化建议。相较于初级农产品,农创产品存在两个较大差异,一是创新技术,二是创意元素。因此,农创产品品牌的建设一方面需要防止技术带来的隔阂感,另一方面又要展示出其创新元素和技术升级。因此,对于其品牌形象 IP 打造而言,可以从亲民品牌形象和虚拟品牌形象两个方面着手。而打造、传播品牌形象的过程离不开如生成式人工智能、云计算、虚拟现实、物联网等的数智化技术。

---

① 经济日报.培育更多新农人成为兴农人[EB/OL].(2022 - 07 - 01). https://baijiahao.baidu. com/s? id=1737099335981754220&wfr=spider&for=pc.

　　在亲民品牌 IP 形象方面。亲民品牌 IP 形象能够有效拉近与消费者之间的距离,既符合农创产品的形象,也会在一定程度上打消技术带来的隔阂分裂的感受。例如,广东省雷州市沈塘镇揖花村,其特色农产品为当地的黑狮头鹅。根据人民数字联播网报道,湛江幼儿师范专科学校团队——小小农创,根据当地乡土乡情特色,为黑狮头鹅及其家族量身定制设计了 IP 卡通形象及其概念延伸产品。此外,为了实现更广泛的传播,小小农创团队还根据当前年轻人聊天爱用表情包的习惯,设计了两套品牌 IP 形象的表情包,获得了大量下载和关注。相反地,农食产品如果和科技关联过强,反而可能会让消费者产生负面的感知,认为产品不够天然、安全、健康。因此,南京农业大学师生协助贵州省麻江县蓝莓农创系列产品设计的"麻小莓"品牌 IP 也选用了亲民可爱的形象风格,通过拟人化,将蓝莓变身为一个穿着贵州少数民族服饰的小女孩卡通形象,还荣获了"2021 年中国农产品百强标志品牌"。

　　在虚拟品牌形象方面,通过数智化技术打造的虚拟化品牌形象也受到了不少食品企业的追捧。例如,白象虚拟代言人——南梦夏,奈雪的茶虚拟代言人——NAYUKI/奈雪女孩等。对于农创产品,虚拟品牌形象可以满足亲民和科技的交融,既通过元宇宙品牌营销的方式展现了品牌的创新形象,也不会过于冰冷。例如,广东省德庆贡柑推出的虚拟管家"小柑妹"。其推出农创产品,元宇宙"认养一棵德庆贡柑树"。小柑妹是广东探索农业元宇宙发展的重要一步,其以虚拟管家的身份,为消费者提供贡柑认养后的远程智慧管理服务,包括浇水、施肥、监测等。小柑妹将农创产业和元宇宙紧密结合,获得了年轻一代消费者的喜爱和广泛传播。在元宇宙加持下,小柑妹重塑农创产业面貌,形成了更加强大的品牌影响力①。

---

　　① 澎湃新闻客户端.农业元宇宙大咖谈｜柯维麟:小柑妹是现实农场与元宇宙的桥梁[EB/OL].(2022 - 04 - 10).https://m.thepaper.cn/baijiahao_17546887.

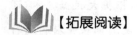

【拓展阅读】

数智赋能农创产业：柏桥村农创荔枝

2023 年 4 月 11 日，习近平总书记来到广东省茂名市高州市根子镇柏桥村，了解合作社运营和推进乡村振兴等情况。担任讲解员的"荔枝妈妈"林常珍，讲述了柏桥村农创荔枝的故事。柏桥村荔枝种植的历史已有 2000 余年，荔枝文化底蕴浓厚，柏桥村也围绕着荔枝这一核心农产品大展身手。柏桥村以荔枝为引线，推动荔枝产业化发展的同时，带动乡村旅游发展，促进乡村基础设施完善，实现了农文旅全产业链的布局。

柏桥村打造农创产品，带动荔枝"土特产"增值。首先，柏桥村对荔枝进行精细深加工，推出荔枝干、荔枝蜜、荔枝米酿、荔枝花蜂蜜、荔枝原浆等高附加值农创产品矩阵。同时，在农文旅融合发展、培育科技化农创主体和打响农创产品品牌 IP 三个方面做出了额外的努力。

首先，在农文旅融合发展上。柏桥村依托乡村旅游，让荔枝产业"旺"起来。柏桥村开通直达根子镇的"旅游公交专线"，慕名前来柏桥村观光旅游的游客年超百万人次，游客前往打卡也有效带动了荔枝产品销量的上升和柏桥村荔枝文化的传播。2023 年春节期间，柏桥村中的中国荔枝博览馆平均每天接待游客量更是高达 2 万多人次。根据茂名市人民政府官网介绍，其打造了"农旅文创一体化"的旅游带，形成了"旅游＋荔枝、文化＋荔枝、康体＋荔枝、荔枝＋"融合发展模式。

其次，在培育科技化农创主体上。柏桥村支持返乡青年进行创业，积极培育新时代农业主体，以打造数智全产业链的思维积极布局。柏桥农创园提供电商培训、物流、冷链、仓储等一站式服务，通过农创园的资源共享、技术共享、渠道共享，大大降低了运营成本。柏桥村还和物流企业合作，创新冷链物流技术，建立了"田头小站"。荔枝在采摘后 3 小时内，利用智能化分拣设备，经过降温、清洗、杀菌、分级、包装、称重等步骤，从而实现通过预冷锁鲜技术去除

"田头热",有效延长了保鲜期,保证了产品新鲜度。此外,根据大数据技术,还实现了"生产＋营销＋品牌"一盘棋管理。茂名移动联合茂名市农业农村局打造茂名荔枝产业大数据指挥调度中心,从而实现荔枝市场行情信息精准触达,全方位服务全产业链中的企业。作为广东省首个单品农产品全产业链大数据平台,茂名荔枝产业大数据平台依托5G＋物联网技术、智能虫情灯等智能数字监测设备,实时监控荔枝生长数据。茂名还专门开发荔枝生产管理APP"小屏",果农可线上实时查看生产预警信息,接收农技推广信息,随手拍照便实现AI自动识别虫害,并随时向专家请教各类种植疑难问题[①]。

最后,在打响农创产品品牌IP上。茂名与浙江大学农业现代化与农村发展研究中心(Center for Agricultural and Rural Development,CARD)合作,共同打造茂名荔枝区域公用品牌,以"茂名荔枝,世界名荔"为品牌口号。在全市实行"六统一",即确保"茂名荔枝"品牌、IP形象、LOGO、宣传口号、辅助图形、外包装设计等的统一,从而向外发出"茂名荔枝"品牌一种声音,实现整合营销沟通。

农创产品矩阵结合农文旅产业链的全面提速,共同推动了乡村共同富裕发展。总书记对当地荔枝产业的肯定,更是令"荔枝妈妈"林常珍坚定了其带领村民做大做强农创产业的决心。截至2023年5月,"柏桥村全村农产品加工年产值达1亿元,带动就业3 000多人,人均收入超过5万元。其中种植示范基地2个,年加工荔枝1 300吨、龙眼900吨"[②]。

---

① 资料来源:南方日报.茂名荔枝全产业链大数据平台上线[EB/OL].(2022-05-11).https://c. m. 163. com/news/a/H732K78E0550037C. html? from ＝ wap_redirect＆spss ＝ wap_refluxdl_2018＆referFrom ＝ ＆spssid ＝ dc00715e54ab8b425c833ac346a55f52＆spsw ＝ 1＆isFromH5Share ＝ article.

② 茂名日报.给总书记讲解茂名荔枝的"荔枝妈妈":让农创产业成为村民致富"发动机"[EB/OL].(2023-05-02).http://www.maoming.gov.cn/zwfw/slh/rdyy/content/post_1168925.html.

2.4.2　文化遗产新活力

乡村文化遗产是乡村农文旅发展的重要精神内涵。在发展乡村农文旅的过程中,需要深刻认识当前乡村文化遗产保护与开发过程中存在的问题,利用数智技术,实现对乡村文化遗产资源的有效盘活。让文化遗产、历史民俗成为带动农业、农创产业、农业旅游发展的重要来源,成为支撑乡村文旅可持续发展的重要动力。本节将首先介绍乡村文化遗产的概念范围、保护难题及解决方案。其次,从数智技术角度入手,了解如何完善数智管理,扩大数智传播。

2.4.2.1　乡村文化遗产内涵意义

对乡村文化遗产的认识经历了从物质形态到物质与非物质形态兼具的过程,反映出对乡村文化遗产重要性的进一步认知。究竟什么是乡村文化遗产?乡村文化遗产又该如何保护?保护过程中是否存在一定问题?应该如何解决?本节将从两个部分回答上述问题。

（1）认识乡村文化遗产

文化遗产的内涵不断演变,经历了从有形到无形的拓展。1972年联合国教育、科学及文化组织大会在巴黎通过了《保护世界文化和自然遗产公约》。其将文化遗产分为三类:"第一类为古迹:从历史、艺术或科学角度看具有突出的普遍价值的建筑物、碑雕和碑画、具有考古性质的成分或构造物、铭文、窟洞以及景观的联合体;第二类为建筑群:从历史、艺术或科学角度看在建筑式样、分布均匀或与环境景色结合方面具有突出的普遍价值的单立或连接的建筑群;第三类为遗址:从历史、审美、人种学或人类学角度看具有突出的普遍价值的人类工程或自然与人的联合工程以及包括有考古地址的区域。"①然而,无论是文物、建筑群还是遗址都属于物质形态的遗产。随着对各类历史"印迹"的进一步认识,2003年10月,联合国教科文组织第32届大会通过的《保护非物质文化遗产公约》,对文化遗产概念范围进行了扩展,提出非物质文化遗产

---

① 联合国公约与宣言.保护世界文化和自然遗产公约［EB/OL］.（2022-06-23）. https://www.un.org/zh/node/182113.

的概念,即"被各社区、群体,有时是个人,视为其文化遗产组成部分的各种社会实践、观念表述、表现形式、知识、技能以及相关的工具、实物、手工艺品和文化场所。这种非物质文化遗产世代相传,在各社区和群体适应周围环境以及与自然和历史的互动中,被不断地再创造,为这些社区和群体提供认同感和持续感,从而增强对文化多样性和人类创造力的尊重"。此外,其指出非物质文化遗产包括 5 个方面:① 口头传统和表现形式,包括作为非物质文化遗产媒介的语言;② 表演艺术;③ 社会实践、仪式、节庆活动;④ 有关自然界和宇宙的知识和实践;⑤ 传统手工艺[①]。可见,文化遗产概念得到了有效拓展,既包括物质形态,又包括非物质形态。

　　乡村文化遗产则是文化遗产在乡村的具体体现,同样包括物质和非物质形态两个方面。物质形态方面还包括农业文化遗产等,例如,浙江省丽水市青田县的"青田稻鱼共生系统"就是中国首个被联合国粮农组织认证的全球重要文化遗产,为其他国家的山区农业发展提供了借鉴。非物质形态方面既包括乡村传承的艺术形式也包括传统手工艺。例如,黔东南州的侗族大歌、侗戏、蜡染等。乡村文化遗产是乡村这片热土上,伴随着人类历史发展和人类农业生产、生活所形成的并且长期世代延续的产物,充分展现了乡村人民的智慧与哲思。

　　乡村文化遗产还具有精神层面和物质层面的作用。首先,乡村文化遗产是乡村文化的重要组成部分,是文化自信的重要来源。在全面推进乡村振兴的大背景下,乡村文化振兴必不可少,文化振兴是乡村振兴的重要基石,也是乡村发展的内生动力。乡村文化遗产是中华民族在历史长河中形成的人类瑰宝,其价值也必须被重视。其次,乡村文化遗产经由创造性转化利用与开发,可以产生较大经济价值,也是创新的重要来源,对其他相关事业发展具有支持作用。总结而言,乡村文化中的各类遗产,不仅是宝贵的精神财富,而且还具

---

① 联合国公约与宣言.保护世界文化和自然遗产公约[EB/OL]. (2022 - 06 - 23). https://www.un.org/zh/documents/treaty/ich.

有价值创造功能,对其的保护与发展是必要且有价值的。

(2) 保护乡村文化遗产

根据学者黄萍(2007)的研究,文化遗产的保护和开发存在三种基本路径:重保护、重开发、努力平衡保护与开发。结合数字化技术和协同理论,达成"协同——发展——持续"的内在统一,以实现保护与开发协同平衡。这也符合乡村文化遗产的发展路径:保护与开发协同。然而这个过程中存在一定的问题,尤其对于非物质乡村文化遗产而言。例如,传承方式单一、经济价值开发不足等。首先,传承方式层面。非物质文化遗产数量以及种类,并未被完全识别和统计。加之农村人口"空巢化",传统手工艺面临失传,如何培养更多传承人以及创新传承方式成为非遗技艺面临的重要课题。例如,侗族大歌在传承上遇到了困难,其目前的主要传承方式包括亲属传承、师徒传承、自然传承以及学校传承。但面对快节奏的生活、多样化的职业选择和经济效益与付出的努力不成正比等情形,人们缺乏足够的耐心,越来越少的人愿意学习传承非遗技艺。其次,经济价值开发层面。目前乡村文化遗产保护更多停留在文化遗产保护本身,深层次开发不足,与时代要求之间存在一定差距。而造成这种现象的主要原因则包括开发者和大众两个方面。部分乡村文化遗产开发者的价值开发能力不足,使得预期效果难以达到,削弱后续继续开发的动力,形成了负向效果循环。而对于普通大众而言,乡村文化遗产融入生活的程度不高,与生活具有一定距离,难以感受其各方价值。

如何更好地解决上述乡村文化遗产的保护和开发难题?数智赋能乡村文化遗产,成为一条可行之路。通过数智技术,对乡村文化遗产进行大盘点,搭建乡村文化遗产保护平台,丰富传承方式,实现在网络或虚拟世界的永久性保护。例如,依托 AI、算法和机器学习等数智技术,对各类乡村文化遗产进行编码,让各类乡村文化遗产成为"网络公民"。在此保护的基础上,为了增强对乡村文化遗产价值的理解认识,需要面向年轻一代传播,使乡村遗产走进他们的生活。这一方面尤其需要贴合年轻消费者的特征,如强调趣味性和视觉性,另一方面也需要技术的加持,实现创新性开发,从而焕发乡村文化遗产的新活力。例如,利用 VR、AR、可穿戴设备等数智技术,探索乡村文化遗产元宇宙;搭建智能交互设计平台,创新利用乡村文化遗产资源宝库,注重对乡村文化遗产经济效益开发等。

2.4.2.2　数智焕新乡村文化遗产

数智技术为乡村文化遗产的保护和开发提供了多种可能性。从技术层面,搭建数智乡村文化遗产系统平台,实现对乡村文化遗产的整合利用和管理。从营销层面,提高乡村文化遗产的可传播性,让其走进人们的生活,实现"乡村文化遗产＋生活场景"的创新模式。

（1）整合乡村文化遗产数智管理

发展乡村文化遗产资源的一大难题在于其分布分散,缺乏集成管理。例如,随着时代发展,乡村的"根"愈发模糊,很多历史事件也变得难以考究。为了全面了解乡村文化、盘点乡村文化遗产以及创新乡村非物质文化遗产的传承方式等,需要对乡村文化遗产资源进行集成管理。因此,不少地区开启了乡村文化遗产信息库的搭建,以便对本地乡村文化遗产进行系统盘点。例如,重庆市綦江区建成了重庆首个街镇级非物质文化遗产资源库,并通过对非遗调查、乡村文化遗产普查、戏曲普查、传统手工艺普查等方式建立了非遗专档。此外,随着数智技术的发展,乡村文化遗产保护向着数字化、智能化方向发展。例如,欧洲时光机项目,其基本理念是利用先进的计算机通信与人工智能等技术将欧洲文化遗产进行数字化,并建立一个以历史大数据为核心的分布式数字信息系统(王晓光等,2022)。一方面,欧洲时光机映射了欧洲在整个人类历史中社会、文化和地理的跨时空演变,促进人们对欧洲历史文化的了解。另一方面,其有效激发了文化遗产在各行各业中的创新应用,从而更好地发挥文化遗产价值创造作用。

类似地,中国非物质文化遗产基因数据库也旨在通过数智技术深入挖掘非遗蕴含的传统文化基因及其演化路径,探索中国非遗在大数据及人工智能时代的创新传承模式。中国非物质文化遗产基因数据库,是中国首个非遗领域的数据库。根据其官网介绍,中国非物质文化遗产基因数据库是一个基于

中国非物质文化遗产大数据的知识共享平台,不仅整合了海量的中国非物质
文化遗产的多媒体资料,还搭建了基于专业术语及其知识网络的非遗知识图
谱,同时兼具知识发现与创新转化的非遗文化多媒体资源库、非遗文化知识库
和一站式非遗知识服务平台,以助力非遗的"数字化保存和创造性再生"。

　　结合欧洲时光机项目和中国非物质文化遗产基因数据库的案例,可以为
我国乡村文化遗产的发展提供不少启发。需要思考如何更好借助科技力量,
对乡村文化遗产资源形成集成和系统保护、开发和管理,以实现对乡村文化遗
产的直观展示,进行创新性的长久保护。同时,又需要思考如何高效开发乡村
文化遗产资源,最终实现焕发乡村文化遗产新面貌的目的。

　　例如,将数据库以及平台的搭建延伸到乡村文化遗产领域,实现乡村文化
遗产保护的"一乡一品",并且焕发乡村文化遗产开发的"一乡一制"。2020 年
8 月,温州市启用了"古系列保护·云端守卫"应用,通过融合物联感知、AI 分
析、数字孪生等技术,打造古迹全览、安全监管、保护落实、活化利用等四个特
色模块,为古物保护装上了"数智"守卫[①]。

　　(2) 推动乡村文化遗产的可传播性

　　除了对乡村文化遗产进行数智化集成管理,乡村文化遗产的开发还需要
通过营销传播的手段,扩大其知晓度和影响力,更好地被人们理解、认同与记
忆。在推动乡村文化遗产的可传播性上,需要对其内容创新,使其真正贴近人
们的生活,进而促进人们自觉加入保护与传承乡村文化遗产的行列之中。具
体地,可以通过与数智技术的结合,考虑年轻受众群体的特点,实现对乡村文
化遗产内涵的理解性、趣味性和视觉性的提升。

　　首先,乡村文化遗产要增强理解性。提高文化遗产传播的一大重要任务
是增强人们对乡村文化遗产的理解,从而让人们从心底认可和接受文化遗产,
并自然而然地为其进行口碑传播,提高理解性则可以从两个维度展开。其一

---

① 澎湃新闻. 温州千年古迹,有了"云端守卫"[EB/OL]. (2022 – 08 – 31). https://m. thepaper.
cn/baijiahao_19694576.

是场景化,考虑到乡村文化遗产的产生与发展都离不开特定的历史环境,因而在认识与理解乡村文化遗产的时候可以通过虚拟现实等数智技术,将人们带入元宇宙设置的特定背景中,沉浸式理解感受。其二是讲解式,因为乡村文化遗产承载着一些理念,蕴含着某种精神(如红色文化遗产承载着革命精神)。乡村文化遗产可以依托数智化方式,更好地更新讲解方式如借助语音讲解、智能介绍、科技体验等,以实现理念传递,并让人们更好地感受到这些宝贵精神。例如,在北京市石景山区的非遗智慧导览微信小程序中,就设有 AI 智能问答功能和自助语音讲解,能够有效满足游客求知需求。同时,语音讲解还支持蓝牙和定位,游客可以自动获取语音以及视频讲解内容推送,从而帮助其实现对各类非物质文化遗产更为全面的理解。

其次,乡村文化遗产要突出趣味性。在体验经济的时代背景下,消费者们强调体验性与趣味性,更愿意自发转载宣传趣味性高的营销内容。因此,乡村文化遗产也应该顺势而为,创新融入更多体验性与趣味性的元素,激发人们对于乡村文化遗产了解的兴趣。游戏化,就是其中一个很好的创新案例。近年来,乡村文化遗产与游戏化开始紧密结合,通过答题、通关、在线比拼等方式,普及乡村文化遗产知识。例如,《匠木》APP,是一款以中国榫卯工艺为主题的文化遗产功能游戏。《匠木》带领玩家进入木工世界,在游戏中,强调用户参与,通过观察不同的榫卯图纸想象其中的组合结构,并且在闯关完成后,可以通过 AR 实现 360 度展现榫卯组合原理,科普国粹经典的历史与文化。此外,不少乡村非物质文化遗产开启了"剧本杀"模式,让人们在沉浸式趣味体验中,感受非物质文化遗产。例如,2022 年湖南省郴州市的长卷非遗街区,举办了首届非遗文化红陌剧本杀狂欢节,以郴州非遗文化为基础,打造沉浸式 NPC 互动体验,发布游戏任务,充分调动参与者在游戏过程中了解非遗技艺的积极性。此外,许多趣味性的方式都在尝试结合年轻一代的消费特点,让乡村文化遗产融入其中。

最后,乡村文化遗产要呈现视觉性。除了体验的趣味性,年轻一代的消费者也是不折不扣的"颜值主义"。因此,乡村文化遗产传播过程中的视觉性尤为关键。一方面,强调展现方式能够带来的视觉满足,另一方面需要突出曝光度,不断出现在大众视野中。其中,动画数字形式就是个不错的选择。作为年轻一代喜爱的表达方式,动画能够带来强烈的视觉效果。因此,乡村文化遗产的传播可以考虑和影视动画做结合,依托动画 IP 和影视资源,清晰展现乡村文化遗产,塑造乡村文化遗产形象。例如,刘三姐是广西一张亮丽的文化名片。刘三姐歌谣,也是国家级非物质文化遗产之一。1960 年的电影《刘三姐》更是让刘三姐这一形象走向全国各地,刘三姐歌谣传遍大江南北,打响了知名度。为了刘三姐文化的更好传承,广西壮族自治区人民政府极力打造"刘三姐"品牌 IP 形象,2023 年 3 月 17 日刘三姐数字人被授予"广西文化旅游数字推广大使"。其是一个通过人工智能,并结合语音合成、人脸建模、图像处理等多种先进技术打造的、具有 AI 功能的虚拟数字人。同时,为了进一步推广传播刘三姐虚拟数字人的品牌形象,在旅游过程中,刘三姐数字人会担任智能旅游助手,进行景区导航导览和游客 AI 对话等,并在 AR、AI、大数据、云计算等技术的加持下,为游客提供全方位的吃住行游购娱一站式便捷服务。在新时代下让刘三姐这一文化形象进一步丰富,不断增加品牌 IP 的"曝光度",使其形象更加可视化与趣味化。

2.4.3　生态观光新农旅

根据著名旅游学者布哈利斯(Buhalis)(2019)的旅游目的地 6A 模型,当旅游目的地具备吸引物(Attractions)、交通(Accessibility)、设施服务(Amenities)、包价服务(Available package)、活动(Activities)和辅助性服务(Ancillary service)时,可以极大增强对游客的吸引力。其中,吸引物指自然人文景观、遗产等,交通包含道路、交通工具等的便利性,设施服务则包含住宿、餐饮、零售等相关服务提供,包价服务则是具备整体的规划安排好的旅游服务,活动则包括在旅游目的地游客所经历的所有游览、消费等活动,辅助服务则指其他相关服务,如网络设施、医院等。对于乡村旅游发展而言,交通、设施服务、包价服务、辅助服务已随着乡村的硬性条件发展得到了升级,吸引物和活动等软性内容建设变得愈来愈重要,如何实现乡村旅游的内容创新成为建设重点。同时,乡村农文旅发展中的"旅"并非独立割裂,"农"作为乡村中的特色优势,可以和"旅"结合,进而打造独特的乡村旅游吸引物和活动内容,建设其独有竞争优势。因此,结合上述思考,本节将重点关注生态农旅这一方向,主要包含两部分内容。首先,回溯我国生态农旅从生态农业向生态观光农业转化的发展历程。其次,关注如何借助数智化技术实现生态农旅的升级发展。

2.4.3.1　生态农业与生态观光农业

生态农业是指积极采用生态环境友好方法,全面提升农业生态系统服务功能的农业可持续发展方式(骆世明,2017)。发展生态农业是实现中国式农业现代化的根本路径,有利于推进农业向生态化方向可持续发展。此外,在中国式现代化、农耕文化传承等使命下,生态农业探索出了产业化的发展方向。其中,生态观光农业,通过产业融合,有效推动了乡村农业、旅游业、乡村文化等发展,实现了生态效益、经济效益和社会效益等多方价值的利益兼顾。因此,本节将先对生态农业的内涵及要求进行概述。接着,将结合数智技术讨论如何解决发展生态观光农业这一新乡村旅游模式中遇到的问题,充分发挥生态农业系统的服务功能。

（1）生态农业发展模式

根据学者骆世明对生态农业的定义,生态农业范围涵盖三方面内容。第一,采用对生态环境友好的方法进行农事生产,反映出尊重自然的哲学理念;第二,农业生态系统服务功能是指除了经济效益,还强调注重对资源的充分挖掘,探索生态农业发展的多条经济路径,寻求保护生态和经济、社会发展的融合之路;第三,生态农业最终目的是实现可持续发展,其包括生态可持续、农业经济可持续和农耕文化的延续性等。

生态农业模式符合我国发展需要,是继原始农业模式、传统农业模式、石油农业模式后的新发展模式。生态农业模式强调对农业生态环境的保护,这也与我国对农业农村环境保护的政策交相辉映。农业生态环境是农业发展的基础,然而发展石油农业模式以来,农业生态环境遭到破坏,严重影响农业发展的根基。除了环境保护,生态农业模式还探索了"三农"的发展之道,帮助解决如何发挥农业价值,从而带动农民致富、农村发展的难题。因此,发展具有系统服务功能的生态农业、推动可持续发展成了必要选择。

(2)挖掘生态农业新要求

2022 年 10 月,中国共产党第二十次全国代表大会确定了全面建成社会主义现代化强国的奋斗目标,坚定不移走中国式现代化道路。中国式现代化道路也对农业发展提出了三个新要求。一是要求促进农业经济发展,进而实现共同富裕。中国式现代化是全体人民共同富裕的现代化,只有解决好"三农"问题,才能让发展的红利惠及更多人。二是要求农业可持续发展,实现生态化。中国式现代化是人与自然和谐共生的现代化,这意味着中国农业的发展只有建立在良好生态之上,才是可持续的。三是要求实现农耕文化的传承。作为一个农业大国,我国有着丰富的农耕历史和文化底蕴,需要在农业发展中将其传承发扬。因此,中国式现代化为我国农业发展指出了一条新的道路,即实现共同富裕、保护生态环境以及传承农耕文化。

为了实现这一道路,发展生态观光农业的重要性不言自明。首先,通过将生态农业向产业化方向发展前进,推动了其经济发展。其次,生态农业给环境保护、资源使用提供了新思路。最后,观光农业有利于文化底蕴的传承展现。因此,在农文旅融合背景下,具有三产融合特性的生态观光农业成为必然选择,坚持在保护中开发,在开发中保护,实现对生态效益、经济效益和社会效益的兼顾。

(3)发挥生态观光农业价值

生态观光农业具有实现产业融合的重要价值。生态观光农业能够优化产业结构,实现农业、生态、旅游三者的有机结合,同时满足了"吸引物"和"活动"的目的地旅游建设。首先,"吸引物"上,基于生态农业,挖掘农业资源,实现自然田园风景和农事生产活动向旅游吸引物的转化;其次,"活动"上,生态观光农业强调在观光过程中,融入农事活动体验,开展研学等,以便传承农耕文化,丰富了活动的形式和文化内涵。

　　因此,发展生态观光农业旅游具有多方面的作用。从旅游业发展角度,生态观光农业丰富了旅游资源,发展了旅游业新形态;从游客需求角度,正如前文章节中对消费者乡村旅游需求的描述,生态观光农业适应了这样的需求变化趋势,并着力突显乡村旅游的生态性、体验感、独特性;从农业发展角度,生态观光农业提高农业资源利用率,把农业生产、农事活动、农业景观等作为宝贵资源进行合理开发,同时,也推动农业向着绿色化、产业化方向前进;从农村发展角度,生态观光农业有效推动了产业间的融合,积极探索了乡村发展的新方式,有效推动了农业、农村发展。

　　然而,当前我国生态观光农业发展遇到了生态环境的可持续性、观光农业的吸引力以及经济价值的开发等难题。首先,可持续性角度,需要平衡观光发展与生态保护,避免在旅游中对原有生态环境的破坏。其次,吸引力和经济价值角度,在发展生态观光农业时,需要避免千篇一律的农业景观。注重因地制宜,科学规划生态观光农业路线,设计富有体验和特色的活动,做好农业科普,从而促进传承农耕文化。并且思考如何在旅游中促进农产品的销售,与游客建立关联,增加游客复购率等。

　　如何更好地解决上述生态观光农业的发展难题?数智化技术可以提供助力,创新发展思路。在坚持农业可持续发展的理念下,为生态农业融入更多科技观光元素,进一步打造独特的农业景观设计,升级其旅游项目的体验性、文化性和延伸性。例如,在体验性上,可以依托虚拟现实、元宇宙等数智技术增加丰富的旅游体验项目;在文化性上,随着大数据、云计算、人工智能等数智技术的发展,可以完美重现农耕活动面貌,体验农耕劳动,以便更好地传承农耕文化;在延伸性上,在农文旅融合大背景下,通过打造独特的农产品,开发多元分销渠道,更好地推动产品销售。

　　位于浙江省湖州市德清县的莫干山就通过数智技术打造了独特的生态观光农业发展模式。利用其得天独厚的自然环境,将农业科技研发、大数据、人工智能、物联网、5G 等数智技术注入生态观光农业中,打造出了现代农业产业融合示范区、科技创新农业产学研聚集区。在体验性上,为了进一步开发有机生态农业并丰富游客体验,莫干山打造了生态观光旅游景观农田,建造了小型博物馆、VR 体验馆、复古钟楼等建筑;在文化性上,莫干山依托"莫邪"的中国神话文化背景,打造了虚拟数字 IP"莫莫",通过虚拟现实、元宇宙、数字孪生等,传递其文化价值;在延伸性上,莫干山积极在发展生态观光农业之际,探索特色有机生态农产品销路,如通过有机蔬菜宅配服务向外销售农产品。

　　因此,在农业现代化、农业可持续和产业融合的背景推动下,生态观光农业成为发展新方向,如图 2 - 12,以更好地促进乡村振兴。此外,横向来看,生态农业的发展基础推动了生态观光农业的出现,同时,在未来发展方向上,需要在发展生态观光农业的过程中,利用数智技术,推动数智农业的进一步发展。

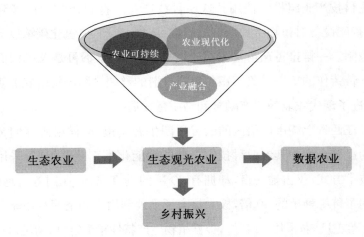

图 2 - 12　生态观光农业发展背景

2.4.3.2　数智助推生态观光新农旅

　　在数智技术助力下,生态观光新农旅的发展主要体现在三个方面:让农作物生长环境"活"起来,让游玩过程体验"动"起来,让农产品销售"多"起来。详细来说,在农业可持续发展上,融入科技感十足的生态景观;在农业现代化上,将科技融入观光体验中,开展特色观光活动,感受科技农业的力量;在产业融合上,依托线上与线下的紧密结合,以社区支持农业模式拓展农产品销路。

（1）科技化生态景观

与传统农业相比，生态观光农业更需要突出景观塑造。生态观光农业强调在农业中融入艺术性和观赏性元素，打造生态化农业景观，力求通过精巧的设计给游客带来独特的观感体验。常见的形式包括：让瓜果蔬菜的藤蔓攀爬，绕着亭台楼阁生长，既能为游客提供一个惬意的休闲场所，又能物尽其用，丰富游客体验。近年来，随着植物工厂、温室大棚的发展，极大程度地改变了人们对于农业生产的固有认知。下面本节将通过霍尔果斯现代农业科技产业园和上饶云谷田园生态小镇两个例子展示科技化生态景观的打造。

根据新疆霍尔果斯市人民政府网站的新闻信息，2022年1月，霍尔果斯现代农业科技产业园投入使用。这一科技产业园将农作物生产搬到了工厂里，利用智能设备对植物生长所需的温度、湿度、光照、二氧化碳浓度等进行自动智能控制。一排排番茄苗整齐摆放，农业生产场景不再是农民们面朝黄土背朝天辛苦劳作的单一景象。霍尔果斯打造的丝绸之路经济带农业观光旅游基地，促进了现代农业的三产融合和高质量发展。

位于江西省上饶市广信区的云谷田园生态小镇，同样给游客们带去了农业科技的震撼。位于其农业科技馆二楼的智能化垂直叶菜工厂，采用了无土栽培的技术方式，仅占地一亩，却拥有20层的垂直农场，在同等占地面积下，产量达到了传统种植的30倍，极大提高了土地利用率和空间利用率。在智能化垂直叶菜工厂内，采用LED灯，根据植物生产特性精准定制，满足植物生长对光的需要。此外，通过中央控制系统自动调节水、营养液、温度和湿度等，利用智能AGV（自动导引运输车）、立体升降机，让输送系统可以全自动、精准、快速地完成播种、育苗、定植、采收等工作，大大地提高了工作效率，并且全程可视、可追溯，带给游客全新的体验和视觉冲击。根据江西省人民政府网站的信息，来此参观研学的游客络绎不绝。云谷田园生态小镇这一"集精品农业、休闲旅游和科普教育于一体的大型田园综合体"为生态农旅融合发展提供了新思路。

结合上述两个例子，在数智技术背景下，丰富生态景观既可以促进农业发展，又可以提升旅游吸引力。从农业发展角度，科技化农业可以有效解决农产品生长过程中的问题,从而提高农产品质量,推动农业可持续发展;从旅游吸引力角度,生态景观充分展现农事生产活动的新方式,为游客提供科技感、新鲜感十足的观光资源。

（2）数智化观光体验

除了展示生态景观,生态农业观光旅游开发的过程中还需要突出游玩性和文化性,升级游客体验。通过融入数智技术的"黑科技",在休闲观光过程为游客带来更加丰富的、意想不到的体验。在游玩性上,依托 VR、AI、智能设备,融入元宇宙元素等,带给游客新奇感。位于四川省成都市新津区兴义镇的中国天府农业博览园,积极融入"元宇宙"元素,为游客们带来全新的旅游体验。提前预约的游客将拥有"元宇宙身份证",能开启元宇宙世界的大冒险,包括有声剧体验空间、有声可视化体验、体感互动游戏、VR 沉浸体验等。此外,天府农业博览园有一款可体验的"虚实互动"元宇宙产品,产品突出在元宇宙还原真实世界和二次元世界的交错,依托 AR 技术为参观者带去沉浸式感受。

在文化性上,发展生态观光农业还要肩负传承农耕文明的使命,通过数智技术的结合,让游客更生动地体会文化传承。农耕文化是古人劳动的智慧结晶,其蕴含的哲思对当今农业发展仍然具有指导性。例如,为了传承二十四节气的农耕文化,天府农博园开展一米人生农耕主题系列研学课程,按照二十四节气规律让学生体验传统水稻种植过程。除了研学,还借助数智技术,让农耕文化"活"起来。中国天府农业博览园将光影投射到场景内,让场景内的小人和动物根据光影进行移动,生动还原其生产生活场景。游客还可以对 4 款劳作俑的形态进行模仿,AI 屏幕会相应给出模仿相似度的反馈,帮助游客体验农耕状态,趣味性十足。

（3）便利化产品购买

生态观光农业旅游的发展还可以促进产业融合,带动农产品的销售激增,实现销售直达化,这对于生态观光农业的可持续性发展具有重要意义。如何实现产品购买的便利化,在游客离开后仍然可以实现产品触达十分重要。因此,线上线下的联动必不可少,而近年来发展火热的社区支持农业模式,就成功探索出了"农产品＋旅游"的新玩法。

社区支持农业（Community Supported Agriculture，CSA）起源于日本。20世纪60年代中期，日本东京等大城市的家庭主妇为了避免农民使用化肥和农药，获得更新鲜健康的食物，通过直接联系农户的方式，向农户承诺对农业生产给予支持，与农户共同承担粮食生产的风险和分享利益。这种城市社区居民与农业生产者直接沟通，相互支持实现共担农产品生产风险和共享利益的合作形式，就是社区支持农业（CSA）（周飞跃、孙浩博，2020），社区支持农业主要包括功能价值、服务价值和环境价值（徐晓鹏、王怡洁，2023）。社区支持农业模式正是满足了当前消费者对健康有机的农产品的需求，同时也解决了农产品销售受阻的问题，有效实现供需的匹配，还为消费者提供了良好的配送服务。在生态观光农业的模式下，社区支持农业通过线上线下双相循环，进一步得到了良好发展。

例如，位于广东省珠海市金湾区三灶镇榄坑村乌沙水库的绿手指农园，依托生态养殖，通过"社区支持农业"模式，实现了消费者线下体验与线上购买相结合，有效推动了其有机农产品的销售。绿手指将有机理念融入生活，开设各类农园活动、美育活动，吸引游客前往绿手指农园游览观赏，并开设有机餐厅，让游客真实感受绿手指的有机食品。通过线下真实感受，游客对绿手指产生信任感，进而推动其社区支持农业模式的发展，在游客离开后，带动了其有机农产品的线上销售。此外，社区支持农业需要数智化技术升级物流冷链和仓储，以保证高品质有机产品的及时送达。因此，绿手指农园也自主设计了加工配送中心，配备了不同温度的冷库。在蔬菜采收完的第一时间进行真空预冷，预冷完成后进入半成品库。随后在低温车间进行分拣和包装，包装后即进入成品冷库。第二天凌晨就将新鲜蔬菜配送到消费者手中，实现了全程冷链管理，有效满足了消费者对高品质绿色有机食品的需求[1]。

---

① 珠海市企业与企业家联合会&珠海市经济发展促进会.一体化自动灌溉、全冷链加工配送、观看每一个环节"绿手指"升级精致农场［EB/OL］.（2015－05－21）. http://www.jjcjh.com/index. asp?/latestnews/4049.html.

2.4.4 乡村旅游新平台

伴随乡村旅游的繁荣发展,游客对乡村旅游也有了更高的要求。游客不再满足于仅仅获得简单的旅游资讯,而是更加追求旅游全过程的智慧化。乡村旅游也从数字化乡村旅游向着数智化乡村旅游方向发展,不断推动乡村旅游新平台的构建。在数智化的技术背景下,物联网、万联网、5G、RFID、移动设备、智能手机、可穿戴设备、应用程序、加密货币、区块链、传感器、信标网络、普适计算、游戏化、人工智能、机器学习等技术,使乡村旅游迎来了新发展。根据旅游学者布哈利斯(Buhalis)提出的全景智能旅游模型(Ambient Intelligence Tourism),如图 2‐13 所示,旅游行业正在开启从通信技术到电子旅游、智慧旅游迈向全景智慧旅游的新篇章。技术为人,强调以游客为核心,通过数智技术创新,实现战略优化、营销推广、服务创新、体验提升,从而推动旅游业发展升级。这些数智化技术也为乡村旅游平台的建设发展提供了技术支持。

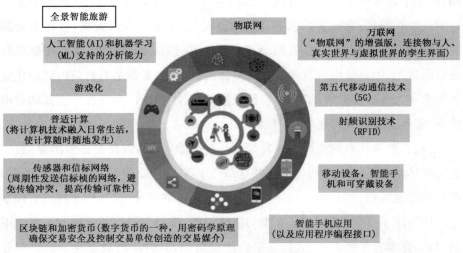

图 2‐13 全景智能旅游模型①

---

① 图片来源:BUHALIS D. Technology in tourism — from information communication technologies to eTourism and smart tourism towards ambient intelligence tourism:a perspective article [J]. Tourism Review,2020,75(1):267－272.

　　在此背景下,本节将首先回顾数字乡村旅游发展的背景原因、存在问题以及解决方案。其次,从管理系统平台建设和云旅游内容平台建设两个角度,对数智乡村旅游发展的重点——平台建设展开介绍。

2.4.4.1　数字乡村旅游发展

　　学者杜江和向萍(1999)认为,"乡村旅游是以乡野农村的风光和活动为吸引物、以都市居民为目标市场、以满足旅游者娱乐、求知和回归自然等方面需求为目的的一种旅游方式"。乡村旅游随改革开放逐渐发展,并在数字技术的背景下,向数字化方向前进。

　　乡村旅游向着数字化方向发展是多方因素共同作用的结果。除了国家战略大力支持数字化技术的发展与应用,出台了乡村旅游数字化发展的相关政策,乡村旅游还受到了数字技术发展、游客以及乡村旅游服务商等因素的影响。具体而言,在数字技术发展上,数字技术是促使数字乡村旅游发展的基础,改变了游客的消费行为习惯,推动了乡村旅游的高质量发展,扩宽了乡村旅游的生长路径;在游客因素上,随着城乡居民可支配收入提高,乡村旅游的需求不断增长,也对乡村旅游提出了诸如便利、快捷等新要求;在乡村旅游服务商因素上,因其既面对着消费者乡村旅游新要求,又面临着行业内同质化竞争现象和行业转型升级的需求,亟须通过数字技术升级,实现各方资源的有机整合,进而为游客提供更优质的服务。

　　当前,数字化乡村旅游迅速发展,但在过程中仍然面临着许多困难:数字化支撑体系缺乏、参与意识薄弱、数据价值共享与开发能力差等。具体而言,在基础设施层面,部分地区数字网络和设备还不够完善,这就给乡村旅游数字化发展带来了基础性的难题;在参与主体层面,部分乡村旅游主体参与意识不强,数字化素养和能力也不够;在平台建设层面,乡村旅游缺乏统一提供服务与管理的平台,数据共享程度低,开发程度也不充分。乡村旅游的数字化发展不足也会在游客端和管理端有所体现。例如,游客端,缺乏满足消费者诸如获取资讯、服务预订、购买特色产品、分享旅游感受等需求的一站式平台;管理端,商家无法准确获取游客信息,无法了解游客游玩时间、游玩偏好等,难以针对性满足游客需求。同时,考虑到乡村旅游本身承受量有限,难以实现访问人员的数量实时统计和更新,可能还会造成景点拥挤,进而降低游客游玩的体验感。

如何更好地解决上述乡村旅游的发展难题?推动数智化乡村旅游发展将是有效的解决方案之一。在当前形势下,依托数智技术,抓住"数"这一关键变量,着力为游客打造"智"行体验。通过深度挖掘数据、有效数据整合与共享,并积极搭建智能平台,解决各方痛点。同时,不断增强乡村旅游经营者经营意识,培养基本技能,为游客提供智慧旅游服务,保障游客安全。例如,山东省日照市日照山海天国家级旅游度假区,抓住数智化浪潮,利用大数据分析、云服务、电子虚拟围栏自动报警技术等信息技术,打造了集信息化、智慧化、高效化为一体的"一平台、五中心"旅游市场监管服务平台,且于 2020 年成功获批国家级旅游度假区。该平台还包含了对商家的诚信管理,设置"红黑"榜单,规范市场秩序,从而为游客带来良好的旅游体验①。

2.4.4.2 乡村旅游数智平台建设

山海天旅游度假区的平台建设在一定程度上解决了其在数字乡村旅游发展中存在的问题。如何打造乡村旅游数智平台、智慧平台成为众多乡村旅游主体关注的内容。根据同城旅游目的地营销 CEO 湛研的观点,智慧旅游是"基于新一代的信息通信技术(ICT),将云计算(SaaS、PaaS、IaaS)、物联网(RFID 技术、传感器等)、互联网(Web2.0 技术、三网融合技术等)和个人移动终端(3G 技术、PDA 等)、人工智能等技术进行集成和综合",并对旅游数智平台的打造,提出了重要发展建议。例如,景区如何通过流量检测、人脸识别、智能购票的数智全平台管理,实现游客体验优化。此外,前端可以通过用户数据收集,建立千人千面、智慧精准化的会员营销自动化平台。再比如,通过对AR/VR/MR 等技术的运用,实现虚拟化"云旅游",创造用户新体验。2018

---

① 大众日报. 全省仅 3 个! 山海天智慧旅游项目获文旅部表彰[EB/OL]. (2022 - 02 - 13). https://baijiahao. baidu. com/s? id=1724618492100244867&wfr=spider&for=pc.

年同城旅游就和 AR 头显研发商 LEAPSY 共同为常州淹城春秋乐园打造了 AR 游园项目,实现了 AR 景点和 AR 路线导航(湛研,2019)。结合上述内容,本节将重点关注乡村旅游数智平台建设的两大方向。一是系统整合旅游资源的乡村旅游"大"管理平台建设,二是乡村"云旅游"的新旅游内容平台打造。

(1) 乡村旅游管理"大"平台

乡村旅游"大"平台就是要搭建一个以"数"驱动,满足各方信息需求的管理服务平台。对"数"的集成可以了解和实现各参与方的信息需求,并在此基础上创造性地利用数据资源。需要说明的是,前文 2.3.4.2 更多从游客视角,探讨打造数智化农旅服务游客的导览平台。而本节则更多关注从乡村旅游经营者视角的数据管理平台打造,为游客、商家、政府管理者等提供便捷的服务。其中,从游客端,平台需要用户界面友好简洁,嵌入关键功能应用场景,实现信息获取、行程定制、服务获取、旅游分享一站式服务;从商家端,平台需要实现商家信息全面联网,根据游客信息,形成游客画像,在确保数据传输和用户信息安全条件下,着力于满足游客的个性化需求;从政府端,平台需要确保安全和实施监督,通过一屏监控,可以了解乡村旅游游客和商家动态信息,与此同时,推进政务办公全面联网。从中台角度,搭建连接游客、商家、政府的服务平台,实现数据共享。总结而言,打造乡村旅游"大"平台,要以向游客提供优质乡村旅游作为核心,兼顾各方需求,凝结各方合力打造,以满足各主体对数据、信息的需求。此外,数智乡村旅游发展,还需要在"数"的基础上,进一步实现"智"。

以乡村智慧旅游"智"能化乡村旅游发展。乡村旅游"大"平台已经搭建好乡村旅游发展的数据舞台,智能化的"主角"开始登场。2015 年中华人民共和国文化和旅游部发布了《关于促进智慧旅游发展的指导意见》,其中提及"智慧旅游是运用新一代信息网络技术和装备,充分准确及时感知和使用各类旅游信息从而实现旅游服务、旅游管理、旅游营销、旅游体验的智能化"。智慧旅游这一理念强调依托科技,进一步为游客带来优质的体验,更好地服务游客。因此,在数字化技术向数智化技术方向升级之际,智慧旅游也应该基于新一代信息网络技术和智能装备,向着更加智慧智能的方向发展。例如,位于江苏省苏州市吴江区的黎里古镇,就推出了智慧旅游管理平台。该平台具有八大基础支撑系统,如监控安防系统、智慧旅游信息系统等,基本覆盖乡村旅游游览的全过程。此外,平台包含一个管理中心,有效实现数据的汇聚,依托数据对各子业务系统进行协同调度和统一指挥。同时,该旅游管理平台还具有三大应用场景,分别是游客一部手机游黎里,景区管理人员一部手机管景区,一个汇总平台实时掌控全局。为游客、商家、政府提供了一站式线上服务,满足不同需求。

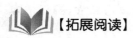【拓展阅读】

数智赋能文旅平台:黄山风景区

黄山景区顺应数智发展趋势,打造"黄山景区大脑"数据管理"大"平台[①]。通过大数据、人工智能等技术,形成了一个涵盖"资源保护、业务管理、公众服务、旅游经营、安全防范、决策支持的信息化综合应用服务体系",开展了"数智化转型"的大数据精细运营的新探索。此外,在2022年黄山旅游节上,携手科大讯飞共同推出 AI 虚拟主播"晓颜",现场发布黄山节系列活动,科技感十足。

从游客端,黄山风景区推出了智慧旅游服务。具有移动 H5(HTML5 页面)小程序、PC 电脑端网页等入口,以便满足不同游客需求。平台提供景区门票预约、酒店住宿、租车服务、当地向导服务、优惠套餐、旅游线路等功能,实现智能分流,升级游客体验。此外,线下还包含了两台人工智能旅游服务机器人,可以实现图像识别,对烟头等物品进行劝阻引导。通过引入人工智能及大数据分析技术,实现多平台的信息化功能整合,使游客在静态、动态等多种环境下实时获取统一信息,充分享受数字化、智能化建设带来的便捷舒适体验。

从商家端,黄山风景区采用大数据监管平台,对 5 家单位的 12 类景区数

---

① 文旅中国.数字化创新实践案例|黄山风景区实践"数智化转型"大数据精细化运营监管新探索[EB/OL].(2022 - 10 - 18). https://baijiahao. baidu. com/s? id＝1747029203394230131&wfr＝spider&for＝pc.

据进行整合,通过大数据分析技术和数据指标维度的可视化,实现了如实时推送、预警提示、游客服务等九大功能。同时,黄山风景区还会规律发布"黄山风景区旅游大数据多面观"的分析报告,对"游客游览、酒店入住、交通运输、车辆、营销活动"多维度数据展开分析,以指导后续工作改进。该平台通过数据治理,为游客智慧旅游提供高质量服务。

从政府端,建立服务监管平台并与公安系统等其他数据平台对接,以保障游客安全、食品安全、防止森林火灾等。例如,景区会使用无人机开展森林防火巡护和林火监测,并将数据上传到平台中,实现景区全方面监管,确保游客人身安全。

(2)乡村"云旅游"内容平台

除了涉及各利益相关者的数智管理平台搭建,乡村旅游的内容平台也需要结合数智技术实现升级,如近几年火速出圈的"云旅游"模式。足不出户就可以进行的"云旅游",满足了游客暂时逃离当下生活、放松心灵的需求。乡村云旅游作为一种智慧旅游内容平台,利用技术手段展现乡村旅游景观、整体风貌等,通过旅游短视频、旅游 Vlog(视频博客)、旅游直播、微信公众号全景预览等方式,为用户打造线上旅游的体验空间。例如,根据湖南省文化和旅游厅的新闻报道[①],2022 年 11 月,湖南张家界发布了全球首个景区元宇宙平台"张家界星球",是由张家界元宇宙研究中心携手中国移动等,运用 XR、5G、UE5 (Unreal Engine 5)游戏虚拟引擎开发、云端 GPU(云服务器)实时渲染、数字孪生等多种融合技术,呈现了张家界国家森林公园"三千无界、虚实共生"的美丽景象。除了可以通过任何终端接入元宇宙虚拟空间,还可以实现动态的交流互动,带给游客全新的沉浸式旅游感受。

"云旅游"平台可以打破时间、地域的限制,改善服务供需不匹配问题。这不仅有效缓解了乡村旅游自然风光存在的季节性问题,还对特定时间的民俗

---

① 湖南省文化和旅游厅.全球首个景区元宇宙平台"张家界星球"上线[EB/OL].(2022-11-21). http://whhlyt. hunan. gov. cn/whhlyt/news/mtjj/202211/t20221121_29132347. html.

活动、民俗节日实现了数字化留存。具体而言,自然风光的季节性上,由于所处不同经纬度,部分地区乡村旅游会受到自然环境影响,尤其是气温的影响,使得生态景观、生态采摘等受到季节限制,同时游客端的游玩时间也具有分散性,造成节假日人流量过载,导致部分乡村旅游出现明显的淡季和旺季。此外,一些民俗活动、民俗节日也发生在特定时间。例如,二月二是贵州省台江县苗族同胞一年一度的"敬桥节"、三月三是广西壮族祭祀祖先、倚歌择配的传统节日等,这些都使得时间上乡村旅游的供需难以匹配。乡村"云旅游"内容平台搭建则是一种有效的解决方法,例如,通过元宇宙虚拟平台、旅游短视频、Vlog 等为有旅游需求的游客推荐当下更适合游玩的旅游景点,实现乡村旅游宏观层面的交叉指挥。此外,通过"云旅游"内容平台还可以实现乡村旅游目的地自然景观和人文风俗的无界传播,提高知名度、关注度和游客兴趣,吸引后续更多潜在游客的访问。

当然,对于乡村旅游建设主体而言,"云旅游"平台带动的经济效应远不如实地旅游,但这并不意味着建设"云旅游"平台没有价值,乡村旅游建设主体需要明确其体验、传播功能定位和对潜在游客的培养。通过 VR、AR、打造元宇宙场景等让游客能够最大程度获得身临其境的体验感。此外,乡村"云旅游"应该注重实现线上与线下旅游的联动和导流功能,为乡村旅游宣传造势。因此,各大乡村旅游景点可以抓住"云旅游"的发展机遇,采用全平台"云旅游"宣传与"云旅游"体验,吸引用户注意,并在体验中激发游客旅游动机,实现为乡村旅游"引流"。另外,在乡村旅游的过程中也可以依托"云旅游"内容平台,全面展示旅游景点全貌,实现线下和线上的实时交互,丰富游客体验。例如,河南省洛阳市的龙门石窟和腾讯合作推出"智游龙门石窟"小程序,包含一张图导览、"奉先寺阿难"龙门 AI 智能导游等。

2.5　促销:数智化引领沟通方向

根据菲利普·科特勒的《营销管理》,促销组合的概念是指具有沟通性质的促销工具,包括包装陈列、广告、人员推销、价格促销、公共关系等。对于企业而言,促销可以传达品牌信息、强化消费者对品牌及产品的认识、通过短期激励刺激消费者购买、长期还可以塑造品牌形象,提高品牌竞争力。然而,随着网络信息技术不断发展,上述传统促销模式经历了向数字化、数智化方向的转变。在此过程中,促销方式也从线下为主逐步延展至线上媒体和线下同步开展。而现如今,在大数据和人工智能技术的推动下,农产品促销和传播的方式更加多元。

其中,社交媒体、口碑、私域流量和体验营销成为近年来备受关注的促销方式,尤其在"新国货"品牌中运用较广。然而在农食产品领域,目前尚未有系统的总结统筹。因此,本节将重点关注农产品发展社媒营销、口碑营销、私域营销和体验营销的注意事项,以及如何结合数智化技术实现传播升级。

2.5.1　农产品社媒营销

相较于传统营销,社交媒体营销对企业和消费者均具有积极意义。社交媒体营销的成本相对较低,以此与消费者建立的沟通互动,不仅覆盖面广,内容也更具深度,用户还能够通过自媒体平台自发生产内容,实现更具说服力的传播;对于消费者来说,尤其是年轻一代的消费者,他们习惯使用社交媒体平台,并乐于分享自己的观点,以达成自我实现的需求。

随着互联网技术的发展,社交媒体平台为农产品传播提供了更加便利的技术支撑和载体支撑。与其他传播媒介相比,社交媒体不受时空影响、传播方式更加便捷、话语表达更加生动、编发审核机制更加自由,使媒介格局和舆论格局产生了深刻变化。除了农产品传播,社交媒体平台自带的"高流量"属性,也会帮助其背后的乡村文化、乡村特色进行传播,让消费者更清晰地知晓、信任产品源头。因此,结合数智技术,发展以农产品口碑为传播内容,以社交媒体平台矩阵为传播媒介,以消费者为传播对象的农产品社媒营销,将展现农产品及乡村风貌的新画面,形成更广、更深的推广范围,增加产品和品牌的曝光度,为农业企业的发展开拓新方向。本节将首先介绍社交媒体营销的关键元素和传播重点。接着,对在数智技术背景下,如何更好实现农产品社媒传播提出相应建议。

2.5.1.1　社媒营销关键元素

社交媒体营销发展覆盖的媒介经历了从短信、邮件到博客(如新浪博客)、视频网站(如优酷)、问答网站(如天涯问答)再到即时通讯软件(如腾讯 QQ)、社交媒体平台(如抖音、快手、微博、小红书)等的演变。本节将以近年来爆火的短视频平台为主要关注对象。在短视频平台中,关键元素主要包括账户主体和传播内容两个部分。

首先,账户主体上:5G 技术的发展和乡村网络基础设施的建设完善为乡村居民参与社交媒体营销增加了可能性和便利性。目前农产品社媒营销的账户主体主要为农民用户与乡村创业者。例如,以返乡创业青年"李子柒"、农妇"巧妇 9 妹"、贵州省黎平县盖宝村第一书记吴玉圣打造的"浪漫侗家七仙女"等为代表的一批农民网红通过短视频平台,真实展现了乡村变化和新时代农民新形象。在全网走红的同时,也带动了更多返乡年轻人、农民主动参与到讲好乡村文化振兴故事的具体实践中,借助社交媒体平台的高曝光度让乡村走进了大众的视野,让特色农产品成为乡村的名片。这些返乡年轻人在镜头前记录乡村变化、推介乡村好物,成了家乡的代言人,也成了时代的"新农人"。充满创意的产品得以传播也在反向推动着地方经济的发展,为乡村带来新的收入来源和新的就业机会。此外,除了农产品的展示,背景中经常出现的美丽乡村图景也给人们增添了对田园生活的向往,还带动了休闲农旅相关产业的发展。

其次,传播内容上:顺应互联网"碎片化"的传播特点,农产品社媒营销传播可以将乡村中最真实的场景、故事,原汁原味的地方方言,鲜活生动的人物等搬上媒体平台,以触动人们的乡土情怀。无论是农产品生产、销售视频的拍摄,还是乡村生活的展现,都会让身处快节奏时代的消费者产生对简单质朴、美好乡村生活的向往,这也是"三农"短视频在网络上火爆的重要原因之一。

除了短视频拍摄和传播,短视频平台也纷纷开设了商城功能,推动着直播带货这一模式的盛行。

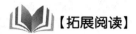【拓展阅读】

社媒营销之直播带货："侗家七仙女"

贵州省黎平县盖宝村"扶贫第一书记"吴玉圣于 2018 年 5 月组建了"侗家七仙女"直播团队，希望以"短视频、直播＋扶贫"模式改变乡村发展的困境。《新京报》的报道显示①，3 年间，"侗家七仙女"进行了 800 多场公益直播，为家乡带货 1.3 亿元。"一条视频，卖光了村里的稻香鱼；一场直播，帮贫困户解决了 6 万斤滞销的小黄姜。透过镜头，她们向世人展示了侗族婚礼、打糍粑、斗牛、长桌宴等民族特色活动，让越来越多'黔货'出山，也让越来越多青年返乡。"

"侗家七仙女"的灵感来源于盖宝村的一个传说，"在很久以前，天上的七仙女下凡途经盖宝村，发现这里的人勤劳朴实却不太开心。她们便把仙歌撒到河中。从此，村民只要喝了盖宝河的水就会唱歌。歌声令整个侗寨都变得欢快，侗族琵琶歌也代代相传"。吴玉圣希望组建一个由 7 位侗族姑娘组成的直播团队，既传递盖宝村、侗族文化，又能通过直播带货提高村里的收益。2018 年 5 月，吴玉圣注册了"浪漫侗家七仙女"账号，并找到了能歌善舞的"七仙女"。

为了展示侗族特色，"侗家七仙女"拍摄了做乌米饭、抓鱼、吃长桌宴、举行斗牛比赛等视频，向外界生动形象地展示了侗族生活。随着粉丝的增多，"七仙女"开始了公益直播带货。她们直播穿着民族服饰挖小黄姜，和消费者实时互动，带动了村子里的花椒、小黄姜、手工制品等的销售，不仅如此，还带动了来盖宝村旅游的游客，增加了村民的收益，真正改善了村民的生活。2020 年 3 月，"侗家七仙女"和黎平县县委书记、副县长一同直播助力黎平茶叶销售，线

---

① 新京报.侗家"七仙女"：大山里的网红扶贫队［EB/OL］.（2021－02－08）. https://baijiahao. baidu. com/s？id=1691108531617596599&wfr＝spider&for＝pc.

上线下交易额高达 180 万元。随后,"七仙女"更是登上了央视的舞台,和主持人朱广权一起为贵州带货,助推"黔货"出山。

2.5.1.2　数智推动社媒营销

在社交媒体如短视频平台中,AI 等数智化技术创新早已渗透到各个环节,包括视频生产、传输、推送等全流程阶段。例如,在用户创作阶段,基于人脸识别可以实现对视频中主题的处理,或通过 AI 配音的方式,为文稿匹配各种类型的声音;当视频上传到服务器之后,平台系统可利用 AI 对视频内容进行审核、溯源等处理;当处于推送阶段,AI 会进一步对视频进行打标签、分类,通过算法和用户感兴趣的话题进行智能匹配推荐,提升用户的点击率和体验。在数智化技术对农产品促销过程的加持下,实现了传播互动的效率提升,更精准地触达目标用户。具体而言,数智技术对传播主体、传播内容和传播推送都起到了重要的优化作用。

传播主体方面:数智技术实现了内容创作的简化便捷,降低了乡村居民主体加入的门槛,主要包括简化创作流程、个性化模板以及自动推荐和补全三个板块。其一,数智技术助力创作流程的简化。例如,通过自然语言处理技术、生成式人工智能,可以使计算机能够理解和生成人类语言,从而自动创建文章、评论、推文等内容。再比如,自动视频处理技术能够自动完成上传视频的画质压缩和画面美化,还可以实现音频过滤,并利用 AR 和 VR 等技术增强视频中的虚拟现实感。其二,在个性化模板层面,数智化技术可以为用户提供各种可定制的模板和格式,使用户能够根据自己的需求和风格,选择合适的模板来按照指令创建内容。这减少了创作的难度,保持了内容的多样性。其三,在自动推荐和补全层面,自媒体平台可以通过数智化技术来分析用户的兴趣和行为,自动推荐相关话题、内容和关键词,帮助用户启发创意并补全内容。

传播内容方面:短视频平台中的农产品传播内容一般经由个人、农产品企业或 MCN(Multi-Channel Network;多频道网络)的创意孵化。但一个账号的主题内容或品牌"人设"需保持一致。例如,网红"华农兄弟",早期围绕"竹鼠养殖和烹饪"的主线,记录了其日常有趣、朴素的乡村生活,受到了网民们的广泛喜爱。2020年为响应国家对禁止非法野生动物交易和使用的号召,"华农兄弟"积极转型为"助农主播",为家乡江西省赣州市全南县的特色农产品如赣南脐橙、月亮巴、酸枣糕等拓宽了销路。而网红李子柒的视频内容,虽然并非局限于单独专题,但主题也均为对理想乡村生活方式的展示,通过介绍食材从播种到制作的全过程,展示传播了乡村文化、传统手工艺等,主题更为广泛,满足了城市居民"归隐田园"的美好诉求。

传播推送方面:结合大数据和算法技术,短视频通过标签定位的方式,把农产品相关的传播内容推送给可能感兴趣的潜在用户。标签一般包含用户画像标签、内容搜索标签和外在环境标签等。首先,用户画像标签,一般包含用户个体的人口统计信息,如年龄、性别,以及其平时的浏览、消费习惯标签;其次,内容搜索标签,会对视频提取相关关键词,并根据其他用户的内容搜索实行匹配对应,以帮助创作内容获得更高的流量和更广泛的传播;最后,外在环境标签,则基于地理位置系统,根据用户所处的位置予以推荐。例如,推荐用户周边的饭馆,发放优惠券等,实现高可及性,以吸引用户参与该营销活动。

因此,为了更好实现农产品社媒营销传播,可以从传播内容创新和与自媒体平台共建合作的两个方面入手。一是要强化内容创新,塑造独特统一的账户风格,突出文化牵引作用。如何让自己的内容在海量的信息传播中脱颖而出,需要深思。虽然数智化技术为创作提供了便利,包括话题挖掘、用户行为和兴趣分析、AI辅助创作等等,但核心内容的创造还需要就特色文化本身进行深入挖掘,打造乡村文化或产品的独特优势,如推广先进的农业技术、展示独特的自然风光等等。此外,还可以进行跨平台数据分析,了解用户行为和热门话题趋势与农产品的结合点,如推广先进的农业技术、探索新型的农产品销售渠道、打造农村旅游品牌等等。二是要和平台共建合作。鉴于平台具有强大的用户数据和个性化的营销定制工具,通过合作的方式,如对传播主体提供教育指导、帮助传播推送等,将适合的产品推送给最有可能购买的顾客,从而实现精准营销。

2.5.2 农产品口碑营销

社交媒体营销让客户有了更强的参与感,加深了其与产品的互动,继而对产品或品牌产生更多好感。除了社交媒体营销,口碑营销也变得愈发重要。口碑营销是指通过有影响力的个人或公司在公开渠道推荐介绍某产品,让其走入大众视野。口碑营销成功的一个关键因素在于传播口碑的个体本身的粉丝基础和与企业及产品的适配度。KOL(关键意见领袖)和KOC(关键意见顾客)也因此得到了企业的关注,二者是产品与消费者之间的介绍人和背书人。对于曝光度难以保证的农产品而言,KOL 和 KOC 的推荐可以帮助其提升产品知名度和销售量,由此搭上电商的顺风车。对于农产品口碑营销而言,KOL 和 KOC 有两类,一类是村民通过加入自媒体平台,自己逐渐经营演变而来,另一类是本身在某些领域已经拥有一定粉丝数量和知名度的 KOL 和 KOC,这两类通过产品匹配,和潜在消费者进行互动和社交,可以为农产品的传播和促销提供助力。然而,其中也蕴含着一定的挑战。本节将以 KOL 和 KOC 为重心,首先对其内涵及对农产品营销的重要作用做出分析。其次,从供应链和直播电商的角度入手,思考其面临的难点挑战。最后,结合数智技术,为其更好助力口碑营销、直播范式提出建议。需要说明的是,上节中的社交媒体营销也提到了直播,与本节中口碑营销的直播的关注点有所不同。上节中更多是从传播学整体角度提及直播带货,而本节将更多从 KOL 和 KOC 的角度,更深入地分析农产品直播带货的发展。

2.5.2.1 KOL、KOC 内涵意义

随着微博、微信、抖音、快手、小红书、哔哩哔哩等自媒体平台的兴起,网络红人开始出现。这些人在某个垂直领域有一定的知识储备和话语权,且能影响自己的粉丝,产生口碑传播,被称为 KOL(Key Opinion Leader,关键意见领袖)。此外,与 KOL 相关,KOC(Key Opinion Consumer,关键意见消费者)是指购买过该产品的用户,影响力相对较小的群体,但由于其较为活跃,经常在朋友圈等分享自己的购物体验,也具有一定的影响力。

社交媒体 KOL 最早出现在微博平台,主要由于微博也具有传播迅速、简

单快捷、互动性强等优势，也被称为"大V"。KOL具有一定的专业知识，接受信息的来源广，随着微博的快速传播，对受众具有天然的吸引力和影响力。因此，有一些品牌开始和自身拥有流量加持的KOL合作开展营销活动。然而，随着KOL推荐的产品逐渐变多，不少消费者对其产生推论，认为其是为了获取利益而推荐，进而对其信任力降低。此时，KOC逐渐发展出来，因为KOC虽然自身持有更少的流量，但KOC与消费者的距离更近，其推荐的真实性和可信性更高，因而受到品牌方的关注。目前，品牌方多采用投放矩阵的模式，用1~2个KOL配合几十个KOC做联合推荐。

对于农产品而言，通过KOL和KOC进行推广传播的意义何在？主要表现在三个"量"：声量、流量和销量。首先，在声量上，根据5A客户获取漏斗模型，品牌或产品获取客户往往经历5个阶段，知晓→诉求→信息搜集→行动→拥护，也即Aware→Appeal→Ask→Act→Advocate。消费者知晓往往是最初的一步，对于农产品而言，很多特色农产品发展的重要阻碍是消费者不知晓。KOL和KOC为扩大宣传范围、提高品牌声量提供了重要支持。其次，在流量上，各个自媒体平台本身就凝聚了一批具有清晰用户画像的受众，KOL和KOC的频道下面更是坐拥一群稳定的粉丝。此外，平台也会对"三农"内容提供流量倾斜，这对于农产品而言具有重要价值。最后，在销量上，通过KOL和KOC的传播可以在短时间内极大提高销量，解决农产品供给时效性强的问题。且通过KOL和KOC的背书，提高消费者对产品的信任度。总结来说，借助KOL、KOC的直播和短视频推广，大量农产品开始走向观众，创造销售神话，为农产品广开销路，增加曝光率、认知度和信任度，切实帮助农民增收。这一积极作用也反映在销售数据中。

首先，KOL方面：KOL直播带货为农产品提供了巨大的销售空间。被抖音官方评为"乡村守护人"，被屏南县评为"助农大使"的田小宇每月平均卖出200万包菌菇汤包。她思考如何让村民走上致富之路，着手搭建起"基地直供＋村播活动＋电商培训＋IP打造＋内容制作"公共服务链。而后，她成功孵化本地主播48人，有效解决300多人的就业，直播间年销售额达到2.6

亿元。

其次,KOC 方面:KOC 口碑传播在小红书平台尤为常见。品牌通过邀请素人 KOC 免费试吃农产品,发布测评类的笔记,为其宣传,从而提高营销转化率。也有商家对购买过产品的素人采用"分享返现"的模式,鼓励普通消费者通过发布优质评价的方式而间接成为 KOC。能否借助 KOL 和 KOC 的助力打造自身品牌和产品的高认知、高口碑,成为农产品及相关服务提供者的重难点。

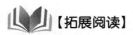 【拓展阅读】

"徽"常好物的公益直播

以推介安徽乡村好物、促进农产品消费、带动农民增收为目标,由安徽省委网信办主办,黄山市委网信办、凤凰网安徽、安徽省网络公益联盟承办的"徽"常好物——安徽网络公益助农直播活动,携手"三农"主播,通过原生态的公益直播,展现了精彩安徽。

2023 年 9 月 13 日,黄山站的首场直播邀请了助农达人"安徽龙耕"进行溯源直播,以白露节气核桃开杆为契机,通过场景化直播还原核桃生长过程,为网民呈现了山核桃从打杆、筛选到炒制的过程。该场直播的所有上架产品在一个小时内全部售罄,其中山核桃第一批上架不到 1 分钟就被网友"抢空",整场直播总成交量达到了 7 000 单。

2023 年 9 月 16 日,"徽"常好物黄山站的第二场直播携手抖音优质电商主播和电视台知名主持人在渔梁坝开启直播。主播们不仅积极介绍安徽特色农产品,例如烧饼、臭鳜鱼、黄山毛峰等,还展示了黄山当地的景色风貌,介绍了其厚重的历史文化和良好生态,让美丽乡村的画面镌刻在网民心中。网民们也积极评论,例如,"通过屏幕感受黄山美轮美奂的乡村风光!""这样的公益助农活动太有意义了"等。开播两个小时,热卖单品销量突破 4 000 单,直播热度一度冲上平台食品品类直播排行榜前列①。

2.5.2.2　KOL、KOC 引发挑战

然而,KOL 和 KOC 的口碑传播并非高枕无忧。一方面,瞬间打开销路的同时,对农产品的供给要求也急速提高,需要农产品具备强大的供应链保障;另一方面,直播电商也面临同质化、主播"马太效应"严重、效果长期保持难等问题。

（1）农产品供应链方面的短板因素

KOL 和 KOC 直播带来的销量暴增,对于农业企业的供应链提出了巨大挑战,包括生产端、配送端和供应链整合三个方面。

生产端:农产品标准化较难。农产品,尤其是初级加工农产品,虽然整体质量也不断提高,但由于气候、虫害等不可控因素过多,较难实现标准化。例如,不同批次的水果蔬菜的大小、色泽、口味等差别较大,动物产品的肉质等也参差不齐。主播展示的农产品往往是精挑细选后的,会拉高消费者对产品的期待,如果消费者实际得到的产品不及预期,容易导致客户的差评。如何通过诸如产品分级、标准化生产流程等尽可能减少农产品差异,成为重要挑战。

配送端:物流冷链水平需提高。直播往往搭建于电商平台之上,如抖音直播依附于抖音商城、淘宝直播依靠淘宝电商等。线上下单线下交付的模式极大考验了物流配送端的运力和时效性,尤其考虑到农产品鲜活性、短保性等特征,特别需要在仓储、运输过程中做到农产品不变质、不破损,因而要求包装精细、冷链设备专业、运输流程缩短。如何通过技术升级提高肉禽、蔬果产品等生鲜农产品的流通效率以满足日益增长的农产品线上消费需求,成为重要挑战。

供应链整合:组织化程度不高。畅通供应链需要提高供应链之间的通力合作和提高组织化程度。从农产品的生产者、中间环节再到销售配送端需要实现无缝整合对接。目前,生产者多为农户,存在小规模生产、分散经营等情况。而中间的加工环节的主体,往往也经营粗放,且彼此之间的信息传递不

---

① 安徽省委网信办. "徽"常好物——安徽网络公益助农直播活动(黄山站)圆满举办[EB/OL].(2023 - 09 - 19). http://www.ahwx.gov.cn/gzzc/bbdt/202309/t20230919_7083513.html.

畅,不利于结成有效的供应链合作联盟。

（2）直播电商方面的短板因素

除了供应链建设的挑战，对于直播电商本身，随着越来越多的农户展开直播销售，竞争环境愈发激烈，如何更好发挥 KOL 和 KOC 的口碑营销作用也引发了对农产品直播电商的思考，包括同质化、专业性和持续性三个方面。

同质化：直播内容趋于同质。由于参与到直播电商的农产品企业愈来愈多，其本身的产品同质性在直播平台上更为放大。虽然 KOL 和 KOC 会进行一些直播形式的创新，但其复制和模仿的门槛较低，导致大量形式、内容雷同的直播形式火速出现。这反而会引起大众的厌烦心理，不利于直播开展，无法树立起良好的产品形象。

专业性：直播专业程度不足。农产品直播主要以 KOL 和 KOC 为中介宣传，或直接通过农产品厂商直播。前者由于 KOL 和 KOC 接触品类较多，且对产品无法真正深入了解，如果企业未能精准提炼产品直播卖点，未必会增加消费者对产品的了解和喜爱。后者往往会在村播直播间开展，但相比专业的直播电商公司，村播直播间在场景布置、主题设置、主播话术表达等方面都缺乏专业指导。例如，场景单一、虚拟设备不足等导致难以实现场景的实时变更切换，主题设置中对产品展示和优惠引导等的表现力不够，话术表达中也可能缺乏技巧，拥有方言阻碍等，难以形成有效的互动氛围，进而可能导致直播效果不佳。

持续性：成本和依赖性高。首先，农产品直播尤其是 KOL 和 KOC 直播的成本较高。由于直播间"马太效应"严重，"强者恒强，弱者愈弱"。头部 KOL 的"坑位费"极高，对于利益空间薄弱的农产品可能难以负担。而如果采用自播方式，起步阶段"引流"也需要较大花费，而且无论是聘请主播还是衔接电商平台，都需要投入大量的成本。这一过程的投入费用庞大，导致很多小微农户无法有效开展直播。此外，直播成功后，后续产品能否吸引"回头客"消费，保持直播销售时的热度十分艰难。

2.5.2.3　数智助力 KOL、KOC 发展

为了更好缓解上述供应链和直播电商中的问题,结合数智技术,在"人""货""场"理论的基础上,本节将重点讨论如何通过数智技术优化生产流通销售环节,实现 KOL 和 KOC 的直播带货、口碑营销的发展升级,主要包括主播、农产品供给和直播场景三个方面。

首先,主播角度。第一,借由大数据、云计算等技术智能筛选合适、产品适配的 KOL 和 KOC,例如对 KOL 和 KOC 的粉丝用户画像进行分析,选择和产品目标用户画像吻合度高的人群;第二,通过数智化技术实现对初级主播教学的 0 门槛指导,减少农户自播的学习成本,提高其使用意愿;第三,借由 AI、大数据、虚拟现实等技术,培训虚拟数字直播和自动识别等,减轻主播成本压力。

其次,产品供给角度。一方面,直播平台可以通过信息化大数据平台建设和监督,保障农产品的优质供给。通过供应链各利益相关方实现数据共享,减少信息不对称,提高流通效率,具体也可参考前文分销渠道相关章节。同时也借由大数据平台、区块链等技术,实现质量可追溯,加入智能筛选和严格检验环节,维持品控。另一方面,直播平台可以通过消费者需求和感知大数据分析,了解地方特色建设方向。例如,"靠山吃山,靠水吃水",具有地方特色的农产品能够提高消费者对其品质的信任,增加对其文化的向往。比如,东北大米、宁夏枸杞、陕西苹果、杭州西湖龙井、四川柑橘等这些远近闻名的地方特产会让很多外地的消费者产生好感。同时,通过直播平台展现农产品的绿色种植或养殖过程,增加直播销售的转化率。

最后,直播场景建设。考虑到消费者对农产品的需求趋向于原产地、高品质等要点,直播间尽可能复现农产品种植或养殖的生产场景、制作场景,甚至烹饪食用的场景等都会让消费者产生身临其境的感受,既满足了其观赏的乐趣,又提高了他们对产品品质的信赖。除了沉浸式的感受,场景建设还需要以提高观众信任度为目标。根据感官营销理论,农产品的自然属性可以通过绿色、清新、自然的场景风格予以传递。同时,也可以把直播间搬到田间地头、包

装车间,让消费者直观看到和了解所购农产品生长环境和包装过程。而在软环境上,也可以将产品的证书如有机食品认证证书等在直播场景予以呈现或播放,以更好提高消费者对产品的信任感。这些也是结合数智技术,通过虚拟场景打造的重要方向,通过 VR、AR、虚拟现实等技术,打造兼备真实感和信任感的直播空间。

在以上几点中,本节将继续详细介绍两项内容。一是如何结合数智技术通过大数据发掘精准、合适的 KOL 和 KOC;二是如何运用虚拟现实进行 AI 直播。

其一,KOL 和 KOC 的选择。可以归纳为:产品目标客户分析、参考信息收集、潜在客户标签选择、筛选 KOL 和 KOC、联系 KOL 和 KOC、传播监测、效果分析的步骤环节。首先,根据企业的产品特性对受众进行评估,制定传播定位和营销策略;接着,企业需要收集相关参考信息,如各个媒介的用户画像、时段流量、平台设备等投放渠道的信息;其次,企业通过大数据平台对想要触达的客户标签进行选择,比如年龄、地域、性别等等;再次,企业根据对应标签和 KOL、KOC 的用户画像实行智能匹配,多维度筛选潜在合作对象,设置预算,并予以联系;然后,企业将推广产品、营销内容及要求传递给对应 KOL 和 KOC,实现内容生成;再者,企业对传播内容进行实时监测和分析,评估其效果和影响力,对表现优良的继续增加投放;最后,企业推广传播完成后,进行数据分析和优化,为后续合作或开展提供经验。

其二,虚拟 AI 的 KOL 和 KOC。随着 AI 技术和虚拟现实的不断发展,虚拟偶像成为不少领域的 KOL 和 KOC,深受年轻世代消费者的青睐,很多虚拟偶像甚至拥有百万乃至千万粉丝。虚拟偶像直播是一个重要的发展方向,淘宝、抖音等电商平台也开始发力布局虚拟主播带货。2020 年 5 月,上海禾念公司旗下的洛天依等六位虚拟歌手偶像现身天猫青年实验室直播间,出席淘宝的"云端动漫嘉年华活动",为博士伦隐形眼镜带货。同年 6 月 8 日,虚拟偶像"初音未来"正式入驻淘宝直播,并引入互动新玩法"淘宝人生",消费者可以用自己设置的虚拟形象和"初音未来"互动、合影、跳舞等。入驻不到半天,人气就已经突破了 270 万。

2.5.3　农产品私域营销

公域和私域流量是近年营销传播中难以回避的关键热词,2021 年中国连锁经营协会和腾讯共同推出《中国零售业公私域运营手册暨实施指引》,其中提到公域流量是指"在公域中流动的人口,对于品牌和商家而言,线下购物中心和百货商场中熙熙攘攘的客流,线上电商大促会场中的活动流量等等"。与之对应的,私域流量则是品牌方自有流量池中的用户情况,比如其微信公众号、微信群等的粉丝数目,具体公域和私域的流量内容详见图 2-14。

图 2-14　公私域流量内涵①

其中,私域流量可以帮助品牌实现与用户间的直接触达与连接,通过私域

---

① 图片来源:CCFA,腾讯. 中国零售业公私域运营手册暨实施指引[R]. 北京:中国连锁经营协会与腾讯智慧零售,2021.

流量池的搭建,如社群运营等,可以建立和加强品牌与用户的关系,并通过这种信任关系实现用户转化和留存,并最终实现精准覆盖。接下来,本节将主要介绍三个部分。首先是私域营销的内涵及其重要性;其次是私域营销面临的挑战;最后,如何更好通过数智化手段促进私域营销的发展,为客户提供更加精准、优质、高效和智能化的服务。

2.5.3.1 私域营销内涵意义

私域营销和社群营销的概念有一定的重叠,都是根据网络平台或线下活动,建立、维护一个有共同兴趣、爱好或需求的人群社区,并通过提供有价值的内容、产品或服务,增强用户参与感、信任感和忠诚度,从而达到品牌推广、产品销售等目的的营销方式。但二者也有一定的区别,社群营销更强调口碑的塑造,而私域营销则更关注和客户的关系维系,提高客户黏性。社群营销中,网络营销研究者唐兴通提出的 4C 理论应用广泛,主要包括场景(Context)、社群(Community)、内容(Content)和连接(Connections)四个方面。其中,场景是指对产品使用场景的塑造,唤醒消费者需求;社群则强调和客户的互动、对话,为企业产品的后续提升输送灵感;内容是社群营销中品牌输出的产品介绍、品牌价值观等,包括常规内容和热点内容等;连接则关注人和人之间的触点关联,通过抓住关键意见领袖,实现引流,以低成本提高传播效率。目前已有不少农村地区,在政府的支持下采用了社群营销的方式,实现农民增收。比如,湖北秒捷汇科技有限公司与江陵县政府合作,通过微信、QQ 等社群,对村民们的现有农副产品进行整合,以帮扶人员对接城市消费者,通过"点对点"的社群营销,实现了消费扶贫和产业发展,帮助农民增收。在此基础上,本节将重点关注农产品的私域营销。

对农产品而言,通过私域营销的方式,可以直接打通农村生产者和城市消费者之间的渠道,借助私域平台畅通信息交流和消费者互动,这对于消费者和生产者均大有助益。一方面,消费者可以参与农产品的生产、加工过程中,并提出自己的定制化建议(类似于前文提到的社区支持农业),提高所获得的农产品质量;另一方面,农产品生产商去除了中间环节的成本,稳定客流,增加了

生产者的收入。具体而言,农产品进行私域营销具有以下优势:

(1) 有助于积聚客户资源

私域是品牌方或企业方拥有的,可以实现低成本触达客户的场域。对农产品而言,其面临的重要挑战是市场不畅通,产品信息难以触及城市消费者。私域平台的搭建,为企业积累客户资源提供了可能性。私域平台本身的经营状况也具有一定的影响力。例如,其活跃程度会对平台内成员的行为和态度产生影响。私域平台在企业、用户、平台之间搭建了一个"俱乐部",对于树立产品认知,建立用户关系,完成产品交易起着促进转化的作用。同时,私域平台可以让消费群体自身更加紧密,尤其是在某个垂直领域,愿意留在该品牌或企业的私域平台的消费者,其本身就具有一定的相似性,与之沟通则会更顺畅,也更容易产生共鸣,从而形成一种凝聚力,并逐步转化成对品牌的忠诚。在移动互联网强调"去中介化"的背景下,私域营销无疑是其重要体现。消费者可以享受足不出户、价格合理、质量追溯、品质保证、送货到家的农食产品服务。除了不断积累老客户,私域营销的发展和推广,还会引发分享的乐趣,实现社交裂变、以老带新等不断充实平台的客户资源。

(2) 有助于扩充经营模式

私域平台除了实现农产品企业和消费者之间的联通,也在不断创新中升级了其经营和销售模式。一般而言,农产品企业私域营销会通过在平台中发布农产品信息,展示农产品的质量安全和加工流程,组织线上线下成员进行农产品购买。在这一过程中,企业也可以通过互动充分了解消费者对农产品的实时需求,提供更有针对性的农产品服务,提高营销的精准度,进而提升农产品销售利润。除了第一点中提到的自愿推荐亲朋好友加入该私域平台,私域营销还可以通过培育"顾客代理商"的方式,扩充其经营模式,引导私域平台内的关键消费者成为企业员工,同时对其进行产品和销售培训,致使私域平台不断实现快速裂变,提高企业可触达的用户数目。

(3) 有助于打造品牌社区

《中国零售业公私域运营手册暨实施指引》中提出了私域营销的"四力增

长模型",强调"产品力、商品力、运营力和组织力"在私域营销中缺一不可。其中,产品力是私域平台本身的功能、交互设计,而商品力则是销售的商品的竞争力,运营力是流量获取、经营、维持和扩充的能力,组织力则是协同各部门的整合力。对于农产品企业来说,品牌打造和维护是其营销中的关键问题。而私域营销则可以帮助其通过各方合力打造品牌社区的方式,巩固品牌认知和品牌粉丝。例如,大部分私域营销会建立会员制,并在品牌社区中进行不定时的打折优惠活动,激励社区会员主动分享产品信息,提高传播影响力。除了产品优惠促销,更会组织品牌相关的活动,吸引会员参与,以加深其和品牌的关联,在"四力"的基础上进一步提升"品牌力"。

2.5.3.2 私域营销机遇挑战

伴随着追求便捷的消费需求的提升,私域营销、社区电商的模式异军突起,成为许多农食产品企业发展的重要方式,在一定程度上保证了农食产品有效、快速、低成本地销售。像很多消费者熟悉的快团团、多多买菜等平台,均是在"团长"的带领下,在微信群这一私域平台内进行产品信息的传播和购买。具体的运行模式主要为线上预售、收单、线下实时采货、次日到货。"团长"有时也会拉"商家"入群,在群内和消费者直接交流。除了这类以居住社区为主要单位的"团长",也有"商家"会直接作为"团长",建立其品牌的专属私域平台,比如餐饮类、烘焙类、饮用水类等等。

虽然农产品及农食产品的私域营销从 2020 年开始有了快速发展,但总体而言,仍存在一定挑战,包括传播信息分散,未能以消费者为中心实现整合;对私域营销理解不充分,平台建设不完善;缺乏流程管理,消费者便利性不足等。

首先,传播信息分散,未能以消费者为中心实现整合。由于目前大部分农产品,尤其是初级农产品的私域营销运营人员多为产品生产商或经销商,其主要依靠自学或自身经验开展业务,在内容、管理、互动、传播上存在一些不足。在内容上,产品信息传播的内容、时段、频率随意性较高,创新性也相对不足,比如照搬素材库信息,与产品关联度缺乏等;在管理上,有时还存在分工不明,导致信息重复传播或矛盾的情况;在互动上,部分运营人员更关注信息发布,缺乏有意识地和消费者的主动沟通互动或有吸引力的营销方案设计,致使消费者参与意愿低,卷入程度低;在传播上,部分运营人员为了快速实现短期的产品销售或清仓,可能落入过度宣传,甚至虚假宣传的误区,损害了消费者信任,出现了差评和用户流失的情况。

其次,对私域营销理解不充分,平台建设不完善。部分运营人员对私域营销的认识仍停留在网络电商销售模式,而非客户关系管理模式,进而导致运营人员更关注农产品销售和管理的便利,而非长久地维系客户关系。例如,为了防止被其他无关信息刷屏,有的私域平台中会选择关闭群成员信息发送,这大大阻碍了消费者想法的传递和互动,损害了消费者的体验感。同时,对私域平台的运营观念不足,未能及时在其中更新信息技术的运用、营销活动等。私域营销并非一对多的宣传渠道,而应该是多对多的互动交流平台。

最后,缺乏流程管理,消费者便利性不足。私域营销不仅是一个客户管理、产品宣传的平台,也是一个销售交付的空间。私域平台作为顾客下单、企业接单的前置接口,如果流程管理不善,使得农产品在订单匹配上容易出现疏漏。特别是农产品大多保质期短,易出现损耗、腐烂等问题,尤其需要在产品生产、运输、配送等各环节把好质量关,各流程环节之间实现信息共享,如通过引入统一平台等方式降低信息交流成本,明确各环节的责任分工,以最终确保消费者体验。

2.5.3.3　私域营销发展之路

针对上述农产品私域营销发展面临的挑战,如何结合数智手段以更好实现营销传播效果,需要从以消费者为中心、增加私域吸引力、增强沟通互动三个方面逐步展开。

（1）以消费者为中心

在农产品私域营销中,直面消费者的机会是最难得和宝贵的。因此如何充分借助客户资源,结合数智技术手段,通过定制化服务、优质化内容和可持续体验实现以消费者为中心成为私域营销发展中的重要路径。

定制化服务上:营销中有"推"和"拉"的两类策略,其中"推"以企业方为核心,通过展示产品优势、优惠信息等吸引消费者。与之相对应,"拉"则是以消费者为核心,强调通过对消费者需求的深度挖掘,设计能够主动吸引消费者的产品。现今消费者越来越反感传统营销中的硬性推销,更认可以用户为中心,以解决用户问题为出发点的"拉式"渗透。而在私域营销中,大数据技术、人工智能技术等使"拉"式策略的实施成为可能。比如,通过会员数据平台可以更好地了解消费者的需求、偏好和反馈,提供个性化和定制化的服务。例如,通过对私域平台中用户数据的分析、算法预测和人工智能协助,可以对消费者进行精准画像和细分,然后通过企业微信单联或朋友圈推送适合他们的农产品信息和优惠活动;通过小程序、微信群、视频号等平台,可以让消费者参与农产品生产过程,如种植、加工、包装等,提供定制化的产品选择和体验;通过在线问卷、评价、投票等方式,可以收集消费者的意见和建议,及时改进农产品的质量和服务。

优质化内容上:内容营销指企业或品牌方创造和发布对客户有价值且与产品相关的内容,以吸引和留住顾客。私域平台中如何发布营销内容需要精心设计。单纯的福利和红包可能会带来短暂的"吸粉",但难以达到长久"固粉"的效果。如何通过大数据分析不同客户群的差别,并把握和产品相关设置一定的机制是发展的方向之一。以永辉超市为例,其坚持"以生鲜为基础,以客户为中心,打造全渠道数字化零售企业"的私域运营规划,在私域平台中构建满足用户需求的场景,同时加深群内用户之间的交流。同时根据用户生命周期理论,对不同阶段的用户采用不同的内容营销和管理策略,以延长用户对平台的生命周期。比如,初期采用红包、优惠券等吸引用户下单,而对于流失的用户采用精准触达、定点推送的方式等。优质化的内容营销也为"永辉生活"的私域运营带来巨大成功,其 2023 年第一季度财报显示,其注册会员已突破 1.05 亿。

可持续体验上:虽然农食产品的核心大多是其产品本身的价值,但随着同质化竞争激烈,服务成为不少企业选择的差异化路径之一。如何在私域平台中增进服务,提高用户体验,实现用户可持续和高黏性成为挑战。根据服务营销中的"服务之花"理论,服务除了包括产品交付的核心服务,还有相关的附加服务,比如产品信息、咨询、订单处理、账单、付款等等。因此,通过数智化技术的运用,借助大数据全流程平台,企业可以实现为消费者带来从售前、售中到售后的全链路体验服务升级。比如,售前可以通过人工智能技术客服,发送24小时关键词触发回复,包括产品推荐、价格对比、使用用途等;售中实现一键下单,减少交易流程,并同时根据实时定位等技术,实现产品位置追踪,便于消费者最快拿到产品;售后可以结合虚拟现实技术等提供口碑分享空间,鼓励消费者分享口碑,同时对产品提出意见建议,并加入会员计划。

（2）增加私域吸引力

利用数智化手段实现私域平台的建设升级,以提高私域平台对消费者的吸引力,构建更加活跃和有凝聚力的社群。例如,通过图文、视频等方式,可以向消费者展示其产品的生产过程、品牌故事和文化,增加他们对农产品及品牌的认同和情感连接;通过私域平台内的交流讨论,可以使消费者与其他消费者或生产者分享心得、交流经验、互相帮助;企业通过鼓励消费者参加线上线下的活动,如农事体验等方式,可以让消费者更深入地了解农业知识、乡村文化等,提高顾客黏性。企业通过会员数据平台,可以将消费者参与情况、口碑情况进行数据挖掘、分析,实现对消费者感兴趣的活动预测,以指导后续营销活动开展。此外增加私域吸引力还可以通过品牌建设和消费者成本降低两个角度入手。

品牌建设方面:以产品品质彰显品牌能力,对农产品进行全程质量管理,实现产品可溯源,用优质产品作为品牌保障;以文化内涵映射品牌势能,围绕农产品的种植历史、区域特色、乡土文化等开发品牌的文化基因。同时,参考生成式人工智能等打造品牌IP,提高品牌辨识度和区分度,并在私域平台运营中不断加深这种辨识度。此外,也可以结合虚拟现实等技术,开辟虚拟场景营销空间,实现游戏化运营,提高消费者对品牌活动的参与兴趣。例如,黄天鹅开拓了"生食鸡蛋"的品类和品牌定位,以"宝妈"为目标客户,依托小程序的私域平台,沉淀用户。其小程序有"天天商城"和"天天厨房"两大模块。前者可以实现会员积分兑换商品,后者可以获得食谱教程等,同时在其微信群中也鼓励消费者分享鸡蛋的"花式做法",提高了消费者的参与感。

降低消费者成本方面:这里不仅指金钱成本(由于私域平台去中介化的运营,使农产品的供应商与消费者的联系更为紧密,实现信息共享与有效互动,减少了中间的分销环节和仓储设施建设,从而降低了企业成本,让利给客户,为其提供了更优惠的价格),还包括时间和精力成本(包括售前、售中和售后三部分)。在售前,通过私域平台运营,可以通过大数据技术实现一对一精准营销,快速解决消费者的问题。例如,结合电子商务平台、小程序、微信群等方式,可以让消费者随时随地浏览、下单、支付农产品,享受一站式购物体验。在售中,通过智能物流系统、无人配送车辆、无人仓储等工具,实现农产品的快速运输、分拣、配送,保证农产品的新鲜度和安全性;通过区块链技术、物联网技术等手段,实现农产品的全程溯源、追踪、监控,提高农产品的透明度和可信度。具体而言,搭建覆盖配送端和取货端的消费者成本降低模式。一方面,在配送端,企业可以和生鲜农产品物流企业建立战略联盟,从技术、信用、价格等多个角度考量选择合适的物流服务商,进行长期的物流合作,以保障农产品和生鲜产品的质量与品质。另一方面,在取货端,企业可以与社区周围的各类生活服务的商家合作,为其搭建冷藏库等,使其成为产品的储存点和提货点,以较小的成本提供方便服务达成农产品私域营销的线上线下协同。在售后,通过人工智能辅助物流管理和后续的退换货工作,减少消费者的等待时间和沉没成本。

(3) 增强沟通互动

私域营销中,企业要以建立消费者对私域社区、产品和品牌难以割舍的依赖感和信赖感为主要目标。因此,企业要实现对私域平台用户的差异化管理,比如和活跃用户保持紧密联系,争取将其发展成关键意见领袖,吸引其参与到社群运营管理中;中间用户则属于可争取的对象,可以采用激励方式促使其成为活跃用户;而对于部分传播负面口碑的用户,则可以考虑将其舍弃。通过分层次的客户管理,实现获取更多新客户,增强现有客户的营利性,延长现有客户的生命周期这一更多、更持久和更深层次的管理过程。除了私域营销中的客户关系管理，企业还可以利用数智手段打通私域平台的沟通机制，提升消费者的参与感和满意度。例如，通过智能客服系统、在线咨询平台、语音识别技术等工具，实现农产品的 24 小时客服在线服务，及时回答消费者的问题和解决消费者的困难；通过数据分析、人工智能、机器学习等技术，对消费者的行为、反馈、评价等进行分析和挖掘，提供更加精准和个性化的营销策略和服务方案；企业还可以通过短信、邮件、微信等其他平台方式，定期向消费者发送农产品的相关信息、优惠活动、感谢信等，增加消费者的忠诚度和回购率。

2.5.4　农产品体验营销

数智营销伴随智慧农业的发展，不断升级，更强调互联网的用户体验思维。正如 1.1.3 章节所提及的，面对体验经济时代，消费者更加注重从体验中获得独一无二的感受及经历等，使情感需求得到极大满足。在数智技术加持下，消费者的体验将进一步拓展，因此借助数智技术提升农产品的体验营销能力，谱写体验之轮的新篇章，在互动中擦出体验的新火花，成为农产品营销的另一新范式。因此，本节将重点从数智技术入手，思考其如何优化消费者体验，驱动农业企业决胜体验营销。具体而言，本节将主要包含两部分内容，一是回顾体验之轮的模型理论及其在数智技术指引下的升级更新；二是分析数智技术如何引领互动营销发展，及其对消费者的作用。

2.5.4.1　数智升级体验之轮

在数智时代，体验营销的重要性不言而喻。营销学者伯德·施密特（Bernd H. Schmitt）在其《体验式营销》一书中，将不同体验形式称之为战略体验模块，以此形成体验营销的架构，具体包括感官、情感、思考、行动、关联五种体验营销模块，也被称为体验之轮理论模型，如图 2 - 15。

伯德·施密特指出感官体验的目标是创造知觉体验，即通过视觉、听觉、触觉、味觉与嗅觉五个方面刺激消费者体验，引发其购买动机、增加产品的附加价值；情感体验重点在于了解消费者的内在感情与情绪诉求，目标是创造美

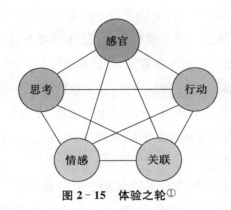

图 2 - 15   体验之轮①

好的情感体验,既可以包括温和、欣慰的正面心情,也可以涵盖欢乐、自豪等强烈的激动情绪;思考体验则是以创意方式引起消费者的惊奇、兴趣和对问题的思考,为消费者创造产品认知和解决问题的体验;行动体验,是指为消费者创造各种各样的实践体验机会,包括身体体验、行为模式体验、生活方式体验及互动体验等,唤起消费者对体验的投入,丰富消费者生活;关联体验则是一个包含感官、情感、思考与行动体验等的层面,是更为广泛的体验,会促使消费者与理想中的自我、他人或文化产生关联,以建立对某种产品的偏好。

本节将重点关注农产品如何通过数智手段进一步强化这五类体验。

（1）感官体验

感官体验是消费者对产品产生的最直观感受,农产品的颜色、敲击的声音、散发的气味等都会影响消费者对产品的判断和选择。然而线上销售渠道却难以实现这种感官体验,不过在数智技术下,已经有些虚拟感官体验开始诞生。例如,1.1.5.4 中提到的中国优质农产品开发服务协会（简称"优农协会"）首创了三维虚拟现实体验及交互系统——VR 农产品展示,开拓了一种全新的交易方式,销售商和消费者足不出户就能接触、感受并挑选中意的食

---

① 图片来源:伯德·施密特.体验式营销[M].张愉等,译.北京:中国三峡出版社,2001.

材。根据中国农村网介绍①，优农协会把一间 30 多平方米的办公室改造成三维虚拟现实体验馆，使用三维建模的方式，让体验者通过佩戴 VR 眼镜，实现身临其境地"逛"展馆。在 VR 世界里，产品都是"鲜活"的，体验者可以跨越地域的限制，"一饱眼福"。通过操纵手柄，在北京的体验者可以"拿"起云南普洱的茶饼，近距离观察产品的产量、产地等生产信息，点击加入"购物车"，即可完成购买。该体验区可以实现视觉和听觉感受，未来还可以获得味觉、触觉、嗅觉等更为完善的体验。

对农食产品看、闻、摸、尝等感官体验于消费者而言十分重要。由于加工食品难以展示其原材料的新鲜程度，为了让消费者更了解和信任麦当劳的食材来源和质量，2016 年，英国麦当劳曾发起一项以"食物与农业"为主题的虚拟现实内容创作活动，名为"Follow our Foodsteps"。通过沉浸式 VR 视频体验，让消费者全程目睹食物来源的种植、制作及生产过程，从土豆、鸡肉到牛肉馅饼，消费者可以通过 VR 眼镜，看到农场的实景，听到农场工作人员的讲述，仿佛感受到农作物的气味和温度，用更直观的方式实现了产品溯源。

（2）情感体验

情感体验需要了解通过何种刺激可以引起特定的消费者情绪，并能使消费者自然地受到感染，融入消费场景。例如，全季作为一个知名酒店品牌，为了让旅客在差旅途中感受到自然、有机、健康的味道，在东北五常大米产区进行了生态农场建设和集中采购。据环球网报道②，为追求全季"有机、健康、环保、绿色、再生"的品牌理念，全季打造了自己的生态农场，从五常大米到全季茶山。2020 年 4 月 3 日，全季发布系列短视频《人间全季》，通过视频记录并溯源了五常大米稻鸭共作的生长环境与生长过程，让旅客直观感受到全季倡导的自然生活方式。在视频中，融入诗歌元素，其灵感源于五常当地的农民生

①　中国农村网.虚拟现实＋农产品：感官新体验［EB/OL］.（2023 - 07 - 21）. http://journal. crnews. net/ncpsczk/2017n/dsseq/ht/919376_20170828010024. html.

②　环球网.华住：酒店背后竟有个生态农场　全季好物诠释"生活即艺术"［EB/OL］.（2020 - 04 - 30）. https://finance. huanqiu. com/article/3y2uZFCaZn5.

活,在辛苦劳作的背后,仍然透出诗意与美好的期盼。这也与当今年轻一代的"诗和远方"追求不谋而合,使得旅客在情感上得到强烈共鸣。

有趣的是,看似和情感反向而行的人工智能,也开始满足消费者的情感需求。当 AI 技术与情感技术相互碰撞,科技便充满了温度。例如,继 ChatGPT 之后,一款名为 Character. AI 的聊天软件获得广泛好评。Character. AI 是一个"神经语言模型聊天机器人网络应用程序",可以生成类似人的文本回复,并结合上下文进行对话。

相比于 ChatGPT,Character. AI 更具备"人"的属性,关注用户的社交、情感等需求,正如其宗旨"地球上的每个人都获得自己的深度个性化超级智能,帮助他们过上最美好的生活"①。同时,Character. AI 包含数以百万计的不同个性的 AI 角色数据。用户可以自主创建 AI 角色,甚至是诸如爱因斯坦、扎克伯格等名人。用户则可以在虚拟世界中自由表达自我概念,开启沉浸式聊天模式,任何奇思妙想在这里都能得到回应,Character. AI 像知己一般,陪伴并满足用户的情感需求。

(3) 思考体验

思考体验常常被用于产品的设计、促销和与消费者的沟通之中。例如,哈尔滨优米科技有限公司,专注于虚拟现实和农业领域结合。其与吉林省延吉市东光村合作制成的 VR 全景宣传系统,公开透明地向消费者呈现了粮食加工的所有环节,引发消费者兴趣,并促使消费者相信其产品的安全。类似地,通过结合 AR 技术,可以激发消费者对民俗文化的兴趣,通过 AR"魔镜",消费者可以"一秒换装",体验黑龙江如鄂伦春族等民族特色服饰②。除了对消费者端好奇心的直接刺激,也有职业院校和科技公司合作,从生产端塑造创新

---

① 腾讯新闻. Character. AI:个性化的 ChatGPT,AI 大模型时代的 UGC 平台[EB/OL]. (2023 - 03 - 10). https://view. inews. qq. com/wxn/20230310A09T8L00? refer = wx_hot&web_channel = detail&originPath=q.

② 黑龙江日报. VR/AR+助力传统产业转型升级[EB/OL]. (2019 - 01 - 10). http://epaper. hljnews. cn/hljrb/20190110/402382. html.

产品。例如,爱威尔科技与黑龙江农垦职业学院共同建成了全国首所"XR 技术＋农业应用"的"北大荒 XR 产业学院",以"元宇宙＋农业"为主题,探索如何将元宇宙技术应用于农业领域,推动农业生产效率提高、生产安全品质提升。这对于后续的产品创新和对消费者的吸引都具有重要的前置作用。

（4）行动体验

行动体验超出了感觉、情感和认知的范围,多发生在人际互动中,通过数智助力互动,并将网络作为体验媒介。例如,长沙餐饮品牌文和友首创了臭豆腐博物馆,利用文化与科技的"联姻",打造了一个沉浸式的互动体验场所。博物馆展现了臭豆腐的"前世今生",包括它的发展及制造过程;还以生动有趣的互动吸引了众多游客,例如可以在电子屏上体验制作卤水并获得打分,分数评价包括豆腐黑亮程度、口味、气味等。此外,游客还可以生成属于自己的臭豆腐漫画,享受属于自己独有的"制作豆腐"体验。这些互动提高了消费者与游客的实践感受,也提升了该品牌的商业价值。此外,依托感应技术,游客摆出指定动作,即可将游客的影像刻于漫画上,关注公众号,便会收到该照片,变成了良好的产品记忆。

（5）关联体验

关联体验的目标是通过营销活动,帮助消费者达成自我提升的愿望,通过和产品的联结,促进其与广泛的社会系统产生联系,并提高他人对消费者的好感度,进而建立起消费者品牌偏好。因此,和他人互动、受到他人认可,在关联体验中十分重要。不少品牌通过数字技术、网络平台等,实现了社会关系和品牌的联结。例如,前文 1.2.5 章节中提及的淘宝芭芭农场合种果树,就是一个这样的平台。该平台通过合种的方式,如专属命名的亲情树、友情树等,让其更具情感价值;还通过队伍动态、施肥总排行榜等,不断调动用户的参与积极性。邀请好友一起种树不仅在亲友之间开展密切互动,合种成功后每人都能共享成果,获得一箱水果作为奖励,这更是对参与群体形成一种激励,加强彼此间的联系。

2.5.4.2 数智助力互动营销

在体验营销中,随着数智技术发展,互动体验越来越受到消费者的重视。网络虽然快捷便利,但无形中也造成企业与消费者之间的隔阂,而各种丰富的互动形式可以增强消费者的体验感,并提高消费者参与企业活动的积极性和浸入度。不仅企业开始关注和消费者的互动,不少消费者自身也会主动在社交媒体上发布内容,手动@官方账号,例如要求和某品牌联名,并收获官方社交媒体账号的回复与需求回应。在一来一往的互动中,无形拉近了品牌与消费者的距离,丰富消费者体验,形成独特的品牌记忆。在此背景下,本节将分别通过不同的案例展示"数智助力下的互动营销如何拉近品牌与消费者的距离以及如何实现销售转化"两个部分的内容。

(1) 拉近品牌与消费者距离

互动营销成为企业体验营销策略选择中的一大"新宠",要发挥互动营销的效果,需要在互动中让消费者产生参与感与获得感,以更好拉近与消费者的距离。例如,先正达集团的"紫色之星——养慕鸡尾酒番茄",作为创新的农产品品类,主打紫色高营养番茄,在互动营销上也拔得头筹。养慕番茄和天下星农公司合作创造了"CP 组合"的互动营销模式[①]。在产品上,推出超级番茄CP 王牌组合——"营养 King"养慕先生和"口感 Queen"甜酒窝小姐,通过和迪士尼集团合作,设计了米奇和米妮亲吻 CP 包装。这款包装于 2021 年的七夕节登场,番茄 CP 深情一吻,隔空满足了消费者的情感需求。同时该品牌也入驻小红书社交媒体平台,积极发起话题,引导消费者参与进来,和番茄 CP一同探索"健康美味的生活方式"。此外,在产品上也通过数智技术如区块链等,实现全程溯源数据呈现(通过"三戳一指数:品质戳、地理戳、时间戳、绿色发展指数")和全程质量把控,消费者扫描包装的二维码即可实现溯源追踪。除了和消费者的亲密互动,养慕番茄还开启了跨界联名的营销范式。2022 年

---

① 天下星农. 养慕＋甜酒窝:特殊时期的"浪漫"水果品牌[EB/OL]. (2022 - 11 - 02). https://mp. weixin. qq. com/s/ZnSZW2AyyDf-G0ce4sDRaw.

6月和 NIO 蔚来汽车合作"夏日城市露营地"活动。同年12月和茶饮连锁品牌茉酸奶联名推出新品"养慕鸡尾酒番茄酸奶奶昔",收获了消费者喜爱。此外,在体育赛事上养慕也积极参与,赞助了2022年上海马拉松大赛,为跑者补充能量①。

互动营销可以为消费者带来深刻的记忆点,并进一步影响后续的购买决策。因此,为了留下深刻的记忆点,互动营销催生了各类场景、节庆营销,如会员营销、生日营销、节日营销等等。饿了么也结合 AI 在北京举办了"好食花生——好吃的 AI 艺术展"的节庆营销。2023年4月18日至20日,在谷雨节气来临之际,饿了么在北京的宝钞胡同10号的仓库空间开办了艺术展,消费者凭借饿了么小票即可入场。在艺术展中展出的所有画作均由 AI 和艺术家共同创作,且主题均为"谷雨节气的特色时令饮食",受到了消费者的喜爱和热烈参与②。

（2）实现销售转化

除了拉近和消费者的距离,体验式营销中的互动营销,还会通过积极与消费者保持联系,在参与互动的过程中,推动品牌和顾客双向的价值创造与交流,实现销售转化和长期顾客关系建立。例如,2023年新年之际,乳制品品牌伊利金典在抖音打造了其专属小程序——AR 互动集市,消费者通过直接搜索关键词,或点击博主视频关联的锚点,就可进入 AR 集市,体验"定格三连拍"以及"许愿孔明灯"等游戏。AR 集市依托字节跳动旗下云服务平台火山引擎的 AR 技术支撑,利用视觉 SLAM（Simultaneous Localization and Mapping,即时定位与地图构建）、天空 AR（在现实场景的天空中放置 AR 效果）以及面部识别技术,打造沉浸式互动体验。具体而言,在放飞孔明灯场景中,通过 SLAM 技术精准识别现实环境中某一位置所处的平面后,便将孔明灯素材锚点在此,实现准确定位,即使用户位置发生变化,放飞孔明灯的全过

①　搜狐网.跨界营销还能这么玩? 养慕番茄 CP 营销实战案例［EB/OL］.（2023－04－16）. https://www.sohu.com/a/667309944_283674.

②　北青网.饿了么北京举办好吃的 AI 艺术展谷雨时令活动［EB/OL］.（2023－04－19）. http:// news.ynet.com/2023/04/19/3612454t70.html.

程也不会出现卡顿。此外，根据天空 AR 技术，精细化切割天空背景，最大可能地为体验者营造真实感，塑造沉浸式的赏灯氛围。这不仅给消费者带来了深度互动体验，也在一定程度上实现了后续的销售转化。除了火山引擎，伊利还和抖音集团旗下的官方营销服务平台巨量引擎以及抖音电商一同开展了本次的营销活动。消费者通过"达人视频、话题页、信息流、抖音搜索"四大流量入口，进入上述抖音小程序互动场，通过参与有趣的 AR 游戏，与品牌互动，实现了粉丝及会员沉淀。最终，通过"游戏奖励兑换＋电商导流"的模式实现了销售转化，形成了一个营销闭环，同时也向更多消费者提供了优质的 AR＋营销互动体验①。

2023 年 1 月 18 日春节前夕，习近平总书记在视频连线看望慰问基层干部群众时的讲话中提到："新时代的乡村振兴，要把特色农产品和乡村旅游搞好，你们是一个很好的样子。希望大家继续努力，百尺竿头更进一步，在乡村振兴中取得新的更大成绩，一起迈向共同富裕，生活越过越红火。"本书的第二章通过提出 PBPSP 模型，分别从产品、品牌、渠道、服务和促销五个维度探索农产品、农创、农旅的数智营销之道，以更好推动农业增效、农民增收和农村发展。PBPSP 模型为后续的农业企业发展提供了一定的指向，如何根据乡村实际，开发独特资源，塑造"一乡一品"，成为未来值得继续探索的方向。

在接下来的第三章中，本书将通过典型的真实案例再度展开 PBPSP 模型。重点关注产品（渔管家）、品牌（南京江宁佘村）、渠道（麻江蓝莓）、服务（南京湖熟基地）和促销（盐城银宝）。有两点需要额外说明：一是除了上述指出的重点关注的要素，每个案例中也无可避免地会涉及其他要素；二是本书中的案例选择仅从产品、渠道和促销角度阐释农产品，从品牌和服务角度阐释农旅，但 PBPSP 模型中五维度要素对农产品和农旅都是通用的。囿于篇幅，在不同维度中仅选择个别案例详细展示。

---

①　财讯界.品牌如何玩转新营销？火山引擎助力金典打造 AR 互动新答卷[EB/OL]. (2023－02－23). https://digi. china. co3. m/digi/20230223/202302231227951. html.

3 涉农企业数智营销案例

3.1 产品:渔管家——构建水产养殖产品数智化创新

3.1.1 前言

"我最开始的想法是让农民能'穿上西装'养鱼……"2016 年,"渔二代"陆超平怀揣三农热情,积极投身农业科技创业,带领渔管家团队针对小农户养鱼难的问题提供智能设备与技术服务,帮助其解决投喂、增氧等基础性难题,开启了这场"三农浪漫之旅"。然而,随着时间的推移,高昂的运营成本和薄弱的利润成了"浪漫"路上的两大阻碍。陆超平逐渐意识到,在国家加快推进水产养殖业绿色发展的关键时期,亟须紧抓当前市场缺口,完成企业转型升级,加快数智化发展。2019 年,渔管家着手转型升级,改进传统养殖模式、搭建智慧养殖系统、优化全产业链信息溯源等核心技术,逐渐成为生态数字渔业全套生产模式的缔造者。这趟数智化"浪漫旅途"的背后又有着怎样的故事?

3.1.2 寻"渔"问道,数智初探

传统水产行业在发展过程中面临着一系列挑战和难题。随着我国消费模式的转变,消费者对水产品的质量和安全要求不断提高。然而,水产品的传统生产方式往往无法满足这些需求,寻找新的解决方案迫在眉睫。作为一家生态数智化现代渔业高新技术企业,渔管家决心为水产养殖行业提质赋能。

3.1.2.1 传统水产遭遇困境,亟待转型升级

近年来,诸多小规模养殖基地逐渐退出市场,我国水产养殖面积逐年减

少,这一现象引起了渔管家经营团队的关注和思考。由于养殖规模较小,农户往往无法充分利用所拥有的资源和技术,导致产量和效益很难实现最大化。面对高成本和低利润的双重压力,农户难以持续经营。此外,因缺乏标准化和规范化的管理,小规模农户往往难以提供符合消费者需求的高品质水产品。多重因素汇集在一起致使消费者对小规模养殖业的信任度下降,转而选择来自大品牌的更加安全、可靠的水产品。面对这些困境和弊端,越来越多的农户开始寻求合作与集中发展的道路,逐步放弃小规模养殖,转向成片集中养殖的模式。渔管家总经理陆超平猛然意识到:既然如此,何不另辟蹊径,开发一套高标准的新型养殖系统,为小规模水产养殖注入活水?

(1)养殖风险高

在渔管家的前期运营中,陆超平发现:鱼苗培育作为养殖业起步阶段的重要环节,其质量将直接影响后期的养殖效果。然而,受市场、养殖环境和所需的生产资料等多种因素的制约,鱼苗的品质往往参差不齐。一方面,由于市场监管不力,鱼苗市场上仍存在着许多不法商家和无资质养殖户。他们以次充好,以质量低劣的鱼苗冒充优质鱼苗进行销售。另一方面,由于养殖者在养殖初期大多选择对鱼苗进行粗放管理,导致鱼的体质差异较大,常常出现体弱多病的情况。与此同时,在烦琐的养殖环境中,鱼苗易受到疾病的侵袭,死亡率较高;加上部分养殖者缺乏专业知识和经验,对养殖条件监控不到位,导致翻塘等事故频发,给自身带来了巨大的经济损失。此外,鱼苗以及生产资料的供给也存在不稳定性。受气候等自然因素的影响,养殖材料的供应极易受到限制。价格的波动和供应的不稳定性使得养殖者难以进行合理的生产安排,增加了生产上的风险和不确定性。

"屋漏偏逢连夜雨",传统水产养殖行业的利润也呈现下降趋势。近年来,鱼苗的生产和流通频遇困境。许多农户纷纷缩减养殖规模,导致鱼苗供应量减少,价格大幅上涨。为了提高产品竞争力,养殖户不得不支付更高的价格来购买稀缺的鱼苗,这直接导致了养殖成本的增加。此外,近几年,随着水产养殖的发展,市场上涌现出越来越多的养殖户。为了争夺更多的市场份额,一些不法商家采取了"价格战"等恶性竞争手段,极大损害了行业利润,严重扰乱了水产养殖市场秩序。发展的道路,从来都不是笔直的。此刻的渔管家已站在"十字路口",未来的水产养殖路又该何去何从?

（2）绿色环保问题突出

水产养殖面临的另一个挑战是生态环保问题。对内而言,受养殖规模影响,农户往往无法进行全面的监测和管理,水质变差、疾病传播等问题频频出现。就渔管家来说,养殖户缺乏技术支持,粗放式养殖引起的水质问题给养殖生物的生长和繁殖带来了不良影响。这不单单会引起养殖基地产量下降,还使得水产品的质量大打折扣。目前,农户越来越意识到良好的水质对养殖业可持续发展的重要性——不仅可以保障养分供给、维持适宜的温度和氧气水平,还可以控制疾病传播和污染物累积,保证产品的质量和产量。

此外,养殖水域的各类污染及产业过度聚集也会给周边带来生态压力,这严重破坏了各个养殖基地的水域生态环境。养殖过程中产生的废水和废物会被排放至周围水域,其中含有大量养分和化学物质,对水生生物和水体的生态平衡造成破坏。这种污染不仅影响养殖区域的生物多样性和生态系统的健康,还可能通过水流的传播影响其他养殖基地,甚至对经济发展也会产生严重影响。渔管家的生态压力问题一直困扰着陆超平,他仔细琢磨着"优生态"和"兴产业"之间的关系,将产业发展与生态环境保护有机融合的想法在他的脑海中逐渐成型。

3.1.2.2 消费需求快速增长,注重产品品质

随着我国人民生活水平的稳步提高,对水产品的消费需求也开始呈现全新的趋势。作为世界上唯一养殖水产品总量超过捕捞水产品总量的主要渔业国家[①],我国水产养殖市场容量庞大、发展前景良好。人们对水产品品质和健康的追求越来越强烈,希望在品味美食的同时,能够摄入更多的营养元素。因

---

① 中华人民共和国中央人民政府. 多部委发文推进水产养殖业绿色发展[EB/OL]. (2019 - 02 - 18). https://www.gov.cn/xinwen/2019 - 02/18/content_5366458.htm.

此,也倒逼市场上"营养价值高、肉质细嫩口感好、品种多样化"的水产品不断
涌现和升级。

事实上,需求升级的背后是对养殖模式转变的呼吁。为迎合消费者的需
求偏好,"高品质、高营养、绿色无污染"已成为水产养殖业未来发展的重要目
标。因此,养殖户们从源头下手,开始注重科学、绿色养殖,采用更加环保的饲
料和养殖方式,以确保养殖水产品的质量和安全性。同时,他们增强水域的水
质保护、环境监测和废弃物处理的意识,努力将养殖过程中的污染降至最低。
渔管家也敏锐嗅到此次行业发展的新方向,开始探索低污染、高质量的数智
之路。

3.1.2.3　数智道路初步探寻,助力水产养殖

最初,渔管家利用自然水域,采取池塘养殖、网箱养殖等方式,根据养殖对
象的大小和生长速度,进行适时的分批放养和数量控制。通过智能设备的使
用,农户会定期清理池塘或网箱内的淤泥、杂草和残余饲料,合理控制水体的
光照和通风,解决饲料投喂和氧气供给的难题。但随着公司运营与发展,运维
成本高、毛利润低两大问题逐渐突显。

2019年初,陆超平考虑到:仅靠传统的养殖方式已无法继续满足现代消
费者对优质、健康水产品的需求,传统水产养殖亟待转型升级。自此,渔管家
迅速开始实施转型计划,将数智化技术与水产养殖相结合,以便更好解决养殖
风险高和绿色环保两大问题,为行业注入新的动力,推动水产养殖的进一步
发展。

为践行"绿水青山就是金山银山"的理念,在降低养殖风险的同时解决养
殖环保问题,成为护航渔管家逐"绿"前行的"压舱石"。在转型初期,渔管家开
始探索生态循环流水养殖模式,注重养殖环境的生态平衡和废弃物的处理利
用。池塘水质的好坏与养殖产量、病害和经济效益关系十分密切,而这种养殖
模式的原理正是借助数智化技术,实时监测水质参数、温度和饲料供给情况等
关键因素,精确控制养殖环境,为水产生物提供更加精确适宜的生长环境。同
时,渔管家也积极引入废弃物处理系统,将养殖废弃物转化为有机肥料后再回

馈养殖系统,实现生态循环利用。

经过一段时间的实践和改进,生态循环流水养殖模式初见成效。通过数智化技术的运用,渔管家能够更准确地把控养殖过程中的各项指标,有效提高了养殖效率和产量。更令人惊喜的是,生态循环流水养殖模式的应用使得养殖环境更加清洁、健康,大大减少了对周边环境的污染,进一步提升了水产品的品质和安全性,满足了消费者对高品质、健康水产品日益增长的需求。在技术和养殖模式的创新引领下,养殖工作不再局限于单纯的劳力劳作,而是进行了一场富有科技力量的产业升级跃迁。

作为渔管家数智升级的第一步,生态循环流水养殖模式有力解决水产养殖行业水质恶化的行业痛点,在提高养殖效益、促进生态平衡等方面发挥着重要作用。但仅仅转变养殖模式并不是渔管家的最终发展目标,如何进一步完善养殖系统、改良企业核心技术、鼓起农民的"钱袋子",成为渔管家"第二次升级"的重点。

3.1.3 "渔"农同行,数智共舞

初尝数智甜头,陆超平更加意识到"要想在市场上站住脚跟,必须拿出质量过硬的产品"。如何将简单的模式和系统进一步完善,是需要思考和保障的问题。因此,一套以中心系统为控制、多套系统共同监测的智慧养殖系统建立起来。"授人以鱼,不如授人以渔",渔管家始终不忘与周边农户互利互惠的初心,将这套智慧养殖系统推广给农户,进一步助力农户增收。最终,在全产业链可溯源技术的支持下,渔管家逐渐打开了产品声誉,"第二次升级"大获成功。

3.1.3.1 创新研发,智慧系统初获信赖

传统养殖问题层出不穷,水产品质量难以得到保证。在传统养殖模式下,养殖农户依据自身养殖经验进行养殖决策,对饲料投放、污水清洁、病虫害管理等难以做到精细化管理,导致鱼苗在生产阶段难以处于最佳环境。同时,传统养殖模式也局限了水产销售渠道,致使利润空间较小。部分养殖户为提高

利润,在生产端不断挤压生产成本,导致市场上水产品质量良莠不齐,从而使得劣币驱逐良币的情况时有发生。

立足这一产业背景,研发团队在原有成果的基础上,搭建起一套智慧养殖系统。该系统保留了生态循环流水模式的优点,以水质监测设备、饲料投放设备、污水循环设备等智能设备组成物联网前端系统,以大数据技术为基础,最终形成智慧渔业管理云平台的中枢系统。

系统初试成功,渔管家便迫不及待地向农户推广这套系统,却遭当头冷水。农户们认为智慧养殖系统运作成本高,还可能存在设备寿命短、信息反应不准确等问题,相比之下他们更愿意相信自己的养殖经验。好在渔管家没有放弃,研发团队积极听取养殖农户意见,全方位改进系统部件设备,如为监测器配备防水涂层等。在对系统不断进行升级改造后,农户们也看到了智慧养殖的优势,便逐渐放下顾虑,开始小规模改用智慧养殖系统。不用不知道,一用便收获了不俗的成果,鱼苗的生长率大幅提升,长成的鱼儿更是活蹦乱跳,这也令农户们喜出望外。渔管家的名声也因而逐渐传开,越来越多的农户开始主动与渔管家合作,渔管家也开始对这套智慧养殖系统进行大规模投入。

渔管家不遗余力地帮助农户改造传统养殖模式,在改进和升级中投入智慧养殖系统。农户只需支付相应费用,剩余一应设备铺设与细节完善都由渔管家负责。这套智慧养殖系统前端的智能设备会将养殖渔场内的各项生理指标反映在智慧渔业管理平台之中,农户只需登录渔管家内部的智慧渔业管理平台,便可实现对养殖渔场的实时监测。以水质监测为例,在前端,通过在养殖渔场安装溶解氧测定仪,实时获取渔场内溶解氧含量,数据借助内部 WIFI 无线传输至管理平台之中,农户以此了解养殖渔场溶解氧含量情况,以便进行换水或加氧等操作。此外,管理平台还会整合前端系统的各式信息,结合大数据技术进行专业分析,如遇水环境变质或疫病,会及时给出合理的饲料投喂及医药建议,实现最佳的投喂营养配比。更值得一提的是,完善后的系统对水流循环进行了进一步升级,通过前端的污水监测装置,污水处理系统可以及时感应污水含量,只要达到相应阈值即可排出污水,并进行集中处理。除此之外,渔管家的智慧养殖系统还会及时进行灾情预测,根据降雨量大小,判断渔场所处地区的旱涝情况,预测灾情等级,帮助养殖农户最大程度上减少养殖损失。

实践证明,渔管家智慧养殖系统管理下的鱼苗充分生长,水产品产量提高,质量上乘。智慧养殖系统精准把控生产环节的各项指标,让病虫害无"立身之地",从而最大程度上减少了抗生素等在水产品中的堆积,并使其达到国家的三个认证——无抗认证、有机认证和 BAP 认证。随着水产品的产量与质量不断提升,养殖农户的效益与传统养殖模式相比提高了 30%,渔管家也凭借智慧养殖系统获得越来越多农户的青睐,使其规模不断扩大,系统得到不断精进。

3.1.3.2　溯源加码,数智模式终得认可

尽管智慧养殖系统逐渐得到了农户支持,渔管家仍坚持解决农户的后顾之忧,努力助力农户将高品质的水产品销出去。渔管家统一收购智慧养殖系统下的水产品,采用 B2B 模式,由渔管家对接新零售企业,统一供货。首先,渔管家会以略高于市场的价格收购与其合作的养殖农户的水产品,进行统一的品牌包装,以渔管家品牌作为水产品品质的担保。另外,考虑到水产品市场竞争激烈,直接面对消费者竞争压力大,利润空间小,所以渔管家选用了 B2B 的商业模式,与山姆、盒马鲜生等著名生鲜零售品牌达成合作,定时向其供货。尽管目前供货范围已从江苏向华东地区扩展,但渔管家并未止步于此,他们还不断邀请生鲜零售品牌的调研人员来到农户的养殖渔场,近距离观察智慧养殖系统,让合作方直观地了解其水产品的生产过程,推动合作的持续发展。

实现了零售商与渔管家的"零距离",那么该如何让消费者也感受到智慧养殖系统下水产品的优质生产过程?渔管家研发团队从五常大米的营销中汲取经验,带领研发团队将全产业链各环节的信息整合,将智慧养殖系统中的物联网技术所获取的信息共享,利用三维仿真技术模拟出水产品在养殖过程中的全貌,把生产、加工、包装、运输等信息制作成图片、视频,集合到二维码中。消费者在购买时只需用微信、支付宝中的扫码功能,扫描产品上的溯源二维码,即可查询渔管家旗下水产品的全产业链溯源信息,了解鱼儿的养殖周期、

饲料营养素投剂量、运输时间等。

目前,全产业链可溯源技术已经实现了渔管家旗下的所有产品全覆盖。一位在线下盒马鲜生门店购物的 50 岁左右的女性顾客,接受了采访并提到,正是渔管家的溯源信息,让她能够清楚了解手中水产品的养殖情况,随手用微信就可以扫码,方便得很! 全产业链可溯源技术如同一针强心剂,提高了消费者对渔管家旗下水产品的信赖,使销售量不断攀升。同时,这项技术也帮助渔管家更好地监督产业链的运行,帮助渔管家不断改善产业链内的不足与漏洞。因此,生产端的农户也更加主动地运用智慧养殖系统,与渔管家展开合作,实现养殖模式全面升级,推动越来越多的优质水产品进入市场。渔管家的智慧养殖系统在市场上的影响力逐渐提升,渔管家的品牌也渐渐打响。

3.1.4 "渔"时俱进,数智发展

3.1.4.1 数智探索

渔管家的成就离不开数智化对生产过程和营销过程的打造,而数智化的成功关键在于研发初期对产品定位的精准把握,引入智慧系统。渔管家以产品为落脚点来打造数智化的种种做法,可以通过五步产品定位,从目标消费者、目标消费者需求、产品资源能否满足需求、产品特点与需求结合以及实现途径五个步骤来解读。具体而言,渔管家精准把握市场动向,通过数智化的两次升级,先人一步打造独具特色的智慧养殖系统;而后,不断吸收新技术,实现数智化改进升级;最终,渔管家通过溯源系统建立产品质量保证,在消费者心中确立一个"低污染、高品质"的绿色形象。

(1)目标市场定位

目标市场定位需要在市场细分和目标市场选择后进行,即明确为谁服务,明确客户来源并明晰谁会对产品感兴趣。当前,国家政策大力促进水产养殖业的绿色发展,消费者对水产品的需求也呈现"优质、营养健康"趋势,共同引发水产品养殖户的需求变化。渔管家的服务能够有效地满足规模化养殖户和现代化养殖场的需求。因此,渔管家从小规模农户出发,面向规模化及现代化

养殖场,针对其面临的饲料投放、污水清洁、病虫害管理等存在的传统养殖问题,提供科技化、绿色化的养殖解决方案。

渔管家解决上述问题并提供养殖解决方案的手段便是其核心产品智慧养殖系统。当前,渔管家智慧养殖系统经过一段时间的发展已具备一定的知名度,其生命周期正由引入期向成长期转型,也即消费者对该产品已经有所了解,销售量得到增加。基于此,为使核心产品顺利进入成长期乃至成熟期并使利润达到高峰,企业需要不断进行市场细分,根据细分市场的需要组织生产,改善产品品质,维持市场增长率。因此,渔管家通过市场调研,捕捉关键信息,最终选择先从小规模农户入手,根据需要对产品进行改进,提高产品的竞争能力,进而转向规模化及现代化养殖场,满足更广泛的需求,吸引更多的顾客。

（2）产品需求定位

产品需求定位是指渔管家在市场上提供的产品和服务要满足目标市场的需求和期望。针对水产养殖行业的发展趋势和市场情况,渔管家致力于为养殖户提供科技化、绿色化的养殖解决方案。立足于客户需求,渔管家发展三维仿真、物联网等技术,打造了智慧养殖系统这一核心产品,为发展生态数智渔业全套生产模式打下了基础。

这套高效智慧养殖系统最核心的部分在于生态水处理与智能化养殖。为有效解决水产养殖的污水难题,渔管家采用智慧感应阈值,实时监测数据从而做出最优调控决策,并集中污水处理,使其拥有更大流量、更高去除率、更优净化率。该设计符合绿色发展理念,帮助养殖场实现尾水"0 排放"的同时,有效提高了产量,降低综合成本。完善水环境后,智慧渔业管控系统及终端又进一步保证了养殖全程的智能化,包括增氧、水质监测、智能投喂等。相对于其他养殖系统,这套系统的优势在于可以通过关键技术,实现"云"＋"端"一体化——溶解氧传感器可以实现在低氧时自动开启增氧。水温、溶解氧、光谱传感器的使用实现了水质的智能调节,降低鱼病发生率;智能投喂根据监测信息适时调整,实现最高的饵料转化率,减少饲料成本 15％以上;可溯源技术全程监控,为水产品产出与销售保驾护航。这一智慧养殖系统,既是渔管家全产业链数智化的重要一环,也是其核心产品的差异优势所在。

（3）企业产品测试定位

在农产品生产中,技术和产品的可靠性、有效性以及对市场需求的满足程度至关重要。企业产品测试定位是指在推出创新的产品或服务之前,对其进行全面的测试和验证,企业可以及时发现并解决潜在的问题,确保产品在市场上高品质输出并满足目标市场的需求和期望,同时降低市场风险。渔管家的产品测试定位包括对智慧养殖系统现有环节的实地测试和验证,及对后续技术创新的全面测试。通过这些测试,渔管家确定了其智慧养殖系统产品在市场上能够取得成功,满足市场需求,实现可持续发展。同时,产品测试也是渔管家不断优化和提升技术的过程,为持续创新打下坚实的基础。

渔管家针对其产品的两个方面——生态水处理和智能化养殖展开产品测试。通过与不同的养殖基地进行合作,渔管家将智能化装备系统应用于不同的实际养殖环境中,并收集数据进行分析和验证,考察其在各类养殖场的适用性,验证其在产量提高、水质改善和环境保护等诸多方面的成效。在对早期的智能投喂设备测试时,研发团队发现设备在面临突变环境,比如突发疫病时,不能及时进行合理的饲料投喂及给出医药建议。因此,团队结合大数据技术模拟各类情况不断完善,最终使智能投喂设备做到面对各种情况都能提供最佳的投喂营养配比。正是因为研发团队孜孜不倦地探索改进,一次次测试的结果帮助识别了系统中的漏洞,为产品推广应用过程的顺利进行提供了保障。

（4）产品差异化价值点定位

产品差异化价值点定位是指通过强调产品与竞争对手产品的不同之处,突出其独特优势,吸引目标市场的消费者,并在市场竞争中取得优势地位。针对渔管家的这套智慧养殖系统,其差异化价值点定位体现在以下几个方面:

绿色环保性。渔管家的生态循环养殖方案设计实现了"0 排放",通过物理、生物和微生物三级净化方法,将养殖区与净化区水的内循环,有效解决了传统养殖模式带来的水质污染问题。同时,智能化养殖技术可以精准监测和控制养殖环境,避免过度投喂和抗生素滥用,实现绿色无污染的养殖过程。

产量高效性。智慧养殖系统的生态循环养殖方案设计将养殖区与净化区有机结合,使得养殖区的产量提高了3倍以上,外围净化区还可额外养殖虾蟹等水产品。此外,智能化养殖技术通过精准投喂和增氧,提高了饲料的利用率,实现了低成本、高效益的养殖模式。

品质保障性。正是由于渔管家多项数智化生态技术的运用,大大改善了水产品的生长环境,提高了鱼苗品质。尤其是系统中的全程可溯源技术,不仅确保了水产品的品质和安全,满足了消费者对高品质水产品的需求,更是促进了养殖户对渔管家技术服务的信任度和依赖感,进一步体现智慧养殖系统的差异化价值。

（5）营销组合定位

营销组合定位是指通过各种营销手段和渠道,将产品的差异化价值传递给目标市场的消费者,激发他们的购买兴趣,并促成购买行为,是产品与需求结合实现途径的体现。营销组合定位需综合考虑产品特点、目标市场需求等因素,从而准确塑造产品品牌、拓展各类渠道,以达到最优的市场推广效果。渔管家的眼界并不局限于小规模养殖户,一方面努力寻求机会与大企业建立合作,持续推广;另一方面对水产品采取B2B销售模式,用收购水产的方式解决了养殖户的顾虑,在市场中打响了渔管家的品牌声誉,形成良性循环。

在智慧养殖系统的推广中,渔管家重视合作,专注生态数字渔业品牌塑造。渔管家与上海申漕、通威股份等行业知名企业开展合作,并与各大知名养殖户合作,打响了自身品牌。在营销推广中,重点突出渔管家的技术领先地位、绿色环保和高品质产品的独特优势,将渔管家打造成为生态数字渔业领域的专业领导品牌。

在解决水产的分销渠道中,渔管家包揽水产收购,积极拓宽零售方式。渔管家将技术型大型设备、专用工具及特殊处理的产品直接与零售企业对接,及时了解市场行情并开展维护服务。例如,渔管家近年来与盒马等知名生鲜品牌建立合作,将在养殖户处收购的水产品统一销售,实现水产品在消费者端的广泛覆盖,从而增强养殖户产出动力,推动渔管家核心产品市场占有率的不断提高。

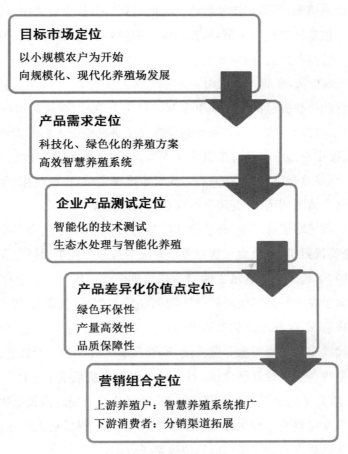

图 3-1 渔管家数智化的五步产品定位

3.1.4.2 优势提升

渔管家作为双边市场,其顾客既包含上游养殖户也包含下游消费者。在如今激烈的市场竞争中,渔管家意识到仅仅依靠传统的经营模式已经无法满足顾客需求。不难看出,其在实现自身转型升级的过程中也不断强化"以顾客为中心"的营销理念,深入了解养殖户、消费者的需求和期望,在全方位打造独特的顾客价值中增强竞争优势。根据顾客价值理论(顾客价值是企业可持续竞争优势的主要来源,也是现代营销的基本理论之一,该理念将整个营销过程看成一个价值感测、价值创造和价值传递的过程),分析渔管家向数智化、科学化的水产养殖基地靠拢的举措,探究渔管家如何在不同阶段感测、创造和传播顾客价值,从而在市场上脱颖而出。

(1)感测价值,掌握市场风向

价值感测过程的目的是发现更多新价值机会,要求企业对市场变化有较高的灵敏度。层出不穷的水产品食品健康安全事件使得人们的安全意识不断提高,在无形中对渔业养殖标准提出了新要求,可传统渔业养殖模式存在"成本难控制、质量难保证"的市场痛点。渔管家准确定位,在科技化、生态化渔业养殖市场这一清晰明确的"赛道"中,推出了合理的竞争战略。

感测到市场对于低污染、高质量水产品的需求,渔管家便不再拘泥于水产培育,而是将视野扩大,致力于智慧养殖系统的打造。此举无疑为养殖户提供了一种新的"解题思路",满足了他们的高质量生产需求。渔管家亦观察到消费者更倾向于在一些品牌生鲜超市选购高品质水产品,且部分农户缺乏专业的市场销售意识,存在水产品滞销等问题。为与养殖户在市场上可持续共存、让农户更加放心地选择智慧养殖系统,渔管家承诺对其生产产品进行收购,并加强与各零售企业平台开展合作,不断开拓智慧养殖系统下水产品的分销渠道,解决了农户销路窄的问题,更加适应不断变化的市场。渔管家数智化养殖技术服务以及完整的后续保障吸引了更多养殖户,赢得了更大市场份额,巩固竞争优势的同时也为进一步创造价值确定了方向。

(2)创造价值,提高感知质量

价值创造过程是研究如何有效地形成和塑造更多有前景、有新价值的产品或服务。感知质量通常是价值创造的核心,是指消费者感知到的质量水平,即消费者主观层面的感受。一般来说,当感知质量提升时,消费者对品牌其他元素的感知也会相应地提高,因此提高感知质量是企业创造价值的重要内容。渔管家在数智化、科学化养殖方面为养殖户提供满意的、高感知质量的产品及服务,就是在提高感知利益、降低感知成本,创造更多顾客价值,全面提升竞争优势。

除了经济上的价值,渔管家提供的科学化养殖方式也为农户带来了更舒适的养殖体验。在逐步完善的智慧养殖系统中,有效帮助养殖户解决了尾水问题、做出精准决策、实现科学化养殖管理,为其提供了一个"省心省力"的服务体验。渔管家包揽设备安装、操作教学和产出收购等一系列难题,彻底打消养殖户对创新养殖系统的顾虑,使得科学化的养殖过程能够长久地吸引并留住养殖户,实现可持续的竞争优势。由于渔管家技术产品的复杂性和知识性,确保养殖户能够正确使用技术产品显得尤为重要。渔管家的总经理陆超平带领员工走近养殖户,向其耐心讲解智慧养殖系统的操作流程。这一做法搭建了向顾客展示其产品和经营理念的桥梁,使顾客在充分了解产品性能和技术的同时,潜移默化地认同了企业的经营理念,进而丰富了渔管家的品牌形象,创造顾客感知价值,在更高程度上提高顾客,尤其是上游养殖户的忠诚度,增强竞争优势。

此外,渔管家在全产业链溯源的构建中,主动邀请农户实地体验养殖过程,并利用多项技术实现数智化联动。通过实地体验渔管家的智慧养殖系统,农户能切身感受到该系统为其水产品带来的便利及保障,从而更加放心地选择该系统。此举能帮助渔管家与养殖户建立良性互动,更大程度地提高渔管家产品与服务的感知质量和顾客满意度,从而突显与竞争对手不同的独特价值来吸引和留住顾客。同时,溯源系统的建立也为下游消费者创造了独特的价值。很多终端消费者难以判断水产品的新鲜程度,对其生产过程可能存在疑虑,而结合物联网二维码的溯源系统,大大减轻了消费者的负担,提高了终端消费者的信任度和满意度。

(3)传播价值,建立顾客忠诚

创造价值并不是终点,合理运用企业或营销组织的资源和能力将价值传递给最终顾客,是传播价值的意义所在,也是营销过程的最后一步。渔管家利用品牌形象传播和口碑传播建立起与养殖户的信赖关系,提高顾客的信任和忠诚,巩固其差异化竞争优势。

品牌形象反映了企业的实力和本质。新客户寻找合作对象首要关注的就是企业的品牌形象。因此,企业要重视品牌形象传播。除了通过"为农户提供针对性的养殖指导和建议,并且收购顾客在智慧养殖系统下生产出的高质量水产品"树立起的品牌形象,渔管家也格外关注互联网信息的口碑传播。渔管家与养殖农户始终保持良好的沟通和互动,以保证产品在养殖户端发挥最大效益,形成良好的口碑,让渔管家现有的顾客更愿意继续选择并购买企业的产品或服务。同时,渔管家激励忠实的养殖户主动向他人分享其对渔管家养殖系统的使用感受,这种积极口碑传播能够帮助渔管家进一步扩大品牌影响力,在保留现有顾客的基础上,吸引更多潜在顾客,助力智慧养殖系统投入的产业化、规模化。此外,渔管家还会根据新老顾客的反馈和意见及时解决问题,并不断改进养殖服务,持续创新养殖系统,增强用户黏性,保持竞争优势,加强应对市场竞争风险的能力。

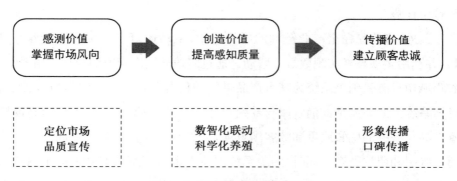

图 3-2　渔管家顾客价值分析

虽取得种种成就,但渔管家在未来顾客价值的升级上仍需注意顾客价值链的整体性,因为在价值传递的各个阶段,用户都有可能因为各种不同的原因而产生流失。渔管家需要把价值更充分地传递给用户,并根据自身发展情况进行追踪分析,合理分配管理资源,更有效地满足顾客需求。

3.1.4.3 未来升级

现阶段,水产品市场发展前景良好,渔业产业也逐步向集约化转型,这都为渔管家的数智升级提供了更进一步的发展空间。高品质、高营养、绿色无污染的消费需求变化为渔管家数智化升级提供不竭动力。因此,需要将其科技、绿色的发展理念及生态健康养殖制度贯穿于水产养殖生产的全过程。为了更好实现数智化水产养殖业的发展,渔管家可结合帕累托理论、战略三角理论,通过抓住关键少数和平衡战略三角的方法,实现"第三次数智升级"。

(1)抓住关键少数

在产品营销中,根据帕累托理论,不难发现渔管家的大部分利润来源于占比较大的客户。因此,应尤其关注那些对销售额、利润或客户满意度等重要指标有较大影响的关键因素,以获取最优的效果;同时,还应重点关注客户结构,重点挖掘头部客户。

渔管家应持续聚焦关键影响因素,抓住影响产品品质的关键少数指标。具体而言,渔管家应抓住影响水产品品质的关键"少数",识别影响这些指标的痛点问题。养殖行业痛点,最核心的是水质问题——如果养殖水质差,在其中培育的鱼苗体质必然差,抗生素和药品使用必然增加,尾水处理不规范等环境污染问题将难以避免。因此,渔管家应继续抓住这一痛点问题,为客户持续进行生态循环流水模式改造,通过生物链循环实现废水更高效的资源化利用,保证养殖品质的同时为客户增收。此外,影响客户满意度核心的痛点问题是随着外界环境不断变化的,而智慧养殖系统也需要不断完善以解决核心痛点。因此,渔管家要紧跟形势变化持续识别关键问题,利用具有创造性的方法加以解决,不断保持技术创新发展活动的活跃性和前沿性,抓住主要矛盾实现数智升级。

渔管家应持续优化客户变量结构,抓住利润来源的关键少数客户。"二八"理论表明,当企业80%的利润由20%的客户产生时,应当对这20%的客户加强重视,提升客户黏性,并进一步增加这部分客户的消费。起初,渔管家的客户以小规模养殖户为主,但毕竟是"试水",未来渔管家的目标客户将着眼于大型的现代化养殖渔场,为其提供智慧养殖模式改造服务。因此,渔管家应当对这些客户给予更多重视，继续深耕大客户，准确识别头部客户的消费诉求，形成充分沟通合作，从而通过技术革新优化客户结构，助力数智升级。

（2）平衡战略三角

根据战略三角理论，竞争对手、企业和客户构成了战略三角形，也即在制定企业的发展战略时，应当从整体纵览三个主体的角色，把握它们之间的动态关系。因此，通过对渔管家竞争者、企业自身和客户三者的综合分析，谋划第三次数智升级的发展战略。

渔管家的主要竞争对手均为养殖技术较为领先的业内知名企业，与它们相比较，渔管家智慧养殖系统的生态循环技术能将单位面积产量提高 3 倍以上。若将建设投资与运营成本均摊到每斤鱼上，渔管家的成本远低于竞争对手，具有显著的成本优势和产量优势。在技术日新月异的今天，竞争对手的实力不容小觑，因此需要经营团队不断扩大渔管家的差异化优势，提高市场占有率，适当避开与竞争对手的正面交锋从而巧胜对手。比如，通过实现专有技术领域的领先发展，带动公司实现数智升级。或以服务为突破口，提供数智化解决方案等。

对于渔管家企业自身，虽然生态循环流水养殖方案、养殖装备技术服务、投入品输出等服务具有较高数智水平，但它们对公司自身智能实时监测系统的依赖性仍不强，仅停留在每个服务环节中的细节。例如数据云平台上传、水质监测设备等，还未形成公司整体较为成熟的一体化业务智慧系统。因此，渔管家仍需要注重公司的智慧化建设，做到利用消费信息大数据回传及时分析，一体化系统智能生成等以辅助最优调控决策。通过保持自身关键技术的话语权和差异化优势，不断推进创新性技术革新。

对渔管家的客户而言，除了坚持"质量标准化、尾水处理生态化、养殖设备智能化"的产品标准，面对水产行业发展、政策条件变化等形势，渔管家还应保持强烈的敏锐度，动态捕捉客户需求。例如，在 APP 建立社区版块，鼓励用户评论，不断完善养殖户对系统建议的收集与分析；深耕占据关键少数地位的大客户，为其提供终年化的养殖方案和便捷服务；建立可信赖的合作伙伴关系和完善的合作机制，与山姆、盒马鲜生等共享信息和数据来提高供应链的效率和透明度，通过技术创新、市场开拓等方式来实现长期合作和共赢。

综上，渔管家若想实现数智化"第三次升级"，还需从扩大差异化竞争优势、加强公司自身智能化建设、保持动态捕捉客户需求的敏锐度这三方面持续努力，带动公司技术革新，不断实现数智技术应用领域的发展新突破。

3.1.5　美美"渔"共，数智升级

在国家加快推进水产养殖业绿色、高质量发展以及人们对"高品质、高营养、绿色无污染"的产品需求增加的关键时期，渔管家积极响应国家号召，紧抓当前市场缺口，完成自身升级转型，逐步成为生态数字渔业的全套生产模式缔造者。未来，渔管家也将继续探索渔业数智之路，做水产科技的先行人，争取早日成为全球领先的生态智慧水产一站式服务商。

3.2　品牌：南京江宁佘村——数智发力活化特色农旅品牌

3.2.1　前言

南京江宁佘村始建于元末明初，拥有 700 年的历史文化底蕴，位于江宁上坊青龙山脚下，三面环山、一面临水，自然风光别具一格。追溯至十年前，当时的佘村是一个把开山采石作为当地主要经济发展方式的小山村，加之年轻人外出谋生，更使古村逐渐荒芜沉寂。然而，经过全面生态整治、文化保护加强、农文旅融合发展，如今的佘村留古村风韵，融现代新风，已经打造出了属于自己的特色农旅品牌。近年来，佘村立足于历史遗址等优势，抢抓数智机遇，成为江宁名副其实的"世外桃源"——隐于山野之间，见证历史变迁，传承南京的乡村文脉。

3.2.2　筑巢引凤，重塑古村风韵

佘村自然资源丰富，自二十世纪七八十年代起，该村开始把出售矿石和设

立水泥厂等作为主要经济发展方式,从而使村民们相对富裕起来。然而,这种依赖山脉资源开山采石的经济模式并没能持续太久,大规模的矿石开采导致佘村的青山消失,对生态环境造成了巨大压力。近些年来,佘村的矿山和水泥厂相继因为环保政策的实施而关闭,给当地经济带来了冲击。当过去所依赖的产业不再可行时,村民开始意识到"绿水青山就是金山银山",只有注重保护环境,才能在新的经济环境下找到持续发展的途径。

在政府的支持下,2016 年佘村掀起了一场特色田园乡村建设浪潮。凭借着自身深厚的历史底蕴和丰富的自然资源,这个古老的村庄焕发出了新的生机活力。佘村积极修缮和升级农村公共基础设施,为居民提供更便捷、舒适的生活条件;融入当地民俗、传统手工艺和乡村生活场景的 3D 墙绘点缀着村庄的各个角落,完美诠释了佘村特色田园乡村的理念;在东南大学设计团队的帮助下,一片片"微田园"景象出现在佘村,通过在居民的庭院、阳台等空间种植花草、蔬菜等植物,与佘村宁静的环境相得益彰。这一系列的美丽乡村建设措施,为佘村筑巢引凤,提高了招商引资的吸引力。

3.2.2.1　古建筑获"新生"

佘村有着"金陵古风第一村"的美誉,要说到最具吸引力的"名片",非村中的明清代建筑群莫属,其中最为瞩目的当属潘家住宅和潘家祠堂。据悉,由于战乱、年久失修,部分古建筑出现了损毁甚至是倒塌的状况。为使更多人领略建筑群往日的风采和深厚的历史底蕴,佘村在 2016 年初正式启动了对建筑群的修缮工作。秉持着再现传统建筑古韵风貌的理念,修缮团队力求保持原结构、使用原工艺。

相较于其他百年古宅,潘氏住宅和祠堂的格局被保留得更加完整。基于佘村建筑群的特点,修缮团队很快便开展了前期的精准测绘、实地调查工作。首先,通过地面和无人机摄影测绘技术,获取古建筑群多角度、全方位的图片,以用于初步测量其结构、形状等数据;后通过激光扫描技术,使用各传感器对古宅及其周边环境进行扫描,生成高精度的点云数据(一个三维坐标系中的向量集合),以精准地测量建筑物的尺寸数据,重建三维模型。其次,在区党史办工作人员的带领下,对佘村古宅的背景信息、历史原貌进行收集,深度考究、比对,从而及时应对修缮过程中出现的新情况,调整进度和更新相应的修缮方案。最后,如何让古建筑带着其百年历史"回归"? 修缮团队针对具体的问题和修缮区域,采取了不同的措施。一方面,对于保存相对较好的砖雕、木雕等,团队邀请专门的技术人员按照原有形制进行修补,再将脱落的部分固定起来,做到"修旧如旧"。另一方面,为与古迹留存部分最大程度地保持一致,团队从各地收集修复所需的材料。佘村明清代建筑群修缮项目负责人介绍道:"整个古宅里用的材料,是从全国各地'淘'来的",如修补屋面所用的瓦、修复墙面所用的砖是从扬州、泰州等地悉心收集来的,而青石条则是从山东特地运送而来。正是这些严谨的修缮步骤环环相扣,承载着悠久文化的古建筑群才得以焕发出崭新的光彩。

3.2.2.2 古文化得传承

如果说古建筑是佘村岁月痕迹下的璀璨明珠,那么古文化则是绘就佘村历史传统的绚烂画卷。对于古文化的传承,佘村全力以赴,在积极保护各种珍贵资料的同时,通过开展各种活动,弘扬传统文化。在保护历史遗迹的过程中,佘村利用修缮好的潘氏宗祠来建设村史馆,在展馆中陈列佘村的历史照片、文物、古籍等珍贵资料,让游客们了解佘村的发展历程和独特的文化底蕴,村史馆也逐渐成为展示当地丰富历史文化的重要场所。在潘氏后人和社区工作人员的帮助下,佘村也通过人工手写的方式整理编撰了《佘村故事》和《佘村志》,这些著作详细记录了佘村的历史传承、风土人情、名人故事等,为后人留下宝贵的文化遗产。

在特色美丽乡村的前期建设中,为了进一步扩大文化影响力,佘村在街道和区级官媒的协助宣传下,策办了"佘村丰收节"和"梨花节汉服周",吸引众多游客慕名前来。通过这些保护和传承古文化的举措,佘村不仅吸引了更多的游客,也为村民们提供了展示自身文化、增加收入的机会,促进了乡村的繁荣发展。佘村的历史故事和丰富文化正逐渐被更多人所认可和传承,而村庄本身也成了一个充满活力和魅力的旅游目的地。

3.2.2.3 初步商业化探索

随着环境和基础设施不断改善,佘村对产业也大刀阔斧地开始了改革,迈出了商业化探索的第一步。优美的环境和良好的基础设施,吸引了越来越多的外部旅游企业来佘村投资,其中最具代表性的当属"龙出没穿越漂流"。"龙出没穿越漂流"于 2019 年正式开业,填补了南京夏日专业漂流的空白,从此以后南京居民在家门口佘村就可以体验漂流的刺激与乐趣。除了山地漂流,"龙出没穿越漂流"景区还有丛林穿越、卡丁车俱乐部等丰富业态,为全年龄段的游客打造了"一条龙"式的游玩体验。

在引进娱乐项目的同时,佘村也着力打造配套设施,鼓励村民开民宿、办农家乐,将自家闲置的房屋变成"摇钱树"。为了解决村民资金不足、缺乏经验等问题,佘村推出了村民和村集体合作开办民宿的新模式,村民既可以租用村里的闲置用房开办民宿,也可以选择出房,由村集体出资完成民宿的装修。该模式一经推出,就吸引了许多村民前来"尝鲜",首批就有八户签订合同。经过村集体的统一规划,建设了集餐饮、住宿和休闲娱乐于一体的民宿群。随着民宿、咖啡馆等各种业态的进驻,佘村的旅游配套也丰富了起来,佘村逐渐从过去只能吃顿饭的农家乐村,成为可以住下来游山玩水的民宿村。

3.2.3 数智加持,打造特色品牌

以龙出没为代表的项目在佘村定点,吸引了众多游客前来,村民利用自有房屋开设小超市、餐饮店来获得额外收入,钱袋子慢慢鼓了起来。但遗憾的是,曾经被佘村生态、地理位置以及古韵文化所吸引而来的企业,在旅游产品的打造上却没有与本地农业资源及古风特色相结合。其次,外部企业的就业岗位多面向村里的老年人,鲜能留住青年人。在外打拼的村民提到佘村,往往只有寥寥数语,对家乡的认同感不足。这样的问题受到了佘村社区的高度重视,他们经过多次的考察、会议讨论,意识到问题所在——光依靠外部企业带动佘村致富是很难实现的,需要自立自强,打造佘村自身的特色品牌。

3.2.3.1 "古风佘村"享名气

考虑到社区一贯只涉及民生服务及行政工作,对品牌建立的经验不足,为此,佘村转向集开发与旅游等多方运营为一体的东山投资发展集团,希望其全面经营管理佘村的旅游资源。经过一番冥思苦索,社区联合东发集团决心结合数智化,在修缮古建筑、完善基础设施的基础上,创立"古风佘村"品牌,创新出"生态+乡土味道"模式,描绘佘村历史的新画卷。

(1)社交媒体引流,初闻世外桃源

自然与人文的双重条件,为"古风佘村"的成功"出圈"奠定了基础。"白鹭映春洲,青龙见朝暾",寥寥几笔将江南烟雨气体现得淋漓尽致——位于青龙山下、坐拥"七分山、二分田、一分水"的自然环境,佘村有着发展旅游业的天然环境。古建筑、古文化的修复传承更让村落焕发古韵。以"美丽乡村主题摄影展"的开办为契机,佘村在微信公众号、微博、抖音等平台,发布通知并邀请各界人士前来观光摄影。拍摄出的照片不仅作为评选的参考依据,更在不知不觉中为佘村做出宣传,让更多的人通过美丽的照片感受到古村的美轮美奂,激发游客前来游玩的兴趣。佘村还联合多所高校,结合本地文化、风景特色,打造独一无二的 IP 形象。可爱生动的形象一经媒体平台发布,好评如潮,网友纷纷感叹:"被可爱的民俗 IP 吸引,想切实地体验一把佘村文化。"此外,佘村巧妙地借助了一波"想你路牌"的流量。社区在玻璃栈道观景台设置的"我在佘村很想你"路牌在各平台引起了一波"打卡热"。"情话+路牌"的设定让古村更添一丝浪漫气息,游客在拍照之余还能欣赏佘村的整个风貌。一段时间内,带有"东山佘村"的词条频上热搜,游客们纷纷结伴前来,一览古村落的魅力。

(2)智慧管理,开辟旅游新体验

随着乡村的发展及知名度的提升,佘村积极对接现代都市近郊休闲生活,以"都市郊游"与"古村旅游"为特色,为游客带来全新的旅游体验。一方面,佘村不断完善原有的旅游项目。例如,以"体育+休闲健康"为主题,因地制宜引进"江苏省山地自行车训练基地",联合基地推出适合不同受众的训练场地,建设主题赛道、成人自行车训练场、少儿滑步自行车训练场等多种特色赛道，并不定期举办山地自行车挑战赛，借助公众号推文等向各地选手"下战书"。在多方努力之下，基地已经被打造成集体育、旅游、休闲、健康于一体的综合性体育公园，对推动江苏省体育事业转型升级产生了重要积极影响。备受瞩目的"龙出没"漂流也紧跟数智化潮流，采取线上购票、扫码快速入园等举措，节省游客时间。更在园区装置专门检测人流的监控，自动报送数据，为景区感知客流情况、做好客流疏导、避免堵塞提供了极大便利。此外，社区发挥行政力量，开展安全监督和管理，拓宽小川藏线并增设安全设施，游客既可跑山交流、感受川藏线之险，亦可徒步、享受江宁乡村风景之美。目前这条线路已经成为南京周边周末自驾的最佳线路，更是名副其实的江宁网红打卡路线。

另一方面，以"乡村＋古韵文化"为导向，佘村建设智慧化的旅游管理平台。自建的"佘村 金陵古风第一村"公众号提供完善的导览服务，游客通过手机端便可了解佘村历史概况、路线规划、文化娱乐、美食住宿等方面的信息。旅游过程中产生的任何意见或感想也都可以记录在公众号的留言板上。借助物联网技术和对平台访问量的数据分析，管理部门对景区人流量、全域导览、应急指挥等进行智慧化管理，及时处理游客的不满及建议。

（3）实景重现，古韵乡村"活化"

为进一步推进佘村农旅的发展，活化"古韵乡村"成为佘村的首要目标。前期所开展的新媒体引流、智慧管理等工作为乡村"活化"奠定了良好的基础，佘村基于原有布局，借助 VR 制作全方位实景图，敲开元宇宙农旅之门，"活化"古韵佘村，为游客开启沉浸式旅行新玩法。

佘村凭借 VR 的 720 度三维立体展示优势，将佘村的古建筑群、特色风光以及各游玩路线，以更加直观的方式展现给大众。这一举措不仅为游客提供了电子地图，使游客能够精准地确定停车场、酒店、医务室等的具体位置，同时，其身临其境的场景和智能互动也为农旅注入新鲜元素，能够很好地引起人们亲身体验的兴趣，大幅提升宣传展示的效果。

由于当下社会的快节奏发展，不少人会因没有充足的休息时间而对旅行

"望洋兴叹"。佘村的 VR 实景导览恰恰迎合了消费者"碎片化时间"较多这一现象,帮助游客摆脱种种不可抗力的限制,在线云游,弥补无法亲临现场的遗憾。游客仅需打开微信小程序即可将佘村美景尽收眼底,伴随着舒缓的背景音乐和解说,游客仿佛置身于这美丽而神秘的"世外桃源"。在该小程序的实景导览中,可以根据需要切换不同的场景,通过缩放、左右摆动来控制视角,近距离感受场景内的动态效果。总而言之,无论是"畅快实地游"还是"宅家体验游",佘村的 VR 实景导览都为游客提供了一种新奇体验,使其能够最大限度地体会到佘村独有的魅力。佘村的 VR 实景重现,再次印证了随着数智时代的到来,传统的景区参观方式已无法持续满足游客的游览需求这一事实。基于 VR 实景小程序取得的成效,佘村负责人深刻意识到数智赋能农旅发展、"活化"古韵乡村的重要性。

3.2.3.2 "双龙湖"赋丰收

在佘村旅游业开展得如火如荼时,如何把握人群聚集效应,将农业产业与旅游业相结合、让农产品实现品牌化并使之成为村民生财的第二条渠道呢?为提升旅游产品的附加值,推动农业特色化发展,同时也助力"古风佘村"名气增长,带动社区经济"更上一层楼",佘村特邀农科院的专家前来调研,发现当地的土壤条件特别适合种植油茶,其不仅有观赏价值,更有较好的经济效益。村民心力拧成一股绳,共同成立运作"三山两湖农产品合作社",将闲置土地整合,种植经济果林及有机蔬菜,因地制宜开发山油茶等高端产品。

相较于传统的"种植—成熟收割—售卖"单一路线,佘村扩展思路,延长农作物产业链。对于没有余力加工的初级农产品,统一委托给有长期合作往来的加工厂代为加工制作。而对于一般农产品,丰收后则由社区统一进行加工,重点打造"双龙湖"特色品牌,针对性地开发梨汁、菜籽油、茶叶等特色农产品。近年来,双龙湖茶叶基地聚焦数智茶园建设,正积极努力地打造智慧化管理控制系统,对茶园种植环境、加工过程及消费流通进行动态管理,力求实现生产、加工、销售三线融合,保证茶叶品质的同时便于种茶人更好地了解市场需求。目前基地正在一步步的探索中:在生产端,通过智能农业物联网技术实时监测茶叶生长环境、精准把控水肥情况、提前防治病虫害。加工过程中,智慧化的采茶机器人部分替代传统人力、机器借助算法自动进行茶叶质量检测。在消费端,消费者扫描产品包装的二维码,即可一探茶叶生产的全过程,茶基地亦可通过对销售数据的分析,把握消费者偏好,及时改变营销策略。在2021年举办的江宁区第一届"旅产杯"雨花茶和名特优茶质量评价活动中,双龙湖雨花大放异彩,荣获特等奖,微江宁、紫金山新闻客户端等平台的在线直播让百万粉丝共同见证了江宁好茶的成长。

3.2.3.3 "特色业态"利百姓

综合全国及南京美丽乡村的发展历程,乡村文旅最大痛点是留不住人,原因主要在于缺乏配套产业,游客来到乡村只"游"不"住",城乡要素之间无法相互流动。为了让游客留下来、住进来,佘村携手南京东山投资发展集团,以工会职工疗休养基地建设为契机,利用集体资产和村民自有房屋,打造"古风·行其野"民宿群,提供餐饮、会议、休闲娱乐、住宿等一站式服务。

在前期民宿群的建筑过程中,佘村基于已有的人流量及好评度,在小红书、微信公众号等多个社交媒体的自营页面进行"预热",通过网络征集大家对民宿建设的意见,不论是已经来游玩过的游客抑或是对佘村毫无了解的网友,都可以进行留言评价。佘村也实时将建造动态以视频等形式发布,加强游客参与感的同时,提前做出宣传。东山投资发展集团从整合好的留言中汲取灵感,综合考虑价格、环境、受众等因素,在保留原有建筑风貌的基础上融入山、石等多种元素,最终建造9栋民宿建筑。风格从日系到欧式再到商务休闲,价格从百元到千元不等,足以满足不同游客群体的需求。值得一提的是,"古风·行其野"民宿群的部分民宿采用"股份制"模式,村民提供房屋、村集体统一装潢运营,所获收益再按参股比例进行分成,真正做到了美丽乡村经济成果由全民共享。

不论在旅游前还是旅行过程中,借助"古风·行其野民宿群"小程序,游客在手机上轻轻一点便可随时、全方位地了解民宿群并实现快速订购。入住期间,除了由"遇见春天"美食城统一提供早餐及午餐,也可自主探索当地特色菜品,发现"深藏不露"的美食。线上订餐小程序更是提供极大便利,通过小程序提前联系村里的土菜馆,预留出空位,避免在人流量大时用餐,以获得最佳的用餐体验。民宿与餐饮业也会资源共享,给游客互相推荐,朴素的民风在商业化模式下显得更加难能可贵,这正体现了佘村文化传承的意义——乡村温情、留住美好……

3.2.4 数智分析,聚焦品牌建设

3.2.4.1 品牌探索

由最初的依靠外部企业带动经济增收,到现在建设属于自己的特色品牌,佘村将品牌建设与数智化紧密相连,实现了一、二、三产业融合发展。在新零售时代,消费者对于品牌的印象不仅仅停留在产品好坏,更多的是从感觉和体验上形成对品牌的认知。从侧面来看,品牌印象是一个品牌随着时间的推移存在于消费者心目中的所有体验的总和。根据品牌资产运营 CBBE 模型,创设成功的品牌离不开建立品牌标识、创造品牌内涵、引导品牌反应及缔造品牌共鸣这四个步骤,而它们依赖于显著性、绩效、形象、评判、感觉及共鸣六个维度。在打造"古风佘村"的过程中,为加深品牌力,佘村从以上四方面入手,向CBBE 模式靠拢。

(1)建立品牌标识

消费者在挑选商品时,初次映入眼帘的除产品外观外就是品牌标志。它不仅起到装饰、吸引注意力的作用,更是品质的代表。建立正确的品牌标识与品牌显著性密不可分,而一个品牌是否具有显著性,则可以从品牌被消费者识别出的难易程度以及消费者想起该品牌时购买的范围和消费现状来衡量。

基于当地特色,佘村设计出的品牌标志(Logo)充分展现了自身的文化底蕴——将"佘村"二字进行艺术变形并将具有代表性的建筑融入文字中,极具鲜明特色,突出了佘村厚重的历史文化及古色古香;Logo 设计中隐含的佘村山水,展现了当地山水环抱的自然景观。此外,佘村还邀请金陵科技学院为社区设计独一无二的 IP 形象。在搜集资料并实地调研之后,其将佘村具有代表

性的"七古"遗迹、雅丹地貌、梨花谷等作为设计元素,并联合社区舞狮民俗进行形象设计。社区还将单独的设计元素运用到明信片、邮票、茶包等文创产品中,不仅推进文创产业兴村,更在不知不觉中让"古风佘村"走进大众视野,树立了独特的品牌标识。

图3-3　江宁佘村品牌标识①

图3-4　佘村民俗 IP 形象②

（2）创造品牌内涵

品牌标识只是打造特色品牌的第一步,品牌内涵的培育则是强化品牌资产的第二步。创造恰当的品牌内涵离不开品牌绩效及品牌形象,要同时满足消费者的具体实用需求和抽象心理需求。

在"古风佘村"打造过程中,佘村把握住当今游客对古文化、休闲生活的向往,满足了大家对世外桃源的憧憬。城镇化建设给大家带来更好的居住环境但也带来更快的生活节奏,很多人渐渐在日复一日的工作学习中丢失自我,渴望能有安静的一隅让他们远离喧嚣、静下心来好好体验生活。而佘村盛开的油菜花、古色古香的马头墙、田垄阡陌的牛耕,伴随着袅袅炊烟,瞬间将游客拉回了乡村生活,仿佛步入了世外桃源,身心都得到了放松。很多游客在"佘村金陵古风第一村"公众号上留言道,来佘村游玩不仅是来找寻童年的乡村记

①　图片来源:佘村 金陵古风第一村 微信公众号截图
②　图片来源:金陵科技学院官微 微信公众号截图

忆,更是让自己不要忘记过去的乡村生活以及淳朴的乡风。

（3）引导品牌反应

现今的消费者更注重体验消费,强调自身的看法与主张,从消费前期到售后服务,众多环节的参与使得消费者会在不知不觉中对品牌产生评判与感觉。具体来看,对品牌的评价主要来源于产品质量、可信度、购买考虑等,而对品牌的感觉则相对更偏感性。企业应该关注消费者对于品牌的看法,用积极正面的评价及信息建立起消费者对品牌的感知。

佘村从线上营销、线下服务体验双重路径入手,促使游客对"古风佘村"产生积极的评价和感知。线上,社区借助自有的网络账号通过发布美景美食吸引游客前来打卡;通过美团、携程等第三方平台在不同的时间节点发布团购券,让游客用最少的花费享受到最大的快乐;而对于游客在留言板中记录的问题与建议,秉持着有则改之无则加勉的态度,社区会有专门的人员一一联系核实并加以处理解决。线下,佘村更是注重游客的旅游体验。除了修缮古建筑、传承古文化、打造古色古香的景区,社区还完善基础设施建设、全天候进行安全监督管理,保障游客安全。村中为游客提供咨询解答的游客中心、随处可见的旅游标识和景点介绍牌、专门的观光游览车……极大提高了游玩的幸福感。

（4）缔造品牌共鸣

品牌共鸣是消费者对于品牌认可的结果,也是企业品牌建设的最终目标所在。其表现为消费者对品牌的忠诚度是否强烈、是否认为品牌具有不可替代性、能否做到主动为其他消费群体介绍与该品牌相关的内容或活动。

"古风佘村"不仅是一个特色品牌,其背后更暗含着村民们对乡村振兴的期盼。自2016年建设美丽乡村以来,社区始终坚持保护为先、善用资源的原则,对村庄进行了全面的升级改造。从人居环境整治、潘式住宅修复、乡村文化复兴,到打造特色民宿群、深挖农业经济价值、创设农村合作社等,使佘村的知名度迅速攀升,人均收入更是翻了一番,实现了建设成果全民共享。此外,对游客而言,他们也不仅仅是"古风佘村"的体验者,更是佘村美好乡村建设的见证人。

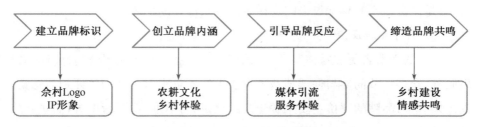

图 3‑5　佘村品牌的 CBBE 建设模式

3.2.4.2　品牌活化

　　佘村,一方瑰宝,承载着独特的历史底蕴和自然禀赋,带领游客进入一片神秘而纯粹的土地。在品牌探索阶段,佘村优势明显。"金陵古风第一村"的响亮称号和引人入胜的《佘村故事》,为佘村品牌赋予了深沉的文化内涵,明确了其自身的独特定位,完美避免了知名度不足等问题,以强势姿态融入众多乡村旅游品牌之中。虽然佘村的起点很高,但在旅游产品的体验设计和营销推广过程中,还存在着部分问题,例如,如何结合佘村特色和消费者需求,提供独特且令人满意的旅游体验,以及如何在有限的预算下选择合适的营销渠道从而实现良好的宣传效果,都是亟待解决的问题。因此,可以通过建立佘村消费者旅程模型,如图 3‑6 所示,描绘佘村潜在消费者从认知到兴趣到购买行为再到忠诚阶段的整个过程,了解消费者旅程中的心理和行为变化,并分析消费者在各个阶段所需的信息和体验,有针对性地为佘村品牌活化提出建议。

图 3‑6　佘村消费者旅程模型

（1）增进消费者感知

在旅游品牌的认知阶段，初识佘村的潜在游客还未完全领略到其独特魅力。因此，在这一阶段中，品牌需要广泛借助多样化的传播渠道，实现消费者触达。同时，这对进行数智营销的人才也提出了更高的要求。数智化营销人员不能仅限于街道下属东发集团的员工，还需继续打造具有强大凝聚力的营销团队。此外，尽管已设立"佘村 金陵古风第一村"公众号、视频号与抖音号，向社会全方位推介佘村，但这些平台和工具未能集成实现统一的运营管理。因此，在佘村品牌蓬勃壮大的道路上，首先需要唤醒并提升管理者和从业人员的数智化意识与认知。在数智化的时代，只有深刻意识到数智化营销的崭新前景，并将其嵌入战略规划的核心，品牌才能够迈向长远的成功之路。举办数智营销相关的培训、研讨和分享会等交流活动，有助于增强从业者对数智化营销的理解与重视，从而充分发挥现有资源，推动品牌的智能传播。同时，培养当地居民的数智化技能、吸引外部专业人才的加盟，也是提升数智化水平的关键步骤。佘村应打造系统性的培训计划，赋予居民与从业人员更强的数智化素养，以应对当今的数智挑战。其次，与消费者之间的沟通渠道不容忽视。社交媒体广告不仅能以生动多彩的形式展现佘村之美，还能与消费者形成情感共鸣，引发其浓厚兴趣。例如，可以通过微信推送等方式，或借助媒体资源，将佘村的独特景观打造成为引人瞩目的焦点。在宣传过程中，佘村的自然景观和历史底蕴可以成为突出的亮点，引导消费者深入了解佘村。当消费者进入探索阶段后，迫切希望深入了解佘村，品牌应积极拓展优化数字化平台，提供全面而深入的旅游目的地信息，以满足游客对于各类旅游线路、真实评价等信息的需求。此外，住宿、餐饮预订及咨询服务的一体化提供，也将进一步助力消费者全面认知佘村。

（2）培养消费者兴趣

在消费者旅程的兴趣阶段，消费者开始将初步的好奇转化为对品牌的具体兴趣，他们在这一阶段不仅是被动接受信息，更是积极地去寻找和了解。对于品牌而言，这是一个策略性的节点：品牌需要以精准和敏锐的方式满足消费者的好奇心和信息需求,借此引导他们更深入地参与其中。因此,为了吸引消费者,引导他们进一步探索,佘村需要进行深入的自我剖析,识别自身独特的价值和无穷的潜力,并据此重新设计和精炼品牌传播的内容和策略。首先,佘村需要明确并突显自身的独特价值主张。例如,将"古风佘村"的品牌升华为"历史文化与自然景观和谐共融的理想乡居"——一个将佘村丰富的历史文化和自然资源高度整合,与其他乡村鲜明区隔的独特品牌形象;为深入发展传统工艺与民俗习惯,在继续修复古建筑的基础上,佘村还可以策划和举办如历史文化节、工艺展览等活动,将历史文化的精髓渗透到乡村日常生活的脉络中,以此生动地展示其深厚的文化底蕴。佘村还可进一步挖掘本地的历史、文化,结合自然资源,创作更有深度和丰富性的内容。例如,在《佘村故事》的基石上,构筑一系列关于佘村历史传说、文化传承和自然景观的纪录片、文章和摄影作品,这不仅可以将佘村的田园风光展示得淋漓尽致,更能深入挖掘佘村历史、文化和人物故事的魅力。最后,佘村需要继续紧抓新技术的纽带,创新营销手法。借助社交媒体、VR 和 AR 等科技力量,丰富和焕新品牌的营销形态和体验方式。在紧扣新技术脉搏的基础上,佘村还需要拓宽宣传的通道。不仅依靠官方媒体的传播,佘村还可以积极与社交平台、旅游网站和关键意见领袖(KOL)携手合作,以流量和内容的双翼,吸引并紧紧抓住消费者的心。通过这些措施,佘村品牌不仅能以更丰盈、更深沉、更具魅力的形态展现在消费者眼前,更能有效地吸引他们步入佘村的世界,深入探究和感受其独特的文化和价值,进而与消费者之间建立起深厚而持久的情感纽带。

(3) 优化消费者体验

当消费者逐渐转入购买阶段,他们对于产品和服务的详细信息展示出极高的敏感度和关注度。佘村,作为一个充满潜力的旅游目的地,需要在明确自身独特价值和定位的基础上,更专业、系统地设计和展示其产品与服务,确保消费者在购买阶段能够得到充分的说服信息,从而愉快地完成购买决策。为了进一步扩大佘村的影响力和吸引力,第一,打通品牌的不同产品信息展示渠道至关重要。佘村应携手当地的商户,通过开发数智化旅游综合管理平台或使用现有旅游服务平台,系统地整理和呈现每一个细节——将价格、服务内容、顾客评价等关键信息展示其中,以便消费者能快速、准确、直观地了解所提供的产品和服务。第二,还可以继续借助现代科技,如深度融合 VR 技术,使信息的呈现更具沉浸感和真实性。从民宿的结构与庭院花草,到本土文化体验的工艺与传统,再到特产销售的原产地与制作过程,这些重要信息,皆可通过虚拟现实等技术实现元宇宙的多场景呈现。第三,佘村可以积极与周边的其他旅游景点或服务提供者建立战略联盟,共享资源和优势,共同推出优惠套餐或联票,为消费者呈现更为丰富和便利的选择。在数智化的时代,佘村也应继续升级其大数据监测和分析系统,这不仅可以让佘村有针对性地了解游客的喜好和行为,还可以根据市场变化和消费者反馈,动态、精准地调整产品和服务,确保其始终保持鲜活的生命力和竞争力。

(4) 维护消费者忠诚

消费者忠诚在消费者旅程模型中具有举足轻重的地位。它不仅直接关联到品牌的盈利和成长,还是品牌可持续发展和市场竞争中的关键因素。为了维护消费者忠诚,佘村可以从这三方面展开努力。一是加强客户关系管理策略运用,二是激活满意游客的口碑推荐与宣传潜能,三是通过数据促进客户与品牌的情感共鸣。基于此,佘村品牌可以稳步而深入地培养和维护游客忠诚。首先,佘村可以筑建一个完善而精准的客户关系管理(CRM)系统,以更人性化和可持续的方式追踪并与游客的每一个接触点产生互动。该系统不仅可以记录游客的行为和偏好,更能洞察其潜在需求,实现从"客户满意"到"客户忠诚"的华丽蜕变。其次,佘村可以引入一套推荐奖励机制,将满意游客转化为品牌的自然大使,鼓励他/她们在各种社交媒体平台上自发地分享在佘村的独特体验和温馨回忆。为了激发消费者的参与热情,佘村可以创设线下互动体验区和线上品牌社区,诚邀游客分享其在佘村的旅行篇章和鲜活瞬间,进一步形成社群互动。最后,佘村可以持续对消费者的声音和反馈给予密切关注和回应。为此,佘村需要结合数智技术,升级其灵敏而周密的信息反馈机制,定期以在线评论分析、用户行为追踪等方式,收集并洞察消费者与市场的脉动和变迁。从这些宝贵的反馈中,佘村能逐渐找到改进的路径,从而确保其品牌战略和服务体验能够灵活地应对不断演变的市场环境和消费者需求,使佘村不仅成为一个受欢迎的旅行目的地,更成为人们心中的情感归属和精神寄托。

3.2.4.3　借鉴意义

近年来,科技的发展进步给人们的日常出行、信息获取、景区游览等开拓了新方式,为农文旅产业提供了更具创新性的发展思路和更广阔的发展空间。要实现农文旅的可持续发展,数智赋能成了不可或缺的关键因素。佘村正是适时把握了机遇,立足"金陵第一村"的特色资源,借数智手段推进农文旅融合的高质量发展,依据消费者的"认识—认知—认同"过程,打造出了古韵乡村特色品牌。佘村有关农文旅自主品牌化的过程也恰恰印证了品牌建设五星模型的基本框架,对我国其他古村落农文旅发展有着重要借鉴意义。

品牌五星模型将品牌资产划分为五个关键部分,包括品牌知名度、品牌认知度、品牌联想度、品牌忠诚度和其他品牌专有资产,如图 3-7。这提供了一个系统的、全面的评估框架,帮助企业进行品牌建设,最大限度地发挥品牌的市场价值,发掘品牌的潜在发展趋势。基于佘村农文旅发展所取得的成果和未来的发展方向,本节将借助该模型深入探讨数智赋能对农文旅产业自主品牌化的重要作用。

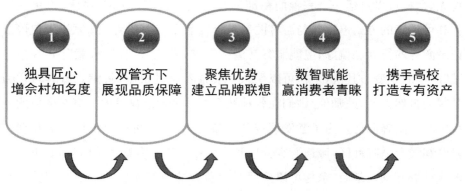

图 3-7　佘村品牌建设五星模型

（1）独具匠心，增佘村知名度

与许多未能得到充分发展的旅游地一样，佘村初期最大的发展困境是知名度不高导致的吸引力不足。为了在品牌化的过程中解决这个问题，佘村迈出的第一步就是提高知名度。品牌知名度是指消费者对品牌的记忆程度，反映了一个品牌具有的影响范围。在数智经济的大背景下，消费者的需求和获取信息的方式发生了巨大转变，更倾向于通过在线平台、视频软件等来满足其对产品或服务信息的了解。因此，要实现品牌知名度的跨越式提升，就需要转换前期的宣传思路和方法，综合考量现阶段消费者对信息获取渠道的偏好、各平台用户画像和话题热度等，积极迎合数智经济背景下消费者购买行为的转变。

为最大程度地提高佘村农文旅品牌知名度，佘村基于其自然与人文的双重条件，结合当下主流的宣传方式，在各大社交媒体平台开启了线上宣传的新模式。最初，佘村以"美丽乡村主题摄影展"为契机，邀请来自五湖四海的朋友前来参加摄影比赛，一睹佘村的独特魅力。一方面，随着摄影展的邀请通知在微博、抖音等众多平台发酵，佘村开始走入大众的视野，人气迅速攀升。另一方面，后期的摄影作品评比和展示环节，在无形中也为佘村进行了二次宣传，以摄影师不同的拍摄视角，进一步诠释佘村浓郁的乡村气息，为佘村带来更多的曝光量和关注度。要打响佘村的知名度，必然离不开各个平台富有创新性的宣传。佘村后续并没有选择"胡子眉毛一把抓"，而是依托自身特色，聚焦热门话题，在各平台掀起了一波佘村"打卡热"，极具特色的设定为佘村增添了一丝浪漫气息，引发游客亲临观赏、打卡的兴趣。

（2）双管齐下，展现品质保障

作为坐拥自然优势和悠久文化的古韵乡村，只有讲好佘村故事，展现佘村在农文旅方面与其他古村落之间存在的差异之处，才能将"金陵第一村"的独特价值毫无保留地传递给游客，并在与游客建立联系的过程中塑造良好的品牌形象。品牌认知度是指消费者对某一品牌的整体印象，涵盖品牌的外观、特点、可信赖度等多个方面，是促使消费者产生购买行为的关键因素。在数智时代，人们能够利用碎片化时间，通过直播介绍、视频展示、买家评价等多种渠道对目标产品的各个方面进行深入了解,感知产品能给其带来的实际功能价值和情感价值。

近两年,"躺平""Gap year""City walk"等流行语盛行,在这背后是当代年轻人对都市忙碌生活的厌倦。佘村敏锐捕捉到了城市居民对宁静生活的向往,开始以"都市郊游"与"古村旅游"为特色,为游客带来全新的旅游体验。一方面,佘村通过微信公众号向游客展现目前所推出的项目,如自行车训练基地、龙出没漂流、小川藏线等。传统图文宣传和 VR 实景导览双管齐下,以身临其境的场景和智能互动为佘村的农文旅品牌注入新鲜元素,将佘村最真实的一面展现给游客,大幅度提升游客对佘村的认知度。另一方面,佘村积极建设智慧化的旅游管理平台,在公众号"佘村 金陵古风第一村"中提供完善的导览服务、游览反馈等信息,并借助物联网、大数据等数智技术对公众号的历史访问记录、反馈建议进行分析,实现景区的智慧管理,赢得游客对佘村农文旅品牌的肯定。

(3)聚焦优势,建立品牌联想

在佘村品牌认知度得到提升后,如何将这一成效延续并实现最大化成为佘村重点关注的问题。在此基础上,佘村集思广益,以其所拥有的特色文化为主线,开展相关活动,进而创造消费者共鸣,提升品牌联想度。品牌联想代表着用户对品牌的态度和情感,指的是将品牌与消费者所处环境中的其他事物相联系,以便用户有需求时能够立即联想到该品牌,是品牌差异化定位和独特营销方式双重作用的结果。品牌联想度不仅仅是品牌延伸的基础,也是打造强势品牌所必不可少的因素。在数智时代,品牌联想的重要性变得更加突出。在产品同质化竞争现象严重的背景下,消费者可能无法辨识产品的真正价值,而品牌联想可以通过深度融入品牌文化、品牌核心竞争力等方式,为消费者提供决策依据,唤起消费者的感性价值。

佘村立足其得天独厚的自然环境、历史文化优势,通过数智化手段与旅游业建立起更紧密的联系,并增强品牌在用户心中的存在感,在众多农文旅品牌中脱颖而出。为重现佘村浓厚的历史底蕴,佘村在 2016 年秉持再现传统建筑古韵风貌的理念，对古建筑群进行修缮。通过无人机摄影测绘、激光扫描等技术重塑古建筑群的三维模型，力求保持原结构、使用原工艺，还原古建筑群原有风采。在修缮工作结束后，佘村利用潘氏宗祠建设村史馆，并通过人工整理的方式编撰了《佘村故事》和《佘村志》，详细记录佘村的历史传承、风土人情。除此之外，佘村联合街道和官媒共同策划"佘村丰收节""梨花节汉服周"等活动，利用数字化技术和社交媒体平台，将其特有的文化和人文景观与农文旅品牌联系起来，创造共鸣和共同体验，使佘村的形象变得更加饱满和鲜活。如今，一提到潘氏祠堂、潘氏住宅、梨花节汉服周，人们便会第一时间想到佘村，这一承载着悠久历史文化的"世外桃源"。

（4）数智赋能，赢消费者青睐

众所周知，对品牌忠诚的客户自带传播效应，佘村在成功建立品牌联想后并没有停止脚步，而是借助数智之力进入下一个关键环节——提高品牌忠诚度。品牌忠诚度是品牌资产的核心要素，代表了消费者对品牌的独特偏好、消费倾向和消费习惯。随着科技的迅猛发展和数智时代的到来，消费者的需求发生转变，开始偏好于消费个性化、高质量的产品和服务，追求更加高效的消费体验。因此对于农文旅产业而言，游客的体验感是塑造品牌形象的重要方面，通过优质的线上、线下服务，满足甚至是超出游客的预期值，进而赢得口碑和忠诚度。

佘村正是意识到了游客对品牌忠诚度的重要性，在保留古韵乡村特色的同时，抢抓数智机遇，为游客提供个性化服务和卓越的旅行体验。在农业方面，佘村坚持保留原始的耕种方式，旨在为久居都市的居民还原农村农业最初的生产情景，通过原始农耕技艺为游客提供与大自然亲密接触的机会。在娱乐项目方面，佘村的龙出没漂流推出了线上购票和扫码快速入园服务，便于游客提前预订门票，减少排队时间。与此同时，还在园区设置了人流量监控装置，监测器自动上传数据至控制中心，为景区提供准确的客流情况分析，有效保障游客的个人安全，并为他们提供舒适的游玩体验。因此，每当游客想要体验原始种植方式，抑或是选择夏日避暑胜地便会联想到此前在佘村的卓越体验,从而再次选择佘村。

(5)携手高校,打造专有资产

近年来,佘村越来越意识到专有资产的重要性,开始将目光转移至无形资产的打造,从而增强了其品牌的核心竞争力,实现了农文旅的可持续发展。在品牌资产中,除了核心部分,还存在着一些重要品牌资产,包括专利、商标、知识产权等。这些资产是独一无二的、无法被轻易替代的资源,从某种程度上讲,它们能够极大地提高品牌的核心竞争力。

就佘村而言,与游客之间建立起的情感连接和引起的共鸣是打造高品质产品和提供优质服务不可或缺的要素。为进一步帮助和引导更多青年传承优秀传统文化,改善乡村的精神文明建设,佘村携手高校举办了一系列主题为"绘金陵佘村,忆田园风情"的线上设计活动,旨在将当地的历史文化、代表性建筑和自然风貌等元素融入设计中,打造佘村专属的 IP 形象,唤起人们对佘村乡村文化的兴趣和热爱,从而赢得消费者的情感认同,进而将这种情感联系转化为佘村独有的无形资产,为其农文旅产业的发展带来长期的市场优势。

3.2.5　数智升级,绘就未来篇章

都说"故乡安不了身体,城市安不了灵魂",佘村却做到了既"安得了身体"又"安得了灵魂"。承古推新,数智加持,不论是文化传承,还是品牌建设,它都开创了一条颇具特色的发展之路。然而,当今的乡村发展现状远不是佘村居民希望的终点。对佘村来说,一切都只是刚刚开始,打造享誉全国乃至世界的特色农旅品牌还有很长的路要走。以可持续发展为导向,以经济建设为目标,且看数智化时代下,佘村如何继续开启"共建美丽乡村、共享美好生活"的新篇章。

3.3　渠道:麻江蓝莓——数智渠道助力黔莓出山

3.3.1　前言

"绿水青山出佳果,产业振兴有秘诀",近年来,清水江上游的贵州省麻江

县,凭借丰富的自然资源与适宜的生长环境等优势,依托蓝莓产业,不断推进乡村振兴建设,使生态宜居的蓝图逐步成为现实。但由于龙头企业带动能力有限、线上销售经验不足,麻江县的蓝莓产业陷入宣传少、渠道窄的困境。适逢其时,麻江县紧抓与政府、高校的合作机会,顺应"数智化"趋势,运用数智技术探索蓝莓产业的销售新模式。得益于分销渠道的革命性突破,蓝莓销售开始出现新的转机。如今,除了自营的"云淘麻江",淘宝、京东等各大销售平台也随处可见麻江蓝莓的身影。数智时代下,麻江蓝莓迈出了坚实的一步,在初获成功的背后又有着怎样的故事?

3.3.2 黔莓成型,销量屡遇困境

3.3.2.1 传统模式,致使发展受限

起初,麻江县虽有"小上海""清水江上的明珠"等美称,但长期受困于"八山一水一分田"的山地环境,土地资源紧缺。尽管坐拥适合种植高端水果的良好生态环境,麻江却未能摆脱贫困落后的境遇。

久陷于贫困,麻江县人民无一不憧憬着早日实现小康,始终没有停止过书写脱贫攻坚的画卷。在当地人民认识到蓝莓的价值之前,麻江县多以种植玉米为主,但辛苦耕作一年,每亩地的收入并不可观。与此同时,随着人们对健康食品和水果的需求增加,富含抗氧化物、维生素等营养成分的蓝莓逐渐受到消费者的青睐。综合多方因素,麻江人民看到了蓝莓产业的商机,于1999年率先开展蓝莓引种试验,而后不断自主研发,在2004年成功突破种苗繁育难关。解决了种质问题,"土地资源不足"又成为一个新难题。麻江人民陷入两难,但为了进一步扩大蓝莓产量,仍下定决心将荒山改造成梯田、将玉米改种蓝莓,把麻江县的种植优势发挥到极致。经过多年的艰辛探索,麻江县全面掌握了蓝莓的品种选育、栽培等关键技术,并成立商品育苗基地,开始进行规模化生产。

销售初期,麻江蓝莓以传统的线下面对面销售为主,这带来了信息不对称、渠道单一等问题,很大程度上限制了蓝莓产业的发展。例如,在通过批发

市场和农贸市场进行销售的情况下,蓝莓种植户大多只能依赖中间商来销售产品,这就存在价格被恶意抬高、产品市场竞争力下降等风险。麻江蓝莓的经营团队敏锐地察觉到了这些问题,迈出了拓展渠道的第一步。

3.3.2.2　数字加持,解决实质问题

为使麻江蓝莓飞出大山、名扬全国,解决运输问题刻不容缓。面对贵州"山路崎岖、运输成本高"这一难题,麻江县积极与京东物流合作,建立"产地直销＋物流运输"的直销通道,充分发挥资源整合能力,助力蓝莓出山。在这期间,京东物流汇集广大爱心人士架起了麻江县和蓝莓购买者之间的桥梁,帮助农户增收,助力麻江蓝莓上行。在解决了运输问题之后,下一步就是怎样卖出去。2015 年,麻江县电子商务服务运营中心牵头搭建了"云淘麻江"电商平台,"电商＋农产品"模式就此展开。农产品电商在发展初期,打破了传统销售模式的地域限制,帮助麻江蓝莓在众多竞争对手中脱颖而出,实现了市场的扩大和产品销量的增长。在 2018 年的电商扶贫秒杀活动中,经过一小时,便实现了线上 30 万元的销售额。不仅让麻江蓝莓在短时间内"火了一把",而且让蓝莓企业更加深刻地体会到电商平台对蓝莓产业可持续发展的重要性。

然而,蓝莓的销售情况却并未如期望的那样持续下去。麻江蓝莓的销量似乎进入了瓶颈期,甚至出现滞销现象。伴随经济发展,消费者健康意识增强,更加关注食品安全,而麻江蓝莓一向走的是"低调"路线,其高品质与好品牌皆鲜为人知。因此,相对于市面上的蓝莓,消费者对麻江蓝莓的接受度相对较低。此外,伴随全渠道发展,消费者更多地依赖线上购物。麻江蓝莓的推广面临巨大挑战。

为尽快解决这一问题,南京农业大学驻村书记裴书记将目光瞄准了线上推广。第一步就是扩大麻江蓝莓的知名度。经营团队看准了用户量巨大的抖音平台,不断制作短视频进行推广并与粉丝互动,视频中不仅介绍了麻江的地理位置、生态优势,还彰显了麻江蓝莓以及其他农产品的优秀品质。粉丝和评论的快速增长让经营团队喜不自胜,而后又做出了一个大胆的决定——是否可以借助直播带动销售?说干就干,短短两个小时,五个直播平台,观看人数

超出十万,大量网友竞相抢购蓝莓及各种蓝莓深加工产品,最终的成交额共计二十余万。线上销售形式的创新,也为"如何进一步拓宽麻江蓝莓的销售渠道"带来了启示——不能囿于已有的渠道,拥抱数智化才是大势所趋。

3.3.3 数智发力,推动黔莓出山

通过"短视频+直播"的初尝试,经营团队深刻认识到"酒香不怕巷子深"的时代已经过去。尽管麻江县优质的自然环境造就了麻江蓝莓的好品质,但面对国内蓝莓种植地多、品种多、竞争激烈等市场现状,只有第一步是远远不够的。且看麻江县是如何立足本地特色资源,通过线上线下双渠道抓住数智化机遇,给小小蓝莓插上翅膀,为助力"黔货出山"交出一份满意的答卷。

3.3.3.1 网络宣传,打响知名度

蓝莓能够在短时间内打响知名度,离不开麻江县将数智手段融入宣传的意识。通过三步走,其实现了营销渠道的丰富。

第一步,精准分析,"打有准备之仗"。借助大数据技术对搜集的消费数据进行分析,定位目标人群,做到精准投放宣传内容;并在抖音、淘宝、美团等平台上巧妙地以关键词、图片等形式推送,让麻江蓝莓有更多的机会出现在大众视野中。

第二步,线上自媒体"遍地开花"。麻江县在小红书和新浪微博等多个社交媒体平台开设官方账号,如"麻江蓝莓""麻江蓝莓调研日记""蓝笑"等,日常发布从蓝莓种植到食用的短视频或者文案。除发布产品内容,官方账号也会关注"党的二十届二中全会""中央一号文件"发布等热点话题,借助词条评论,以正面形象为自身"引流"。

第三步,合理筛选合作伙伴。麻江县并不执着于那些最火爆的头部KOL,而是更注重稳定且长期的合作关系,邀请网络博主对蓝莓进行推荐,借助博主的影响力,在短时间内提高了麻江蓝莓的知名度。凭借以上措施,网络上掀起了一股"麻江热",网络平台上麻江蓝莓的搜索量显著增加。

3.3.3.2　电商平台，注入新动能

有了知名度，接下来就是销售。"怎样才能让蓝莓更好卖？怎样让蓝莓更能满足消费者的需求？"，种种问题萦绕在麻江县蓝莓种植户的心头。

电子商务的发展给麻江人民带来了新的希望。2015年，麻江县正式启动电子商务进农村综合示范项目，推动城乡生产与消费的有效对接。在发展的18家电商企业中有13家与京东商城、阿里巴巴、淘宝、苏宁易购等平台建立合作关系，形成了线上线下有机融合的农村电子商务体系。线上通过产地仓、直采、窗口采购，推动农产品走入帮扶城市批发市场、大型超市等。线下以大数据分析结果为依托，开展订单农业。农村电子商务体系的创新有效带动了蓝莓销量。然而，新的问题又产生了——线上线下的销售数据难以共享，市场信息的闭塞导致麻江蓝莓销量始终难有大的突破。究其原因，蓝莓从种植到销售的海量数据分布在各个环节，各电商平台的数据缺乏统一的标准，暂且不论数据共享，单单是实现数据整合就有很大困难。

鉴于在产业互联网环境下任何企业或者个人不能仅依靠自有资源的积累来实现跨越式发展，许多异质性资源需要依靠外部获取来提供技术支持。为了稳定渠道和提升销量，麻江县建立了供销一体化的全产业链数智平台，聚焦蓝莓产业数据生成、采集、加工处理、反馈，打通蓝莓"售前准备—销售管理—市场回溯"的各产业链环节，在销售环节形成统一的数据库，为电商平台注入新动能。

（1）售前准备

随着经济的发展，消费者需求呈现出多元的层次，不仅追求产品质量，更偏爱绿色健康且具有个性的产品。相较于传统缺少计划的盲目生产，种植户和运营团队希望在有限的资源条件下精准把握消费者需求，创造出更高价值。为了保证畅通的信息交流和互动渠道，麻江携手布瑞克农业大数据科技集团打造了数智化大数据平台，以此收集、实时更新流通端和销售端的海量消费数据，并对比蓝莓和其加工品的产出量及销售量，以可视化图表的形式直截了当地反映消费者偏好。数据结果表明，在所有产品中，消费者对蓝莓鲜果、蓝莓

果酱的需求名列前茅,而此前各电商平台重点推送的却是蓝莓保健品,这明显与消费需求背道而驰。通过对数据的分析,电商平台快速地调整选品、发掘新市场并开展精准营销,有效提高了潜在销售转化率。

在产品上架前,如何在合理区间内制定出最吸引消费者的价格？受生长周期的影响,蓝莓价格在产出旺季和淡季有很大区别。考虑到产品功效、加工深浅等因素,蓝莓加工品的价格也不尽相同。大数据平台巧妙地整合蓝莓在各电商平台上不同价格下的销量,实时更新,比对其他品牌蓝莓价格对麻江蓝莓销量的影响,发布蓝莓价格指数,为平台实现"动态定价＋场景定价"提供数据支持。当地以蓝莓农业大数据为核心,以产业互联网为抓手,使商家精准把握蓝莓市场的整体走向,在不同时期"量身定制"蓝莓价格。

(2) 销售管理

生成订单是达成交易的第一步。相较于之前程序复杂的下单流程,电商平台能够促使供需双方快速达成交易。线上商城、直播等多形态场景有效整合了消费者和商家的供需信息,帮助双方在最短的时间内了解彼此需求,消费者足不出户就可以实现"云体验、云选择、云购买"。

电子商务的开展离不开物流运输系统的支撑。蓝莓鲜果采摘后两小时内必须放入冷库,在运输全过程中也必须采用低温冷链保鲜。麻江供销社为了覆盖更广泛的区域,出资建立麻江共配中心,在县城和乡镇设立多家快递驿站,邀请申通、圆通等5家快递企业入驻,建立起麻江县至各大城市的快递配送网络。当地快递公司还将先进的物流信息系统嵌入电商平台,不仅实现了对供销物流的管理和追踪,让蓝莓产品的配送更加快速、准确且高效,还能根据订单信息,自动生成有关运输方式、产品种类等备注,最大程度避免错漏发,提升消费者满意度。另外,通过仓储物流行业和电商平台的对接,辅以大数据平台,蓝莓供应商可实时监测产品的运输状态、详细轨迹数据、签收状态、预计送达时间等。对于运输过程中出现损坏的蓝莓,有专人在运输节点给包裹贴上标签,再通过物流信息系统及时反馈给平台供应商,限时提出解决方案,尽最大努力让消费者收到新鲜的蓝莓。

尽管电商的数智赋能在很大程度上提升了蓝莓的销售,但不可忽略的是,众多中小型蓝莓供应商仍面临着新的瓶颈——资金流转接应不上。为了助推麻江百亿级蓝莓产业集群的形成,专为供应商们提供融资服务的"电商＋供应链金融"模式应运而生。以京东商城为例,其依据蓝莓供应商在平台采购、销售等环节的财务数据,建立授信系统,以过往供应商的交易记录为参考,对应生成授信额度。凡在额度内的资金,供应商可通过系统自主申请融资,平台自动化审批后放款。在平台售出蓝莓产品后,系统自动结款。此外,蓝莓供应商可以根据实际情况需要,在银行开立基本账户和结算账户,对外处理由商品交易等引起的收付款,对内随时查看自身资金运作状况,以此加强资金统筹,降低财务风险。

(3)市场回溯

蓝莓市场信息分散在各电商平台,需进行有效整合,精准分析之后发布新的市场信息,从而更好满足顾客新的需求、提高产品的竞争力。借助供销一体化的全产业链数智化平台,实现了对蓝莓产业供需情况、市场竞争环境、产品状况、流通渠道等的客观描绘和实时反应。在完整准确地整合市场信息并保证时效性、价值性的基础之上,各电商平台将再次发布有关麻江蓝莓价格、功效、物流等新的销售信息。另一方面,电商平台凭借上一轮的消费数据,更迭新的用户画像体系,借助大数据、人工智能等技术巧妙连接供给端与消费端,进一步完善消费者的喜好和习惯,从而有针对性地推出蓝莓产品。

关关难过关关过,得益于全产业链数智化大数据平台的建立,麻江县突破了电商平台的销售瓶颈,也依此探索出了一条适合当地产业发展的数智化升级之路,开启新一轮的"黔莓出山"。

3.3.3.3　线下渠道,创新破重围

麻江县开辟线上销售的同时,也没有忘记传统的线下销售,甚至借助新形式,助推蓝莓的销售。依托文化和环境优势,麻江县推进全域旅游发展,着力打造蓝梦谷、药谷江村、夏同龢状元文化园等景区。乌羊麻景区作为麻江县内的"世外桃源",不仅山水环绕,风景优美,而且水果丰富,是旅游观光、鲜果采

摘的圣地。穿过乡间小路,老远就能听到阵阵吆喝声:"现摘现卖的新鲜蓝莓,好吃不贵,快来尝快来买啊。"走进景区,二维码随处可见。游客拿起手机扫一扫便可以对景区路线、蓝莓介绍等有初步了解,还可以当场下单现摘的蓝莓,也可以请景区直接将蓝莓寄送出去。每年的 6 月 10 日左右,麻江都会举办蓝莓音乐节,各景区日人流量最多能达 1 万人次。蓝莓音乐节不仅提高了游客对蓝莓的热情度,更带来切实的效益——90％以上的游客都会在音乐节之后入园采果。基于产业发展和营销的成功,麻江县着力打造麻小莓全国连锁品牌,开设了多家品牌旗舰店。推开旗舰店大门,蓝莓的清香扑鼻而来,店里设置蓝莓特产、蓝莓果饮、蓝莓 DIY 三个板块。在这里,消费者不仅可以品鉴到新鲜蓝莓做出来的产品,如蓝莓茶、蓝莓酒;也可以自己 DIY,体验动手制作蓝莓山楂条、蓝莓果糕的快乐,将亲手做出来的产品送给亲朋好友。

　　在线下,不论是景区售卖、店铺体验抑或是摊贩售卖的销售数据都能够通过 SAC(蓝莓)全农链大数据云平台进行整合。云平台实现了采集数据的实时更新,为销售端和供给端提供信息交流及互动渠道。此外,通过"数字化＋智能化"的数据分析,更好地了解顾客的需求和喜好,优化线下产品种类和定价策略,提高销售额和顾客满意度。

3.3.3.4　售后服务,提高美誉度

　　伴随着消费升级,过硬的产品品质才能打造金字招牌,完备的售后服务也会为提高品牌的美誉度添光加彩。在生产端,为确保麻江蓝莓生产全程可追溯,麻江县已在蓝莓产业示范园区建立质量安全溯源中心,实现"从土地流转、种苗供应、基地建设、技术指导、生产管理、产品采摘到加工包装、销售"的全程可追溯。在未来,园区还计划建立完善的质量安全溯源体系和质量安全监管体系,同时实现种植源头、销售渠道的可追踪和产品质量可评估。最后,通过多方整合,建立蓝莓产业溯源平台,从而实现麻江县蓝莓全产业链溯源体系。

　　除了在生产端严格把控蓝莓品质,在销售端商家也做出承诺:发货的蓝莓都是经过一颗颗筛选,保证每一颗蓝莓都是完好的,如果因运输致使收货时发现坏果,坏果率大于 5％会重新安排发货,实现了让消费者"买得放心、吃得安心"。

3.3.4　数智探索，开辟黔莓市场

3.3.4.1　竞争分析

"一部蓝莓史，半幅脱贫图"，1999 年麻江县开展蓝莓引种实验，迈出脱贫致富的第一步，现如今蓝莓成为麻江"一县一业"的主导产业。回顾往昔，麻江在激烈的市场竞争中并非顺风顺水，也曾面临诸多挑战。

在企业早期制定市场战略时，许多企业片面地认为只要产品质量足够好，就能在市场竞争中占据一席之地。但事实上，影响市场竞争的因素并非只有一种，还存在着新进入者威胁、替代品威胁、同行业竞争者的竞争程度、供应商议价能力和购买者议价能力这五种不同的形式。从上下游生态方面来看，供需双方以提高或压低产品单位价值来影响行业中现有企业的盈利能力；从竞争实体来看，新进入者、替代品及同行业竞争者间的强弱关系直接影响着市场态势。五股力量相互交织，形成合力，共同影响竞争环境及企业战略制定。从当今的视角来看，麻江蓝莓引入数智化之前的市场环境大致可以概括为如下几点：

首先，蓝莓市场竞争激烈，产品可替代性强。一方面，云贵高原作为我国五大蓝莓产区之一①，有着优越的蓝莓种植环境。但地形地势、物流运输、保鲜技术等严重限制了麻江蓝莓的销售。另一方面，相较于其他产区口感更好的南高丛蓝莓、北高丛蓝莓等品种，麻江早年以种植易于加工但口感相对较差的兔眼蓝莓为主，极易被其他产区蓝莓所替代。此外，对比苹果、香蕉等其他水果，蓝莓季节性波动明显，很难成为消费者购买水果的第一选择。

其次，顾客可多渠道对比产品，议价能力较强。电子商务的快速发展，使得消费者可以不受时间、地域的限制购买蓝莓产品，不仅选择众多，更可以"货比三家"。麻江蓝莓的市场定位更偏向高端市场，因而容易出现消费者"在同样的品质下比价格，同样的价格下比品质"的情况。

---

① 我国五大蓝莓产区：胶东半岛蓝莓产区，长白山、大小兴安岭蓝莓产区，云贵高原蓝莓产区，长江中下游流域和南方地区。

最后,商家价格基本可控,但缺少弹性定价。麻江蓝莓早期以线下批发市场和农贸市场销售为主,很大程度上依靠中间商销售。种植户与中间商往往签订长期合作协议,发展订单农业,根据种植成本、预期利润,种植户对于蓝莓的定价的议价波动幅度基本较小。但各中间商在销售时,受蓝莓在不同时期的市场竞争状况等多种因素的影响,对在售蓝莓的定价很难随市场状况进行实时、有幅度的调整。

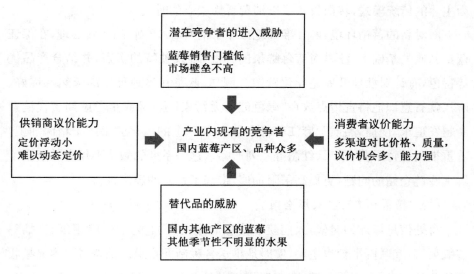

图 3 - 8　麻江蓝莓五力竞争市场分析

3.3.4.2　数智探索

蓝莓是联合国推荐的"第五代水果",市场前景广阔,尤其是麻江生态环境优势明显,这对品质要求较高的高端市场具有很强的吸引力。但在上述的市场环境中,麻江蓝莓的销售始终难以有较大突破。伴随着互联网发展,其媒体属性、可检索性、可分享性让网络整合营销成为一个独立的分支,营销方式也亟须升级转变为以消费者为中心的 SIVA 理念。其中,S(解决方案)是根基,供应商家通过 I(信息)的传播增加产品知名度,在提高产品 V(价值)的同时拓展 A(获取途径),多重方式入手,增加产品销量。幸运的是,麻江及时转变营销策略以匹配 SIVA，将电商业务与数智化紧密结合，开辟了新的销售图景。

（1）"以产品为中心"到"以顾客为中心"

随着消费的进一步升级，消费者对于"健康、个性化"的需求愈发强烈，传统的营销模式及营销思维也随着消费者需求变化发生了根本性转变，基于消费者需求、提供问题解决方案的营销方式日益重要。麻江也逐渐摒弃以产品为主导的传统模式，转而投入了以消费者为中心的时代。

面对新的营销环境，麻江准确把握住了消费者"求新"的消费心理，在保证蓝莓品质的基础上，注重对蓝莓鲜果的开发，寻找独特的卖点，并结合产品优势特色，有针对性地开展差异化营销。例如，蓝莓在当地种植的天然环境好，麻江就有意识地将宣传点放在"绿色健康无污染"上；又或是考虑到当代消费者越发追求"便捷，品质"，麻江就将全县 70% 以上的蓝莓鲜果用于精深加工，着重推出蓝莓果酱、干果、红酒等系列产品。这一系列的做法不仅有效解决了鲜果冷链仓储的问题，更提高了附加值，带来了切实的经济效益。

（2）"籍籍无名"到"火爆全网"

身处信息爆炸的时代，人们获取信息的途径更加多元化，除报纸、广播等传统渠道，互联网平台也主动、实时地推送各种新闻报道。消费者更容易接收碎片化的信息，也更善于筛选、回避铺天盖地的信息。搭上信息时代的快车，借助互联网渠道开启整合营销成为与消费者建立联系的关键。

麻江将数智手段融入前期的传播渠道中，通过大数据精准定位目标消费者，以图片、视频等消费者喜闻乐见的形式推送产品，在潜移默化中给消费者留下深刻印象。进而，又在多家媒体平台借助热点词条、邀请知名博主进行宣传引流造势。通过网络宣传，麻江蓝莓一改早期"默默无闻"的状态，在网络平台上的搜索量持续飙升，彻底"火了一把"。在销售后期，商家根据上一轮已有的数据，利用自然语言处理等快速提取能够代表消费者消费行为的标签特征，构建消费者画像，形成一套完备的消费者标签体系，再按照不同的标签为消费者精准匹配蓝莓产品及产品信息推送。与此同时，整合产品的反馈渠道，按消费者反馈对产品宣传方式及内容进行优化,更进一步减少了推送信息的不确定性,降低消费者对过度宣传的厌恶心理的同时,帮助他们更快速准确地购买到心仪产品。

（3）蓝莓价值大翻身

消费者在探寻解决方案前,往往会对价值产生感知;在获得解决方案后,通常还会评估该方案是否能够满足自己预期或需求。为此,供销商需要在提供解决方案、提高产品本身价值的同时,触及消费者心理上的满足点。

产品价值增值是商家最终的追求所在,也是消费者所期待的。麻江新推出的蓝莓果干、蓝莓原浆、蓝莓红酒等多种产品,不仅价值远高于鲜果,更满足了消费者对于产品多样化的需求。此外,不同销售渠道,蓝莓系列产品都明码标价。拿蓝莓鲜果来说,线上平台的头茬蓝莓大概50元一斤;待蓝莓全面上市时,一盒两斤的鲜果线下价格则在80元左右。明码标价让消费者在众多蓝莓品牌中不再雾里看花,满足了消费者内心对产品价值的评估。

产品的价值是可以衡量的,而品牌的价值则是无限的。在品牌建设上,与之前蓝莓企业各自为政、忽略建设标志性品牌形象不同,现如今麻江县利用"麻小莓"这个公共标志为麻江蓝莓的质量背书,不仅强化本土企业一荣俱荣的意识,倒逼企业加强质量监管,更让企业"抱团发展",提高综合竞争力。同时,服务是品牌建设的"幕后战场",细致的服务能够为企业带来好口碑。借助大数据技术分析整理销售数据,可以洞察各类消费者在购物过程中存在的问题,客服在提供解决方案的同时一对一实时沟通,提升顾客的消费体验及满意度。"麻小莓"作为"品质担保、服务优质"的代名词,现已成为消费者购买麻江蓝莓的一个重要参考。

（4）线上线下开辟销售盛况

在消费者需求变得多元化的情况下,影响消费者购买的因素也越发多样,产品知名度、品质自不必说,获取产品的便捷度,即分销渠道的发展,也越发成为衡量该产品是否有购买价值的重要参考。产品虽有过硬的品质,但若缺乏便捷的销售渠道,购买时需多次辗转,会造成消费者购物体验极不愉快,前期的所有准备也将功亏一篑。麻江没有固守"低调路线",而是融合线上线下,将蓝莓运出麻江,走向全国。

　　线上,麻江与京东、淘宝等各大电商平台建立合作关系,将产品上架到电商平台。除此之外,麻江县也创设自己的电子商务平台,借助微信小程序、公众号开设"麻江电商运营中心""云淘麻江"等独具特色的农产品私域销售渠道,将特色产品按品牌、种类分区展示,消费者通过窗口导航便可轻松获取心仪商品。蓝莓商家也善于把握消费黄金期,在"年货节""6·18"等时间点通过各电商平台开展打折、赠送等宣传促销活动,有效增强了客户复购率。完备的物流、快捷多样的支付方式、纷繁多彩的特色产品让消费者获得了流畅的线上购物体验。而线下,则以传统商贩售卖、开设旗舰店、打造旅游景区等多重形式带动蓝莓销售。消费者现今更注重"参与感、体验感",麻江县便充分利用蓝莓种植优势,精心谋划产业布局,打造了一批以"麻江蓝莓生态旅游景区"为代表的具有产业基础、文化内涵、旅游功能的特色旅游景点,以点带面、串珠成链,形成蓝莓产业农旅融合发展。在这里,游客不仅可以体验到采摘蓝莓的快乐,更可以自己动手 DIY,制作出独一无二的蓝莓产品。

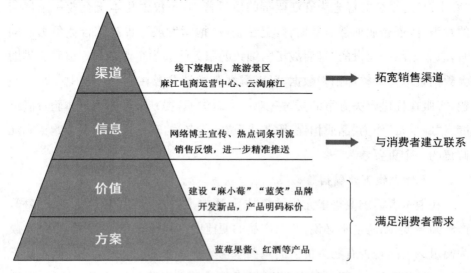

图 3-9　麻江蓝莓数智营销总结

纵观麻江蓝莓史,当地克服了一个又一个来自市场的难题,在一次次的市场竞争中脱颖而出。总结来看,麻江由最初面临市场销售困境到现在走向成功,其秘诀不外乎如下几点:第一,产品创新,以消费者需求为导向,以满足不同消费需求为目标。第二,传播渠道推陈出新,与消费者建立紧密联系。第三,拓宽销售渠道,更新售卖形式。

3.3.4.3 营销启示

随着数智时代的到来,在消费方式不断升级的浪潮中,农产品的销售渠道亟须升级,以更好地满足人民日益增长的多样化需求。对于麻江县的蓝莓产业而言,建立产品与消费者之间的联系机制、提供更优质的服务成为数智升级的重要目标。为了达到这一标准,麻江县从多方面采取综合措施,包括品牌打造、网络渠道宣传、电商平台销售等,为消费者提供卓越的购物体验。根据SICAS 模型,可以进一步分析麻江蓝莓产业如何适时把握数智机遇,助力"黔莓出山",以及其举措对我国其他同样具有地域特色却鲜为人知的农产品有着何种借鉴意义。

正如前述章节中所提到的,SICAS 模型是在互联网升级、商业生态变革的大背景下对 AIDMA 和 AISAS 模型的创新和升级,包括品牌感知(Sense)、产生兴趣、形成互动(Interest & Interactive),建立连接、互动沟通(Connect & Communicate),主动购买(Action)和体验分享(Share)五个方面。该模型将消费者的购买决策过程拆分为五个相互承接的具体阶段,有助于企业更加深入地了解消费者在各个阶段的动机和需求。从适时建立品牌的双向感知、引起消费者对蓝莓产品的兴趣,积极互动,通过各种渠道建立联系,实现沟通,到消费者被打动,产生购买行为,并在社交媒体分享自己的体验,麻江蓝莓产业如今能取得这样的成果每一个环节都不可或缺,如图 3-10 所示。

(1)品牌引领,提高双向感知

移动互联网和移动社交媒体的发展使企业与消费者之间的关系变得多元化、实时化,一种全新的传播和营销方式也因此应运而生。传统互联网时代,企业主要通过线上广告宣传来向用户推销产品。然而,社交媒体平台的兴起

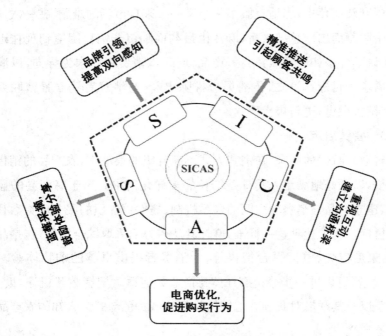

图 3-10　麻江蓝莓 SICAS 营销模型

改变了这种单向的传播模式,相关用户只需通过平台便可直接与企业进行互动,提出问题、提供反馈。这种双向的感知促使企业更加重视消费者的需求和建议,加强与他们之间的联系与信任。然而任何传播渠道的背后都需要优质的产品支撑。因此,麻江县在蓝莓的种植、收购、销售环节均实行高标准化,以坚守产品品质过硬为核心。在此基础上,麻江蓝莓声名远扬。接下来,麻江县利用这一优势打造品牌,增强消费者对麻江蓝莓品牌的感知。此外,优质的产品对分销渠道也具有重要价值。麻江县在蓝莓实现规模化生产后,其销售主要集中在商超、农贸市场。而想要稳定蓝莓的销量,产品品质是关键因素,这大大减少了市场渠道面临的断裂风险。

对于麻江蓝莓而言,品牌形象塑造、品牌导流、跨界合作皆是实现品牌与客户互相感知提升的关键。起初,麻江县蓝莓企业注重产品的品质和安全,通过严格的生产管理和质量控制,确保产品的口感和营养价值。而后,通过统一的包装设计、创新营销策略等,打造了独树一帜的品牌形象 IP,使消费者对品牌产生认同感。2021 年,旗下涵盖了麻江蓝莓加工产品和文创作品的"麻小莓"在"中国农产品百强标志性品牌"盛典上成功跻身全国知名农产品品牌百强榜单。建立品牌后,麻江县也并没有懈怠,而是积极采用品牌导流策略,通过与知名电商平台合作,利用其影响力和销售渠道,将麻江县蓝莓推广给全国各地的消费者,使蓝莓产品走进更为广阔的市场、出现在不同消费群体的视野之中,从而增加消费者对麻江蓝莓品牌的认可和购买欲望。

(2)精准推送,引起顾客共鸣

如今,消费者获取产品信息的方式发生了根本性变化。在过去,消费者寻找产品信息主要依赖搜索引擎,主动输入关键词以获得相关信息。然而,随着社交媒体和精准推送的兴起,消费者在日常的短视频浏览中即可接收到与自身兴趣相符的产品信息。对于企业而言,产品宣传不能再仅仅依靠传统的广告手段,而是需要通过大数据、人工智能等技术,寻找与其产品相匹配的目标用户群体,实现精准触达,并激发他们对产品信息的感知,进而建立起沟通桥梁。

通过线上精准推送等方式,麻江蓝莓产业成功地实现了与消费者的兴趣共振。麻江县蓝莓产业通过数智技术构建"广告＋内容＋服务"系统,更好地实现与消费者的互动和信息交流。具体而言,包括以下三个环节。首先,运用数智技术收集、整合各个环节的数据,并通过大数据平台挖掘海量数据背后的价值,以获取有关市场发展趋势、消费者需求等信息。其次,基于数据库中的分析结果,对目标消费者进行精准定位,并设计相应的广告策略,通过百度、京东、美团等平台将相关广告投放给感兴趣的群体,以提高蓝莓及其加工产品的知名度和市场份额。最后,数据反馈与优化。蓝莓经营主体通过电商平台和广告投放平台收集消费者的反馈数据,包括浏览搜索等行为、购买偏好和产品评价等,进行分析和挖掘,以优化广告策略、改进产品品质和服务体验,进一步提升蓝莓产业的竞争力和消费者满意度。

（3）重视互动，建立沟通桥梁

在数智化时代，保持消费者对产品的兴趣，并建立与消费者之间联系的桥梁变得愈发重要。在互动、沟通阶段，消费者往往倾向于选择主动联系品牌，以寻求更多与产品相关的信息，进而比较不同品牌之间的差异。因此，品牌应当建立更灵活的回应机制，积极回复消费者的需求、疑问，提供个性化的服务，以建立消费者对品牌的信任感。

麻江蓝莓作为一个极具发展潜力和竞争力的产业，为保持消费者对这种高档水果的持续关注和忠诚度，需要不断地与之进行互动和沟通。一方面，通过线上直播平台与消费者进行实时互动。麻江县抓住重要时间节点，在"双十一"进行网络直播活动，邀请知名主播对麻江县的地理位置，以及蓝莓生长、加工、包装的整个环节进行介绍，最大限度地向消费者呈现麻江蓝莓的品质优势。在直播过程中，主播还以诙谐、幽默的方式回应消费者提出的问题，这种互动形式大大增加了消费者的参与感，提高他们对蓝莓产品的关注度和兴趣。与此同时，后台基于互动的话题和内容，及时整合、分析消费者的喜好与需求，为后续促使他们形成心理耦合和兴趣共振提供数据支持。同时，在"云淘麻江"小程序中设置二维码、链接等为消费者提供一个获取产品详细信息的平台，与其进行深度互动。

（4）电商优化，促进购买行为

消费者需求越来越趋向多样化，购买行为也往往基于多种因素的综合考量，包括产品的品牌、品质、口碑、价格、售后服务等。在品牌感知、引起共鸣、建立联系的基础上，消费者往往会被打动，购买自己心仪的产品。而优化电商销售渠道，拓展社交媒体传播渠道，进行数智化电商升级，给予了农产品销售难得的机遇，尤其是考虑到其背后还蕴藏着十分具有挖掘价值的海量数据。麻江县也正是乘上了这趟数智快车，用数智化赋能电商平台，助力蓝莓销量再创新高。这不仅为麻江蓝莓销售渠道带来了更高的效率、更广阔的市场，更为消费者带来了更主动的购买行为和更优质的购物体验。

麻江县通过实现订单自动生成、智慧物流、自动交易三个方面为促进消费者购买注入新动能。首先,订单自动生成提高了销售效率。消费者可以直接根据个人需求下单购买产品,而无需再走传统订单的烦琐处理流程。这种订单自动生成的方式不但节省了人力资源成本,还为消费者带来了购货便利,加快了订单处理速度,提高了消费者满意度。其次,智慧物流为蓝莓"保驾护航"。物流平台引入大数据分析、区块链等技术,一方面实时跟踪蓝莓及其加工产品的运输情况,根据实时监控数据为消费者提供详细的运输轨迹、预测快件送达时间。另一方面,在多重运输节点对快件进行检测。对于出现损坏或与订单不符的快件,在途经的运输节点就会被附上标签,并自动上传检测结果至终端,便于供应商及时做出调整,并给予合适的解决方案。最后,打造蓝莓自动交易中心,缩减中间环节,帮助供应商解决资金流转衔接问题。对于麻江县的蓝莓产业而言,此交易平台有助于实现供需的精准匹配和快速交易,通过系统化的供应链管理,将种植户、供应商和消费者紧密地联系起来,并与订单自动生成、物流配送等环节环环相扣,极大地提高了交易的效率和可追溯性,有效地降低了销售的成本和风险。

(5) 蓝莓采摘,鼓励体验分享

随着科技和社交媒体的发展,大众的消费正经历着从单一线性的行为向网状双向的行为的转变。这意味着消费者的体验、分享正逐渐成为真正意义上的引发他人消费的动机。口碑传播和好友推荐,为品牌和产品带来了更广泛的曝光度和更高的认可度。具体而言,以前常见的消费行为通常是线性的,消费者会根据自己的需求选择产品或服务,形成一次单向的消费过程。然而,现在的消费更加互联网化和社交化,消费者们不再局限于个人的购买决策,而是通过社媒等传播渠道与他人分享自己的消费体验。

意识到这一变化,麻江县迅速转变营销思路,通过蓝梦谷园区的体验活动吸引消费者参与采摘,提高消费者卷入度,以增强消费者对蓝莓和蓝莓加工产品的认同感。当消费者在采摘等农事活动中体验到满意的产品或服务时,会将这一不错的体验分享给他人,这种分享不仅仅是简单的信息传递,更是一种情感表达和社交互动的方式。体验分享本质上就是一种有效的口碑营销,消费者正向的分享和推荐不仅能够增强品牌的影响力和可信度,而且还能吸引更多的潜在消费者。麻江蓝莓企业正是做到了积极回应消费者的反馈,加强与消费者的互动,提供良好的售后服务,才得以维持消费者满意度,并促使他们继续分享传播积极体验。另外,消费者的体验分享也为蓝莓产业提供了宝贵的市场反馈。通过跟踪体验和分享,蓝莓经营者可以更加准确地了解到消费者的需求和偏好,并及时进行调整和改进,为其后续的传播渠道和分销渠道的策略选择和创新提供参考和启发。

3.3.5 数智时代,续写黔莓故事

蓝莓作为符合现今人们生活水平提高的消费需求的经济作物,既满足人们对于健康食品的要求,更能承担起乡村振兴的重任。小蓝莓做成大企业,离不开麻江人民勤劳朴素和勇于创新的精神,离不开相关政策的支持和各相关单位的帮助,更离不开数智时代的发展。在数智化的浪潮中,麻江蓝莓的故事还在继续……

3.4 服务:南京湖熟基地——差异化农旅服务的数智突围

3.4.1 前言

湖熟坐落于南京市江宁区东南部,是一个地处江宁、句容、溧水三区交界处的小镇。作为千年古镇,面积不大的湖熟有着古老而厚重的历史感,其历史可以追溯到西汉时期,自古便是商贸重镇、鱼米之乡;作为文化符号,湖熟文化与河姆渡文化同处一个时空,其先进的农耕文明滋养了华夏血脉。与众多乡村旅游景区一样,湖熟基地立足于优势农业,依托科研特色,近十年来累计接待游客 424 万人次,带动当地餐饮、零售、民宿等销售达 3.5 亿元。每年超 40 万客流的湖熟菊花基地凭借其超高人气,已然成为南京秋季旅游的重要打卡点和湖熟现代农业基地的一张"金名片"。

3.4.2 策划遇挫，深陷单一化客流困境

　　湖熟位于乡村地区，具有丰富的自然资源和扎实的农业基础、淳朴的民风民俗和深厚的文化底蕴。2012年，湖熟开始筹划建立现代农业园区，以提高农业生产的科研附加值，并成功与南京农业大学菊花课题组达成合作，建立了占地约120亩的菊花基地。每年金秋，靠近路边的菊花开放，引得路人争相驻足观赏。为了让爱花之人赏得尽兴，也为了打造地方特色，2013年，第一届菊花展如火如荼地开办了。举办之初游客接踵而至，可好景不长。近年来，前往基地游览的客流群体十分单一，多为闲暇散步的老年市民、喜爱摄影的发烧友和有科研任务的学生，一年中也仅有菊花展期间的到访人数有明显攀升。这让湖熟菊花基地的负责人邓总陷入思考："我们的策划是不是该做出改变了？"

　　随着时代发展，服务经济开始升级，越来越多的消费者更加追求精神享受，开始关注自然纯朴的特色生活体验，这赋予了乡村农旅新的使命与机遇。无数默默无闻的乡村小镇重新出现在大众的视野中，与此同时，深度发展乡村农旅还可以有效引导和促进资本、人才、信息技术等要素向乡村地域流动，是实现乡村振兴的重要途径。作为乡村振兴的积极推动者，早期的湖熟基地意在提供一个公共且安全的赏花平台，但单纯的观赏和传统的营销服务策略已逐渐满足不了新形势下的游客需求。为了更好地向大众展示科研成果，也为了营造更高的参与感和更具深度的沉浸式体验，湖熟基地决定增加菊花园区的趣味性和可玩性，利用数智技术持续创新产业链、普及菊文化，让游客在参观游览的同时，亲身体验菊花产品，并探寻背后的菊花故事。

3.4.3 借力引智，打造差异化农旅体验

　　发展至今，湖熟基地通过走休闲旅游与产业发展互哺的道路，已带动周边老百姓实现了十分可观的创收。但技术永远是向前发展的，作为科研园区，湖熟基地的负责人也深刻认识到了这一点。因此，近年来，不论是造势宣传，还是景观游览，又或是推广产品，园区内处处可见科技的影子，基地也在朝着"数智化"悄然改变……

3.4.3.1 宣传打头：升级数智传播

　　湖熟基地始终坚持线上线下融合开展宣传，近年来更是突出了善用互联网的主动意识。自展会开办始，湖熟基地便积极配合当地电视台等新闻媒体，拍摄宣传视频；与《南京日报》的媒体团队合作，请专业人士负责撰写每年展会的"请柬"并刊登，邀请广大市民和来自五湖四海的游客朋友们一同赏花。线上的自媒体渠道更是多样，"文化湖熟""江宁发布"等公众号总会在第一时间公布展览资讯；基地自主创建的"中国菊花研究网""南农菊品"公众号等平台在发布公告的同时还会科普相关菊花知识；小红书上会有当地的关键意见消费者（KOC）自发打卡，为家乡宣传；南京农业大学的学生也会在校园群内组织线上报名，号召同学们结伴赏花。通过这些社交网络，在很短的时间内做到了迅速传播，用低投入实现高效率、高精准度的效果，为湖熟基地和菊花展打响了知名度。

3.4.3.2 全景融合：打造数智园区

　　（1）菊花种植

　　数智技术最早出现在基地的何处？答案必然是菊花的种植工作，尤其是在智能玻璃温室内进行的菊花培育与生长。温室占地面积达 4 710 平方米，走进内部，纵横交错的网架以及井然有序的现代化农业设施映入眼帘。室内设有顶窗和侧窗自然通风系统、光周期调控系统、外遮阳系统、内帘幕系统、循环风扇、雨水排放系统、电气系统等。各系统在一定程度上做到了网络协同，有效避免了数据的"孤岛思维"，以保证培育各环节之间的无缝协调，并做到与科研人员快速交换信息，实时掌握种苗状况。另一方面，为了提高效率，温室还配套喷滴灌和自动化育苗床，可以根据菊花的生长态势做出智能调整。"玻璃温室在提高土地资源利用率的同时，更加节能、节水、高效"，邓总如此介绍道。

　　更令人称道的是基地错开菊花花期的巧妙做法，延长了观赏期。南京湖熟基地通过智慧种植，实现了两个温室中的菊花错开花期。基地在温室中安装了先进的物联网设备和智能控制系统，可以自动感知温室内的气候环境，如温度、湿度、光照等因素,然后根据菊花生长的需要对这些因素进行调节和控制,使温室内的气候环境最适宜菊花生长。此外,基地还针对每一批次种植的菊花,利用大数据分析、人工智能等技术,通过改变温度、湿度、光照等因素的时长,精准控制菊花的开花时间,使不同温室中的菊花错开花期,达到最佳生长效果,减少了因花期太短造成的季节性游客需求差异。

(2)园区游览

为解决园区内部的游览问题,湖熟基地自主开发了"玩转湖熟"小程序,轻轻一点便能即刻获得基地门票、周边食宿及商城、花卉科普等信息。打开小程序内的"智慧导览",趣味的卡通画风让人身临其境,不论是菊花博览馆、花海迷宫,还是休憩花街,坡田、河流、小桥等建筑环境跃然屏上;在右边还专门设有"景点""洗手间""停车场"三个快捷按钮,一键便可直接显示查询地,让游客在进园区前便可早早做好行车规划;导览路线还串联周边美食和住宿,给游客们的休闲娱乐提供参考,满足他们的个性化需求。

数智技术除了作用于日常游览,在突发情况时也能够发挥重要作用。2022年11月,一年一度的南京江宁湖熟菊花展由于特殊原因,决定采用线上展览的方式,邀请市民"云赏花"。专业人员制作的VR全景包括空中鸟瞰、云赏花、一镜到底、丰收湖熟四个场景,游客仅需用手机扫描二维码就能逛遍基地的每一个角落,跟随手机晃动而转变的视角让人有身临其境之感,这一举措收获了无数好评。经此一役,湖熟基地的负责人也再次坚定,随着旅游消费的升级,目前传统的乡村观光旅游已不能满足游客的需求,应当牢牢抓住数智技术这个契机,打造让游客拥有更多参与感和体验感的沉浸式旅游。

(3)寓教于乐

湖熟基地凭借其科技、教育、文化、农业等属性,在2022年成功入选全国科普教育基地,策划团队也开始向游客科普相关菊花知识。走进园区,大棚内的每株菊花旁都会有一张二维码标识,扫一扫就能看到这株菊花从破土出生到开花绽放的全部信息。露天场所还有许多多媒体互动展台,各种新奇的农事操作为大家提供休闲游戏的空间。大屏展板还会轮番滚动各个品种的花卉图片,如果喜欢的话,还可以直接扫码下载到手机里。每年菊花展的主题还有个不成文的规定,那就是在"花中取景,展中学识",因此每年菊展都有一个万众瞩目的保留项目——湖熟研学斗菊擂台赛。活动前夕,主办方会将菊苗送进学校、社区和老年大学,号召新老朋友报名参与。大家经过一个多月的时间来培育菊苗,最终将自己与菊花的合影上传,线下"战况"激烈,线上则由"文化湖熟"公众号组织"擂台",全民票选"菊王"。

近年来,湖熟街道大力完善旅游配套要素,把区域内的湖熟基地、钱家渡村、现代农业科技展示中心等串联起来,不仅助力了观光农业的发展,更为前来游玩的孩子们展现了智慧农业的神奇魅力。尤其是现代农业科技展示中心——大门边站立着机器人;再往里走,是对湖熟传统农业和现代农业的介绍,让游客体验到农业和现代科学技术结合带来的乐趣;在家禽水产区,游客们通过镶嵌在展台内的触摸屏和图文认识湖熟的特色家禽种类;身边还有河流场景复原,一边展示湖熟的水质,一边展示家禽在这里的活动痕迹;在展厅的墙上,还有互动投影游戏墙、互动传声墙等,将手置于其中,就能听见模拟的动物叫声,趣味十足。

3.4.3.3　商旅联动:延长数智链条

2021年菊花展和稻花节举办期间,正巧赶上中国农民丰收节。江宁区瞅准机会,既为增强全民参与性,又为实现周边农民的真正"狂欢",与湖熟基地联动,于菊花园内开展了"乐稻生活——湖熟百亩花海直播助农活动"。辖区内各家农产品企业负责人与主播通过网络与广大网友线上热情互动,介绍了湖熟深厚的人文历史、自然风光,并从地域产品等方面进行解说,同时邀请各地游客前来畅游。据统计,通过直播带货,当天的农产品全部售罄,尤其是菊花冰激凌、米糕、菊花茶、菊花面膜等特色农创产品更是受到游客青睐。

3.4.4　以花为媒,探索立体化路径启示

3.4.4.1　转型探源

旅游产品也是市场选择的产物,同样具有生命周期。以大部分旅游产品

来看:在导入期,少数具有冒险精神、不喜欢大众化旅游产品的游客会开始参观小众景区,多以散客为主。由于旅游吸引物的吸引作用,游客数量增长迅速,进入成长期。同时,大部分旅游经营控制权也从当地人手中转到了外来公司手中,大规模投资作用于对旅游产品的形象策划、包装,进行广泛、密集的广告宣传,旅游发展正式步入商业化运作。尽管游客总人数仍在增长,但速度已经趋缓,最后人数达到高峰,进入使游客感到该旅游产品不再时髦和时尚的成熟期。随后进入衰退期,此时大部分游客被新的旅游产品所吸引,该旅游目的地留下的只有小部分持有怀旧情结的人,或当日往返和周末游览的游客。

湖熟基地在面对这条产品生命周期曲线时也不例外。2012 年起,南京湖熟基地与各大高校及政府合作,投资创建了数片现代农业园区,近十年来累计接待游客数超四百万。综合湖熟基地在转型前的经营策略、知名度和客流量等因素,不难看出该阶段的基地尚处于成长期。这一时期,若是基地能够创新策划,加之游客对旅游地的新鲜感和好奇心,游客数量应当是迅速增长的,但基地却一直受困于客流量单一的问题。因此分析得出基地转型前"未能扩大客流"的原因有如下几点:

第一,游览路线不便利,未能将游客"引过来"。南京湖熟位于江宁区东南部,地处江宁、溧水、句容三区交界处,距主城区 20 多公里,驾车前往基地需要一两个小时车程。在外部线路上,几乎没有直达基地的公共交通路线,南京农业大学校内的专程大巴车也仅对校内师生开放;若选择自驾,基地的大部分场地都用来投入园区建设,缺少大面积的游客停车广场,这也为想要来游览的游客带来了顾虑。在内部线路上,整个湖熟园区规划占地 5.2 万亩,却没有观光车,这为想要全园参观的游客增添了难题;且游客在游览过程中期望能认识、学习农业知识,可基地不论是在专职导游讲解,还是在智慧语音导游服务上都有所缺乏。

第二,餐饮住宿不完善,未能将游客"留下来"。基地内部及周边餐饮体系尚未完善,尽管在菊花展等客流量较多的时期,会视情况开放内部食堂,但规模受限、服务质量存在差异,能为游客提供个性化选择菜品的程度并不高。此外,基地内缺乏住宿建设,附近仅有农户们自行成立的"农家乐"住宿。缺少专营的特色民宿,这些为策划"夜景游览、全年性游览"带来不便,使游客们的体验感大打折扣。

第三,游后体验不丰富,未能将游客"盼回来"。从文旅融合看,基地的活动策划较为单一,除每年定期的菊花展和稻花节,少有以人文历史或当下新潮为切入点的特色活动,因此基地的旅游品牌并不突出。从产品销售看,一方面基地售卖的旅游产品样式少,在引入"南农印象"系列产品前,基地的销售仅停留在花卉、盆栽等拿取不便的物品,或是明信片、钥匙扣等缺乏品牌联结的物品上,产品吸引力较低;另一方面,基地内部并没有大型的统一购物场所,仅有象征性的小规模"帐篷",商品经营也多靠基地工作人员兼职,经营动力相对较低。

幸运的是,"数智化"为基地带来了转型契机。邓总在综合考虑以上问题后,决定开启"数智体验的转型升级之路",在原有设施的基础上引入数智手段,让基于美誉度和专业度的这片客流池"活"起来。

3.4.4.2 数智分析

营销模式距今已历经数次演变。从产品经济时代到商品经济时代,消费者从自给自足转变为更加注重产品效率与功能,商品营销也主要强调企业的主动性和消费者的被动接受性。从商品经济时代到服务经济时代,在营销中更注重买卖双方的互动和接触,迫使企业开始关注消费者的感受。而到了现阶段,体验营销不仅强调对消费者产品功能需求的满足,还要能够使其在消费过程中获得良好体验。企业往往通过体验营销设计活动、营造氛围,引导消费者去听、去看、去感受,这种基于"理性＋感性"的双重刺激,是鼓励消费者主动参与的关键。

同样地,随着旅游观念的改变,越来越多的游客认为旅游应当是生活方式的体验和心情的分享。转型后,湖熟基地的客流群体逐渐丰富,其中不乏许多期待旅游服务质量与情感愉悦双满足的年轻人,为基地体验营销的数智化转型带来了新的需求动能。

（1）数智种植成就感官体验

湖熟基地从最源头的种植阶段出发，每一步都竭尽全力，为游客呈现别样的感官体验。从插秧开始，研究人员选择了最新的机械化插秧机，通过挖掘土壤、定位和插秧等步骤，完成一次快速、高效、准确的菊花种植过程。机械化插秧极大地提高了种植效率，同时也受益于先进的技术和设备，在插秧完成后也能对秧苗的生长环境进行精确细致的管理，以保证菊花的正常生长发育。数智化的通风排水系统在菊花种植中也具有明显优势，数据采集和分析、智能化控制等环节大大减轻了工作人员的操作压力，信息和数据的准确性也能够更好地实现菊花种植效率和品质。新一代的水肥一体化喷灌技术，通过数据互联和远程驾驶，使用机器学习算法对数据进行分析，减少水资源浪费的同时大幅提升了灌溉效率。实施这些数智化措施，不仅培育了品质和品相都上乘的菊花，还可以将节省出的资金用于菊花展厅的布置和搭建，为游客带来视觉上的美学盛宴。

此外，基地的智慧种植中最为人称道的就是错开花期以延长观赏时限。为实现这一目的，基地在温室中安装了先进的物联网设备和智能控制系统，可以自动感知温室内的气候环境，如温度、湿度、光照等因素。而后，根据菊花生长的需要对这些因素进行调节和控制。由于菊花是一种典型的短日照植物，因此可以通过光周期结合温度调控，对需要提早开花的温室做遮光处理，使温室内的气候环境最适宜菊花生长。此外，基地还针对每一批次种植的菊花，利用大数据分析等技术，通过改变各类影响因素的控制方式和时长，从而精确控制菊花的开花时间，使得不同温室中的菊花错开花期，达到了最佳生长效果。

（2）数智技术创造情感共鸣

湖熟基地也探索如何将数智技术融入体验活动，为游客提供更加丰富多彩的游览体验。借助现代科技手段，游客可以在游览中思考学习，同时感受湖熟的文化底蕴，达到情感共鸣的目的。

湖熟基地的数智旅游，将数智化与人文相融合，为游客提供丰富多样的旅游体验，为湖熟地区的文化宣传和旅游开发注入了新活力。通过数智化的导游声音、视频播放、VR 体验等多种方式,湖熟基地为游客呈现了更加生动、丰富、深入的景观介绍和文化知识。同时,运用人工智能、大数据、云计算等数智技术,基地还打造了智慧旅游小程序,为游客提供智能化导览、出行指导、预订酒店、点餐支付等多项便捷服务。在湖熟基地,游客可以通过参加各类体验活动,如手作制作、农家采摘、渔猎体验等,深入了解湖熟的农耕文化和生态环境,不仅可以享受到美食美景,更可以亲身感受湖熟的人文魅力。同时,基地还推出了文化教育课程,如插花、绘画、摄影等,让游客在欣赏美景的同时,获得文化知识的提升和思考能力的培养。

(3)数智应用凝聚行动参与

直播助农等线上购物活动的推出,更是为湖熟基地周边注入了新的商业活力。湖熟基地意识到线上购物和送货到家对游客的便捷性,牢牢抓住这一契机,运用数智化技术调整完善线上购物平台,不仅为游客提供了更舒适的游后体验,同时也为周边农民带来了极大的便利和实际福利。

在商业层面上,数智化技术应用为游客、商家和周边居民带来了各种实际福利和商业价值。购物小程序的开发、助农直播的开展等措施不仅加速了湖熟基地商业发展的迭代速度和效率,也带动了地区产业的升级和扩展。早在开展销售前,湖熟基地通过利用高校合作优势,通过智能预测提前更好地了解了消费者需求,及时调整商品结构和供应链布局,为游客提供更具个性化、符合需求的商品和服务。直播助农活动的成功发动让众多老游客积极参与,同时也吸引了不少新游客的加入。这一形式,不仅凝聚大家一起用实际行动助农,也极大地提高了公众对于农业及乡村经济发展的关注度,营造了积极向上的社会氛围。这种商业模式的创新还带来了更多的就业机会和经济贡献,为湖熟的旅游经济发展注入新动力和新活力;直播、线上购物节等销售渠道还可以促进社会活动和公益服务,提高社会责任感和湖熟品牌形象。

3.4.4.3 借鉴意义

近年来,我国乡村旅游发展迅速,当前以农业观光和休闲农业为主。而随着数智化时代的到来,社会和经济高速发展,传统农业亟须升级以促进农业产业结构的转型升级,同时也能满足现代人日益增长的逃离大城市的旅游需求。对于湖熟基地来说,提供更好的服务,建立基地与游客之间的关联是此次数智升级调整的重要方向。通过顶层设计,从全局的角度对各方面、各层次、各要素统筹规划,以集中有效资源,高效快捷地实现目标。基地的顶层设计强调整体性和关联性,从湖熟基地的整体战略出发,以业务为驱动,将发展拆分为塑点、画线、成圈三个阶段,根据不同阶段的难题,准确识别有效资源并加以整合重构,对基地进行全局性、总体性的营销设计。在给游客创造情感服务价值时,坚持走研究型、全链条的道路,秉承基地最初建设的原则和宗旨,结合自身特色不断延伸丰富,这对我国其他准备转型的农旅目的地具有极大的借鉴意义。

(1) 塑点阶段:聚焦特色资源开发

基地建立的过程也是资源积累的过程,但是在不同阶段拥有的资源类型和资源的重要性都在发生变化。在基地建立之前,湖熟街道虽然坐拥丰富的农业资源,但只有农业大户从事生产,科研附加值不高,园区亟须对外寻找有亮点、有推广价值的合作项目来充实园区、丰富种类。这与当时正在寻找合适地方建设实验基地的南京农业大学菊花课题组不谋而合,两者顺利达成合作。菊花课题组有着扎实的科研能力与多年的成果积淀,早在 1942 年,金陵大学李鸿渐教授就已经开始从事菊花的种质搜集,南农人锲而不舍的坚持造就了如今世界最大的菊花基因库。

而基地深耕菊花这一特色资源,不仅专注于保存种质资源的数量,还积极选育新品种达 2 000 余份,填补了国内绿色和乒乓型切花菊等品类的空白。在 2013 年,基地抓住菊花这一卖点火速举办了第一届菊花展。此时的基地刚刚建立不到一年,资源较为稀缺,只能依靠《南京日报》、本地电视台等传统媒体的宣传来提升知名度。次年参观市民人数飙升至 90 余万,展览上还出现了很多大众消费者从未见过的品种,基地在承包农民闲置土地的同时,还带动了当地农产品销售和农家乐发展。当地政府看中了这一盛况,便准备着力打造一个和菊花园相配套的省级旅游示范村,响应国家政策号召,助力乡村振兴,并在 2015 年底成立文化旅游公司。有了这次合作经验,基地陆续在江苏、上海、安徽等地与地方政府或企业合作,打造以展示菊花新品种、传播菊花文化为主,结合农产品展销的休闲旅游农业模式,逐渐形成品牌。作为科研场所,基地致力于新品种和技术的推广应用。在 2016 年,基地根据种植计划和合作单位订单进行育苗,繁苗足有 500 万株,涉及 20 多家企业单位。其中,项目合作单位昆明虹之华园艺有限公司年出口菊花种苗 1 亿株左右,已成为日本最大的菊花种苗供应商,占我国菊花种苗出口的 90% 以上。凭借超高的人气,基地开始走向全国,在江苏、云南、上海、广东等 10 多个省进行推广应用,北京天安门广场与长安街、世界园艺博览会、全国花卉博览会、全国菊花展等重要场合都能看见湖熟菊花基地成果的影子。

尽管已经取得如此傲人的成果,基地并没有止步于此,反而紧跟时代脚步,抓住体验经济与直播带货的热潮,为游客提供更好的服务。与专业布景团队合作,利用菊花打造园区内小场景,让游客能够身临其境,移步换景;邀请来自插花协会的花艺大师现场分享教学,亲子可以体验制作 DIY 专属花艺作品;开展"乐稻生活"直播助农活动,联合南京宁翠生物种业有限公司、南京博拓农业科技有限公司等企业,催生了数千万元的"菊花经济"。在这一阶段,湖熟基地保证了科学研究与大众互动的良性发展,一方面提升服务品质,另一方面造福农民,同时促进了品牌建设,并力争在未来继续延长产业链,进一步实现三产融合。

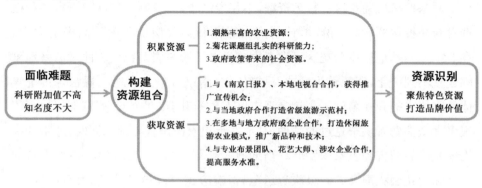

图 3-11　湖熟菊花基地构建资源组合

（2）画线阶段：聚焦农旅融合创新

在湖熟菊花展日益火爆之时，基地出现客流群体单一、基地产品留不住"金"等问题。基地也开始意识到，资源本身不会直接成为竞争优势和绩效，只有合理地利用资源才能创造出价值。通过聚焦农业、文化和旅游的融合，延伸菊花产业，丰富游客感官体验，基地开始了现代化数智赋能之路。

"画线阶段"的湖熟基地通过对往年来访游客的画像分析发现，景区缺少年轻面孔。要想直击当前的痛点，归拢和整合资源尤为关键，为了未来的长久发展，基地首先依靠其积累的资源展开建设。园区陆续投资一千余万元建设包括文化馆、基础设施和智能玻璃温室等项目，为菊花的种植与文化的传播提供了更好的条件。同时，培训及强化和当地农户的合作，加强湖熟街道农民的电商意识和品牌意识，从源头建立起农产品数字化转型的能力。人才资源在这一阶段也是不容忽视的重要资源，湖熟基地引入南京农业大学的资深教授、学生和资产经营公司，他们根据个人所长，或参与科研，或自发打卡宣传，或负责产品市场化生产推广，为基地的发展提供了稳定的人才储备。

其次，基地在对资源进行丰富化的过程中也加强了园区的可玩性和观赏性、延长了菊花的产业链。湖熟基地运用当下流行的"谐音梗"，打出"相菊时，遇稻你""缘菊湖熟，幸福稻家""汇菊美好，相伴稻老"等宣传标语，菊的读音似"聚"，蕴含了家人朋友相聚，汇聚幸福美好之意，让游客未进基地便感温暖。考虑到菊花博览馆历年都是菊花展的重头戏，在进行提档升级的同时，将湖熟文化贯穿始终，用荡湖船、娃娃鼓、烙画等湖熟非物质文化遗产作为菊展的道具，分别展示湖熟过去、现在和将来的发展历程。同时为了让更多年轻人和亲子家庭愿意来园区打卡，基地还布置了十八个各具特色的小景点，如"还来就菊"展厅，由菊花构成的心形景观，姹紫嫣红，还特意设置了供游客拍照留念的小舞台；"聆听自然"展区，菊花装饰出了音符、光盘、钢琴及琴键，人们走过琴键时，音符随脚步奏出。不一样的赏菊体验从多感官上刺激着游客，营造独特的记忆体验。除此之外，基地科研人员还利用独家的"宝葫芦"蒸馏设备提取菊花精油，制作出菊花口红、面膜、沐浴露等"南农印象"系列产品，涵盖美妆、

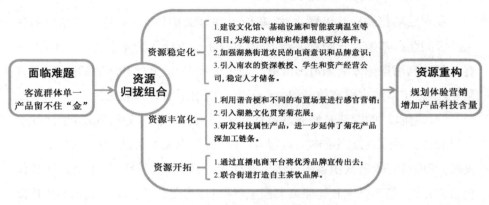

图 3-12　湖熟菊花基地资源归拢整合

日化、洗护用品、茶饮保健,可满足不同游客的需求。

最后,基地的数智赋能主要体现在生产培育段,营销环节仅完成了数字化,为了形成有壁垒的核心能力,基地还进行了资源开拓。在利用直播电商平台将"南农菊花""南农印象"现有的品牌宣传出去的同时,还联合街道打造自主茶饮品牌,进一步发挥产业带动效应,联农带农,促进增收。

(3)成圈阶段:聚焦多元共生发展

资源协调目的是以有效而高效的方式整合集成起来的能力,从而创建能力配置。资源的部署整合是企业使用能力来支持所选择的战略,包括资源优势战略、市场机会战略或创业战略,是资源创造价值的关键一步。此时的湖熟基地发展已具备一定规模,然而限时开放一个月的菊花展也带来游客季节性分布不均的问题,市场空间和产业边界的局限无疑制约了园区的成长。如何打破产业边界、开辟全新的市场空间是基地需要思考的问题。

在互联网时代,资源的集聚不再受地域的影响,而是以需求来进行资源调动。为了打造终年活动,基地将同期举办的稻花节与菊花展融为一体,一方面策划助农直播,另一方面建设湖熟稻米文化馆,利用实物与 VR、全息等"黑科技"互动手段让游客得以沉浸式体验,增加游玩停留时间。但事实上,除与南京农业大学合作的菊花基地外,湖熟还有水产、梨等产业园区,以及与钟山植物园合作的草皮、与南林合作的水果作物等。不同园区作物的生长时间是有差异的,因此基地也计划在未来开放全年性参观游览应季作物,减少"空窗期"。此外,距离基地2~3公里处的钱家渡景区正在打造乡村游,包括户外场地与民宿,这将带来十分可观的客流资源。基地通过体验式的各类互动传播其精神内涵与科研品质,增强游客的认同感与归属感,最终完成资源、科技、各方主体的多边融合,形成乡村农旅品牌生态圈。

基地的资源协调是利用科技搭台,围绕发展战略展开的。乡村振兴是使命担当,农业作为传统的第一产业,农产品的附加值需要通过二、三产业实现提升,湖熟产业园已形成"优质稻米、生态水产、特色园艺"三大产业格局,全面加速完成"3×3×3"的产业矩阵建设;产品是营销之本,为了持续吸引消费者关注,带动体验营销步入正轨,南农菊花课题组集"基础研究—应用开发—成果推广"为一体,创建覆盖现代农业产业链各环节的协同创新组织模式,支持菊花的全产业链开发。

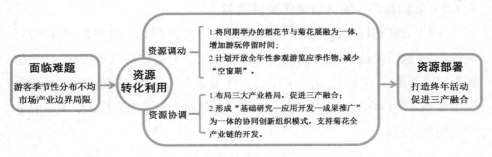

图 3-13　湖熟菊花基地资源转化利用

（4）农旅目的地数智转型的"点""线"与"圈"

农旅目的地在计划转型时,应通过顶层设计,划分好不同阶段,逐一攻克难题,从"点"到"线",不断扩充完善品牌生态圈,为与游客共创价值提供良好的环境保障。

在塑"点"阶段,旅游目的地通常需要注重构建资源组合。通过资源的获取以及积累形成关键资源的结构化,进而实现与外部环境的匹配。其中,对于外部资源的获取,指的是对公司资源组合的管理。首先公司要明确自身的需求,找寻可以满足企业需求、可以让企业对可能出现的机会拥有优先选择权的资源,尤其是在企业面临生存压力时期,保障企业对这些资源的选择尤为重要。

"线"是基于塑"点"阶段的资源积累和发展,通过资源的稳定化、丰富化和资源开拓形成核心能力。企业资源组合中的资源被整合赋以创造能力,每一种能力都是资源的独特组合,有助于企业采取具体行动为客户创造价值。

"圈"往往是农旅目的地转型后的最终形态,通过资源的调动、协调利用市场机会并创造价值,一方面将前期的特色主打产品与中期的创新互补品牌进行"点"的整合,另一方面是通过产业融合丰富和提升原有品牌点的价值,最终实现可持续的品牌生态圈。整个乡村农旅品牌生态圈便是由各个阶段的"点""线"构成,在相互促进与融合下最终实现了"圈"的打造。

3.4.5　菊韵稏情,创优特色化乡村旅游

"种下致富花,引得蝴蝶来",湖熟基地借力数智手段,与政府部门协同、与高校联手,同时跟进全媒体宣传,将菊花园区真正打造成一片现代化"世外菊源"。今后,南农学子与科研团队也将始终把强农兴农、科技报国的时代使命铭记于心,怀着对科研不懈的追求,继续坚定地在数智赋能乡村产业振兴的道路上阔步前行。

3.5　促销:盐城银宝——数智赋能农产品促销裂变

3.5.1　前言

江苏盐城历史悠久,最早可追溯到良渚文化时期,它位于长江三角洲中心区,在历史上一直是商贸往来与文化交流的重要地带。享有"东方湿地之都、仙鹤神鹿世界"等盛誉的盐城有着 2 500 多年产盐历史,背靠"四色文化",即海盐文化的"白色文化",新四军文化的"红色文化",滩涂湿地文化的"绿色文

化"，海洋文化的"蓝色文化"，孕育了好盐、优品、美景。近年来，市委、市政府重点打造的全市优质农产品区域公用品牌"盐之有味——自然遗产地 盐城农产品"，提升了盐城农产品质量标准，促进了盐城农产品销售，切实带领农民致富，为助力乡村振兴添薪加柴。作为"盐之有味"运营管理主体的江苏银宝控股集团有限公司，承担"盐之有味"品牌农产品的推广、营销、管理、服务等职能，迈上数智化促销传播新台阶。2023 年 5 月，在"盐之有味"名特优农产品展销活动上，有关负责人这样评价银宝集团及相关合作："我们共同搭建线上线下平台，携手开拓市场，打造'生态食品大超市'……让'盐'字号优质农产品享誉四方。"

3.5.2 护航：策略保障，品质先行

自成立以来，银宝集团始终秉持着"品质至上"的经营理念，不仅创造了高品质的产品和服务，也不断探索创新的道路，让自身在行业内保持领先的地位。这种从过去到未来不断传承和突破的精神，体现了银宝集团企业文化中执着、坚韧和勇于创新的价值观，更是成了源源不断的燃料，为后续的数智化创新提供了必要的动力和支持。

3.5.2.1 值得信赖的公用品牌

盐城自古就是中国重要的粮食生产基地之一，其农业起源可追溯到新石器时期。从盐城的名字也不难看出，这座城市与"盐业"有着很大的联系。早在春秋战国时期，盐城就已经形成，《史记》也记载有"东海有海盐之饶"；而后，盐城又发展为四大古盐区之一，冠以"天下盐都"之名。盐业的发展，也促进了盐城经济和文化的繁荣。随着时间的推移，盐城的农耕和养殖业经历了许多发展和变迁，从传统的手工农业发展成了现代化的农业生产，品种丰富、质量优良的多种农产品也逐渐成为盐城的地方特色和闻名海内外的名产。

盐城的特色农产品众多，稻作业、水果种植、牛奶产业、鱼类养殖等创办得如火如荼，但农产品的知名度却始终无法再上一个台阶。为了提高消费者的购买信心，同时也为增加农产品的利润空间，盐城市政府决心实现从"农业大

市"向"农业强市"的迈进,提出了区域公共品牌创建的设想。考虑到盐城丰富的盐业文化和盐产品资源,最终决定将盐城的盐文化和美食文化结合在一起,打造"盐之有味"品牌。结合各类优势,品牌 Logo(见图 3-14)以鱼米之乡为创意原点,中心的鲸鱼和从鱼尾幻化而出的麦穗象征着盐城的渔业和农业,也贴合年年有余的美好寓意。在鲸鱼和麦穗之下,是三条交织而成的海浪状线条,这代表着盐城得天独厚的海洋资源。而后,市委、市政府不遗余力塑造品牌,将"盐之有味"的品牌推广任务交由银宝集团实施。作为运营管理主体的银宝集团也义不容辞扛起"担当农字头、做足盐文章"的使命职责,不断放大盐城农业特色优势,为助推盐城乡村振兴做出贡献。

　　运营至今,"盐之有味"已逐渐成为盐城的一块金字招牌,对当地产业升级、文化传承和旅游经济发展等方面产生了积极的影响。首先,"盐之有味"标明了农产品的真实地理来源,由盐城政府背书,充分体现了旗下产品所具有的独特品质和声誉。其次,在特色美食的带动

图 3-14　盐之有味的品牌标志①

下,吸引了更多的游客前来体验盐城的旅游和文化观光,给盐城的盐业传统和文化底蕴拓宽了宣传途径,提升了盐城的知名度和美誉度。最后,"盐之有味"增强了盐城品牌的影响力和吸引力,对当地的品牌建设和相关产业发展皆具有积极的推动作用。

3.5.2.2　精准定位的产品矩阵

　　"盐之有味"品牌的创立,促进了多方企业的合作,通过生产、加工、销售等环节的协同和发展,整体产业链的竞争力得到了大幅提升。这之后,银宝集团也开始思考新的问题——如何打造"人无我有"的精品特色,在市场上占据一

――――――――――――

　　①　图片来源:盐城银宝集团提供。

席之地？

随着人们对健康和食品安全意识的日益提高，市场对农产品的质量要求也越来越严格，这不仅关系到消费者的健康，也影响农产品生产者的生计。因此，银宝集团深刻明白从生产到消费，都需要严格把控农产品质量。走进银宝高新智慧农场，50 000 亩的田地里一派丰收——电灌站、取水池等基础设施分布于田垄阡陌之中，水肥一体化等技术轮番上阵，农作物大棚一眼望不到头……遥感无人机正在开展巡田工作，通过事先设定局部飞巡路线、选定病虫害防治的检测模型，辅助智慧农业平台和具有 AI 识别功能的无人化农机设备，就可以精准发现病虫害出现的位置，有针对性地开展防治工作。当数字成为新农资，智能管理成为新农活，手机成为新农具时，工作人员只需要运用手机 APP 便可以实时调控田间灌溉、治理等，科学精准的管控不仅让农产品长得好、产量高，大幅提升了经济效益，还使得生产效率高出人工的十倍之余。

"农业不加工，等于一场空"，银宝集团敏锐地捕捉到这一机遇，推动旗下农产品加工产业"智造"升级。以冻干果品和海鲜调理品为例：银宝菊花科技公司通过"真空低温脱水工艺"将新鲜果蔬变成脆片，这种冷冻技术可以最大限度地保持原新鲜食品的色香味及营养成分、外观形状等，帮助银宝拓展脱水蔬菜、干果加工等多种新业务；银宝盐业公司则按照"做足盐文章"的定位要求，提升水产加工设备和技术能力，精心打磨海盐、烤鱼等产品，提升附加值的同时还提高了海产品废弃料的高值化利用水平，减少环境污染，增强了产业竞争力。

除了在种植、加工等环节上下功夫，银宝集团还突破性采用国内最先进的中控系统。以产业链数字化转型为主攻方向，依托信息技术，通过智能管理云信息平台和智能化生产线，实现生产全过程的信息实时采集、实时分析和实时反馈。数据上传至服务器处理后，甚至能做到智能提供最优化的生产方案和定制化生产，最终形成报表分析，使得集团生产运营成本和产出能耗大幅降低，促进整体运行效率最大化。同时，银宝集团充分利用数据库，建立生产线全国追溯系统平台，做到一品一码可追溯，以更优异的标准把握产品品控，助推收获更长远的市场收益和社会效益。

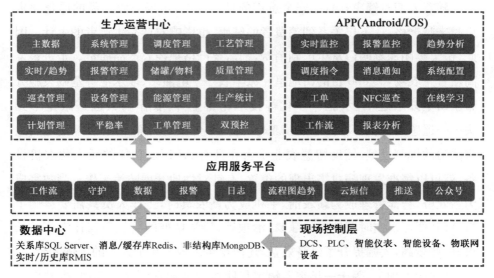

图 3-15　生产加工端智能管理云平台运作模式

经过生产加工端多年努力,银宝终于打造出了多维、多样的产品矩阵。以具有"盐城风味"的晚稻为主,银宝集团通过合作社经营种植及销售,广泛开拓种植基地,"无公害、绿色食品"的稻产品供应至国内各地及东南亚市场。银宝集团还利用盐城优越的气候和土地条件、规范管理和环保技术,打造精品水果和绿色蔬菜的栽培和销售。除了初级农产品的生产,盐城银宝集团在农业产业链上进一步延伸,通过农产品精深加工,将农产品加工成具有更高效益的产品,如蜂蜜、花粉酒等,提升了产品附加值,拓展了产品的销售渠道。在家畜和鱼类养殖上,银宝形成了一个完整的饲料制造、畜禽养殖、屠宰加工、销售配送的行业链,推出"大樱桃鲢""橘子香草鱼"等特色品种,畅销国内市场。银宝集团始终注重农产品的品质和安全性,致力于打造天然有机、绿色健康的品牌形象,因此"盐之有味"的农产品定位也以健康、安全、高品质为核心卖点。得益于先进的加工技术和质量管理体系,"盐之有味"的产品定位强调感官体验和精致味觉,同时符合现代消费者对健康、环保和风味的追求,饱受消费者赞誉。

3.5.2.3 不断升级的营销理念

有了产品做保障,银宝集团坚持树立立体化的营销理念,多措并举、更迭优变,不断加大"盐之有味"品牌的推广运营力度。尽管集团很早就将数智技术投入生产加工端,但在营销理念与措施上还停留在传统做法,如拍摄年货宣传视频、自办新品展销会、赞助《我与盐城农产品的故事》征文大赛及组织参加中国农交会、江苏农洽会等活动,虽然一定程度上增加了品牌的存在感,但是终究难以达到"宣传高效化"的效果。

当下,在数字信息爆发的互联网时代,营销的精准性、互动性、多样性、便捷性被不断强化。经过此次挫折,银宝集团迅速意识到拥有数智技术支持的企业更能精准判别市场机会,准确识别竞争对手并且快速触达消费者,从而与消费者积极互动,传达品牌信息。为此,集团特意打造的"盐之有味"农产品营销中心于 2020 年 6 月正式运营,这标志着盐城市农产品区域公用品牌的实体化运作,也反映出集团内部对营销理念的重视。

"我们要加大对全域农产品品牌资源的整合,形成品牌整体输出,整体推广营销",银宝负责人表示,"这不仅要继续在盐城开设实体店扩大影响力,还要打通线上微商城,让盐城农副产品一举冲入长三角,走向全国!"为此,银宝集团邀请中国传媒大学教授团队,对品牌营销进行总体策划。在后申遗时代,放大世界遗产效应,彰显世遗品质,并特意拍摄相关纪录片和宣传片,在央视、地方卫视和知名网络媒体集中投放,从而讲好品牌故事,构建品牌文化。在这些理念的指导下,品牌日常宣传推广事宜如火如荼地展开了。营销团队走访20 家会员企业拍摄产品宣传视频,盐城新闻、智慧盐城、我言新闻、盐城晚报、学习强国等多家媒体上都有银宝的身影;"盐之有味"微信视频号制作的"品牌节气"宣传系列短视频近 70 个,浏览量近 6 万次;官方公众号推文宣传量达60 篇以上,阅读量超 8 000 次……

另一方面,为了方便市民购买,线上电商平台的搭建也在蓬勃开展。京东特产中国助农馆、盐城馆、抖音等线上店铺,"盐阜银宝"商城,甚至还有部分商品融入了银行商城等内购平台。线上线下平台齐发力,店铺粉丝量很快突破

21 万。然而不得不承认,"盐之有味"的知名度仍主要局限于盐城本地和江苏省内。回忆起集团的初心,为了继续全面推进盐城特色农产品振兴,实现盐城从农业大市向农业强市的跨越,银宝集团痛定思痛,不能仅满足于农产品数字生产和渠道的成就,是时候将数智技术覆盖整条供应链了。

3.5.3　起航：促销新招,数智加码

谋定而后动,在卓越品牌、优质产品和先进理念的支持下,银宝决定开启数智化促销传播之旅的第一站——直播。开始前,银宝集团配备了专业的检测团队,对每批次的农产品进行质量检测,确保符合产品标准;同时布局后勤团队,完善快递、物流等服务,方便消费者更快捷地购买、获得产品。一切准备就绪后,银宝的农产品直播就紧锣密鼓地开始了。

3.5.3.1　品牌引流挖掘私域流量

在流量时代,能够反复利用,可以随时直接触达潜在客户的私域流量展现了巨大的商业价值。为了把流量抓在自己手中,银宝集团广泛布局广告、自播等传播方式,通过电视直播晚会联合冠名以及在高铁站、机场、汽车客运站、高速出口、盐城市区核心商圈进行广告、短视频及融媒体产品宣传,举办推介活动进行大范围引流。在线上平台,银宝采用付费方式,打造两至三个爆款产品,利用抖音、考拉买菜、哔哩哔哩视频网站等流量入口实现线上向线下引流,为后续的直播做预热。

不同于一般想要在短时间内拓展产品知名度而与专业主播或平台合作的企业,银宝选择了品牌自播的形式。不可否认,知名尤其是头部主播的直播间自带流量,可以使产品获得更多的曝光量;主播的专业讲解话术也能给消费者带来更高的产品吸引力。但主播和观众互动形成的社会联系是属于主播自己的私域流量,能够沉淀给产品或品牌的少之又少。考虑到这些,银宝最终决定采取自播的形式,继续深度打造属于自己的"流量池"。除双十一、双十二、"6·18"主题活动等重大的节日活动,营销团队会提前对接相应的网红主播,平时则是请内部的员工进行日常直播,并通过公众号进行宣传。在日常直播

活动筹备期间,营销团队会进行宣传规划,设计直播的宣传图和编辑相关素材。发布后,还会动员相关人员在朋友圈进行宣传,以扩大活动的影响力。而对于重大的直播活动,除了在上述平台进行宣传,还会在抖音平台通过短视频提前预热。这些预热视频会涉及重要的活动信息,提供观众与粉丝关注的线索,从而吸引更多关注者的参与。

在银宝自播间,营销人员在讲解时依据各农产品的特点和银宝的企业文化,创造出了风格独特的直播内容。主播们主打"身边的朋友"的讲解风格,从"咱们的生活为什么需要盐"开始,讲到被列入江苏省非物质文化遗产保护项目的晒制盐工艺;从"低盐咸鸭蛋",讲到对平安和祥瑞的向往。对消费者而言,他们沉浸在银宝文化的氛围,获得了更高的社会临场感;对银宝而言,这样的形式能够更直接地向消费者传递品牌信息,也逐渐成为银宝差异化营销和品牌建设的重要组成部分。最终,这股力量化为了银宝独有的私域流量,对品牌的发展和客户关系建设起到了直接作用。但这并非一劳永逸,需要银宝不断反思、优化营销策略和自播方式,才能建立稳固的私域流量护城河。因此,银宝意识到,光获得发掘私域流量的机会是远远不够的,"怎样牢牢抓住它"成了下一步的目标。在更新营销方案的过程中,银宝又看准了"网红经济"崛起的力量,希望通过内容创作、社交营销等合作方式稳固流量、赚取收益。

3.5.3.2 "网红经济"带动全民参与

银宝通过自播的方式的确积累了一定的私域流量,但这并不是坚不可摧的,其缺点也逐渐显现。首先,大多数直播活动都由银宝内部自行策划和执行,相对缺乏直播经验和专业的制作团队支持。随之而来的问题是直播质量不高、缺乏吸引力,影响观众的观看体验。专业主播最大的优点之一无外乎是与观众互动中产生的社交氛围感,银宝便向这一点发力,决定在保留自播形式的基础上增强互动性,最高效的做法就是邀请"网红"做助播,发展"网红经济"——通过网络平台(如微博、微信、抖音等)发布信息和分享自己的生活,积累一定的关注度和影响力,从而赚取收益的商业模式。在这种模式中,"网红"利用其个人魅力、粉丝影响力和内容创作能力,为品牌或企业代言,推广产品或服务,从而获得丰厚的报酬。

银宝对"网红"的选择十分慎重,除了帮助带货,更希望从中向公众传递企业精神。因此,受邀前来助播的人士多为社会中有代表性的正能量人物,例如来自江苏交广网的知名主持人成杰思、"中国好人"肖公章等。他们对银宝与助农兴农同样拥有情怀。成杰思就曾在直播后感慨道:"直播是一种新颖的销售模式和渠道,盐城市供销合作总社牵头举办这样的活动很有意义,送出去的是帮扶和爱心,消费者买到的是绿色和健康。"除此之外,总投资 5 亿元、占地 33 亩的"盐之有物"盐城"网红"直播基地也建成了。它集溯源直播带货、主播孵化基地、线下直播社群、智能云仓物流服务于一体,致力于把盐城的好产品、好品牌推销出去。在这里,90 后新农人通过生动的直播案例、接地气的讲解方式和活泼的互动模式,完成了从生产者到直播带货达人的蜕变。

银宝集团深知,"网红经济"固然见效快,但也要居安思危,不忘农产品销售的初心。"网红经济"注重短期效应,市面上有不少农产品"网红店"借助营销手段与销售策略获取了高额收益。但由于追求快利,质量把关不严,农产品安全问题成为隐患。此外,"网红经济"还伴随着涨价现象。许多农产品在经由"网红"推荐后,价格通常会出现明显上升且额外利润多为中间商获得,不仅令消费者不满,农产品生产者也难以从中获益,这与银宝利农的初心背道而驰。因此,银宝即使初尝甜头,也始终保持警觉——意识到必须长期坚持保证农产品品质,背靠数十年如一的企业信誉,在"高速路"上仍怀过"独木桥"之心。

3.5.3.3 销售管理协调多重渠道

银宝通过对全渠道进行整合管理和协调,初步形成了以"盐之有味"区域公用品牌为龙头的特色农副产品线上线下供应链体系。

早在直播尚未正式开展之前,银宝就已具备了"线上线下"全渠道的铺设意识。在线下,仍然关注社区市场,利用重大节庆日,举办特色农产品展销会和供销集市。此外,银宝与交投集团开展战略合作,探索打造"服务区＋农业"的新模式,将"盐之有味"名特优农产品引进服务区,为过往司乘人员和周边群众提供全方位、多功能的服务；银宝还先后在大洋湾景区、大丰服务区、机电职业学校、中石油和中石化的加油站等建立待售宣传点；在线上，继续坚持与事业单位的内购平台合作，如建行的善融商城、农商行商城等。同时，银宝完善京东盐城馆和助农馆的经营，持续上新产品近 300 款，店铺关注量达到 21.4万人。2023 年 5 月银宝还举办了双品网购节活动，515、517 吃货嘉年华等系列活动。此外，银宝后续还将开展并落实将盐之有味的农产品上线"银宝惠福"和"农场之森"微信小程序等的相关工作。

　　在已拥有一套较为完备的双线销售渠道的情况下，直播渠道的打开更是如虎添翼。在直播开始前，工作人员会上架产品链接，并随时在后台候场，操控产品上下架、秒杀的价格调整以及发放优惠券和满减券等。为了确保价格的公正和透明，银宝致力于保证所有销售渠道所售商品的价格始终统一。这也意味着，无论是通过直播平台购买还是通过其他线上、线下渠道购买，商品的价格都是相同的。若因参与活动出现了价格优惠，也会尽量保持价格一致。这种对价格调整保持严谨的做法也帮助银宝在消费者中产生信任感，并促进各销售渠道齐头并进。下单后，后台客服会在一定时间内快速发货，并耐心回答直播间消费者的问题；如需退换货，也可以随时在抖音平台与客服沟通，进行相关的处理。

3.5.4　引航：盐之有味，精益促销

3.5.4.1　数智分析

　　传统的促销模式以渠道为中心，分散且多极的经销渠道使得数据资产始终掌握在终端零售商的手中，品牌距离消费者太远，信息获取的质量和时效性始终不尽如人意。互联网时代下，消费者逐渐养成线上购物的习惯，DTC（Direct-to-Consumer）模式由此诞生，该模式没有中间商赚差价，省去层层分销环节，减少了信息在传播过程中的节节损耗。在价格、渠道和促销上都为消费者带来收益。在价格上，实行共享价值定价，即"让消费者和品牌共同承担成本和利润"，真正做到让利给消费者；在渠道上，通过品牌官网等自建渠道触

达消费者,努力做到"零中间商";在促销上,品牌借助"电商平台＋社交电商"等渠道的流量开拓市场,直接面向消费者塑造、传播品牌形象,从终端直接收集消费者数据进行分析反馈,由此实现了生产商和消费者双方对产品、内容的共创。银宝集团在面对传统营销困局之际,为了缩短"盐之有味"品牌与消费者间的距离与营销反应时间,通过电商、社交媒体、自营网站来建立直接销售路径,以促销新招达成顾客的获取、激活、留存、收益和裂变。

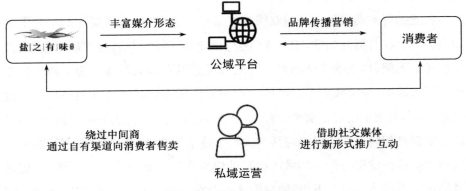

图 3 - 16　银宝集团的促销 DTC 模式

（1）拉新与促活：集思广益,构建流量宝池

用户获取（Acquisition）是指通过各种渠道让消费者了解产品信息,最终将潜在用户转化为实际用户的过程。在此期间,企业首先需要对产品定位清晰,对目标人群有所了解,对他们所处的渠道有所掌握。在吸引大量流量后,让消费者了解企业产品的特征、核心价值等,在其消费产品的过程中强化体验,指导消费者购买、使用产品,使之成长为拥趸,从而达到用户激活（Activation）的目的。

引流是互联网产业必不可少的一个关键环节,针对不同的目标客户,银宝集团差异化布局营销渠道,从线下和线上两种渠道出发进行大范围引流,再根据用户画像的分类个性化投放和本地化广告宣传进行深度精准引流。考虑到可控性、内容传递的有效性以及性价比,省去了经销商环节,相继建设一批"盐之有味"销售网点,重点打造"盐之有味"网红店;还在高铁站、机场和核心商圈设立伴手礼专柜或门店,选择优质居民区建设社区店。并对"盐之有味"产品包装、门店装修、专柜标准与标识等进行统一设计,既实现了视觉上统一整体品牌形象,又在无形中加强了品牌宣传,使消费者更容易识别和记忆。在长三角地区,集团与关系稳定的大型合作企业签订长期协议。银宝先后与南京钟山宾馆集团、苏州农发集团谋求资源互补、达成供需合作,面向南京和苏州市场,选择差异化的产品开展定向营销。在更广阔的线上消费市场,集团布局数字化,打造线上商城和官方账号,在各公域平台输出内容进行截流、付费推送等。同时在部分APP(如"我的盐城")上设置专栏,建立链接一键跳转公众号、网页等。在引入流量后,针对浏览时间较长的顾客定点发放优惠券,提高转化率,促使交易达成。银宝此番操作帮助其摆脱传统经销商的束缚,直接在社交媒体和线下直营店与消费者实现沟通,最大程度地掌握用户的喜好与动向,并迅速作出反应,在短时间内积累用户流量池。

(2)固流与变现:大浪淘沙,站稳脚跟

在互联网获客成本不断上升的情况下,用户留存(Retention)往往被视为衡量企业运营成功与否的重要指标。对于企业而言,老用户的运营管理成本要显著低于吸引新客户的花费。因此,银宝也将集团发展的重点从获取新用户转向老顾客的留存,以实现老客户的复购和升级购买,配合足够的流量支持加上合适的变现方法,最终实现企业盈利(Revenue),助力乡村振兴。

为了最大程度惠及消费者,"盐之有味"旗下产品在全渠道保持统一定价,杜绝经销商随意抬价,减少渠道冲突如窜货等行为的发生。并且,银宝在直播促销的过程中通过日常直播和活动期间网红直播的方式提高了传播效率。具体地,一方面,日常直播期间会进行多轮福利发放,主播在讲解烘托气氛的期间,工作人员则负责在后台操控进行产品上下架、秒杀的价格调整以及发放优惠券和满减券,通过不断提供实物和红包,用户互动频率得以增加;另一方面,遇上双十一、双十二、"6·18"等重大主题活动,银宝发放可以叠加使用的无门槛券、满减券的同时,还会提前对接相应的网红主播,不仅结合了网红自身的粉丝力量,还能依靠他们出色的带货能力与现场表达力,增加产品销量。不可忽视的是,银宝通过区域公用品牌的引领,积极孵化了一批全国有影响力的知名企业品牌和名特优农产品品牌,如恒济大鱼圆、滨海香肠等,极大增强用户对品牌产品的信赖度。

(3) 裂变式传播:品质保障,口碑相传

当产品本身真正满足了消费者的需求并产生了价值,企业可以利用用户现有的社交影响力和积极口碑传播来获得新用户,持续且高效的裂变自传播(Referral)形成螺旋式的上升通道,使消费者群体产生爆发式增长。

在市场监督管理局的指导下,"盐之有味"品牌的产品成为质量有严格保证的代名词,已逐渐成为本地市民的优先选择,逢年过节会采购送给外地的亲朋好友。有的消费者还会自发在小红书、抖音等社交平台上发布相关笔记进行推荐,一个高质量的帖子,可以持续发酵,进而吸引更多潜在消费者的关注。除了消费者贡献的口碑传播和裂变销售,"盐之有味"也不放弃其他宣传自己的机会,通过公共关系等方式提高品牌形象。例如,在 2023 年积极参与盐城市第四届诚信 315 乐享公益行动,荣获"放心消费媒体监督推荐品牌",展现了其热心社会公益的责任担当和良好的品牌形象。

3.5.4.2 赋能挑战

银宝集团作为"盐之有味"的推广运营主体,不仅要对接消费者,还要协同使用商标的供应商企业。为了持续提供优质农产品,更好服务消费者,集团采用 STBTC 模式(S to B to C)重新定义了三角关系,如图 3 - 17 所示。其中,S 是指整合前端供应链平台,B(企服商)利用 S 供应平台完成对 C(消费者)的服务,从整体上重构产业链,创造更大的价值。S 平台利用 B 企服商强大的本地化渗透能力和营销运营能力将供应链能力发挥到极致,传递给消费者端,更好触达和服务消费者 C。相较于传统的商业模式,商家与顾客之间关系是呈割裂状态,STBTC 模式的最大创新在 S 和 B 端是紧密合作关系,而不是传统 B2B 简单商务联系。银宝集团在开启数智营销的过程中,为了应对接踵而至的挑战与上下游两端协调的问题,逐渐从传统模式过渡到以用户为中心的

STBTC 的商业模式。

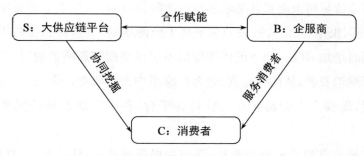

图 3 - 17 银宝集团 STBTC 商业模式

(1) 合作赋能，制定准入标准

"盐之有味"作为区域公用品牌，旗下供应商企业的生产、加工、销售基地建设等情况各不相同，为了让消费者有更好的使用体验，银宝集团主动作为，完善品牌使用的准入和退出机制。首先，和盐城市优质农产品品牌营销协会共同制定区域公用品牌准入标准，在协会会员和合作企业中实行贯标生产，其提供的农产品必须经过第三方检验机构认定方能授权使用"盐之有味"集体商标使用权。其次，建立数字化"盐之有味"产品目录、产品信息档案、会员信息库，对会员企业免费提供政策落地支持、包装设计提升支持、企业策展支持、产品在协会平台销售支持和媒体宣传推广支持等五个支持服务，以此保证有特色的优质产品能够触达更多消费者。最后，积极孵化一批有影响力的知名企业。针对品牌目录中产品质量、生产规模、市场占有率处于全市同行业领先水平的企业，银宝通过对接洽谈、价格约定、质量数量保证、签订订单或供货协议等方式，保障其品牌的产品供应。

目前，"盐之有味"品牌建设采取"1+9+N"模式，即 1 个区域公用品牌，9 个县区，若干个具体的农产品单品品牌，协会涵盖会员企业近百家。银宝作为推广运营者，将优秀的大供应商筛选出来集中采购产品，服务消费者的过程公开透明且实时反馈，从而进一步提升大供应商对银宝的服务。通过 S 端与 B 端的良性互动，真正做到深度服务 C 端消费者。

（2）协同挖掘，完善精准营销

在如今流量越来越贵且越来越分散的时代背景下，企业品牌促销的短期 ROI（投资回报率）能保持过去的水平是十分困难的，更别提想要在扩大流量规模的同时增加 ROI。当下的传播促销不仅仅要能够影响消费者，还要能够长期地影响消费者，从持续经营、老客户维系中产生收益。因此，银宝集团作为领头者，带领广大会员企业入驻抖音平台，利用智能数据挖掘更广阔的市场。

抖音平台有自己的独特算法，系统会根据播放量、评论量、点赞数、转发率，选出用户最喜欢的内容，判断作者擅长的领域，以此总结出用户的账号属性，再依据账号属性标签，把发布的内容推荐到相同标签的粉丝人群中去。而银宝集团和会员企业只需要运营好官方账号，或是在视频描述文案里，引导用户完成点赞、评论、转发等动作，或是多设置互动问题，积极回复用户评论，提炼核心观点，又或是组建官方粉丝群，便可以利用站内智能分析，进行免费推广，从而精准找到潜在用户。除去免费推广，银宝也积极运用抖音的付费推广，根据不同时期的主推产品、孵化企业和预算的不同，灵活选择 CPC（每次点击付费）、CPM（每千人印象成本）、CPA（每次激活付费）等方式。此外，集团负责人还会实时追踪店铺数据，若发现用户多次点击浏览但未下单，便会定点发放优惠券进行实时促销，以此来提高用户转化率。

（3）促销升级，搭建数智营销平台

企业品牌传播促销的初衷是有针对性地触达消费者、沟通内容并产生共鸣，过去的定向投放主要依赖平台内部的标签，处于"黑箱"状态。这些标签定义大部分很模糊，无法根据企业自身对产品和行业的理解形成自定义专属标签体系。银宝接受并认识到精耕细作对数智营销的巨大价值，不再简单局限于平台的算法运作，而是主动接触其他工具搭建数智营销平台，以提高传播促销效率。

一方面，银宝不断升级旗下的新媒体矩阵运营策略。从单一的账号内容生产，转向立体分工，协作运营。先后开设了微信公众号、视频号、抖音、小红书、淘宝、拼多多、京东等账号并进行官方认证,有效整合资源,做到账号矩阵化和内容系统化。另一方面,银宝借助巨量云图等数据决策平台,给促销提供全链路指导。此类平台基于百项 PB(Petabyte:储存容量单位,1PB = 1024TB)级别数据,以消费者和内容为双核心,将二者的数据资产结合起来,帮助企业更好地认知自身、人群属性,洞察协助进行用户细分,结合内容趋势辅助孵化优质作品创作。这些举措使得促销投放的前、中、后都能发挥巨大的作用,促进实现"盐之有味"与消费者更紧密的长期关系。

3.5.4.3 经验启示

在数智营销时代,私域流量对品牌和企业来说至关重要。私域流量是指品牌在自己平台上创造的流量,包括自己的网站、APP、微信公众号、小程序等,这些渠道都是品牌能够掌握的,拥有完全自主权。相比于广告投放和其他营销方式,私域流量的获取成本更低,甚至可以直接获取免费流量,从而减少营销投入。品牌也可以更好地直接了解消费者的体验,消费者能够更加舒适地使用产品和服务,提高满意度。

银宝集团通过数智技术挖掘私域流量的过程,也恰好印证了 5A 模型的策略框架。5A 模型,也被称为 5A 客户获取漏斗,由市场营销专家菲利普·科特勒提出,是促销传播中不可或缺的策略,包括知晓(Aware)、诉求(Appeal)、询问(Ask)、行动(Act)、拥护(Advocate)这五大路径。首先,在制定营销策略之前,需要确定目标受众,即希望与哪些潜在消费者建立联系,并深入了解他们。随后,要建立广泛的触点,即获取与目标消费者进行沟通的所有方式,包括广告、邮件、社交媒体、展览会等,了解他们最常使用的媒介或渠道,并根据这些特点制定相应的营销计划。在竞争激烈的市场环境中,吸引潜在消费者的注意力是至关重要的。下一步则需要制定切实有效的营销策略,包括采用独特的品牌形象、优秀的内容、主题活动等营销方式。成功的营销并不仅仅是为了获得一次性的销售,更重要的是和消费者建立长期稳定的关系。因此需要在吸引潜在消费者的注意力后,通过各种营销手段,培养他们的兴趣,建立信任,并帮助他们解决问题,进而使他们成为忠实客户。接着,在实现上述做法的前提下,银宝引导消费者对相关产品进行支持,通过注册会员、购买商品等方式完成了流量转化,将"会员"变为了忠实的消费者。最终,通过客户关系维系与管理,银宝不断将客户发展为品牌的拥护者,主动传播正面口碑。

（1）宣传知晓

在互联网的世界中,消费者与商家之间是高度连通的,消费者对于产品和服务的需求往往都是即时的。因此,银宝在开展促销策略之前,就意识到必须融入消费者的公共活动中,让更多的消费者了解银宝,最大限度地获得公域流量。事实上,银宝也确实是这么做的——银宝注重内容的质量和有效性,根据消费者的细分进驻不同公域平台,打造声量。在实施促销策略的过程中,银宝不断加强与新媒体平台的合作,如公众号、微博、小红书等,通过互联网数字化场景的设计和投放,在多个平台增加触点,尽可能多地触达消费者,增加大众对银宝农产品的了解与喜爱。

（2）诉求吸引

除严格要求把控产品质量,银宝也十分注重品牌宣传,并将其作为企业发展的重要策略之一。首先,银宝精心打造多样化的内容形式,成立内容营销场景设计团队,负责制作大量的视频、音频、图片、文字等内容,以满足消费者的诉求,吸引和保持其兴趣和关注。其次,银宝集团着眼于提升品牌形象、塑造企业文化、强化用户体验,在视频或图文中讲述银宝故事、盐城故事,同时插入促销活动,通过留言、评论等方式了解消费者的真实感受,增强与消费者的密切联系。

银宝集团并没有止步于这一阶段的营销效果提升,而是继续借助数智化的直播促销手段,利用网红经济进一步转化私域流量。网红经济在直播中为农产品提供一种全新的推广方式,使农产品销售更具有活力和市场竞争力。银宝之所以选择邀请网红,主要是考虑到他们在社交媒体上的庞大粉丝群体和较大的影响力。首先,网红参与本身就是一个宣传点,他们拥有较强的传播能力和社交影响力,将粉丝引入企业私域平台,带来更多的关注度和销售机会。其次,网红在直播中发挥自己或"耍宝"或"安利"的特长,为农产品进行的推销方式是生动有趣的,不仅能使观众更全面地了解农产品的特点和优势,还能与观众建立互动关系,增强产品的认知度和信任度,将农产品推广给更多的人。

（3）引流问询

相比于经营公域流量,在私域中,更需要将消费者引入不同特征和需求群体的私域池,提供精准服务。就银宝的直播来看,在开始前,有专门的策划团队准备相关的话题和问题,制定详细的直播计划和提纲,保证直播内容清晰有针对性。在多次活动中邀请到的网红或当地知名博主,也都有着较为专业的素质,能够及时回答观众的问题,保证直播现场的服务质量和效果。此外,策划团队还会借助平台的功能展开创新促销活动,例如,时不时在抖音直播间开设投票、抽奖等,提高直播的趣味性和互动性。下播后,工作人员利用直播后的数据分析与粉丝在弹幕或评论区的反馈,优化直播策略和服务流程,不断提升直播质量,提高品牌影响力和顾客忠诚度。除直播外,在其余平台及官方账号的经营与维护上,银宝也是毫不懈怠。例如,一边设立专业团队负责社媒问答、平台客服工作,提高服务水平和质量;同时利用人工智能技术,建立智能客服系统,对用户的提问进行自动回复。通过这一系列做法,银宝不仅满足了消费者问询的需要,还搭建了属于自己的"营销社区",实现品牌口碑的提升和顾客黏性的增强。

（4）获客行动

银宝通过经营各官方账号、创新直播促销、"网红"引流等方式,获取了一定的私域流量。而在如何运用和盘活私域流量上,银宝也交出了一份令人满意的答卷。首先,银宝对平台粉丝进行精准识别,提升了将他们保留、转化、裂变成消费者的成功率。其次,通过强互动深度了解消费者对各类农产品的需求,提供个性化服务,从而实现精准匹配,同时辅以多元营销的方式,例如打造线上商城、开展线下促销活动等,以促成消费者的购买行动。此外,借助海量粉丝的力量,私域中的消费者能够不断形成新的扩散,爆发性地产生更多流量。这些流量又借助互联网的移动性和社交性不断向外扩展,实现了更多消费行为转化。

(5) 转粉拥护

在积累一定量的私域流量池后,银宝集团进一步提高了消费者复购率、推荐率和忠诚度,通过裂变源源不断地新增粉丝,盘活流量池。具体做法有以下几点值得借鉴:① 提供优质的产品和服务。银宝坚持提供高品质、高性价比的产品和服务,满足消费者多样化的需求,为消费者提供良好的购物体验和售后服务。② 重视消费者反馈和需求。银宝集团通过不同的平台触点,积极倾听消费者的反馈和需求,改进产品和服务,提高消费者满意度和忠诚度。③ 推出具有吸引力的促销活动。尽管线上活动设计已逐渐成熟,但银宝始终没有放弃线下展销,双线同步发力,定期推出各种创新的促销活动,提供优惠价格和礼品赠送,增加消费者的购买意愿和忠诚度。④ 打造社交化营销体系。社交媒体平台的官方账号形成了牢固的营销体系,通过邀请消费者参加互动、鼓励消费者晒图等方式,增强与消费者的互动和黏合力,从而实现维系老客户和裂变吸引新增粉丝。具体的 5A 内容详见图 3-18。

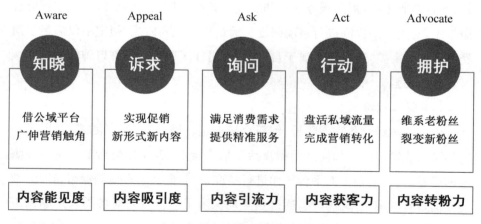

图 3-18　银宝客户获取 5A 模型

银宝深知,想要做好产品不能仅仅闷声研发,还要建设和管理私域流量、实施合适的传播促销策略,要了解消费者需求并助力产品升级。也正是通过这套营销策略,银宝不仅通过对消费者数据深度挖掘,了解到更多的消费习惯和特征、制定了更精准的营销策略、提高了转化率和销售收入,还通过私域流量建设自己的品牌形象和精选信息发布渠道,通过更加稳定、高效的渠道,提升了品牌曝光率和品牌形象。

3.5.5   归航:盐城样板,重塑促销

银宝集团坚持贯彻落实新发展理念和品牌强农战略,以高质量发展为主题,成功地重塑了农产品促销模式,实现了农民增收、城市居民品质生活需求满足的双赢局面。银宝引入数智技术的促销方式成功且值得学习,但这远不是尽头,农产品销售的未来必将是品牌化、数智化之路。"盐之有味"的名号已然打响,助农增收、扶贫脱困正在路上,今后希望通过各方的共同努力,能够继续让"盐"字号优质农产品享誉四方。

4 视觉外观材质对产品功效
感知的影响[①]

消费者在购买商品时，首先接触到的是产品的外观信息。人作为视觉动物，往往会通过外观形成第一印象，继而影响其后续的判断与行为。随着电商平台的发展，消费者在线上购物时，往往只能通过产品图文或视频介绍了解和推测产品，此时，产品的视觉外观就尤为关键。不仅反映了美观程度，还会影响消费者对产品特征、功效的推论。对于农食产品而言，其产品价格相对较低，且消费频次高，消费者的卷入程度相对较低，产品评价更容易受到外界环境因素的影响。因此，应结合生成式人工智能技术，基于市场竞争形势与不同群体的消费需求，注重视觉元素在农食产品包装设计中的合理应用。这不仅能刺激消费者的视觉与心理感受，赢得消费者的认同，促进产品销售，又可以通过视觉元素和产品特色匹配，打造品牌化包装和创新交互设计形式。因此，对农食产品及其包装的外观设计研究，了解何种类型的产品更适用于何种包装十分重要。

随着农产品精深加工的发展，很多农食产品在满足消费者基本的生存需要之外，往往还具有更多特定的功能，包括但不限于各种不同的产品功效。例如，龙巢品牌的五指毛桃茯苓茶产品宣传语是"体内有湿、美丽丢失、祛排养护、脾胃同调"；江中品牌的猴菇米稀宣传语为"由内而外养出好气色""酒局宵夜护肠胃"；乐虎品牌的维生素功能饮料强调"提升抗疲劳，累了困了喝乐虎"。

---

① 本章节主要内容源于本书作者黄韫慧、杨璐及合作者宋文静(二作)发表在期刊 *Psychology & Marketing* 2023 年第 40 卷第 2 期的文章"Avoiding through glossiness and approaching through matte: The effect of visual finish on perceived product effectiveness"，引用请注明。

对于这种具有一定功能的农食产品,需要在广告法、食品安全法的要求下进行宣传,并努力让消费者相信产品的有效性,以此来提升产品好感度和购买意愿(Schlosseret al.,2016)。本章将重点关注这一类问题解决型产品的外观设计以及如何更好传递其产品功能。问题解决型产品是指产品可以帮助消费者实现解决不良问题的目标。一般而言,此类产品解决问题的方式可以划分为两类:其一是回避式(Problem-avoiding),强调通过避免或远离不良情况的方式来减少问题发生,比如保护消费者免受细菌病菌入侵的抑菌肥皂;其二是趋近式(Problem-approaching),强调通过主动接近并抗击不良情况的方式来解决问题,比如杀菌肥皂。在农食产品中,也存在类似的问题解决型产品。比如祛湿去凉的薏米、杀菌抗氧化的洋葱、防止感冒的姜汤等等。考虑到产品外观往往是消费者首先触及的产品信息,并有助于消费者对产品做出快速判断(Pombo & Velasco,2021),因此,本章旨在了解产品视觉元素如何影响问题解决型产品的感知有效性。

产品视觉元素包含颜色、形状、材质、位置等诸多方面。本章重点关注产品的视觉外观材质,即视觉效果是亮光还是哑光的程度。亮面有光泽感,蕴含了更多亮光,存在镜面反射,如袋装薯片内侧的银色亮面;而哑光则暗淡、无光泽且粗糙,如牛皮纸袋等(Marckhgott & Kamleitner,2019)。先前的研究表明,由于亮面让消费者感到其富含水分,而人们又天生对水分具有需求(Meert et al.,2014)以及光泽度能够吸引注意力(Silvia et al.,2018),因此亮面比哑面更受消费者青睐。与之相反,也有部分学者发现了亮光包装在食品领域的负向效应。例如,Han 和 Pandelaere(2021)指出,亮面的包装会损害品牌信任,因为消费者认为该品牌迫切希望吸引消费者注意力。此外,消费者认为光面包装的食品更不健康(Ye et al.,2020),哑光包装的食品更天然(Marckhgott & Kamleitner,2019)。然而,人们对于亮光或哑光饰面如何影响问题解决型产品的感知有效性知之甚少。除了上述理论部分的相对缺乏,营销实践中的产品设计者也时常会面临这一选择,即设计哑光还是亮面的产品外观。比如,胶囊的药品多为亮面,可以反射光线,而药片多为哑光,更多吸收光线。除此之外,香皂、化妆品、饮料、零食等诸多产品种类都涉及这一选择。究竟产品外观应该如何选择? 是否更匹配产品特性的外观会提高消费者对产品功效的评价? 本章将会对上述营销实践问题进行解答。

以往的研究指出,视觉外观材质和产品类型之间的匹配可以使产品信息感觉更值得信赖(Vignovic & Thompson,2010),从而增强消费者对产品有效性的感知(Chatterjee & Chaudhuri,2005)以及对产品的偏好。基于趋近-回避目标追求理论(Approach-avoidance goal pursuit theory),我们讨论问题解决型产品的两种类别:趋近问题产品和回避问题产品。本章预测,哑光(相较于亮光)表面与趋近概念相关联,而亮光(相较于哑光)与回避概念相关联。对此,本研究通过五项实验和一项实地研究来进行验证。

4.1　相关理论

4.1.1　营销中的视觉元素研究

关于产品包装,Ampuero 和 Vila(2006)以及 Silayoi 和 Speece(2004)基于包装设计的特征、信息传递的类型以及是否包含语言成分等对包装元素进行了分类。具体而言,包装元素可以分为非语言型包装元素(包括图像、颜色、尺寸、形状和材质)和语言型包装元素(包括文字说明、标签等产品信息和品牌名称)两大类。与语言型包装元素相比,视觉元素作为非语言型包装元素,也会影响消费者的感知和情感偏好(柳武妹,2020)。感官营销研究领域也重点关注了视觉元素的作用。根据 Sample 等(2020)的文献综述,视觉信息被分为五类,分别是照明(Illuminance)、形状(Shape)、外表颜色(Surface color)、材质(Materiality)和位置(Location)。借鉴何云等(2022)对视觉元素的分类,我们将照明和外表颜色合并为颜色,结合营销实践的关注点。接下来,我们将重点回顾五大视觉元素,即颜色、形状、材质、字体和位置在营销领域的相关研究。其中,颜色和形状是目前视觉元素中研究最多的部分。由于颜色在下一章节中还会有所涉及,本节将对形状的研究进行更为系统的回溯。

（1）颜色

颜色包含三个要素，也就是色彩的三个基本属性——色相、明度和饱和度。色相（Hue）用于指代颜色的外观和名称，例如红色、橙色、黄色、绿色、青色、蓝色、紫色等。明度（Lightness），也称为亮度，表示颜色的明暗程度，可分为高明度、中明度和低明度，高明度的色彩给人清晰明亮的感觉，而低明度的色彩则给人黑暗的感觉，中等明度的色彩会让人感到平静和舒适。饱和度（Saturation），也称为彩度、纯度或鲜艳度，用来描述色彩的纯度或鲜艳程度。高饱和度能够给人带来强烈的视觉冲击，低饱和度则会使人感觉更柔和、更平淡。

颜色是营销学外观研究中一个非常重要的领域。在 20 世纪 80 年代，色彩营销理论被首次提出，这个理论的实质在于，企业在充分了解消费者心理对色彩的需求的基础上，在营销中注重运用色彩这一要素来刺激产品的销售。在此基础上，研究人员关注了色彩对消费者心理和行为的影响。例如，在产品层面，研究发现色彩会对产品的感知质量（Scott & Vargas，2007）、感知尺寸大小（Hagtvedt & Brasel，2017）、食品健康感知（Mead & Richerson，2018）以及对产品的偏好（柳武妹、梁剑平，2015）产生影响。在品牌层面，有研究发现色彩的亮度、色相、饱和度等维度会影响消费者对品牌的好感程度（Gorn et al.，2004）。

（2）形状

形状作为一种视觉特征在营销传播中扮演着重要角色（Park et al.，2013），主要包括圆润/棱角形、对称性、动态性、稳定性、空白性等。在以往形状对消费者感知的研究中占比最大的是圆润/棱角形状。例如，研究发现圆润形相比棱角形更容易引起柔软（Jiang et al.，2016）以及绿色环保（Liu & Hua，2021）等感知，参见表 4-1。

表4-1　圆润/棱角形研究总结

内在机制	研究发现	相关文献
感知角度	• 圆/角形—妥协/对抗 • 圆/角形—柔软/坚硬 • 圆/角形—女性化/男性化 • 圆/角形—享乐型/实用型 • 圆/角形—归属需求/独特性需求	Zhang et al.（2006） Jiang et al.（2016） Palumbo et al.（2015） Wang et al.（2020） Zhu & Argo（2013）
感觉角度	• 圆/角形—积极情绪/消极情绪 • 角形—威胁和害怕 • 个体更偏好圆润形的物品	Aronoff et al.（1992） Guthrie & Wiener（1966） Bar & Neta（2006）
跨感官角度	• 听觉:圆/角形—低/高频的声音; 　圆/角形—柔和/刺耳的音色 • 嗅觉:圆/角形—愉悦/不愉悦的气味 • 触觉:圆/角形—光滑/粗糙的触感 • 味觉:圆/角形—甜/酸苦的味道	Melara & O'Brien（1987） Adeli et al.（2014） Seo et al.（2010） Etzi et al.（2016） Spence & Ngo（2012）

　　此外,其他形状特征的研究指出,不对称的品牌 logo 会增强消费者唤起水平（Arousal level）,进而提高品牌兴奋感知（Brand excitement）。因此当品牌个性为外向活泼时,使用不对称的视觉设计可以提高品牌评价和经济收益（Luffarelli et al.,2019）。动态性是指运动的或有运动趋势的形状特性,与静止相对应（Thomas & Mulligan,1995）。动态的品牌 logo 可以引发消费者产生运动性感知（Cian et al.,2014）、生命力感知（Brasel & Hagtvedt,2016）和警觉性（Cian et al.,2015）,因此将其用在相匹配的品牌定位上如活力型企业等可以实现良好的营销效果。稳定性是物体保持其原有位置不移动的特性,是 Rahinel & Nelson（2016）引入营销领域的新特征,研究表明不稳定的形状会激发消费者感知到周边环境的不安全,因此判断安全导向的产品（如除菌洗手液）更有效。

　　现有研究还发现,人们将形状与特定的产品功能、种类联系起来,甚至会将对图片形状的感觉转移到产品本身。例如,在食物领域,形状会影响消费者对品牌及食物健康程度的评价,较高、细、长形状的食物更容易被归类为高端产品或高品牌地位（Chen et al.,2020）,细高形状的食物也会被认为比宽矮形状的食物含有更少的卡路里(Van Ooijen, 2017)。此外,形状对消费者味觉感知的影响也是一个重要的研究领域。例如,张全成(2017)研究发现,当人们看到异形(即形状不对称、不规则)的容器时,往往会联想到高酒精浓度的酒水;而看到形状圆润且规则的酒杯时,则会联想到低酒精浓度的酒水。此外,盛装食物的容器形状还会影响味道感知的强烈程度。与圆润形状的杯子相比,使用角形的杯子盛装的酸奶会让消费者感知到更多的酸味(Westerman, 2012)。

(3) 材质

参照何云等(2022)在综述中对材质视觉元素的分类和研究回顾,材质可分为材料和质感两个部分。本节重点关注与消费者的视觉感知最相关的视觉纹理和反射率两个维度。

① 视觉纹理

视觉纹理的重要性在于它能够引发消费者的情感和感知,从而对产品产生积极或消极的认知和行为。这种纹理的建立与设计师的创意和技巧密不可分,他们通过多种设计元素的结合来营造出特定的质感,以通过视觉传达产品的特点和质量。根据何云等(2022)的定义,视觉纹理即"使用多种设计元素(线条、阴影、色彩等)创造的一种隐含质感,它与视觉感知而非触觉感知有关"。产品外观、包装是视觉纹理的重要体现,是对消费者购买决策产生影响的因素之一,研究主要聚集在自然材质与否及光滑粗糙两类。首先,自然材料如纸质材质包装常常被视作更加自然和健康,并可以象征产品的高质量(Maller et al., 2006)。其次,相较于光滑的包装,粗糙的包装会让消费者认为食物口感更脆、更硬(Biggs et al., 2016)。

② 反射率

反射率刻画了物体表面在反射周围环境图像方面的倾向性,在视觉上体现为物体表面的光泽感(何云等,2022),也是本章关注的哑面和亮面的体现。相较于其他视觉元素,反射率的研究相对较少。其中,亮面的表面光滑,存在镜面反射,出现了高光泽甚至镜面状的外观。而哑面的表面粗糙,反射会更加漫射,方向分布广泛,出现了低光泽和哑面状的外观。以往研究表明,高光泽感的亮面具有积极效果,可以提高消费者喜爱(Meert et al.,2014)、轻盈感知及产品吸引力(Decré & Cloonan,2019)。但也有研究发现,在食品领域,亮面包装会激发消费者对油脂的联想,进而推断产品更不健康(Ye et al.,2020)。而哑光因为与有机材料的典型特征自然性相符,可以提高产品的自然性感知(Marckhgott & Kamleitner,2019)。此外,由于光面可以吸引消费者注意力,消费者会据此推断营销人员的说服意图(Persuasive intent)进而降低对品牌的信任(Han & Pandelaere,2021)。

(4)字体

以往营销学和心理学研究发现,仅仅使字体产生差异就足以让消费者形成不同的印象,并影响他们对产品和品牌形象的判断(谢志鹏等,2021)。例如,Mead 等(2020)的研究有趣地发现,向右倾斜的字体带给消费者一种向前移动的倾向,并产生促销快要结束的感觉,进而提高购买意向;圆润性的字体和享乐型产品存在内隐关联,因此享乐产品使用含有圆润字体的广告或包装会提高消费者的评价和购买力(Wang et al.,2020);含有不完整字体的品牌标志会降低消费者的信任感知,却提升了消费者对公司的趣味性感知以及创新能力评价(Hagtvedt,2011);英文字母的大小写也隐含着不同的象征意义,大写字母往往和男性化相关联,小写字母则和女性化特征相对应(Wen & Lurie,2018),因此大写字母的品牌命名更容易让消费者感知到有力量的品牌形象,而小写字母则会更多触发友好的品牌形象(Xu et al.,2017)。其中,手写体和机械体受到了较多的营销研究关注。手写体并非完全意义上的由人手写,而是指圆润、倾斜、不规则的字体,机械体则为笔直、方正和规则的字体(Henderson et al.,2004)。相较于机械体,手写体会让消费者形成人类存在的感知,继而提高其和产品之间的情感依恋(Emotional attachment),提升对产品的评价和购买(Schroll et al.,2018)。此外,使用手写体还会让消费者产生人类触摸感并引发爱的感知(Liu et al.,2019)以及真实性感知(Yu et al.,2020),并提高消费者的产品评价。具体的字体特征图示及部分研究总结请参见表 4-2。

表 4 - 2　字体特征部分研究总结

字体特征	倾斜性 (Slanted)	圆润性 (Curvature)	完整性 (Completeness)	大小写 (Upper vs. Lowercase)	手写/机械体 (Handwritten vs. Machine-written)
研究发现	右倾字体——感知促销快要结束 (Mead et al.，2020)	圆润性字体——享乐型定位 (Wang et al.，2020)	不完整字体——低信任，高创新 (Hagtvedt，2011)	大/小写——力量感/友善感 (Xu et al.，2017) 男性化/女性化 (Wen & Lurie，2018)	手写体——人类存在 (Schroll et al.，2018) 爱的感知 (Liu et al.，2019) 真实感知 (Yu et al.，2020)

（5）位置

位置指代目标所处的定位及其与其他事物的相对关系（Sample et al.，2020）。对于位置的研究主要涵盖垂直方向、水平方向和对角线方向三个大类，前两者的研究相对更多。其中，垂直方向关注物体的高低、上下位置，水平方向则关注左右的相对位置对消费者感知、态度以及行为的系列影响。

在垂直方向上，Sundar 和 Noseworthy（2014）发现相较于下方，上方位置蕴含着高权力感知，因此如果品牌为高权力品牌，将其品牌标志位于上方可以提高感知流畅性，进而提高对产品的偏好。Deng 和 Kahn（2009）研究发现相较于产品图片位于包装的上方，在下方时消费者会感知到产品重量更重。这一现象产生的原因在于消费者日常生活中习得的经验：重的物体一般在地面（下方），像石头；而轻的物体则会漂浮在天空（上方），像气球。考虑到下方位置的物体比上方的重心要低，也即更加稳定。此外，王锃和鲁忠义（2013）研究指出道德概念存在垂直空间隐喻，被试更倾向于将上方位置与道德概念关联，下方位置与不道德关联。

在水平方向上，左右位置含有不同的隐喻特征，左边往往象征着不健康和过去，而右边则意味着健康（Romero & Biswas，2016）和未来（Chae & Hoegg，2013），当左右方向和产品特性匹配时可以提高消费者对产品的态度。此外,随着电子产品的普及,平板或手机常有向左或右滑动的功能,Van Kerckhove 和 Pandelaere(2018)指出左右方向和滑动的朝向存在一个交互效应,当产品的朝向和滑动朝向一致时,消费者会有更积极的评价。此外,也有研究从利手(指人们在日常生活中更习惯使用的手)角度出发,发现广告上产品的方向和消费者利手匹配时会提高消费者的评价和购买意愿,比如对于右(左)利手的消费者,可以将叉子放在蛋糕的右(左)边(Elder & Krishna,2012)。更多的空间隐喻相关研究内容,可以参考综述文章(刘红艳、张斯贤,2019)。

在对角线方向上,这部分研究相对较少。仅有 Schlosser 等(2016)通过实验发现,商品包装上的对角线向上(相比向下),即有上升(下降)趋势时,会让消费者感知到更多(更少)的活力。因此,对于那些强调活力的商品,比如运动能量饮料,使用向上的对角线可以提高消费者评价,并提升对产品功效的感知和使用后的满意程度。

本章所关注的哑光与亮面即属于材质其中的反射率部分,指代产品或包装的表面材质看上去是否包含亮光,如前所述,这一视觉信息的相关研究相较于其他分类被关注得较少。其中,最早的一篇研究指出,相比于哑光,消费者天生更喜欢亮面,因为亮面让消费者感到其富含水分,而人们又天生对水分具有需求(Meert et al.,2014)。近年来,学者们逐渐开始关注这一话题,并发现了亮光包装在食品领域的负向效应,即对于食品,亮光包装会让消费者感到其更不健康(Ye et al.,2020),而哑光包装则会提升食物的感知自然性,进而提升消费者的购物意愿并认为其更美味(Marckhgott & Kamleitner,2019)。

4.1.2　问题解决型产品及分类

(1)问题解决型产品的定义

对于问题解决型产品,以往研究主要将其与效果增强型产品相区分。前者用于解决消极状态,而后者旨在改善中性或积极状态(Bower & Landreth, 2001;Hur & Choo,2016)。例如,Semaan 等(2018)指出,问题解决型产品如纤体霜强调修复缺陷;而效果增强型产品如香水则强调增强美丽。再比如,

Hur 和 Choo(2016)提出,具有奖励动机(例如,找到一份新工作)的消费者更喜欢将效果增强型产品作为给自己的礼物;而具有治疗动机(例如,应对求职失败)的消费者更喜欢问题解决型产品。造成这种差异的原因是消费者趋近积极状态的愿望和效果增强型产品的目标相一致,而消费者远离消极状态的愿望和问题解决型产品的目标是一致的。然而,这些研究并没有深入对问题解决型产品进行分类,也没有研究不同类型的问题解决型产品如何发挥作用。

(2)问题解决型产品的分类

为了更好地了解消费者对问题解决型产品的反应,本章根据产品功效的作用方式来区分趋近问题产品和回避问题产品。这一区分建立在趋避目标追求理论的基础上(Elliot & Church,1997),该理论表明,为了调节不良状态(例如考试没有获得 A),人们有两种解决方式,一是通过强调进步和提升的趋近方法(如努力学习),二是通过强调维持和保护的回避方法(如避免在学习中分心;Spielberg et al.,2013)。由于问题解决型产品一般旨在解决一个不理想的问题,因此可以将其视为一种目标追求。换句话说,即通过个体在目标追求中的趋近与回避的二分法来理解问题解决型产品发挥作用的过程。具体而言,问题解决型产品可以是接近引起问题的来源,并直接主动予以改善(即问题趋近型产品),也可以是避免引起问题的来源,并远离(即问题回避型产品)。

例如,除菌肥皂其功能可以分为杀菌抗菌或屏蔽细菌,代餐奶昔可以分为分解卡路里或远离卡路里。与之相类似,Scott 等(2020)研究指出,治疗产品可以分为治疗功能(如治愈问题或治疗疾病)和预防功能(如防止问题或疾病发生)。由于产品的视觉外观材质可能会影响消费者对产品功效作用方式和有效性的理解,我们预期亮面和哑面可能在传达产品的趋近-回避诉求中发挥作用。

4.2 理论框架与假设推导

4.2.1 视觉外观材质与产品诉求的交互

本节提出,亮面可以更好地传达回避作用方式,而哑面可以更好地传达趋近作用过程。支持这一匹配的原因有两个：

一方面，从视觉上看，与哑光表面相比，亮光表面看起来像是在哑光表面的基础上多了一层膜状物，即拥有一层额外的涂层。这一层保护层，不仅可以保护内部物质免受外部威胁的攻击，还可以导致内部功能物质成分消散得更慢，这也是为什么照片需要进行塑封以实现更久保存。先前的研究也已经证实，表明品牌标识的边界的框架，可以唤起消费者保护（如保护物体免受外部负面因素影响）或限制（如防止物体与外部正面因素密切接触）的象征性联想（Fajardo et al.，2016）。

另一方面，亮光表面比哑光表面更光滑（Fleming et al.，2013），这表明摩擦力更小（Schmid & Doerschner，2018），和外部接触面积也更小（Stamps & Krishnan，2006）。这些特性可能有助于防止有害物质残留与传播。相比之下，哑光表面感觉粗糙，摩擦力更大，外部接触面积也更大（Schmid & Doerschner，2018；Stamps & Krishnan，2006）。这些特性有助于内部功能成分与外部有害物质之间更多的接触。因此，亮面似乎更适合保护内部免受负面的外部威胁（即回避），而哑面则更适合增强内部有效成分以面对和解决外部问题（即趋近）。

通俗地讲，亮面与回避相关联，一方面，外界的亮面膜，像是提供了一个保护层或盾牌，罩住了内部物质，让其免受外界威胁的侵袭；另一方面，外界的膜层也像是一个隔离层，降低了内部物质的消散速度，实现对内部的保护。而哑面则与趋近相关联，哑光的表层看上去含有更多有效的功能因子，且没有外界膜层的阻拦，可以快速发挥作用，如没有膜衣的药物可以更快地分解。因此，本节预期亮面与防护的概念相关联，哑光面与进攻的概念相关联。

基于此，消费者可能更相信亮面的问题解决型产品更多通过回避的作用方式，而哑面的问题解决型产品更多通过趋近的作用方式来发挥功能。因此，当产品具有哑面时，如果其产品诉求为更为符合的趋近作用方式，可以赢得更多消费者信任，进而提高消费者感知产品的有效性。以往研究也表明，符合产品作用方式诉求的视觉元素会让产品感觉更有效。例如，Schlosser 等（2016）

指出,强调能量提升的饮料使用对角线朝上的包装,即从左下角向右上角延伸的对角线,会提高消费者感知产品有效性。同理,强调放松、休闲感觉的饮料使用对角线朝下的包装,即从左上角向右下角延伸的对角线感觉更有效。因此,我们提出假设:

假设1:产品的亮光表面(相较于哑光表面)可以提高问题回避型产品的感知有效性,产品的哑光表面(相较于亮光表面)可以提高问题趋近型产品的感知有效性。

假设2:产品功能的感知可信性在视觉外观材质和产品诉求的交互效应中起中介作用。

4.2.2　产品感知有效性提升产品好感度

此外,产品感知有效性对后续营销结果会产生怎样的影响? 以往的研究一致表明,增强产品的感知有效性可以提高消费者对产品的好感度(Chae et al. , 2013; Wang & Chu, 2021)。Ahn 等(2016)以红参浓缩液这一功能性食品为例,发现其成分有效性可以对消费者的整体态度和支付意愿产生正面影响。此外,Szocs 等(2022)研究证明,消费者对产品的好感度可以转化为他/她们在社交媒体广告中的实际点击率和点赞数。因此,我们提出产品感知有效性对消费者产品好感度具有积极作用:

假设3:假设1的效应导致更高的产品好感度:更高的支付意愿和产品广告点击。

本研究的理论模型详见图 4-1。

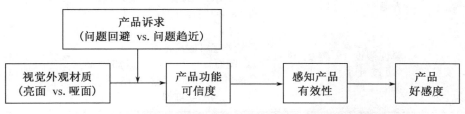

图 4-1　视觉外观材质与产品诉求对产品好感度的影响模型

4.3　研究设计与结果讨论

　　我们一共进行了六个研究，包括一个预实验和一个现场实验，以检验上述假设。预实验为假设 1 提供了初步支持，即亮面（相较于哑面）更适合问题回避型产品，反之，哑面（相较于亮面）更适合问题趋近型产品。研究 1 和研究 2 进一步验证了假设 1，具有亮面（相较于哑面）的问题回避型产品被认为更有效，而具有哑面（相较于亮面）的问题趋近型产品被认为更有效。研究 3 检验了假设 2，验证了视觉外观材质和产品诉求的交互作用是由消费者对产品功能的感知可信度中介的，并发现这一效应受到消费者是否被问题困扰的调节。研究 4 和 5 进一步探究了上述效应对营销实践的影响作用，研究 4 通过激励相容范式（Incentive-compatible paradigm）验证了对消费者支付意愿的影响，研究 5 进一步探索了实际产品广告点击的作用，两者共同验证了假设 3。具体研究的目的、被试、自变量操控和主要测量的变量，参考表 4 - 3。

表 4 - 3　研究设计概览

研究名称	研究目的	被试来源	自变量操控	因变量测量	其他测量
预实验	初步验证假设 1	美国亚马逊 MTurk 被试	产品诉求：（问题回避型 vs. 问题趋近型）	视觉外观材质选择	
实验一	验证假设 1（通过除菌香皂）	美国亚马逊 MTurk 被试	视觉外观材质：（亮面 vs. 哑面）产品诉求：（问题回避型 vs. 问题趋近型）	感知产品有效性	视觉外观材质的操控检验
实验二	验证假设 1（通过补水保湿棒）	澳大利亚 Prolific 被试	视觉外观材质：（亮面 vs. 哑面）产品诉求：（问题回避型 vs. 问题趋近型）	感知产品有效性	视觉外观材质的操控检验

研究名称	研究目的	被试来源	自变量操控	因变量测量	其他测量
实验三	验证假设 2 产品功能可信度的中介作用	中国调研平台见数被试	视觉外观材质：(亮面 vs. 哑面) 产品诉求：(问题回避型 vs. 问题趋近型)	感知产品有效性	产品功能可信度；产品诉求、视觉外观材质的操控检验
实验四	验证假设 3 中支付意愿的作用	美国亚马逊 MTurk 被试	视觉外观材质：(亮面 vs. 哑面) 产品诉求：(问题回避型 vs. 问题趋近型)	支付意愿	产品诉求、视觉外观材质的操控检验
研究五	验证假设 3 中产品广告点击的作用	中国淘宝的现实数据	视觉外观材质：(亮面 vs. 哑面) 产品诉求：(问题回避型 vs. 问题趋近型)	广告点击	

4.3.1 预实验：视觉外观材质与产品诉求的匹配

（1）实验设计与被试

预实验旨在为假设 1 提供初步支持，即人们认为亮面更适合问题回避型产品，而哑光饰面更适合问题趋近型产品。本实验通过美国亚马逊 MTurk 平台，招募了 125 名被试，其中 45.6% 是女性，平均年龄 38.88 岁，标准差为 13.72 岁。被试被随机分配到问题回避型或问题趋近型的产品诉求组中。18 名被试未通过产品诉求的回忆测试，最终的有效样本量为 107 人。对于视觉外观材质，我们仿照了 Decré 和 Cloonan(2019) 的做法，通过 Photoshop 创建了两张肥皂图像。其中光面组肥皂是在哑光组肥皂的基础上，增加了可以反射光线的高光，即增加了特定区域的亮度，其余所有元素保持不变。

（2）实验流程和测量

所有被试被要求想象自己是"Dermisa"牌肥皂的产品设计师，并需要决定更偏好为公司新开发的肥皂使用哪种类型的外观设计。在问题回避型组，被试阅读到该肥皂可以抵御细菌，保护人们免受日常生活中的有害病毒与细菌的侵扰；在问题趋近型组，被试阅读到产品诉求为，肥皂可以有效去除日常生活中的病毒与细菌。接着，所有被试同时看到一张哑面（见图 4-2 左）和一张亮面（见图 4-2 右）的肥皂产品图片。且所有被试都被告知，肥皂的外观设计不受其功能影响，并询问他们在亮面肥皂和哑面肥皂之间更偏好使用哪种外观，对于亮面和哑面的肥皂图片，我们采用了随机的方式以减少先后出现顺序的效应。即，一半的被试填答：1=绝对偏好哑面，7=绝对偏好亮面；另一半的被试填答：1=绝对偏好亮面，7=绝对偏好哑面。并对其选择进行重新编码，最终的分数表明被试更偏爱亮面的。

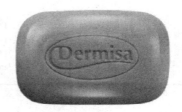

图 4-2　哑面和亮面肥皂实验素材

（3）实验结果与分析

对被试产品外观偏好进行了单因素方差分析（ANOVA），结果显示：当肥皂强调回避细菌而不是趋近细菌时，被试更偏好于选用亮面的外观（$M_{问题回避}$=5.40，$SD^{①}$=1.85；$M_{问题趋近}$=4.45，SD=2.25；$F(1,105)$=5.35，p=0.023，d=0.46）。这一结果初步验证了 H1，指出了产品诉求与视觉外观材质的关联情况，即回避诉求与亮面相关联，趋近诉求与哑面相关联。

4.3.2　实验一：视觉外观材质与产品诉求的交互效应一

（1）实验设计与被试

研究 1 旨在测试假设 1。我们预计，与哑面相比，当产品诉求为问题回避

---

① SD 是 standard deviation 的简写。

型时,亮面可以提高产品有效性感知;而当产品诉求为问题趋近型时,亮面会降低产品有效性感知。本实验通过美国亚马逊 MTurk 平台,招募了 242 名美国被试,其中 49.6% 是女性,平均年龄为 39.75 岁,标准差为 12.39 岁。其中,有 31 个被试未通过产品诉求回忆测试,有效样本总计为 211 人。本次实验采取 2(视觉外观材质:亮面 vs. 哑面)×2(产品诉求:问题回避 vs. 问题趋近)的组间实验设计,被试被随机分配到四组中的任意一组。

（2）实验流程和测量

参与者会根据所在组别,看到对应的亮面或哑面的除菌肥皂的广告海报。具体实验材料详见图 4 - 3。其中在问题回避的产品诉求组,其广告标语为"保护免受细菌困扰:Dial 抑菌皂形成特殊的细菌屏障,保护人们免受有害的

哑面+问题趋近组

哑面+问题回避组

亮面+问题趋近组

亮面+问题回避组

图 4 - 3　实验素材(实验一)

病毒与细菌的入侵"，而在问题趋近组，被试阅读到"对抗有害细菌：Dial 杀菌皂含有特殊的杀菌成分，有助于杀死有害的病菌和细菌"。在看完广告后，被试被要求汇报他们对该肥皂的功效感知："你认为 Dial 肥皂多有效？"（1＝完全没有效，7＝非常有效），这一测量条目改编自 Ilyuk 和 Block（2016）的研究。

接着，为了进行视觉外观材质的操控检验，我们要求被试对 Dial 肥皂的光泽（glossy）/闪亮（shiny）程度进行评分（1＝完全没有，7＝非常；$r＝0.91$），测量条目改编自 Ye 等（2020）。此外，为了排除可能的替代解释，我们还测量了肥皂的吸引力、美观性和吸引注意力的程度，结果发现视觉外观材质和产品诉求对这些变量没有出现交互作用，证实了本研究效应仅发生在感知产品有效性上。

（3）实验结果与分析

首先，操纵检验上。2（视觉外观材质）×2（产品诉求）的方差分析仅显示了视觉外观材质的主效应显著（$F(1,207)＝131.70$，$p＜0.001$，partial $\eta^2＝0.389$）。相较于哑面组，亮面组的被试评价肥皂更有光泽（$M_{亮面}＝5.37$，$SD＝1.27$ vs. $M_{哑面}＝3.02$，$SD＝1.64$）。产品诉求的主效应（$F＜1$，$p＝0.92$）和二者交互作用（$F＜1$，$p＝0.95$）都不显著，表明了视觉外观材质的操控成功。

其次，感知产品有效性上。类似的方差分析结果显示，视觉外观材质的主效应不显著（$F＜1$，$p＝0.95$），而产品类型的主效应显著（$M_{问题趋近}＝5.50$，$SD＝1.07$ vs. $M_{问题回避}＝4.90$，$SD＝1.28$；$F(1,207)＝13.07$，$p＜0.001$，partial $\eta^2＝0.059$）。更重要的是，二者的交互效应显著，支持了假设 1（$F(1,207)＝5.67$，$p＝0.018$，partial $\eta^2＝0.027$；如图 4-4）。对比分析显示，当产品诉求为问题回避时，被试认为亮面产品比哑面产品更有效（$M_{亮面}＝5.10$，$SD＝1.28$ vs. $M_{哑面}＝4.71$，$SD＝1.26$；$F(1,207)＝2.85$，$p＝0.093$，partial $\eta^2＝0.014$），效应为边际显著。相反，当产品诉求为问题趋近时，被试认为哑面产品比亮面产品更有效（$M_{哑面}＝5.67$，$SD＝1.13$ vs. $M_{亮面}＝5.30$，$SD＝0.97$；$F(1,207)＝2.82$，$p＝0.095$，partial $\eta^2＝0.013$），达到边际显著。

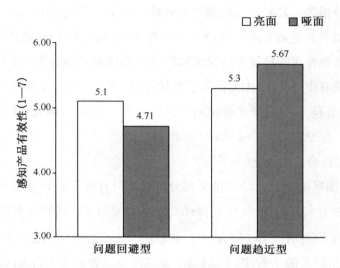

图 4-4 视觉外观材质与产品诉求的交互作用(实验一)

4.3.3 实验二:视觉外观材质与产品诉求的交互效应二

(1)实验设计与被试

实验 2 使用了新的实验素材和产品类别即保湿补水棒,再次验证假设 1。我们从 Prolific 调研平台招募了 200 名澳大利亚被试,其中 48% 为女性,平均年龄为 34 岁,标准差为 12.07 岁。被试被随机分配到 2(视觉外观材质:亮面 vs. 哑面)×2(产品诉求:问题回避 vs. 问题趋近)的组间设计中,也即四组中的任意一组。8 名被试未通过产品诉求回忆测试,剩余有效样本数为 192。

(2)实验流程和测量

与实验 1 类似,被试首先看到一张 ILIA 品牌推出的补水保湿棒的广告图片。其中,对视觉外观材质的操控通过使用哑光或亮面的不同外观的补水保湿棒图片进行,借助了图片处理软件 Photoshop 进行了制作。在问题回避组,被试阅读到:"ILIA 锁住水分,含有高效保水屏障,可保护您的皮肤免受水分流失",而在问题趋近组,被试阅读到:"ILIA 注入水分,含有高效保湿成分,为您的皮肤提供水分"。观看完广告后,被试在 7 点量表上(1=一点也没有,

7＝非常多)报告了其对产品的感知有效性："在多大可能性上 ILIA 补水保湿棒会比类似产品更加有效?"该测项改编自 Chae 等(2013)。此外,我们还测量了产品功能作用的理解难易程度和广告的总体处理难易程度,两者都未发现对主效应有中介作用,因此排除了替代解释。最后,作为视觉外观材质的操纵检验,同实验 1,我们要求被试对产品的光泽(glossy)/闪亮(shiny)程度进行评分(1＝完全没有,7＝非常;$r=0.81$)。

(3) 实验结果与分析

首先,操纵检验上。2×2 的方差分析显示只有视觉外观材质的主效应显著($F(1,188)=7.19,p=0.008$,partial $\eta^2=0.037$)。被试评价亮面的保湿补水棒比哑面的更有光泽($M_{亮面}=4.39,SD=1.29$ vs. $M_{哑面}=3.86,SD=1.42$)。产品诉求的主效应($F<1,p=0.72$)和二者的交互作用($F<1,p>0.99$)均不显著,说明了对视觉外观材质的操控成功。

其次,感知产品有效性上。对感知产品有效性的方差分析表明,视觉外观材质($F<1,p=0.74$)和产品诉求($F<1,p=0.65$)的主效应都不显著。然而,二者存在显著的交互作用($F(1,188)=9.34,p=0.003$,partial $\eta^2=0.047$;如图 4-5),支持了假设 1。对比分析结果显示,在问题回避的产品诉

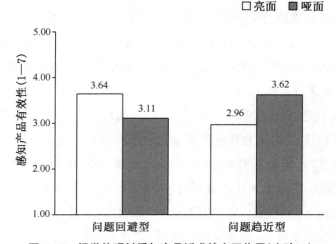

图 4-5　视觉外观材质与产品诉求的交互作用(实验二)

求下,被试认为亮面的保湿补水棒比哑面的更加有效,且效应边际显著($M_{亮面}=$ 3.64,$SD=1.26$ vs. $M_{哑面}=3.11$,$SD=1.15$;$F(1,188)=3.67$,$p=0.057$, partial $\eta^2=0.019$);与之相反,在问题趋近的产品诉求下,被试认为哑面比亮 面更有效($M_{哑面}=3.62$,$SD=1.44$ vs. $M_{亮面}=2.96$,$SD=1.48$;$F(1,188)=$ 5.80,$p=0.017$,partial $\eta^2=0.030$)。

4.3.4　实验三:感知产品功能可信度的中介作用

(1) 实验设计与被试

实验 3 有三个研究目的。首先,希望验证上述实验中的效应可以从产品 外观延伸到包装外观;其次,进一步探究产品功能感知可信度的中介作用;最 后,检验当消费者没有遇到该问题解决型产品想要解决的问题时,即不受该问 题困扰时,效应是否会减弱。具体来说,我们选用了代餐奶昔这一产品类型, 以作为肥胖问题的解决产品。生理学研究表明,以三十岁为临界,每十年人们 会减少百分之三到百分之八的肌肉量(Volpi et al.,2004),这会促进体重增 加,致使减肥变得更加困难。基于此,我们将被试分为两组:三十岁以上即面 临问题的消费者和三十岁以下即未面临问题的消费者。我们从中国在线调查 平台见数招募了 800 名被试,其中 63.2% 为女性,平均年龄为 28.68 岁,标准 差为 7.15 岁。被试被随机分配到 2(视觉外观材质:亮面 vs. 哑面)×2(产品 诉求:问题回避 vs. 问题趋近)组间设计的四组条件之一,并测量他们的年龄 以创建是否面临问题这一变量(小于或等于三十岁 vs. 大于三十岁)。8 名被 试未通过产品诉求回忆测试,有效样本数为 792。

(2) 实验流程和测量

与之前的实验流程相类似,被试首先看到或亮面包装或哑面包装的代餐 奶昔广告海报。对于产品诉求的操控,在问题回避组,被试看到的广告标语为 "拒绝热量,抵御脂肪",而在问题趋近组,被试看到"分解热量,消灭脂肪"。在 观看广告后,被试填答了实验 1 类似的感知产品有效性量表:"您认为该代餐 奶昔的有效性如何?"(1=完全没有效,7=非常有效)然后,被试对产品功能的感知可信度进行了评价,测量条目改编自 Hagtvedt(2011):"您在多大程度上认为广告中对产品功能的描述是值得信赖的/可靠的"(1＝一点也没有,7＝非常;$r＝0.87$)。

尽管我们提出感知可信度为潜在中介机制,但视觉设计和产品诉求之间的匹配很可能会使广告更容易处理(Labroo & Lee, 2006),进而提高加工流畅性,并提升产品评价(Lee & Labroo, 2004)。为了排除这种替代解释,我们还测量了广告的处理难易程度:"总的来说,这个广告很容易处理/难以理解(反向编码)"(1＝完全不同意,7＝完全同意;$r＝0.52$)。之后,被试回答操纵检验的题项。包括对产品诉求的操纵检验,被试对其感知回避(即在多大程度上这一代餐奶昔关注远离脂肪)和感知趋近(在多大程度上这一代餐奶昔关注分解脂肪)进行评分(1＝一点也没有,7＝非常);以及对视觉外观材质的操控检验,同前述研究,被试评估了代餐奶昔包装的光泽/闪亮程度(1＝一点也没有,7＝非常;$r＝0.73$)。最后,考虑到代餐奶昔并非日常用品,我们测量了被试对代餐奶昔的感兴趣程度和熟悉程度作为控制变量。

(3)研究结果与分析

首先,操控检验上。2×2 的方差分析仅发现了视觉外观材质的主效应显著($F(1,788)＝195.11$,$p＜0.001$,partial $\eta^2＝0.198$)。被试评价亮面包装比哑面包装更有光泽感($M_{亮面}＝5.60$,$SD＝0.95$ vs. $M_{哑面}＝4.37$,$SD＝1.46$)。产品诉求的主效应($F＜1$,$p＝0.95$)和二者的交互作用($F＜1$,$p＝0.52$)都不显著,表明操控是成功的。此外,我们分别对感知趋近和感知回避进行了类似的方差分析,结果表明,与问题回避产品诉求下相比,被试认为问题趋近产品诉求下的产品更高为主动出击($F(1,788)＝1\,171.45$,$p＜0.001$,partial $\eta^2＝0.598$;$M_{问题趋近}＝6.03$,$SD＝1.07$ vs. $M_{问题回避}＝2.83$,$SD＝1.52$)同时更少回避($F(1,788)＝1\,380.68$,$p＜0.001$,partial $\eta^2＝0.637$;$M_{问题趋近}＝2.87$,$SD＝1.47$ vs. $M_{问题回避}＝6.14$,$SD＝0.95$)。且视觉外观材质的主效应($p＞0.38$)和二者交互效应($p＞0.59$)都不显著。因此,产品诉求的操控也是成功的。

其次,感知产品有效性上。以产品感兴趣程度和熟悉度作为感知产品有效性的协变量进行的协方差分析,结果显示感兴趣程度($F(1,782)=334.27$, $p<0.001$, partial $\eta^2=0.299$)、熟悉度($F(1,782)=4.74$, $p=0.030$, partial $\eta^2=0.006$)、产品诉求($F(1,782)=6.57$, $p=0.011$, partial $\eta^2=0.008$; $M_{问题回避}=5.06$, $SD=1.07$ vs. $M_{问题趋近}=4.91$, $SD=1.30$)和问题面临与否($F(1,782)=7.12$, $p=0.008$, partial $\eta^2=0.009$; $M_{面临问题}=5.28$, $SD=1.09$ vs. $M_{未面临问题}=4.84$, $SD=1.21$)的主效应均显著。更为重要的是,视觉外观材质和产品诉求之间的二阶交互作用显著($F(1,782)=7.99$, $p=0.005$, partial $\eta^2=0.010$),进一步地,三阶交互作用也显著($F(1,782)=5.69$, $p=0.017$, partial $\eta^2=0.007$)。如图4-6所示,对比分析显示,对于面临问题的被试,我们的效应得到了再次验证。具体来说,在问题回避的产品诉求下,被试认为亮面比哑光包装奶昔更有效($M_{亮面}=5.58$, $SD=0.90$ vs. $M_{哑面}=5.27$, $SD=0.87$; $F(1,782)=4.99$, $p=0.026$, partial $\eta^2=0.006$)。相比之下,在问题趋近的产品诉求下,被试则认为哑面比亮面包装奶昔更有效($M_{哑面}=5.28$, $SD=1.15$ vs. $M_{亮面}=4.94$, $SD=1.30$; $F(1,782)=5.08$, $p=0.025$, partial $\eta^2=0.006$)。而对于未面临问题的年轻被试,视觉外观材质的效应在问题回避($F<1$, $p=0.369$; $M_{亮面}=4.95$, $SD=1.04$ vs. $M_{哑面}=4.80$, $SD=1.14$)和问题趋近的产品诉求下($F<1$, $p=0.725$; $M_{亮面}=4.83$, $SD=1.32$ vs. $M_{哑面}=4.78$, $SD=1.34$)都消失了。

接着,感知可信度上。同样以产品感兴趣程度和熟悉度作为协变量的三阶协方差分析显示,产品诉求的主效应边际显著($F(1,782)=3.55$, $p=0.060$, partial $\eta^2=0.005$; $M_{问题回避}=4.90$, $SD=1.22$ vs. $M_{问题趋近}=4.75$, $SD=1.46$),感兴趣程度($F(1,782)=396.84$, $p<0.001$, partial $\eta^2=0.337$)、熟悉度($F(1,782)=24.28$, $p<0.001$, partial $\eta^2=0.030$)和面临问题与否($F(1,782)=24.90$, $p<0.001$, partial $\eta^2=0.031$)的主效应显著。此外,三阶交互也显著($F(1,782)=9.19$, $p=0.003$, partial $\eta^2=0.012$)。对比分析显示,三十岁以上的被试也即面临问题的组别,效应再次出现,也即在问题回避型产品诉求下,被试认为亮面包装比哑面包装感知可信度更高($M_{亮面}=5.54$,

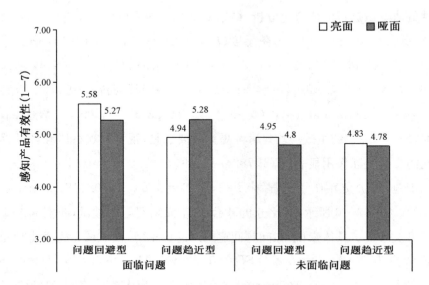

图 4-6 视觉外观材质、产品诉求与问题面临与否的三阶交互作用

$SD=0.99$ vs. $M_{哑面}=5.25, SD=0.89; F(1,782)=4.07, p=0.044,$ partial $\eta^2=0.005$);而在问题趋近型产品诉求下,被试认为哑面比亮面更值得信赖($M_{哑面}=5.28, SD=1.21$ vs. $M_{亮面}=5.00, SD=1.29; F(1,782)=3.40,$ $p=0.065,$ partial $\eta^2=0.004$)。对年轻参与者来说,视觉外观材质对可信度的效应,在问题回避的条件下($F<1, p=0.33; M_{亮面}=4.62, SD=1.27$ vs. $M_{哑面}=4.67, SD=1.27$)或问题趋近的条件下都没有出现($F<1, p=0.33;$ $M_{亮面}=4.63, SD=1.54$ vs. $M_{哑面}=4.50, SD=1.50$)。

再者,中介分析上。为了进一步测试感知可信度的中介作用,我们使用视觉外观材质作为自变量(1=亮面,2=哑面),通过 SPSS 的 PROCESS 插件(Hayes,2013;Model 12)进行了分析;感知可信度作为中介变量;产品诉求(1=问题回避,2=问题趋近)和面临问题与否(1=未面临问题,2=面临问题)作为调节变量;将产品有效性视为因变量;以及产品感兴趣程度和熟悉度作为控制变量,Bootstrapping 的结果显示,被调节的中介效应显著(index=0.537 4;

$SE^{①}=0.168\ 6)$,95％的置信区间$[0.222\ 5,0.888\ 1]$,不包含 0。其中,对于面临问题的被试,分析显示感知可信度的中介作用在问题回避的产品诉求下(间接效应$=-0.277\ 8,SE=0.112\ 5,95\%CI:[-0.504\ 1,-0.059\ 4])$和问题趋近的诉求下(间接效应$=0.259\ 7,SE=0.119\ 6,95\%\ CI:[0.038\ 6,0.504\ 5])$均显著;而对于不面临问题的年轻被试来说,感知可信度的中介作用在问题回避(间接效应$=0.070\ 1,SE=0.074\ 5,95\%\ CI:[-0.074\ 2,0.218\ 6])$或问题趋近(间接效应$=-0.069\ 8,SE=0.081\ 8,95\%\ CI:[-0.234\ 7,0.090\ 2])$的产品诉求下都不显著。假设 2 得到了支持。

最后,替代解释上。类似的三阶协方差分析显示,仅有感兴趣程度$(F(1,782)=90.69,p<0.001,\text{partial }\eta^2=0.104)$和面临问题与否的主效应显著$(F(1,782)=4.29,p=0.039,\text{partial }\eta^2=0.005)$。没有其他效应显著$(F<1,p>0.54)$。此外,类似的被调节的中介分析(Hayes,2013;Model 12),也进一步排除了广告处理难易程度这一替代解释(index$=-0.008\ 3;$ $SE=0.061\ 2,95\%$的置信区间$[-0.133\ 5,0.110\ 2]$包含 0)。

4.3.5 实验四: 匹配效应提高支付意愿

(1) 实验设计与被试

实验 4 旨在检验视觉外观材质和产品诉求之间的交互效应的后续行为结果,也即假设 3。本研究采用了营销研究中广泛使用的激励相容范式(Incentive-compatible paradigm)来测量消费者的实际支付意愿(Fuchs et al.,2015;Wertenbroch & Skiera,2002;Yan & Sengupta,2021)。我们从美国亚马逊 MTurk 平台招募了 561 名被试,其中 59.7％为女性,平均年龄为 42.25 岁,标准差为 13.53 岁。17 名被试未通过产品诉求的回忆测试,剩余有效样本数为 544。被试被随机分配到 2(视觉外观材质:亮面 vs. 哑面)×2(产品诉求:问题回避 vs. 问题趋近)组间设计中的四组中的任意一组。实验素材

---

① *SE* 是 standard error 的简写。

与之前的实验 2 类似,被试看到了一种除菌肥皂,或是亮面的或是哑面的。对于产品诉求的操控,在问题回避的情况下,被试阅读"Dial 抑菌肥皂"的相关描述,而在问题趋近的情况下,被试阅读"Dial 杀菌肥皂"的相关描述。之后,我们使用激励相容的抽奖范式来衡量被试对肥皂的支付意愿。

（2）实验流程和测量

具体来说,被试被告知,作为参与调研的奖励,6 名参与者将通过抽奖获得 10 美元的奖励,这些钱可以用来购买肥皂。参照 Fuchs 等（2015）的研究范式,被试被要求提供他们愿意支付的最高价格（0 美元到 10 美元之间）。同时,被试被告知,肥皂的价格会通过抽取的方式决定,如果他/她们的支付意愿低于抽取的价格数字,他/她们就无法购买肥皂;但如果其愿意支付的价格高于抽取价格数字,他/她们就可以购买肥皂并获得剩下的找钱。然后,同实验 3 类似,被试对产品诉求和视觉外观材质（$r=0.94$）进行了操控检验题项作答。同时还测量了一些其他产品维度（即肥皂被认为好看、有吸引力、美观和吸引注意力的程度）和广告框架维度（即感知得或失的框架：Gain/loss framing）,结果显示其不受产品诉求和视觉外观材质之间交互作用的影响,因此后续不再详细论述。最后,由于本研究关注的是消费者的实际支付意愿,我们同样测量了被试对产品的感兴趣程度和熟悉程度作为控制变量。

（3）研究结果与分析

首先,操控检验上。2×2 的方差分析表明,被试判断亮面肥皂比哑面肥皂更有光泽（$M_{亮面}=5.65, SD=1.14$ vs. $M_{哑面}=2.65, SD=1.46$; $F(1,540)=711.61, p<0.001$, partial $\eta^2=0.569$）,产品诉求的主效应（$F<1, p=0.38$）和二者的交互作用（$F<1, p=0.66$）都不显著,验证了视觉外观设计的操控成功。此外,对感知趋近和感知回避进行了类似的方差分析。结果表明,与问题回避产品诉求下相比,被试认为问题趋近产品诉求下的产品更高为主动出击（$F(1,540)=93.91, p<0.001$, partial $\eta^2=0.148$; $M_{问题趋近}=5.67, SD=1.48$ vs. $M_{问题回避}=4.26, SD=1.89$）且较少回避（$F(1,540)=130.52, p<0.001$, partial $\eta^2=0.195$; $M_{问题趋近}=3.44, SD=1.93$ vs. $M_{问题回避}=5.23, SD=$

1.72),表明了产品诉求的操控是成功的。

其次,支付意愿上。由于支付意愿 WTP 呈正偏态,我们首先对其进行了 ln 取对数变换(即支付意愿指数＝ln(WTP ＋1),考虑到一些被试的支付意愿 填了 0)。以产品感兴趣程度和熟悉度为协变量的协方差分析结果显示,视觉 外观材质($F<1, p=0.81$)和产品诉求($F<1, p=0.82$)的主效应都不显著。 但二者存在显著的交互作用($F(1,538)=6.96, p=0.009$, partial $\eta^2=$ 0.013)。对比分析表明,在问题回避的产品诉求下,相比哑面肥皂,被试愿意 为亮面肥皂支付更多($M_{亮面}=1.16, SD=0.53$ vs. $M_{哑面}=1.04, SD=0.58$; $F(1,538)=4.11, p=0.043$, partial $\eta^2=0.008$)。相反,在问题趋近的产品诉 求下,被试对哑面肥皂的支付意愿略高于亮面肥皂,结果为边际显著($M_{哑面}=$ 1.16, $SD=0.50$ vs. $M_{亮面}=1.07, SD=0.48$; $F(1,538)=2.90, p=0.089$, partial $\eta^2=0.005$),这些结果证明了本研究核心效应的实践后果,即对支付意 愿的影响,同时验证了假设 3。

4.3.6 研究五: 匹配效应提高产品点击

(1) 研究设计

研究 5 采用了实地实验的方式,测量了消费者真实的对产品广告的点击 次数,延伸了视觉外观设计和产品诉求交互效应的行为结果。实验刺激物选 择了塑身衣,并对产品包装进行了亮面和哑面的处理。本研究采用了 2(视觉 外观材质:亮面 vs. 哑面)×2(产品诉求:问题回避 vs. 问题趋近)的组间设 计。通过与一家只销售塑身衣和内衣的淘宝店铺合作进行。之所以选择塑身 衣作为实验刺激物,是因为它可以暂时改变穿着者的体型,使其成为解决问题 的产品。我们在这家淘宝店铺推出了一款新的塑身衣产品,并根据实验四个 组别,为其制作了四个广告。采用"淘宝直通车"的工具来进行广告投放("淘 宝直通车"是淘宝卖家向目标消费者精准推销产品的一种点击付费营销方 式),我们将四个广告循环投放给被随机分配到四组组别中的一组的消费者。 消费者既可能遇到亮面包装,也可能遇到哑面包装。在问题回避的产品诉求下，消费者阅读到"远离脂肪，脂肪御士，守卫美腿！"而在问题趋近的产品诉求下，消费者阅读到"直击脂肪，脂肪斗士，穿出美腿！"

（2）研究流程和测量

具体来说，实验过程包括三个步骤。第一步是利用"淘宝直通车"制定新广告的推广方案，设定广告投放的平台、时间和位置。我们的广告在全国范围内投放（包括 PC 端和移动平台端），一天 24 小时，一周七天；第二步涉及选择促销计划的产品、创建不同的广告以及设置如何为广告分配曝光量。我们选择了新款塑身衣作为目标产品，并为其制作了四则广告。这里较为重要的是，我们设置了"轮流展示"作为广告分配曝光量的方式。利用这项技术，四则广告可以在淘宝上轮流展示，确保消费者可以被随机分配到这四组中；第三步是向产品添加关键词。为了精准触及塑身衣的目标客户，即向有塑身需求的女性消费者展示广告，添加了"收腹塑身衣""塑身裤""女性"等关键词。

这四个广告在 2022 年 8 月 8 日至 8 月 19 日期间，随机出现在淘宝网上。每个广告的曝光和点击频率都会被自动统计。我们确保每个广告至少获得 3 000 次曝光，以保证实验的外部有效性。最终，在研究期间共收集了 12 749 次曝光。我们计算了消费者的点击率（CTR，广告点击次数除以广告展示的次数）以反映消费者对产品的向往，参考 Koo 和 Suk（2020）的研究。

（3）研究结果与分析

以消费者对广告的点击次数作为因变量（点击＝1，非点击＝0），视觉外观材质（亮面＝1，哑面＝0）、产品诉求（问题回避型＝1，问题趋近型＝0），以及视觉外观材质和产品诉求之间的交互作用作为自变量，进行逻辑回归分析。结果表明，视觉外观材质的主效应不显著（$\beta＝0.21$, Wald $\chi^2(1)＝1.25$, $p＝0.264$）。产品诉求的主效应显著（$\beta＝0.47$, Wald $\chi^2(1)＝7.18$, $p＝0.007$），消费者对问题趋近型产品的点击率（155/6462，2.40％）高于对于问题回避型产品的点击率（122/6287，1.94％）。重要的是，两者存在显著的交互作用（$\beta＝-0.51$, Wald $\chi^2(1)＝4.30$, $p＝0.038$）。分析显示，当产品为问题趋近型诉求时,哑面产品包装广告的点击率(90/3273,2.75%)边际显著高于亮面产品包装广告的点击率(65/3189,2.04%;$\chi^2(1)=3.49,p=0.062,\varphi=-0.023$)。相反,当产品诉求为问题回避型时,亮面包装广告(68/3189,2.13%)的点击率相对高于哑面条件下(54/3098,1.74%),但差异没有显著($\chi^2(1)=1.25,p=0.263,\varphi=0.014$)。我们推测,这种不显著影响的原因可能是塑身衣产品的潜在消费者已经感到需要应对自己不满意的体型;因此,问题回避型的策略可能对其没有吸引力,进而出现了可能的地板效应,降低了本文预期的视觉外观材质的效果。未来可以进一步讨论和研究这种可能性。

4.3.7 小结

本章首先介绍了本研究的实践背景,然后回顾了营销中视觉元素的相关研究、问题解决型产品及其分类、亮面哑光面变量间的关系等,并通过理论推导得出了研究假设。接着,本章对总体研究思路和六个实验的逻辑进行了阐述。最后,对六个研究的研究目的、研究设计与被试、研究流程与测量、研究结果与分析等内容进行了详细说明。通过六个实验研究,我们发现,亮面(相较于哑面)使消费者认为产品使用问题回避型的功能描述更值得信赖,进而提高产品有效性感知,而哑面(相较于亮面)使消费者认为产品使用问题趋近型的功能描述更值得信赖,并提高产品有效性感知。这种更高的有效性感知又会进一步地提升消费者的支付意愿和产品广告的实际点击次数。且上述效应并不会影响产品美观、吸引力、注意力吸引等感知。总体而言,六个研究对假设进行了逐步验证,达到了本章的研究目的。

本章也通过以下四个方面提高了结论的外部有效性:一是使用了不同的产品类别(即除菌肥皂、保湿补水棒、代餐奶昔和塑身衣)作为实验素材;二是验证了效应在产品外观和包装外观的成立情况;三是使用了多元的样本(如美国被试、澳大利亚被试、中国被试和实际消费者);四是采用了多样化的测量(如研究1至3采用了自我汇报的方式,研究4采用了激励相容范式,研究5

采用了实际广告点击)。具体来说,六个研究实验共同验证了我们的假设主张。预实验为视觉外观材质和产品诉求匹配提供了初步支持,发现亮面更适合问题回避型产品,哑面更适合问题趋近型产品。研究 1 和 2 通过不同的产品类别,验证了假设 1,发现问题回避型产品使用亮面(相较于哑面),问题趋近型产品使用哑面(相较于亮面)可以提高产品感知有效性。研究 3 证明了视觉外观材质和产品诉求的交互效应受到产品功能感知可信度的中介,即假设 2。同时发现这一效应受到消费者是否面临此类待解决的问题的调节,当消费者不受此类问题困扰时,效应消失。研究 4 和研究 5 分别通过支付意愿和实际产品广告点击的方式,证明了上述效应对消费者好感度的正面作用,验证了假设 3。

本章的理论贡献主要集中在三个方面。

其一,它从多个角度拓展了视觉外观材质(即亮面和哑面)的这一系列的新兴研究。首先,先前的营销文献主要聚焦于食品领域(例如,巧克力、薯片、番茄酱等),关注其包装的视觉效果和产品表面如何产生影响。当前的研究响应了 Ye 等(2020)提出的对其他产品类别进行更多研究的呼吁,并表明视觉外观材质在问题解决型产品中也发挥着重要作用。其次,我们的研究创新关注了视觉外观材质对消费者感知产品有效性的作用,延伸了视觉外观材质的研究范畴。除了以往关注产品感知自然性等相关角度,近年来也有研究发现其对消费者感知可持续性这一结果变量的影响(Branca et al., 2023),我们的研究也与其相互呼应。此外,过去对于视觉外观材质多表明了单向的效应,例如个体天生偏爱光泽度(Meert et al., 2014)或光泽度象征着不自然(Marckhgott & Kamleitner, 2019)、不健康(Ye et al., 2020),并且与哑面相比可信赖感更低。而我们的研究表明这一效应的边界条件:视觉外观材质的效果好坏取决于产品诉求,光面更适合问题回避型产品,哑面更适合问题趋近型产品。

其二,我们的研究有助于更全面地理解"问题解决型产品",即用于逃避或对抗导致不良情况的特定负面因素的产品(Bower & Landreth,2001)。先前的研究主要对问题解决型产品(如遮瑕膏)和增强型产品(如口红)做比较(Bower & Landreth，2001)。我们的研究进行了进一步细化，通过区分两种不同类型的问题解决型产品(即问题回避产品与问题趋近产品)，对现有文献做出了补充。这也呼应了最近的相关发现，即具有治疗目的的产品，例如药物，可以分为预防性和治疗性两类(Scott et al.，2020)。此外，我们的研究丰富了有关产品有效性前因变量的相关文献。先前研究表明，多种产品重复呈现(Vanbergen et al.，2020)、单份包装(Ilyuk & Block，2016)、感知空间邻近性(Chae et al.，2013)和包装美学(Sundar et al.，2020)都可以增强消费者的产品有效性感知。本章则创新提出了视觉外观材质这一影响来源。

其三，本研究将趋近-回避目标追求理论从原先描述个体目标追求的策略扩展至描述问题解决型产品的功效发挥方式。过去的研究已经确定了趋避目标追求有三个层次级别：系统层面(即目标是趋近期望的最终状态还是避免不期望的最终状态)、策略层面(即实现趋近或回避目标的一般手段或计划)和战术层面(即制定趋近或回避策略的具体方式)(Elliot & Church，1997)。我们的研究遵循其中的策略层面，结合现有的问题解决型产品的文献发现，将问题解决型产品划分为问题趋近和问题回避，实现了对上述文献的扩展。此外，本研究还验证了感知可信度的中介作用，为以往一致性效应中指出的感知可信度的可能机制(Zogaj et al.，2021)提供了实证支持。

当然，本项研究也具有一些局限性，为未来研究提供了一些可能的方向。首先，尽管研究 5 提供了初步证据，但在问题回避型产品诉求的条件下，结果并未达到显著。这很可能是因为对于不满意体型而选购塑身衣产品的消费者，回避相较于趋近的吸引力更小。后续研究可以进一步调查产品功能的吸引力是否会调节视觉外观材质和产品诉求的交互效应；其次，未来需要做更多的工作去探究感知有效性如何影响实际有效性，特别是对于医药产品，考虑到可能会受到安慰剂效应的作用；最后，在我们的六项研究中，我们重点关注了产品和包装外观。我们的效应是否可以延伸到广告或印刷材料尚未可知，需要未来的进一步探索。未来另一个有趣的研究方向是探索多功能产品的视觉外观材质效应(You et al.，2022)，因为其可能存在多种实现目标的途径(Lu et al.，2023)。

4.4　研究发现应用

4.4.1　依据产品功效，优化包装外观

本章结论表明视觉外观材质-产品诉求对产品感知有效性和产品好感度存在匹配效应，即问题回避型产品使用亮面，问题趋近型产品使用哑面，会显著提升消费者对产品有效性感知和产品好感度。如何为不同类型、不同诉求的产品设计视觉外观材质是各大电商平台营销人员共同面临的挑战，这一研究结论有助于为农食产品电商平台营销从业者提供可操作的方案。具体地，我们建议农产品营销人员对问题回避型的功效农产品(如强调抑制、守卫等功能)，使用亮面包装；而对问题趋近型的功效农产品(如强调分解、主动等功能)，使用哑面包装。

例如，薏米这一农产品的功效包括祛湿止泻、削弱凉性，属于问题解决型产品。若产品深加工研发端开发出"抵御湿气"的功效，则产品展示中可配以亮面包装；若产品更多是"驱走湿气"的功能，产品展示中可配以哑面包装。通过这一一致性的方式选择，可以提高消费者对农产品有效性的感知，这对于一系列问题解决型农产品，如用于疗养修复的农产品等至关重要。同时结合数智技术，在电商平台、社交媒体等投放广告时，可以根据目标消费者的画像，实现广告内容的动态更新，以更好符合消费者对产品的期待。

4.4.2　根植产品价值，升级传播策略

农特产品和功效食品作为具有特殊效益的农产品，推广应用时，可以在广告法的要求下展示产品的功效。而产品包装和外观则是一种无声的传播策略。考虑到我们的发现不仅存在于产品本身也存在于包装，还可以拓展到广告海报中，为产品的营销传播提供更多灵活变动的空间。同时也可以将我们

的研究结论应用于农食产品中，更加准确地传达其优势、特点与价值。如何深入挖掘此类问题解决型农食产品，并将其分解为问题趋近或问题回避类，并根据分类进行符合产品诉求的包装设计、宣传标语设计、广告海报设计等，以提高传播策略的有效性。这些也同样可以借助生成式人工智能来实现，输入特定需求，就可以获得一定的灵感和启发。品牌通过选择合适的亮面/哑面的设计调动消费者感官，产生积极反馈，以求达到最佳的宣传效果，从而使产品功效更加可信，消费者好感度和社会认可不断提升。

例如，平阴玫瑰花，含有的花青素可以清除自由基，因此其深加工产品如玫瑰花茶具有美容养颜、抗衰老的功效。宣传时可以根据产品的特定情况，对应选择问题趋近或问题回避型的配套策略。若采用前者，广告语可以使用"打败衰老，夺回气色"，并配以哑面的宣传图和包装；若采用后者，广告语可以是"抵御衰老，守护美丽"，并配以亮面的宣传图片和包装。这有利于进一步真正发挥平阴玫瑰中国国家地理标志产品的作用，以及发掘农食产品品牌，尤其是区域公用品牌的特色农产品的附加价值和经济效益。

5 色彩饱和度对产品好感度
判断的影响[①]

随着大数据和云计算等新技术的融合以及物联网的迅速发展,人们生产生活中的一系列要素都在加速数字化。在这一背景下,电商平台发展迅速,因其产品种类多样、价格优惠、购物便利等特点,深受消费者青睐,带动了线上消费红利的释放。农产品电商、直播等新销售方式也随之进入中高速发展期,对于农产品销售、农民收入提高、农村经济的发展兼具重要意义,助力国家乡村振兴战略,促进社会经济效益的提升和城乡均衡发展。

另一方面,消费者日益增长的在线农产品购买需求与分散化、同质化农产品在线销售的矛盾日益突出,农产品电商之间的竞争压力巨大。因此,如何提升消费者对产品的好感度以吸引更多购买,是农产品生产商和电商平台共同面临的问题。在注意力经济的时代,无论是在电商平台主动进行的产品搜索,还是在信息流平台被动接收的推荐广告,抑或是农产品直播平台的带货直播,消费者每天都会接触到海量的农产品宣传信息,其中包含图像、形状、颜色等诸多视觉元素。为了提高产品广告的传播有效性,营销从业者和研究者需要关注和了解消费者是如何加工、处理这些视觉信息,并进一步影响其后续行为。

为了满足用户日趋多元化的需求,吸引更多的消费者,生产商越来越倾向于为产品提供多种颜色选择。诸如手机、电脑,甚至是冰箱,近年来都在同一

① 本章节主要内容源于本书作者黄韫慧、杨璐及合作者刘敏发表在期刊 *Psychology & Marketing* 2022 年第 39 卷第 4 期的文章 "How to display products available in multiple color saturation:Fit between saturation and position",引用请注明。

产品型号下提供了更多的颜色选择。对农食产品来说,其产品和包装更有可能呈现出不同颜色。就产品而言,由于农产品自身的特性,同一种农产品的生长、光照时间等因素不同,就会呈现出不同的颜色。比如,在电商平台的商品详情页中展示出的不同饱和度颜色的红樱桃,在农产品直播中呈现在货架上的不同颜色的罐装蜂蜜等;对于包装而言,食品企业可能会通过不同颜色展示产品的不同口味,例如颜色饱和度更高的浓茶饮料,颜色饱和度更低的淡茶饮料,颜色饱和度高的特辣口味食物,颜色饱和度低的不辣口味的食物等,或者在信息流广告海报中呈现的不同包装颜色的农产品加工产品。当遇到多个颜色同时呈现的营销情境时,知晓不同颜色产品如何排列展示可以更有效地吸引消费者十分重要。

正如上一章中所提及的,颜色有三个维度——色相、明度和饱和度。以往研究指出色彩饱和度越高,消费者的购买意愿越强,因为颜色饱和度可以提高消费者的兴奋感知,进而增加对产品的偏好(Gorn et al. , 1997)。因此,在广告宣传中,农产品商家似乎更愿意用鲜艳亮丽的颜色来吸引消费者的注意。然而当产品具有很多不同的饱和度颜色时,商家可能较难确定应该如何进行排列,是饱和度从左到右增加,还是饱和度从左到右降低? 究竟如何排列才能更好地提高消费者的好感度?

虽然先前的研究没有关注如何排列多种色彩饱和度的产品,但有研究表明,产品特征和排列位置之间的量级匹配会带来流畅感,从而产生更积极的顾客反应(Huang et al. , 2017)。具体而言,将与更大数量关联的产品放置在被认为象征着数量更大(如重量更重,面积更大,数量更多)的位置上会更好。例如,与健康食品相比的放纵食品(Romero & Biswas, 2016),与普通风味食品相比的味道浓郁食品(Togawa et al. , 2019),以及与浅色产品相比的深色产品(Sunaga et al. , 2016)更应该放在底部、右侧或右下角的位置(Deng & Kahn, 2009; Weijters et al. , 2021)。本章重点关注了色彩饱和度的作用。具体而言,探讨了色彩饱和度排列(升序 vs. 降序)和空间位置(从左至右/从上到下 vs. 从右至左/从下到上)的匹配效应以及何时该匹配效应会出现偏离,及其可能会受到品牌的目标客群影响。

　　高饱和度颜色蕴含着更多色素,会让人们判断其空间更大(Hagtvedt &
Brasel,2017)。而下方/右方相比上方/左方,也和更大的数量相关联,比如下
方/右方相较上方/左方更重(Deng & Kahn,2009),数字比如尺子往往是从
左到右逐渐数值增大(Cai et al.,2012)。因此,依照一般数值系统(General
magnitude system)理论,本章提出当高(低)饱和度的产品放置在右方(左方)
或下方(上方)比将它们放置在相反位置更为匹配,这一匹配导致更多感知流
畅性,进而提升消费者评价。但是这一匹配的优势总是成立吗? 评价者的类
型(如评价者是否为产品的目标客群)是否会产生影响? 我们进一步提出,当
产品的目标消费者是评价者不想被识别的群体(即疏离群体:Dissociative
outgroup)时,效果会发生逆转。因为人们会向相反方向调整自己的判断以避
免和他们相同(Houghton et al.,1999)。本章进行了四项实验,为上述匹配
效应、潜在机制和边界条件提供了一致证据。

5.1　相关理论

5.1.1　颜色饱和度

（1）颜色饱和度定义

　　关于颜色的研究通常将颜色区分为三个维度(Hagtvedt & Brasel,2017;
Labrecque et al.,2013),即 HSV(也可以说是 HSB)模型。HSV 模型是由色
相(Hue)、饱和度(Saturation)、明度(Value)三个维度组成。色相是一种感知
属性,与电磁可见光谱中一种颜色的主要波长相对应,从而使人们形成对红
色、绿色、蓝色等不同色相的感知。饱和度,则是指色彩的鲜艳程度,也称色彩
的纯度。饱和度取决于该色中含色成分和消色成分(灰色)的比例。含色成分
越大,饱和度越大;消色成分越大,饱和度越小。纯度高的颜色都是高饱和的,
如鲜红、鲜绿等;而完全不饱和的颜色则没有色相,如黑白之间的各种灰色。
明度,表示颜色的明暗程度,明度越低越趋向于黑色。现有的文献中对色相维

度研究的关注最为广泛(Bagchi & Cheema,2013),而对其他两个维度的关注相对较少。关于颜色研究的更多综述,可以进一步参考黄静等(2018)。

(2)颜色饱和度与量级感知

颜色饱和度会影响消费者的量级感知,比如尺寸与重量。

首先,饱和度会影响消费者对尺寸的感知。Hagtvedt 和 Brasel(2017)研究发现,相比于低饱和度的颜色,高饱和度颜色会吸引更多消费者的注意力,因而增加其对产品的感知尺寸。换句话说,颜色饱和度和尺寸之间存在一个匹配效应,即当目标物体需要大尺寸时,使用高饱和度的色彩;当目标物体需要小尺寸时,使用低饱和度颜色,会让消费者对产品评价更积极,并且产生更高的支付意愿。

其次,饱和度会影响消费者对重量的感知。虽然还没有直接的研究证明饱和度对重量感知的影响作用,但有一些相关的证据指向了两者的关系。首先,Bullough(1907)提出了颜色的外观密度决定了它的视觉重量。Payne(1958)指出暗、深颜色的物体比浅颜色的物体看起来更重。还有研究也展示了类似结论,对于体积、材质、形状都相同的物体,饱和度提高会增加消费者的物体重量感知(Labrecque et al.,2013)。此外,与重量感知紧密相关,饱和度还被发现可以提升消费者对食品的卡路里感知(Mead & Richerson,2018)。

5.1.2 颜色与环境特征的匹配

(1)颜色与特征的关联

如上所述,颜色具有三个维度:色相(即对不同波长的感知,如红、绿、蓝等)、明度(即对颜色空间暗度的感知,范围为从黑色到纯色)和饱和度(即颜色中的色素量多少或色相的强度,范围为从灰色到完全饱和)(Hagtvedt & Brasel,2017;Labrecque et al.,2013)。以往研究发现,所有这三个维度都与其他领域(如温度、健康、大小)的构念相关联,影响着人们对产品属性的判断。例如,色相方面:绿色有助于展示出环境友好的信号(Pancer et al.,2017),红色代表着热量(Ketron & Spears,2020),提高消费者对消费的内疚感知

(Lunardo et al.，2021)；蓝色展示着品牌竞争力（Labrecque & Milne，2012)，而白色（相较于黑色）意味着道德上的美好（相较于不良)（Chan & Meng，2021)；明度方面：研究发现明度提高可以增加消费者对食品健康的判断，明度减少则可以提升对食品美味程度的评价（Mai et al.，2016)，同时，高明度提高产品的用户友好性感知，低明度则提高耐用性感知（Hagtvedt，2020)；饱和度方面：以往研究指出高饱和度可以提高产品的尺寸大小（Hagtvedt & Brasel，2017)和消费者对食品不健康程度（Mead & Richerson，2018)的认知。

颜色与构念之间的关联，使得颜色与环境特征的匹配成为可能，这反过来也促进了积极的消费者反应。关于颜色和环境特征的匹配效应，本节也从色相、明度和饱和度的角度出发。首先，色相方面。Ketron 和 Spears（2020)表明在广告中，颜色与温度的匹配（如红色和热、蓝色和冷）相比颜色温度的不匹配（如红色和冷、蓝色和热）会导致更积极的消费者反应。其次，明度方面。Hagtvedt 和 Brasel（2016)发现深色与低频率、浅色与高频率的背景声音存在匹配，这一匹配可以增加消费者对产品的关注。然而，色彩饱和度和背景特征之间是否存在匹配效应尚未得到检验，关于饱和度对消费者产品感知的影响的研究仍具有较大展开空间（Hagtvedt & Brasel，2017；Mead & Richerson，2018)。考虑到产品的外界环境十分重要，本章主要关注如何放置具有不同颜色饱和度的产品，以增加消费者对产品的好感度。通过匹配的方式展示会促进消费者产生积极反应，而感知流畅性是匹配效应研究中非常重要的中介机制。因此，接下来将介绍感知流畅性。

（2）感知流畅性

信息加工流畅性，是人们的一种主观感受，反映了其在处理有关产品信息时体验到的轻松或困难的程度（Schwarz，2004)。一般而言，加工流畅性可以分为三种类型。第一类是感知流畅性（Perceptual fluency)，即个体获取事物特质信息的难易程度，多指主观加工信息的流畅程度（Sirianni et al.，2013)；第二类是概念流畅性（Conceptual fluency)，侧重强调个体在思维领域处理抽

象概念的难易程度,会受到知识储备等的影响(Lee & Labroo, 2004);第三类
是提取流畅性(Retrieval fluency),即个体提取大脑中的回忆或已有信息的难
易程度(Cabeza et al., 1993)。本章主要探究感知流畅性在色彩饱和度与展
示位置的匹配对产品评价的效应中的中介作用。之所以关注感知流畅性的中
介作用,是因为颜色饱和度和展示位置都属于视觉感知范畴,是感官可以触达
的部分,更强调主观的获取信息和加工流畅程度,与感知流畅性这一概念更为
相符。

先前的研究表明,产品展示位置(例如,上方 vs. 下方、左侧 vs. 右侧)与产
品特征的匹配,可以引起消费者的感知流畅性,从而引发积极的产品态度
(Cian et al., 2015; Romero & Biswas, 2016; Sundar & Noseworthy,
2014)。例如,由于过去和左侧、未来和右侧的关联,在减肥产品广告中,左侧
显示减肥前的图片,右侧展示减肥后的图片,会提高消费者的感知流畅性,进
而导致其积极的产品态度 (Chae & Hoegg, 2013)。类似地,Cai 等(2012)的
研究验证了右边位置与价格昂贵、左边位置与价格便宜存在匹配联结,
Valenzuela 和 Raghubir(2015)则发现了上方位置与高质量、下方位置与低质
量的联系。总的来说,这些研究发现始终支持了如下观点:匹配的展示可以提
高感知流畅性,进而带来更正面的消费者反应。接下来,我们将进一步讨论匹
配展示效应的优势是否始终成立。

(3) 影响匹配效应成立的因素

匹配的展示会带来积极的结果,因为它会让消费者感觉加工处理信息更
容易,即感知流畅,而这种感受可能会被错误地归因于产品所带来的感觉
(Schwarz, 2004)。然而,人们倾向于在使用自己感觉评价前,先评估其感觉
是否具有一定的信息价值(Avnet et al., 2012)。当其认为自身感觉和产品的
积极属性无关时(例如,实用型产品如教科书),消费者会自觉抵制使用感觉影
响进行判断(Adaval, 2001; Pham, 1998; Yeung & Wyer, 2004)。或者,消
费者会往相反方向上纠正甚至过度纠正他们的感觉判断,以抵消影响
(Houghton et al., 1999)。例如,具有强烈评估导向的人在面临调节匹配

(Regulatory fit)时,会过度纠偏,反而在不匹配(相较于匹配)的情况下做出更
积极的反应(Cesario et al.,2004)。

在此基础上,本章进一步提出:人们的感觉可以为判断产品的好坏提供信
息,并且产品的感知积极性通常反映了消费者认为它可能满足目标消费者需
求的程度。当产品的目标消费者是外群体(外群体的产品偏好可能与其不同)
时(Raghunathan & Pham,1999),人们可能会调整他们的评价,以便他/她们
的判断反映出其自己的偏好而非外群体成员的偏好,这一调整可能会影响匹
配效果的发生,甚至出现反转。接下来将介绍参照群体的分类及作用。

5.1.3　参照群体的类型及影响

(1) 参照群体的分类

Englis 和 Solomon(1995)将参照群体分为成员群体(即内群体)和非成员
群体(即外群体)。两者的区别在于个体是否为该参照群体中的一员。进一步
地,非成员群体又包括渴望群体(Aspirational outgroup)、疏离群体
(Dissociative outgroup)和中性群体(Neutral outgroup)。这三者的差异主要
在于消费者希望成为该群体成员的期望值。渴望群体中个体非常期望变成该
群体一员;疏离群体中个体完全不希望与其有任何关联;中性群体即个体对该
群体保持中立态度,既不渴望成为其中一员也不与其划清界限。

(2) 参照群体对消费者行为的影响

Moschis(1976)发现消费者在做出购买决策时,会受到参照群体的无意
识影响。具体来说,消费者偏向于与内群体(Whittler et al.,2002)和渴望群
体(Escalas & Bettman,2005)相一致,但不希望与疏离群体产生联系。对于
中性群体,消费者则认为自己的评价、决策等与中性群体关系不大(Adaval,
2001;Pham,1998;Yeung & Wyer,2004)。本章重点关注疏离群体的可能
调节作用。

对于疏离群体,以往研究指出消费者会对与其相关的产品和品牌表现出
负面的态度和购买行为。例如,White 和 Dahl(2006)研究发现,与定位中性

群体的产品相比,消费者对于定位疏离群体的产品展现了更为负面的产品态度和更低的购买意愿。再比如,White 和 Dahl(2007)指出,消费者对与疏离群体有较强关联的品牌,会产生更低的自我品牌联结(Self-brand connection),且这一效应受到品牌象征性程度高低的调节,当其具有较高的个人象征性时,这一效应越显著,消费者对这一品牌的评价越低。在某些情境下,消费者偏离疏离群体的现象也会减弱或消失(杨德锋等,2023)。White 等(2014)指出当疏离群体表现出了一定的积极行为时,比如保护环境,为了维护自己所在群体的形象,消费者也会保持与疏离群体一致的行为。

5.2 理论框架与假设推导

5.2.1 高饱和度颜色与下方/右侧位置相匹配

一般数值系统(General magnitude system)理论表明,各种类型的量级(如数量、尺寸、亮度、重量、响度)都是一般数值系统的一部分(Lourenco,2015;Lourenco & Longo,2010),并且人类大脑对其拥有共同表征(Cantlon et al.,2009)。换句话说,不同类型间的量级是相互关联的。例如,跨感官研究发现,方块面积更大或方块亮度更高的刺激物也会被个体判断其持续时间更长(Xuan et al.,2007)。与之相关,颜色饱和度也是一种量级类型,因为它反映了颜色中色素含量的多少。先前的研究表明,较高的色彩饱和度会让人判断产品的空间尺寸较大(Hagtvedt & Brasel,2017),并且含有更多的卡路里(Mead & Richerson,2018)。为了进一步验证,我们通过一项预实验($N=$ 201;81 名男性;平均年龄为 40.56 岁,方差为 13.50 岁,从 MTurk 平台处招募)验证了消费者更有可能认为高饱和度(相对于低饱和度)的颜色含有更多的色素、更重、更大,并且与更大的数字相匹配,但在感知自然性上无显著差异。其实验材料和结果,分别详见表 5-1 和表 5-2。

表 5 - 1　不同颜色饱和度的实验素材

	蓝色	红色	橘色	绿色	紫色
低饱和度颜色 HSV 具体数值	(200,50,63)	(356,50,70)	(27,50,80)	(117,50,70)	(280,50,75)
高饱和度颜色 HSV 具体数值	(200,100,63)	(356,100,70)	(27,100,80)	(117,100,70)	(280,100,75)

表 5 - 2　预实验研究结果

展示类型	色相	测量内容	选择低饱和度	选择高饱和度	卡方检验	显著性
横向	蓝色	数量	18/102 (17.6%)	84/102 (82.4%)	$\chi^2(1)=42.71$	$p<0.001$
		重量	29/102 (28.4%)	73/102 (71.6%)	$\chi^2(1)=18.98$	$p<0.001$
		大小	29/102 (28.4%)	73/102 (71.6%)	$\chi^2(1)=18.98$	$p<0.001$
		与大数字匹配	19/102 (18.6%)	83/102 (81.4%)	$\chi^2(1)=40.16$	$p<0.001$
		自然性	64/102 (62.7%)	38/102 (37.3%)	$\chi^2(1)=6.63$	$p=0.010$
	红色	数量	18/102 (17.6%)	84/102 (82.4%)	$\chi^2(1)=42.71$	$p<0.001$
		重量	28/102 (27.5%)	74/102 (72.5%)	$\chi^2(1)=20.75$	$p<0.001$
		大小	20/102 (19.6%)	82/102 (80.4%)	$\chi^2(1)=37.69$	$p<0.001$
		与大数字匹配	16/102 (15.7%)	86/102 (84.3%)	$\chi^2(1)=48.04$	$p<0.001$
		自然性	57/102 (55.9%)	45/102 (44.1%)	$\chi^2(1)=1.41$	$p=0.235$
	橘色	数量	18/102 (17.6%)	84/102 (82.4%)	$\chi^2(1)=42.71$	$p<0.001$
		重量	21/102 (20.6%)	81/102 (79.4%)	$\chi^2(1)=35.29$	$p<0.001$
		大小	20/102 (19.6%)	82/102 (80.4%)	$\chi^2(1)=37.69$	$p<0.001$
		与大数字匹配	17/102 (16.7%)	85/102 (83.3%)	$\chi^2(1)=45.33$	$p<0.001$
		自然性	72/102 (70.6%)	30/102 (29.4%)	$\chi^2(1)=17.29$	$p<0.001$

展示类型	色相	测量内容	选择低饱和度	选择高饱和度	卡方检验	显著性
	绿色	数量	22/102（21.6%）	80/102（78.4%）	$\chi^2(1)=32.98$	$p<0.001$
		重量	26/102（25.5%）	76/102（74.5%）	$\chi^2(1)=24.51$	$p<0.001$
		大小	21/102（20.6%）	81/102（79.4%）	$\chi^2(1)=35.29$	$p<0.001$
		与大数字匹配	15/102（14.7%）	87/102（85.3%）	$\chi^2(1)=50.82$	$p<0.001$
		自然性	74/102（72.5%）	28/102（27.5%）	$\chi^2(1)=20.75$	$p<0.001$
	紫色	数量	21/102（20.6%）	81/102（79.4%）	$\chi^2(1)=35.29$	$p<0.001$
		重量	20/102（19.6%）	82/102（80.4%）	$\chi^2(1)=37.69$	$p<0.001$
		大小	20/102（19.6%）	82/102（80.4%）	$\chi^2(1)=37.69$	$p<0.001$
		与大数字匹配	12/102（11.8%）	90/102（88.2%）	$\chi^2(1)=59.65$	$p<0.001$
		自然性	76/102（74.5%）	26/102（25.5%）	$\chi^2(1)=24.51$	$p<0.001$
竖向	蓝色	数量	15/99（15.2%）	84/99（84.8%）	$\chi^2(1)=48.09$	$p<0.001$
		重量	28/99（28.3%）	71/99（71.7%）	$\chi^2(1)=18.68$	$p<0.001$
		大小	34/99（34.3%）	65/99（65.7%）	$\chi^2(1)=9.71$	$p=0.002$
		与大数字匹配	21/99（21.2%）	78/99（78.8%）	$\chi^2(1)=32.82$	$p<0.001$
		自然性	60/99（60.6%）	39/99（39.4%）	$\chi^2(1)=4.46$	$p=0.035$
	红色	数量	9/99（9.1%）	90/99（90.9%）	$\chi^2(1)=66.27$	$p<0.001$
		重量	25/99（25.3%）	74/99（74.7%）	$\chi^2(1)=24.25$	$p<0.001$
		大小	23/99（23.2%）	76/99（76.8%）	$\chi^2(1)=28.37$	$p<0.001$
		与大数字匹配	17/99（17.2%）	82/99（82.8%）	$\chi^2(1)=42.68$	$p<0.001$
		自然性	56/99（56.6%）	43/99（43.4%）	$\chi^2(1)=1.71$	$p=0.191$

（续表）

展示类型	色相	测量内容	选择低饱和度	选择高饱和度	卡方检验	显著性
		数量	8/99（8.1%）	91/99（91.9%）	$\chi^2(1)=69.59$	$p<0.001$
		重量	20/99（20.2%）	79/99（79.8%）	$\chi^2(1)=35.16$	$p<0.001$
	橘色	大小	25/99（25.3%）	74/99（74.7%）	$\chi^2(1)=24.25$	$p<0.001$
		与大数字匹配	11/99（11.1%）	88/99（88.9%）	$\chi^2(1)=59.89$	$p<0.001$
		自然性	70/99（70.7%）	29/99（29.3%）	$\chi^2(1)=16.98$	$p<0.001$
		数量	8/99（8.1%）	91/99（91.9%）	$\chi^2(1)=69.59$	$p<0.001$
		重量	32/99（32.3%）	67/99（67.7%）	$\chi^2(1)=12.37$	$p<0.001$
	绿色	大小	24/99（24.2%）	75/99（75.8%）	$\chi^2(1)=26.27$	$p<0.001$
		与大数字匹配	25/99（25.3%）	74/99（74.7%）	$\chi^2(1)=24.25$	$p<0.001$
		自然性	74/99（74.7%）	25/99（25.3%）	$\chi^2(1)=24.25$	$p<0.001$
		数量	10/99（10.1%）	89/99（89.9%）	$\chi^2(1)=63.04$	$p<0.001$
		重量	17/99（17.2%）	82/99（82.8%）	$\chi^2(1)=42.68$	$p<0.001$
	紫色	大小	19/99（19.2%）	80/99（80.8%）	$\chi^2(1)=37.59$	$p<0.001$
		与大数字匹配	21/99（21.2%）	78/99（78.8%）	$\chi^2(1)=32.82$	$p<0.001$
		自然性	68/99（68.7%）	31/99（31.3%）	$\chi^2(1)=13.83$	$p<0.001$

　　从位置角度出发，下方或右侧位置常与更大的量级相关联，而上方或左侧位置则与更小的量级相关联。例如，在日常生活的观察中，重物如石头往地面下拉，而较轻的物体如气球则会向上空飘（Arnheim，1974）；类似地，许多测量设备如尺子、卷尺和温度计，小数字常常显示在大数字的左侧（Cai et al.，2012）。在常见的数轴和数字刻度中，数字通常也是按从左到右、从上到下的方向不断增加（Weijters et al.，2021）。因此，相较于上方或左侧位置，当产品放置在下方或右侧时，消费者会认为产品更重（Deng ＆ Kahn，2009），含有更

多的卡路里(Romero & Biswas，2016)并且价格更高(Cai et al.，2012)。总而言之,这些实证结果表明色彩饱和度和位置之间可能存在量级匹配。

根据量级匹配,将不同颜色的产品放置在与其蕴含量级相对应的位置可以激发消费者更积极的反应。具体而言,将产品放置在与其量级感知相符的位置可能会使人们为其分配更多资源,从而简化信息处理并产生处理流畅性感知(Lee et al.，2010)。与之相关的,Sunaga 等(2016)发现将浅色产品放置在货架上方位置,深色产品放置在下方位置可以促进消费者视觉识别。产品刺激物的表面特征引发的感知流畅性会产生积极的感觉。当人们在评判一件产品时,会不自觉地问自己对这款产品的感觉如何,然后根据自己的感受推断该产品是否受欢迎(Chang，2013；Lee & Labroo，2004)。换句话说,人们错误地认为他们从其他来源获得的积极感受,例如两个属性之间的匹配,是由其正在评价的产品引起的。由于对产品的感觉很好,通常表明它是好的,因此消费者对它的反应会更积极(Avnet & Higgins，2006；Cesario et al.，2004；Lee & Aaker，2004)。遵循这个逻辑,我们进一步提出色彩饱和度和展示位置之间的匹配可以增强参与度并提高感知流畅性,从而提高产品好感度。我们假设:

假设 1:将高颜色饱和度的产品放置在右侧或下方、低颜色饱和度的产品放置在左侧或上方,相较于将其放在相反位置,会带来更积极的消费者反应。

假设 2:感知流畅性中介了上述匹配效应对消费者产品好感度的影响。

5.2.2　品牌产品目标消费者群体的调节作用

虽然相较于不匹配,饱和度和位置的匹配提高了参与度并导致感知流畅性,使消费者对产品感觉较好,但消费者可能会根据他/她们对"产品有多好"与其产品判断任务之间的关系有意调整自己的产品评价。例如,当消费者评估产品的目标消费客群为外群体时,匹配带来的流畅性感觉良好会让其意识到这个产品对目标消费者(即本例中的外群体成员)有利,但考虑到外群体成员可能与他/她们有不同的甚至相反的产品偏好,并不一定适合自己。尤其是对于疏离群体,消费者希望避免与之产生关联(White & Dahl,2006)或者成为其成员(Dunn et al.,2013)。

因此,本研究提出,对于目标消费群体是疏离外群体的品牌产品,人们调整对这种产品的判断,进而对匹配效应产生影响。具体而言,消费者希望避免发出和疏离群体身份一致的信号,以实现不同群体之间的区别(Berger & Heath,2008)。例如,以往研究发现男性不太喜欢被视为女性化的产品或行为,例如标有"Ladies cut"的牛排(White & Dahl,2006)和象征女性化的绿色产品(Pinna,2020);他们甚至会故意在被视为女性化程度高的领域表现不佳,例如通常在刻板印象上与女性关系紧密的缝纫工作(El Hazzouri et al.,2020)。因此,人们在产品评价中会将"这个产品对我有多好"的感觉偏离为"这个产品对疏离外群体成员有多好"。由于对产品的感觉良好通常会作为表明该产品对其目标消费者有多好的信息(Schwarz,2011),为了做出更客观的判断,消费者可能会往与其感受相反的方向上调整其对定位疏离群体的产品判断(Houghton et al.,1999)。换句话说,当消费者评估针对疏离外群体的产品时,量级匹配效应有可能被过度纠正而出现反转。因此,正式提出假设:

假设 3:如果产品的目标消费者是疏离外群体,则匹配效应会逆转。

我们的理论表明,饱和度和位置的匹配会增加消费者参与度,从而引发感知流畅性。然而,当主产品定位疏离外群体时,感知流畅性可能会损害产品评价。这是因为消费者按照他/她们的感受所指向的相反方向纠正了他们的评价,以便与疏离外群体区分。如果是这样,即使产品定位的是疏离外群体,若消费者的评价模式并非为自己而是为疏离外群体的成员购买礼物,匹配效应也应该成立。详细来说,在礼品购物的情境下,买家会更多地从礼品接收者的角度考虑。匹配带来的良好感觉表明产品对目标消费者以及礼品接收者来说是好的。因此,我们正式提出假设 4:

假设 4:当评估情景为针对疏离外群体的礼品购买决策时,匹配效应成立。

基于以上研究假设,本研究构建出了研究模型,即色彩饱和度与位置的匹配对消费者产品好感度的影响模型(见图 5-1)。

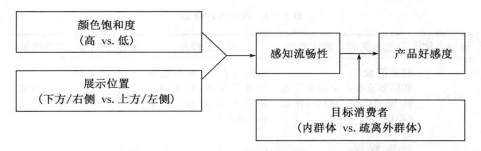

图 5-1 颜色饱和度与展示位置对消费者产品好感度的影响模型

5.3 研究设计与结果讨论

本研究通过四个实验对之前提出的假设进行逐一检验,并对每个实验的实验设计、操作流程、变量测量、数据分析结果和结果讨论等进行了阐述。具体而言,实验一旨在验证匹配效应和中介效应,即当在上方/左侧使用低饱和度颜色而在下方/右侧使用高饱和度颜色时,被试对产品的评价更为积极(假设 1),因为这种展示提高了其感知流畅性(假设 2)。实验二到实验三通过不同的产品类别、不同的疏离群体操控,旨在验证产品的目标消费者类型对匹配效应的调节作用,即对定位疏离外群体的产品来说,饱和度和位置的匹配效应会发生逆转(假设 3)。在此基础上,实验四旨在验证假设 4,当人们处在为疏离外群体的成员购买礼物的情况时,饱和度和位置的匹配效应成立。实验设计总体情况如表 5-3 所示,四个实验在实验设计、实验材料和因变量测量方式等方面实现了一定程度的差异化和多样性。通过美国亚马逊 MTurk、Prolific 平台进行数据的收集,排除了具有颜色识别困难及没有通过注意力测试的被试,保证了样本的有效性。在实验材料设计方面,实验一到实验四分别采用 T 恤、口红、帽子和抱枕的多元化广告海报。在因变量测量方面,实验一、实验二、实验四测量了产品评价,实验三测量了支付意愿,以提高实验的内部效度和外部效度,增加研究结论的稳定性。

表 5‑3　研究设计概览

研究名称	研究目的	被试来源	自变量操控	因变量测量	其他测量
实验一	验证假设 1 和感知流畅性的中介（假设 2)	美国亚马逊 MTurk被试	匹配与否（T 恤颜色饱和度与位置:匹配 vs. 不匹配）;方向（水平 vs. 垂直)	产品评价	感知流畅性
实验二	验证假设 3,目标消费群体的调节作用	美国亚马逊 MTurk被试	匹配与否（口红颜色饱和度与位置:匹配 vs. 不匹配)	产品评价	被试性别
实验三	验证假设 3,目标消费群体的调节作用	Prolific 平台18～35岁被试	匹配与否（帽子颜色饱和度与位置:匹配 vs. 不匹配);目标消费者（疏离群体 vs. 内群体);方向（水平 vs. 垂直)	支付意愿	
实验四	验证假设 4,评价情景的调节作用	美国亚马逊 MTurk18～35 岁被试	匹配与否（抱枕颜色饱和度与位置:匹配 vs. 不匹配);评价情景:（纯粹判断 vs. 礼物购买);方向（水平 vs. 垂直)	产品评价	阅读广告所花费的时间

5.3.1　实验一:颜色饱和度与展示位置的匹配

（1）实验设计与被试

实验一的目的是验证匹配效应和感知流畅性的中介作用,即当在上方/左侧使用低饱和度颜色而在下方/右侧使用高饱和度颜色时,被试对产品的评价更为积极（假设 1),因为这种展示提高了他们的感知流畅性（假设 2)。本次实验在美国亚马逊 MTurk 平台上进行。我们招募了 200 名被试参加了实验,其中 32 名被试表示他/她们在区分颜色方面有困难,另外 19 名被试未能通过色盲测试,剩余共计149名被试,其中55%为女性,平均年龄33.59岁,方差为10.10岁。在实验设计方面,本实验采用了2(匹配与否:匹配 vs. 不匹配)×2(展示方向:水平 vs. 垂直)的组间实验设计,被试被随机分配到四组中的任意一组。在自变量操控方面,实验一采用了不同颜色饱和度的T恤广告海报来操控饱和度和位置的匹配(匹配 vs. 不匹配)与展示方向(水平 vs. 垂直)。在产品评价的测量方面,我们借鉴了Yan(2016)的测量方法,并结合本次实验情景进行了适当改编。在感知流畅性的测量方面,借鉴了Labroo和Lee(2006)的测量问项。

(2) 实验流程和测量

首先,被试被告知将看到一款新推出的T恤广告海报,这款T恤有两种颜色可供选择。接着,为被试展示含有两件紫色T恤的海报,这两件T恤在颜色的色相和明度上保持一致,唯一不同的是饱和度的差别,一件是低饱和度的紫色,一件是高饱和度的紫色。两件T恤在海报中被横向(左侧或右侧)或纵向(上方或下方)展示。对于匹配的操控,在匹配组,被试看到色彩饱和度低的紫色T恤放置在左侧/上方,色彩饱和度高的紫色T恤位于右侧/下方;而不匹配组的被试看到色彩饱和度高的紫色T恤在左侧/上方,色彩饱和度低的紫色T恤在右侧/下方。

看完广告后,被试在五个条目上报告了他们的产品评价:① 我对这件T恤的总体印象是好的;② 我非常喜欢这件T恤;③ 我对这件T恤的态度是积极的;④ 我觉得这件T恤挺好的;⑤ 这件T恤质量很好。这一测项,改编自Yan(2016)(1=完全不同意,7=完全同意;$\alpha=0.901$)。接着,被试被要求指出自己对以下陈述的同意程度,作为感知流畅性的测量:① 这个广告很难处理(反向编码);② 这个广告非常醒目;③ 这个广告非常有吸引力(1=完全不同意,7=完全同意;$\alpha=0.522$;Labroo & Lee, 2006)。

(3) 实验结果与分析

首先,产品评价上。2(匹配与否:匹配 vs. 不匹配)×2(展示方向:水平vs. 垂直)的方差分析仅发现了匹配与否存在显著主效应($M_{匹配}=4.89, SD=$

0.97 vs. $M_{不匹配}$ = 4.39,SD = 1.01,$F(1,145)$ = 8.28,p = 0.005,partial η^2 = 0.054)。展示方向的主效应($F(1,145)$ = 1.58,p = 0.211)以及匹配与否和展示方向的交互作用($F(1,145)$ = 0.04,p = 0.833)均不显著。具体来说,在右侧(相较于左侧)展示色彩饱和度更高的产品会带来更积极的产品评价($M_{匹配}$ = 4.79,SD = 1.06 vs. $M_{不匹配}$ = 4.29,SD = 1.09,$F(1,145)$ = 4.98,p = 0.027,partial η^2 = 0.033),并且在下方(相较于上方)展示色彩饱和度更高的产品带来了更积极的产品评价($M_{匹配}$ = 4.97,SD = 0.88 vs. $M_{不匹配}$ = 4.53,SD = 0.87,$F(1,145)$ = 3.41,p = 0.067,partial η^2 = 0.023),效应呈边际显著,对假设1提供了支持。

其次,感知流畅性上。对感知流畅性类似的方差分析结果也显示仅有匹配与否的主效应显著($M_{匹配}$ = 3.88,SD = 1.07 vs. $M_{不匹配}$ = 3.43,SD = 0.97,$F(1,145)$ = 7.47,p = 0.007,partial η^2 = 0.049)。展示方向的主效应($F(1,145)$ = 0.59,p = 0.444)以及二者的交互效应($F(1,145)$ = 0.05,p = 0.815)都不显著。

最后,中介分析上。我们使用了插件 PROCESS(Hayes,2013;Model 4)进行中介分析,以匹配与否为自变量,感知流畅性为中介变量,展示方向为控制变量,产品评价为因变量。Bootstrapping 分析结果表明间接效应显著(B = 0.211 4;SE = 0.081 9),95% 的置信区间(CI)不含零为[0.067 6,0.395 8],证实了感知流畅性的中介作用。因此,假设2得到了证实。

(4) 结论与讨论

实验一的数据支持了匹配效应的主假设1,即当在上方/左侧使用低饱和度颜色而在下方/右侧使用高饱和度颜色时,被试对产品的评价更为积极。此外,本实验还对中介机制进行了检验,发现感知流畅性中介了色彩饱和度和位置对消费者产品好感度的匹配效应,验证了假设2,即采用色彩饱和度与位置匹配的展示方式可以增强个体的感知流畅性,进而提高个体对产品的评价。同时,实验一还证明了水平或者垂直的展示方式对感知流畅性和产品评价没有显著影响。然而,消费者的消费行为受到多种因素的影响。对于产品评价,很可能会受到产品目标消费群体的影响,即目标消费者是内群体或疏离外群体也可能会是上述匹配效应的边界条件。因此,接下来的实验二检验目标消费者(内群体 vs. 疏离群体)对匹配效应的调节作用。

5.3.2   实验二:疏离群体的调节作用一

(1) 实验设计与被试

实验二旨在验证如果产品的目标消费者是疏离外群体,色彩饱和度和位置的匹配效应会发生逆转。前人的研究表明,男性通常将女性视为疏离外群体(Gal & Wilkie, 2010; White & Dahl, 2006)。因此,我们预测在遇到传统意义上的女性产品(如口红)的情况下,饱和度和位置的匹配效应会在女性被试中出现,但在男性被试中则发生反转。本次实验在美国亚马逊 MTurk 上进行。我们招募了 216 名被试参加实验,其中 18 名被试未能通过色盲测试,总计留下 198 名有效被试。其中,64.1% 为女性,平均年龄 35.25 岁,方差为 10.61 岁。在实验设计方面,本次实验采用 2(匹配与否:匹配 vs. 不匹配)× 2(被试性别:男性 vs. 女性)的组间设计。由于被试性别是人口统计变量,因此实验中仅操控饱和度和位置的匹配与否,被试被随机分配到两组中的任意一组。实验二与实验一在实验流程上基本相似。在自变量操控方面,实验二采用了口红广告海报来操控饱和度和位置之间的匹配与否。

(2) 实验流程和测量

被试被告知将看到一款新推出的口红产品的广告海报,这款口红产品有七种色号可供选择。然后被试看到横向展示的七支不同色号口红产品的海报。这七支口红在颜色色相和明度上保持一致,唯一不同的是饱和度有差别。其中,匹配组的被试看到色彩饱和度低的口红排列在左侧,即七支口红的颜色饱和度从左到右递增;而不匹配组的被试看到颜色饱和度低的口红在右侧,七支口红的饱和度从左到右降低。看完广告后,所有被试被要求回答产品评价的测量问题,其在多大程度上同意他/她们对这款口红的态度是积极的(1=完全不同意,7=完全同意)。

（3）实验结果与分析

对产品评价进行了 2（匹配与否：匹配 vs. 不匹配）×2（被试性别：男性 vs. 女性）的方差分析。结果显示只有匹配与否和被试性别的交互效应显著（$F(1,194)=8.28, p=0.004$, partial $\eta^2=0.041$；见图 5 - 2）。匹配与否（$F(1,194)=0.31, p=0.579$）和性别（$F(1,194)=1.76, p=0.186$）的主效应均不显著。为了进一步分析交互效应的方向，我们进行了对比分析，结果显示：当女性被试对口红产品进行评价时，饱和度从左到右递增也即饱和度-位置匹配时，其对口红的评价更加积极，效应边缘显著（$M_{匹配}=5.25, SD=1.23$ vs. $M_{不匹配}=4.81, SD=1.23, F(1,194)=3.84, p=0.051$, partial $\eta^2=0.019$），再次验证了实验一的结果，检验了匹配效应。同我们的假设3预测一致，在男性被试对口红产品的评价中，匹配效应发生了逆转，当饱和度从左到右降低即饱和度-位置不匹配时，其对口红的评价反而更积极（$M_{匹配}=4.45, SD=1.29$ vs. $M_{不匹配}=5.10, SD=1.37, F(1,194)=4.54, p=0.034$, partial $\eta^2=0.023$）。

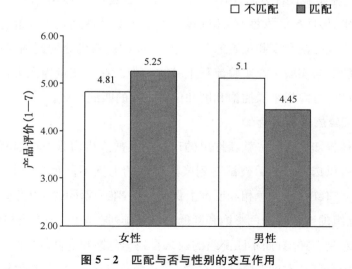

图 5 - 2　匹配与否与性别的交互作用

（4）结论与讨论

实验二初步验证了如果产品的目标消费者是疏离外群体，匹配效应会发生逆转,也即假设 3。具体来说,在遇到传统意义上的女性产品(即口红)的情况下,广告海报中色彩饱和度-位置不匹配时,男性消费者反而倾向于对口红的评价更加积极。此外,实验二也再次证明了匹配效应的成立。具体来说,在对口红进行评价时,当广告海报中色彩饱和度和位置相匹配时,女性消费者对该口红的评价更积极。然而,考虑到实验二的结果可能归因于不同性别群体之间的其他差异(Meyers-Levy & Loken, 2015),并且口红产品的色彩饱和度和位置的匹配效应在男性被试群体中发生逆转的原因也有可能是,一般而言,男性对口红产品感兴趣程度低。因此,为解决这些问题,接下来的实验三招募年轻人作为被试,将产品的目标消费者操控为年轻人或老年人,并进一步测量并控制了产品感兴趣程度。

5.3.3　实验三:疏离群体的调节作用二

（1）实验设计与被试

在实验二的基础上,实验三旨在进一步验证假设 3,即如果产品的目标消费者是疏离外群体,则匹配效应会逆转。实验三招募了年轻被试,并将产品的目标消费者操控为内群体(即年轻人)或疏离外群体(即老年人;White & Dahl, 2007)。为了验证老年人是年轻人的疏离外群体,我们进行了一项预测试,招募了 100 名 35 岁及以下的年轻被试,单样本 T 检验的结果显示,其不愿意也不想被认为是老年人($r=0.697$; $M=2.79 <4$, $SD=1.35$, $t(99)=-8.95$, $p<0.001$, $d=0.89$)。结合前人研究和上述预测试可知,老年人是一个和年轻人差异较大的概念,因此对于年轻人来讲,老年人属于疏离外群体。在实验样本方面,遵循 Amatulli 等(2018)中使用的年轻被试的年龄标准,本次实验从 Prolific 在线调查平台招募了 401 名 18~35 岁的被试。其中,26 名被试表示他们在区分某些颜色方面有困难,44 名被试未通过注意力检查测试,另外有三名被试在开放性问题中填写了无意义的单词。最终有效数据为 328 人,其中 50.3% 是女性,平均年龄为 25.94 岁,方差为 4.60 岁。在实验设计方面,本实验采用 2(匹配与否:匹配 vs. 不匹配)×2(目标消费者:年

轻人 vs. 老年人）×2（展示方向：水平 vs. 垂直）的组间实验设计。进入实验流程后，被试被随机分配到上述八个组中的任意一组。在自变量操控方面，实验三采用了帽子的广告海报来操控饱和度-位置的匹配与否和展示方式。在目标消费者的操控方面，通过文字说明告知被试这顶帽子是定位年轻人或是老年人的。与实验一和实验二不同的是，在因变量测量方面，本实验测量了消费者支付意愿，并且测量了产品感兴趣程度作为控制变量。

（2）实验流程和测量

被试被告知他/她们将看到一款新推出的棒球帽的广告海报，这款帽子有五种颜色可供选择。然后，他/她们看到五顶帽子的图片在海报中被横向或纵向逐一展示，这五顶帽子在颜色的色相和明度上保持一致，唯一不同的是饱和度存在差别。其中，匹配组的被试看到色彩饱和度低的帽子在左侧/上方，五顶帽子的颜色饱和度排列从左到右或从上到下增加；而不匹配组的被试看到色彩饱和度低的帽子在右侧/下方，五顶帽子的饱和度则从左到右或从上到下降低。同时，产品海报上也会用文字说明这款帽子产品定位年轻人（专为年轻人打造的休闲帽，具有优质的质量和独特的设计）或者老年人（专为老年人打造的休闲帽，具有优质的质量和独特的设计），以操控目标消费者。具体实验素材详见图 5－3，仅展示其中的 2 组为例，图 5－3 左为匹配＋年轻目标消费者＋横向组，图 5－3 右为不匹配＋年轻目标消费者＋横向组。看完广告后，所有被试填写其愿意对广告中的帽子的支付意愿，以美元为单位，以及他/她们对这一产品类别的感兴趣程度（1＝一点也不感兴趣，7＝非常感兴趣）。

图 5－3　实验素材（实验三）

（3）实验结果与分析

因为支付意愿呈正偏态，且考虑到一些被试给出了 0 美元，我们首先对支

付意愿进行了取对数转换,即支付意愿指数=ln(WTP+1)。以产品感兴趣
程度和年龄作为控制变量,以支付意愿指数为因变量,进行了 2×2×2 的协方
差分析,结果显示匹配与否和目标消费者之间存在显著的二阶交互作用
($F(1,318)=6.89,p=0.009$,partial $\eta^2=0.021$;见图 5-4)。此外,因为产品
感兴趣程度这一协变量显著($F(1,318)=64.32,p<0.001$,partial $\eta^2=$
0.168),我们接下来给出了估计的边际均值(Estimated marginal means)和标
准误差(Standard error)(Ruth & Simonin, 2003),后续的实验四中也汇报了
这一指标。对比分析结果表明,对于年轻被试来说,当产品的目标消费者是年
轻人时,色彩饱和度-位置相匹配即饱和度从左到右或从上到下增加时,被试
对于产品的支付意愿更高呈边际显著($M_{匹配}=2.35,SE=0.07$ vs. $M_{不匹配}=$
$2.16,SE=0.07,F(1,318)=3.84,p=0.051$, partial $\eta^2=0.012$),再次验证
了之前的匹配效果。相反地,当产品的目标消费者是老年人时,匹配效应发生
了逆转,即色彩饱和度-位置相匹配即饱和度从左到右或从上到下增加时,被
试对于产品的支付意愿反而更低呈边际显著($M_{匹配}=2.09,SE=0.07$ vs.
$M_{不匹配}=2.25,SE=0.07,F(1,318)=3.06,p=0.081$,partial $\eta^2=0.010$)。
此外,没有其他效应显著(p's >0.10)。假设 3 再次得到了验证。

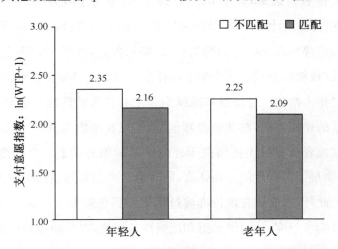

图 5-4　匹配与否和目标消费者对支付意愿的交互作用

（4）结论与讨论

实验三控制了实验二存在的群体间差异和产品感兴趣程度，进一步证明了如果产品的目标消费者是疏离外群体，匹配效应会逆转。具体而言，当年轻人对一款定位老年人的帽子进行评价时，其颜色饱和度和摆放位置不匹配时，年轻消费者对该产品的支付意愿反而更强。同时，实验三也再次证明了匹配效应。当年轻人对一款本身就是针对年轻人（也即内群体）的帽子进行评价时，其色彩饱和度和摆放位置匹配时，年轻消费者对帽子的支付意愿更强。

5.3.4　实验四：评价情景的调节作用

（1）实验设计与被试

实验四旨在验证假设 4，即在为疏离外群体购买礼物的情景下，匹配效应仍然成立。实验四要求年轻人被试在纯粹产品评价的背景下或在为他们 70 岁的阿姨或叔叔购买礼物的背景下，评价定位于老年人（即疏离外群体）的产品。我们在美国亚马逊 MTurk 平台招募了 405 名 18 到 35 岁的被试。其中，27 名被试表示他们在区分颜色方面有困难，16 名被试未通过注意力检查，剩下总计 362 位有效被试，其中 66.6％为女性，平均年龄为 27.70 岁，方差为 4.17 岁。在实验设计方面，实验四采用了 2（匹配与否：匹配 vs. 不匹配）×2（评价情景：纯粹判断 vs. 礼物购买）×2（展示方向：水平 vs. 垂直）的组间实验设计，被试被随机分配到八个组中的任意一组。在自变量操纵方面，本次实验选用了老年人抱枕广告海报来操纵饱和度和位置的匹配与否和展示方式。在评价情景的操控方面，被试被告知他/她们正在考虑为其 70 岁的叔叔或阿姨购买抱枕或者没有提供任何关于评价情景的额外信息。在因变量测量方面，本实验测量了消费者的产品评价，同时也将产品感兴趣程度作为控制变量进行测量。此外，本研究在理论推演过程中提到色彩饱和度和位置的匹配增加了消费者的参与度，从而带来感知流畅性。因此，本实验还测量了被试阅读广告所花费的时间作为参与度的近似指标，以期为理论提供初步支持。

（2）实验流程和测量

为了减少来自不同性别的潜在影响，实验中被试首先填写他们的性别，然后根据其性别，看到与之相同性别的老年模特的广告。在礼物购买情景下，被试被告知他/她们正在考虑为其 70 岁的叔叔或阿姨购买抱枕作为礼物，购买对象是叔叔还是阿姨取决于被试自己的性别。然后，被试看到了一款新推出的老年人抱枕的广告海报，这款抱枕有五种颜色可供选择。在广告海报中，五款抱枕的图片被横向或纵向展示，这五款抱枕在颜色的色相和明度上保持一致，唯一不同的是饱和度存在差别。匹配组的被试看到的五个抱枕的饱和度从左到右或从上到下增加；而不匹配组的被试看到五个抱枕的饱和度从左到右或从上到下降低。接下来，与实验 1 的测量条目相同，我们测量了所有被试对这款抱枕的产品评价（1＝非常不同意，7＝非常同意；$\alpha＝0.945$）和产品感兴趣程度。为了支持我们的推测，即匹配增加参与度，从而带来感知流畅性，本实验还记录了被试阅读广告所花费的时间。

（3）研究结果与分析

首先，产品评价方面。以产品感兴趣程度和年龄为控制变量，对产品评价的 2（匹配与否：匹配 vs. 不匹配）×2（评价情景：纯粹判断 vs. 礼物购买）×2（展示方向：水平 vs. 垂直）的协方差分析显示，产品感兴趣程度（$F(1,352)＝62.56, p＜0.001$, partial $\eta^2＝0.151$）和被试年龄（$F(1,352)＝6.51, p＝0.011$, partial $\eta^2＝0.018$）的主效应均显著。更为重要的是，数据分析结果表明，匹配与否和评价情景之间存在显著的交互作用（$F(1,352)＝7.58, p＝0.006$, partial $\eta^2＝0.021$；见图 5-5）。对比分析表明，当被试纯粹对产品做出判断时（即纯粹判断情景下），匹配效应会出现逆转（$M_{匹配}＝3.96, SE＝0.12$ vs. $M_{不匹配}＝4.33, SE＝0.13, F(1,352)＝4.57, p＝0.033$, partial $\eta^2＝0.013$）。然而，当被试为其长辈购买枕头时（即礼物购买情景下），当色彩饱和度和位置之间存在匹配时，被试对产品的评价更好，呈边缘显著（$M_{匹配}＝4.86, SE＝0.13$ vs. $M_{不匹配}＝4.55, SE＝0.12, F(1,352)＝3.09, p＝0.080$），这些结果验证了假设 4。

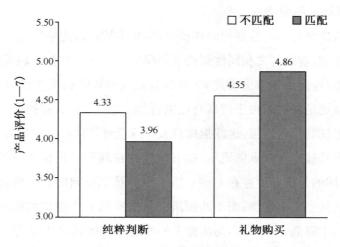

图 5-5 匹配与否和评价情景对产品评价的交互作用

　　虽然与本研究的主要关注点无关,但我们发现被试在礼物购买情景下对产品的评价比在纯粹判断情景下更积极($M_{礼物购买}=4.71, SE=0.09$ vs. $M_{纯粹判断}=4.15, SE=0.09, F(1,352)=20.76, p<0.001$, partial $\eta^2=0.056$)。另外,本实验还发现了匹配与否和展示方向之间的交互作用显著($F(1,352)=7.73, p=0.006$, partial $\eta^2=0.021$)。具体来说,在水平展示中,色彩饱和度-位置匹配提高了被试的产品评价($M_{匹配}=4.62, SE=0.12$ vs. $M_{不匹配}=4.31, SE=0.13, F(1,352)=3.28, p=0.071$),而在垂直展示中,饱和度-位置不匹配反而会提高被试的产品评价($M_{匹配}=4.20, SE=0.13$ vs. $M_{不匹配}=4.58, SE=0.12, F(1,352)=4.51, p=0.034$, partial $\eta^2=0.013$)。除此之外,其他效应都不显著($p\text{'s}>0.14$)。

　　其次,参与度方面。我们使用被试阅读广告所花费的时间作为参与度的近似指标。采用中位数绝对偏差法(即 MAD; Leys et al., 2013)去除异常值。借鉴 Bernard 等(2019)和 Quandt 等(2022)的处理方法,将阅读时间超过中位数＋3 MAD 的 17 名被试排除在本次分析之外(占比 4.7%),剩下 345 名被试。将产品感兴趣程度和年龄作为控制变量,2×2×2 的协方差分析显示,产品感兴趣程度的主效应显著($F(1,335)=4.37$, $p=0.037$, partial $\eta^2=0.013$)。更重要的是,我们发现匹配与否对阅读花费时间的主效应显著($F(1,335)=7.18$, $p=0.008$, partial $\eta^2=0.021$)。具体来说,被试在饱和度-位置匹配的广告海报上花费的阅读时间($M_{匹配}=28.17\text{s}$, $SE=0.91$)比在不匹配的广告上更多($M_{不匹配}=24.67\text{s}$, $SE=0.93$),这与我们的参与度假设一致。除此之外,其他效应都不显著($p\text{'s}>0.148$)。

(4)结论与讨论

实验四针对老年人(即疏离外群体),探索纯粹判断和礼物购买这两种不同评价情景的影响,不仅再次验证了假设 3,目标消费者是疏离外群体时匹配效应的逆转,同时还证明了假设 4 评价情景的作用。具体来说,实验结果发现当被试只是简单地对产品进行判断时(即纯粹判断情景),色彩饱和度-位置的不匹配会带来更高的产品评价,验证了假设 3——如果产品的目标消费者是疏离外群体,则匹配效应会逆转。然而,当为长辈购买枕头时(即礼物购买情景),色彩饱和度和位置之间的匹配会带来更高的产品评价,验证了假设 4——在礼品购物情景中评价定位疏离外群体的产品时,匹配效应仍然成立。此外,本实验使用被试阅读广告所花费的时间作为参与度的近似指标,发现色彩饱和度-位置的匹配会增加阅读时间,验证了本文提出的理论,即匹配会增加参与度,从而带来感知流畅性。

5.3.5 小结

本章首先介绍了本研究的实践背景,然后回顾了色彩饱和度、感知流畅性、参照群体类型等相关变量间的关系并通过理论推导得出了相关研究假设。接着,本章对总体研究思路和四个实验的逻辑进行了阐述。最后,本章对四个实验的实验目的、实验设计与被试、实验流程与测量、实验结果分析、结论与讨论等内容进行了详细说明。

实验一的数据结果支持了本研究的假设 1 和假设 2,即当在上方/左侧使用低饱和度颜色而在下方/右侧使用高饱和度颜色时,被试对产品的评价更为积极,具体表现为在色彩饱和度-位置匹配组的被试相较于不匹配组的被试对产品的评价更正面。同时,实验一还对匹配效应背后的中介机制进行了验证,实验结果证明了感知流畅性中介了色彩饱和度和位置的匹配对消费者产品好感度提升的效应(假设 2),即采用色彩饱和度与位置匹配的展示方式可以增强个体的感知流畅性,进而提升其产品评价。实验二的数据结果再次支持了假设 1,具体表现在对口红进行评价时,女性被试对广告海报中色彩饱和度-位置匹配情景下的口红产品评价更积极。同时,实验二更重要的是初步验证了假设 3,即当产品的目标消费者是疏离外群体时,匹配效应会逆转。具体来说,对于口红产品,当广告海报中色彩饱和度和位置不匹配时,男性被试反而提升了对其的产品评价。实验三通过更换产品类别再次验证了匹配效应,同时也将产品评价的作用延伸至产品支付意愿。此外,实验三还控制了实验二可能存在的群体间差异和产品感兴趣程度,进一步证明了假设 3。实验四则验证了假设 4。具体而言,在纯粹判断情景下,色彩饱和度-位置的不匹配会带来更高的产品评价,逆转效应存在,即假设 3。但在礼物购买情景下,匹配效应成立,即色彩饱和度和位置之间的匹配会带来更高的产品评价。

本研究实验结果表明,色彩饱和度-位置对产品好感度存在匹配效应,即在下方/右侧位置展示高饱和度的产品,在上方/左侧位置展示低饱和度的产品,会显著提升产品好感度。这种展示策略可以适用于各种产品类别(如农食产品、化妆品、服装和数字产品等)以及多种展示背景(如广告、直播、线下货架和在线产品目录等)。本研究通过在 T 恤、口红、帽子、枕头多种产品类别下反复验证,以提升研究结论的一致性。

这项研究从以下几个方面丰富了颜色的相关文献。首先,它通过发现颜色饱和度与背景因素(即产品位置)的交互作用影响消费者的产品评价和行为意图,扩展了色彩饱和度及其对消费者判断影响的研究范围。其次,过去该领域的研究主要关注单个产品色彩饱和度的影响(例如,Hagtvedt & Brasel,2017;Mead & Richerson,2018),较少关注很多产品共同呈列时视觉信息的作用。相比之下,我们提供了展示多种产品时关于色彩饱和度的不同视角。

其次,本研究发现在目标消费者是疏离外群体的情况下,人们会按照与疏离外群体的感受效应相反的方向调整其判断,从而造成匹配效应的逆转。通过引入一种全新的因素即疏离外群体,丰富了先前关于校正过程(Correction process)的研究。过去的文献发现,当人们觉得自己受到与当下决策无关来源的偏见影响时,他/他们会主动纠正自己的判断(Petersen & Hamilton, 2014;Wegener & Petty, 1995)。例如,Briñol 等(2017)指出,当人们意识到其在阅读广告时产生的微笑是被商家故意操纵时,他们往往会向相反的方向纠正态度,降低广告的好感度。本研究表明,由于消费者倾向于认为他/她们的想法和行为应该与疏离外群体的成员不同(White & Dahl, 2006),因此在评价定位疏离外群体的产品时,他/她们会纠正自己的判断来故意偏离自己原先的感受,以使其判断评价反映他/她们自己的偏好,而不是产品定位的目标消费者的偏好。然而,当判断者正在为产品的目标消费者购买礼物时,往往不会发生这种纠偏过程。

接着,本研究还证明了饱和度与量级相关的多个属性之间的联系,得出的结论与前人的相关研究成果相呼应,并延展了对消费者研究中量级相关领域的理解。例如,Mead 和 Richerson(2018)发现,高色彩饱和度的食品会让消费者感觉其含有更多的卡路里。在预实验中,我们确认了人们更有可能认为高饱和度(相较于低饱和度)颜色含有更多的色素、更重、更大,并且与更大的数字相匹配。其实,卡路里和预实验中的重量、尺寸、数字等都属于一般数值系统理论中的一部分,因此本研究结果与已有研究是一脉相承的。本研究通过将数量、重量、尺寸等不同量级整合到一个通用指标中,将一般数值系统理论(Lourenco, 2015;Lourenco & Longo, 2010;Walsh, 2003)引入消费行为研究中,为未来整合前人研究结果提供了可能的方向。例如,Deng 和 Kahn(2009)发现右边(相较于左边)的位置会产生重的感知,而 Dehaene 等(1993)表明数值是从左到右增加的。当从量级的角度考虑这些重量感和数值时,对上述研究结果的理解也更为清晰。

再次,本研究结果通过展示匹配效应何时存在和逆转,扩展了对匹配效应的认识。我们的研究强调了考虑产品的目标消费者是谁的重要性。如果没有关于目标消费者的明确陈述，判断者可能会假设自己是目标消费者，并且会出现匹配效应。然而，当产品针对疏离外群体时，匹配效应会发生逆转，这也为以往研究中指出匹配效应可能会发生逆转（Roy & Ng，2012）提供了新的证据支持。此外，当为产品的目标消费者购买礼物时，即使产品针对的是疏离外群体，匹配效应仍然存在。在这种情况下，评价情景也可能发挥重要作用，因为人们会根据自己的感受来推断产品对目标消费者的好坏程度。

最后，虽然不是我们的主要关注点，但本研究还发现其他颜色维度也可能会调节饱和度与位置的匹配效应。以往对明度的研究发现浅色产品适合放置于顶部位置，深色产品适合放置于底部位置（Sunaga et al.，2016）。我们进行了一项后续研究，以检查饱和度-位置匹配和明度-位置匹配之间是否存在相互作用。我们采用了 2（明度-位置匹配）×2（饱和度-位置匹配）×2（展示反向）的组间设计，以一款新推出的紫色抱枕作为目标产品。结果表明，明度-位置匹配和饱和度-位置匹配（$F(1,383)=5.46, p=0.020$, partial $\eta^2=0.01$）对感知流畅性（$F(1,383)=7.38, p=0.007$, partial $\eta^2=0.019$）和购买意愿（$F(1,383)=5.46, p=0.020$, partial $\eta^2=0.014$）存在显著交互作用。饱和度-位置的匹配效应只有在明度与位置匹配时才存在。Bootstrapping 分析结果发现感知流畅性存在被调节的中介作用（Hayes，2013；Model 8；95% CI：[0.116 7—0.760 0]，不含 0）。通过这一后续研究，本研究也对以往研究中提出的考察不同颜色维度（即色相、明度、饱和度）之间是否存在交互效应（Huang et al.，2020；Jeon et al.，2020；Labrecque，2020）的呼吁做了回复。

本研究也存在许多不足的地方，后续的研究可以在此基础上加以完善和补充。首先，本研究对于匹配效应的逆转现象的探索不够深入。本研究发现，对于目标消费者是疏离外群体的产品，评价者会进行过度矫正，从而使饱和度-位置的匹配效应发生逆转。然而，随着群体平等观念的普及，越来越多的品牌开始在营销策略中突出其群体平等的价值观，其中一种做法就是在广告中强调产品的目标消费者也包含疏离外群体。因此，研究是否所有匹配效应遇到定位疏离外群体的产品都会逆转变得非常重要,它关乎企业为匹配效应做出的营销努力在群体平等的背景下是否仍然有效。除了本章关注的特定的饱和度-位置的匹配效应,未来研究可以进一步探索定位疏离外群体的产品是否会导致更多其他匹配效应的逆转。

其次,本研究没有探究个人特质变量发挥的潜在调节作用。在对自我概念的研究中,学者们根据个人和人际关系取向,将自我建构(Self-construal)分为两种类型:独立型自我建构(Independent self-construal)和依存型自我建构(Interdependent self-construal)。独立型自我建构的人通常根据独特的性格、地位、成就等独特性因素来定义自己,相比之下,依存型自我建构的人更倾向于通过与他人的关系来建立自我概念(Torelli,2006)。换句话说,独立型自我建构的人更强调个体的独特性,而依存型自我建构的人更看重人际关系的联结。考虑到疏离外群体对独立型自我建构消费者的负面影响比对依存型自我建构消费者的负面影响更强(Escalas & Bettman,2005),未来的研究可以探索自我建构或文化差异作为潜在的调节因子所发挥的作用。另外,研究发现整体思维方式(Meng & Chan,2022)可以在产品色彩效应中起到调节作用。因此,未来的研究也可以通过探究这种可能的边界条件来扩展我们的发现。

最后,本研究的匹配效应目前仅局限于视觉感官。本研究探索了色彩饱和度与位置在重量、尺寸、数量等量级知觉方面的感觉一致性对于产品好感度的影响。但实践中的感官营销非常多元且复杂。为顺应实践的发展,营销研究中对于跨通道对应(Cross-modal correspondence)的关注也越来越多,涉及视觉、味觉、嗅觉、听觉、触觉等感官通道。跨通道对应是指一种感官通道中的特征或属性与另一种感官通道中的特征或属性相匹配的趋势(Parise & Spence,2012),而这些不同感官通道的匹配,会对消费者的决策或行为产生进一步的影响。例如,Pomirleanu 等(2020)研究了色彩饱和度和酸味口感的交互作用。基于颜色在营销实践中的重要性和普遍性,与色彩饱和度或其他颜色维度相关的跨通道对应研究也是一个值得继续探索的方向。因此,未来研究可以将本研究中的视觉影响扩展到其他感官，包括但不限于色彩饱和度和听觉、触觉或味觉的跨通道对应等。

5.4 研究发现应用

5.4.1 关联颜色位置匹配，赋能电商平台设计

本研究结论表明颜色饱和度-位置对消费者的产品好感度存在匹配效应，即在下方/右侧位置展示高饱和度的产品，在上方/左侧位置展示低饱和度的产品，会显著提升产品好感度。如何排列多种色彩饱和度的产品是各大电商平台或营销人员共同面临的实践选择，这一研究结论有助于为农产品电商平台营销从业者提供可操作的策略方案。

这种展示策略可能适用于各种农产品类别（例如，蔬菜瓜果等初级农产品、初加工农产品、深加工农产品等）和多种展示背景（例如，电商平台广告、产品详情页、直播背景和在线产品目录等）。例如，在电商平台的商品详情页中展示不同饱和度的红色辣椒象征不同辛辣程度的口味时，应该按照从左到右或从上到下色彩饱和度增加的策略进行排列，这种将饱和度与位置的一致性的展示有望提高消费者的好感度，对于电商平台和商家都有非常重要的意义。

对于电商平台来说，如何设计好产品的展示方式，以提高平台用户的感知流畅性，进而提升其平台的用户友好性和消费者使用意愿是重要的命题。除了颜色和位置的匹配，电商平台也需要知晓其他视觉元素间的匹配，这也为生成式人工智能用于视觉设计提供了方向和指令。对商家来说，也可以在直播中运用"匹配"原理。例如，如果农产品直播平台在直播前通过广告海报对将要直播的全部农产品品牌进行统一展示，不妨在"较重"的位置上如右侧或底部摆放色彩饱和度较高的产品或包装。此外，在一些虚拟现实货架设计或真实货架设计中，产品摆放也可以遵循这一规则。从左至右，由上至下，色彩饱和度逐渐提升的方式将会是一个比较好的选择。

此外，这一策略不仅适用于电商平台和商家自主设计的农产品展示方案，

在和其他产品或品牌一起进行展示时,对于很难在海报广告或在线货架以最佳位置来展示其产品的商家而言,我们的研究发现匹配可以提高消费者的参与度,通过匹配展示也有利于商家更好提高消费者对产品的关注。

5.4.2　关注产品目标客群,指导呈列展示决策

值得注意的是,本研究通过展现匹配效应何时反转偏离,为更全面理解人们如何调整甚至过度调整自己的判断和评价提供了新的线索,也为营销者如何根据产品的目标客群和购买者,灵活设计产品展示策略提供了实践指南。我们的研究发现当产品与疏离外群体相关联时,饱和度-位置匹配的优势可能会逆转。这一结论对于农产品电商平台和品牌营销人员均具有重要意义。

首先,对于线上销售平台。通过大量用户的沉淀,拥有庞大的用户数据,包括浏览、购买、分享等。通过算法和大数据分析,可以轻易推测出产品的目标消费者,进而设计符合的展示策略。此外,本研究还发现对于礼物场景,匹配效应仍然存在,因此对于礼品市场,尤其是农食产品或保健产品,当其定位为礼品时,且目标消费者和购买者分属疏离外群体,则仍然可以通过使用匹配效应展示提高消费者评价和购买意愿。

其次,对于品牌营销人员。从市场扩张战略的角度来看,品牌可能希望超越其原有的利基市场(Erdem & Sun,2002),扩展到与现有客户分离的新细分市场。如何通过营销策略提高不同群体消费者对产品的接纳度是需要深入思考的问题。如果只考虑针对疏离外群体进行专门大量宣传可能会带来负面的影响,导致原有客户的偏离行为。对此,本研究提供了一种潜在的方法来减少原始客户的不利态度,即在向原始客户展示针对疏离外群体的新产品时使用相反的设计,例如色彩饱和度-位置不匹配的展示,这可能有助于减少客户流失。

6 推荐类型对消费者产品态度的影响[①]

　　互联网技术的发展促进了传统线下商业模式向电商转变,也培养了消费者的网上购物习惯;另一方面,随着农村基础设施的建设完善,农产品网上订购和销售的"最后一公里"已打通,通过线上电商平台购买和销售的农产品逐渐增多。拼多多等农产品零售电商平台的发展、移动电商平台 APP 的推广和使用,扩大了农产品网络零售交易额,但也使得农产品电商平台竞争日益激烈。这需要农产品零售商建设满足消费者个性化需求的电商平台,同时提高对用户数据的处理和分析能力。因此,为了进一步满足顾客需要,形成良好的购物体验,提高顾客持续使用意愿,农产品零售电商平台开始引入个性化推荐系统,不断完善算法,实现更符合用户期待的推荐。因此,对电商平台的产品个性化推荐系统的研究,有着十分重要的实践意义。

　　对农产品来说,市场的需求与供给经常出现不匹配现象,导致部分农业生产者面临重点推出的产品无法达到预期销售情况的困境。如何使农产品的推荐有效促进顾客采纳意愿是解决此问题的关键。因此,在线零售商往往需要在潜在客户进入产品页面时提高对其特色主打产品的好感度。虽然在顾客仔细阅读产品页面信息的情况下,顾客评论和产品详细信息是展示产品质量的有效途径(Choi et al,2019;Huang et al,2019)。但也有研究指出,由于网购过程中的信息超载,消费者在低卷入度的购买情景下(例如购买价格相对较低的农产品),很可能依赖启发式信息处理,而不是认知信息处理来进行产品决

　　① 本章节主要内容源于本书作者黄韫慧、杨璐及合作者林志杰(二作)发表在期刊 *Internet Research* 2022 年第 32 卷第 4 期的文章"Complements are warm and substitutes are competent:the effect of recommendation type on focal product evaluation",引用请注明。

策(Brylla & Walsh，2020；Fu et al，2020；Hu & Krishen，2019)。也就是说，顾客在决策中有可能会依赖外部环境作为启发式线索而非产品本身的客观情况来评价产品(Lee et al，2020；Maier & Dost，2018；Tang & Zhang，2020)。为了更好地剖析消费者的购买影响因素，需要了解环境线索如何通过启发式信息处理对消费者产品态度产生影响。

由于在淘宝、京东、拼多多等购物网站进行网上购物时，除了特色主打产品，消费者还经常接触到其他相关产品的推荐。因此，推荐的产品也会成为主打产品购物环境的一部分。先前的研究也表明，推荐系统具有信息价值，其提供的额外产品信息有助于客户做出决策(Wang & Benbasat，2009)，并增加产品净销售额(Kumar & Hosanagar，2019)。在此背景下，本研究探索产品推荐类型(如推荐互补产品还是推荐替代产品)如何作为环境线索，与主打产品的品牌形象(如温暖还是能力)产生交互，从而影响产品的好感度。研究结论可以推动农产品个性化推荐系统的搭建，更好解决主推产品旁应该推荐何种产品的难题，提高农产品销售与消费者口碑。

6.1　相关理论

6.1.1　产品推荐系统

（1）推荐系统定义

伴随着大数据时代的到来，平台出现了海量可供选择的信息，给消费者带来了信息过载的压力。因此，需要进行过滤、列出优先级，有效传递相关信息。推荐系统通过搜索大量动态生成的信息，为用户提供个性化的内容和服务，从而帮助缓解这一问题(Isinkaye，2015)。因此，推荐系统在电子商务领域越来越重要，也有研究证明，推荐系统可以减少消费者的搜索工作量和信息过载的情况，提高其决策质量(Häubl & Trifts，2000；Hostler et al.，2005)，从而增加其对网站有用性的感知(Kumar & Benbasat，2006)。

（2）推荐系统对消费者决策的影响

之前关于推荐系统的研究主要集中在开发和评估生成推荐的不同底层算法上（De Bruyn et al.，2008；Prawesh & Padmanabhan，2014；Shani & Gunawaldana，2011；Ding et al.，2017）。从消费者角度出发，研究者也越来越关注推荐系统如何影响消费者的决策结果（Xiao & Benbasat，2007）。例如，被推荐的产品更有可能被选择（Senecal & Nantel，2004；Lin，2014），从而影响消费者选择的多样性（Fleder & Hosanagar，2009），以及产品净销售额（Kumar & Hosanagal，2019）等。又比如，Liu 等（2017）的研究表明，推荐产品形成捆绑组合可以增加消费者对包括主打产品在内的整个产品组合的购买。

上述相关研究多聚焦在产品推荐对所推荐产品购买意愿的影响上，而忽略了其对主产品的影响。从类似视角出发，一些相关研究发现：消费者会依赖推荐的产品来形成他们对主打产品的判断。例如，当购买主打产品的决策困难时，推荐产品的品牌知名度越高，消费者对主打产品的信心和购买意愿也越高（Zhu et al.，2018）。此外，Zhang 和 Bockstedt（2020）证明，在产品筛选阶段，使用替代型（互补型）推荐会增加顾客对主打产品的支付意愿，但到了产品购买阶段，顾客对主打产品的支付意愿降低。然而，上述大多数研究关注的是基于认知信息加工处理视角的决策。在这种决策方式下，消费者会努力地、理性地了解掌握产品的客观指标、信息（Petty et al.，1983），并加以计算权衡。与其相对应的是启发式信息处理，消费者会通过外界环境线索因素进行产品判断，决策过程更依赖知觉，并占用更少的心智资源（孙彦等，2007）。作为主打产品购物环境的一部分，推荐产品是否会通过启发式信息处理影响顾客的反应，目前尚不清楚。本章试图通过探索产品推荐类型（互补或替代）和产品形象（温暖或能力）的匹配对消费者主打产品评价的影响填补上述研究空白。

在本章中，我们提出顾客的产品评价可能取决于产品推荐类型是否与主打产品的品牌形象匹配。具体地，根据关联理论（Klein，2018），当主打产品和互补品共同出现时，比如牙刷和牙膏，它们会一起发挥协同互助效应，这正与温暖的产品形象匹配；而当主打产品和替代品共同出现时，比如高露洁牙膏和佳洁士牙膏，它们则会发挥竞争效应，这也正与能力的产品形象相匹配（Judd et al.，2005）。温暖（能力）更加关系（自我利益）导向，且更强调消费者和品牌之间的亲近关系（竞争关系）（Fang，2019；Fiske et al.，2002）。因此，本章提出互补（替代）推荐类型和温暖（能力）的产品形象更加匹配，当主打产品来自产品形象温暖（能力）的品牌，互补（替代）推荐会通过匹配产生的加工流畅性提高产品评价。

6.1.2　产品形象：温暖与能力

（1）刻板印象内容模型的定义

社会心理学家们（Cuddy et al.，2007；Fiske et al.，2002）提出的刻板印象内容模型（Stereotype Content Model）认为，人们从温暖和能力两个维度来看待他人和社会群体，以帮助其理解社会世界，并利用这些感知来指导人际互动。具体而言，温暖感知关注他人积极合作的意图，包括乐于助人、真诚、友好和值得信赖等属性；能力感知则涉及他人实现目标的能力，包括效率、智力、责任心和技能等属性。

（2）刻板印象内容模型的影响与应用

从刻板印象的角度来看（Kervyn et al.，2012；Kolbl et al.，2020），消费者对品牌、产品的感知与他/她们对人的感知相似（Fournier，2009；Aaker，1997）。因此，刻板印象内容模型也适用于对公司、品牌和产品的感知（Fournier & Alvarez，2012；Aaker et al.，2012）。例如，与营利性品牌相比，非营利性品牌被认为更温暖，但能力也更弱（Aaker et al.，2010）。基于刻板印象内容模型的品牌感知会引发不同的情感，并推动不同的品牌行为。企业的能力感知会增加消费者的购买意愿，而温暖感知不会。然而，同时获得温暖感知和能力感知的企业会获得额外的推动力，其效果会超过单纯能力感知的影响（Aaker et al.，2012）。相较于非叠音品牌，叠音名称品牌（如娃哈哈、图拉拉等）会提高品牌的温暖感知，削弱能力感知（魏华等，2016）。

刻板印象内容模型也已被应用于电子商务环境中。例如，与不使用表情符号的服务人员相比，在数字沟通中使用表情符号（例如 emoji）的服务员工被认为更热情，但能力也更低（Li et al.，2019）。Fang（2019）的研究表明，品牌APP 的使用价值会通过感知品牌温暖来影响品牌忠诚度，通过感知品牌能力来影响持续使用意愿。Guo 等（2020）指出，电子商务平台的不同信息也象征着温暖和能力，如在线客服代理的可及性展现出卖家的温暖形象，而平台中卖家承诺发货时间和免费退货天数等信息则标志着能力形象。顺着这一思路，我们的研究将刻板印象内容模型扩展到电子商务中主打产品的品牌形象，进一步检验了该模型的影响。

6.1.3　匹配效应与加工流畅性

（1）情感信息理论

情感信息理论（Feelings-as-information theory）认为，对产品或刺激物的评价不仅会受到所呈现的信息内容的影响，还会受到消费者认为信息易于处理程度的影响（Schwarz，2004，2012；Winkielman et al.，2003）。之所以会产生这些效应，是因为简单的信息处理会引发流畅感，带来积极感受，而消费者可能会错误将流畅感带来的积极情绪归因于他/她们对正在判断的刺激物或产品的正面感受和情绪（Winkielman et al.，2003）。换句话说，作为一种享乐快感，感知流畅性会让消费者相信自己对刺激物感觉良好，从而对其做出更积极的评价（Reber et al.，2004）。

（2）加工流畅性及其影响

以往研究表明，加工流畅性可以在知觉和概念上对消费者产生影响（Labroo et al.，2008；Lee & Labroo，2004），也即分为知觉流畅性（Perceptual fluency）和概念流畅性（Conceptual fluency）。对于知觉流畅性，刺激物的物理特征就可以引发流畅的感觉，从而影响人们的判断。例如，相较于难以辨认、难以阅读的字体，当信息以易读的字体呈现时，消费者会认为该信息更有利，对其可信度的评价也更高（Novemsky et al.，2007；Shen et al.，

2010；Huang et al.，2018）。再比如，张旭锦（2010）在对知觉流畅性的综述中指出，知觉流畅性会提高消费者对真实性、典型性的判断，提高对对称图形的喜爱，对产品表现的预期等。

对于概念流畅性，当刺激物内容与消费者的目标相一致，会引发概念流畅的感知，进而促进对目标的积极评价。概念流畅性可以通过启动相同的刺激物、与目标相关的结构或内容来提高（Labroo & Lee，2006；Lee & Labroo，2004；Whittlesea，1993）。当消费者遇到与其心理表征状态一致的信息内容时，他们会体验到流畅或易于处理的感觉，这些感觉会提升信息的说服力和对产品的评价（Cesario & Higgins，2008；Kim et al.，2009；Lee et al.，2010）。在产品领域，以往研究表明当正在处理的产品信息与当时消费者脑海中理解的概念之间存在一致性时，产品评价会更积极。例如，品牌形象和文字的一致性（相比于不一致）（Lee & Choi，2019）以及上下文图像背景和体验产品、纯白背景和搜索产品之间的匹配（Maier & Dost，2018），都会增加消费者购买行为。类似地，Huang 等（2017）研究发现，相比于较近的物理距离，当消费者物理距离较远时，对远距离的品牌延伸（即子品牌产品与母品牌形象匹配性低，例如三星胶原蛋白粉）的评价更积极，而当消费者物理距离较近时，对近距离的品牌延伸（即子品牌产品与母品牌形象匹配性高，例如三星智能手表）的评价会更积极。

6.2 理论框架与假设推导

6.2.1 推荐类型与形象的匹配

假设 1 的提出主要基于关联理论（Association theory）。关联理论，是指概念或事件之间存在心理上的联系（Klein，2018），进而形成概念匹配，引发流畅感，从而提升产品评价（Jha et al.，2020；Romero & Biswas，2016）。具体来说，关联匹配可以通过两种不同的方式进行：概念隐喻和与第三方属性链接。

　　首先,概念隐喻角度。Jha 等(2020)指出,柔软的概念具有舒适、安心和温暖的隐喻。因此,当柔软的触觉线索与零售环境中温暖的品牌形象相匹配,可以增加消费者的流畅感知,进而增加购买行为。基于这一理念,在本研究中,当主打产品与互补产品一起呈现时,可能会产生互惠互利的效果。然而,当主打产品与替代产品一同出现时,它们之间可能会相互竞争(Shocker et al.,2004)。先前文献表明,温暖的品牌形象更注重关系,而能力的品牌形象更关注自我收益(Judd et al.,2005;Roy & Naidoo,2021);温暖的品牌形象强调人或品牌间的关系是相互依存和彼此接近的,而能力的品牌形象则强调任何品牌间独立和竞争的关系(Fang,2019;Fiske et al.,2002)。Fiske 和 Bai(2020)对温暖和能力提出了一个形象的表达,温暖是横向的,反映了为共同目标而进行合作;而能力是纵向的,反映了竞争目标和竞争对手。这些也恰恰分别与互补品和替代品的特征相吻合,互补产品往往可以为消费者实现共同的目标,而替代产品则强调通过多种可替代产品体验为一个目标进行竞争(Sarantopoulos et al.,2019;Shocker et al.,2004)。

　　其次,第三方属性链接角度。两个概念之间的匹配,也可能是因为它们都链接到了一个相同的第三方属性。例如,Romero 和 Biswas(2016)指出,健康食物与左方的位置相关,不健康的食物则与右方的位置相关,因为前者具有相同的低数量感知(健康食物往往含有数量更低的卡路里,而左方也同样象征着相对较轻的重量),后者则与高数量感知相对应。类似地,在本章中,温暖形象与互补品相匹配,能力形象与替代品相匹配,也是因为它们都能链接到第三方属性。例如,Diehl 等(2015)表明,互补与享乐属性有关,替代与功能属性有关,而享乐与温暖、功能与能力的关系也已被研究证明(Chattalas & Takada,2013)。因此,我们提出假设 1,与基于竞争替代的关系相比,人们可能会将基于互补补充的关系与温暖概念更紧密地联系在一起。

　　假设 1:相较于基于替代,基于互补与温暖的关系更为密切;相较于基于互补,基于替代与能力的关系更为密切。

6.2.2 加工流畅性的中介作用

假设 1 中的关联也暗示着在线上购物平台中推荐系统对消费者反应的影响。一方面,线上平台蕴含大量品牌产品,而品牌可以被认为是温暖的或是有能力的(Kervyn et al. , 2012;Aaker et al. , 2012;Fournier & Alvarez, 2012);另一方面,线上平台中的主打产品和主打产品附近推荐的产品之间的关系可以是互补的,也可以是替代的(Zhang & Bockstedt, 2020)。根据假设1,温暖与互补关系密切相关,能力与替代关系密切相关。因此,具备温暖品牌形象的产品配合基于互补(相较于替代)的产品推荐,能力品牌形象的产品配合基于替代(相较于互补)的产品推荐会更提高匹配性。

具体而言,对于消费者来说,主打品和替代品之间的需求是可以互换的,而主打品和互补品之间的需求则是相互补充的关系(Shocker et al. , 2004)。因此,消费者会认为带有互补品的主打产品比带有替代品的主打产品更加有善意,也更温暖。因此,当主打产品的品牌形象为温暖时,基于互补的推荐比基于替代的推荐更加符合品牌形象;而当主打产品来自一个具有能力的品牌时,基于替代的推荐就比基于互补的推荐更加符合品牌形象。如上所述,基于加工流畅性的文献,如果消费者正在处理的信息(即主打产品和推荐产品之间的关系)与主打产品在其心目中的品牌形象相一致,消费者会觉得信息更容易处理,也会对其产生更积极的评价(Lee et al. , 2010;Cesario & Higgins, 2008;Huang et al. , 2017)。由此,我们提出本研究的假设 2 和假设 3:

假设 2:当主打产品具有温暖的品牌形象时,相较于基于替代,基于互补的产品推荐会提高消费者态度;当主打产品具有能力的品牌形象时,相较于基于互补,基于替代的产品推荐会提高消费者态度。

假设 3:加工流畅性在上述推荐类型和形象类别对消费者态度的交互效应中起中介作用。

推荐类型与形象类别对消费者态度的影响模型见图 6-1 所示。

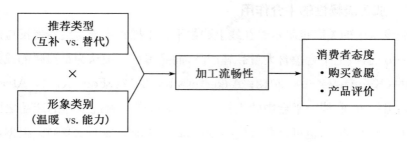

图 6‑1　推荐类型与形象类别对消费者态度的影响模型

6.3　研究设计与结果讨论

　　本章通过四个实验对上述假设进行逐一检验，并对每一个实验的实验设计、操作流程、变量测量、数据分析结果和结果讨论等进行详细阐述。具体而言，实验一旨在验证假设 1 的匹配效应，即互补补充（相较于竞争替代）与温暖的关系更为密切；竞争提点（相较于互补补充）与能力的关系更为密切。在此基础上，实验二在网络购物的情景下检验了假设 2，即当主打产品来自一个具有温暖形象的品牌时，互补型推荐（相较于替代型推荐）会使消费者对主打产品产生更积极的态度；而当主打产品来自一个具有能力的品牌时，替代型推荐（相较于互补型）会使消费者产生更积极的态度。实验三旨在再次验证匹配效应，并检验假设 3 的中介效应，即当产品推荐类型-形象类别的概念匹配时，消费者会倾向于对主打产品的评价更加积极，因为匹配提高了他们的信息处理流畅性。实验四旨在检验消费者认知需求（Need for cognition）对匹配效应的调节作用，当消费者使用更多认知处理或处在产品筛选阶段时，匹配效应会有所减弱。

　　实验设计总体情况如表 6‑1 所示，四个实验在实验设计、实验材料和变量的测量等方面一定程度上实现了差异化和多样性。四个实验通过亚马逊 MTurk、高校进行数据的收集，涵盖了不同文化、国籍的样本。在实验材料设计方面,实验二到实验四分别采用了牙膏、手机和肥皂的广告海报,具有一定的多样性。在因变量测量方面,实验二、实验三测量了购买意愿,实验三、实验四测量了产品评价,实验四测量了支付意愿。综上,几项研究在样本选择、研究设计以及因变量测量等方面做到了差异化和多样性,提高了实验的内部效度和外部效度,增强了研究结论的稳定性。

表 6-1 研究设计概览

实验名称	实验目的	被试来源	自变量操控	因变量测量	其他测量
实验一	验证假设 1	中国大学生被试	内隐联想测试:为词语选择一个所属类别	反应速度和错误率	
实验二	验证假设 2	中国微信群被试	形象类别:广告图片(温暖 vs. 能力) 推荐类型:新款牙膏(互补品 vs. 替代品)	购买意愿	推荐类型的操控检验
实验三	验证假设 2 和加工流畅性的中介作用(假设 3)	中国大学生被试	形象类别:情景启动任务(温暖 vs. 能力) 推荐类型:手机(互补品 vs. 替代品)	产品评价;购买意愿	加工流畅性;形象类别、推荐类型的操控检验
实验四	通过调节的方式验证假设 3,消费者认知需求的调节作用	美国亚马逊MTurk被试	决策阶段:购物车(筛选阶段 vs. 购买阶段) 形象类别:广告图片(温暖 vs. 能力) 推荐类型:肥皂(互补品 vs. 替代品)	产品评价;支付意愿	推荐类型的操控检验;产品感兴趣程度;认知需求

6.3.1 实验一:产品推荐类型与产品形象的匹配

(1)实验设计与被试

实验一采用内隐联想测试 IAT 的方式来证明假设 1(Greenwald et al.,1998)。内隐联想测试是通过对分类任务的反应时间来评估人们对概念的心理表征之间关联的相对强度(Angle & Forehand,2016)。借助内隐联想测试,研究人员发现,与整数相比,精确的数字与男性气质的关系更加密切(Yan,2016);不健康的食物被认为比健康食物与美味概念的联系更加紧密(Raghunathan et al.,2006)。本次实验中的内隐联想测试是通过 Inquisit 在线版进行。实验样本方面,本次研究招募了来自中国的 44 名大学生,其中 25名为女性,平均年龄为 24.23 岁,标准差为 2.17 岁。每位被试在完成测试后收到 10 元作为实验报酬。在实验设计方面,参与者被要求尽快将一系列出现在电脑屏幕中的词语(详细内容参见表 6-2 中的注释)分为两类。本研究中的内隐联想测试涉及两个目标类别(补充与竞争)和两个属性类别(温暖与能力)。每次实验开始后,目标词语都会出现在屏幕的中心,两个类别标签则分别出现在屏幕的上方左右两个角落。被试通过按下键盘中代表所属类别的"A"或"L"键来进行回答。

(2)实验流程和测量

如表 6-2 所示,每个被试需完成 240 次测试,这些测试分为 7 个部分。在第 1 部分中,被试将屏幕中出现的词语分类为属于"温暖"或属于"能力"。第 2 部分和第 5 部分则要求参与者根据"补充"或"竞争"对词语进行分类。第3、第 4、第 6 和第 7 部分是最关键的,在这四个部分中,被试每次会看到一个词语,这些词语可能来自目标类别(补充与竞争)或属性类别(温暖与能力),并通过按下"A"或"L"键来为词语选择一个其所属的类别。在第 3 部分和第 4部分中,参与者按下"A"表示"温暖"和"补充",按下"L"表示"能力"和"竞争"。在第 6 部分和第 7 部分中,参与者按下"A"表示"温暖"和"竞争",按下"L"表示"能力"和"补充"。这背后的原理是,如果温暖确实与补充相关,能力与竞争相关,那么当两个类别匹配时(即第 3 部分和第 4 部分),参与者的反应速度应该比它们不匹配时(如第 6 部分和第 7 部分)更快。此外,需要说明的是,实验中采用了随机顺序,以防止学习效应的替代解释。具体地,如果匹配的部分总是在不匹配的部分之前,那么实验中被试表现出的更短的反应时可能是由于多次尝试后习得了这一方式,进而用时更短(Messner & Vosgerau,2010)。因此,一半的被试按照表格中的顺序完成了 7 个部分;而为了消除任何顺序效应和学习效应,另一半被试则按照先 5、6、7 部分,再 2、3、4 部分的顺序完成测试。同时,本实验收集了每位被试的反应时间和错误率。

表 6-2　内隐联想测试程序

部分	测试次数	A 键	L 键
1	24	温暖	能力
2	24	补充	竞争
3	24	温暖;补充	能力;竞争
4	48	温暖;补充	能力;竞争
5	24	竞争	补充
6	24	温暖;竞争	能力;补充
7	48	温暖;竞争	能力;补充

注:用于表示温暖的词语:温暖的,真诚的,友善的,友好的,体贴的,可信赖,慈善的,热情的。用于表示能力的词语:卓越的,杰出的,高效的,聪明的,专业的,非凡的,出众的,高技能。用于表示竞争的词语:龙争虎斗,互争雄长,争奇斗艳,优胜劣汰。用于表示补充的词语:相得益彰,相辅相成,互助互补,取长补短。

(3) 实验结果与分析

测试的平均错误率为 6.23%。首先,我们根据 Greenwald(1998)提出的方法对内隐联想测试的数据进行分析,只关注了第 4 部分和第 7 部分的数据。结果显示,在温暖和补充搭配,能力和竞争搭配时,被试的反应时间($M=978\text{ ms},SD=252\text{ ms}$)显著低于温暖和竞争搭配,能力和补充搭配的部分($M=1220\text{ ms},SD=231\text{ ms};t(43)=8.59,p<0.01$)。因此,数据分析表明,相较于竞争,被试将温暖与补充联系得更为紧密;相较于补充,被试将能力与竞争联系得更为紧密。假设 1 得到了初步验证。

(4) 结论与讨论

实验一通过内隐联想测试的方法,支持了本研究对匹配效应的假设,即相较于竞争替代,互补补充与温暖的关系更为密切;反之亦然(假设 1)。然而,实验一仅要求被试对相关词语进行分类,并没有涉及较为真实的营销环境。因此,在此基础之上,实验二借助实验设计,模拟了消费者的网络购物情景,以进一步检验这种匹配关系对消费者产品态度的影响。

6.3.2　实验二：产品推荐类型与产品形象的交互效应

（1）实验设计与被试

实验一表明，与竞争相比，温暖与补充的概念联系更为密切。实验二旨在检验这种匹配关系在营销环境下的适用性。正如假设 2 所述，如果主打产品的品牌形象是温暖的（相较于有能力的），那么当主打产品与互补型产品一起展示，而不是与替代型产品一起展示时，消费者会对其评价更高。在实验样本方面，本研究招募了来自中国的 211 名被试，其中 53.1% 为女性，85.8% 的年龄不超过 40 岁。被试需在问卷星网站上完成一项在线调查。在实验设计方面，本次实验采用 2（形象类别：温暖 vs. 能力）×2（推荐类型：互补 vs. 替代）的组间设计。

（2）实验流程和测量

实验开始后，被试首先看到一个虚拟品牌"Mystery Plant"推出的新款牙膏广告。在温暖的形象类别组，广告中展示了一个握手的照片，并搭配"一个亲吻，一个拥抱，一生口腔呵护；缩短彼此的距离，分享您的快乐，就在 Mystery Plant！"的广告语；在能力的形象类别组，广告展示了一个握着拳头的照片，并搭配"天然配方，全方位健齿，专业修复；百年品质保证，捍卫您的口腔健康，就在 Mystery Plant！"的广告语。然后，被试在购物网站的网页上看到了这款牙膏，而网站下方则推荐了与之互补的产品（如牙刷；在互补推荐类型组）或与之替代的产品（如其他款牙膏；在替代推荐类型组）。接下来，被试被问及，如果他们想要购买牙膏的话，是否愿意购买广告中的这款牙膏（1＝非常不愿意，9＝非常愿意），以此作为对购买意愿的测量。最后，被试回答对推荐类型的操纵检验题项。其中，互补推荐的操纵检验为，被试需要指出主打产品（即牙膏）和下方推荐的产品是否可以一起使用（1＝非常不同意，9＝非常同意）；替代推荐的操纵检验为，被试评价主打产品和推荐产品是否可以互换以满足自己的需求（1＝非常不同意，9＝非常同意）。

（3）实验结果与分析

首先，操纵检验上。独立样本 t 检验显示，被试认为推荐产品在互补型推荐下会比替代型推荐下更具补充性（$M_{互补}=6.70,SD=2.00$ vs. $M_{替代}=5.60$，$SD=2.41;t(209)=3.58,p<0.01$），且可替代性更低（$M_{互补}=5.76,SD=2.43$ vs. $M_{替代}=6.48,SD=2.02;t(209)=2.34,p=0.020$）。因此，说明了对推荐类型的操纵是有效的。

接着，购买意愿上。以购买意愿为因变量，进行了一项 2（形象类别：温暖 vs. 能力）×2（推荐类型：互补 vs. 替代）的方差分析。结果显示只有形象类别与推荐类型之间的交互作用显著（$F(1,207)=9.18,p=0.003$；见图 6-2）。形象类别（$F(1,207)=0.241,p=0.122$）和推荐类型（$F(1,207)=0.037,p=0.848$）对购买意愿的主效应都不显著。进一步的对比分析（Planned contrast）显示，温暖形象的品牌下，与替代型推荐相比，消费者对互补型推荐下的主打产品的购买意愿更强（$M_{互补}=6.52,SD=2.30$ vs. $M_{替代}=5.48$，$SD=2.37;F(1,207)=5.15,p=0.024$）；然而，对于能力型的品牌而言，效应发生了反转，消费者对替代推荐下的主打产品的购买意愿更强（$M_{替代}=5.96$，$SD=2.18$ vs. $M_{互补}=5.03,SD=2.42;F(1,207)=4.05,p=0.045$）。假设 2 得到了验证。

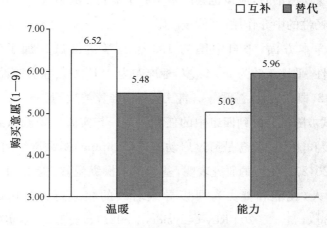

图 6-2　形象类别与推荐类型的交互作用

（4）结论与讨论

实验二的结果证明了假设 2，同时检验了假设 1 的匹配效应在营销情景下的有效性。具体而言，当主打产品来自一个具有温暖形象的品牌时，互补型推荐（相比于替代型推荐）会使消费者对主打产品产生更积极的态度；而当主打产品来自一个具有能力的品牌时，替代型推荐（相对于互补型推荐）会使消费者产生更积极的态度。实验二中被试对温暖与能力的感知操纵来自品牌形象，实验三通过情节启动任务的操纵方式来激活温暖与能力的概念，再次验证实验二的结果，并进一步检验加工流畅性的中介作用。

6.3.3　实验三：加工流畅性的中介作用

（1）实验设计与被试

实验二发现，对于具有温暖（相较于能力）形象的品牌产品而言，推荐互补产品比推荐替代产品，更能提高消费者对主打产品的购买意愿；而对于具有能力（相较于温暖）形象的品牌产品而言，推荐替代产品比推荐互补产品，更能提高消费者对主打产品的购买意愿。这一结果是温暖—互补、能力—替代的概念关联所致，即假设 1。然而一般性的联想表明，温暖与有能力的感受不一定都来自品牌形象。因此，我们预测当温暖（相较于能力）的概念被无关的任务而非品牌形象所激活时，应该也会产生类似于实验二的结果。此外，实验三检验了加工流畅性的中介作用（即假设 3）。

在实验样本方面，来自中国的 183 名大学生被试参加了实验，其中64.5％为女性，平均年龄为 24.45 岁，标准差为 3.17 岁。在实验设计方面，本次实验采用 2（概念启动：温暖 vs. 能力）×2（推荐类型：互补 vs. 替代）的组间设计，被试被随机分配到四组中的任意一组。与实验二中操纵品牌形象不同的是，温暖和能力的概念是通过启动范式（Priming）操纵激活的（Aggarwal & Mcgill，2012）。先前的研究表明，基于情景操纵温暖（能力）的特征，如友好和乐于助人（技能和能力），可以导致后续的相应行为（Huang & Ha，2020；Huang et al.，2020；Roy & Naidoo，2021）。类似地，本实验也采用情景操纵法,要求被试想象他/她们和其他人一起参加一个活动。

(2) 实验流程和测量

在启动温暖的情景下,活动为一个春游派对,被试与俱乐部的其他成员一起参加,且被试会看到一张两个人手牵手的照片;而在启动能力的情景下,活动是一次面试,面试中有其他候选人一同参加,且被试会看到两个人在拳击比赛中的照片。接下来,被试在 16 个特征中选择 8 个希望自己在本次活动中展现出来的特征。在这 16 个特征中,有 8 个代表温暖(即忠诚、愉悦、无私、真诚、正直、善于交际、友好、值得信赖),另外 8 个代表能力(即自信、聪明、有创造力、有才干、胜任、专业、杰出)。我们计算了被试所选择的代表温暖的特征的占比用以温暖和能力概念启动的操控检验。

在完成上述概念启动任务后,被试在购物网站的网页上看到了一款来自虚拟品牌"Ananas"的新手机,而网站下方则推荐了与之互相互补的产品(如耳机)或替代品(如其他款手机)。被试通过三个九点量表条目对主打产品即手机进行评分(1=坏/消极/不喜欢,9=好/积极/喜欢;$\alpha=0.93$),以此作为对产品评价的测量,分数越高表明产品评价越积极。同时,被试还报告了他们对这款手机的购买可能性(1=极不可能,9=极有可能),以作为购买意愿的测量。接下来,被试完成了加工流畅度的六个条目测量:① 页面上的产品信息非常容易理解;② 页面上的产品信息很难理解(反向编码);③ 浏览这个产品页面给我一种自然而然的感觉;④ 这个产品页面上的信息是一致和连贯的;⑤ 产品页面非常有条理;⑥ 该页面上的信息是可信的(改编自 Yan,2016;1=非常不同意,9=非常同意;$\alpha=0.89$)。最后,被试完成了与实验二中相同的推荐类型的操纵检验。

(3) 实验结果与分析

首先,操纵检验。概念启动任务对被试选择温暖特征词语占比的独立 t 检验显示,与启动能力的情景相比,被试更愿意在启动温暖的情景中表现出更多的温暖特征($M_{温暖}=62\%$,$SD=0.19$ vs. $M_{能力}=40\%$,$SD=0.17$;$t(181)=8.01$,$p<0.001$),这表明了温暖和能力的概念启动操纵有效;此外,与实验二

类似,消费者认为在互补型推荐下的产品比替代型推荐下的更具补充性
($M_{互补}=6.62,SD=1.85$ vs. $M_{替代}=4.30,SD=2.02;t(181)=8.12,p<$
0.001),同时可替代性更低($M_{互补}=5.10,SD=2.31$ vs $M_{替代}=6.02,SD=$
$1.94;t(181)=2.93,p=0.004$),说明了推荐类型的操纵也是有效的。

其次,加工流畅性。我们对加工流畅性进行了一项 2(概念启动:温暖 vs.
能力)×2(推荐类型:互补 vs. 替代)的方差分析。结果显示只有概念启动与
推荐类型之间产生了显著的交互作用($F(1,179)=11.32,p<0.001$)。而概
念启动($F(1,179)=0.39,p=0.533$)和产品展示($F(1,179)=0.79,p=$
0.375)对加工流畅性的主效应都不显著。对于交互效应的具体展开,在启动
温暖概念的情景下,被试判断互补型推荐下的产品信息比替代型的更容易处
理($M_{互补}=5.71,SD=1.53$ vs. $M_{替代}=4.77,SD=1.44;F(1,179)=9.37$,
$p=0.003$)。相反,在启动能力概念的情景下,被试判断替代型推荐下的产品
信息更容易处理($M_{互补}=4.83,SD=1.49$ vs. $M_{替代}=5.37,SD=1.41$;
$F(1,179)=2.96,p=0.087$)。

再者,产品评价。我们同样进行了类似的 2×2 方差分析,结果显示概念
启动与推荐类型之间存在显著的交互作用($F(1,179)=14.24,p<0.001$;见
图 6-3)。且概念启动($F(1,179)=0.33,p=0.566$)和推荐类型($F(1,179)=$
$0.056,p=0.813$)对产品评价的主效应都不显著。对比分析显示,在启动温
暖概念的情景下,互补推荐下的主打产品比替代推荐获得了更积极的评价
($M_{互补}=6.44,SD=1.61$ vs. $M_{替代}=5.50,SD=1.51;F(1,179)=8.33,p=$
0.004);相反,在启动能力概念的情境下,被试对替代推荐下的主打产品评价
更高($M_{互补}=5.42,SD=1.69$ vs. $M_{替代}=6.25,SD=1.44;F(1,179)=6.04$,
$p=0.015$)。

同时,本实验对加工流畅性的中介作用进行了检验。通过 SPSS 软件的
Bootstrapping 分析方法,将变量放入 model 8 中,设置重复测量的样本数为
5 000。结果证明了加工流畅性被调节的中介作用(Hayes,2013;Model 8;
95% CI:[0.420 1,1.701 5],不含 0)。具体而言,在启动温暖概念的情景下,

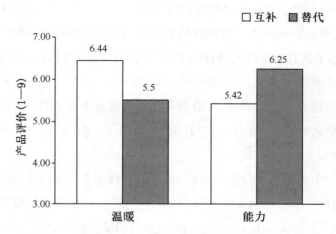

图 6 - 3 概念启动与推荐类型对产品评价的交互作用

推荐互补产品相对于推荐替代品对提高主产品评价的优势效应,是加工流畅性导致的(95% CI:[0.142 6,1.078 7],不含 0);而在启动能力概念的情景下,加工流畅性的中介作用也显著(95% CI:[−0.821 3,−0.000 9],不含 0)。

最后,购买意愿。类似的双因素方差分析结果显示,概念启动与推荐类型存在显著的交互效应($F(1,179)=11.07$,$p=0.001$;见图 6 - 4)。概念启动

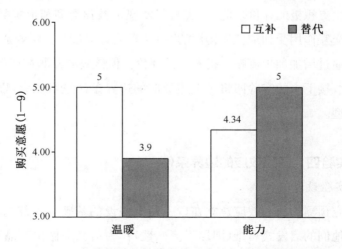

图 6 - 4 概念启动与推荐类型对购买意愿的交互作用

$(F(1,179)=0.70,p=0.404)$和推荐类型$(F(1,799)=0.70,p=0.404)$对购买意愿的主效应都不显著。对比分析显示,在启动温暖概念的情景下,与替代型推荐相比,消费者对互补型推荐情景下的主打产品的购买意愿更高$(M_{互补}=5.00,SD=1.91$ vs. $M_{替代}=3.90,SD=1.24;F(1,179)=8.99,p=0.003)$。相反,在启动能力概念的情景下,消费者在替代推荐下对主打产品的购买意愿更高,效应呈边缘显著$(M_{互补}=4.34,SD=1.73$ vs. $M_{替代}=5.00,SD=1.97;F(1,799)=3.00,p=0.085)$。

同样,一项类似的中介分析表明,加工流畅性中介了上述交互效应对购买意愿的影响$(95\% CI:[0.443\ 3,1.846\ 3],$不含0)。在启动温暖概念的情景下$(95\% CI:[0.157\ 3,1.127\ 5],$不含0)和启动能力概念的情景下$(95\% CI:[-0.907\ 8,-0.003\ 4],$不含0)中介效应都显著。假设3得到了验证。

（4）结论与讨论

首先,实验三通过更换温暖和能力概念启动的操控方式,进一步证明了在启动温暖概念的情景下,互补型推荐会导致消费者对主打产品产生更积极的态度,而在启动能力概念的情景下,替代型推荐则会产生更有利的消费者态度（假设2）。换言之,当产品推荐类型和形象类别匹配时,消费者会倾向于对主打产品产生更积极的评价。此外,实验三发现了推荐类型和形象类别对于产品评价的交互作用受到加工流畅性的中介（假设3）,验证了本文提出的理论,即匹配会通过增加加工流畅性提升产品评价。但该效应并非在任何情况下都成立,因此,接下来的实验四将对上述效应的边界条件进行探索,以扩展我们的研究模型。

6.3.4　实验四：匹配效应的边界条件

（1）实验设计与被试

本研究预测的核心效应建立在以下两个假设的基础上。首先,只有当消费者依靠他们的启发式思维（即加工流畅性）作为信息来做出产品判断时,我们预测的效应才会成立。其次,该效应仅限于主打产品,而不包括推荐的其他产品,因为主打产品更加突出,消费者会首先对其进行评估(Qiu & Yeung, 2008)。实验四旨在进一步检验这两个前提。对于第一点,虽然消费者有时会依靠自己的感受,也即启发式思维,来做出购买决定(Cesario & Higgins, 2008;Huang et al.,2017),但有些时候的决定也可能涉及大量的认知加工和信息处理(Petty et al.,1983;Zhu et al.,2018)。在这种情况下,本研究预测的核心效应是否会减弱?

为了回答这一问题,本研究引入了决策阶段和认知需求加入模型。首先,决策阶段。对于复杂的决策,消费者常常会将决策过程分为两个阶段,即筛选阶段和购买阶段(Häubl & Trifts,2000;Zhang & Bockstedt,2020)。具体来说,筛选阶段更依赖外部的产品信息。在这一阶段中,消费者会遇到大量可供选择的产品,并确定出一部分有倾向的替代品(Häubl & Trifts,2000)。消费者在这一阶段中的行为通常包括信息搜索、信息收集、产品比较和替代品评估(Humphreys et al.,2020),在所有的这些过程中,消费者需要运用大量的认知资源来处理信息(Hong et al.,2004);相比之下,处于购买阶段的消费者可能会忽视他们在筛选阶段已经使用过的产品信息(Van Zee et al.,1992),他们可能会更依赖启发式感受(即基于感觉)和对筛选阶段未使用信息的认知处理来做出最终的产品选择(Wyer & Kardes,2020)。此外,Zhang 和 Bockstedt(2020)也指出,处于购买阶段的消费者更倾向于使用次要特征来判断产品,例如产品的耐用性。考虑到在筛选阶段,消费者不太可能单纯依赖感觉做出决策,因此,本研究预测原先的匹配效应在筛选阶段会消失。然而,对于购买阶段,考虑到消费者此时既可能运用感觉判断,也可能运用产品认知判断。因此,本研究预测在购买阶段,原先的匹配效应取决于消费者的认知需求,即个人对认知加工思考的需求程度高低(Cacioppo & Petty,1982)。具体来说,对于那些认知需求水平较高的人,即使用更多认知处理的人,我们的效应会减弱;而对于那些认知需求水平较低的人,即更多基于感觉判断的人,我们的效应会再次出现。

除了检验上述预测的主效应的边界条件,实验四还希望达成另外三个目标。首先,我们旨在将原先关于产品评价和购买意愿的研究结论扩展到一个新的结果,即支付意愿,以提高实践意义;其次,我们使用了与先前不同的样本(美国),来证明我们结论的普适性;第三,我们测量了推荐产品的评价,以检验它是否会受到我们效应的影响。

在实验样本方面,我们从亚马逊 MTurk 网站招募了来自美国的 813 名被试,其中 49.6% 为女性;平均年龄为 37.51 岁,标准差为 11.77 岁。在研究设计方面,本次实验采用 2(决策阶段:筛选阶段 vs. 购买阶段)×2(形象类别:温暖 vs. 能力)×2(推荐类型:互补 vs. 替代)×连续变量(认知需求)的组间设计。其中,131 名被试因未通过注意力检测,共计 682 个有效样本。

(2) 实验流程和测量

与实验二类似,被试首先看到一个虚拟品牌"URSA"推出的新款肥皂广告,在温暖形象的情景下(如图 6-5 左),广告中显示的是牵手的图片以展示友好和温暖;而在能力形象的情景下(如图 6-5 右),广告中显示的是拳头的图片以展示能力和胜任,其中牵手和拳头的照片参考 Zhang 等(2019)的研究。

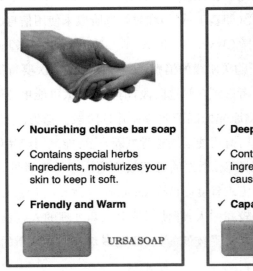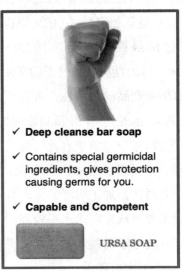

图 6-5　研究四实验素材

　　然后,要求被试想象他/她们正在考虑购买一块肥皂,被试会阅读到:"为了简化决定,人们通常会先创建一个候选清单,先把感兴趣的,可能购买的产品添加到购物车中,然后再做出最终购买选择。"其中,在筛选阶段的情景下,被试被告知将看到 URSA 肥皂的产品页面,且正在考虑将其添加到购物车,而在购买阶段的情景下,被试则被告知已经添加到购物车中。接下来,被试在购物网站的网页上会看到这款肥皂,而网站下方则推荐了与之相互补的产品(如沐浴刷;在互补情景下,图 6-6 左)或相替代的产品(如其他品牌肥皂;在替代情景下,图 6-6 右)。

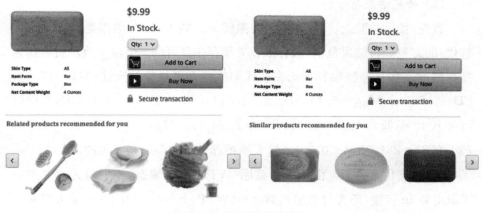

图 6-6　研究四实验素材

　　接着,被试被告知该肥皂的零售价为 9.99 美元,并被问及他/她们愿意为此支付多少钱(即支付意愿)。本实验使用与实验三中相同的三条目九点量表($\alpha=0.95$)测量了被试对推荐产品的评价。关于推荐类型的操控检验,本实验更换了更为直接的测量方式,用于检验互补品操控的效果("你认为下方推荐的产品是 URSA 肥皂的互补品吗?")和替代品操控的效果("你认为下方推荐的产品可以替代 URSA 肥皂吗?"),采用九分制量表(1＝绝对不是,9＝绝对是)。为了更准确地测试效果,我们还测量了消费者对产品兴趣程度,并将其作为控制变量,因为不同产品兴趣程度可能会影响消费者对产品的信息加工程度(Zhu & Chang, 2015),具体测量方式为,被试对他/她们对肥皂的感兴趣程度进行评分(1=一点也不感兴趣,9=非常感兴趣)。

最后,被试回答了 Wood 和 Swait(2002)的五个项目,以测量其认知需求 (1=强烈反对,9=强烈同意;$\alpha=0.92$),具体包括:① 我宁愿做一些不需要思考的事情,也不愿做一些肯定会挑战我思维能力的事情;② 我尽量预测并避免出现可能需要深入思考的情况;③ 我只在不得不的情况下,选择尽全力思考;④ 依靠思考登上顶峰的想法对我没有吸引力;⑤ 抽象思维的概念对我没有吸引力。由于这五个项目都是反向编码的,因此我们对它们重新编码并取平均值以形成新的认知需求指数,分数越高,表示认知需求水平越高。

(3) 研究结果与分析

首先,操纵检验上。2(形象类别:温暖 vs. 能力)×2(推荐类型:互补 vs. 替代)的方差分析结果显示,只有推荐类型存在显著的主效应。且消费者认为推荐的产品在互补型推荐下比在替代型推荐下更具有补充性($M_{互补}=7.14$,$SD=1.78$ vs. $M_{替代}=5.49$,$SD=2.43$;$F(1,678)=101.97$,$p<0.001$),同时可替代性更低($M_{互补}=4.01$,$SD=2.84$ vs. $M_{替代}=7.08$,$SD=1.79$;$F(1,678)=281.98$,$p<0.001$),这表明推荐类型的操控是有效的。

其次,支付意愿上。由于支付意愿(WTP)呈正偏态,我们首先对其进行了取对数 ln 转换,即支付意愿指数=ln(WTP + 1)。其中,+1 是考虑到一些被试的支付意愿为 0 美元。以产品感兴趣程度为协变量的多元回归分析表明了一个显著的四阶(决策阶段×形象类别×推荐类型×认知需求)交互效应($B=-0.030$,$SE=0.011$;$t(646)=-2.65$,$p=0.008$)。在产品筛选阶段,我们就形象类别(-1=能力,1=温暖)、推荐类型(-1=替代,1=互补)、认知需求及其交互项分别对支付意愿指数进行了回归,并将产品感兴趣程度作为协变量。

结果表明,认知需求($B=-0.085$,$SE=0.017$;$t(317)=-5.16$,$p<0.001$)和产品感兴趣程度($B=0.071$,$SE=0.017$;$t(317)=4.23$,$p<0.001$)对支付意愿的主效应都显著。形象类别的主效应边际显著($B=0.158$,$SE=0.087$;$t(317)=1.82$,$p=0.070$),这表明了被试更偏好具有温暖品牌形象的

肥皂。其他主效应($t(317)<0.54,p>0.591$)、三种二阶交互作用(即形象类别×推荐类型、形象类别×认知需求以及推荐类型×认知需求;$t(317)<1.64,p>0.101$)和三阶交互作用($B=0.018,SE=0.016;t(317)=1.11,p=0.266$)均不显著。这些发现与我们的预期一致,即我们的核心效应在产品筛选阶段不会对消费者产生影响。

　　因此,在下面的分析中,我们重点关注购买阶段的具体结果。我们就形象类别(-1=能力,1=温暖)、推荐类型(-1=替代,1=互补)、认知需求及其交互项分别对支付意愿进行了回归,并以产品感兴趣程度为协变量,结果显示了显著三阶交互作用($B=-0.043,SE=0.016;t(328)=-2.59,p=0.010$)。为了探索购买阶段三阶交互作用的含义,我们对认知需求平均值上下一个标准差的数值($M\pm1SD$:高认知需求、低认知需求)进行了焦点分析(见图6-7)。

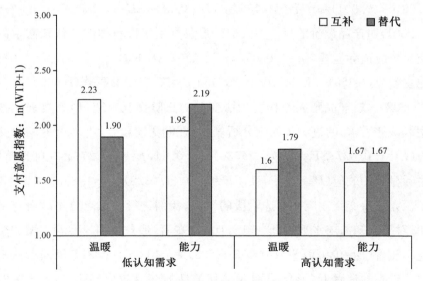

图6-7　形象类别、推荐类型与认知需求的三阶交互作用

　　结果显示,对高认知需求(+1SD)的消费者来说,形象类别×推荐类型的交互效应并不显著($B=-0.047,SE=0.050;t(328)=-0.925,p=0.356$)。相反,对认知需求较低($-1SD$)的消费者来说,形象类别×推荐类型的交互效应显著$(B=0.141, SE=0.052; t(328)=2.73, p=0.007)$。具体而言，对于具有温暖品牌形象的主打产品，在互补型推荐情景下会比替代型推荐下产生更高的支付意愿$(B=0.163, SE=0.077; t(328)=2.13, p=0.034)$；相反，对于具有能力品牌形象的主打产品，在替代型推荐情景下被试支付意愿更高$(B=-0.119, SE=0.069; t(328)=-1.71, p=0.088)$，效应为边际显著。这些结果表明，在购买阶段，当被试的认知需求较低时，即被试依赖感觉处理信息时，匹配效应再次出现；而当被试的认知需求较高时，即被试更依赖认知处理信息时，匹配效应消失。

再者，推荐产品评价。以产品感兴趣程度为协变量的类似多元回归对推荐产品的评价没有产生显著的四阶交互效应$(B=0.027, SE=0.031; t(665)=0.89, p=0.374)$。结果只显示了认知需求$(B=-0.220, SE=0.032; t(665)=-6.98, p<0.001)$和产品感兴趣程度$(B=0.263, SE=0.033; t(665)=7.94, p<0.001)$对产品评价的显著主效应。形象类别×推荐类型×认知需求的三阶交互效应边际显著$(B=-0.054, SE=0.031; t(665)=-1.76, p=0.078)$。其他主效应$(t(665)<1.26, p>0.205)$和交互效应均不显著$(t(665)<1.27, p>0.202)$。以产品感兴趣程度为协变量的三阶交互效应（形象类别×推荐类型×认知需求）的进一步回归分析表明，在购买阶段，没有显著的三阶交互效应$(B=-0.027, SE=0.043; t(336)=-0.64, p=0.522)$；而在筛选阶段，有边际显著的效应$(B=-0.081, SE=0.044; t(328)=-1.85, p=0.065)$。为了探究三阶交互效应在筛选阶段的含义，我们进行了焦点分析。研究结果表明，对于认知需求水平较低$(-1SD)$的消费者，形象类别×推荐类型的交互效应不显著$(B=0.029, SE=0.135; t(328)=0.21, p=0.831)$，而对于认知需求水平较高的消费者，形象类别×推荐类型的交互效应显著$(B=-0.325, SE=0.136; t(328)=-2.40, p=0.017)$。

具体而言，考虑到替代品和补充品是不同的产品，比较它们的意义不大，因此我们研究了主打产品的品牌形象是否会影响推荐产品的产品评价。在这种情况下，如果推荐产品也存在匹配效应，那么当主打产品的品牌形象为能力时，消费者应该判断其替代品（互补品）比其在温暖的品牌形象下更受欢迎（更不受欢迎）。然而，结果并不支持这一论点。对于替代产品，主打产品温暖（相比于具有能力）的品牌形象会导致被试对推荐产品的评价更高（$B=0.364$，$SE=0.182$；$t(328)=2.00$，$p=0.046$）；相反，对于互补产品，温暖的品牌形象和具有能力的品牌形象之间没有显著差异（$t(328)=-1.42$，$p=0.156$）。这一发现可能是因为在筛选阶段，具有温暖（相比于具有能力）品牌形象的主打产品更有可能包容竞争的替代品；然而，无论主打产品的品牌形象如何，消费者在筛选阶段总是会忽略互补品。这些结果表明，我们的匹配效应对推荐产品没有帮助。综合研究结果，实验四验证了我们核心效应中的两个假设。具体而言，当人们使用更多的认知处理时，本研究的效应会消失，并且该效应只适用于主打产品，不适用于被推荐的产品。

（4）结论与讨论

实验四采用了决策阶段来检验主效应的边界条件。结果显示，在筛选阶段，"产品推荐类型-品牌形象"的匹配不会对消费者的评价产生影响；而在购买阶段，对于认知需求较低（即依赖感觉处理信息）的消费者，当"产品推荐类型-品牌形象"匹配时，其会产生更高的支付意愿。但对于认知需求较高（即依赖认知处理信息）的消费者，上述效应则会消失。此外，实验四补充说明了主打产品的品牌形象与推荐类型相匹配对推荐产品没有帮助，该效应只适用于主打产品。

6.3.5 小结

本章首先介绍了本研究的实践背景，然后回顾了电商平台的推荐系统、刻板印象内容模型以及加工流畅性的相关文献，并通过理论推导得出了相关研究假设。接着，本章对研究的总体思路和四项实验的逻辑进行了阐释。最后，本章对四项实验的实验目的、设计与被试、流程与测量、结果与分析、结论与讨论等内容进行了详细说明。

实验一的结果支持了本研究假设 1 中的匹配效应，即相较于替代竞争，互补补充与温暖的关系更为密切;相较于互补补充,替代竞争与能力的关系更为密切。实验二在此基础之上,在消费者网络购物的情境下检验了假设2,发现推荐类型确实会影响消费者对主打产品的评价,具体影响方向取决于产品的品牌形象:当主打产品来自一个具有温暖形象的品牌时,互补型推荐(相较于替代型推荐)会提高消费者对主打产品的正面态度;而当主打产品来自一个具有能力的品牌时,替代型推荐(相较于互补型推荐)会产生更积极的消费者态度。出现这一效应是因为消费者将互补补充(相较于竞争替代)与温暖更紧密地联系起来,并将竞争替代(相对于互补补充)与能力更紧密地联系起来。实验三则通过更换操控温暖和能力概念的方式,进一步证明了假设2,具体表现在当产品推荐类型和形象类别匹配时,消费者会倾向于提高对主打产品的评价。同时,实验三还对匹配效应背后的中介机制进行了验证,证明了加工流畅性的中介作用(假设3)。正如情感信息理论(Lee et al.,2010;Cesario & Higgins,2008;Huang et al.,2017)所指出的,消费者会错误地把信息处理的难易程度归因于主打产品的态度,加工流畅性会使消费者认为他们对主打产品的感觉良好,从而提升对主打产品的评价。最后,实验四对上述核心效应的边界条件进行了探索,发现该效应仅限于主打产品而非推荐产品,并且当消费者使用更多认知处理时(例如在产品筛选阶段或消费者具有更高的认知需求),就会消失。总体而言,四个实验对研究假设进行了逐步验证并对数据结果进行了深入解读,达到了本章的研究目的。

本研究有以下几个方面的理论贡献。首先,它补充了相关文献,表明推荐系统不仅对于推荐产品的销售很重要(Oestreicher-Singer & Sundararajan,2012;Li & Karahanna,2015),而且对消费者主打产品的判断也很重要。尽管最近的一些电商平台的研究调查了推荐系统对主打产品的影响(Liu et al.,2017;Zhang & Bockstedt,2020;Zhu et al.,2018),但这些研究大多数集中在基于认知信息加工处理的角度。本研究在此基础上,从启发式信息处理视角,验证了推荐产品作为一种"购物环境"对主产品的评价影响。尤其,实验四中的调节效应为这一观点提供了实证支持。同时,实验四的结果还提供了品牌形象与推荐类型之间匹配效应的更具体的情境,当判断和决策需要基于认知处理或当消费者认知需求高时,匹配效应就会减弱。因此,我们不仅研究了形象类别和推荐类型之间的匹配如何影响对主打产品的评价,还检验了这种匹配会如何影响被推荐的产品,结果发现对于被推荐的产品,匹配效应不存在。

其次,我们的研究从实证角度证明了推荐类型会如何影响消费者的决策结果。以往的研究讨论了区分互补型推荐和替代型推荐的重要性(Mcauley et al.,2015a,b;Zheng et al.,2009)。对于这两种推荐类型的利弊,尚无统一的研究结论(Sarantopoulos et al.,2019;Zhang & Bockstedt,2020)。例如,Sarantopoulos 等(2019)发现互补产品组合比替代组合能带来更多的购买量,而 Zhang 和 Bockstedt(2020)发现在筛选阶段,替代品比互补品能带来更高的支付意愿。我们的研究表明,推荐类型的效果取决于品牌形象,为利弊并存的推荐类型研究提出了一种区分方式。同时,这一发现也为在线零售商提供了指导,在销售产品时,可以根据产品的品牌形象定制推荐系统。

再次,本研究将刻板印象内容模型(Cuddy et al.,2007;Fiske et al.,2002;Aaker et al.,2012;Kervyn et al.,2012),即温暖和能力,延伸到电子商务情境中,加深了对该经典理论的理解。本研究探索了消费者对电商环境中温暖和有能力的产品的反应。由于品牌形象可能在消费者的决策结果中发挥重要作用,未来可以进一步通过算法、人工智能等技术对不同品牌形象的产品实现分类。

接着,本研究首次建立了温暖和补充、能力和竞争的概念关联,并表明两者的匹配可以提高加工流畅性。这一发现将情感信息理论拓展至电商环境。以往的研究表明,由物理特征(例如易于阅读的字体)引起的流畅感可以带来积极的结果(Huang et al.,2018),我们的研究表明,当品牌形象和推荐类型匹配时,也会产生类似的效果。考虑到加工流畅性在消费者购买决策中的重要性,电商网站、社交平台、移动应用程序(APP)的设计应遵循概念匹配和流畅性原则。

最后,以前电子商务领域的流畅性文献主要关注单一产品的信息特征中如何引起流畅性——例如产品广告的视觉简洁性(Wu et al.,2016)、品牌形象和文字的一致性(Lee & Choi,2019)等。我们的研究进一步证明,当主打产品和推荐产品同时呈现时,加工流畅性很可能会被归因于主打产品。

当然,本研究也存在一定局限性,未来研究可以在此基础上,进一步进行完善和补充。首先,我们使用被试的主观评分作为测量。考虑到眼动追踪技术(如眼动仪)可以产生客观数据,例如消费者在主打产品上花费和停留的时间(Radon et al.,2021),未来研究可以使用此类更为精确和客观的数据,再次进行检验。其次,我们只考虑了主打产品的品牌形象,推荐产品的品牌形象也可能会产生影响。按照现实中产品推荐的做法,推荐产品往往仅会展示产品图片,从而使得消费者难以知晓产品的品牌形象。未来电商平台的发展,可能会为顾客提供详细的产品页面。因此,探究推荐产品的品牌形象是否会成为潜在的调节因素具有研究价值。最后,在当前的研究中,顾客对主打产品并不熟悉。当顾客熟悉主打产品时,储备的产品知识更多,受外界因素的影响更少,本研究的匹配效应很可能就不再成立。

6.4　研究发现应用

6.4.1　精准匹配供需,推荐契合形象

目前,电商平台的产品推荐逻辑大多依据消费者的浏览记录、购买记录等大数据,根据用户标签,对应推荐其感兴趣的产品,从而带来更多的潜在增长点。但对于产品购买页面出现的相关推荐产品,实践中关注较少。我们的研究从这个角度出发,发现电商平台上的产品推荐类型会影响消费者的购物决策,即具有温暖品牌形象的主打产品使用互补型推荐,强调能力的品牌形象的主打产品使用替代型推荐,会提高消费者对主打产品的正面评价。这一研究发现有助于为产品、农产品商家提供可操作的实践方法,并通过产品推荐的方式,提升对主打产品的销售,以减少损耗,调节供需平衡。这对于强季节性的

农产品尤为关键。

　　具体而言,对农产品生产者和电商平台来说,除了可以利用数智化技术帮助农产品实现更高效的产品推荐,还需考虑品牌自身传递给消费者的形象定位,以更好推荐提升主打产品的评价。当农产品的品牌形象更多传递出一种温暖感(例如:带有助农、乡村振兴属性的"麻江蓝莓"等农产品品牌)时,商家可以考虑在产品页面的"相关产品推荐"一栏展示与主打农产品相互补充的产品。例如,茶叶和茶具的组合,人们常见的食品搭配:面包和果酱、水果和酸奶等,以及以菜式为分类,展示一道菜所涉及的食材搭配;而当农产品品牌更多强调能力(例如:农产品品质、生产工艺等)时,平台可以考虑联合其他农产品品牌,进行替代展示,即在产品页面的"相关产品推荐"一栏展示与主打农产品相互替代的产品(例如:不同品牌的同种产品)。

6.4.2　打造场景营销,传递流畅感受

　　此外,目前而言,许多农产品缺乏完善的品牌形象建设,在电商平台的浏览页面上只强调产品的相关信息(例如:原产地、口感、价格等),品牌特色相关内容不足,难以有效传递品牌温暖或能力的属性。对于此类品牌形象尚不明晰的农产品,商家和平台可以在产品界面或广告中融入对应的情景,以激发消费者对温暖或能力的感知。同时,根据研究结果,当产品推荐类型-形象概念匹配时,会降低消费者认知处理所花费的精力,从而引起消费者的加工流畅性,导致消费者认为他们对主打产品的感觉良好。因此,商家和平台也可以营造产品形象和电商直播环境元素相一致、匹配的网络购物场景。例如,结合虚拟现实等数智技术,打造场景式营销环境,从而激发消费者浏览时的感知流畅性。

　　例如,湖南广电快乐购搭建的助农公益平台"乡村振兴芒果云超市"就选择了以当地自然风光为场景进行室外直播,在带货的同时推动当地文旅产业的发展。其在张家界桑植县的直播中,就走进茅岩河,在船上进行直播,给用户营造沉浸式观感体验的同时,也展示了品牌的形象;除了自然风光的匹配,

其也实现了人文历史的匹配，在益阳安化站的直播中，其将场地选在当地的中国黑茶博物馆，以历史人文景点为直播场地，不仅打响了安化黑茶名声，更普及了黑茶浓厚的文化。直播环境和销售产品的匹配性，大幅提升了消费者的消费临场感与沉浸式体验，也增加了其对产品的好感度。

7 数智营销助推乡村文旅高质量发展
——以我国西南地区为例[①]

  政策指引为乡村旅游发展指明了前进方向。一方面,国家和政府高度重视乡村旅游的作用,强调文旅赋能乡村旅游发展的战略方向,以推动乡村振兴。例如,在文化和旅游部办公厅印发的《关于持之以恒推动乡镇综合文化站创新发展的实施方案》中,明确提出"统筹文旅综合性资源"的任务,要"发挥文化赋能优势",根据乡村实际,充分利用乡村文化和旅游资源,打造具有鲜明特色的乡村文化和旅游品牌,丰富乡村发展的新业态;同年6月文旅部在会议中强调,发挥文化振兴的重要作用,扎实推进文化和旅游赋能乡村振兴各项任务,推动乡村文化繁荣兴盛、乡村旅游蓬勃发展,助力"农业强、农村美、农民富"[②]。另一方面,相关政策也展现了在当下乡村旅游数智化方向的发展朝向。例如,2022年全国文化和旅游厅局长会议中提出,实施国家智慧旅游建设工程,推进智慧旅游"上云用数赋智"行动计划,推动智慧旅游场景应用落地见效[③],为旅游业打造高质量文旅大数据平台,从而有效推进乡村旅游发展的数智化。2023年工信部、文旅部发布的《关于加强5G＋智慧旅游协同创新发展的通知》提出,重点加强全国乡村旅游重点村镇和乡村旅游资源丰富地区的5G网络覆盖。有效建立起5G＋智慧旅游典型应用场景体系,例如,贵州省黔

  ① 本章节主要内容源于本书作者杨璐、黄韫慧及合作者滕任飞(二作)发表在期刊《农村经济》2022年第6期的文章《我国西南地区乡村旅游振兴:发展、问题与对策》,引用请注明。

  ② 新华社.文化和旅游部:扎实推进文化和旅游赋能乡村振兴[EB/OL].(2023-06-06).https://www.gov.cn/lianbo/bumen/202306/content_6884944.htm.

  ③ 华声在线.以"上云用数赋智"理念 打造高质量文旅大数据平台[EB/OL].(2022-04-21).https://baijiahao.baidu.com/s? id＝1730701918548884572&wfr＝spider&for＝pc.

东南苗族侗族自治州雷山县西江千户苗寨景区就探索出"5G＋智慧苗寨",为游客带来全新的体验。

　　从上述相关文旅部的政策中不难看出,乡村旅游作为助推乡村振兴的重要引擎,近年来蓬勃发展,逐渐从单一的参观模式向着生态农业、田园综合体等多元业态的方向发展。然而,不同区域之间发展不平衡的现状凸显,我国西南地区以旅游资源丰富著称,但乡村旅游发展尚不充分。举一个例子,2023年暑期在南京农业大学的"硕博学子麻江行"实践活动中,我们来到了贵州省麻江县河坝村,走访了"瑶之韵"店主即枫香印染传承人曹顶秀老师,了解了这一项2008年就入选国家级非物质文化遗产的枫香印染技艺。作为中国传统手工艺术中的代表性产品,枫香印染采用自然材料和传统工艺,强调独特的纹理和颜色效果,具有浓郁的文化氛围和艺术性。与其他染法相比,枫香印染采用天然植物染料和手工印染工艺。具体工艺过程为:在老枫香树脂中加入适量牛油,用文火煎熬后过滤形成枫香油;再用毛笔蘸上即时溶化的枫香油,在自织的白布上描绘图案;随后用蓝靛浸染,沸水脱去油脂,清水漂洗,晒干,碾平。其印染的图案承载了瑶族的历史变迁、生活状况、民俗风情等人文信息,极具地域特色。枫香印染的每一件产品都是手工制作,具有独特的纹样和色彩组合。产品包括家居、服饰等生活纺织用品。但遗憾的是,目前枫香印染的知名度相对较低。类似地,麻江县的乡村旅游以"康旅＋工旅＋体旅＋农旅＋文旅"为主题。其中,"康旅"以卡乌药谷江村和乌羊麻养生养老园为依托,大力发展苗医药(国家非物质文化遗产),积极打造康旅融合的康养小镇;"工旅"则以现代农业产业园和生态食品加工园为依托,重点聚焦蓝莓、蜂蜜、菊花、锌硒米、中药材等深加工产业,推出健康食品加工体验观光游等,实现工旅互促;"体旅"依托蓝梦谷生态蓝莓旅游景区和马鞍山生态体育公园,发展户外拓展、山地自行车、山地马拉松等实现体育和休闲旅游的融合;"农旅"依托蓝莓和菊花两大特色农产品,发展观光旅游农业、休闲采摘农旅等;"文旅"则依托夏同龢状元文化产业园,促进国学文化研学、耕读文化体验等新业态发展,积极建设翰墨小镇文化品牌。但可能是受困于交通或宣传等因素,麻江的乡村旅游发展并未达到理想效果。

这触发了我们的思考,西南地区乡村旅游的发展存在哪些问题? 应该如何改善? 因此,我们首先根据不同发展阶段的政策信息以及统计年鉴数据进行探索分析,回溯我国西南地区乡村旅游的发展历程。接着,结合我国乡村振兴战略目标的深刻内涵,围绕生态、经济和文化视域,总结当前我国西南地区乡村旅游发展存在的三大维度问题:生态文明改善不足、经济带动作用不够以及文化影响力与吸引力的发挥不充分,同时经营管理滞后也是阻碍其乡村旅游发展的关键问题。基于此,本研究从供给侧视角出发,探寻我国西南地区乡村旅游发展的未来方向,如何更好发挥生态、经济、文化效益"三位一体"的系统性合力。下文将结合该研究原文对我国西南地区乡村旅游发展进行讨论。

7.1　发展背景

19 世纪末,西方国家工业化快速发展,伴随而来的是工业城市的污染加剧和城乡经济的差距扩大。工业化所带来的环境污染和快节奏的都市生活使人们愈发渴望逃离城市,寻求乡村的宁静与清新。正是在这种趋势下,乡村旅游在西方迅速兴起。随着 20 世纪的来临,全球化和城市化进程迅猛推进,乡村地区也发生了巨大的变革,乡村旅游在全球范围内迅速蓬勃发展。自 20 世纪 90 年代以来,伴随着我国农村地区的发展,乡村旅游这一第三产业逐渐成为人们休闲放松的主要方式、农民增加收入的重要途径,以及农村经济发展的重要支柱产业。鉴于国内乡村旅游实践的热度以及近年来乡村振兴战略的提出,与乡村旅游相关的研究成果也在不断增加。接下来,本研究将从两个方面进行简要的文献回顾。首先,我们将回顾国内外关于乡村旅游这一主题的研究;其次,我们将聚焦关于我国西南地区乡村旅游的相关研究。通过对以上理论背景的概述,我们旨在揭示乡村旅游研究的框架和科学问题,找出研究的贡献和尚未涉足的领域,为本章关于西南地区乡村旅游振兴的研究提供思路,以更好地服务乡村振兴国家战略。

　　李佳和朱敏(2023)采用可视化文献分析软件 CiteSpace,通过关键词共现分析功能,绘制了国内乡村旅游相关研究的关键词共现图谱,如图 7-1。此外,其研究发现,国外学术界对乡村旅游的研究内容主要集中在以下方面:首先,研究关注乡村旅游发展模式对乡村地区的影响;其次,关注乡村旅游游客的旅游动机和满意度;最后,关注旅游目的地管理和乡村社区参与。从时间发展历程来看,国外乡村旅游的研究经历了三个不同阶段:① 萌芽期(2000—2006 年),这一阶段标志着传统农业初步向旅游产业的转型,主要表现为出现农场主经营家庭旅馆的形式。因此,学界开始研究旅游业与农业之间的关系,且认为农业旅游是农业活动多样化的一种体现(Sharpley & Vass, 2006);② 探索期(2007—2014 年),这一时期乡村旅游作为独立的旅游形式被推广开来,学界开始关注乡村旅游者的旅游动机、行为和态度,并出现了许多关于村民参与、乡村治理和旅游创新的相关研究;③ 快速成长期(2015 年至今),学界的研究重点逐渐转向乡村旅游的可持续发展问题,对其的评价标准也变得更加科学化和多元化。

图 7-1　国内乡村旅游关键词共现图谱①

---

　　① 图片来源:李佳,朱敏.国际与国内乡村旅游研究比较与启示[J].中国农业资源与区划,2023,44(5):133-147.

　　李佳和朱敏(2023)还在其综述中揭示了国内外乡村旅游研究重点的差异:国外乡村旅游的研究偏向市场导向,主要关注"市场需求管理、创新创业竞争力、文化环境治理、社会关系网络、科技赋能、社区可持续发展"等方向;与此不同,国内的研究更注重乡村旅游在政策、战略引导下的功能,如"乡村旅游扶贫、乡村旅游助推乡村振兴"等。这些差异可以归因于国内外的社会现实环境不同,国际社会更强调市场和资本的作用,以及可持续发展、社会责任、创新创业等;而在国内,政府在市场经济发展中扮演着更积极有力的角色,学术研究也更加强调响应国家战略需求和经济社会发展的需要。

　　关于西南地区乡村旅游的现有研究多集中在两个方面。一方面,从宏观角度对乡村旅游带动乡村振兴的论证和机理探讨,例如,提出西南地区生态旅游与乡村振兴存在耦合发展关系(陈仕玲等,2020),以及西南地区特色旅游带来的正向效应,推动了乡村振兴的实现(王建芹,2018)。另一方面,也有研究从微观视角着手,关注某个具体地点并提出针对性发展建议。比如以云南省为例,指出其发展需凸显该地区的个体优势(罗明义,2006);以贵州省为例,强调石漠化治理在乡村旅游发展中的重要性(李文路等,2022)。然而,目前很少有研究从系统性的角度来分析西南地区乡村旅游发展,以乡村振兴的新价值导向为指导,深入剖析该地区乡村旅游发展的关键问题,并提出实现高质量和可持续发展的对策建议。

　　鉴于此,本研究首先通过回溯西南地区乡村旅游发展历程,以乡村振兴战略的总体要求"产业兴旺、生态宜居、乡风文明、治理有效、生活富裕"为中心,从经济、生态和文化三个层面对西南地区乡村旅游发展中存在的问题和障碍进行了综合概括,并以此为基础提出了相应的建议,以期能够实现这三个领域的协同发展,形成互相促进的新局面,最终实现乡村治理有效、村民生活富足的目标。此外,在研究方法方面,本章以经济学、旅游管理学以及市场营销学的相关理论为基础,辅以西南地区乡村旅游的统计年鉴数据和具体案例,以共同构建我国西南地区乡村旅游"三位一体"的发展新模式,实现经济、生态和文化三个要素的有机融合。

乡村发展对于我国发展至关重要,其中乡村旅游是推动乡村发展的重要动力。2021 年脱贫攻坚战取得胜利,全面推进乡村振兴战略更是成为"三农"问题的工作重心(温美荣、王帅,2021)。加快农业农村现代化,推进乡村振兴,对于全面建设社会主义现代化国家,构建高质量发展新格局具有重要意义。其中,发展乡村旅游作为推进乡村振兴战略的重要抓手,其地位尤为关键。乡村旅游可以通过经济、文化和治理三个方面促进乡村振兴。首先,经济上有利于促进生产要素在城乡间的双向流动;其次,文化上有利于精神文化、历史遗产等的传承;最后,治理上有助于优化治理网络结构,提高管理效率,缓解潜在危机(孙九霞等,2020)。此外,旅游产业的发展还具备"乘数效应",可以充分带动新农村建设(李莺莉、王灿,2015)。例如,从农民增收的角度考虑,乡村旅游创造了大量就业岗位,提高农村居民收入,实现农民致富,进一步推进了乡村振兴(王勇,2020)。值得关注的是,在国家政策层面,也开始加大对乡村旅游产业发展的支持。例如,2022 年 1 月,国务院发布《"十四五"旅游业发展规划》,明确指出"旅游成为打赢脱贫攻坚战和助力乡村振兴的重要生力军。各地区在推进脱贫攻坚中普遍依托红色文化资源和绿色生态资源大力发展乡村旅游,进一步夯实了乡村振兴的基础"。在《农业农村部关于落实党中央国务院 2023 年全面推进乡村振兴重点工作部署的实施意见》中,也表明"扎实推进乡村发展、乡村建设、乡村治理等重点任务,全面推进乡村振兴,加快农业农村现代化,建设宜居宜业和美乡村,为全面建设社会主义现代化国家开好局起好步打下坚实基础"[①]。

在上述政策背景下,发展乡村旅游势在必行。然而,尽管我国乡村旅游持续蓬勃发展,但地区之间不平衡和不充分的发展问题也逐渐显现。尤为关键的一个难题是,很多地区的乡村旅游遭受产品服务同质化严重、基础设施建设不足等困扰,导致市场竞争力下降,发展受限(赵威,2019)。本研究重点关注

---

① 农业农村部.农业农村部关于落实党中央国务院 2023 年全面推进乡村振兴重点工作部署的实施意见[EB/OL].(2023-02-03). https://www. gov. cn/zhengce/zhengceku/2023-02/22/content_5742671. htm? eqid=dffc89420000faa2000000066465cf54.

我国西南地区乡村旅游的发展问题主要有两个原因。首先,西南地区受限于地理条件等因素,乡村经济发展相对滞后,推进乡村振兴的路径有限,旅游业成了促进其发展的关键推动力。其次,西南地区的乡村旅游资源十分丰富,拥有多样化的自然景观和民族文化,形成了具有良好发展潜力的旅游聚集区。与东部和中部等地区相比,我国西部地区的乡村旅游公共服务水平发展活跃度最高,并已进入上升周期(张新成,2021)。

7.2　迈向数智化的乡村旅游发展历程

回顾我国西南地区乡村旅游的发展历程,可以清晰地看到它与地区以及农村发展进程紧密相关。总体而言,我国西南地区乡村旅游的发展大体经历了起步萌芽、筑基推动、多元稳步发展和数智化转型这四个阶段。

7.2.1　起步萌芽阶段

中华人民共和国成立初期,经济发展重点集中在农业的种植业、重工业和国防产业。在这个时期,西南地区除了一些中心城市,大部分地区仍然处于工业化早期阶段,产业结构以农牧业为主导。乡镇企业起步相对较晚,技术基础相对较薄弱,而能源、交通、原材料等基础产业和基础设施的建设与发展也进展缓慢(詹培民,2000)。因此,当时西南地区乡村旅游发展的基本条件如交通和经济等尚未成熟。

就交通而言,中华人民共和国成立初期,西南地区中的云南省只有窄铁路660多公里以及昆明巫家坝机场,只能起落小型飞机;贵州省基本没有铁路,省际交通主要依赖于低标准的公路以及连接贵阳与昆明、重庆的民航航线;四川省也只有有限的道路网络,一些内河航道和少数民航航线;而西藏自治区直到1951年才开始缓慢出现现代交通设施;因为重庆市于1997年6月才正式成为直辖市,因此暂不在此讨论范围内。在经济方面,当时我国正处于经济发展的探索阶段,整体经济波动较大,增长速度缓慢。CEER 中国分地区宏观数据显示,这一时期西南地区各省的生产总值以及年增长率都相对较低。例如,1960 年后,贵州省的年增长率仅为 2％至 3％,而云南和四川两省也仅为 5％至 10％。Skerritt 和 Huybers(2005)的研究指出,总体经济状况在一定程度上可以正向反映旅游业的发展。因此,这一时期西南地区的经济发展数据也映射出旅游业面临重重困难。

总体而言,这一阶段我国的旅游业发展环境并不够完善,存在着较大的波动。乡村旅游作为旅游业的一个分支,虽然与农业这个第一产业有一定的关联,但尚未建立紧密的联系。因此,乡村旅游整体处于起步萌芽的阶段。

7.2.2　筑基发展阶段

随着改革开放的不断推进,我国的经济发展迅速,基础设施不断得到完善。与此同时,到了 20 世纪 80 年代中后期,全新的旅游模式——"农家乐"开始兴起,拉开了中国乡村旅游发展的序幕。与此同时,我国乡村旅游也逐渐形成以城市郊区采摘和农家乐为代表的初级形态(朱健梅,2002)。

改革开放在空间上由东向西推进(李英勤,2006)。尽管受地理位置的影响,西南地区相较于东部沿海等地,改革开放的红利出现较晚,但在这个阶段,西南地区的各省份的生产总值仍然呈现出指数型增长的趋势。同时,西南地区的交通运输基础设施业已开始有所提升。在经济发展和基础设施双重改善的背景下,这一阶段西南地区乡村旅游发展取得了多项"从无到有"的成就。例如,1986 年成都"徐家大院"首次推出了"农家乐"的旅游模式,吸引城市居民前往农家小院呼吸新鲜空气,观赏川西田园风光,品尝地道的农家美食。1989 年,"中国农民旅游协会"正式更名为"中国乡村旅游协会",标志着我国乡村旅游发展开始走向正式化、规范化。

此外,在乡村旅游的供给侧方面,制度保障和推广宣传也为其发展提供了新的助力。西南地区的乡村旅游逐渐向规范化的方向前进,这不仅为其提供了制度上的保障,还使其通过招商引资等方式促进资金流动,催生了经营模式的创新。在推广宣传方面,西南地区正式开始将旅游业与民俗文化以及乡村地区相结合。例如,1995 年就出现了"中国民俗风情旅游"的旅游主题和"中国：56 个民族的家"等宣传口号,这促使越来越多的游客深入体验少数民族风情区。另外,1998 年的"中华城乡游"主题和"现代生活,多彩生活"的倡导也吸引了大量游客涌入乡村,推动了全国范围内以农家乐为代表的乡村旅游的发展潮流。

除了供给侧因素,需求侧即消费者的收入水平提高和假期时间增加也为乡村旅游发展创造了机遇。西南地区各省居民消费指数呈现上升趋势,表明居民的生活水平和福利水平得到提升,这为旅游业的发展提供了坚实的经济基础。与此同时,随着城市化进程的推进,我国的休假制度也实行了改革。1995 年实现了双休制度的完善,以及 2000 年提出的"五一"和"十一"黄金周概念,为人们进行乡村旅游提供了更多的时间,激发人们回归自然、融入乡村的愿望。自 1998 年开始,原国家旅游局先后四次推出了乡村旅游主题年,更是把乡村旅游推向了新的高潮。2005 年,党的十六届五中全会提出要推进社会主义新农村建设,为乡村旅游提供了发展机遇。从此,乡村旅游的筑基阶段完成。

然而,在这一阶段,交通仍然是西南地区旅游发展的主要瓶颈。根据 2014 年《中国交通运输统计年鉴》和 2018 年《中国交通年鉴》的数据,虽然我国铁路里程由 1979 年的 5.3 万公里增加到 1997 年的 6.67 万公里,公路里程也由 87.75 万公里增至 122.64 万公里,但仍然存在两个主要问题：一是增长速度相对较慢。例如铁路里程年增长仅约 0.09 万公里；二是增长不均衡,交通建设主要集中在东部和东南沿海地区,西南地区的交通基础设施建设仍然相对较少。

7.2.3　稳步发展阶段

在这一阶段,交通基础设施不断得到改善、政策支持和法律建设也在同步加强,整体上呈现出多元、稳步的发展趋势。根据 2002 年至 2012 年《中国统计年鉴》的数据,铁路方面,贵州省的铁路长度由 0.19 万公里增至 0.21 万公里,提升了 10.53%;四川省增长了 20.69%;西藏自治区实现了从零到有的历史性突破;云南省的铁路长度实现了 7.69% 的增长;而重庆市的增长更是高达 114.29%。在同一时期,西南地区各省的公路长度也都有显著增长,其中云南省、西藏自治区、四川省、贵州省和重庆市的增幅分别高达 32.87%、63.82%、162.29%、272.17% 和 288.1%。在这一时期内,西南地区乡村旅游发展的一个重要制约因素——交通基础设施,得到了全面解决。铁路和公路等交通设施的快速建设极大地促进了西南地区内部联系和外部交流,为乡村旅游提供了坚实的交通基础。

在多元稳定发展阶段中,西南地区乡村旅游的发展目标主要集中在完善政策支持和加强法律制度建设等方面。更为重要的是,乡村旅游的发展被赋予了解决"三农"问题的重要使命。2004 年,"三农"问题上升到了国家发展战略的重要高度。在这个大背景下,2006 年,中央一号文件对新农村建设进行了全面部署,之后每年的中央一号文件也都关注"三农"问题,为乡村旅游受政策推动打下了坚实基础。为了进一步改善西南地区的"三农"问题,鉴于乡村旅游的综合性质以及其对经济的带动作用,发展乡村旅游被正式提上日程。原国家旅游局将 2006 年旅游主题定为"中国乡村游",宣传口号为"新农村、新旅游、新体验、新风尚",表明了政府对推动乡村旅游发展的高度关注。2008 年,《中共中央关于推进农村改革发展若干重大问题的决定》的出台,更是促进了农村文化繁荣和社会进步,为乡村旅游的繁荣发展带来了新的机遇。

为实现上述发展目标,国家层面也在土地流转和乡村旅游制度规范建设等方面提供了相应的政策支撑。在土地流转方面,2005 年至 2006 年期间,我国采取了一系列措施,包括完善土地承包经营流转机制,鼓励适度规模经营,并于 2007 年规范土地承包经营权流转,进一步于 2008 年健全承包经营权流转市场。这一系列政策措施的实施克服了乡村旅游发展所面临的土地制度制约,为旅游产业发展中的土地资源供给提供了坚实的政策基础。在制度规范建设方面,文化和旅游部出台了一揽子计划,推动乡村旅游的经营模式更加科学、合理和多样化。例如,2002 年,我国颁布了《全国农业旅游示范点、全国工业旅游示范点检查标准（试行）》，标志着我国乡村旅游开始走向规范化、高质量化。2006年8月，文化和旅游部发布了《关于促进农村旅游发展的指导意见》，提出了"以工促农，以城带乡"的重要发展途径。2007年，国家旅游局和农业部联合发布了关于大力推进全国乡村旅游发展的通知，进一步加强了对乡村旅游的政策支持。2008年出台《中共中央关于推进农村改革发展若干重大问题的决定》，为乡村旅游在下一阶段的深入发展奠定了基础。

7.2.4　数智转型阶段

2014年标志着新时代发展阶段的开启，经济增长和交通设施建设不断取得飞跃进展，乡村旅游发展所需的基础条件已经全面成熟，步入腾飞阶段。且伴随数字技术、智能技术的发展，逐步向数智化时代演进。具体地，数智化转型阶段从2017年国家发改委等提出的"促进旅游＋农业＋互联网融合发展"开始快速发展，如今更是结合互联网、大数据、虚拟现实技术等促进了数字乡村和美丽乡村的建设。

国家发改委发布的《农村一二三产业融合发展年度报告（2017年）》显示，2014年至2017年期间，我国休闲农业和乡村旅游行业市场规模快速扩大，经营收入从3 000亿元增长至6 200亿元。2017年，农业农村部更是采取了一系列举措，进一步推动了休闲农业和乡村旅游业的发展。其中，举办首届全国休闲农业和乡村旅游大会，推介了150个中国美丽休闲乡村，认定了第四批中国重要农业文化遗产29项，同时发布了2 160个休闲农业和乡村旅游精品景点以及670条精品线路。随着人民生活水平的提高，传统的粗放型乡村旅游产品体系已经不能再满足消费者需求，乡村旅游业开始了业态和服务升级，涌现出了一批独具特色和高品质的民宿、乡村度假酒店、乡村度假中心、乡村体育旅游俱乐部等旅游产品，成为乡村旅游发展的亮点。在这一蓬勃发展的背景下，我国西南地区的乡村旅游也在旅游建设和经济发展方面取得了一定成就。

首先，旅游建设方面。根据艾媒咨询发布的《2020年中国乡村旅游发展现状及旅游用户分析报告》，2020年西南地区入选第二批乡村旅游重点村数量总计达到 113 个,约占全国总数的 16.6%。此外,在国务院印发的《"十四五"旅游业发展规划》中,西南地区的多个地方被列为重点建设的国家旅游风景道和跨区域特色旅游功能区。第一,国家旅游风景道方面:四川省包括① 川藏公路风景道(四川成都、雅安、康定、巴塘—西藏林芝、拉萨),② 大巴山风景道(陕西西安、安康—四川达州、广安—重庆),③ 滇川风景道(云南楚雄—四川攀枝花、凉山、雅安、乐山),④ 香格里拉风景道(云南丽江、迪庆—四川稻城—西藏昌都);云南省包括① 滇川风景道(云南楚雄—四川攀枝花、凉山、雅安、乐山),② 滇桂粤边海风景道(云南富宁—广西靖西、崇左、钦州、北海—广东湛江),③ 香格里拉风景道(云南丽江、迪庆—四川稻城—西藏昌都);西藏自治区包括① 川藏公路风景道(四川成都、雅安、康定、巴塘—西藏林芝、拉萨),② 香格里拉风景道(云南丽江、迪庆—四川稻城—西藏昌都);贵州省包括① 乌江风景道(重庆武隆、彭水、酉阳—贵州遵义、贵阳、铜仁),② 西江风景道(贵州兴义—广西百色、柳州、荔浦、梧州—广东封开、德庆、肇庆),③ 武陵山风景道(湖北神农架、恩施—湖南湘西—贵州铜仁、遵义、黔东南);重庆市包括① 乌江风景道(重庆武隆、彭水、酉阳—贵州遵义、贵阳、铜仁),② 长江三峡风景道(重庆长寿—湖北神农架、宜昌),③ 大巴山风景道(陕西西安、安康—四川达州、广安—重庆)。第二,跨区域特色旅游功能区方面:四川省包括秦巴山区生态文化旅游区(跨省)、香格里拉民族文化旅游区(跨省);云南省包括香格里拉民族文化旅游区,滇黔桂生态文化旅游区(跨省);西藏自治区包括香格里拉民族文化旅游区(跨省);贵州省包括乌蒙山民族文化旅游区、滇黔桂生态文化旅游区(跨省);重庆市包括长江三峡山水人文旅游区。这些为未来西南地区乡村旅游的进一步发展提供了明确的发展方向。

其次,经济发展方面。西南地区的旅游收入在这一阶段表现出明显增长。西南地区各省的统计年鉴数据见表 7-1。贵州省的旅游收入在 2015 年经历了一个转折点。早期增长较为缓慢,平均每年增长率为 16.14%,而后期平均每年增长率高达 36.34%。四川省和云南省作为旅游大省,因其丰富的自然和人文景观一直以来增速较快。同样,2015 年之前,它们的增长也相对缓慢,四川省平均每年增长 30.12%,云南省为 28.30%。2015 年之后,虽然经济增长加速,但由于其旅游产业基数大,同比增速略有减缓,但名义经济增长量仍然巨大,四川省平均每年增长 1 284 亿元,云南省则为 1 981 亿元。西藏尽管面临海拔较高、交通不便等问题,但近年来政府对西藏地区铁路建设的加快也推动了其旅游业发展的稳步提速。

表 7 - 1　西南地区各省的国内旅游收入　　　　　　　（单位:亿元）

省份	年份				
	2013	2014	2015	2018	2019
贵州省	2 358.18	2 882.66	3 500.46	9 449.58	12 296.03
四川省	3 830.04	4 838.34	6 137.6	10 012.72	11 454.48
西藏自治区	157.73	194.99	271.06	473.74	540.44
云南省	1 961.55	2 516.87	—	8 698.97	10 679.51

注:表中数据来源为《西藏统计年鉴》(2020)、《云南统计年鉴》(2015、2019)、2019 年云南省国民经济和社会发展统计公报、《贵州统计年鉴》(2020)、《四川统计年鉴》(2017、2019、2020)。

值得关注的是,在这一阶段,乡村旅游的发展目标也逐步升级,开启了转型升级的时代,逐步融入了可持续发展、人类命运共同体、乡村振兴、技术赋能等重要理念。首先,可持续发展上。习近平总书记提出了“既要金山银山,也要绿水青山”,“宁要绿水青山,不要金山银山”,“绿水青山就是金山银山”的“两山”理论,突显了生态建设在乡村旅游发展中的重要性。其次,人类命运共同体上。随着 2013 年“一带一路”倡议的提出和发展,构建人类命运共同体的宏伟蓝图逐渐展开。这一倡议包括我国中西部省份和沿海发达地区,旨在向西加强与欧亚大陆的内陆国家联系,向东发展海外贸易,实现由东向中再到西的阶梯式发展。这对我国旅游业,特别是西南地区旅游业的发展具有重要的指导意义。接着,乡村振兴上。2016 年中央一号文件首次明确提出“大力发展休闲农业和乡村旅游”,这是中央“用发展新理念破解三农新难题”的新举措。同年,发布了《乡村旅游扶贫工程行动方案》,为乡村脱贫工程提供支持。

2017年,习近平总书记在党的十九大报告中正式提出实施乡村振兴战略。乡村旅游作为实现乡村振兴战略的新路径,通过优化农村产业结构,提高农民收入等方式,激活乡村资源,促进生产要素流动,推动乡村振兴。2013年,习近平总书记在湖南省湘西州十八洞村首次提出"精准扶贫"理念,而乡村旅游作为十八洞村的五大稳定产业之一,在助力乡村振兴中发挥了重要作用。2018年,十八洞村红色旅游景区接待研学考察游客近30万人次,同比增长20%;全村人均纯收入达到12 128元,同比增长19%,成了"旅游与扶贫相结合,以旅游带动脱贫致富"的典型代表。最后,技术赋能上。伴随着数智技术的发展,互联网、大数据、虚拟现实技术等被逐步引入乡村旅游发展。2017年,中央一号文件明确提出聚焦农业供给侧结构性改革,大力发展乡村休闲旅游产业。这是中央一号文件发布14年来,首次从产业角度提出大力发展乡村休闲旅游产业,乡村旅游由此也步入产业化时代。同年国家发改委等14部门联合印发《促进乡村旅游发展提质升级行动方案(2017年)》文件,提到"促进旅游＋农业＋互联网融合发展"。

2018年,我国明确提出实施数字乡村战略,进一步强调了数字化发展在乡村旅游中的重要性。2020年发布了《关于加快推进旅游业高质量发展的实施意见》,强调坚持技术赋能,深入推进旅游领域数字化、网络化、智能化的转型升级,培育发展新业态和新模式,推动旅游业的发展质量提升。这表明乡村旅游正在积极地朝着数字化方向转型升级。2023年,我国文化和旅游部印发了《"美好乡村等你来"乡村旅游数字提升行动方案》,通过内容丰富、形式多样、线上线下相结合的方式,展示乡村多元价值,推广乡村旅游新产品、新场景、新体验,探索"乡村旅游＋数字经济"的新路径,为行业复苏和乡村振兴提供新动能。在数字技术赋能乡村旅游方面,短视频、直播等方式发挥了"被看见的力量",将一些长期以来未被关注的偏远景点引入了旅游爱好者的视野。例如,抖音发起的"山里DOU是好风光"公益项目已于2022年在贵州、广西、四川等10个省份展开,覆盖了400多个县,为2 000余个乡村文旅商家提供助力,销售乡村文旅产品超过4亿元,吸引乡村旅游游客超过411万人次,带

动了旅游综合消费达 43 亿元,同时为乡村提供了就业机会,帮助农民通过文
旅就业人数达到 5.89 万人,增加了就业收入 9.74 亿元。乡村旅游的发展也
推动着美丽乡村建设,乡村面貌焕然一新。乡村基础设施更加完善,乡村环境
得到了极大改善,乡村治理也向着更加科学化迈进。尤其在数智化助力下,乡
村一盘棋发展有效落实,从实际资源出发,将乡村农业、文化、旅游、人民生活、
乡村治理等融入智慧平台之中。例如,贵州移动将农业与乡村旅游有机融合,
黔东南雷山县白岩村打造了美丽乡村"5G＋VR＋农业＋文化＋旅游"模式,
将稻鱼共生及茶叶种植等传统产业、载歌载舞的苗族风情、层层叠叠的梯田风
貌飞上"云端"①。吸引广大游客一览美景,推动特色农产品打响品牌,白岩村
的大地上正在描绘着美丽乡村的画卷。

　　总结而言,我国西南地区的乡村旅游经历了四个发展阶段,包括萌芽阶
段、筑基发展阶段、稳步发展阶段和数智化转型阶段。

7.3　西南地区乡村旅游发展问题剖析

　　在西南地区乡村旅游持续发展的过程中,涌现出多个问题,包括但不限于
生态环境改善不足、经济带动力不够、文化吸引力和影响力缺乏、经营管理滞
后等方面。值得注意的是,这些问题还会在生态、经济、文化这三个维度之间
相互交织和影响。因此,接下来我们将首先分别探讨这三个维度存在的问题
及其原因以及在三者交互的视域下进一步探讨解决这些问题的重要意义,最
后从经营管理的角度分析其需要注意的事项。

7.3.1　生态文明改善不足

　　在乡村旅游发展的过程中,西南地区出现生态问题主要包括以下三个方

---

　　① 人民资讯. 贵州移动:巧执"数智"画笔 绘就乡村幸福图[EB/OL]. (2022-11-08). https://
baijiahao. baidu. com/s? id＝17489106867889194656&wfr＝spider&for＝pc.

面的原因。首先,西南地区的生态环境较为敏感和复杂,存在多个重大生态风险,如植物资源的破坏、野生动物资源的侵害、地下水源的污染以及生态景观的破坏等(李刚等,2021)。举例来说,贵州省的喀斯特地貌地势多崎岖,石多土少,土壤容易流失且难以恢复。同时,地势容易造成涝旱问题,水资源蓄存和保持能力较差。此外,地表水与地下暗道相互连通,容易导致地下水系统的持续污染。其次,在西南地区乡村旅游基础设施建设的同时,也引发了一些环境问题,包括空气污染、噪声污染和水污染等(李莺莉、王灿,2015)。以云南省为例,乡村旅游火爆发展的这些年,重点领域污染(如水污染、空气污染等)仍然严重。伴随乡村旅游的发展,一些高原湖泊,如洱海、抚仙湖和泸沽湖等,仍然缺乏系统科学治理体系,其水质改善面临巨大挑战;空气中的扬尘控制不力,导致云南省环境空气质量波动幅度较大。出现这一现象,其中一个原因是传统旅游产品的六个要素,即"吃、住、行、游、购、娱",都离不开存在高污染可能性的基础设施建设,如交通、民宿、工业设施等。最后,一些乡村旅游项目开发过于粗放,过于追求短期经济效益而忽视了可持续的生态效益,导致了自然资源开发利用不科学和不合理,环境保护措施不力。例如,坡地的不当开垦、森林的乱伐、过度放牧、野生动物的过度捕猎以及不合理的矿产资源开采等问题(寇明婷等,2010)。综上所述,西南地区的生态环境脆弱,而不合理的人类开发活动又在乡村旅游中造成了环境污染和生态破坏等问题,因此迫切需要科学合理的乡村旅游发展规范来解决这些挑战。

7.3.2　经济带动作用不足

　　西南地区乡村旅游发展在带动经济发展方面尚不充分的原因主要有以下三个方面。首先,产业链和价值链有待进一步扩展和深化。目前,西南地区乡村旅游的产业链相对较短,缺乏精深加工和附加值较高的环节。旅游产品通常局限于农产品采摘和观光等简单体验,附加值有限,产业融合和结构升级尚未充分实现。例如,根据 2021 年由重庆市文旅信息中心和重庆理工大学联合发布的《西南地区乡村旅游大数据报告》,自然风光、历史古迹、村寨游览、农业景观与体验这五种类型的乡村旅游在西南地区累计占比高达86.8%，产业链的长度和深度都有待提高。其次，不同地区之间发展不平衡，合作不够紧密。不同地区之间相对独立发展，尚未建立良好的联动协作机制，导致未能形成合力，未能充分发挥规模效应。在旅游产品规划方面，常见问题包括旅游路线规划不够连贯，各景点之间缺乏有效衔接，导致游客停留时间较短，单位游客价值相对较低等。上述报告也指出，西南地区乡村旅游发展整体呈现出"东强西弱"的格局，其中重庆市、四川省、贵州省发展较好，而云南省相对较为薄弱。此外，即使在同一个省份内，不同地区之间也存在明显差距。根据区位理论的观点，在乡村旅游发展中，部分地区可能率先崭露头角，从而率先形成"增长极"（辛本禄、刘莉莉，2022），产生"回波效应"（将优质资源从周围相对落后的地区吸收到发达地区），从而出现地区之间发展不平衡。而"增长极"的过强优势，又进一步导致短期内无法出现足够的扩散效应（即以点带面，带动周围发展）来代替回波效应的主导位置。例如，就四川省21个地市的旅游产业发展而言，成都旅游收入达1 000亿元以上，占据全省旅游收入的32%，高出第二名乐山4倍之多，其余19个地市的旅游收入均在200亿元之下。最后，对新技术（例如数智技术）的敏感度不足。新兴商业模式如智慧农业和互联网＋旅游等为乡村旅游的发展提供了新的机遇，例如人工智能养殖业的参观体验等。然而，以往的生产技术和要素向乡村流动的过程常常耗时较长且成本较高，同时存在衰减效应。相比之下，以互联网为代表的新兴数智技术能够消弭这一差距，促进要素的流动（叶兴庆，2022）。考虑到西南地区乡村旅游发展模式仍然相对单一，对新技术的应用和引领不够充分。因此，抓住新兴技术，创新乡村旅游发展模式对于西南地区的发展至关重要。

7.3.3 文化影响力与吸引力缺乏

西南地区乡村旅游文化影响力与吸引力缺乏的主要原因包括以下两个方面。一是文化定位缺乏独特性。在乡村性、民族文化特色以及有形展示（Physical evidence）方面尚有欠缺。乡村旅游的主要目标客户群体是来自城市的游客,其渴望体验乡村的宁静和田园风光。然而,部分西南地区的乡村旅游项目在追求提升游客体验时,过于强调基础设施的现代化,不自觉地损失了乡村性的特质。此外,西南地区是我国主要的少数民族聚居区,拥有多元化的民族文化资源。据第六次人口普查数据,全国 55 个少数民族,均在西南地区有常住统计,如布依族、傣族、傈僳族、苗族等,民族多样化显著。然而,目前一些项目趋于雷同,缺乏差异化的定位和宣传,未能充分发挥各民族资源的特色禀赋优势。例如,在云南大理,部分开发者复制成功模式,建造人工景点,导致了建筑风格的同质化,未能体现出民族文化的特色(蔡铭,2012)。最后,部分旅游服务人员缺乏专业化培训,在民族特色文化、乡村文化传递的过程中缺少有形展示,这也使得游客未能真正沉浸其中,难以充分理解、认同并传承文化精神,降低了文化的影响力。二是文化遗产开发不充分,旅游资源未能有效与当地其他资源融合。西南地区独特的地理、气候与民族特征孕育了丰富的农业文化遗产、民俗文化和红色文化等,具有巨大的开发潜力(张琳等,2021)。但目前西南地区上百个"全国乡村旅游重点项目",许多只是简单的产品堆砌,对文化遗产精准挖掘不足,未能借助自身的文化优势来打造独特的定位与氛围,这使得这些项目缺乏核心竞争力和可识别性,从而降低了文化的吸引力。例如,广西壮族自治区崇左市中越边境县拥有丰富的民族民俗文化资源,但未能进行深度挖掘和精品打造,也未能与当地的旅游项目充分融合。因此,游客除了观光,无法深入体验当地的民俗文化和民族特色,这在一定程度上影响了边境旅游业的提升和发展(耿桂红、张丽君,2017)。

7.3.4　生态、经济与文化的交互

在中国特色社会主义新时代,我国社会主要矛盾已经转化为人民日益增长的美好生活需要和不平衡不充分的发展之间的矛盾。为实现乡村旅游的高质量发展,需要紧密贴合乡村振兴的总体要求,充分发挥生态、经济和文化效益之间的交互统一效应,最终实现治理有效、生活富裕,带动整体的乡村振兴。因此,本研究创新提出了乡村旅游发展的新模式框架,即"三位一体"模式(详

见图 7 - 2)。

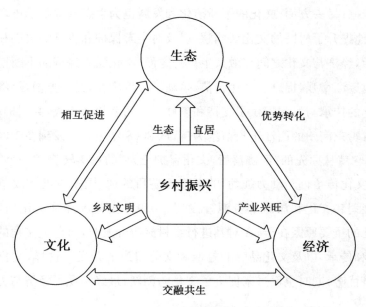

图 7 - 2 "三位一体"发展新模式框架图

"三位一体"的发展新模式包括三个部分。首先,生态优势与经济优势之间互相转化。一方面,西南地区的乡村拥有独特的生态资源优势,例如四川省南充的亚洲候鸟迁徙栖息地农业公园,云南省的普洱茶园、贵州省的荔波喀斯特世界遗产地、重庆市的川河盖旅游景区、西藏的布达拉宫等。通过依托这些生态资源优势发展乡村旅游业,可以促进劳动力和资源等生产要素的快速流动,推动经济发展,实现资源优势向经济优势的转化。另一方面,经济发展为生态文明改善、乡村环境治理等优化生态资源的举措提供了强大的资金支撑。在乡村旅游带动下,经济发展越来越好,生态文明和环境也逐渐改善,形成了正向循环。

其次,生态与文化发展相互促进。特色生态资源通常与特色文化紧密相连。以云南省腾冲市银杏村为例,这个地区不仅拥有广袤的银杏林生态景观,还以银杏为文化创意的核心,打造银杏文创IP,孕育了独特的"银杏文化",其中蕴含着长寿、幸福等美好寓意。一方面,生态资源成了文化活化的重要有形展示和依据;另一方面,文化的不断演化和发展也为生态资源赋予更多精神价值,极大地提升了村民的文化认同感,以及对生态保护和改善的决心和动力。

最后,经济与文化之间交融共生。一方面,文化随着经济的不断增长凝聚力作用也逐渐增强,提升了文化自信,拉动了经济增长;另一方面,经济的繁荣也为文化的传承与发展提供了支持和条件。这两者相辅相成,共同推动发展。以贵州省黔东南州的西江千户苗寨为例,从 2008 年正式开发到 2018 年,短短10 年内,它就从原先的"经济落后,文化保护乏力"的村落转变成一个"经济繁荣,民族文化传承创新动力强劲"的乡村旅游目的地(国家发展和改革委员会社会发展司和文化和旅游部资源开发司,2019),实现了经济文化的双繁荣。这一转变的重要原因在于,在对其进行乡村旅游开发时,对苗族文化的深度挖掘、活化和传承,以及文化品牌的打造和文化遗产的开发。这样,文化优势转化为经济优势,同时也反过来促进了文化的创新,最终实现了经济与文化的融合共生。

7.3.5　数智化管理水平有待提高

随着西南地区乡村旅游的发展,其在经营管理上的相对滞后,并没有充分发挥数智化技术的作用,主要体现在三个方面。首先,乡村旅游的经营模式创新不足。大多数西南地区的乡村生态旅游经营者都是当地农民投资和经营的微型企业或个体经营者。特别是在重庆和贵州等地,乡村旅游微型企业占据主导地位,但它们采用的经营模式通常是自发、分散和粗放的小农个体经营方式,管理方式相对传统且滞后(蔡铭,2012)。对于效率更高的数智化、网络化经营的方式采纳不足。其次,乡村旅游领域缺乏专业性的数智化经营管理人才,同时也面临数智化设施和技术方面的不足。随着乡村旅游的转型升级以及各种创新的数智旅游产品不断涌现,对具备数智化技能的乡村旅游人才的需求逐渐增加。然而,目前专业性的、掌握数智化技能的经营管理人才,在供给方面存在层次失衡的问题,这制约了乡村旅游的高质量发展(周效东,

2022)。最后,乡村旅游的数智化品牌建设相对薄弱,宣传渠道局限,对于大数据分析、精准营销推荐等使用较少,平台建设尚不充足,无法发挥乡村旅游的品牌影响力。甚至多数乡村旅游仍处于"无规模、无品牌"的双无状态。同时,由于生产者的品牌意识较弱,又缺少数智平台对品牌的实时监管,难以实现数智标准管理,致使部分旅游服务和产品的质量参差不齐,这可能对本地乡村旅游的可持续发展和深度开发造成了一定的损害。

7.4 对策建议

7.4.1 乡村资源的数智化开发利用,构建良好生态发展体系

按照可持续发展理论,乡村旅游的发展必须考虑到长期利益,不能以损害后代利益为代价来满足当代人的需求(张朝枝、杨继荣,2022)。这不仅要求西南地区在设计和开发乡村旅游产品服务时,重视生态保护和环境治理,还需要创新乡村旅游的发展方式。结合大数据平台管理、用户需求智能分析,数智化技术可以帮助西南地区开拓开发思路。例如,可以依托其丰富的生态资源,打造新兴的、对环境承载压力较小的旅游模式,例如康养旅游等。通过从供给侧到消费侧全方位开发,创造生态友好的乡村旅游模式,以满足游客的需求。以成都市的"五朵金花"(即成都市锦江区三圣乡的花香农居、幸福梅林、江家菜地、东篱菊园和荷塘月色)乡村旅游为例,李莺莉和王灿(2015)的研究探讨了它们成功进行生态转型的经验,并验证了合理利用自然资源、污染防治以及将田园风光与艺术创作相结合等方式的有效性。总结而言,本研究认为,建立良好的乡村旅游生态发展体系可以从供给侧和需求侧两方面入手。

首先,供给侧角度。西南地区在开发乡村旅游的过程中可以采取以下措施:一是因地制宜地规划和建设景观,开发多元化旅游产品,同时要注重保护生态资源,包括野生动植物、群落完整性、土地和水资源。例如,贵州是全球喀斯特地貌发育最典型、最复杂、景观类型最丰富的地区之一,因此贵州在旅游开发中明确定位了自身的特色优势。多年来,在尊重和保护自然的前提下,贵

州充分挖掘各种喀斯特旅游资源,成功开发了梵净山、黄果树瀑布、万峰林等著名的喀斯特旅游景区,其中包括瀑布、溶洞、山谷、湖泊、温泉等各类自然景观。二是实施合理规划,特别是关注后期的乡村公共环境卫生治理。例如,对于西藏牧业地区,需要制定生活垃圾清理和生活污水排放管控等规定,以确保生态环境的保护。更为重要的是,根据不同地区的资源禀赋,集约开发和创新生态旅游产品。例如,贵州省可以发挥其"天然氧吧"的优势,开发与乡村旅游结合的康养、养老和田园养生等新型旅游模式,让游客可以沉浸体验"洗肺吸氧游"。再比如,贵州省江侗乡稻鱼鸭复合系统,可以通过开发展览馆等方式,既实现了对农田生态的保护,又为农民提供了增收的机会,实现了价值共创的目标。此外,通过构建数智化系统平台,实现旅游产品从开发到使用全过程的数智监管,有助于保护生态。

其次,需求侧角度。旅游作为一种服务业,拥有服务的易逝性特点,即服务资源难以储存、转售。因此,面对旅游淡旺季,可以考虑通过创新业务形式实现人口分流,比如春季发展鲜花游,夏季发展避暑游,秋季发展温泉游,冬季发展冰雪游等。这样不仅有利于缓解短期旺季游客暴增的生态压力,还会提高淡季的村民收入。同时,借助数智化系统平台,进行游客大数据分析和游客需求预测,借助数据力量,智能实现淡旺季平衡。

7.4.2　形成产业链融合、跨区域协作、数智赋能的经济模式

针对目前我国西南地区乡村旅游经济发展所面临的三个问题,即产业链亟待拓展、各地区发展不平衡以及对新技术敏感度不足,本研究提出以下三项有针对性的建议,包括全产业链融合、跨区域协作以及数智赋能。

首先,全产业链融合。全产业链融合是指将乡村旅游业与一、二、三产业进行有机融合,以实现一加二大于三的协同效应。乡村旅游是一个涉及了第一、第二、第三产业的综合产业,充分利用这一复合特性,可以有效推动全域乡村旅游的发展。第一产业方面,可以通过建设示范农庄、田园综合体等农旅一体化的体验方式,将乡村旅游与休闲农业深度结合,提升价值链,让游客获得

更沉浸的体验。此外,可以采用创新的营销方式为农业赋能,如认养一棵猕猴桃树等活动,以农产品为基础,为农民提供额外的收入来源。同时,品牌建设也至关重要,通过打造特色农产品区域公用品牌,如云南普洱茶等,力争实现"三品一标""国家地理标志保护产品"等认证,以塑造高品质农产品的形象,实现"绿色、无公害、有机"的品牌联想。第二产业方面,可以延伸产业链,进行农产品的深加工,提高附加值。例如,发展农产品的衍生产业、加工业以及旅游纪念品的制造业等。同时,可以依托科研和科技的力量,借助对口帮扶的方式,推动科技创新,实现农产品的深加工和附加值的提升。例如,南京农业大学与贵州麻江县卡乌村合作,在打造菊花基地作为旅游目的地的同时(如"种植一片花海、泡好一杯花茶、品尝一桌花宴、研究一副花药、观赏一台花赋、酿位一壶花酒、展现一室花韵"的"七个一"工程),还开发了与菊花相关的深加工系列产品,如菊花沐浴露、洗发水等,实现村民利益共享。第三产业方面,可以将乡村旅游与酒店、医疗养护、信息技术和文化产业相融合。例如,改善乡村住宿条件,打造具有民族特色的民宿,培育医疗养护等新兴经济增长点,提高乡村旅游的吸引力,促进口碑传播,提高"复游率",打造忠诚度。同时,通过互联网传播和社交媒体平台,将旅游信息传播给更多游客,提高知名度。此外,挖掘当地文化特色,如侗族的诗歌艺术、苗族的传统节日和特色服饰,通过可视化的文化表现形式,如结合虚拟现实的元宇宙空间,展示地方特色,提升美誉度,最终实现以旅游推动产业融合的目标。

其次,跨区域合作。鉴于西南地区乡村旅游发展存在区域协调性不足的问题,本研究提出两点建议以改善这一情况。第一,可以充分发挥城乡之间的合作潜力,创建"环城游憩带",促进城乡之间要素的自由流动,发挥城市的"溢出效应"。这与《"十四五"旅游业发展规划》中提出的城市居民"微度假"和"微旅游"的理念相契合。第二,可以开发联合旅游线路,加强区域间的协作和互补,发挥规模集聚效应。通过点、线、面结合的方式,优化旅游资源布局,形成有效的旅游梯队。可以借势于部分西南地区的强势乡村旅游景点,实行联合线路开发,并采用捆绑式营销策略,以实现各地之间的联动和协同发展的新格局。例如,《"十四五"旅游业发展规划》提出了加强"三区三州"旅游大环线的建设,包括"优化提升丝路文化经典线、边境极限体验线、滇藏茶马古道寻踪线、大香格里拉人间乐土线"等。这一旅游大环线跨足四川、云南和西藏自治区,涵盖了众多知名的自然和人文景点,如滇池、九寨沟、大熊猫栖息地、羌族刺绣、藏戏等。从需求侧的角度看,这一举措无疑满足了游客升级的需求,扩大了游客在西南地区游玩的时间、范围和深度。此外,在不同地区之间形成合理的旅游景点梯队,有助于培育和疏导部分地区的"增长点"。根据区位理论,这对于增强"扩散效应",减轻"回波效应"的负面影响具有重要价值。

最后,数智赋能。早期的数字技术和数智技术的引入,多是体现在门票管理和游客数量统计上。比如贵州麻江县卡乌村的菊花景区在 2021 年进行了智能化票务系统引入,实现数智化数据分流,升级为智慧观赏景区。在当前形势下,发展在线旅游、智慧旅游成为不可逆的大势。利用人工智能、大数据、5G、云计算等技术来培育西南地区乡村旅游示范区,对于吸引新游客、提升现有游客体验和延长旅游产品生命周期具有至关重要的意义。吸引新游客上,西南地区的乡村旅游业应紧抓社交媒体发展浪潮,借助短视频、直播等助力,以第一视角生动地讲述乡村故事。值得一提的是,《2021 年旅游助力中国乡村振兴研究报告》指出,短视频平台具有的流量,不设限的内容创作与分享,已经实现了特有的在线旅游交易的闭环:"内容＋KOL＋宣传获客＋预订"。提升现有游客体验上,小到提供全覆盖的 Wi-Fi 信号,大到利用 AR 增强现实、VR 虚拟现实等新技术进行数字化展示,让游客在互动中沉浸式体验自然风光和当地文化。这些将共同塑造游客的旅游体验,形成印象深刻的记忆点。延长旅游产品生命周期上,可以不断学习更迭的新技术,并与乡村旅游结合,实现旅游产品内容的不断更新。例如,通过 AR 和 VR 技术提高文物的真实感知,以及机器人表演等新型体验,可以在一定程度上减轻游客对于相似旅游项目产生的厌倦情绪。近年来,西南地区已经涌现出一系列融合技术的乡村旅游产品,如 2020 年推出的"想去乡游"小程序,为游客提供了全国范围内的乡村旅游路线推介、景点介绍以及"云观赏"等一系列活动。其中涵盖了 121

条西南地区的精品旅游路线,包括四川 38 条、西藏 11 条、云南 28 条、贵州 26 条和重庆 18 条。该小程序精准细分了不同类型的顾客群体,提供了自然风光、亲子旅游、健康养生、休闲度假、采摘体验和特色民宿等六种可供选择的推荐类别,为潜在的旅游者提供了有价值的参考信息。此外,通过 5G 和物联网技术,中国移动在云南省建立了勐巴拉雨林数字小镇;手机 APP"游云南"提供了拍照识花、寻找厕所、景点直播等多项人性化功能。这些举措为未来西南地区乡村旅游发展的新方向提供了有益的指导。

7.4.3 树立差异化民族文化特色定位,数智化传承文化遗产

根据市场营销学的定位理论,只有通过差异化定位植入消费者心智,占据消费者的心智阶梯,品牌才能够拥有核心竞争力。因此,要实现西南地区乡村旅游的特色发展,逃离与其他竞争者的同质化竞争,首要任务是充分借助各地区的民族特色文化和悠久历史传统,发掘文化遗产的全新价值和内涵。

首先,文化定位上。通过保留乡村性,突显民族和民俗文化特点,挖掘独特的文化基因,并提高文化有形感知的组合拳,在全过程中借助数智化赋能,有助于实现差异化。具体而言,有以下三点:一是保留乡村性。乡村旅游的核心是质朴天然的乡村生活方式和人们的"乡愁"情感寄托。可以通过打造慢生活、田园生活、舒压、原生态休闲等方式吸引城市目标游客群体。依照自身的资源禀赋,打造核心竞争优势。例如,2019 年国家发改委和文旅部共同对乡村旅游典型案例进行了汇编,并划分为乡村民宿带动、民俗文化依托、景区发展带动、生态资源依托、田园观光休闲和旅游扶贫成长六大类型。其中,四川省绵阳市安州区以"看得见山,望得见水,记得住乡愁"为口号,《西游记》拍摄地白水湖、安州山歌会、非遗展示等系列"乡愁"文化活动广受游客青睐,并成功入选田园观光休闲类案例。二是要突显民族和民俗文化特色。将本地特色文化与旅游业以及其他产业相结合,创造特色标签和独具特色的"拳头"景点,形成知名度。例如,入选民俗文化依托型案例的四川省成都市安仁古镇,因其丰富的博物馆历史资源,专注打造文博文创特色文化,被誉为"中国博物馆小

镇"。未来,还可以与企业合作,借助企业成熟的媒介和渠道进一步扩大知名度,让游客更深入地了解当地的风俗文化,吸引新的潜在游客。例如,旅游纪念品乃至园区打造等都可以考虑与拥有中国传统文化打造运营经验的企业进行合作交流。开头的枫香印染的案例,也可以成为贵州麻江县河坝村乡村旅游发展的文化符号和引擎。例如,可以考虑借助乔纳森·伯格在其著作《传染:如何让别人接受你的想法、产品或理念》中提出的STEPPS传播模型升级枫香印染的品牌传播建设,即"诱因、社交货币、故事叙述、情绪、公共性和实用价值"。三是要提升文化的有形感知。通过创建文创IP、推出相关手信产品、艺术作品等,以有形的方式传递特色文化内涵,实现情感共鸣。根据本地特色民俗文化打造文创IP,例如在广西地区广泛传扬的《百鸟衣》故事,可以创造与故事相关的"鸟"的文创IP,制作相应的各种饰品、十字绣、服装等,并开发体验性、参与性、互动性高的DIY活动。此外,在合理范围内鼓励文化的二次创作,如民族特色仿妆,通过互联网平台传播口碑,扩大文化的影响力。数智化作为手段可以帮助实现上述三项内容的建立、发展与传播。同时,通过元宇宙等虚拟空间,可以实现文化定位的跨时空传播,接触更多新兴游客群体。

其次,文化遗产挖掘上。在特色文化遗产的深度挖掘与传承方面,需要借助数智化的技术手段,同时可以借鉴乡村文化遗产旅游的ASES模型,该模型指出好的文化遗产旅游开发需要具备原真性(Authenticity)、舞台化(Stage)、体验性(Experience)和可持续性(Sustainable)(邹统钎,2008)。因此,西南地区乡村旅游项目在进行文化遗产开发时,可以遵循ASES模型的要求,基于其独特的非物质文化遗产、村落历史、红色文化等元素,联合打造品牌和推动产业发展。例如,云南红河的特色农耕文化,重庆历史文化名村寨山坪村以及四川省泸定桥旅游景区等地可以充分挖掘自身特有的文化资源。此外,国务院发布的《"十四五"文化产业发展规划》指出了西南地区特色文化的重要方向:"成渝地区双城文化产业群,建设巴蜀文化走廊,推动川剧、川菜、蜀锦、蜀绣、石刻等非物质文化遗产的保护传承,培育优势集群"和"西南民族特色文化产业带,突出西南少数民族文化活态化展示、利用和融合发展,打造各民族交往交流交融的民族特色文化产业集群，加强茶马古道文化遗产挖掘"等。这些规划不仅为西南地区乡村旅游的文化挖掘提供了方向，也强调了"民族文化串联"的潜力。也就是说，在发展特色文旅产业的同时，可以考虑各地区之间的有机整合，通过规划统筹旅游路线，考虑打造类似于欧洲十天十国游的文化旅游休闲农业。例如，近年来，重庆各地正在积极发展乡村旅游，将乡村风光、现代农业和乡土文化等实现有机融合，以促进乡村生产、生活和生态的全面发展。然而，尽管其提供了种类繁多的选择，但知名度不高，存在景点分散、游客数量少、逗留时间短、经济效益低等问题。因此，重庆市武隆区采取了整合策略，将生态资源相似的地区就近纳入仙女山、白马山等四个旅游带，作为四条"旅游黄金廊道"，再通过"旅游＋"布局高山蔬菜、有机茶叶、特色林果、中药材等产业，以大旅游带动乡村旅游，把景点有效串联起来，用一条廊道带"火"一座山，实现由各自为战、条块分割向一体化、集约化的大旅游转变。而在挖掘后的文化传承方面，可以通过创新旅游产品形式以及活化文化遗产的方法来延续发展文化遗产。例如，结合科普教育、研学教育、民俗风情体验等新型乡村旅游发展模式，创新盘活文化遗产的路径。例如，四川丹巴乡村深度体验民宿、贵州千户苗寨露天博物馆等，以唤醒悠久的历史文化遗产。需要格外注意的是，在上述 ASES 的模型中，数智化的技术手段对于文化遗产的保护、留存、规整和整合分析具有重要价值。不仅可以通过遗产数智化，加大对遗产的保护力度，让文化遗产"存下来"，更可以通过与元宇宙、虚拟现实等新兴技术结合的方式，实现"破圈"，让文化遗产"活起来"。

7.4.4　健全数智化管理机制，以数智链路提升品牌传播效应

首先，健全数智化管理机制，提升服务质量。旅游的核心目标是追求美好的生活体验，因此，必须不断完善数智化相关基础设施建设、规范管理服务，并构建完备的标准体系以满足游客的新需求。面对乡村旅游需求的不断升级，供给侧需要不断探索创新经营模式。例如，贵州省铜仁市江口县，尝试建立了"园区＋龙头企业（合作社）＋家庭农场（农户）＋基地"等多种模式，通过构建

乡村旅游的"联合体",扩展富民产业链,强化产业带动和辐射效应。另外,在短时间内改变乡村旅游从业人员的素质和结构可能较为困难,数智化引入教育培训也大有裨益。因此,一方面,可以着手提升乡村旅游从业者的服务意识和服务能力,以提高他们的综合从业素质。如可以利用网络资源,开展线上培训,为乡村旅游从业人员提供在线学习机会。2020年,农业农村部就开展了"云教学"和"云培训"等线上学习和交流活动,涵盖了乡村休闲旅游政策、规划、创意、管理等领域的业务知识。文化和旅游部也已连续六年举办了36期乡村旅游村干部和带头人培训班,培训人次超过8 000。在这些培训中,还特别设置了电子商务类课程,重点培养乡村旅游从业者的电子商务技能;另一方面,可以考虑招聘引进专业人才,与旅游企业、院校和相关机构合作,共同为乡村旅游发展出谋划策(周效东,2022)。

其次,注重品牌打造。一个卓越的品牌,往往需要具有旅游产品服务的独特性和消费者的高度认可,品牌建设已经成为占领乡村旅游市场制高点的关键因素。因此,为了打造乡村旅游的"金字招牌",必须不断完善自身,将品牌作为纽带,连接供需双方,在全国甚至国际市场上树立特色品牌形象,形成竞争力和吸引力。例如,重庆市武隆区紧密围绕"梦想家园·心栖武隆"乡村旅游品牌,整合了乡镇和相关企业的资源,通过强化"节会宣传",开展了丰富多彩的乡村旅游节庆赛事活动,包括庙垭油菜花乡村旅游季、梓桐金银花节、大洞河"印象武隆·幸福铁矿"乡村旅游季等。这些活动吸引了大量游客前来参与、体验,深度感受武隆,在互动中提升了武隆乡村旅游品牌的知名度、影响力和美誉度。

最后,挖掘独特文化基因,打通数智营销传播链路。乡村旅游的传播方式也需要与时俱进,结合数智技术,拓宽传播路径和方式。过去,城市宣传片被央视播出就可以视为成功的标志。然而,如今仅仅依赖自上而下的宣传力量早已不够,需要上下结合、内外联动来营造声势,对于非传统热门旅游目的地更是如此。例如,据 36 氪转载①,位于贵州省黔东南苗族侗族自治州的榕江县,在 2023 年凭借"村超"这一民间体育和旅游 IP 蓬勃发展,火速"出圈",成了榕江甚至整个贵州的新名片。除了政府的支持和球迷的宣传,短视频等社交媒体传播对这一事件的发展也起到了重要的推动作用。全县共培育了超过 1.2 万个新媒体账号和 2 200 多个本地网络直播营销团队,这些都成了"村超"传播的重要"基础设施"。在短短两个月内,"村超"就在互联网上掀起了多次流量高潮。政府、当地居民、外地游客、短视频平台等形成了多层次的内容制作和传播链路,依靠标志性事件、新奇的体验和特殊的生活方式,在互联网上吸引了大量关注。此外,在乡村旅游的传播中,还需要当地政府的积极探索和大胆尝试,正如淄博烧烤在 2023 年五一假期的火爆"出圈",背后是淄博文旅局新奇多样的创新举措。因此,管理部门需要有感知市场变化的敏锐眼光,积极与网络上优质口碑的"KOL、KOC"进行合作宣传。例如,美食博主"盗月社食遇记"走遍城市的每个角落,探寻最地道的本土美食,以美食为窗口展示当地的文化风情。其"包邮区最能吃辣的城市"活动登上了热搜,也让衢州这座城市有了更多的名气。而衢州政府也在举办城市推介会上邀请其参加,恰到好处地借助优质的网络势能实现了知名度和美誉度的提升。

---

① 36 氪.「村超」启示录:成为淄博,再造榕江[EB/OL].(2023 - 08 - 26). https://mp. weixin. qq. com/s/GzErHSiM-ERUeD8cIRQnsQ.

8 促销形式对消费者及产品的影响研究[①]

随着乡村振兴战略的全面实施,发展农村经济的新业态、新模式不断涌现,而以互联网为载体的电子商务更是飞速发展。"互联网＋"已经成为经济发展的一种重要媒介,为我国许多行业提供了重要的技术支撑(杨红萍,2018)。在农产品的生产与运营方面,"互联网＋"的运用尤为重要。接触网络的农民收入远高于未接触网络的农民(刘建鑫等,2016),农产品电子商务对农民收入的增加起到了重要作用(颜强等,2018)。例如,据人民资讯报道[②],自2015年以来,"云南省宾川县就大力培育、发展农村电子商务产业,吸引年轻人返乡创业,做主播、帮带货。截至2021年底,累计培植电子商务企业78户,在电商平台开设店铺2 990个,微商3 000余人,上线销售农特产品突破百种,农产品上行交易日趋活跃,全县农产品网络零售额达2.09亿元"。

目前,运用互联网和社交媒体(例如:电商、网络直播等)进行农产品促销,助力农村经济发展逐渐成为一种主流模式。许多农商农户也开始主动借助电子商务和社交媒体平台进行销售与推广。除了淘宝、拼多多等综合电商平台,近年来还涌现出例如菜送千城、一亩田、惠农网等专业农产品电商平台,农产品商家可以借助此类电商平台,向消费者展示并销售自家的生鲜农产品。此

---

① 本章节主要内容源于本书作者杨璐、黄韬慧及合作者们:Yi-Chun (Chad) Ho和林志杰发表在期刊 *Information ﹠ Management* 2019 年第 56 卷的文章"Is online multiple-stores cooperative promotion better than single-store promotion? Misprediction from evaluation mode",引用请注明。

② 中华人民共和国中央人民政府.各地加快推进农村电商发展——让农产品"种得好"也"卖得火"[EB/OL]. (2022-03-15). https://www.gov.cn/xinwen/2022-03/15/content_5679035.htm.

外,根据《2021年抖音三农数据报告》,短视频、直播带货也成了乡村"新潮流"。在抖音、快手等短视频平台上,可以看到不少宣传优质农产品的短视频创作者。例如,据丹阳市农村产权交易中心网站新闻报道,"何小花的北大荒生活"的视频创作者辞职后回到老家。"针对当地农业资源丰富但农产品销售困难的情况,她用抖音记录家乡的美景和特产,为包括大米在内的当地农产品打开了市场。大米订单从曾经的每天1 000单变成了3 000至4 000单,最多时达到1万单,土地种植面积扩大到了4 000亩。"①此外,也有许多农商借助直播的形式,使用户能展开即时互动和"现场观摩",从而在顾客和产品之间架起沟通的桥梁,给消费者带来更加直观的购物体验。例如,在2022年长春农博会上,主办方直接将农产品、家禽产品的生产基地做成"直播间",如蔬菜大棚和养殖场等,直接展示销售农产品,收获了不少关注。上述或电商或社交媒体促销的方式,不仅减少了农民的营销成本,而且也进一步打开了农产品的销售市场,拓宽了线上销售渠道,提高了销量,为农民谋取了更多的利润。与其他商品一样,在加入电商平台后,农产品也会选用一定的促销形式来增加销售额或提升知名度。

　　然而,现阶段农产品在实施电商促销时面临着许多挑战。一方面,农产品企业的传统营销模式更习惯于线下交易情境。同时,农产品生产者互联网信息相关专业知识不足,制约了农产品网络促销策略的落实(郑建辉、任玎,2016)。此外,部分农产品季节性较强、易腐烂,需要在短期内尽快销售。这些都使得了解合理有效的农产品电商促销知识具有重要意义。而促销,作为营销4P组合策略中的重要一环,在市场竞争日益激烈的背景下,被越来越多的营销者采用,决定促销的正确时机、提供何种降价以及使用何种促销手段,则是商家关心的基本问题(Baardman et al.,2019)。

　　但是,如何有效地安排促销活动,无论在理论上还是在实践中,都是一个复杂且具有挑战性的问题。目前,许多供应商、零售商仍主要根据直觉、经验

---

① 丹阳市农村产权交易中心. 陈秋分:短视频、直播助力农产品实现"优质优价"[EB/OL].(2022-03-04). http://dy.jsnc.gov.cn/xwzx/xwdt/2022/03/04100403762.html.

等来做出决策。先前关于促销的研究表明，零售商的促销决策可以改变消费者的行为，如促销类型（Darke & Chung，2005）、折扣框架（Chen et al.，1998；Grewal et al.，1996）和价格信息的视觉设计，如原价和现价之间的空间距离、价格数字的颜色等（Coulter & Norberg，2009；Puccinelli et al.，2013）。然而，这些研究主要集中在商家主导的单独促销上，对平台主导的联合促销关注较少。随着农产品在电商平台的日益兴起，许多平台也陆续举办大型的农产品促销活动。例如，拼多多的"多多丰收馆"，"京东农特产购物节"以及阿里的"丰收购物节"等。因此，本研究从常见的促销手段出发，探究单独促销和联合促销这两种基本的促销形式对产品品牌以及消费者评价的影响。研究结论可以指导农产品商家有针对性地改变销售策略，提高促销的有效性、农产品的销量以及消费者的喜好度和满意度，以推动农产品线上销售的快速、良性发展，为乡村振兴做出更大贡献。

8.1 相关理论

8.1.1 单独促销和联合促销

（1）概念内涵

关于促销的定义，目前在营销学领域尚未出现定论。广义的促销定义为广告工具、人员推销、营业推广和公共关系的特定组合，用于实现其营销和广告目标（Alexandrescu & Milandru，2018）。狭义上，促销则多指价格促销，例如，Laroche 等（2001）认为促销是通过短期的价格刺激，促使消费者更多购买。韩睿（2005）指出促销，又称销售促进，是指企业通过提供各种短期诱因（如打折、买赠、优惠券等），促进销售增长的一种营销手段。

促销是最常见的商家用来吸引新顾客、增加销售额以及提高顾客评价的方式。例如，传统超市行业通常会通过降价、将产品摆放在过道尽头、在过道陈列货架上专门为某些产品做宣传广告、发放传单和播放视频广告等方式来获取更高的利润（Baardman et al.，2019）。在电子商务领域，追求新的促销策略来提高销售额以及市场份额的趋势越来越明显。近年来有不少学者研究在线促销手段,如返现促销(Ho et al.,2017),基于位置的移动促销(Fang et al.,2015),以及价格促销(例如提供优惠券)和口碑之间的交互关系(Lu et al.,2013)。这些促销策略都属于单独促销,单独促销即平时大众理解的促销,例如单个品牌独自进行促销。

同时,与单独促销相比,联合促销策略近年来也很受商家欢迎。联合促销是指一个以上的品牌共同参与某一促销活动的行为,同时也被称为伞式促销(Varadarajan,1986)。在联合促销中,多个品牌会在特定的情形下同时进行促销,消费者可以在多个品牌中挑选商品,例如双十一购物节或618大促(Chen,2014)。对于联合促销的研究,大多集中在通过描述性的方法手段。例如,Crawford(1970)定义了联合的性质与目的,并提出了实施联合促销的六种具体方法。还有研究人员从渠道管理的角度来理解联合促销。Gu等(2010)研究了如何通过同行经销商的促销参与情况激励商家参与联合促销。Karray(2011)研究了联合促销在不同渠道结构(即集中型与分散型)下的有效性,并发现有利于联合促销盈利的市场条件为:当所有零售商都是分散型或集中型,或者当一个零售商是集中型,其竞争对手是分散型。此外,关于联合促销,也有学者从价值链角度出发,认为其既包含渠道上下游的纵向联合促销,如企业与生产商和其他渠道成员进行合作;也包含企业内部产品或品牌之间的横向联合促销,如不同品牌间的合作促销活动(王国才、陶德鹏,2009)。

(2)促销对消费者的影响

促销对消费者感知及行为具有经济和情绪两方面的重要影响,会刺激引导消费者需求。Shoemaker(1979)证明了价格促销会刺激购买,Lichtenstein等人(1990)的研究验证了促销会让消费者感知到划算程度升高。Peattie和Peattie(1994)提出促销对消费者行为具有直接影响,如改变购买时间、更换品牌、增加购买等作用。原枫柏等(2017)分析了价格促销对消费者绿色农产品购买意愿的影响,认为折扣促销与赠品促销对消费者的绿色农产品购买意愿具有积极影响。促销除了会直接影响消费者购买相关行为,Chandon等

(2000)的研究证明了价格促销还会通过改善消费者的情绪,带来诸如开心、愉悦等情感,以此影响对促销商品的评价和购买意愿。因此,促销除了给消费者带来经济上的利益,使消费者感觉划算程度升高,刺激消费者购买,也对提升消费者情绪产生了一定的影响,两者结合起来,共同使得促销对消费者的态度及行为产生作用。

　　然而,价格促销有时更像是一把双刃剑,也可能给消费者的产品感知带来不利的影响。Blair 和 Landon(1981)验证了消费者对价格折扣的感知远远低于商家实际折扣所期待达到的效果。简而言之,消费者在对价格折扣的认知上有时会大打折扣。此外,Kamins 等人(2009)的研究还验证了免费或降价的商品会使消费者之后对该商品的支付意愿降低,致使商品出现"贬值"。Palmeira 和 Srivastava(2013)通过研究证明,消费者可能会从商家的免费或降价的促销行为中推论产品价值不高,从而使消费者降低对降价商品的价值感知,并可能出现错误归因,如降价是因为商品自身的缺陷,使得消费者形成对该商品的不利态度。

　　与单独促销相比,消费者对联合促销的态度的实证检验较少,结果尚不清晰。一方面,联合促销在成本效率、促销效果和提供更多产品选择等方面(Varadarajan,1985),对消费者产生了积极影响;另一方面,其也可能造成负面效果。例如,不同品牌之间更为激烈的竞争(Gijsbrechts et al.,2003)。虽然联合促销在实践中很受欢迎,供应商也常常试图通过联合促销(Hauser & Urban,1979;Mulhern & Padgett,1995)来增加"店铺流量",但供应商对联合促销的热衷是否合理,联合促销是否真的比单独促销更能获得消费者对产品的积极评价,这些问题有待进一步研究。实际上,这些结论也将具有重要的实践价值,因为供应商对消费者偏好的错误预测可能会阻碍他们采取更有效的促销方案。因此,本章的重点是从供应商和消费者的角度分别来看消费者会如何评估联合促销和单独促销中的主打产品。

8.1.2　交易效用理论

效用是影响消费者产品评价的重要因素。具体而言,产品评价是包含多个效用维度的函数,这些维度在不同的情况下起作用。不同研究者已经建立起了包括不同效用维度的框架。例如,Sweeney 和 Soutar(2001)提出了一个包括情感、社会和功能效用的框架;Thaler(1985)则建立了一个包括获得效用和交易效用的框架。其中,交易效用理论(Transaction Utility Theory; Thaler,1985)是被用于解释消费者行为的最广泛的方法,尤其当涉及优惠券(如 Lichtenstein et al.,1990)或价格折扣(如 Inman et al.,1997)等促销活动时。交易效用理论重点关注两种类型的效用——获得效用和交易效用。即消费者对产品的评价取决于他/她们感知到的获得效用,交易效用,或两者兼而有之。

其中,获得效用是指与获得产品相关的净收益,可以通过从购买产品中所获得的消费收益减去其购买价格来计算(Cai et al.,2016;Thaler,1985)。它受到购买产品所产生的积极消费收益的正向影响,以及产品售价的负面影响。因此,在给定的购买价格下,当消费者感知产品质量更高时,其感知获得效用也会提高(Grewal et al.,1998)。而交易效用是指交易本身所产生的情感愉悦和感知价值,指消费者的参考价格(如广告上的售价或产品的历史价格等)与实际购买价格之差(Cai et al.,2016;Thaler,1985)。在给定的购买价格下,感知的交易效用随着广告参考价格的提高(Grewal et al.,1998)而增加。此外,先前的研究结果发现,即使促销节省的金钱的客观数额保持不变,消费者的感知交易效用也可能因促销的呈现形式不同而发生改变(Chandrashekaran,2004;Yadav & Monroe,1993),这表明感知交易效用很容易受到环境线索的影响。

以往研究发现,感知获得效用和感知交易效用都能积极预测产品评价(Cai et al.,2016;Vaidyanathan et al.,2000),即感知获得效用越高,产品评价越高;感知交易效用越高,产品评价也随之提升。因此,当比较联合促销和单独促销中消费者对主打产品的评价时,消费者可能会受到这两类效用的影响。然而,考虑到评估模式理论(Hsee,1996;Hsee et al.,1999),供应商和消费者两个主体获取这两类效用的难易程度可能不同,从而会导致他们受到的影响也存在差异。

8.1.3　评估模式理论

　　评估模式理论认为存在两种基本的评估模式——联合评估和单独评估。联合评估即同时对多个选项进行比较评价(Hsee et al.,1999),单独评估即只对一个选项进行评价。Hsee 和 Zhang(2010)认为,在联合评估中,可评估性(即对消费者而言,产品质量或收益容易评估的程度)很高,因为消费者可以将一个选项作为评价另一个选项的参考。由于产品的获得效用是其质量或收益和价格的函数(Cai et al.,2016;Thaler,1985),如果两个选项的价格相同或价格已知,那么在联合评估中,产品的获得效用就很容易判断。相反,在单独评估中,没有外部参考选项,消费者只能根据自身经验或选项本身的特点进行评价。在这种情况下,可评估性相对较低,人们很难判断产品的获得效用。因此,人们不得不更多参考交易效用,如购买本身的心理愉悦感进行评价。

　　如上所述,相较于单独评估,联合评估中消费者可以更容易地评价获得效用。因此,在联合评估中,消费者更有可能参照与产品实际经济价值相关的获得效用(Grewal et al.,1998),而在单独评估中,消费者则更可能参考与情境因素更相关的交易效用(Chandrashekaran,2004;Yadav & Monroe,1993)。有趣的是,大量的研究表明,在联合评估与单独评估中,这种差异会导致对相同选项的偏好逆转。例如,Hsee(1998)研究发现,当两杯冰激凌(A 杯为 10盎司的杯子装 8 盎司冰激凌,B 杯为 5 盎司的杯子装 7 盎司冰激凌)一起摆放时,即联合评估时,消费者更喜欢 A 杯,因为 8 盎司的冰激凌明显多于 7 盎司;而当分别评价这两杯冰激凌时,即单独评估时,消费者却愿意为 B 杯支付更多费用。因为此时没有可对比的选项,冰激凌的实际容量大小难以判断,消费者只能依赖于情境提示,即这杯冰激凌是否过满。而 A 杯的冰激凌还没有装满,B 杯已经满溢出来,因此消费者则会更偏好 B 杯。

遵循同样的逻辑,评估模式的差异也会导致联合评估中的人们错误地预测单独评估中人们的偏好。例如,供应商在决定产品价格时同时会考虑替代价格,处在联合评估的情景,因此他们能够比较产品在不同价格水平下的实际价值,从而导致更高的价格敏感性。而消费者只看到一个最终价格,处于单独评估的情景,因此对价格的敏感性较低。考虑到人们通常会把自己的偏好投射到他人身上(Gilovich, 1990; Van Boven & Loewenstein, 2003),因此供应商很可能会高估消费者的价格敏感性。类似地,也有研究证明了处在联合评估中的提供者可能会错误评估处于单独评估中的接受者的偏好。具体而言,提供者认为包含很多附加信息更有吸引力,而接受者其实更偏好没有附加信息(Weaver et al., 2012)。

对于电商平台的促销而言,线上供应商会同时考虑联合促销和单独促销,并预测消费者对这两类促销形式的反应。换句话说,供应商处于联合评估的情景下。与此相反,根据供应商的最终促销决定,消费者只能看到一种促销形式,因此他们处于单独评估中(Hsee, 1996; Hsee, 1998; Hsee et al., 1999)。评估模式的不同可能会导致供应商错误预测消费者的评价。

8.2 理论框架与假设推导

8.2.1 供应商对消费者产品评价的预测

如上所述,供应商在对消费者的偏好进行预测时,是处在联合评价的情景下,因为供应商会同时考虑单独促销和联合促销。在这种情况下,感知的获得效用(相比于感知的交易效用)将发挥更重要的作用。具体地,与单独促销相比,供应商预测对于主打产品,消费者在联合促销中会产生更高的感知获得效用,主要有以下两方面的原因:

首先,人们往往会有一种直觉,认为在促销中主打产品的实际价值(即获得效用)应该大于非主打产品的价值(Williams et al., 2011)。由于联合促销中推广的产品一般会比单独促销中的更多。因此,成为联合促销中的主打产品(相比于单独促销),往往意味着其优于更多的产品,从而产生更高的获得效用。同时,联合促销中的主打产品可以代表其优于其他品牌的产品,而单独促销中的主打产品则可能只优于同一品牌的产品。因此,联合促销中的主打产品将形成更高的感知获得效用。由于供应商可能会将他们的感知投射到消费者身上(Gilovich,1990;Van Boven & Loewenstein,2003),因此他/她们可能会预测消费者对于联合促销(相对于单独促销)中的主打产品会产生更高的感知获得效用。

其次,联合促销(相对于单独促销)中销售的产品种类往往更多,消费者也更有可能以较低的价格找到满意的产品(Baumol & Ide,1956;Hotelling,1929)。因此,当将这两种类型的促销形式放在一起比较时,供应商可能会产生如下推论:对消费者来说,联合促销的价值要高于单独促销。由于个体对某种事物的感知可能会由此及彼地蔓延至另一个相关事物上(Ahluwalia et al.,2001;Hagtvedt & Patrick,2008;Russell et al.,1999)。因此,供应商可能会认为,消费者觉得联合促销(与单独促销相比)中主打产品的获得效用更高,而这可能会进一步导致供应商推测消费者对其中主打产品的评价也更积极。

由此,我们提出研究的假设 1 和假设 2:

假设 1:供应商预测相较于单独促销,消费者对联合促销中主打产品的评价更积极。

假设 2:假设 1 中的效应是由其对消费者感知获得效用的预测导致的,而非感知交易效用。

8.2.2　消费者对产品的实际评价

实际上,在评估促销活动中的主打产品时,根据供应商最终的促销方式选择,消费者最终往往只能看到一种促销呈现形式,要么是联合促销,要么是单独促销。因此,消费者处于单独评估的模式中(Hsee,1996;Hsee,1998;Hsee et al.,1999),在这种情况下,感知交易效用在消费者产品评价的过程中发挥着更为重要的作用。而相比联合促销,消费者在单独促销中会产生更

高的感知交易效用,主要源于以下两个原因:

首先,在判断主打产品时,消费者在联合促销中的参考价格可能低于单独促销。具体而言,消费者的参考价格会受到消费者对市场上类似产品的价格范围的影响(Janiszewski & Lichtenstein,1999;Niedrich et al.,2001)。相比于单独促销,联合促销中由于多个品牌都在打折,会更容易让消费者联想到:除了主打产品,还有许多其他可以满足他们需求的折扣产品。因此,联合促销会降低消费者的参考价格,致使他们对主打产品的感知交易效用也随之降低。

其次,联合促销如网上购物节等,通常会让消费者意识到他们购买行为的机会成本很高,因为来自不同供应商的许多产品都在促销,而选择购买其中的主打产品通常会意味着消费者不得不放弃其他类似的产品。这导致联合促销以更低的价格(Wadhwa et al.,2008)获得主打产品带来的享乐收益和情感收益(即感知交易效应)都低于单独促销。因此,我们预测,人们倾向于认为联合促销(相较于单独促销)中主打产品的感知交易效用较低,这导致消费者反而会对联合促销中的产品评价不那么积极。由此,我们提出本研究的假设 3和假设 4:

假设 3:相较于单独促销,消费者对联合促销中主打产品的评价更低。

假设 4:假设 3 中的效应是由感知交易效用而非感知获得效用中介的。

8.2.3 产品知识的调节作用

需要注意的是,不论是对供应商还是对消费者,感知获得效用都是形成产品评价的主要决定性因素;而消费者只有在无法判断获得效用时,例如,在单独评价的情况下,才会依赖感知交易效用。然而,如果即使在单独的评估中,消费者仍然具有另一个感知获得效用的来源,单独促销相对于联合促销的优势就会减弱。因此,本研究认为产品知识可能会使消费者即使在单独评估中仍然能够评价获得效用。产品知识,是指消费者对某一产品类别的相关知识的掌握程度。产品知识水平高的消费者更熟悉该产品类别,对相关产品信息也有更深入的了解(Ericsson & Kintsch,1995;Nah & Benbasat,2004)。以往研究表明,与低产品知识相比,具有高产品知识水平的人,在单独评估一件产品时,判断其产品获得效用的难度相对较小(Grewal et al.，1998；Hsee & Zhang，2010；Hsee et al.，2013；Rao & Monroe，1988)。因此他们对产品的评价更可能取决于产品本身,而非外部因素(Alba & Hutchinson，1987；Raghubir & Corfman，1999)。无论促销形式如何,产品知识丰富的消费者都可以利用他们自身的丰富知识来评估主打产品。

　　结合上述文献和假设,在联合评价中,供应商是通过比较来评估获得效用,而产品知识丰富的消费者可以根据他们自身的知识水平来评估获得效用。在前一种情况下,不同的评价方式应该会导致在联合促销(相对于单独促销)中感知到更高的获得效用。然而在后一种情况下,经验丰富的消费者更关注实际情况,联合促销和单独促销两者之间并没有明显的实质差异。由此,我们提出本研究的假设 5:

　　假设 5:产品知识调节促销形式对消费者产品评价的影响。换句话说,当消费者对产品的了解程度高时,消费者对联合促销(相对于单独促销)中主打产品的评价降低的效应就会减弱。

　　基于以上的研究假设,本研究构建出研究模型(见图 8-1)。基于此,我们进行了四项研究来检验我们的假设。

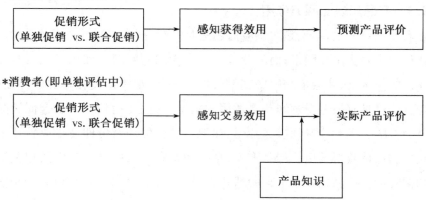

图 8-1　促销形式对消费者产品评价的影响模型

8.3 研究设计与结果讨论

本研究通过一项调查和三项实验对上述假设进行了逐一检验,并排除了其他可能的解释。四项研究均对研究设计、操作流程、变量测量、数据分析结果和结果讨论等内容进行了详细阐述,以对促销形式与消费者产品评价之间的关系及其背后的作用机制和边界条件进行深入探讨。其中,研究一关注供应商对消费者判断的预测,旨在初步检验假设 1,即供应商推测消费者对联合促销中主打产品的评价会比单独促销的更高;研究二在研究一的基础上,使用更严格的实验设计对假设 1 进行再次验证,同时检验感知获得效用和感知交易效用在这一过程中的影响,发现供应商是通过他们对消费者感知获得效用的判断,来预测消费者的产品评价,即感知获得效用起中介作用,验证了假设 2;研究三则站在消费者视角,侧重于消费者的实际评价,发现消费者实际上会更偏好单独促销中的主打产品,对其评价更高。并对感知交易效用的中介机制进行了检验,验证了促销形式对消费者产品评价的影响是由感知交易效用而非感知获得效用介导的,验证了假设 3 和假设 4;最后,研究四在这些发现的基础上探索消费者对联合促销下主打产品的评价更低这一现象的边界条件,即检验了消费者产品知识水平的调节作用,验证了假设 5,这也同时支持了消费者是因为难以判断获得效用而更喜欢单独促销中主打产品的主张。研究设计概览见表 8-1。

表 8-1 研究设计概览

研究名称	研究目的	被试来源	自变量操控	因变量测量	其他测量
研究一	初步验证假设 1	中国大学生被试	介绍单独促销与联合促销的定义,并列举相应的例子	预测消费者偏好	
研究二	验证假设 1 和感知获得效用的中介作用(假设 2)	美国亚马逊 MTurk 被试	促销形式:单独促销(Landbot 亚马逊店铺促销信息)vs. 联合促销(Landbot 参与亚马逊智能家居节促销)	预测消费者产品评价	感知获得效用;感知交易效用

研究名称	研究目的	被试来源	自变量操控	因变量测量	其他测量
研究三	验证假设 3 和感知交易效用的中介作用（假设 4）	美国亚马逊 MTurk 被试	促销形式:同研究二 折扣:有 vs. 无	消费者产品评价	感知获得效用;感知交易效用;
研究四	验证产品知识的调节作用（假设 5）	中国大学生被试	促销形式:单独促销（La-shell 天猫店的促销信息）vs. 联合促销（La-shell 参与天猫美妆频道促销）	消费者产品评价	产品知识水平

这四项研究具有如下特点:首先,在自变量的操控方面,研究二为供应商视角,研究三为消费者视角,为控制其他影响因素不变,这两个实验中单独促销和联合促销情境中的广告内容保持了一致,以保证供应商角度和消费者角度所面对的促销内容相同。此外,研究四中更换实验刺激物为护肤品,与上述广告中的扫地机器人有显著区别,以增强研究结论的普适性。其次,在样本选择方面,四个研究涵盖了不同文化、国籍的样本,打消了不同国籍与文化对实验结果的影响。同时由于四个研究是在国外著名的调查平台以及中国一所大型公立大学发布的,因此参与者来自不同行业,职业、学历和年龄也不尽相同,因此被试的背景更加多元化。最后,研究在因变量产品评价的测量方面做到了差异化和多样化,研究一、研究二和研究三采用了 Dunn 和 Hoegg(2014)的测量方法,研究四则是借鉴了 Petty 等(1983)的测量方式。综上,几项研究通过在样本选择、研究设计以及因变量测量等方面的差异化和多样性,以更好提升研究的内部效度和外部效度,增强了研究结论的稳定性。

8.3.1　研究一:供应商视角预测消费者偏好联合促销

（1）研究设计与被试

研究一是一项基于调查的研究,目的是初步验证假设 1,即检验处于供应商情境(即联合评价)下的参与者会推断消费者对联合促销中主打产品的评价会比单独促销中更高。本次研究招募了来自中国的 58 名大学生完成,其中 35 名为女性,平均年龄为 22.62 岁,标准差为 3.44 岁。一般来说,学生更热衷于网上购物,总体上可以代表目标人群(Sia et al.,2009)。此外,我们认为本文提出的假设是普遍适用的,因为它符合人们认知的基本原则(Lukyanenko et al.,2014)。

(2)研究流程和测量

研究一分为两部分。首先,我们向所有被试介绍了单独促销与联合促销的定义,并列举了相应的例子,以确保被试能够了解和区分这两个不同概念。例如,联合促销指结合节日,商场活动等诸多原因,多个产品类型相似、品牌不同的商家共同进行促销活动的行为,比如线上的淘宝双十一购物节,线下的如商场进行多个品牌的服装同时促销等。单独促销即大家平时理解的促销含义,指商场里某一品牌或某一产品进行折扣销售。接着,在折扣水平相同的前提下,我们让所有被试推测消费者对单独促销和联合促销中主打产品的相对评价。本研究中对被试产品评价的测量条目改编自 Dunn 和 Hoegg(2014)关于产品态度的量表。三个测项分别是:① 在哪种促销形式下,消费者会更喜欢促销产品;② 在哪种促销形式下,消费者会对促销产品有更积极的评价;③ 在哪种促销形式下,消费者会认为促销产品更讨人喜欢(1=绝对单独促销,9=绝对联合促销;$\alpha=0.76$)。为避免选项固定位置可能带来的影响,我们还对选项位置进行了随机,对于一半的被试,1=绝对单独促销,9=绝对联合促销,对于另一半的被试,1=绝对联合促销,9=绝对单独促销。最终对分数进行重新编码,并对单独促销分数高的部分进行了反向计分,并进行取平均值处理。使得分数越高表示被试认为消费者会更喜欢联合促销中的主打产品,而不是单独促销中的。

(3)研究结果与分析

为了检验 H1,我们进行了单样本 T 检验。结果表明,被试的评价得分高于中值 5.0($M=5.74$, $SD=1.90$, $t(57)=2.97$, $p=0.004$;Cohen's $d=0.39$),这说明,当被试处于供应商视角时,会推测消费者更喜欢联合促销中的主打产品,而不是单独促销中的,验证了假设 1。

(4) 结论与讨论

研究一的数据结果初步支持了本研究的假设 1,即当人们处于供应商视角时,也即将单独促销和联合促销进行比较时,会推测消费者对联合促销的评价更好。然而,研究一存在一些不足之处。被试仅被告知单独促销与联合促销的定义和相应例子,想象自己处于供应商视角进行推测,并没有涉及较为真实的促销情境。因此,接下来的研究二借助实验设计,模拟了有关促销决策的情境,进一步验证研究一的结论。

8.3.2　研究二:供应商视角下感知获得效用的中介作用

(1) 研究设计与被试

研究二旨在再次检验假设 1,同时检验感知获得效用和感知交易效用在这一过程中的影响。该实验让被试想象他/她们是一个需要做出促销决策并预测消费者产品评价的供应商。此外,为了证明内在机制,我们要求被试预测消费者的感知获得效用和感知交易效用。本研究假设被试会通过他们对消费者感知获得效用的判断来预测消费者的产品评价(即假设 2)。

在研究样本方面,来自美国亚马逊 MTurk 平台的 83 名成年人被试参加了实验,其中女性 50 人,平均年龄为 33.96 岁,标准差为 9.22 岁。每位被试在完成问卷后收到 30 美分的报酬。在实验设计方面,研究二采用了单因素(促销形式:单独促销 vs. 联合促销)组内实验设计。在被试推测消费者产品评价的测量上,与研究一类似,被试回答了三个九点量表测项。此外,在被试预测消费者的感知获得效用和交易效用的测量上,本研究借鉴了 Grewal 等(1998)中的测量量表,并根据实验情景进行了适当改编。

(2) 研究流程和测量

实验开始后,被试首先被要求想象自己是虚构品牌"Landbot"的营销官,并需要决定该品牌该采用哪种类型的促销形式。随后,所有被试按随机顺序阅读了单独促销和联合促销是如何实行的:"如果你选择单独促销,Landbot

将在亚马逊网站上独自进行促销活动；如果你选择联合促销，Landbot 将参与亚马逊智能家居节，届时亚马逊网站上的多家商店都将参加此次促销节。"除了上述描述，我们还向所有被试展示了两张相应的广告图片。在单独促销的广告中，亚马逊网站中的 Landbot 商店产品享有 40％的折扣（40％ off，即打 6 折），并且只涉及 Landbot 这一品牌；而在联合促销的广告中涉及多个品牌，除了 Landbot 商店的产品，参加亚马逊智能家居节的其他品牌产品，如 Kingsong，Dr. Clean 等也享有 40％的折扣。其中，Landbot X500 扫地机器人均是这两个广告的主打产品。

接下来，被试完成与研究一中类似的测量量表，通过三个九分制测量条目分别对单独促销（1＝不喜欢/消极的/不支持，9＝喜欢/积极的/支持；α＝0.98）和联合促销（1＝不喜欢/消极的/不支持，9＝喜欢/积极的/支持；α＝0.95）下的主打产品进行评分，以预测消费者将如何评价 Landbot X500 这一主打产品，并以此作为研究二的因变量。其中对单独促销和联合促销的测量先后顺序进行了随机。

最后，被试还分别预测了消费者在单独促销和联合促销中的感知获得效用与感知交易效用。在感知获得效用的测量上，被试完成了三个条目：① 如果消费者在单独促销/联合促销下购买 Landbot X500，他们会觉得物有所值；② 考虑到单独促销/联合促销下 Landbot X500 的产品特点，消费者会认为钱花得值当；③ 消费者会觉得在单独促销/联合促销下购买 Landbot X500 满足了他们对物美价廉的要求（1＝非常不同意，9＝非常同意；$\alpha_{单独促销}$＝0.93，$\alpha_{联合促销}$＝0.92）。同样，在感知交易效用的测量上，被试完成了三个条目：① 享受单独促销的价格优惠会让消费者感觉良好；② 消费者会感到很高兴，因为单独促销的折扣价格可以省钱；③ 除了节省的钱，享受单独促销的折扣本身也会带来快乐（1＝非常不同意，9＝非常同意；$\alpha_{单独促销}$＝0.91，$\alpha_{联合促销}$＝0.89）。我们对每个变量测项的得分取平均值，分数越高表明产品评价越积极，预测的消费者的感知获得效用与交易效用越高。

（3）研究结果与分析

首先，研究二对供应商视角下推测的消费者产品评价进行了配对样本 T 检验。结果显示供应商视角下的被试推测消费者在联合促销中对主打产品的评价会比在单独促销中的更高（$M_{联合促销} = 7.06, SD = 1.54$ vs. $M_{单独促销} = 6.37, SD = 1.84; t(82) = -2.59, p = 0.011; \text{Cohen's } d = 0.28$），这一结果再次支持了假设 1。

接着，本研究对感知获得效用和感知交易效用的作用进行了检验。配对样本 T 检验结果显示，被试预测消费者在联合促销中的感知获得效用要高于在单独促销中的（$M_{联合促销} = 7.12, SD = 1.24$ vs. $M_{单独促销} = 6.70, SD = 1.49; t(82) = -2.17, p = 0.033; \text{Cohen's } d = 0.24$）。同样，被试还预测消费者在联合促销中的感知交易效用也高于在单独促销中的（$M_{联合促销} = 7.37, SD = 1.34$ vs. $M_{单独促销} = 7.01, SD = 1.51; t(82) = -2.18, p = 0.032; \text{Cohen's } d = 0.24$）。这表明与单独促销相比，供应商视角下的被试，会预测消费者在联合促销中感知到的获得效用和交易效用都更高。

为了进一步探索具体是哪个效用在预测产品评价的过程中起作用，我们将联合促销与单独促销中的产品评价值、获得效用与交易效用值相减，形成相对产品评价、相对获得效用和相对交易效用的指数。接着，以相对产品评价为因变量，相对获得效用和相对交易效用分别为自变量进行回归分析，结果显示相对获得效用对相对产品评价存在显著预测作用（$\beta = 0.57, SE = 0.16, t(80) = 5.04, p < 0.001$），但相对交易效用对相对产品评价则没有显著预测作用（$\beta = 0.18, SE = 0.19, t(80) = 1.59, p = 0.116$），这表明供应商视角下的被试对消费者产品评价的推断主要是由其预测的获得效用而非交易效用所导致，假设 2 得到验证。

（4）结论与讨论

研究二的实验数据再次证明了本文的假设 1。即在供应商视角，其预测消费者对联合促销中主打产品的评价会比单独促销中的更为积极。同时，研究二的结果还验证了感知获得效用的中介作用，即促销形式对供应商推断的影响是由他/她们对消费者感知获得效用的判断导致的,而非感知交易效用。研究一和研究二的被试均从供应商视角出发,在接下来的两个研究中我们将让被试从消费者视角对产品进行实际评价,而非对消费者的推测。

8.3.3　研究三：消费者偏好单独促销及感知交易效用的中介作用

（1）研究设计与被试

研究三要求被试以消费者视角对促销产品进行评价。虽然研究一和研究二表明供应商会推测消费者更喜欢联合促销中的主打产品,而非单独促销中的。但是研究三旨在验证消费者的实际产品评价和上述推测相反。即实际上,相比于联合促销,消费者反而会对单独促销中的主打产品评价更高(即假设3)。此外,研究三进一步增加了对促销活动中主打产品的感知交易效用和获得效用的测量,以探索内在机制。根据研究假设,是消费者的感知交易效用而非获得效用起中介作用,中介了促销形式对消费者产品评价的影响(即假设4)。

此外,研究三还检验了另一种潜在的解释机制。具体而言,单独促销和联合促销的一个关键区别在于:在单独促销中只有一个品牌在打折销售,而联合促销中则有多个品牌同时打折销售。因此消费者更喜欢只有一个品牌主打产品的广告(即单独促销)而非多个品牌的(即联合促销),可能只是因为处理前者需要较少的认知努力(Garbarino & Edell, 1997)。为了排除这种可能解释,研究三也设置了不涉及价格折扣的情景。结果表明,在这种情况下,促销形式并不会影响消费者对产品的评价。

在研究样本方面,我们从亚马逊 MTurk 平台招募了来自美国的 334 名成年人被试,其中女性 177 人,平均年龄为 37.19 岁,标准差为 16.95 岁。每位被试在完成问卷后收到 30 美分的报酬。在研究设计方面,本次研究同样使用实验法,采用 2(形式:单独 vs. 联合)×2(折扣:有 vs. 无)的组间设计。被试被随机分配到四组中的任意一组(见表 8 - 2)。

表 8－2　研究三的四组实验情境

	单独	联合
有价格折扣	组 1(B1)	组 2(B2)
没有价格折扣	组 3(B3)	组 4(B4)

（2）研究流程和测量

考虑到本研究的假设 5 认为，产品知识可能会影响促销形式对消费者产品评价的影响。因此，当消费者对产品的了解较少时，促销形式的影响应该更为明显。为了更好地展示促销形式的影响作用，我们选择了一款扫地机器人作为实验刺激物，因为一般消费者对该类产品缺乏一定的了解和相关知识。为了验证这一预设，在实验开始时，我们进行了一项预测试，以考察被试对扫地机器人的了解程度相对较低。我们招募了 78 位被试参与其中，其中男性31 人，平均年龄为 38 岁，标准差为 12.75 岁）。结果显示，被试对扫地机器人的知识了解程度低于 9 分制的中值 5 分（1＝完全不懂，9＝非常懂；$M=4.08$，$SD=2.46$，$t(77)=-3.31$，$p=0.001$；Cohen's $d=0.37$），符合我们对消费者缺乏该产品相关知识的预想。

接着，在实验的主体部分，所有被试均会看到一则广告，广告中的主打产品是一个虚构品牌的扫地机器人（即 Landbot X500）。在单独促销情境下，该则广告为亚马逊电商网站上 Landbot 商店的促销广告，即只提到一个品牌Landbot；而在联合促销的情境下，该广告则为包括多个品牌的智能家居节的促销广告，提到了四个品牌 Kingsong、Landbot、Dr. Clean 和 Realworld。此外，在有价格折扣的情况下，所有产品/品牌均显示享有 40％的折扣；而在没有价格折扣的情况下，所有产品/品牌均没有提及折扣信息。为控制其他影响因素不变，实验中单独促销和联合促销情景中的广告与研究二中保持一致，以保证供应商和消费者面对完全相同的促销内容。

在阅读广告图片后，与研究一和研究二中的测量项目类似，被试通过三个九分制测量条目报告了他们对产品的实际评价，作为因变量（1＝不喜欢/消极的/不支持，9＝喜欢/积极的/支持；$\alpha=0.96$）。接着，被试报告了他们的感知交易效用(注:只在有价格折扣的组别中测量,因为没有价格折扣时交易效用没有意义)和获得效用,以此作为中介变量的测量。在感知交易效用的测量上,被试完成了三个九分制测项:① 享受这样的价格优惠让我感觉很好;② 我会感到很高兴因为折扣价格可以让我省钱;③ 除了节省的钱,享受折扣本身也会给我带来快乐(1=非常不同意,9=非常同意;$\alpha=0.92$)。同样,在感知获得效用的测量上,被试也完成了三个九分制测项:① 如果我买了Landbot X500,我会觉得物有所值;② 我认为考虑到 Landbot X500 的产品特点,购买它的钱花得值当;③ 我觉得购买 Landbot X500 满足了我对物美价廉的要求(1=非常不同意,9=非常同意;$\alpha=0.94$)。对每个变量的得分取平均后,分数越高表示产品评价越积极,消费者的感知获得效用和感知交易效用越高。

(3) 研究结果与分析

首先,四组被试在年龄($F(3, 330)=1.63, p=0.181$)和性别比($\chi^2=2.39, p=0.496$)上没有显著差异。接着,我们以消费者产品评价为因变量,进行了 2(形式:单独 vs. 联合)×2(折扣:有 vs. 无)的方差分析。结果发现了显著的交互作用($F(1, 330)=5.87, p=0.016$,Cohen's $d=0.26$;如图 8-2所示)。

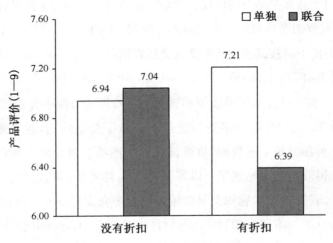

图 8-2 形式和折扣对产品评价的影响

与我们的假设一致,数据分析结果表明,在有价格折扣信息的情况下,相比于联合促销,消费者对单独促销中的主打产品评价更积极($M_{单独}=7.21$,$SD=1.48$ vs. $M_{联合}=6.39$,$SD=1.64$;$F(1,330)=9.09$,$p=0.003$;Cohen's $d=0.33$)。假设 3 得到证实。然而,在没有显示价格折扣信息的情况下,单独陈列和联合陈列之间在消费者产品评价上没有差异($M_{单独}=6.94$,$SD=1.75$ vs. $M_{联合}=7.04$,$SD=1.84$;$F(1,330)=0.14$,$p=0.704$)。这也说明了消费者更喜欢单独促销并不是由不同的形式(即独立或联合)所需要的不同认知努力导致的,而是由不同的促销形式(即单独促销或联合促销)导致的,由此排除了可能的潜在解释。

接着,我们对感知获得效用和感知交易效用的结果分别进行汇报。我们先将感知获得效用作为因变量,进行 2(形式:单独 vs. 联合)×2(折扣:有 vs. 无)的方差分析。结果显示,无论是形式($F(1,330)=1.63$,$p=0.203$)还是价格折扣信息($F(1,330)=0.04$,$p=0.835$)都没有出现显著的主效应。同时,二者的交互作用也不显著($F(1,330)=0.73$,$p=0.393$)。也就是说,呈现形式、价格折扣信息以及它们之间的交互作用都不会影响消费者自我报告的感知获得效用,这也暗示了感知获得效用可能难以影响消费者的产品评价。

此外,由于感知交易效用仅在有价格折扣的情景下进行了测量,我们通过方差分析来检验促销形式对感知交易效用的影响。结果显示,相比于在联合促销中,在单独促销中的被试感知到更高的交易效用($M_{单独促销}=6.48$,$SD=1.83$ vs. $M_{联合促销}=5.76$,$SD=1.86$;$F(1,160)=5.59$,$p=0.019$;Cohen's $d=0.39$)。

接下来,本文对感知获得效用和感知交易效用的可能中介作用进行检验,即检验假设 4。由于仅在价格折扣情景下测量了交易效用,接下来的分析也仅使用价格折扣情景下的数据,将被试在三个测项上得分的平均值作为被试感知到的获得效用和交易效用。以促销形式为自变量(单独促销=0,联合促销=1),感知获得效用和感知交易效用分别为中介变量,产品评价为因变量进行中介检验分析。本研究通过 SPSS 软件中的 Bootstrapping 分析方法,将促销形式作为自变量,产品评价作为因变量,感知交易效用和感知获得效用作为中介变量放入 model 4 中,将重复测量的样本数设置为 5 000(Hayes,2012),选取置信区间为 95%。结果显示,与假设一致(如图 8-3 所示),促销形式显著影响消费者的感知交易效用($B=-0.71,t(160)=-2.36,p=0.019$),但对感知获得效用不存在显著影响($B=-0.42,t(160)=-1.46,p=0.146$)。此外,感知交易效用($B=0.33,t(160)=4.40,p<0.001$)和感知获得效用($B=0.35,t(160)=4.44,p<0.001$)都能显著正向影响产品评价。而当促销形式、交易效用和获得效用都被纳入回归时,促销形式对产品评价的直接效应($B=-0.82,t(160)=-3.26,p=0.001$)降低,变得不那么显著($B=-0.44$,$t(160)=-2.61,p=0.010$),这表明存在部分中介。

此外,包含感知交易效用的间接效应显著(95%CI:[−0.576 2,−0.044 6],不包含 0),而包含感知获得效用的间接效应则不显著(95%CI:[−0.454 9,0.033 9],包含 0)。这一结果表明,在消费者视角下,促销形式对产品评价的影响是由消费者的感知交易效用中介的,而非其感知获得效用。此外,在控制了感知获得效用后,感知交易效用的中介作用仍然存在(95%CI:[−0.325 6,−0.007 0],不包含 0),假设 4 得到验证。

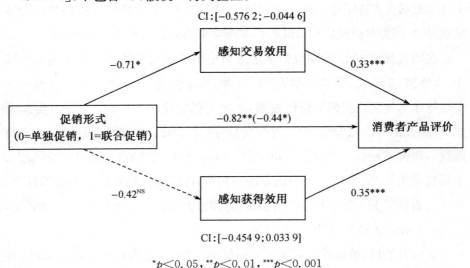

$^{*}p<0.05,\ ^{**}p<0.01,\ ^{***}p<0.001$

图 8-3 感知交易效用的中介作用

（4）结论与讨论

研究三的数据结果验证了本研究的假设 3 和假设 4，即消费者实际上会更偏好单独促销中的主打产品，对其评价更高。同时排除了这种偏好是由不同形式需要的不同认知努力所导致的这一潜在的解释，侧面说明了折扣信息是促销形式对产品评价产生影响的必要条件。此外，研究三验证了感知交易效用的中介作用，同时排除了感知获得效用，即促销形式对消费者产品评价的影响是由感知交易效用而非感知获得效用中介的。

8.3.4　研究四：产品知识的调节作用

（1）研究设计与被试

由于研究三证实了折扣信息是促销形式对产品评价产生影响的必要条件，因此研究四只关注有价格折扣信息的情景，以探究产品知识的调节作用（即假设 5）。研究四预测，只有当消费者对该类别产品不了解时，他们才会相较于联合促销，更喜欢单独促销中的主打产品。值得注意的是，研究三使用的是扫地机器人作为实验刺激物，因为大多数消费者缺乏这类产品的相关知识（研究三中的预测试也支持了这一点）。与研究三不同的是，研究四使用护肤品作为实验刺激物，因为对护肤品的知识水平，消费者间存在相对较大的个体差异。

在研究被试方面，本研究招募了来自中国一所大学的 135 名学生参与其中，女性被试 66 人，平均年龄为 21.54 岁，标准差为 2.14 岁。被试获得一支中性笔作为报酬。在研究设计方面，本研究仍然使用实验法，采用 2（促销形式：单独促销 vs. 联合促销）×连续变量（产品知识水平）的组间设计，其实验流程与研究三相似。与研究二和研究三不同，在对消费者产品评价的测量上，本研究采用了 Petty 等（1983）的方法。此外，在被试产品知识水平的测量上，本研究借鉴了 Ho 等（2011）的测量量表，并根据实验情景进行了适当改编。

（2）研究流程和测量

实验开始后，被试首先阅读了一则促销广告，以虚构品牌（即 La-shell）补水系列的护肤品为主打产品。在单独促销情景下（如图 8-4 左），广告中包含了 La-shell 天猫店的 6 折信息,只涉及 La-shell 这一个品牌;在联合促销情景下(如图 8-4 右),广告中包含天猫美妆频道的促销信息,并涉及了多个品牌的化妆品,如 Anti-free,La-shell,Inceda,Beauty 等。广告中所有提到的产品/品牌都显示 6 折。

图 8-4 研究四实验素材

观看广告后,被试根据改编自 Petty 等(1983)的三个测项对主打产品进行了产品评价:① 你觉得 La-shell 护肤品的产品功效如何?(1=完全无效,7=非常有效);② 你对该产品的总体印象是什么?(1=非常负面,7=非常正面);③ 你在多大程度上会考虑购买这个产品?(1=非常不愿意,7=非常愿意)。对三项测量分数取平均值($\alpha=0.77$),值越高代表产品评价越积极。接下来,被试报告了他们对护肤品的知识了解程度:一般情况下,你对护肤品的了解程度如何?(七级量表,1=完全不了解,7=非常了解),以作为产品知识水平的测量。

(3) 研究结果与分析

首先,单独促销组和联合促销组在年龄($F(1,133)=0.11,p=0.740$)、性别比($\chi^2 = 0.18, p = 0.674$)以及产品知识水平($F(1,133) = 0.85, p = 0.359$)方面均没有显著差异。此外,如表 8-3 所示,产品知识水平的描述性分析表明,消费者的知识水平分布合理,能够继续检验其调节作用。

表 8-3　产品知识描述统计

研究四	最大值	最小值	平均值	标准差	中值	样本量
数值	7	1	3.50	1.54	3.0	135

接着,本研究以消费者产品评价为因变量,以促销形式(单独促销=-1,联合促销=1)、产品知识水平(中心化处理)以及它们的交互作用为自变量,进行了多元回归分析。结果显示,促销形式具有边缘显著的效应($\beta = -0.15$, $SE = 0.08, t(131) = -1.80, p = 0.074$),表明消费者对单独促销中主打产品的评价比联合促销中的更积极。更重要的是,交互效应显著($\beta = 0.12, SE = 0.05, t(131) = 2.28, p = 0.024$)。

为了探索交互作用效应的含义,我们对产品知识水平的平均值上下一个标准差的数值(M ± SD:高知识水平、低知识水平)进行了聚光灯分析(Spotlight analysis)(Aiken & West,1991;Preacher, et al.,2006)。结果显示(见图 8-5),对产品类别不了解的消费者(-1SD)对单独促销(相对于联

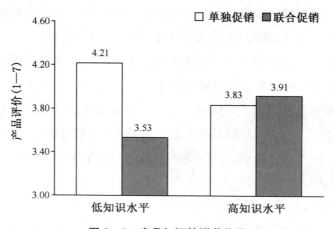

图 8-5　产品知识的调节作用

合促销)中主打产品的评价更积极($\beta=-0.34,t(131)=-2.89,p=0.005$)。但对了解该类别产品的消费者($+1SD$)而言,促销形式的效应减弱,两组被试间的区别不显著($\beta=0.04,t(131)=0.33,p=0.739$),假设 5 得到验证。

最后,为了确定促销形式对产品评价的影响在哪个产品知识水平范围内是显著的,我们进行了泛光灯分析(Floodlight analysis;Spiller et al.,2013)。结果表明当被试产品知识水平低于 3.39 时,上述影响是显著的($\beta=-0.16$,$SE=0.08,p=0.050$),但当产品知识水平高于 3.39 时,效果不再显著(即 Johnson-Neyman 显著区域)。

(4) 结论与讨论

研究四的数据结果再次证明了本研究的假设 3,同时也验证了相比于单独促销,联合促销下消费者对主打产品的评价更低这一现象的边界条件——消费者有关该产品的知识水平,假设 5。研究发现,在消费者产品知识不足(例如对产品不了解)的情况下,联合促销会导致消费者降低对促销商品的功效判断,同时降低产品评价和购买意愿。而当消费者产品知识水平较高时,该效应则会消失。

8.3.5　小结

本章首先回顾了促销形式、交易效用理论和评估模式理论的相关文献,并通过理论推导得出了相关研究假设。接着,本章对研究的总体思路和四个研究的逻辑进行了阐释。最后,本章对四项研究的目的、方法流程和结果分析等内容进行了详细说明。

研究一的调查结果初步支持了本研究的假设 1,即供应商推测消费者对联合促销中主打产品的评价会比单独促销更高;研究二使用更严格的实验设计对假设 1 进行再次验证,同时研究二检验了感知获得效用在这一过程中的中介作用,验证了假设 2;研究三则站在消费者视角,发现消费者实际上会更偏好单独促销中的主打产品,对其评价更高。并验证了感知交易效用的中介作用,验证了假设 3 和 4。同时,研究三还表明,仅仅只有单独或联合形式上的差异是不够的,折扣是消费者偏好单独促销而非联合促销的必要条件;最后,研究四在这些发现的基础上,探索联合促销下消费者对主打产品的评价更低这一现象的边界条件,即检验了消费者产品知识水平的调节作用,支持了假设 5。

本研究发现与以往的常识和直觉不同,为研究消费者对电商促销活动反应的因素提供了一个新的理解方向。之前的研究表明,许多因素都会影响消费者对促销的反应,例如,信息呈现的方式(产品信息是通过图片还是文字的方式呈现;Flavián et al. , 2009);促销策略的类型(显示或不显示商家提供的交易数量;Subramanian & Rao, 2016);返现或不返现促销(Ho et al. , 2017);以及基于位置或不基于位置的移动促销(Fang et al. , 2015)。我们的研究发现了一个新的因素——促销形式(即联合促销与单独促销)。我们发现,消费者对联合促销(相对于单独促销)中的主打产品的评价不那么积极,尽管两种促销形式中的实际折扣水平(6 折)是相同的。

其次,本研究补充和拓展了以往关于联合促销的研究,丰富了联合促销对消费者反应的实证研究。如前所述,过去的研究主要集中在联合促销的描述性讨论上或从渠道管理的角度进行实证研究。本研究首次实证检验了人们对联合促销(和单独促销相比)的反应。研究结果表明,虽然供应商认为消费者会在联合促销(相比于单独促销)中对主打产品的评价更积极,但消费者实际上对产品的评价却相反。

最后,此项研究扩展了我们对不同评估模式可能会引起错误推断效应的理解。先前的研究表明,处于联合评估模式中的卖家会高估处于单独评估模式中买家的价格敏感性(Shen et al. , 2012)。类似地,联合评估模式中的卖家推测带有附加物的报价更具吸引力,而单独评估模式中的评估者实际上更喜欢没有附加物的出价(Weaver et al. , 2012)。与之前的研究一脉相承,本研究指出,在决定采用哪种促销策略时,供应商处于联合评价模式;而当面对促销活动时,消费者则处于单独评价模式。因此,在产品评价方面可能会出现类似的错误推断效应。本研究发现为后续相关研究提供了一个新的理论视角。

当然,本研究也存在诸多不足,未来研究可以在此基础上进一步完善和补充。第一,实验通过被试扮演供应商的角色进行,而非招募实际供应商作为研究对象。有经验的供应商或具有某些特征的供应商(例如,有高度同理心)更有可能设身处地为消费者着想,因此其错误推断效应可能会减少,未来研究可以探讨这一可能性。第二,在目前的研究中,我们只关注了涉及折扣的情况下促销形式的效果。然而,除了提供折扣,还有其他类型的促销,尤其在电商平台中,如返现促销(Ho et al.,2017)、基于位置的移动促销(Fang et al.,2015)、优惠券(Lu et al.,2013)等。在这方面,未来的研究可以继续检验本研究的结论是否可以推广到其他的促销类型中,以及促销类型可能会产生的调节作用。第三,我们只调查了一种类型的横向联合促销,即同个产品类别,产品与竞争品牌同时进行促销活动。联合促销还有更深层次的含义未被挖掘。例如,一个值得扩展的实证研究是探索消费者对其他形式联合促销的反应,如另一种横向联合促销:不同产品类别的互补品牌同时进行促销。或者如垂直联合促销:由不同渠道成员(如制造商和零售商)联合运营。最后,本研究的因变量只有产品评价。消费者反应是一个异质和复杂的结构,涉及产品评价(Bloch,1995)、质量感知(Huang et al.,2018)、非计划性购买(Heilman et al.,2002)、在线冲动消费(Chan et al.,2017;Parboteeah et al.,2009)、在线复购意向(Fang et al.,2014;Liao et al.,2017)和消费者满意度(Fitzsimons,2000)。未来研究可以检验本研究观察到的对产品评价的影响是否可以延伸到消费者的其他反应上。

8.4　研究发现应用

8.4.1　灵活制定促销策略,探寻数智化创新模式

直观上来讲,由于联合促销声势浩大,拥有更广的影响范围,营造了较好的抢购氛围,被诸多商家认为其具有规模效应,会对消费者产生更强的吸引力,刺激其购买。然而,根据本研究的结论,虽然站在商家的角度,会认为消费

者更偏好联合促销。但实际上联合促销并非"万能神器",在真实的促销情境下,相比于单独促销,联合促销会导致消费者感知交易效用降低,从而使得消费者对促销产品的评价降低。因此,商家需要谨慎思考,不能一味依赖联合促销,单独促销也同样应该被考虑在内。例如,可以有策略地通过选择赠送折价券、抽奖、捆绑销售、买赠、礼品等促销方式来吸引消费者,以提升消费者对促销产品的评价,进而提高产品销量及市场表现。同时,在数智经济和社交媒体的发展背景下,一些企业也开启了单独促销方式的创新,例如百果园推出了"水果达人"计划,通过鼓励消费者在社交媒体上分享对水果的评价,并给予一定的积分或优惠券等奖励,以实现社交圈层的裂变和口碑营销。

我们的研究结论也同样适用于农产品。农产品品牌应根据其主要的营销目的战略性地选择和应用单独促销、联合促销。不可否认,联合促销具备许多优势。例如,给消费者提供更多的选择、形成规模经济和成本分担等(Varadarajan,1985),而且联合促销的销售数据也非常亮眼。但当农产品品牌旨在推广特色产品,并通过这一有吸引力的特色产品增加"店铺流量"时,联合促销可能不是一个好的选择,此时,可以更多将私域营销纳入考量。同时,大型联合促销活动往往会选择在特定的时间点如节日等进行,而由于农产品的特殊性,部分农产品(例如生鲜)季节性较强,需要在收获的短期内尽快销售出去,因此当季时间可能无法赶上联合大促,这时单独促销就显得尤为重要。农产品生产者也可以根据产品的产出成熟季节,结合数智技术,合理、动态安排单独促销活动,减少滞销。

8.4.2　差异化助力农产品销售,提升单品曝光量

电商平台作为"数商兴农"的重要渠道,对消费者的产品评价和购买意愿都会产生重要影响。本研究发现,联合促销更多会让消费者通过感知获得效用进行评价,而当消费者无法进行比较(即单独促销情况)时,则会依靠感知交易效用形成产品评价。因此,电商平台在进行农产品促销时,可以根据不同的促销形式强调这些促销给消费者带来的有用程度,例如突出省钱或优质的优

势。具体而言,一方面,在单独促销的形式下,消费者会更关注交易效用。因此可以在促销信息中突出农产品在保证质量的基础上的价格折扣,比如,将促销价格和平时的价格联立对比,以强调促销活动带给消费者的实惠程度,从而激起消费者的购买欲望;另一方面,在联合促销的形式下,商家则可以在促销价格低于平日价格的基础上,在广告或标语中突出主打农产品的优质,进而提升消费者的产品评价和购买欲望。

此外,电商平台往往会更重视大型的联合促销活动,但消费者在面临实际选择时,相比于联合促销,单独促销对他们的吸引也很大,使得其对单独促销商品的评价及购买意愿都更高。因此,电商平台可以为单独促销的农产品店铺提供更多曝光流量;结合品牌自播等方式进行推广。同时,这也有利于形成品牌效应,塑造农产品的良好品牌形象。例如,东方甄选在全品类直播的同时,也会打造专场直播销售,其北京市平谷区刘家店镇开启的外景直播专场,直播开始仅五分钟,一万箱六万斤桃就全部售罄。其在短时间内汇聚起大量消费注意力,提高消费者的感知交易效应,进而提升产品评价和购买意愿。

8.4.3　选拔专业销售人员,普及提高农产品知识

我们的研究结果还表明,促销形式效应不会影响具有较高产品知识的消费者。因此,对农产品供应商和品牌来说,无论是单独促销还是联合促销,可能只会对不太了解该产品的消费者产生影响,因为他们更有可能利用感知交易效用来做出评价。而对于非常了解该产品的消费者而言,其他能够增加感知获得效用的策略可能更有效。同时,当农产品供应商和品牌必须参与联合促销的竞争时,商家可以通过提供免费试用体验,其他顾客评价口碑传播,直播展示,以及通过专业销售人员/主播介绍产品相关知识等方式提高消费者的知识水平,让消费者更多地根据商品本身的质量来比较判断,从而避免联合促销带来的不利影响。例如,贵州广播电视台就深谙其道,对贵州各地优质特色农产品,开展的《今朝更好看》"我为乡村振兴助力"网络带货直播活动,对产品知识进行了详细的科普。活动中主播不仅在室内为消费者介绍刺梨等特色农

产品及其特点，还切换为产地直播，与在刺梨基地的外景主播连线，使消费者能够更加细致地了解刺梨这一产品，提高产品知识。

最后，在销售常见的农产品时，由于消费者对其较为熟悉，商家可以在促销信息中强调产品质量以提升获得效用；而在销售不常见的农产品（例如限定地区特产）时，消费者则会容易受到促销形式等外界环境的影响，此时可以考虑采用单独促销策略。

参考文献

[1] AAKER J L. Dimensions of brand personality[J]. Journal of marketing research, 1997, 34(3): 347 - 356.

[2] AAKER J L, GARBINSKY E N, VOHS K D. Cultivating admiration in brands: warmth, competence, and landing in the "golden quadrant" [J]. Journal of consumer psychology, 2012, 22(2): 191 - 194.

[3] AAKER J, VOHS K D, MOGILNER C. Nonprofits are seen as warm and for-profits as competent: firm stereotypes matter[J]. Journal of consumer research, 2010, 37(2): 224 - 237.

[4] ADAVAL R. Sometimes it just feels right: the differential weighting of affect-consistent and affect-inconsistent product information[J]. Journal of consumer research, 2001, 28(1): 1 - 17.

[5] ADELI M, ROUAT J, MOLOTCHNIKOFF S. Audiovisual correspondence between musical timbre and visual shapes [J]. Frontiers in human neuroscience, 2014, 8: 352.

[6] AGGARWAL P, MCGILL A L. When brands seem human, do humans act like brands? Automatic behavioral priming effects of brand anthropomorphism[J]. Journal of consumer research, 2012, 39 (2): 307 - 323.

[7] AHLUWALIA R, UNNAVA H R, BURNKRANT R E. The moderating role of commitment on the spillover effect of marketing communications[J]. Journal of marketing research, 2001, 38 (4):

458 - 470.

［8］AHN B, BAE M S, NAYGA JR R M. Information effects on consumers' preferences and willingness to pay for a functional food product: the case of red ginseng concentrate［J］. Asian economic journal, 2016, 30(2): 197 - 219.

［9］AIKEN L S, WEST S G, RENO R R. Multiple regression: testing and interpreting interactions［M］. Newbury Park, Calif: Sage Publications, 1991.

［10］ALBA J W, HUTCHINSON J W. Dimensions of consumer expertise ［J］. Journal of consumer research, 1987, 13(4): 411 - 454.

［11］ALEXANDRESCU M B, MILANDRU M. Promotion as a form of communication of the marketing strategy［J］. Land forces academy review, 2018, 23(4): 268 - 274.

［12］AMATULLI C, PELUSO A M, GUIDO G, et al. When feeling younger depends on others: the effects of social cues on older consumers［J］. Journal of consumer research, 2018, 45(4): 691 - 709.

［13］AMPUERO O, VILA N. Consumer perceptions of product packaging ［J］. Journal of consumer marketing, 2006, 23(2): 100 - 112.

［14］AMUJO O C, OTUBANJO O. Leveraging rebranding of "unattractive" nation brands to stimulate post-disaster tourism［J］. Tourist studies, 2012, 12(1): 87 - 105.

［15］ANGLE J W, FOREHAND M R. It's not us, it's you: how threatening self-brand association leads to brand pursuit［J］. International journal of research in marketing, 2016, 33(1): 183 - 197.

［16］ARNHEIM R. Art and visual perception: a psychology of the creative eye［M］. Oakland: University of California Press, 1974.

［17］ARONOFF J, WOIKE B A, HYMAN L M. Which are the stimuli in facial displays of anger and happiness? Configurational bases of emotion recognition[J]. Journal of personality and social psychology, 1992, 62(6): 1050 - 1066.

[18] AVNET T, HIGGINS E T. How regulatory fit affects value in consumer choices and opinions[J]. Journal of marketing research, 2006, 43(1): 1 - 10.

[19] AVNET T, PHAM M T, STEPHEN A T. Consumers' trust in feelings as information[J]. Journal of consumer research, 2012, 39 (4): 720 - 735.

[20] BAARDMAN L, COHEN M C, PANCHAMGAM K, et al. Scheduling promotion vehicles to boost profits [J]. Management science, 2019, 65(1): 50 - 70.

[21] BAGCHI R, CHEEMA A. The effect of red background color on willingness-to-pay: the moderating role of selling mechanism [J]. Journal of consumer research, 2013, 39(5): 947 - 960.

[22] BAR M, NETA M. Humans prefer curved visual objects [J]. Psychological science, 2006, 17(8): 645 - 648.

[23] BAUMOL W J, IDE E A. Variety in retailing[J]. Management science, 1956, 3(1): 93 - 101.

[24] BERGER J, HEATH C. Who drives divergence? Identity signaling, outgroup dissimilarity, and the abandonment of cultural tastes[J]. Journal of personality and social psychology, 2008, 95(3): 593 - 607.

[25] BERNARD P, HANOTEAU F, GERVAIS S, et al. Revealing clothing does not make the object: ERP evidences that cognitive objectification is driven by posture suggestiveness, not by revealing clothing[J]. Personality and social psychology bulletin, 2019, 45(1): 16 - 36.

[26] BIGGS L, JURAVLE G, SPENCE C. Haptic exploration of plateware alters the perceived texture and taste of food[J]. Food quality and preference, 2016, 50: 129 - 134.

[27] BLAIR E A, LANDON E L Jr. The effects of reference prices in retail advertisements[J]. Journal of marketing, 1981, 45(2): 61 - 69.

[28] BLOCH P H. Seeking the ideal form: product design and consumer response[J]. Journal of marketing, 1995, 59(3): 16 - 29.

[29] BOWER A B, LANDRETH S. Is beauty best? Highly versus normally attractive models in advertising[J]. Journal of advertising, 2001, 30 (1): 1 - 12.

[30] BRANCA G, RESCINITI R, LOUREIRO S M C. Virtual is so real! Consumers' evaluation of product packaging in virtual reality[J]. Psychology & marketing, 2023, 40(3): 596 - 609.

[31] BRASEL S A, HAGTVEDT H. Living brands: consumer responses to animated brand logos[J]. Journal of the academy of marketing science, 2016, 44(5): 639 - 653.

[32] BRIÑOL P, PETTY R E, SANTOS D, et al. Meaning moderates the persuasive effect of physical actions: buying, selling, touching, carrying, and cleaning thoughts as if they were commercial products[J]. Journal of the association for consumer research, 2017, 2(4): 460 - 471.

[33] BRYLLA D, WALSH G. Scene sells: why spatial backgrounds outperform isolated product depictions online[J]. International journal of electronic commerce, 2020, 24(4): 497 - 526.

[34] BRYNJOLFSSON E, HU Y, RAHMAN M S. Battle of the retail channels: How product selection and geography drive cross-channel competition[J]. Management science, 2009, 55(11): 1755 - 1765.

[35] BUHALIS D. Marketing the competitive destination of the future[J].

Tourism management, 2000, 21(1): 97 - 116.

[36] BULLOUGH E. On the apparent heaviness of colours. A contribution to the aesthetics of colours[J]. British journal of psychology, 1907, 2 (2): 111 - 152.

[37] CABEZA R, OHTA N. Dissociating conceptual priming, perceptual priming and explicit memory [J]. European journal of cognitive psychology, 1993, 5(1): 35 - 53.

[38] CACIOPPO J T, PETTY R E. The need for cognition[J]. Journal of personality and social psychology, 1982, 42(1): 116 - 131.

[39]CAI F, BAGCHI R, GAURI D K. Boomerang effects of low price discounts: how low price discounts affect purchase propensity[J]. Journal of consumer research, 2016, 42(5): 804 - 816.

[40] CAI F, SHEN H, HUI M K. The effect of location on price estimation: understanding number-location and number-order associations [J]. Journal of marketing research, 2012, 49(5): 718 - 724.

[41] CANTLON J F, PLATT M L, BRANNON E M. Beyond the number domain[J]. Trends in cognitive sciences, 2009, 13(2): 83 - 91.

[42] CESARIO J, GRANT H, HIGGINS E T. Regulatory fit and persuasion: transfer from "feeling right". [J]. Journal of personality and social psychology, 2004, 86(3): 388 - 404.

[43] CESARIO J, HIGGINS E T. Making message recipients "feel right" how nonverbal cues can increase persuasion[J]. Psychological science, 2008, 19(5): 415 - 420.

[44] CHAE B, HOEGG J. The future looks "right": effects of the horizontal location of advertising images on product attitude [J]. Journal of consumer research, 2013, 40(2): 223 - 238.

[45] CHANDON P, WANSINK B, LAURENT G. A benefit congruency

framework of sales promotion effectiveness[J]. Journal of marketing, 2000, 64(4): 65 - 81.

[46] CHANDRASHEKARAN R. The influence of redundant comparison prices and other price presentation formats on consumers' evaluations and purchase intentions[J]. Journal of retailing, 2004, 80(1): 53 - 66.

[47] CHAN E Y, MENG Y. Color me moral: white and black product colors influence prosocial behaviors[J]. Psychology & marketing, 2021, 38(1): 212 - 224.

[48] CHANG C. Imagery fluency and narrative advertising effects[J]. Journal of advertising, 2013, 42(1): 54 - 68.

[49] CHAN-OLMSTED S M. A review of artificial intelligence adoptions in the media industry[J]. International journal on media management, 2019, 21(3/4): 193 - 215.

[50] CHAN T K H, CHEUNG C M K, LEE Z W Y. The state of online impulse-buying research: a literature analysis[J]. Information & management, 2017, 54(2): 204 - 217.

[51] CHATTALAS M, TAKADA H. Warm versus competent countries: national stereotyping effects on expectations of hedonic versus utilitarian product properties[J]. Place branding and public diplomacy, 2013, 9 (2): 88 - 97.

[52] CHATTERJEE S C, CHAUDHURI A. Are trusted brands important? [J]. Marketing management journal, 2005, 15(1): 1 - 16.

[53] CHEN G R. A hidden effect of joint price promotions[J]. Asia Pacific management review, 2014, 19(4): 391 - 403.

[54] CHEN H, PANG J, KOO M, et al. Shape matters: package shape informs brand status categorization and brand choice[J]. Journal of retailing, 2020, 96(2): 266 - 281.

[55] CHEN S F S, MONROE K B, LOU Y C. The effects of framing price promotion messages on consumers' perceptions and purchase intentions [J]. Journal of retailing, 1998, 74(3): 353 - 372.

[56] CHOI A A, CHO D, YIM D, et al. When seeing helps believing: the interactive effects of previews and reviews on e-book purchases[J]. Information systems research, 2019, 30(4): 1164 - 1183.

[57] CIAN L, KRISHNA A, ELDER R S. A sign of things to come: behavioral change through dynamic iconography[J]. Journal of consumer research, 2015, 41(6): 1426 - 1446.

[58] CIAN L, KRISHNA A, ELDER R S. This logo moves me: dynamic imagery from static images[J]. Journal of marketing research, 2014, 51(2): 184 - 197.

[59] CIAN L, KRISHNA A, SCHWARZ N. Positioning rationality and emotion: rationality is up and emotion is down[J]. Journal of consumer research, 2015, 42(4): 632 - 651.

[60] COULTER K S, NORBERG P A. The effects of physical distance between regular and sale prices on numerical difference perceptions[J]. Journal of consumer psychology, 2009, 19(2): 144 - 157.

[61] CRAWFORD C M. Needed: a new look at retailer horizontal cooperation[J]. Journal of retailing, 1970, 46(2): 64 - 76.

[62] CUDDY A J C, FISKE S T, GLICK P. The BIAS map: behaviors from intergroup affect and stereotypes[J]. Journal of personality and social psychology, 2007, 92(4): 631 - 648.

[63] DARKE P R, CHUNG C M Y. Effects of pricing and promotion on consumer perceptions: it depends on how you frame it[J]. Journal of retailing, 2005, 81(1): 35 - 47.

[64] DAS S, BISWAS S, PAUL A, et al. AI doctor: an intelligent

approach for medical diagnosis[C]//BHATTACHARYYA S, SEN S, DUTTA M, et al. Industry interactive innovations in science, engineering and technology. Singapore: Springer, 2018: 173 - 183.

[65] DE BRUYN A, LIECHTY J C, HUIZINGH E K R E, et al. Offering online recommendations with minimum customer input through conjoint-based decision aids[J]. Marketing science, 2008, 27(3): 443 - 460.

[66] DECRÉ G B, CLOONAN C. A touch of gloss: haptic perception of packaging and consumers' reactions[J]. Journal of product & brand management, 2019, 28(1): 117 - 132.

[67] DEHAENE S, BOSSINI S, GIRAUX P. The mental representation of parity and number magnitude[J]. Journal of experimental psychology: general, 1993, 122(3): 371 - 396.

[68] DENG X, KAHN B E. Is your product on the right side? The "location effect" on perceived product heaviness and package evaluation [J]. Journal of marketing research, 2009, 46(6): 725 - 738.

[69] DIEHL K, VAN HERPEN E, LAMBERTON C. Organizing products with complements versus substitutes: effects on store preferences as a function of effort and assortment perceptions[J]. Journal of retailing, 2015, 91(1): 1 - 18.

[70] DING S, XIA C Y, WANG C J, et al. Multi-objective optimization based ranking prediction for cloud service recommendation [J]. Decision support systems, 2017, 101: 106 - 114.

[71] DUNN L, HOEGG J. The impact of fear on emotional brand attachment [J]. Journal of consumer research, 2014, 41(1): 152 - 168.

[72] DUNN L, WHITE K, DAHL D W. That is so not me: dissociating from undesired consumer identities[M]//RUVIO A A, BELK R W.

The routledge companion to identity and consumption. New York: Routledge, 2013: 273 – 280.

[73] ELDER R S, KRISHNA A. The "visual depiction effect" in advertising: facilitating embodied mental simulation through product orientation[J]. Journal of consumer research, 2012, 38(6): 988 – 1003.

[74] EL HAZZOURI M, CARVALHO S W, MAIN K. Dissociative threat: underperforming to distance the self from undesirable groups [J]. European journal of marketing, 2020, 55(3): 814 – 839.

[75] ELLIOT A J, CHURCH M A. A hierarchical model of approach and avoidance achievement motivation[J]. Journal of personality and social psychology, 1997, 72(1): 218 – 232.

[76] ENGLIS B G, SOLOMON M R. To be and not to be: lifestyle imagery, reference groups, and the clustering of America[J]. Journal of advertising, 1995, 24(1): 13 – 28.

[77] ERDEM T, SUN B. An empirical investigation of the spillover effects of advertising and sales promotions in umbrella branding[J]. Journal of marketing research, 2002, 39(4): 408 – 420.

[78] ERICSSON K A, KINTSCH W. Long-term working memory[J]. Psychological review, 1995, 102(2): 211 – 245.

[79] ESCALAS J E, BETTMAN J R. Self-construal, reference groups, and brand meaning[J]. Journal of consumer research, 2005, 32(3): 378 – 389.

[80] ETZI R, SPENCE C, ZAMPINI M, et al. When sandpaper is "Kiki" and satin is "Bouba": an exploration of the associations between words, emotional states, and the tactile attributes of everyday materials[J]. Multisensory research, 2016, 29(1 – 3): 133 – 155.

[81] FAJARDO T M, ZHANG J, TSIROS M. The contingent nature of the symbolic associations of visual design elements: the case of brand logo frames[J]. Journal of consumer research, 2016, 43(4): 549 - 566.

[82] FANG Y H. An app a day keeps a customer connected: Explicating loyalty to brands and branded applications through the lens of affordance and service-dominant logic[J]. Information & management, 2019, 56(3): 377 - 391.

[83] FANG Y, QURESHI I, SUN H,et al. Trust, satisfaction, and online repurchase intention[J]. MIS quarterly, 2014, 38(2): 407 - 427.

[84] FANG Z, GU B, LUO X M, et al. Contemporaneous and delayed sales impact of location-based mobile promotions[J]. Information systems research, 2015, 26(3): 552 - 564.

[85] FISKE S T, BAI X. Vertical and horizontal inequality are status and power differences: applications to stereotyping by competence and warmth[J]. Current opinion in psychology, 2020, 33: 216 - 221.

[86] FISKE S T, CUDDY A J C, GLICK P, et al. A model of (often mixed) stereotype content: competence and warmth respectively follow from perceived status and competition[J]. Journal of personality and social psychology, 2002, 82(6): 878 - 902.

[87] FITZSIMONS G J. Consumer response to stockouts[J]. Journal of consumer research, 2000, 27(2): 249 - 266.

[88] FLAVIÁN C, GURREA R, ORÚS C. The effect of product presentation mode on the perceived content and continent quality of web sites[J]. Online information review, 2009, 33(6): 1103 - 1128.

[89] FLEDER D, HOSANAGAR K. Blockbuster culture's next rise or fall: the impact of recommender systems on sales diversity[J]. Management

science, 2009, 55(5): 697 – 712.

[90] FLEMING R W, WIEBEl C, Gegenfurtner K. Perceptual qualities and material classes[J]. Journal of vision, 2013, 13(8): 9.

[91] FOURNIER S, ALVAREZ C. Brands as relationship partners: warmth, competence, and in-between[J]. Journal of consumer psychology, 2012, 22(2): 177 – 185.

[92] FOURNIER S. Lessons learned about consumers' relationship with their brands[M]//MACLNNIS D J, PARK C W, PRIESTER J W. Handbook of Brand Relationships. New York: ME Sharpe, 2009: 5 – 23.

[93] FUCHS C, SCHREIER M, VAN OSSELAER S M J. The handmade effect: what's love got to do with it? [J]. Journal of marketing, 2015, 79(2): 98 – 110.

[94] FU J R, LU I W, CHEN J H F, et al. Investigating consumers' online social shopping intention: an information processing perspective [J]. International journal of information management, 2020, 54: 102 – 189.

[95] GAL D, WILKIE J. Real men don't eat quiche: regulation of gender-expressive choices by men[J]. Social psychological and personality science, 2010, 1(4): 291 – 301.

[96] GARBARINO E C, EDELL J A. Cognitive effort, affect, and choice [J]. Journal of consumer research, 1997, 24(2): 147 – 158.

[97] GIJSBRECHTS E, CAMPO K, GOOSSENS T. The impact of store flyers on store traffic and store sales: a geo-marketing approach[J]. Journal of retailing, 2003, 79(1): 1 – 16.

[98] GILOVICH T. Differential construal and the false consensus effect [J]. Journal of personality and social psychology, 1990, 59(4): 623 – 634.

[99] GORN G J, CHATTOPADHYAY A, SENGUPTA J, et al. Waiting for the web: how screen color affects time perception[J]. Journal of marketing research, 2004, 41(2): 215 - 225.

[100] GORN G J, CHATTOPADHYAY A, YI T, et al. Effects of color as an executional cue in advertising: they're in the shade[J]. Management science, 1997, 43(10): 1387 - 1400.

[101] GREENWALD A G, MCGHEE D E, SCHWARTZ J L K. Measuring individual differences in implicit cognition: the implicit association test[J]. Journal of personality and social psychology, 1998, 74(6): 1464 - 1480.

[102] GREWAL D, MARMORSTEIN H, SHARMA A. Communicating price information through semantic cues: the moderating effects of situation and discount size[J]. Journal of consumer research, 1996, 23(2): 148 - 155.

[103] GREWAL D, MONROE K B, KRISHNAN R. The effects of price-comparison advertising on buyers' perceptions of acquisition value, transaction value, and behavioral intentions [J]. Journal of marketing, 1998, 62(2): 46 - 59.

[104] GU F F, KIM N, TSE D K, et al. Managing distributors' changing motivations over the course of a joint sales program[J]. Journal of marketing, 2010, 74(5): 32 - 47.

[105] GUO X H, DENG H, ZHANG S H, et al. Signals of competence and warmth on e-commerce platforms[J]. Data and information management, 2020, 4(2): 81 - 93.

[106] GUTHRIE G, WIENER M. Subliminal perception or perception of partial cue with pictorial stimuli[J]. Journal of personality and social psychology, 1966, 3(6): 619 - 628.

[107] HAGTVEDT H, BRASEL S A. Color saturation increases perceived product size[J]. Journal of consumer research, 2017, 44(2): 396 - 413.

[108] HAGTVEDT H, BRASEL S A. Cross-modal communication: sound frequency influences consumer responses to color lightness [J]. Journal of marketing research, 2016, 53(4): 551 - 562.

[109] HAGTVEDT H. Dark is durable, light is user-friendly: the impact of color lightness on two product attribute judgments[J]. Psychology & marketing, 2020, 37(7): 864 - 875.

[110] HAGTVEDT H, PATRICK V M. Art infusion: the influence of visual art on the perception and evaluation of consumer products[J]. Journal of marketing research, 2008, 45(3): 379 - 389.

[111] HAGTVEDT H. The impact of incomplete typeface logos on perceptions of the firm[J]. Journal of marketing, 2011, 75(4): 86 - 93.

[112] HAN Y, PANDELAERE M. All that glitters is not gold: when glossy packaging hurts brand trust[J]. Marketing letters, 2021, 32 (2): 191 - 202.

[113] HAUSER J R, URBAN G L. Assessment of attribute importances and consumer utility functions: Von Neumann-Morgenstern theory applied to consumer behavior [J]. Journal of consumer research, 1979, 5(4): 251 - 262.

[114] HAYES A F. Introduction to mediation, moderation, and conditional process analysis: a regression-based approach[M]. New York: Guilford Publications, 2013.

[115] HEILMAN C M, NAKAMOTO K, RAO A G. Pleasant surprises: consumer response to unexpected in-store coupons [J]. Journal of

marketing research, 2002, 39(2): 242 - 252.

[116] HENDERSON P W, GIESE J L, COTE J A. Impression management using typeface design[J]. Journal of marketing, 2004, 68(4): 60 - 72.

[117] HONG W Y, THONG J Y L, TAM K Y. Does animation attract online users' attention? The effects of flash on information search performance and perceptions [J]. Information systems research, 2004, 15(1): 60 - 86.

[118] HOSTLER R E, YOON V Y, GUIMARAES T. Assessing the impact of internet agent on end users' performance[J]. Decision support systems, 2005, 41(1): 313 - 323.

[119] HO S Y, BODOFF D, TAM K Y. Timing of adaptive web personalization and its effects on online consumer behavior[J]. Information systems research, 2011, 22(3): 660 - 679.

[120] HOTELLING H. Stability in competition[J]. The economic journal, 1929, 39(153): 41 - 57.

[121] HOUGHTON D C, KARDES F R, MATHIEU A, et al. Correction processes in consumer choice[J]. Marketing letters, 1999, 10(2): 107 - 112.

[122] HO Y C, HO Y J, TAN Y. Online cash-back shopping: implications for consumers and e-businesses[J]. Information systems research, 2017, 28(2): 250 - 264.

[123] HSEE C K. Less is better: when low-value options are valued more highly than high-value options[J]. Journal of behavioral decision making, 1998, 11(2): 107 - 121.

[124] HSEE C K, LOEWENSTEIN G F, BLOUNT S, et al. Preference reversals between joint and separate evaluations of options: a review

and theoretical analysis[J]. Psychological bulletin, 1999, 125(5): 576 – 590.

[125] HSEE C K. The evaluability hypothesis: An explanation for preference reversals between joint and separate evaluations of alternatives[J]. Organizational behavior and human decision processes, 1996, 67(3): 247 – 257.

[126] HSEE C K, ZHANG J. General evaluability theory[J]. Perspectives on psychological science, 2010, 5(4): 343 – 355.

[127] HSEE C K, ZHANG J, WANG L Y, et al. Magnitude, time, and risk differ similarly between joint and single evaluations[J]. Journal of consumer research, 2013, 40(1): 172 – 184.

[128] HUANG J, WANG Z R, LIU H L, et al. Similar or contrastive? Impact of product-background color combination on consumers' product evaluations[J]. Psychology & marketing, 2020, 37(7): 961 – 979.

[129] HUANG N, SUN T S, CHEN P Y, et al. Word-of-mouth system implementation and customer conversion: a randomized field experiment [J]. Information systems research, 2019, 30(3): 805 – 818.

[130] HUANG R, HA S. The effects of warmth-oriented and competence-oriented service recovery messages on observers on online platforms [J]. Journal of business research, 2020, 121: 616 – 627.

[131] HUANG Y H, JIA Y L, WYER R S JR. The effects of physical distance from a brand extension on the impact of brand-extension fit [J]. Psychology & marketing, 2017, 34(1): 59 – 69.

[132] HUANG Y H, LI C X, WU J, et al. Online customer reviews and consumer evaluation: the role of review font[J]. Information & management, 2018, 55(4): 430 – 440.

[133] HUANG Y H, LIN Z J, YANG L. Complements are warm and

substitutes are competent: the effect of recommendation type on focal product evaluation[J]. Internet research, 2022, 32(4): 1168 - 1190.

[134] HUANG Y H, SONG W J, YANG L. Avoiding through glossiness and approaching through matte: the effect of visual finish on perceived product effectiveness[J]. Psychology & marketing, 2023, 40(2): 262 - 273.

[135] HUANG Y H, YANG L, LIU M. How to display products available in multiple color saturation: fit between saturation and position[J]. Psychology & marketing, 2022, 39(4): 809 - 819.

[136] HUANG Y Y, ZHANG M, GURSOY D, et al. An examination of interactive effects of employees' warmth and competence and service failure types on customer's service recovery cooperation intention[J]. International journal of contemporary hospitality management, 2020, 32(7): 2429 - 2451.

[137] HÄUBL G, TRIFTS V. Consumer decision making in online shopping environments: the effects of interactive decision aids[J]. Marketing science, 2000, 19(1): 4 - 21.

[138] HU H, KRISHEN A S. When is enough, enough? Investigating product reviews and information overload from a consumer empowerment perspective[J]. Journal of business research, 2019, 100: 27 - 37.

[139] HUMPHREYS A, ISAAC M S, WANG R J H. Construal matching in online search: Applying text analysis to illuminate the consumer decision journey[J]. Journal of marketing research, 2021, 58(6): 1101 - 1119.

[140] HUR H J, CHOO H J. Comforting or rewarding myself: Choices for self-gifting[J]. Journal of global fashion marketing, 2016, 7(4):

238 – 251.

[141] ILYUK V, BLOCK L. The effects of single-serve packaging on consumption closure and judgments of product efficacy[J]. Journal of consumer research, 2016, 42(6): 858 – 878.

[142] INMAN J J, PETER A C, RAGHUBIR P. Framing the deal: the role of restrictions in accentuating deal value[J]. Journal of consumer research, 1997, 24(1): 68 – 79.

[143] ISINKAYE F O, FOLAJIMI Y O, OJOKOH B A. Recommendation systems: principles, methods and evaluation[J]. Egyptian informatics journal, 2015, 16(3): 261 – 273.

[144] JANISZEWSKI C, LICHTENSTEIN D R. A range theory account of price perception[J]. Journal of consumer research, 1999, 25 (4): 353 – 368.

[145] JEON E, HAN Y, NAM M. How you see yourself influences your color preference: effects of self-construal on evaluations of color combinations[J]. Psychology & marketing, 2020, 37(7): 980 – 994.

[146] JEONG H, YI Y, KIM D. An innovative e-commerce platform incorporating metaverse to live commerce[J]. International journal of innovative computing, information and control, 2022, 18(1): 221 – 229.

[147] JHA S, BALAJI M S, PECK J, et al. The effects of environmental haptic cues on consumer perceptions of retailer warmth and competence[J]. Journal of retailing, 2020, 96(4): 590 – 605.

[148] JIANG Y, GORN G J, GALLI M, et al. Does your company have the right logo? How and why circular-and angular-logo shapes influence brand attribute judgments[J]. Journal of consumer research, 2016, 42(5): 709 – 726.

[149] JIANG Y W, SU L, ZHU R. The shape of money: the impact of financial resources on product shape preference[J]. Journal of the association for consumer research, 2019, 4(4): 436 – 445.

[150] JUDD C M, JAMES-HAWKINS L, YZERBYT V, et al. Fundamental dimensions of social judgment: understanding the relations between judgments of competence and warmth[J]. Journal of personality and social psychology, 2005, 89(6): 899 – 913.

[151] KAMINS M A, FOLKES V S, FEDORIKHIN A. Promotional bundles and consumers' price judgments: when the best things in life are not free[J]. Journal of consumer research, 2009, 36(4): 660 – 670.

[152] KARRAY S. Effectiveness of retail joint promotions under different channel structures[J]. European journal of operational research, 2011, 210(3): 745 – 751.

[153] KERVYN N, FISKE S T, MALONE C. Brands as intentional agents framework: How perceived intentions and ability can map brand perception[J]. Journal of consumer psychology, 2012, 22(2): 166 – 176.

[154] KETRON S, SPEARS N. Schema-ing with color and temperature: the effects of color-temperature congruity and the role of non-temperature associations [J]. Journal of retailing and consumer services, 2020, 54: 102021.

[155] KIM H, RAO A R, LEE A Y. It's time to vote: the effect of matching message orientation and temporal frame on political persuasion[J]. Journal of consumer research, 2009, 35(6): 877 – 889.

[156] KIM J H, KIM M, KWAK D W, et al. Home-tutoring services

assisted with technology: Investigating the role of artificial intelligence using a randomized field experiment [J]. Journal of marketing research, 2022, 59(1): 79 - 96.

[157] KLEIN S B. Learning: principles and applications[M]. Los Angeles, California: Sage Publications, 2018.

[158] KOIVISTO J, HAMARI J. The rise of motivational information systems: A review of gamification research[J]. International journal of information management, 2019, 45: 191 - 210.

[159] KOLBL Ž, DIAMANTOPOULOS A, ARSLANAGIC-KALAJDZIC M, et al. Do brand warmth and brand competence add value to consumers? A stereotyping perspective [J]. Journal of business research, 2020, 118: 346 - 362.

[160] KOO J, SUK K. Is $0 better than free? Consumer response to "$0" versus "free" framing of a free promotion[J]. Journal of retailing, 2020, 96(3): 383 - 396.

[161] KUMAR A, HOSANAGAR K. Measuring the value of recommendation links on product demand[J]. Information systems research, 2019, 30 (3): 819 - 838.

[162] KUMAR N, BENBASAT I. Research note: the influence of recommendations and consumer reviews on evaluations of websites [J]. Information systems research, 2006, 17(4): 425 - 439.

[163] LABRECQUE L I. Color research in marketing: theoretical and technical considerations for conducting rigorous and impactful color research[J]. Psychology & marketing, 2020, 37(7): 855 - 863.

[164] LABRECQUE L I, MILNE G R. Exciting red and competent blue: the importance of color in marketing[J]. Journal of the academy of marketing science, 2012, 40: 711 - 727.

[165] LABRECQUE L I, PATRICK V M, MILNE G R. The marketers' prismatic palette: a review of color research and future directions[J]. Psychology & marketing, 2013, 30(2): 187 - 202.

[166] LABROO A A, DHAR R, SCHWARZ N. Of frog wines and frowning watches: semantic priming, perceptual fluency, and brand evaluation[J]. Journal of consumer research, 2008, 34(6): 819 - 831.

[167] LABROO A A, LEE A Y. Between two brands: a goal fluency account of brand evaluation[J]. Journal of marketing research, 2006, 43(3): 374 - 385.

[168] LAROCHE M, PONS F, ZGOLLI N, et al. Consumers use of price promotions: a model and its potential moderators[J]. Journal of retailing and consumer services, 2001, 8(5): 251 - 260.

[169] LEE A Y, AAKER J L. Bringing the frame into focus: the influence of regulatory fit on processing fluency and persuasion[J]. Journal of personality and social psychology, 2004, 86(2): 205 - 218.

[170] LEE A Y, KELLER P A, STERNTHAL B. Value from regulatory construal fit: the persuasive impact of fit between consumer goals and message concreteness[J]. Journal of consumer research, 2010, 36(5): 735 - 747.

[171] LEE A Y, LABROO A A. The effect of conceptual and perceptual fluency on brand evaluation[J]. Journal of marketing research, 2004, 41(2): 151 - 165.

[172] LEE D, GOPAL A, PARK S H. Different but equal? A field experiment on the impact of recommendation systems on mobile and personal computer channels in retail [J]. Information systems research, 2020, 31(3): 892 - 912.

[173] LEE K, CHOI J. Image-text inconsistency effect on product evaluation in online retailing[J]. Journal of retailing and consumer services, 2019, 49: 279 - 288.

[174] LEVY M, WEITZ B A, GREWAL D, et al. Retailing management [M]. New York: McGraw-Hill/Irwin, 2012.

[175] LEYS C, LEY C, KLEIN O, et al. Detecting outliers: do not use standard deviation around the mean, use absolute deviation around the median[J]. Journal of experimental social psychology, 2013, 49(4): 764 - 766.

[176] LIAO C C, LIN H N, LUO M M, et al. Factors influencing online shoppers' repurchase intentions: the roles of satisfaction and regret [J]. Information & management, 2017, 54(5): 651 - 668.

[177] LICHTENSTEIN D R, NETEMEYER R G, BURTON S. Distinguishing coupon proneness from value consciousness: an acquisition-transaction utility theory perspective[J]. Journal of marketing, 1990, 54(3): 54 - 67.

[178] LIN Z J. An empirical investigation of user and system recommendations in e-commerce[J]. Decision support systems, 2014, 68: 111 - 124.

[179] LI S S, KARAHANNA E. Online recommendation systems in a B2C e-commerce context: a review and future directions[J]. Journal of the association for information systems, 2015, 16(2): 72 - 107.

[180] LIU G N, FU Y J, CHEN G Q, et al. Modeling buying motives for personalized product bundlerecommendation[J]. ACM Transactions on Knowledge Discovery from Data (TKDD), 2017, 11(3): 1 - 26.

[181] LIU S Q, CHOI S, MATTILA A S. Love is in the menu: Leveraging healthy restaurant brands with handwritten typeface[J]. Journal of business research, 2019, 98: 289 - 298.

[182] LI X, CHAN K W, KIM S. Service with emoticons: how customers interpret employee use of emoticons in online service encounters[J]. Journal of consumer research, 2019, 45(5): 973 – 987.

[183] LOURENCO S F, LONGO M R. General magnitude representation in human infants[J]. Psychological science, 2010, 21(6): 873 – 881.

[184] LOURENCO S F. On the relation between numerical and non-numerical magnitudes: evidence for a general magnitude system[M]// GEARY D C, BERCH D B, KOEPKE K M. Evolutionary origins and early development of number processing. Amsterdam: Elsevier Academic Press, 2015: 145 – 174.

[185] LU F C, PARK J, NAYAKANKUPPAM D. The influence of mindset abstraction on preference for mixed versus extreme approaches to multigoal pursuits[J]. Journal of consumer psychology, 2023, 33 (1): 62 – 76.

[186] LUFFARELLI J, STAMATOGIANNAKIS A, YANG H Y. The visual asymmetry effect: an interplay of logo design and brand personality on brand equity[J]. Journal of marketing research, 2019, 56(1): 89 – 103.

[187] LUKYANENKO R, PARSONS J, WIERSMA Y F. The IQ of the crowd: understanding and improving information quality in structured user-generated content[J]. Information systems research, 2014, 25 (4): 669 – 689.

[188] LUNARDO R, SAINTIVES C, CHANEY D. Food packaging and the color red: how negative cognitive associations influence feelings of guilt[J]. Journal of business research, 2021, 134: 589 – 600.

[189] LUX H, BA S L, HUANG L H, et al. Promotional marketing or word-of-mouth? Evidence from online restaurant reviews [J].

Information systems research, 2013, 24(3): 596 - 612.

[190] MAIER E, DOST F. Fluent contextual image backgrounds enhance mental imagery and evaluations of experience products[J]. Journal of retailing and consumer services, 2018, 45: 207 - 220.

[191] MAI R, SYMMANK C, SEEBERG-ELVERFELDT B. Light and pale colors in food packaging: when does this package cue signal superior healthiness or inferior tastiness? [J]. Journal of retailing, 2016, 92(4): 426 - 444.

[192] MALLER C, TOWNSEND M, PRYOR A, et al. Healthy nature healthy people: "contact with nature" as an upstream health promotion intervention for populations [J]. Health promotion international, 2006, 21(1): 45 - 54.

[193] MARCKHGOTT E, KAMLEITNER B. Matte matters: when matte packaging increases perceptions of food naturalness[J]. Marketing letters, 2019, 30: 167 - 178.

[194] MCAULEY J, PANDEY R, LESKOVEC J. Inferring networks of substitutable and complementary products[C]//Proceedings of the 21th ACM SIGKDD international conference on knowledge discovery and data mining. New York: ACM, 2015a: 785 - 794.

[195] MCAULEY J, TARGETT C, SHI Q, et al. Image-based recommendations on styles and substitutes[C]//Proceedings of the 38th international ACM SIGIR conference on research and development in information retrieval. New York: ACM, 2015b: 43 - 52.

[196] MEAD J A, RICHERSON R, LI W J. Dynamic right-slanted fonts increase the effectiveness of promotional retail advertising[J]. Journal of retailing, 2020, 96(2): 282 - 296.

[197] MEAD J A, RICHERSON R. Package color saturation and food

healthfulness perceptions[J]. Journal of business research, 2018, 82: 10 - 18.

[198] MEERT K, PANDELAERE M, PATRICK V M. Taking a shine to it: how the preference for glossy stems from an innate need for water [J]. Journal of consumer psychology, 2014, 24(2): 195 - 206.

[199] MEITING L, HUA W. Angular or rounded? The effect of the shape of green brand logos on consumer perception[J]. Journal of cleaner production, 2021, 279: 123801.

[200] MELARA R D, O'BRIEN T P. Interaction between synesthetically corresponding dimensions[J]. Journal of experimental psychology: general, 1987, 116(4): 323 - 336.

[201] MENG Y, CHAN E Y. Traffic light signals and healthy food choice: investigating gender differences[J]. Psychology & marketing, 2022, 39(2): 360 - 369.

[202] MESSNER C, VOSGERAU J. Cognitive inertia and the implicit association test[J]. Journal of marketing research, 2010, 47(2): 374 - 386.

[203] MEYERS-LEVY J, LOKEN B. Revisiting gender differences: what we know and what lies ahead[J]. Journal of consumer psychology, 2015, 25(1): 129 - 149.

[204] MOSCHIS G P. Social comparison and informal group influence[J]. Journal of marketing research, 1976, 13(3): 237 - 244.

[205] MULHERN F J, PADGETT D T. The relationship between retail price promotions and regular price purchases[J]. Journal of marketing, 1995, 59(4): 83 - 90.

[206] NAH F F H, BENBASAT I. Knowledge-based support in a group decision making context: an expert-novice comparison[J]. Journal of

the association for information systems, 2004, 5(3): 125 - 150.

[207] NIEDRICH R W, SHARMA S, WEDELL D H. Reference price and price perceptions: a comparison of alternative models[J]. Journal of consumer research, 2001, 28(3): 339 - 354.

[208] NOVEMSKY N, DHAR R, SCHWARZ N, et al. Preference fluency in choice[J]. Journal of marketing research, 2007, 44(3): 347 - 356.

[209] OESTREICHER-SINGER G, SUNDARARAJAN A. The visible hand? Demand effects of recommendation networks in electronic markets [J]. Management science, 2012, 58(11): 1963 - 1981.

[210] PALMEIRA M M, SRIVASTAVA J. Free offer≠ cheap product: a selective accessibility account on the valuation of free offers [J]. Journal of consumer research, 2013, 40(4): 644 - 656.

[211] PALUMBO L, RUTA N, BERTAMINI M. Comparing angular and curved shapes in terms of implicit associations and approach/avoidance responses[J]. PloS one, 2015, 10(10): e0140043.

[212] PANCER E, MCSHANE L, NOSEWORTHY T J. Isolated environmental cues and product efficacy penalties: the color green and eco-labels[J]. Journal of business ethics, 2017, 143: 159 - 177.

[213] PARBOTEEAH D V, VALACICH J S, WELLS J D. The influence of website characteristics on a consumer's urge to buy impulsively[J]. Information systems research, 2009, 20(1): 60 - 78.

[214] PARISE C V, SPENCE C. Audiovisual crossmodal correspondences and sound symbolism: a study using the implicit association test[J]. Experimental brain research, 2012, 220: 319 - 333.

[215] PARK C W, EISINGERICH A B, POL G, et al. The role of brand logos in firm performance[J]. Journal of business research, 2013, 66 (2): 180 - 187.

[216] PASCHEN J, KIETZMANN J, KIETZMANN T C. Artificial intelligence (AI) and its implications for market knowledge in B2B marketing[J]. Journal of business & industrial marketing, 2019, 34 (7): 1410 – 1419.

[217] PAYNE M C. Apparent weight as a function of color[J]. The American journal of psychology, 1958, 71(4): 725 – 730.

[218] PEATTIE S, PEATTIE K. Promoting financial services with glittering prizes[J]. International journal of bank marketing, 1994, 12(6): 19 – 29.

[219] PETERSEN F E, HAMILTON R W. Confidence via correction: the effect of judgment correction on consumer confidence[J]. Journal of consumer psychology, 2014, 24(1): 34 – 48.

[220] PETTY R E, CACIOPPO J T, SCHUMANN D. Central and peripheral routes to advertising effectiveness: the moderating role of involvement[J]. Journal of consumer research, 1983, 10(2): 135 – 146.

[221] PHAM M T. Representativeness, relevance, and the use of feelings in decision making[J]. Journal of consumer research, 1998, 25(2): 144 – 159.

[222] PINNA M. Do gender identities of femininity and masculinity affect the intention to buy ethical products? [J]. Psychology & marketing, 2020, 37(3): 384 – 397.

[223] POMBO M, VELASCO C. How aesthetic features convey the concept of brand premiumness[J]. Psychology & marketing, 2021, 38(9): 1475 – 1497.

[224] POMIRLEANU N, GUSTAFSON B M, BI S. Ooh, that's sour: an investigation of the role of sour taste and color saturation in consumer temptation avoidance[J]. Psychology & marketing, 2020, 37(8):

1068 - 1081.

[225] PRAWESH S, PADMANABHAN B. The "most popular news" recommender: count amplification and manipulation resistance[J]. Information systems research, 2014, 25(3): 569 - 589.

[226] PREACHER K J, CURRAN P J, BAUER D J. Computational tools for probing interactions in multiple linear regression, multilevel modeling, and latent curve analysis[J]. Journal of educational and behavioral statistics, 2006, 31(4): 437 - 448.

[227] PUCCINELLI N M, CHANDRASHEKARAN R, GREWAL D, et al. Are men seduced by red? The effect of red versus black prices on price perceptions[J]. Journal of retailing, 2013, 89(2): 115 - 125.

[228] QIU C, YEUNG C W M. Mood and comparative judgment: does mood influence everything and finally nothing? [J]. Journal of consumer research, 2008, 34(5): 657 - 669.

[229] QUANDT J, FIGNER B, HOLLAND R W, et al. Confidence in evaluations and value-based decisions reflects variation in experienced values[J]. Journal of experimental psychology: general, 2022, 151 (4): 820 - 836.

[230] RADON A, BRANNON D C, REARDON J. Ketchup with your fries? Utilizing complementary product displays to transfer attention to a focal product[J]. Journal of retailing and consumer services, 2021, 58: 102339.

[231] RAGHUBIR P, CORFMAN K. When do price promotions affect pretrial brand evaluations? [J]. Journal of marketing research, 1999, 36(2): 211 - 222.

[232] RAGHUNATHAN R, NAYLOR R W, HOYER W D. The unhealthy= tasty intuition and its effects on taste inferences, enjoyment, and

choice of food products[J]. Journal of marketing, 2006, 70(4): 170 - 184.

[233] RAGHUNATHAN R, PHAM M T. All negative moods are not equal: motivational influences of anxiety and sadness on decision making[J]. Organizational behavior and human decision processes, 1999, 79(1): 56 - 77.

[234] RAHINEL R, NELSON N M. When brand logos describe the environment: Design instability and the utility of safety-oriented products[J]. Journal of consumer research, 2016, 43(3): 478 - 496.

[235] RAO A R, MONROE K B. The moderating effect of prior knowledge on cue utilization in product evaluations[J]. Journal of consumer research, 1988, 15(2): 253 - 264.

[236] REBER R, SCHWARZ N, WINKIELMAN P. Processing fluency and aesthetic pleasure: is beauty in the perceiver's processing experience? [J]. Personality and social psychology review, 2004, 8(4): 364 - 382.

[237] ROMERO M, BISWAS D. Healthy-left, unhealthy-right: can displaying healthy items to the left (versus right) of unhealthy items nudge healthier choices? [J]. Journal of consumer research, 2016, 43(1): 103 - 112.

[238] ROSE G M, MERCHANT A, ORTH U R, et al. Emphasizing brand heritage: does it work? and how? [J]. Journal of business research, 2016, 69(2): 936 - 943.

[239] ROY R, NAIDOO V. Enhancing chatbot effectiveness: the role of anthropomorphic conversational styles and time orientation [J]. Journal of business research, 2021, 126: 23 - 34.

[240] ROY R, NG S. Regulatory focus and preference reversal between

hedonic and utilitarian consumption[J]. Journal of consumer behaviour, 2012, 11(1): 81 - 88.

[241] RUSSELL G J, RATNESHWAR S, SHOCKER A D, et al. Multiple-category decision-making: review and synthesis[J]. Marketing letters, 1999, 10(3): 319 - 332.

[242] RUTH J A, SIMONIN B L. "Brought to you by Brand A and Brand B" investigating multiple sponsors' influence on consumers' attitudes toward sponsored events[J]. Journal of advertising, 2003, 32(3): 19 - 30.

[243] SAMPLE K L, HAGTVEDT H, BRASEL S A. Components of visual perception in marketing contexts: a conceptual framework and review[J]. Journal of the academy of marketing science, 2020, 48: 405 - 421.

[244] SARANTOPOULOS P, THEOTOKIS A, PRAMATARI K, et al. The impact of a complement-based assortment organization on purchases [J]. Journal of marketing research, 2019, 56(3): 459 - 478.

[245] SCHLOSSER A E, RIKHI R R, DAGOGO-JACK S W. The ups and downs of visual orientation: the effects of diagonal orientation on product judgment[J]. Journal of consumer psychology, 2016, 26(4): 496 - 509.

[246] SCHMID A C, DOERSCHNER K. Shatter and splatter: the contribution of mechanical and optical properties to the perception of soft and hard breaking materials[J]. Journal of vision, 2018, 18(1): 14.

[247] SCHROLL R, SCHNURR B, GREWAL D. Humanizing products with handwritten typefaces[J]. Journal of consumer research, 2018, 45(3): 648 - 672.

[248] SCHWARZ N. Feelings-as-information theory[M]//VAN LANGE P

A M, KRUGLANSKI A W, HIGGIINS E T. Handbook of theories of social psychology: volume 1. California: Sage Publications, 2011: 289 - 308.

[249] SCHWARZ N. Metacognitive experiences in consumer judgment and decision making[J]. Journal of consumer psychology, 2004, 14(4): 332 - 348.

[250] SCOTT L M, VARGAS P. Writing with pictures: toward a unifying theory of consumer response to images [J]. Journal of consumer research, 2007, 34(3): 341 - 356.

[251] SCOTT S E, ROZIN P, SMALL D A. Consumers prefer "natural" more for preventatives than for curatives[J]. Journal of consumer research, 2020, 47(3): 454 - 471.

[252] SEMAAN R W, KOCHER B, GOULD S. How well will this brand work? The ironic impact of advertising disclosure of body-image retouching on brand attitudes[J]. Psychology & marketing, 2018, 35 (10): 766 - 777.

[253] SENECAL S, NANTEL J. The influence of online product recommendations on consumers' online choices[J]. Journal of retailing, 2004, 80(2): 159 - 169.

[254] SEO H S, ARSHAMIAN A, SCHEMMER K, et al. Cross-modal integration between odors and abstract symbols [J]. Neuroscience letters, 2010, 478(3): 175 - 178.

[255] SHANI G, GUNAWARDANA A. Evaluating recommendation systems[M]//RICCI F, ROKACH L, SHAPIRA B. Recommender systems handbook. Boston, MA: Springer, 2011: 257 - 297.

[256] SHARPLEY R, VASS A. Tourism, farming and diversification: an attitudinal study[J]. Tourism management, 2006, 27 (5): 1040 -

1052.

[257] SHEN H, JIANG Y, ADAVAL R. Contrast and assimilation effects of processing fluency[J]. Journal of consumer research, 2010, 36(5): 876 – 889.

[258] SHEN L X, HSEE C K, WU Q S, et al. Overpredicting and underprofiting in pricing decisions[J]. Journal of behavioral decision making, 2012, 25(5): 512 – 521.

[259] SHOCKER A D, BAYUS B L, KIM N. Product complements and substitutes in the real world: the relevance of "other products"[J]. Journal of marketing, 2004, 68(1): 28 – 40.

[260] SHOEMAKER R W. An analysis of consumer reactions to product promotions[C]//Educators' conference proceedings. Chicago: American Marketing Association, 1979: 244 – 248.

[261] SIA C L, LIM K H, LEUNG K, et al. Web strategies to promote internet shopping: is cultural-customization needed? [J]. MIS quarterly, 2009, 33(3): 491 – 512.

[262] SILAYOI P, SPEECE M. Packaging and purchase decisions: an exploratory study on the impact of involvement level and time pressure[J]. British food journal, 2004, 106(8): 607 – 628.

[263] SILVIA P J, CHRISTENSEN A P, COTTER K N, et al. Do people have a thing for bling? Examining aesthetic preferences for shiny objects[J]. Empirical studies of the arts, 2018, 36(1): 101 – 113.

[264] SIRIANNI N J, BITNER M J, BROWN S W, et al. Branded service encounters: strategically aligning employee behavior with the brand positioning[J]. Journal of marketing, 2013, 77(6): 108 – 123.

[265] SKERRITT D, HUYBERS T. The effect of international tourism on economic development: an empirical analysis[J]. Asia Pacific journal

of tourism research, 2005, 10(1): 23 – 43.

[266] SPENCE C, NGO M K. Assessing the shape symbolism of the taste, flavour, and texture of foods and beverages[J]. Flavour, 2012, 1: 1 – 13.

[267] SPIELBERG J M, HELLER W, MILLER G A. Hierarchical brain networks active in approach and avoidance goal pursuit[J]. Frontiers in human neuroscience, 2013, 7: 284.

[268] SPILLER S A, FITZSIMONS G J, LYNCH J G JR, et al. Spotlights, floodlights, and the magic number zero: Simple effects tests in moderated regression[J]. Journal of marketing research, 2013, 50(2): 277 – 288.

[269] STAMPS A E, ARTHUR E. , KRISHNAN V V. Spaciousness and boundary roughness[J]. Environment and behavior, 2006, 38(6): 841 – 872.

[270] SUBRAMANIAN U, RAO R C. Leveraging experienced consumers to attract new consumers: an equilibrium analysis of displaying deal sales by daily deal websites[J]. Management science, 2016, 62(12): 3555 – 3575.

[271] SUNAGA T, PARK J, SPENCE C. Effects of lightness-location congruency on consumers' purchase decision-making[J]. Psychology & marketing, 2016, 33(11): 934 – 950.

[272] SUNDAR A, CAO E S, MACHLEIT K A. How product aesthetics cues efficacy beliefs of product performance [J]. Psychology & marketing, 2020, 37(9): 1246 – 1262.

[273] SUNDAR A, NOSEWORTHY T J. Place the logo high or low? Using conceptual metaphors of power in packaging design[J]. Journal of marketing, 2014, 78(5): 138 – 151.

[274] SWEENEY J C, SOUTAR G N. Consumer perceived value: the development of a multiple item scale[J]. Journal of retailing, 2001, 77(2): 203 – 220.

[275] SZOCS C, WILLIAMSON S, MILLS A. Contained: why it's better to display some products without a package[J]. Journal of the academy of marketing science, 2022, 50(1): 131 – 146.

[276] TANG J, ZHANG P. The impact of atmospheric cues on consumers' approach and avoidance behavioral intentions in social commerce websites[J]. Computers in human behavior, 2020, 108: 105729.

[277] THALER R H. Mental accounting and consumer choice[J]. Marketing science, 1985, 4(3): 199 – 214.

[278] THOMAS N, MULLIGAN J. Dynamic imagery in children's representations of number[J]. Mathematics education research journal, 1995, 7(1): 5 – 25.

[279] TOGAWA T, PARK J, ISHII H, et al. A packaging visual-gustatory correspondence effect: using visual packaging design to influence flavor perception and healthy eating decisions[J]. Journal of retailing, 2019, 95(4): 204 – 218.

[280] TORELLI C J. Individuality or conformity? The effect of independent and interdependent self-concepts on public judgments[J]. Journal of consumer psychology, 2006, 16(3): 240 – 248.

[281] VAIDYANATHAN R, AGGARWAL P, STEM D E, et al. Deal evaluation and purchase intention: the impact of aspirational and market-based internal reference prices[J]. Journal of product & brand management, 2000, 9(3): 179 – 192.

[282] VALENZUELA A, RAGHUBIR P. Are consumers aware of top-bottom but not of left-right inferences? Implications for shelf space

positions[J]. Journal of experimental psychology: applied, 2015, 21
(3): 224 - 241.

[283] VANBERGEN N, IRMAK C, SEVILLA J. Product entitativity:
how the presence of product replicates increases perceived and actual
product efficacy[J]. Journal of consumer research, 2020, 47 (2):
192 - 214.

[284] VAN BOVEN L, LOEWENSTEIN G. Social projection of transient
drive states[J]. Personality and social psychology bulletin, 2003, 29
(9): 1159 - 1168.

[285] VAN KERCKHOVE A, PANDELAERE M. Why are you swiping
right? The impact of product orientation on swiping responses[J].
Journal of consumer research, 2018, 45(3): 633 - 647.

[286] VAN OOIJEN I, FRANSEN M L, VERLEGH P W J, et al.
Signalling product healthiness through symbolic package cues: effects
of package shape and goal congruence on consumer behaviour[J].
Appetite, 2017, 109: 73 - 82.

[287] VAN ZEE E H, PALUCHOWSKI T F, BEACH L R. The effects of
screening and task partitioning upon evaluations of decision options
[J]. Journal of behavioral decision making, 1992, 5(1): 1 - 19.

[288] VARADARAJAN P R. Horizontal cooperative sales promotion: a
framework for classification and additional perspectives[J]. Journal of
marketing, 1986, 50(2): 61 - 73.

[289] VARADARAJAN P R. Joint sales promotion: an emerging
marketing tool[J]. Business horizons, 1985, 28(5): 43 - 49.

[290] VIGNOVIC J A, THOMPSON L F. Computer-mediated cross-
cultural collaboration: attributing communication errors to the person
versus the situation[J]. Journal of applied psychology, 2010, 95(2):

265 - 276.

[291] VOLPI E, NAZEMI R, FUJITA S. Muscle tissue changes with aging [J]. Current opinion in clinical nutrition and metabolic care, 2004, 7 (4): 405 - 410.

[292] WADHWA M, SHIV B, NOWLIS S M. A bite to whet the reward appetite: the influence of sampling on reward-seeking behaviors[J]. Journal of marketing research, 2008, 45(4): 403 - 413.

[293] WALSH V. A theory of magnitude: common cortical metrics of time, space and quantity[J]. Trends in cognitive sciences, 2003, 7(11): 483 - 488.

[294] WANG E S T, CHU Y H. How social norms affect consumer intention to purchase certified functional foods: the mediating role of perceived effectiveness and attitude[J]. Foods, 2021, 10(6): 1151 - 1162.

[295] WANG L, YU Y, LI O. The typeface curvature effect: the role of typeface curvature in increasing preference toward hedonic products [J]. Psychology & marketing, 2020, 37(8): 1118 - 1137.

[296] WANG W Q, BENBASAT I. Interactive decision aids for consumer decision making in e-commerce: the influence of perceived strategy restrictiveness[J]. MIS quarterly, 2009, 33(2): 293 - 320.

[297] WEAVER K, GARCIA S M, SCHWARZ N. The presenter's paradox[J]. Journal of consumer research, 2012, 39(3): 445 - 460.

[298] WEGENER D T, PETTY R E. Flexible correction processes in social judgment: the role of naive theories in corrections for perceived bias [J]. Journal of personality and social psychology, 1995, 68(1): 36 - 51.

[299] WEIJTERS B, MILLET K, CABOOTER E. Extremity in horizontal

and vertical Likert scale format responses. Some evidence on how visual distance between response categories influences extreme responding [J]. International journal of research in marketing, 2021, 38(1): 85 - 103.

[300] WEN N, LURIE N H. The case for compatibility: product attitudes and purchase intentions for upper versus lowercase brand names[J]. Journal of retailing, 2018, 94(4): 393 - 407.

[301] WERTENBROCH K, SKIERA B. Measuring consumers' willingness to pay at the point of purchase[J]. Journal of marketing research, 2002, 39(2): 228 - 241.

[302] WESTERMAN S J, GARDNER P H, SUTHERLAND E J, et al. Product design: preference for rounded versus angular design elements[J]. Psychology & marketing, 2012, 29(8): 595 - 605.

[303] WHITE K, DAHL D W. Are all out-groups created equal? Consumer identity and dissociative influence[J]. Journal of consumer research, 2007, 34(4): 525 - 536.

[304] WHITE K, DAHL D W. To be or not be? The influence of dissociative reference groups on consumer preferences[J]. Journal of consumer psychology, 2006, 16(4): 404 - 414.

[305] WHITE K, SIMPSON B, ARGO J J. The motivating role of dissociative out-groups in encouraging positive consumer behaviors [J]. Journal of marketing research, 2014, 51(4): 433 - 447.

[306] WHITTLER T E, SPIRA J S. Model's race: a peripheral cue in advertising messages? [J]. Journal of consumer psychology, 2002, 12(4): 291 - 301.

[307] WHITTLESEA B W A. Illusions of familiarity [J]. Journal of experimental psychology: learning, memory, and cognition, 1993, 19

(6): 1235 - 1253.

[308] WILLIAMS K, PETROSKY A, HERNANDEZ E, et al. Product placement effectiveness: revisited and renewed [J]. Journal of management and marketing research, 2011, 7: 1 - 24.

[309] WINKIELMAN P, SCHWARZ N, FAZENDEIRO T, et al. The hedonic marking of processing fluency: implications for evaluative judgment[M]//MUSCH J, KLAUER K C. The psychology of evaluation: affective processes in cognition and emotion. Mahwah: Lawrence Erlbaum Associates, 2003: 189 - 217.

[310] WOOD S L, SWAIT J. Psychological indicators of innovation adoption: cross-classification based on need for cognition and need for change[J]. Journal of consumer psychology, 2002, 12(1): 1 - 13.

[311] WU K, VASSILEVA J, ZHAO Y X, et al. Complexity or simplicity? Designing product pictures for advertising in online marketplaces [J]. Journal of retailing and consumer services, 2016, 28: 17 - 27.

[312] WYER JR R S, KARDES F R. A multistage, multiprocess analysis of consumer judgment: a selective review and conceptual framework [J]. Journal of consumer psychology, 2020, 30(2): 339 - 364.

[313] XIAO B, BENBASAT I. E-commerce product recommendation agents: use, characteristics, and impact[J]. MIS quarterly, 2007, 31 (1): 137 - 209.

[314] XUAN B, ZHANG D, HE S, et al. Larger stimuli are judged to last longer[J]. Journal of vision, 2007, 7(10): 1 - 5.

[315] XU X B, CHEN R, LIU M W. The effects of uppercase and lowercase wordmarks on brand perceptions[J]. Marketing letters, 2017, 28: 449 - 460.

[316] YADAV M S, MONROE K B. How buyers perceive savings in a

bundle price: an examination of a bundle's transaction value[J]. Journal of marketing research, 1993, 30(3): 350 - 358.

[317] YAN D F. Numbers are gendered: the role of numerical precision[J]. Journal of consumer research, 2016, 43(2): 303 - 316.

[318] YAN D F, SENGUPTA J. The effects of numerical divisibility on loneliness perceptions and consumer preferences [J]. Journal of consumer research, 2021, 47(5): 755 - 771.

[319] YANG L, HUANG Y H, HOY C, et al. Is online multiple-stores cooperative promotion better than single-store promotion? Misprediction from evaluation mode[J]. Information & management, 2019, 56(7): 103 - 148.

[320] YE N, MORRIN M, KAMPFER K. From glossy to greasy: the impact of learned associations on perceptions of food healthfulness [J]. Journal of consumer psychology, 2020, 30(1): 96 - 124.

[321] YEUNG C W M, WYER R S JR. Affect, appraisal, and consumer judgment[J]. Journal of consumer research, 2004, 31(2): 412 - 424.

[322] YOU Y F, PAN J J, YANG X J, et al. From functional efficiency to temporal efficiency: multifunctional products increase consumer impatience [J]. Journal of consumer psychology, 2022, 32(3): 509 - 516.

[323] YU X, HUANG H L, LIU S Q, et al. Signaling authenticity of ethnic cuisines via handwriting[J]. Annals of tourism research, 2020, 85: 103054.

[324] ZHANG M Y, BOCKSTEDT J. Complements and substitutes in online product recommendations: the differential effects on consumers' willingness to pay[J]. Information & management, 2020, 57(6), 103341.

[325] ZHANG Y L, FEICK L, PRICE L J. The impact of self-construal on

aesthetic preference for angular versus rounded shapes[J]. Personality and social psychology bulletin, 2006, 32(6): 794-805.

[326] ZHANG Y, LIN C L, YANG J L. Time or money? The influence of warm and competent appeals on donation intentions[J]. Sustainability, 2019, 11(22): 6228.

[327] ZHENG J Q, WU X Y, NIU J Y, et al. Substitutes or complements: another step forward in recommendations[C]//Proceedings of the 10th ACM conference on electronic commerce. New York: ACM, 2009: 139-146.

[328] ZHU D H, CHANG Y P. Effects of interactions and product information on initial purchase intention in product placement in social games: the moderating role of product familiarity[J]. Journal of electronic commerce research, 2015, 16(1): 22-33.

[329] ZHU D H, WANG Y W, CHANG Y P. The influence of online cross-recommendation on consumers' instant cross-buying intention: the moderating role of decision-making difficulty[J]. Internet research, 2018, 28(3): 604-622.

[330] ZHU R, ARGO J J. Exploring the impact of various shaped seating arrangements on persuasion[J]. Journal of consumer research, 2013, 40(2): 336-349.

[331] ZOGAJ A, TSCHEULIN D K, OLK S. Benefits of matching consumers' personality: creating perceived trustworthiness via actual self-congruence and perceived competence via ideal self-congruence [J]. Psychology & marketing, 2021, 38(3): 416-430.

[332] 蔡铭.西南地区乡村生态旅游发展研究[J].西南农业大学学报(社会科学版),2012,10(7):6-8.

[333] 陈仕玲,叶明霞,蒋辉.西南地区"生态旅游—乡村振兴"耦合发展研

究——基于云贵川三省的分析[J].农村经济与科技,2020,31(21):100-104.

[334] 杜江,向萍.关于乡村旅游可持续发展的思考[J].旅游学刊,1999(1):15-18,73.

[335] 杜睿云,蒋侃.新零售:内涵、发展动因与关键问题[J].价格理论与实践,2017(2):139-141.

[336] 科特勒,凯勒,切尔内夫.营销管理[M].陆雄文,蒋青云,赵伟韬等,译.北京:中信出版集团,2022.

[337] 耿桂红,张丽君.西南边境地区旅游业发展成效、问题与对策——以云南德宏、广西崇左为例[J].湖北民族学院学报(哲学社会科学版),2017,35(2):96-100.

[338] 龚艳萍,谭宇轩,龚钜塘,等.直播营销中主播类型及其社会临场感效应研究:基于模糊集的定性比较分析[J].南开管理评论,2023,26(2):199-209.

[339] 国家发展和改革委员会社会发展司,文化和旅游部资源开发司.全国乡村旅游发展典型案例汇编[M].北京:中国旅游出版社,2019.

[340] 韩睿.西方促销研究及其启示[J].华东经济管理,2005,19(5):102-105.

[341] 何佳讯,李耀.品牌活化原理与决策方法探窥——兼谈我国老字号品牌的振兴[J].北京工商大学学报(社会科学版),2006(6):50-55.

[342] 何云,李枭,林晶晶,等.品牌美学中的视觉元素研究综述与展望[J].外国经济与管理,2022,44(8):121-137.

[343] 黄静,王正荣,杨德春,等.色彩营销研究:回顾与展望[J].外国经济与管理,2018,40(10):40-53.

[344] 黄萍.保护与开发:遗产地数字化管理协同功效实证研究——以"数字九寨"为例[J].旅游学刊,2007(8):23-28.

[345] 寇明婷,李录堂,陈凯华.乡村生态旅游的深层研究[J].西北农林科技

大学学报(社会科学版),2010,10(2):97-101.

[346] 兰勇,张婕妤.农产品区域公用品牌研究回顾与展望[J].农业经济,2019(9):126-128.

[347] 李飞,刘茜.市场定位战略的综合模型研究[J].南开管理评论,2004(5):39-43.

[348] 李飞.全渠道营销理论——三论迎接中国多渠道零售革命风暴[J].北京工商大学学报(社会科学版),2014,29(3):1-12.

[349] 李刚,吉奕康,吴剑华,等.复杂敏感环境铁路工程生态风险分析——以西南地区为例[J].中国铁路,2021(8):41-47.

[350] 李航,陈后金.物联网的关键技术及其应用前景[J].中国科技论坛,2011(1):81-85.

[351] 李佳,朱敏.国际与国内乡村旅游研究比较与启示[J].中国农业资源与区划,2023,44(5):133-147.

[352] 李文路,覃建雄,张江峰.乡村旅游发展与石漠化治理、乡村振兴成效耦合协调研究——基于黔南州喀斯特地区的实证[J].中国农业资源与区划,2022,43(7):282-293.

[353] 李晓钟,李俊雨.数字经济发展对城乡收入差距的影响研究[J].农业技术经济,2022(2):77-93.

[354] 李雪欣,李海鹏.中国品牌定位理论研究综述[J].辽宁大学学报(哲学社会科学版),2012,40(3):100-106.

[355] 李英勤.贵州土地石漠化与"三农"问题的经济学分析[J].生态经济,2006(2):57-59.

[356] 李莺莉,王灿.新型城镇化下我国乡村旅游的生态化转型探讨[J].农业经济问题,2015,36(6):29-34,110.

[357] 李玉霞,庄贵军,卢亭宇.传统零售企业从单渠道转型为全渠道的路径和机理——基于永辉超市的纵向案例研究[J].北京工商大学学报(社会科学版),2021,36(1):27-36.

［358］刘凤军,孟陆,陈斯允,等.网红直播对消费者购买意愿的影响及其机制研究［J］.管理学报,2020,17(1):94-104.

［359］刘红艳,张斯贤.看清"空间"真面目:空间隐喻对消费行为的影响研究述评与展望［J］.外国经济与管理,2019,41(2):58-71.

［360］刘建鑫,王可山,张春林.生鲜农产品电子商务发展面临的主要问题及对策［J］.中国流通经济,2016,30(12):57-64.

［361］柳武妹,梁剑平.选择红色还是蓝色——背景色彩影响视觉新产品评估的现象、中介及边界体制研究［J］.南开管理评论,2015,18(5):97-109.

［362］柳武妹,马增光,叶富荣.营销领域中包装元素对消费者的影响及其内在作用机制［J］.心理科学进展,2020,28(6):1015-1028.

［363］卢泰宏,高辉.品牌老化与品牌激活研究述评［J］.外国经济与管理,2007(2):17-23.

［364］罗明义.云南发展乡村旅游的特点和模式［J］.旅游学刊,2006(5):9.

［365］骆世明.农业生态学［M］.北京:中国农业出版社,2017.

［366］马二伟.数据驱动下广告产业的智能化发展［J］.现代传播(中国传媒大学学报),2020,42(5):138-143.

［367］派恩,吉尔摩.体验经济［M］.毕崇毅,译.北京:机械工业出版社,2012.

［368］孙九霞,黄凯洁,王学基.基于地方实践的旅游发展与乡村振兴:逻辑与案例［J］.旅游学刊,2020,35(3):39-49.

［369］孙琳琳.中国新消费的驱动因素及发展前景［J］.人民论坛,2023(5):62-65.

［370］孙彦,李纾,殷晓莉.决策与推理的双系统——启发式系统和分析系统［J］.心理科学进展,2007(5):721-726.

［371］王国才,陶德鹏.零售商主导下的制造商竞争与营销渠道联合促销研究［J］.管理学报,2009,6(9):1231-1235.

［372］王建芹.西南民族地区特色旅游促进乡村振兴的作用机理与实现路径

[J].吉林工商学院学报,2018,34(6):5-10,36.

[373] 王金丽,申光龙,李桂华.消费者缘何忠实于特定网络商店——在线顾客惰性的视角[J].商业研究,2019(4):1-11.

[374] 王浪花.新消费时代的品牌数智化营销策略探讨[J].中小企业管理与科技,2022(14):102-104.

[375] 王赛,吴俊杰,王子阳.数智时代市场营销战略:不易、简易、变易[J].清华管理评论,2023(5):94-99.

[376] 王小平,张含,何锦涛.电商平台对农产品上行的价格指导机制与对策研究——"数商兴农"背景下[J].价格月刊,2023(4):13-20.

[377] 王晓光,梁梦丽,侯西龙,等.文化遗产智能计算的肇始与趋势——欧洲时光机案例分析[J].中国图书馆学报,2022,48(1):62-76.

[378] 王勇.高质量发展视角下推动乡村旅游发展的路径思考[J].农村经济,2020(8):75-82.

[379] 王锃,鲁忠义.道德概念的垂直空间隐喻及其对认知的影响[J].心理学报,2013,45(5):538-545.

[380] 魏华,汪涛,周宗奎,等.叠音品牌名称对消费者知觉和偏好的影响[J].心理学报,2016,48(11):1479-1488.

[381] 温美荣,王帅.政策协同视角下脱贫攻坚成果同乡村振兴的有效衔接[J].西北农林科技大学学报(社会科学版),2021,21(5):10-19.

[382] 吴健安.市场营销学[M].4版.北京:高等教育出版社,2011.

[383] 吴水龙,胡左浩,黄尤华.区域品牌的创建:模式与路径[J].中国软科学,2010(S2):193-200.

[384] 谢莹,李纯青,高鹏,等.直播营销中社会临场感对线上从众消费的影响及作用机理研究——行为与神经生理视角[J].心理科学进展,2019,27(6):990-1004.

[385] 谢志鹏,肖婷婷,秦环宇.文字的"偷心术":营销中的字体效应[J].心理科学进展,2021,29(2):365-380.

［386］辛本禄,刘莉莉.乡村旅游赋能乡村振兴的作用机制研究［J］.学习与探索,2022(1):137－143,2.

［387］徐晓鹏,王怡洁.绿色认知对消费者参与社区支持农业(CSA)意愿的影响——基于感知价值的中介效应［J］.中国农业大学学报,2023,28(7):294－307.

［388］颜强,王国丽,陈加友.农产品电商精准扶贫的路径与对策——以贵州贫困农村为例［J］.农村经济,2018(2):45－51.

［389］杨德锋,雷希,雷蜀豫.避之不及还是欣然接受?——规避群体环保消费模仿所带来的积极效应［J］.心理科学,2023,46(3):644－651.

［390］杨红萍."互联网＋农业"模式下的农产品促销研究——以土特产为例［J］.中国管理信息化,2018,21(10):145－146.

［391］杨虎涛,胡乐明.不确定性、信息生产与数字经济发展［J］.中国工业经济,2023(4):24－41.

［392］杨璐,滕任飞,黄韫慧.我国西南地区乡村旅游振兴:发展、问题与对策［J］.农村经济,2022(6):135－144.

［393］叶兴庆.以提高乡村振兴的包容性促进农民农村共同富裕［J］.中国农村经济,2022(2):2－14.

［394］原枫柏,李苑艳,陈凯.促销活动对绿色农产品购买意愿的影响作用分析［J］.资源开发与市场,2017,33(1):69－73.

［395］曾伏娥,龚政,郭逸鸿.数智化新产品开发平台［J］.营销科学学报,2023,3(1):60－77.

［396］詹培民.西南地区区域经济发展的几点思考［J］.重庆商学院学报,2000(4):37－39.

［397］湛研.智慧旅游目的地的大数据运用:体验升级与服务升级［J］.旅游学刊,2019,34(8):6－8.

［398］张宝建,裴梦丹,陈劲,等.价值共创行为、网络嵌入与创新绩效——组织距离的调节效应［J］.经济管理,2021,43(5):109－124.

[399] 张朝枝,杨继荣.基于可持续发展理论的旅游高质量发展分析框架[J].华中师范大学学报(自然科学版),2022,56(1):43-50.

[400] 张琳,贺浩浩,杨毅.农业文化遗产与乡村旅游产业耦合协调发展研究——以我国西南地区13地为例[J].资源开发与市场,2021,37(7):891-896.

[401] 张明超,孙新波,钱雨.数据赋能驱动智能制造企业C2M反向定制模式创新实现机理[J].管理学报,2021,18(8):1175-1186.

[402] 张全成,孙洪杰,陈璟,等.文如其人,酒如其品?——生产者个性特征对产品味道感知的影响研究[J].管理评论,2017,29(7):93-102,112.

[403] 张新成.中国乡村旅游公共服务水平时空演化及成因分析[J].旅游学刊,2021,36(11):26-39.

[404] 张旭锦.知觉流畅性对判断和决策的影响[J].心理科学进展,2010,18(4):639-645.

[405] 张宇东,张会龙.消费领域的元宇宙:研究述评与展望[J].外国经济与管理,2023,45(8):118-136.

[406] 赵威.乡村振兴背景下乡村旅游经济产业提升[J].社会科学家,2019(9):95-100.

[407] 赵占波,苏萌,姚凯.智慧营销:4D营销理论及实践[M].北京:电子工业出版社,2020.

[408] 郑建辉,任玎."互联网+"战略背景下农产品网络促销策略探析[J].农业经济,2016(4):134-135.

[409] 郑丽勇,陈徐彬.2015:传统广告与数字营销的分水岭[J].编辑学刊,2016(3):50-55.

[410] 中国农产品区域公用品牌价值评估课题.2010中国农产品区域公用品牌价值评估报告[J].农产品市场周刊,2011(2):3-20.

[411] 周飞跃,孙浩博.我国社区支持农业(CSA)信任机制构建研究[J].农业技术经济,2020(5):32-44.

［412］周效东.乡村振兴战略背景下如何培养高质量乡村旅游经营人才［J］.
　　　　中国农业会计,2022(5):88－90.

［413］朱国玮,高文丽,刘佳惠,等.人工智能营销:研究述评与展望［J］.外国
　　　　经济与管理,2021,43(7):86－96.

［414］朱健梅.西南地区交通运输发展战略研究［D］.成都:西南交通大学,
　　　　2002.

［415］邹统钎.乡村旅游:理论·案例［M］.天津:南开大学出版社,2008.